군자의 논어

김균태 엮음

군자출판사

군자의 논어

첫째판 1쇄 인쇄 | 2023년 3월 30일
첫째판 1쇄 발행 | 2023년 4월 10일

엮 은 이   김균태
발 행 인   장주연
출 판 기 획   장주연
표지디자인   책은우주다
편집디자인   강미란
발 행 처   군자출판사(주)
　　　　　 등록 제4-139호(1991. 6. 24)
　　　　　 본사(10881) **파주출판단지** 경기도 파주시 회동길 338(서패동 474-1)
　　　　　 전화(031) 943-1888 팩스(031) 955-9545
　　　　　 홈페이지 | www.koonja.co.kr

* 파본은 교환하여 드립니다.
* 검인은 저자와의 합의 하에 생략합니다.

ISBN 979-11-5955-995-2 (03140)

정가 20,000원

이 책의 본문은 '을유1945' 서체를 사용했습니다.

차
례

제1장
기본 개념어

제2장
군자론

제3장
공자의 삶과 세계관

제4장

공자의 인물평

서序

본 「논어論語」는 주제별로 정리하여, '기본基本 개념어槪念語', '군자론君子論', '공자의 삶과 세계관世界觀', '공자의 인물평人物評'으로 재편집하고, 각 장章마다 설명을 보충해서 이야기처럼 읽을 수 있도록 구성했다. 이는 공자시대 목소리의 원형적 의미보다 오늘의 시각에서 「논어」를 읽고, 그것으로 오늘의 세상을 바라보는 것이 좋겠다고 생각해서다. 그래서 삶의 현장에서 일어난 일들을 예화例話로 들어서 오늘의 삶을 되돌아보게 하여,『논어』가 우리 가까이에서 편하게 이야기해주는 친구가 되도록 했다.

세상엔 공자의 말씀처럼 살기를 바라는 사람도 있어, 누군가 도덕적으로 점잖게 한마디 하면 "참, 공자님 같은 말씀 하시네."라고 반가워하지만, 어떤 이는 이 시대에 공자 말씀처럼 산다는 것이 시대정신에 맞지 않는다고 여겨 "공자 같은 소리 하고 있네."라며 비아냥거리기도 한다. 또 사람들은 자기의 잘못을 주변 탓으로 돌리거나 구조적인 문제라고 생각하여 사과보다는 변명을 일삼거나, 모든 일을 법으로 해결하자고 달려들기 일쑤다. 그런데 위정자爲政者는 힘 가진 자 편에 서서 방안을 제시하거나, 양쪽 모두 잘한 것도, 잘못한 것도 없으니 적당히 타협하라고 한다. 누가 이런 세상에서 사는 것을 행복해할까?

세상이 이렇게 된 것은 생활공동체를 유지하는 최소한의 인성교육人性敎育이 사라졌기 때문이다. 위정자爲政者는 말할 것도 없고, 학문과 진리를 가르쳐야 할 교육자敎育者 중의 일부도 명예·권력·돈 앞에서는 무엇이 의義인지 판단을 상실했다. 세상은 '동지同志' 아니면 '적敵'으로 갈라져 남에 대한 배려는 곧 패배라는 인식이 팽배하고, 오로지 독선적인 가치관과 자기의 이념에 따라 주장을 편다. 세상이 이런데 어떻게 나만 공자 말씀처럼 살수 있겠냐고 한다.

『논어』가 이러한 사회의 문제를 해결하는 전가傳家의 보도寶刀는 아니지만, 올바른 길로 들어서는 나침반 역할은 할 수 있다고 생각한다. 왜냐하면 공자 시대에도 이러한 일은 있었고, 공자는 나름대로 그에 대한 해답을 제시하기 위해 애썼기 때문이다.『논어』를 다시 끌어낸 이유가 바로 여기에 있다.

『논어』는 기원전 551년에 태어난 공자가 제자들과 나눈 대화를 그다음 세대의 제자들이 기록해 놓은 책이라 하니, 2천 5백 년 전에 이루어진 일이다. 그런데『논어』 전공자들은 독자보다는 당시의 목소리에 초점을 맞춰 글자의 뜻을 학술적으로 고증하는 것을 중시하거나, 아니면 공자 시대의 가치관이나 자신의 도덕적 가치를 독자에게 일방적으로 강요하기도 한다.

그러다 보니「논어」를 교양서적으로 읽어보려 해도 글 뜻이 제대로 마음에 닿지 않고,「논어」의 도덕적 가치를 일방적으로 강요당하다 보니 오히려「논어」가 더 멀어지게 되었다.『논어』가 현실에 동떨어진 글로 평가절하平價切下된 까닭이 여기에 있는 것은 아닌가 하고 생각하게 된다. 독서는 쓴 사람보다는 읽는 사람이 중심이 되어야 한다. 내가 읽고 생각하는 대상은 텍스트이지 필자가 아니다. 공자 시대에는 그 시대 상황에 맞게 『논어』가 이야기되었겠지만, 시대가 사뭇 달라졌으므로 오늘날엔 거기에 목맬 일도 아니다.

『논어』에 대한 선학先學들의 견해는 수없이 많다. 그것을 탐독하여 이해한 뒤에 「논어」를 이야기하는 것이 당연하지만, 내 능력으론 미칠 바가 아니다. 평소 『논어』 내용을 나름대로 풀어서 주위 사람들에게 들려주면, 그렇게 들으니 쉽고 들을 만하단다. 그러면서 「논어」가 인성교육에 도움이 되니, 지금처럼 말하듯이 「논어」를 다시 번역해보라는 말도 가끔 들었다.

그동안 「논어」에 관해서 동호인과 함께 나눈 생각들을 꾸준히 메모해두었는데, 2013년 1학기를 마지막으로 대학에서 정년을 맞으니, 독서 외에는 특별히 할 일도 없던 차에, 전염병 유행으로 외출도 못 하게 되어 본격적으로 번역을 시작했다. 그렇지만 번역하다가 진척이 더디면 생각이 곰삭을 때까지 기다렸다. 독서와 글쓰기 외에는 딱히 마음 붙일 곳도 없어서 처음에는 잘한 일이라 여겼지만, 이 일 때문에 오히려 밤잠을 설친 적도 한두 번이 아니었다.

독자가 『논어』를 시대정신에 맞지 않은 사상思想이라고 여겼다면, 그것은 『논어』를 제대로 전달하지 못한 사람들의 책임이라는 생각도 했다. 그래서 용기를 내어 「논어」를 읽고 생각했던 것을 정리하여 책으로 엮었다. 『논어』가 공자와 제자들의 말씀을 기록한 것이지만 화석화化石化된 우활迂闊한 것이 아니라, 이 시대에 소통의 도구로 활용될 수 있는 귀한 말씀이라는 것을 보여주어 우리 시대에 필요한 책이라는 점을 강조하고 싶었다.

이 책이 세상에 나올 수 있도록 허락해주신 군자 출판사 장주연 사장님께 감사드린다. 군자君子 출판사는 그동안 의 · 약학 전문 출판사로 역할을 해왔지만, 출판사업을 처음 시작했을 때 가졌던 꿈을 이제라도 실천해야겠다는 생각으로 출판사 이름에 걸맞은 인문학 도서 출판을 기획했다고 한다. 독서인구의 급감으로 경영상 어려움이 있을 텐데 인문학 발전을 위해서 군자 출판사가 참여한다니 인문학 전공자로서는 그저 고맙고, 필자가 이 기획에 동참하게 되어서 무엇보다도 기쁘다. 끝으로 이 책의 편집과 교정으로 직접 수고한 강미란 대리님께 진심으로 감사드린다.

2023년 1월

급고세심재及古洗心齋에서

김 균태

일러두기

- 『논어』는 이 책의 계산으로 하면 489장章으로 이루어져 있는데, 하나의 개념어가 흩어져 있어서 일목요연하게 이해하기 어려웠다. 그래서 이를 네 부분으로 나누어 제1장 '기본基本 개념어概念語', 제2장 '군자론君子論', 제3장 '공자의 삶과 세계관世界觀', 제4장 '공자의 인물평人物評'으로 재편집했다.

- 이 번역문에서는 공자에 대한 존칭이나 공손 표현은 대화문에서 문맥을 고려할 때만 사용했다. 이것은 공자에 대한 필자의 존경심을 독자에게 강요하지 않으려는 의도에서다.

- 국명國名이나 인명人名 그리고 개념어概念語는 한자漢字를 중복 병기倂記하면서도, 공자孔子의 인명人名을 굳이 한자漢字로 병기倂記하지 않은 것은 필자 나름대로 공자에 대한 존경과 친숙의 의미로 그렇게 했다.

- 『논어』 집주集註에 나오는 주註는 발췌하여 * 표로 구분된 보충 설명에 필자筆者가 이해한 수준으로 풀어서 제시했으므로, 주석자註釋者 성씨姓氏는 대부분 밝히지 않고, 주註의 원문原文도 싣지 않았다.

- 번역문만으로도 원문의 뜻을 쉽게 이해할 수 있도록 한자어漢字語 어휘가 난해하거나 문장의 요소가 생략되어 문맥이 자연스럽지 못한 데는 '[ ]' 안에 보충했다.

『논어論語』는 학행일치學行一致로 시작된다.

공자는 "배우고 때때로 익히니 또한 기쁘지 아니한가? 친구가 먼 곳에서 찾아오니 또한 즐겁지 아니한가? 남이 알아주지 않아도 화를 내지 않으니 또한 군자답지 않은가?"라고 했다. 子曰 學而時習之 不亦說乎 有朋而自遠方來 不亦樂乎 人不知不慍 不亦君子乎 〈학이學而〉1

　＊'배우고 때때로 익히니 또한 기쁘지 아니한가? 學而時習之 不亦說乎' 이 평범한 구절이 『논어』 첫머리라니 어찌 생각하면 실망스러울 수도 있겠다. 사람에 따라 다르겠지만 배운 것을 복습하는 일이 필자筆者의 경험으로는 결코 기쁜 일만은 아니었다. 또 불원천리不遠千里하고 찾아온 친구가 때로는 귀찮을 수도 있고, 남들이 나를 알아주지 않을 때 속상한 것도 필자만의 감정은 아닐 것이다. 그러니 이 구절들을 이렇게만 이해하고 나면, 공자의 말씀이 요즘 세상에 맞지 않겠다는 생각도 든다.

　도대체 이 구절의 이면裏面에는 어떤 의미가 있어서 『논어』 첫머리에 있을까? 『논어』를 기록한 사람이 뭔가 다른 생각이 있어서 첫머리에 이를 제시했을 것이니, 주註의 내용과 선학先學들로부터 얻어들은 것을 참고해서 이야기해보자.

　배운다는 것이 무얼 배운다는 것일까? 오늘날처럼 먹고살기 위한 실용

실용實用 학문學問이나 전문專門 지식知識을 배우는 것도 배움이고, 이런 실질적實質的인 대상이 과거에 없었던 것도 아니다. 예절[예禮]·음악[악樂]·활쏘기[사射]·말타기[어御]·글씨쓰기[서書]·수리[수數] 등 이른바 육예六藝와, 과거科擧 시험을 대비하기 위해 연습한 책문策問이 요즈음으로 보면 실용 학문이요, 전문 지식이다. 이것도 배움의 대상이고, 이것을 배우고 때때로 익히는 가운데 모르는 내용을 알게 되는 기쁨도 있었을 것이다.

그런데 선학先學들은 '학이시습學而時習'의 학學을 성현聖賢의 말씀이라고 했다. 성현聖賢의 말씀은 바로 유가儒家의 도道이니, 이는 실용학實用學보다 인성학人性學에 속한다. 이 도道를 중국 송宋나라 성리학性理學에서는 성性·이理·기氣와 같은 추상적 개념어를 동원하여 우주 만물의 형성과 원리로 설명했다. 그러나 공맹시대孔孟時代의 원시유학元始儒學에서 도道는 오륜五倫이나, 오상五常처럼 인간이라면 마땅히 해야 할 행위行爲 규범規範인 실천實踐 도덕道德을 의미한다고 하여 인간으로서 바르게 사는 인성人性을 중시했다.

오륜五倫과 오상五常은 연계된 개념이지만 이를 구별해서 말하면, 오륜五倫은 효孝·자慈·제悌·충忠·신信이요, 오상五常은 인仁·의義·예禮·지智·신信으로 그 범주範疇가 다르다. 오륜五倫이 가족 중심에서 사회와 국가로 나아간 종적縱的 도덕규범이라면, 오상五常은 소속집단 안에서 지켜야 할 횡적橫的 도덕규범이다. 그러니 유가儒家의 도道는 그것이 종적이든 횡적이든 간에 사람 사이에 마땅히 지켜야 할 바른길이다.

천지 만물은 음陰과 양陽이 만나서 생기는 것처럼, 만물 중의 하나인 사람도 음陰인 여자와 양陽인 남자가 만나 자식을 낳는 데서 인류人類가 시작되었다. 부모와 자식이 가족을 이루고, 가족이 다시 집단을 이루어 사회가 되고 국가가 형성된다. 이러한 공동체가 유지되기 위해서는 그 안에 어떤 질서가 요구되는데, 유가儒家에서는 이를 오륜五倫과 오상五常으로 개념화하고,

그 질서를 나와 가장 가까운 부모와 자식 사이로부터 밝혀나갔다.

부모와 자식 사이에 가장 자연스러운 질서가 효孝고, 자慈라면, 형제간에 자연스러운 질서는 제悌다. 그래서 자기를 낳아 길러준 부모에게 자식이 효도孝道하는 것, 자기가 낳은 자식을 자애慈愛하는 것, 그리고 부모의 피를 나눈 형제 사이에 서로 공손恭遜으로 대하는 것은 인위적人爲的으로 정해 놓은 것이 아니라, 당연하고도 자연스러운 질서라고 여겼다. 이처럼 유가儒家는 혈연血緣 중심으로 사고思考하였고, 이런 사고는 아직도 우리들의 생각에 깊이 남아 있다.

유가儒家에서는 효孝·자慈·제悌 세 가지를 인류 질서의 시작으로 제시한 것이니, 오륜五倫은 바로 이 삼륜三倫에서 시작되었다고 할 수 있다. 이렇게 혈연으로 형성된 가족이 발전하여 사회와 국가가 형성되니 군신君臣 간의 자연스러운 질서로 충忠이 제시되고, 붕우朋友 간에 자연스러운 질서로 신信이 제시되었는데 이것이 오륜五倫이다.

여기에 삼강三綱을 더하면 삼강오륜三綱五倫이 된다. 삼강三綱은 군위신강君爲臣綱, 부위자강父爲子綱, 부위부강夫爲婦綱으로 임금은 신하의, 아버지는 자식의 그리고 남편은 아내의 벼리[강綱]가 된다는 것이다. 벼리란 강綱의 훈訓인데, 고기 잡는 그물로 말하면 바로 그물코의 굵은 줄로, 뼈대·핵심·중심이다.

오늘날은 국민이 지도자를 뽑는 민주사회이고, 자식은 나이 들면 부모를 가르치려 하며, 남녀는 평등한 시대를 넘어서 여성 상위시대처럼 보이니, 삼강三綱은 아무래도 요즘 세상에는 맞지 않을 듯싶다. 그런데도 삼강三綱을 강조하여 국민이 뽑은 대통령은 제왕적帝王的 권세를 누리려 하고, 아버지는 가부장적家父長的 사고에서 벗어나지 못하며, 남녀 간에 아직도 남자가 먼저라는 태도 때문에 적지 않은 사회 문제와 가정 문제가 일어난다. 따라서 이

시대에 삼강三綱을 운운하는 일은 아무래도 시대착오적인 유가儒家의 규범이 아닐 수 없다.

그렇지만 사회의 질서 유지를 위해 제시된 오상五常은 한국 사회에서 아직도 유효한 가치로 작용한다. 앞에서 말한 삼강三綱은 그렇다고 하더라도, 오상五常은 가족관계를 넘어서 일상생활에서 사람 사이에 반드시 행해져야 할 도리로 생각하는 사람이 많다. 사람을 판단할 때 이를 '준거 틀'로 삼고 있으니, 유용한 가치 규범의 하나라고 할 수 있다. 문제는 사람들이 자신의 이해관계에 따라서 아전인수격我田引水格으로 이를 적용하기 때문에 일반인들은 삼강오륜三綱五倫은 물론이고 오상五常마저 불신不信하게 되었다.

유가儒家의 도道가 어떤 의미인지 『논어』의 첫머리를 가지고 다시 이야기해보자. 앞에서 '배운다[학學]'는 것을 먹고살기 위한 실용적인 학문이나 전문적인 지식보다는 '성현聖賢의 말씀' 또는 '사람이 행해야 할 바의 길' 곧 도道를 배운다고 했다. 이 도道가 바로 사람의 본성本性을 회복하는 길이므로, 사람들은 그 말씀을 통해서 인성人性을 함양한다.

선학先學들은 배움[학學]을 본받는 것[효效]이라고 하여, 선각자先覺者가 깨달은 인성人性을 뒷사람이 본받아 깨닫는 것이라고 했다. 맹자孟子는 사람이 태어날 때 하늘로부터 받은 본연지성本然之性은 착하지만[선善], 그 착함을 깨닫는 데는 시간상 선후先後가 있어서 뒤에 깨달은 사람은 반드시 먼저 깨달은 사람의 행위를 본받아서 그것을 밝히고 인성人性의 처음을 회복해야 한다고 했다.

사람은 살아가는 동안에 이 착한 본성이 차츰 악惡에 물들어 가는 것은 아마 태어날 때 생긴 기질지성氣質之性이 달라서일 것이다. 생물학적으로는 유전인자가 사람마다 다르다고 하는데, 그것 때문이 아닌가 하는 생각도 든다. 성性이 선善한지 그렇지 않은지는 〈양화陽貨〉2에서 공자는 "성性은 [사람마다] 서로 비슷하지만 익힘에 따라서 서로 멀어진다. ^{子曰 性相近也 習相遠也}"라고 했으니, 이를 이해하는 데 도움이 되겠지만, 여기서 말한 성^性은 기질지성^{氣質之性}이다.

사람들은 왜 악^惡해질까? 성^性이 선^善하다고 한 맹자^{孟子}는 사람의 마음에는 바른 마음 도심^{道心}과 간사한 마음 사심^{邪心}이 있다고 한다. 바로 본연지성^{本然之性}이 도심^{道心}이고, 기질지성^{氣質之性}이 사심^{邪心}이다. 맹자^{孟子}는 하늘로부터 받은 본연지성^{本然之性}은 모두 착한데, 육신에서 자생한 기질지성^{氣質之性}은 사람마다 다르다고 했다. 아직 세상 교육을 받기 전이라도 어떤 어린이는 조용하고 순한데, 어떤 어린이는 산만하고 거칠다. 흔히 '성질이 아주 사납다.'라고 하는 것은 바로 기질지성^{氣質之性}에서 비롯된 것이다. 그러니 이 기질지성^{氣質之性}을 다스려 하늘로부터 받은 본연지성^{本然之性}을 잘 지켜나가는 것이 도심^{道心}을 지키는 것이고, 그렇지 못하면 도심^{道心}은 차츰 사라지고 사심^{邪心}만 남게 되어 사람이 사악^{邪惡}해진다.

사람의 마음은 처음 태어날 때는 본연지성^{本然之性}인 도심^{道心}으로 채워졌지만, 살아가면서 기질지성^{氣質之性}의 작용 때문에 차츰 사심^{邪心}으로 바뀐다. 그런데 기질지성^{氣質之性}이 작용하는 것은 사심^{私心} 또는 욕심^{慾心} 때문이고, 이것은 사심^{邪心}의 다른 이름이다. 사람들이 흔히 '마음을 비웠다.'라는 것은 바로 욕심을 버렸다는 의미지만, 이 욕심을 부정적으로 말할 때는 탐욕^{貪慾}이 되고, 긍정도 부정도 아니면 욕망^{慾望}이 되며, 소망^{所望}이라고 하면 긍정적 의미가 된다.

탐욕이든, 욕망이든, 아니면 소망이든 간에 이것은 자신의 필요에 따라서 자기 밖에 있는 뭔가를 바라는 것이다. 따라서 소망은 말할 것도 없고, 탐욕이라고 해도 사람이 이를 버리고 나면 '삶의 목적'도 사라진다. 왜냐하면, 욕망 없는 삶이란 사람이 살아야 할 이유가 없기 때문이다. 그러니 욕망을 반드시 부정적으로만 볼 수도 없다. 소망이든, 욕망이든, 탐욕이든 간에 여기에는 어휘상 정서적 의미의 차이만 있을 뿐이지, 따지고 보면 자기 밖에 있는 대상을 소유하고 싶어 하는 마음 즉 욕심慾心일 뿐이다.

흔히 마음을 비우기 위해서 속세와 인연을 끊었다는 사람조차도 마음을 비운 것이 아니다. 그 마음을 비워야겠다는 것 자체가 바라는 것이기 때문에 사람은 욕심을 버리고는 살 수 없다. 그러니 자신의 밖에 있는 대상을 소유하고자 하는 마음이 나쁜 것이 아니라, 소유하는 과정에서 도道에 맞는지 그렇지 않은지가 문제일 뿐이다. 소유하고 싶은 것에 마음이 머무르면 바로 집착執著이 되고, 이것이 도道에 어긋나면 무리無理가 따른다. 도道는 이理를 따르는 것이고, 이理는 나무[복ㅅ]나 옥玉에 천연天然의 결이 있듯이 사물事物에도 그 안에 본래 존재한다. 그래서 이理를 따라가면 순리順理가 되고, 그것을 거스르면 역리逆理가 된다.

욕심을 인정한다면 우리가 어떻게 살아야 할까? 여기까지 말하고 나면 그 답은 이미 짐작될 것이다. 곧 욕심에 대한 절제節制다. 즉 기질지성氣質之性을 자신의 의지意志로 다스리는 것이 절제다. 그런데 이 절제節制란 것은 말이 쉽지 그리 단순하지 않다. 불가佛家에서는 마음이 한곳에 머무는 집착을 경계警戒하고, 도가道家에서도 만족을 알고 스스로 그쳐야 한다는 지족자지知足自止를 강조한다. 집착을 경계한다거나 스스로 만족한다는 것은 절제節制의 다른 표현일 뿐이다.

만족이란 말속에는 자신이 바라는 일부를 포기해야 한다는 의미가 포함되어 있다. '애고, 배불러 죽겠다.'라고 할 정도로 포식飽食한 경우가 아니라면, 더는 채울 수 없는 만족이란 현실적으로 불가능하다. 채워지지 못한 부분을 포기하지 않는 한, 말 그대로의 만족이란 있을 수가 없다. 포기에는 아쉬움이 남기 마련이지만 절제節制니, 경계警戒니, 자족自足이니 하면서 부족한 대로 만족하는 것이다.

어떻게 하면 사람이 절제節制나 자족自足을 실천할 수 있을까. 이를 위해서는 도道를 배워 마음 다스리는 공부인 심학心學 곧 수양修養을 쉬지 않고 해야 한다. 물론 이 역시도 쉬운 일이 아니지만, 도심道心을 회복하여 인간이기를 포기하지 않는 한, 이를 그만둘 수도 없는 노릇 아닌가.

'배운 것을 때때로 익힌다.學而時習'의 습習은 글자의 구성이 '깃 우羽'와 '스스로 자自'로 되어 있으니, 새가 스스로 자주 나는 것[조삭비鳥數飛]을 의미한다. 어린 새가 스스로 날갯짓을 수없이 반복해서 날 수 있을 때까지 그치지 않는 것이다. 배움도 그치지 않기를 마치 새가 날기 위해 연습하는 것처럼 쉼 없이 반복해야 한다. 성현聖賢의 말씀을 수시로 익혀서 내 몸에 익숙해질 때까지 반복하여 체화體化한다는 것은 바로 실천實踐이다. 정자程子는 배우는 것은 반복해서 익히는 것이니, 수시로 다시 생각하고 연역演繹해서 마음속에 흡족하게 되면 기쁜 것이라고 하고, 또 배우는 것은 장차 그것을 행하는 것이니, 그것을 때때로 익힌다면 배운 바가 나에게 있으므로 기쁨[열悅]이라고 했다.

배운 것을 다시 생각하고 연역해서 마음속이 흐뭇해지거나, 배운 것에 익숙해지는 것이 나에게 있으니, 기쁜 나머지 나아가는 바를 그만둘 수 없게 된다. 그런데 내 몸에 익숙해지려면 실천해 보지 않고 머리로만 생각해서는 안 된다. 배워서 아는 데 그치는 것이 아니라 성현의 말씀을 듣고 배운 것을 실천하다 보면 어둡고 무거웠던 자신의 마음도 저절로 밝아진다. 그래서 기쁘다고 할 수도 있다. '기쁠 열說'의 글자 구성構成도 말씀[언言]을 통해서 마음이 점점 밝아진다[태兌]는 의미다. 따라서 배운다는 것은 옛 성현의 말씀과 소통하면서 실천하는 중에 얻어지는 기쁨이므로 자기 세계 안에서 스스로 할 수 있다. 결국 '학이시습學而時習'은 바로 공자가 강조한 학행일치學行一致 또는 지행합일知行合一로 공자의 실천實踐 도덕道德 사상思想을 말하는 것이니『논어』의 첫머리를 장식할 만하지 않은가?

'붕우朋友가 먼 곳에서 찾아오니 또한 즐겁지 아니한가? 有朋而自遠方來 不亦樂乎'는 무슨 의미인가? 붕우朋友는 요즘 말로 친구인데 자기를 알아주는 자, 곧 지기知己다. 사람마다 다를 수는 있지만, 대개 나를 알아주는 사람이 천리를 멀다고 하지 아니하고 나를 찾아와 주었으니 즐겁지 않을 수 없다. 자기를 알아주는 자와 나는 바로 '우리'라는 세계 안에 함께 하는 존재다. 기쁨은 내 마음에 있는 것이어서 스스로 좋아할 수 있지만, 나를 알아주는 자가 찾아온 것은 나와 너 곧 '우리'가 함께 하는 즐거움[낙樂]이다. 정자程子가 열說은 마음에 있는 것[재심在心]이고, 낙樂은 밖으로 흩어지는 것[발산發散]을 위주로 한다고 했는데, 밖으로 흩어진다는 것은 바로 이런 의미다.

마지막으로 '남이 알아주지 않아도 화를 내지 않으니 또한 군자답지 않은가? 人不知不慍 不亦君子乎'는 또 무슨 의미인가? 내가 배우고 때때로 익혀서 선善을 회복한 것이 남에게 미치지 못해서 함께 즐기지 못한다고 해도 화를 내지 않으니 군자君子답다는 의미다. 여기서 남이란 타자他者이니 나와는 아직 소통 관계에 있는 존재가 아니다. 그러니 내가 이룬 선善이 아직 그에게 미치지 못한 것이다. '남'이란 '나' 또는 '우리'의 세계 밖에 존재하여 내게 관심이 없으니 나를 알 리가 없다. 그런 타자에게 내가 화를 내지 않는다는 것은 언젠가 그와 소통의 가능성을 열어 두는 첫 단계다. 여기서 '화'의 한자漢字인 '성낼 온慍'은 마음이 더워지는 상태로 요즘 말로 하면 '열 받음'이다. 주자朱子가 나의 선善이 남에게 미치어서 즐거운 것은 순리順利이므로 쉽지만, 알아주지 않아도 화를 내지 않는 것은 역리逆理이므로 어려운 것이어서 오직 덕德을 이룬 자라야 할 수 있다고 했다.

화를 내지 않는다는 것은 말처럼 쉬운 일이 아니다. 불가佛家에서는 아무리 훌륭한 인품과 선행과 능력이 있더라도 성내는 마음이 한번 일어나면 모든 것이 추풍에 날아가듯이 자기를 잃고, 성질을 부리는 미친놈 하나를 드러낼 뿐이라고 한다. 어찌 되었거나 남이 나를 알아주지 않아도 화를 내지 않으니 또한 군자답다고 한 말은 실천하기가 그리 쉬운 일이 아니다. 그렇지만 나를 알아준 자이든 나를 알아주지 않은 자이든 간에 한번 그들에게 화를 내고 나면, 나를 알아주던 자와는 사이가 점점 벌어져서 남이 될 것이고, 나를 알아주지 않는 자와는 영원히 우리의 세계 너머에 존재하게 될 것이다.

그들이 나를 알아주지 않아서 화나게 했다면 그들을 무시해 버릴 수도 있지만, 내 눈에 안 보인다고 해서 그들이 세상에 존재하지 않는 것도 아니다. 달리 생각하면 그들은 우리의 세계 밖에 존재하니 결국 또 다른 세계에서 우리와 대립對立하고 있는 것이다. 군자君子란 우리라는 세계 속에 타자를 포용하는 힘을 지녀야 진정한 군자가 된다. 내가 화를 내고 무시해 버리는 순간에 대립한 세계가 '우리'의 밖에 존재하니, 이것은 군자가 해서는 안 될 일이다.

기독교에서 예수가 왜 원수를 사랑하라고 했는지, 이 원리를 적용해 보면 짐작이 간다. 아무리 보기 싫은 원수라 할지라도, 예수는 자기 우주 밖에 원수가 존재하도록 놓아둘 수 없다. 왜냐하면, 그는 세상을 구원하기 위해 인자人子의 모습으로 세상에 왔기 때문이다. 그렇지만 우리는 예수처럼 원수를 사랑하기에는 정서적으로 포용력이 부족하다. 그러나 화를 내지 않는다는 것은 자제력自制力만 함양涵養하면 실천이 가능하다. 그러니 지금부터라도 원수를 사랑하는 일은 실행하지 못하더라도 남을 미워하지 말고 남에게 화를 내지 않는다면, 나 또는 우리를 중심으로 타자를 향해서 더 넓은 세계를 이루어 낼 수 있는 단서를 마련할 수 있다.

도道를 이루고 덕德을 세운[도성덕립道成德立] 군자란 범인凡人이 쉽게 이룰 수 있는 경지가 아니다. 이를 위해서는 주자朱子의 말대로, 배우기를 바르게 하고[학지정學之正], 익히기를 익숙해지도록 하며[습지숙習之熟], 기뻐하기를 깊이 하여[열지심說之深] 이를 멈추지 않는 것인데, 이것이 쉬운 일이 아니어서 범인은 대개 군자 되기를 포기한다. 오늘날에 군자 되기를 포기한다는 것은 바로 소인小人처럼 사는 것이다. 적어도 자기가 처한 세계에서 의미 있는 인생을 살려고 한다면 군자가 되는 길을 포기할 수 없다. 『논어』의 첫 장章은 결국 나와 우리가 타자를 포함하여 하나의 세계로 가는 길인데 그 방법이 '화'를 내지 않는 것에서 시작한다고 하니 매우 현실적이지 않은가?

제 1 장

기본 개념어

첫 번째

도^道와 덕^德

도^道

군자^{君子}가 '배워야 할 도^道'란 무엇일까? 도^道란 사람으로서 마땅히 행해야 할 길이다.

> 공자는 "아침에 도^道를 들으면 저녁에 죽어도 좋다."라고 했다. 子曰 朝聞道 夕死 可矣 〈이인^{里仁}〉**8**

　＊ 도^道를 사물^{事物}의 당연^{當然}한 이치^{理致}라고 하지만, 쉽게 말하면 사람이 마땅히 해야 할 바의 길을 의미한다. 그런데 사람에 따라서는 이런 도^道가 아무리 좋다고 해도 도^道를 아침에 듣고 저녁에 죽기보다는 도^道를 듣지 않더라도 오래 사는 것이 좋다고 말할 수 있다. 그러나 사람으로서 마땅히 해야 할 도^道를 외면한 채 오래 산다는 것은 도덕적인 사람이 되기를 포기하는 것이다. '저 인간, 사람 아니야.'라는 말을 듣는다면 누구나 몹시 싫을 것이

다. 사람이기를 바란다면 도道를 외면할 수 없는 이유가 사람이 실천해야할 당연한 이치가 바로 도道이기 때문이다. 성현의 말씀으로 하면 오륜五倫또는 오상五常이다.

'저녁에 죽어도 좋다.'는 것은 도道를 아침에 듣고 그것을 실천하다가불행하게도 저녁에 죽는, 짧은 인생이라고 할지라도 값진 인생이라는 의미다. 여기서 '가可하다'는 '좋다, 괜찮다, 값지다'는 뜻으로, 자신이 들었던 도道를 실천하면서 살다가 불행하게 일찍 죽더라도 도道를 실천하다가 죽은인생이라면, 그 인생이 값지다는 것이다. 그러니 사람이 도道를 들었으면 실천하는 것이 당연하므로 그 말이 생략되어 있다.

그런데 사람을 사람 노릇 하게 하는 것이 도道지만, 공자는 도道가 사람을 크게 할 수는 없다고 했다.

> 공자는 "사람이 도道를 넓혀 크게 할 수 있는 것이지, 도道가 사람을 넓혀 크게 하는 것은 아니다."라고 했다. 子曰 人能弘道 非道弘人 〈위령공衛靈公〉**28**

* 도道는 존재하는 것이지 그 자체가 무엇을 할 수 있는 것이 아니다.그러므로 이를 넓혀 크게 하는 것은 바로 사람이란 의미인데, 이 역시 실천을 통해서 할 수 있다. '넓혀 크게 하다'의 홍弘의 글자 구성構成은 '활 궁弓' 옆에 어깨를 형상하는 '모厶'로 되어 있다. 이는 마치 활시위를 팔에 걸어서 더는 크게 할 수 없을 정도로 넓힌다는 의미다. 사람을 벗어나서 도道가 없고,도道를 벗어나서 사람이 없다. 사람의 마음에는 지각知覺이 있지만, 도道의 실체實體는 무위無爲이므로 그저 존재하는 것이다. 그래서 지각知覺을 가진 사람이 도道를 크게 할 수 있다는 것은 마음이 본성本性을 다할 수 있기 때문이고,

도道 즉 본성本性은 마음을 검속檢束할 줄 모르기 때문에 도道가 사람을 크게 하는 것은 아니다.

그래서 공자는 도道를 알거나 좋아하는 자가 되지 말고, 즐기는 자가 되라고 권한다.

> 공자는 "[도道를] 아는 자는 [도道를] 좋아하는 자만 못 하고, [도道를] 좋아하는 자는 [도道를] 즐기는 자만 못 하다."라고 했다. 子曰 知之者 不如好之者 好之者 不如樂之者 〈옹야雍也〉18

* 도道를 오곡五穀에 비유하면, 아는 자는 오곡五穀이 먹을 수 있음을 아는 자이고, 좋아하는 자는 먹고서 좋아하는 자이며, 즐기는 자는 좋아해서 배불리 먹는 자다. 도道를 알기만 하고 좋아할 수 없다면 이는 앎이 지극至極하지 못해서고, 좋아하기만 하고 즐기는 데 미치지 못하면 이는 좋아함이 지극하지 못한 것이니, 배우는 자들이 스스로 힘써 쉬지 않고 도道를 실천하는 이유다. 그래서 실천實踐하지 않는 믿음은 믿음이 아니듯이, 실천하지 않는 지성知性은 지성이 아니다. 도道를 즐긴다는 것은 도道를 실천함으로써 얻는 바가 있다는 것이니, 도道를 좋아하기만 해서는 얻을 수 없다.

사람이 마땅히 해야 할 바의 도道는 실천할 때 의미가 있다고 했지만, 도道가 무엇인지 명확하게 감이 잡히지 않아서 실천하지 못하는 때도 있다. 그렇다면 우선 '남에게 화를 내지 않는 것' 하나만 잘해도 도道를 수련하고 덕德을 쌓는 첫 단계가 될 것이다. '화'란 기질氣質의 문제로 마음이 불선不善 쪽으로 뜨거워지는 것이니, 뜨거워지면 우선 혈압이 상승할 것이고, 혈압이 상승하면 뇌에 손상이 간다. 화를 내고 나면 속이 시원할 것 같아도 그다음에 오는 허탈감을 누구나 경험했을 것이다. 그렇다고 화를 내지 않고 살기도 쉬운 일이 아니다. 그러니 끝없이 자기의 기질氣質을 수양하는 훈련을 할 수밖에 없다. 도道를 배워 실천하는 학행일치學行一致가 바로 기쁨이고, 즐거움이며, 타자他者를 품을 수 있는 단서端緖로 공자의 이상理想이자 우리들의 소망所望이다.

공자는 천하에 도道가 있을 때와 도道가 없을 때 나라가 어떻게 다른지를 다음과 같이 말했다.

> 공자는 "천하에 도道가 있으면 예禮 · 악樂과 정벌征伐이 천자天子한테서 나오고, 천하에 도道가 없으면 예禮 · 악樂과 정벌征伐이 제후諸侯한테서 나온다. [도道가] 제후한테서 나오면 10세世에 [나라를] 잃지 않는 경우가 드물고, 대부大夫한테서 나오면 5세世에 잃지 않는 경우가 드문데, 배신陪臣이 국가의 운명[국정國政]을 잡으면 3세世에 잃지 않는 경우가 드물다. 천하에 도道가 있으면, 정사政事가 대부大夫에게 있지 않고, 천하에 도道가 있으면 서민들이 [정사政事를 옳으니 그러니 함부로] 의론하지 않는다."라고 했다. 孔子曰 天下有道 則禮樂征伐 自天子出 天下無道 則禮樂征伐 自諸侯出 自諸侯出 蓋十世 希不失矣 自大夫出 五世 希不失矣 陪臣 執國命 三世 希不失矣 天下有道 則政不在大夫 天下有道 則庶人 不議 〈계씨季氏〉2

* 나라의 위계질서位階秩序는 천자天子 아래가 제후諸侯이고, 그 아래가 대부大夫이며, 그 아래가 배신陪臣이다. 여기서 말하는 도道는 나라의 질서다. 세世란 보통 30년을 말하지만, 여기서는 권력 구조가 바뀌는 것을 의미한다. 나라에 통치 질서가 없으면 백성이 나라 정치에 왈가왈부하기 마련이다. 백

첫 번째 도와 덕

성들이 정치에 왈가왈부하는 것은 위정자爲政者가 질서 없이 나라를 다스린 결과이지 백성의 잘못이 아니다. 나라의 최고 책임자가 세상이 어떻게 돌아가는지 제대로 파악하지도 못하면, 참모[배신陪臣]들은 권력을 제멋대로 한다. 그러므로 나라가 잘 다스려질 리가 없어서, 백성이 아우성치는 것이다. 이러고도 나라가 망하지 않은 것은 그나마 백성들이 현명해서 중심을 잡으려고 애쓴 결과다.

요순堯舜 시절의 <격양가擊壤歌>를 보면,

일출이작 日出而作	해가 뜨면 나가서 일하고
일입이식 日入而息	해가 지면 들어와 쉬며
착정이음 鑿井而飮	우물 파서 물 마시니
제력어아하유재 帝力於我何有哉	황제의 힘이 내게 무슨 아랑곳 할 것이 있겠는가?

라고 했다.

태평성대太平聖代란 요堯·순舜 같은 성인聖人 황제皇帝의 도움으로 백성이 잘살지라도, 백성들은 황제의 힘이 자신과는 무관하다고 여기는 세상이다. 이보다 한 단계 아래는 백성이 편안하게 사는 것이 '또한 임금의 은혜[역군은亦君恩]'라고 노래하는 세상일 것이다.

사회관계망 서비스[SNS]가 발달한 요즘에는 백성들이 정치에 대해서 왈가왈부하기 편리한 세상이 되었지만, 정치적 야심이 없는 서민이라면 정치는 모르는 체하고 자기의 삶에 충실하고 싶어질 뿐이다. 그런데 우리는 지금 어떠한가? 세상이 어지러운데도 위정자는 자신이 정치를 잘한다고 생각한다. 복지기금은 국민 복지를 위해서 순수하게 쓰이기보다 정권 연장을 위해 매표^{買票}하는 데 악용되니, 나라 곳간은 비어서 후세에게 넘겨줄 빚이 늘어난다고 한다. 그래도 위정자들은 백성을 편안하게 잘살게 해주었다고 홍보하니, 요^堯·순^舜 시절과는 달라도 너무 다르다.

다음은 당시의 노^魯나라 정치 상황을 공자가 언급한 것인데, 정치 질서인 도^道가 얼마나 무너졌는지 짐작할 수 있다.

> 공자는 "작록^{爵祿}의 권한이 공실^{公室}에서 떠난 지 5세^世가 되었고, 정사^{政事}가 대부^{大夫} 손에 넘어간 지 4세^世가 되었다. 그래서 저 삼환^{三桓}의 자손이 미약한 것이다."라고 했다. 孔子曰 祿之去公室 五世矣 政逮於大夫 四世矣 故 夫三桓之子孫 微矣 〈계씨^{季氏}〉**3**

＊ 작록^{爵祿}은 벼슬과 녹봉^{祿俸}이므로 공적^{公的} 업무를 보는 공실^{公室}에서 나오는 것이 당연하다. 그런데 노^魯나라는 작록^{爵祿}이 공실^{公室}을 떠난 지 5세가 되었고, 정사^{政事} 역시 대부의 손에 넘어간 지 이미 4세가 되었다. 노^魯나라 문공^{文公}이 죽은 뒤에, 공자^{公子} 수^遂가 자적^{子赤}을 죽이고 선공^{宣公}을 세우니, 군왕^{君王}은 그 정권을 잃고 성공^{成公}, 양공^{襄公}, 소공^{昭公}, 정공^{定公}을 거쳤으니 무릇 다섯 공^公이다. 체^逮는 미침[급^及]이니 남의 손에 넘어감이다. 대부^{大夫}인 계무자^{季武子}가 처음 국정^{國政}을 독차지한 뒤로 도자^{悼子}, 평자^{平子}, 환자^{桓子}를 거쳐 무릇 4세^世 만에 [환자^{桓子}가] 가신^{家臣} 양호^{陽虎}에게 잡힌바 되었다. 삼환^{三桓}은 삼가^{三家}로 노^魯나라 환공^{桓公}의 후예다.

이처럼 예禮·악^樂과 정벌^{征伐}이 제후^{諸侯}한테서 나오면 마땅히 제후가 강해진다. 노^魯나라는 실정^{失政}을 해서 정사^{政事}가 대부^{大夫}의 손에 넘어갔으니 마땅히 대부^{大夫}가 강할 터인데, 삼환^{三桓}이 미약한 것은, 강^强은 안정^{安定}에서

생기고, 안정은 상上·하下의 분수分數가 정해지는 데서 생기기 때문이다. 당시 노魯나라는 제후나 대부가 모두 그 윗사람을 능멸陵蔑하니, 아랫사람에게 명령命令을 할 수 없었으므로 오래지 않아 나라를 잃었다.

정치로 말미암아 질서[도道]가 무너지는 나라가 결코 오래 갈 수 없다고 한 것은 동서고금東西古今의 진리다. 이것은 『논어』에서만 통하는 논리가 아니다. 정치하는 사람들이 위계질서를 무너뜨리고 만행을 자행하는 일을 요즘에도 어렵지 않게 볼 수 있다. 소위 실세라는 자들이 설치면서 최고 책임자를 능멸하는 정부치고, 위정자의 뒤끝이 좋은 결과를 본 적이 없다. 작금의 정사政事에서도 자주 입증되고 있으니, 최고 책임자는 반드시 실세들을 잘 단속해야 한다. 그런데 최고 책임자가 눈뜬장님이나 다름이 없다면 이런 세상에서 사는 백성만 불쌍할 뿐이다.

덕德

이제 덕德이란 무엇인지 살펴보자. 덕德은 사심邪心에 흔들리지 않는 곧바른 마음이다. 공자는 덕德에 대해서 다음과 같이 말했다.

> 공자는 "덕德은 외롭지 않아서 반드시 이웃이 있다."라고 했다. 子曰 德不孤 必有鄰 〈이인里人〉**25**

＊ 덕德 있는 사람은 반드시 이웃이 있다고 했는데 도대체 덕德이 무엇이기에 이렇게 말한 것일까. 덕德은 덕悳으로도 쓴다. 이 글자의 구성構成을 보면

'곧을 직直' '마음 심心'이다. 직直은 뒤에서 다시 언급하겠지만, 도심道心과 사심邪心 사이에서 흔들림이 없는 마음으로 오로지 도심道心에 따라 행동하는 것이니, 이 마음이 바로 덕德이다. 덕德 있는 사람은 사사로운 정情에 이끌려 행동하지 않으므로 남을 대할 때 엄격할 수도 있다. 그래서 덕德 있는 사람은 오히려 차갑다고 비난받을 수 있으니, 이웃이 없을 수도 있다. 대개 덕德 있는 사람은 남을 잘 이해해주고 규율에 엄격하지 않아서, 심지어 원한怨恨을 가진 자에게도 친절하게 대할 정도로 은혜가 많은 사람이라고 생각하기 쉽다. 이는 덕德의 일면一面만 봐서 그렇다. 본문에서 덕德 있는 사람은 '반드시 이웃이 있다.必有鄰'라고 한 것은 그의 직심直心을 긍정적으로 보는 동류同類가 반드시 있다는 의미다.

다음에 말한 공자의 언급을 보면 앞의 말을 더 잘 이해할 수 있다. 이 장章을 이른바 '이덕보원 장以德報怨章'이라고도 한다.

> 혹자或者가 "덕德으로 원한怨恨을 갚는 것은 어떻습니까?"라고 하니, 공자가 "[그러면] 무엇으로 덕德을 갚을까? 직直[정직正直]으로 원한怨恨을 갚고, 덕德으로 덕德을 갚는다."라고 했다. 或曰 以德報怨 何如 子曰 何以報德 以直報怨 以德報德 〈헌문憲問〉36

＊ 혹자或者는 어떤 사람이고, 여기서 덕德은 은혜恩惠를 말한다. 내게 원한怨恨을 준 사람에게는 복수復讐가 아닌 정직正直으로 대하고, 내게 은덕恩德을 베푼 사람에게는 나도 은혜로 보답하는 것이 진정한 덕德의 실천이다. 원한怨恨을 복수復讐가 아닌 정직正直으로 대하고, 남의 은덕恩德을 은혜로 갚다 보면 세상은 좀 더 밝아질 것이다.

첫 번째 도와 덕

은덕恩德은 흔한 말로 은혜이고 친절이다. 내가 남에게 은혜를 베풀고 친절하게 대하면 남도 내게 그렇게 하는 것이 사람이 사는 세상이지만, 남의 은혜나 친절을 악용하여 사람을 절망하게 하는 경우가 없지 않다. 이런 악인惡人들 때문에 착한 사람들은 은혜나 친절을 다 그만두고 싶어질 때가 많다.

그런데 살다 보면 누가 조금만 은혜를 베풀고 친절해도 감동되어 마음이 설렌다. 물건을 사러 갔다가 점원이 말만 친절하게 해도 감동하여 말로만 고맙다고 하지 않고 물건 하나라도 더 산다. 반대로 내가 온화한 낯빛으로 말하니, 말을 좋게 해서 덤 하나 더 주겠다고 하는 가게 주인도 있다. 말을 친절하고 온화한 낯빛으로 해서 손해 볼 것이 없으니, 이왕이면 서로 간에 말을 온화하게 하는 세상이 되었으면 좋겠다. 그러려면 말로만 고맙다고 하지 말고 작은 것이라도 몸으로 실천해야 한다. 이렇게 살다 보면 이 세상도 언젠가 살맛 나는 세상이 될 것이다. '유덕자 필유인有德者 必有隣'이란 말을 믿고 은혜든 친절이든 베풀고 살자.

다음은 천리마千里馬에 대한 공자의 언급이다. 천리마를 기리는 것이 천리를 달리는 재주 때문이 아니라, 천리마가 보여주는 덕德을 두고 일컫는다고 했으니, 사람으로 말하면 덕德은 능력이 아니라 인품人品이다.

> 공자가 "기驥는 [잘 달리는] 그 힘을 일컫는 것이 아니라, 그 덕德을 일컫는 것이다."라고 했다. 子曰 驥 不稱其力 稱其德也 〈헌문憲問〉**35**

* 기驥는 [천리마千里馬 같은] 좋은 말의 이름이고, 덕德은 길이 잘 들고 양순함이다. 이런 기驥는 비록 힘이 있지만, 일컬어짐은 덕德에 있다. 그러니 사람이 재주만 있고 덕德이 없다면 또한 사람들의 숭상崇尙을 받을 수 없다.

재주 많은 사람치고 덕德을 갖춘 자가 드물다고 한다. 재주는 능력과 통하는 말이다. 더욱이 재주 많은 사람은 의義로 일관되게 나가기보다 주변 여건에 따라서 신념을 바꾸는 경우가 많다. 또 그렇게 사는 사람을 능력 있는 사람이라고 부러워하면서, 덕德과 인품人品을 갖춘 분을 흠모하는 데는 인색한 세상이다.

공자는 길에서 듣고 말한다는 것은 세상을 쉽게 생각하고 덕德을 포기하는 태도라고도 했다.

> 공자는 "길에서 듣고 길에서 말하면 덕德을 포기하는 것이다."라고 했다. 子曰 道聽而塗說 德之棄也 〈양화陽貨〉**14**

＊ 청聽은 듣는 것이다. 도塗는 진흙이란 의미지만 여기서는 길을 의미하는 도途다. 기棄는 버린다는 뜻이다. 이 장章은 고인古人의 언행言行을 듣고 보면서 실천하지 않으면 결코 덕德을 쌓을 수 없음을 강조한 말이다. '도청이도설道聽而塗說'은 『순자荀子』권1 「권학勸學」에도 "소인小人의 배움은 무엇이 귀에 들어오면 곧 입으로 나와 버린다. 입과 귀 사이가 겨우 네 치에 지나지 않으니, 어떻게 그것으로 7척이나 되는 몸을 아름답게 하겠는가? 小人之學也 入乎耳 出乎口 口耳之間則四寸耳 曷足以美七尺之軀哉"라고 했다. 들은 것을 체득하여 실천할 겨를도 없이 바로 말하기 때문이니, 이런 사람은 덕德이 있을 리가 없다.

그래서 공자는 자로子路에게 덕德을 아는 자가 드물다고 했다.

> 공자는 "자로[유由]야, 덕德을 아는 자가 드물다."라고 했다. 子曰 由 知德

* 유由는 자로子路의 이름이고, 선鮮은 드물다는 뜻이다. 공자가 그의 이름을 부른 것은 제자이고 가깝다고 여겼기 때문이다. 의리義理를 실천하여 자기 몸에 얻은 것을 덕德이라고 하는데, 여기서 말하는 의리는 사람으로서 도리道理 또는 신의信義를 지키는 것이다. 요즘 세상에는 사람 사이에 의리를 지킨다는 것이 참으로 어리석은 삶의 태도가 되어 버렸고, 옳음[의義]의 맛도 알 수 없어서 옛날 협객俠客들의 이야기에서나 들을 수 있으니 안타까울 뿐이다. 기독교 성경聖經에서 예수는 의義로운 삶을 통해서 구약舊約의 율법律法을 완성했다고 하지만, 의로운 삶이 소중한 것임을 아는 자가 드문 세상이다.

다음은 덕德을 좋아하기를 여색女色 좋아하는 것처럼 하는 사람을 보지 못했다는 공자의 탄식이다.

공자는 "그만둘지어다. 여색女色을 좋아하듯이 덕德을 좋아하는 자를 보지 못하였다."라고 했다. 子曰 已矣乎 吾未見好德 如好色者也 〈자한子罕〉**17**, 〈위령공衛靈公〉**12**

* 이已는 '그만둠'이고, 호색好色은 여색女色을 좋아한다는 말인데, 색욕色慾은 재물욕財物慾·식욕食慾·명예욕名譽慾·수면욕睡眠慾과 함께 오욕五慾 중에 하나다. 사람이 여색女色을 좋아하고[호호색好好色] 악취惡臭를 싫어함은[오악취惡惡臭] 사람의 마음이니, 덕德 좋아하기를 여색女色 좋아하듯이 하면, 이는 진정眞情으로 덕德을 좋아함이지만, 사람 중에 그렇게 할 수 있는 사람이 드물다.

색마色魔가 아닌 사람이라도 여색女色을 좋아하듯이 덕德 쌓기를 좋아한다면, 세상이 지금처럼 어지럽지 않을 것이다. 여색女色을 좋아하듯이 덕德을 좋아한다는 말을, 어떤 이는 '여색女色 좋아하는 마음을 바꾸어서 덕德을 좋아하면'이라고도 한다. 여색女色을 좋아하듯이 덕德을 좋아하든지, 여색女色을 좋아하는 마음을 바꾸어서 덕德을 좋아하든지 간에 덕德을 쌓는 일은 인성人性을 함양하는 것이다. 그런데 세상은 인성교육을 외면하니, 이런 환경이 개선될 기미幾微가 전혀 보이지 않는다. 이 장章은 〈위령공衛靈公〉12에도 거듭나온다.

다음은 도道와 덕德에 대한 자장子張의 언급이다.

> 자장子張은 "덕德을 잡은 것이 넓지 못하고, 도道를 믿은 것이 독실하지 못하면, 어찌 있다고 할 수 있으며 어찌 없다고 할 수 있겠는가?"라고 했다. 子張曰 執德不弘 信道不篤 焉能爲有 焉能爲亡 〈자장子張〉2

* 언릉위망焉能爲亡의 망亡은 없다[무無]와 같다. '어찌 있다고 할 수 있으며, 어찌 없다고 할 수 있겠느냐焉能爲有 焉能爲亡'는 오히려 경중輕重이 되지 않음을 말한다. 이는 덕德을 잡은 것이 넓지 못하고, 도道를 믿은 것이 독실篤實하지 못한 사람은 세상에 있거나 없거나 간에 아무런 영향을 주지 못하는 무의미한 존재라는 뜻이다. 세상에 자기의 존재감을 드러내고자 한다면 덕德이 넓고 믿음이 독실하면 되는데, 사람들은 자기 존재감을 드러내려고 그저 악다구니만 쓴다.

두 번째

인仁

인仁이란 무엇인가? 인仁은 나와 남과의 소통疏通을 위한 배려配慮다. 이를 위해서는 먼저 처지를 바꿔 생각하면[역지사지易地思之] 배려의 마음이 생기고, 배려하면 서로 간의 소통이 가능해진다. 그런데 소통이란 꼭 말로만 해야 하는 것이 아니다. 상대가 말하기 싫어하는데 소통하겠다고 자꾸 말을 거는 것은 상대를 배려하지 않는 행동이다. 이럴 때는 오히려 말없이 지켜봐 주는 기다림이 소통이다.

인仁의 본질本質

『논어』의 핵심 주제어라고 할 수 있는 인仁에 대해서 살펴보자. 인仁은 사서四書에 가장 많이 나오는 글자다.『논어』에서만 대강 헤아려 봐도 105번 정도 나온다. 인仁의 훈訓은 '어질다'인데 이것이 도대체 무슨 뜻일까?

예수는 '사랑[애愛]'을, 부처는 '자비慈悲'를 이상적理想的 도덕道德 이념理念으로 내세운 것처럼, 공자는 '인仁'을 제시했다. 인仁의 글자 구성構成을 보면, '사람 인人'과 '두 이二'로 되어 있어 인仁이란 혼자서 이룰 수 없고, 나와 너 사이에서 행해지는 곧 상대가 있는 행위行爲 개념이다. 예수의 사랑도 부처의 자비도 인仁과 마찬가지로 인간의 상호관계 속에서 행해지지만, 왠지 예수의 사랑에서는 희생犧牲이, 부처의 자비에서는 베풂[보시普施]이 연상되는데, 공자의 인仁에서는 사람 사이의 소통疏通을 위한 배려配慮가 연상되는 것이 나만의 생각일지도 모르겠다.

인仁은 인간의 성실성과 관련된 가치관이므로 인仁 사상을 이해하려면 먼저 인간과 관계를 이해해야 한다. 『중용中庸』에서는 "인仁은 사람이다. 仁者 人也"라고 하고, 『맹자孟子』에서도 "인仁이란 사람이다. 仁也者 人也"라고 하거나, "인도仁道는 사람이 행할 바 길이다. 仁道 人道也"라고 했으니, 인仁은 사람 사이에 이루어지는 행위다. 이 행위가 바로 배려配慮이고, 배려가 어짊이다. 요즘에 외국인들이 한국인은 배려심이 많다고 하는데 정말 말 그대로였으면 좋겠다.

공자가 말하는 인仁의 개념을 파악하기 위해서 먼저 『논어』〈이인里仁〉편에 나오는 말들을 살펴보자. 인仁에 관한 『논어』의 구절에는 대개 사람이 어떻게 살아야 하는가 하는 태도의 문제가 주로 언급되어 있다.

> 공자는 "마을에 인후仁厚한 풍속이 있는 것이 아름다움이 되니, 가려서 인후한 마을에 처處하지 않는다면 어찌 지혜롭다고 하겠는가?"라고 했다. 子曰 里仁爲美 擇不處仁 焉得知 〈이인里仁〉1

 * 사람이 인후仁厚한 마을에 살면, 자신도 거기에 동화되어 인仁한 사람

이 될 수 있다. 『순자荀子』의 「권학勸學」 제1에도 "쑥이 삼밭 속에서 자라면 붙들어주지 않아도 저절로 곧아진다. -중략- 그러므로 군자가 머물 때는 반드시 풍속風俗이 좋은 고을을 가리고, 교유할 때는 반드시 어진 선비를 가까이해야 하니, 이것이 곧 자기가 바르지 못한 길로 잘못 들어가는 것을 방지하고 올바른 도리에 가까이 가는 것이다. 蓬生麻中 不扶自直 -中略- 君子居必擇鄕 遊必就士 所以防邪僻而近中正也"라고 했다. 이것을 보면 군자가, 거처할 곳을 가려서 사는 것이 올바른 도리를 향해가는 방법이란 생각이 든다.

그런데 인仁을 이렇게만 생각하면 그것을 실천하는 데 적극적이지 못하다. 인仁을 사람이 사는 편안한 집[안택安宅]과 같다고도 하는데, 인仁이 편안한 집인지 아닌지는 사람마다 생각이 다를 수 있지만, '이인위미里仁爲美'에서 이인里仁을 편안한 집인 인仁에다 내 몸을 담그고[리里] 있으면 아름다움이 된다[위미爲美]. 그러므로 '택불처인 언득지擇不處仁 焉得知'는 '[인仁을] 가려서 인仁에 처하지 않는다면, [그런 사람을] 어찌 지혜롭다고 하겠는가?'로 해석하는 것이 인仁을 좀 더 적극적으로 실천하는 태도라고 할 수 있다.

공자는 어진 자라야 인仁에 편안할 수 있고 인仁을 이롭게 여긴다고 했다.

> 공자는 "어질지 못한 자는 오랫동안 궁곤한 데 처할 수 없고 즐거움에 오래도록 처할 수도 없지만, 어진 자는 인仁을 편안하게 여기고, 지혜로운 자는 인仁을 이롭다고 여긴다."라고 했다. 子曰 不仁者 不可以久處約 不可以長處樂 仁者 安仁 知者 利仁 〈이인里仁〉2

* 약約은 궁곤窮困이고, 이利는 탐貪과 같다. 불인不仁한 사람은 오래 궁곤

窮困하다 보면 반드시 넘치고[구약필람久約必濫], 오래 즐기다 보면 반드시 넘친다[구락필음久樂必淫]. 여기서 남濫과 음淫은 모두 지켜야 할 한계치를 넘었다는 뜻이다. 어질지 못한 사람은 본심을 잃어버려서 오랫동안 궁곤하거나, 또 오랫동안 즐기다 보면 지켜야 할 한계치를 넘거나 거기에 빠질 수 있다.

또 안인安仁은 하나지만, 이인利仁은 둘이라고 해서 구별하기도 한다. 이는 인仁에 처하는 것이, 편안하다[안安]고 여기는 것과 이롭다[이利]고 여기는 것의 차이다. 인仁을 편안하게 여기는 인자仁者나, 인仁에 처하는 것이 이롭다고 여기는 지혜智慧로운 자의 태도는 깊고 얕음이 같지 않지만, 인仁을 실천하려는 마음을 외물外物로 인해서 빼앗기지 않는 점에서는 같다고 할 수 있다.

불가이구처약不可以久處約의 약約은 궁곤窮困이고, 불가이장처락不可以長處樂의 낙樂은 즐거움이어서 대조對照를 이루지만, 구처약久處約의 약約을 궁곤窮困보다는 자기의 욕심慾心을 구속拘束하는 것으로 보면, 불가이구처약不可以久處約과 불가이장처락不可以長處樂이 인과因果의 관계가 된다. 그래서 '불인不仁한 사람은 욕심을 구속하는 일에 오래 처할 수 없어서 결국 즐거움에도 오래 처할 수 없다'가 되어, 뒤에 언급될 예禮와도 연관된다. 사람은 자기가 바라는 것이 어느 정도 충족되면, 예禮로 이를 절제節制해서 자족지지自足知止를 해야 하는데, 불인不仁한 사람은 그러지 못하고 좀 더 욕심을 내다가 결국은 한계를 넘어서 오래 처할 수가 없게 된다.

앞에서도 언급했지만 불인不仁한 사람은 밥을 배가 터지도록 먹고서 "배불러 죽겠다."라고 할 정도로 먹어야 만족한다. 집안 어른이 이런 말을 들으면, "배불러 죽겠다는데 저놈, 죽으면 안 되니 오늘 저녁은 주지 말라."라고 하신다. 배불러 죽겠다고 하는 것은 절제를 모르고 만족할 줄 모르기 때문에 일어나는 일이다. 어른들은 "밥 한 숟갈 더 먹고 싶을 때 숟가락을 놓아라."라고 하신다. 물론 먹은 것이 만족스럽지 못하고 아쉽지만, 그때 멈추면 배탈 날 일이 없으니 뱃속이 편안해진다. 이를 잘 알면서도 먹고 싶다는 욕망을 이겨내기가 쉽지 않다. 욕망을 이겨낸다는 것이 바로 절제한다는 것인데, 이 절제가 바로 예^禮다. 이 예^禮로 육신의 욕망이나 편안함을 옭아매는[약^約] 것이다.

공자는 사람에게 절실한 것으로 따지면 물과 불보다 인^仁이 더 절실한데 이를 실천하지 않는다고도 했다.

> 공자는 "사람에게 있어 인^仁은 물과 불보다 더 절실하다. 물과 불은 밟다가 죽는 사람을 내가 보았지만, 인^仁을 밟다가 죽는 사람은 보지 못했다."라고 했다. *子曰 民之於仁也 甚於水火 水火 吾見蹈而死者矣 未見蹈仁而死 者也* 〈위령공^{衛靈公}〉**34**

   * 인^仁을 밟는다[도^蹈]는 것은 실천한다는 의미다. 이 장^章은 사람에게는 인^仁이 물이나 불보다 더 절실함을 말한 것이다. 물과 불은 사람이 사는데 하루라도 없어서는 안 되지만 인^仁 역시 그렇다. 다만 물과 불은 외물^{外物}이고, 인^仁은 자기 마음에 있다는 것이 다를 뿐이다. 물과 불이 없으면 몸을 해치는 데 지나지 않지만, 인^仁을 행하지 않으면 마음을 잃어버려서 인^仁이 물과 불보다 피해^{被害}가 더 심하다. 또 물과 불은 사람을 죽이기도 하지만, 인^仁은 그렇지도 않은데 사람들이 인^仁을 실천하는 것을 꺼려서 하지 않는다.

공자는 인仁에 대해서 이렇게도 말했다.

> 공자는 "인仁을 맞닥뜨려서는 스승에게도 양보하지 않는다."라고 했다. 子曰 當仁 不讓於師 〈위령공衛靈公〉35

* 인仁이란 스스로 소유해서 스스로 하는 것이므로 남과 다툴 일이 없으니 양보할 대상이 아니다. 스승에게도 양보하지 않는다는 것은 인仁을 자기 임무로 삼고 과감하게 실천한다는 뜻이다. 그렇지만 이렇게 인仁을 과감하게 실천하는 사람을 만나기란 쉽지 않다.

지사志士나 인인仁人 같은 이들은 어떻게 인仁을 이루었을까?

> 공자는 "지사志士와 인인仁人은 삶을 구하자고 인仁을 해치는 일이 없고, 몸을 죽임으로 인仁을 이룸이 있다."라고 했다. 子曰 志士仁人 無求生以害仁 有殺身以成仁 〈위령공衛靈公〉8

* 소인小人은 육신의 안락한 삶을 위해서 무슨 짓이든 하지만, 지사志士나 인인仁人은 육신의 삶을 위해 인仁을 해치지 않을 뿐만 아니라, 오히려 육신의 삶을 죽여서 인仁을 실천하므로 세상에서는 그들을 '지사志士다, 인인仁人이다.'라고 한다.

남을 위험에서 구하려다가 자신을 버린 거룩한 행위를 매스컴을 통해서 가끔 들을 때마다 사람들은 살신성인殺身成仁의 정신을 구현했다고 한다. 어떤 이는 그렇게 해서 자신에게 남는 것이 무엇이냐고 되묻거나, 이름을 남겼다고 해서 자신에게 무슨 이익이 있느냐고 한다. 사실 이런 행위는 사람들 말로 칭송되는 것 말고는 물질적인 이익이 별로 없다. 설령 사회나 국가가 보상해주었다고 해도 그것으로 인仁을 실천한 살신殺身의 삶이 온전히 보상되지도 않는다. 물론 당사자도 이런 보상을 기대하고 한 행동이 아니다. 맹자孟子의 말을 빌리면, 마음속에서 그대로 두고 볼 수 없는 측은지심惻隱之心이 발동되어 행한 것이다. 그래서 맹자孟子는 이 측은지심惻隱之心을 인仁을 실천하는 단서端緖라고 했다.

요즘엔 이런 측은지심惻隱之心을 외면하거나, 마음에서 이런 싹이 아예 자라지 못하도록 비정非情하게 산다. 세상이 제대로 되려면 이런 측은지심惻隱之心을 실천한 사람들의 삶을 기억하고, 우리도 그들을 닮아가려고 노력해야 한다. 그런데 자신은 늘 예외로 남고, 남들이 그렇게 해주기를 바란다. 이뿐만 아니라 자기는 어떤 일에 참여하지 않았으면서, 그런 분들의 삶에 편승해서 자신의 이름을 올리는 몰염치한 자도 있다. 이런 탐욕적인 삶이 난무하는 시대에 살고 있으면서, 공자의 말씀을 전하는 것도 부질없는 짓이란 생각이 들기도 한다.

살신성인殺身成仁을 실천한 분들의 이야기를 듣다 보면, 그렇게 살지 못한 자신을 부끄러워한다. 그래서 이런 삶을 실천하지는 못하더라도, 물욕物慾 때문에 남에게 폐를 끼치거나 탐욕貪慾을 부리지 않으려고 한다. 그리고 외물外物에 마음을 빼앗기지 않고, 비록 작은 일에도 측은지심惻隱之心이 일면 그것을 참지 않고 실천하려고 애를 쓴다. 이렇게 살다 보면 언젠가는 좀 더 나은 세상이 만들어질 것이란 믿음이 있어서 그렇게 한다. 그런데 이런 사람을 두고 '잘났어.'라고 하며 비아냥거리는 사람들이 많다. 자기는 그렇게 살지 못하면서 남의 이런 삶의 태도를 마땅찮게 여긴다.

인자仁者가 아니면서 남을 좋아하고 미워할 수 있을까?

공자는 "오직 인자仁者라야 남을 좋아도 하고 남을 미워도 할 수 있다."라고 했다. 子曰 惟仁者 能好人 能惡人 〈이인里仁〉3

* 남을 좋아하고[호好]는 미워한다[오惡] 것은 자신의 가치 기준에 근거한 것이므로, 그 기준이 변함없이 한결같기가 범인凡人으로서는 쉽지 않다. 이뿐만 아니라 사람은 자기중심적이기 때문에, 자신의 기준이 객관적이라고 인정받기도 어렵다. 이 객관성은 공평하고 바르다고 하는 공정公正으로, 요즘에 화두가 된 말이기도 하다. 사람의 마음에 사私가 끼어 있으면 공정할 수가 없다. 그래서 공정은 사심私心이 없는 인자仁者가 아니면 실천하기가 어렵다.

요즘엔 인자仁者를 찾아보기 어렵고, 남을 미워하는 사람들은 자꾸 많아지니 참으로 딱하다. 공증公證된 악인惡人을 미워하는 것이야 그렇다고 해도, 까닭 없이 남을 미워하는 사람들도 있으니 이런 사람들을 어떻게 이해할 수 있을까? 뭘 달라는 것도 아니고, 준 것도 없는 사람을 까닭 없이 미워한다. 이것을 사주학四柱學에서는 두 사람 팔자가 상극相剋이어서 그렇다고 하는데 이를 믿어야 할지 말아야 할지 참 답답하다.

미움이란 나의 감정일 뿐이다. 어차피 내가 인자仁者가 아니라면 공정심公正心을 가질 수도 없다. 그러나 상대의 악惡에 대한 나의 판단이 좀 지나치지 않았나 하고 때때로 살핀다면, 남을 미워하는 마음도 사그라지지 않을까 생각한다. 미워하는 감정을 내 속에 담고 있으면 내게 스트레스가 되어 건강에도 좋지 않을 터이니, 자신을 위해서라도 남을 미워하는 일을 삼가는 것이 좋겠다.

공자는 남을 미워하고 좋아하는 것을, 남의 말 듣지 말고 스스로 확인하라고 했다.

> 공자는 "많은 사람이 그를 미워해도 반드시 살펴보고, 많은 사람이 그를 좋아해도 반드시 살펴보아야 한다."라고 했다. 子曰 衆 惡之 必察焉 衆 好之 必察焉 〈위령공衛靈公〉**27**

* 설령 많은 사람이 어떤 이를 미워하거나 좋아해도 살펴보라고 한 것은, 많은 이가 그렇다고 하더라도 자신은 그것을 살펴서 그런 감정이 진정으로 공정公正한지 살피라는 뜻이다. 사람은 일상에서 남을 좋아하고 미워하는 일에 사심私心이 끼지 않을 수 없다. 누군가가 어떤 일을 사심私心 없이 했다고 말하는 순간에, 그것을 듣는 사람들은 거기에 이미 사심私心이 끼었다고 생각한다. 그만큼 사심私心은 우리의 행위를 간섭하지 않을 수 없으니, 사람은 태생적胎生的으로 사심私心에서 자유로울 수 없다.

어느 현인賢人은 "중원中原의 오랑캐는 쫓아내기 쉬워도, 한 가지 자기의 사심私心은 제거하기 어렵다. 中原之戎虜易逐 一己之私意難除"라고 한 것도 사심私心에서 자유롭기가 그만큼 어렵기 때문이다. 요즘 세상에 패거리 문화를 보면 더욱 그렇다. 남을 미워하고 비판하기를, 편을 갈라서 하는 세상이다. 또 여론조사를 근거로 남에 대한 평가가 객관성이 담보된 것처럼 하지만, 설문設問 과정에서 조사기관의 의도성 즉 사의私意가 개입될 여지가 있으므로 그대로 믿을 수도 없다.

공자는 악惡을 끊어내려면 마음을 도심道心으로 가득 채워서 한순간도 인仁을 떠나게 해서는 안 된다고 했는데, 사람이 인仁에 뜻을 두면 사심私心이 없어지기 때문이다.

공자는 "진실로 인仁에 뜻을 두면 악함이 없다."라고 했다. 子曰 苟志於仁 矣 無惡也 〈이인里仁〉4

＊ 사람의 마음[심心]은 바로 심장心臟이다. 의지意志가 없을 때는 단순한 물物에 지나지 않지만, 마음이 어딘가로 방향을 잡고 움직이면 바로 지志다. 이 지志가 도심道心으로 갈 것인지 사심邪心으로 갈 것인지는 평소에 자기 마음을 살피고[성찰省察] 어떻게 마음을 기르느냐[존양存養]에 달려 있다. 성찰省察은 자신이 인仁한지 아닌지 늘 살피는 것이고, 존양存養은 본심本心 곧 도심道心을 잃지 않으려고 착한 마음을 기르는 것이니, 배우는 자가 반드시 해야 할 일이다. 그래서 사람이 인仁에 뜻을 두면 악惡함이 없다고 한 것이다. 사람이 진실로 인仁에 뜻을 두었더라도 얼마간 거들먹거림이야 없지 않겠지만, 그래도 악惡을 저지르는 일은 없을 것이다. 이는 그 지나침이 잘해보려다가 한계를 지나친 것이기 때문이다.

그런데 공자는 인仁을 좋아하는 자와 불인不仁을 미워하는 자를 보지 못했다고 탄식했다.

공자가 "나는 인仁을 좋아하는 자와 불인不仁을 미워하는 자를 보지 못했다. 인仁을 좋아하는 자는 거기에 더할 것이 없고, 불인不仁을 미워하는 자는 인仁을 할 적에 불인不仁이 그의 몸에 더해지지 못하도록 한다. 하루라도 인仁에 그 힘을 쓸 수 있는 자가 있는가? 나는 힘이 부족한 자를 아직 보지 못했다. 대개 그런 사람이 있을 것이지만, 나는 아직 보지 못했다."라고 했다. 子曰 我未見 好仁者 惡不仁者 好仁者 無以尙之 惡不仁者 其爲仁矣 不使不 仁者 加乎其身 有能一日用其力於仁矣乎 我未見力不足者 蓋有之矣 我

* 지志가 지극한 곳에는 기氣가 반드시 이른다. 이는 기氣가 지志를 움직여서 가고자 하는 바에 이르게 하는 힘[에너지]이기 때문이다. 인仁이란 실천하기 어려운 것이 아니고, 힘이 부족해서도 아니며, 다만 기氣를 쓰려는 의지意志가 없기 때문이다. 여기서 기氣를 쓴다는 것은 애를 쓴다거나 노력한다는 의미다. 공자는 자신이 직접 보지 못했지만, 거친 세상에 인仁을 실천하려고 애를 쓰는 자가 어딘가에 있을 것이란 희망의 끈을 놓지 않았다. 그러니 밝은 세상에 대한 공자의 기대가 얼마나 절실했는지 짐작할 수 있다.

세상이 사악邪惡하다고 하지만, 그래도 인仁을 실천하는 사람이 없지 않을 것이다. 이런 사람들을 찾아 널리 알려야 할 매스컴들은 악인惡人들의 사악邪惡한 사건에 더 많은 시간과 지면을 할애한다. 이것도 세상에 경종警鐘을 울리겠다는 의도겠지만, 사람은 남의 선행보다는 사악한 사건에 관심이 많기 때문일 것이다. 그러나 인자仁者의 아름다운 사건들을 자주 대하다 보면 세상이 좀 더 나아지지 않을까 싶다.

공자 당시에도 인仁을 좋아하는 사람과 불인不仁을 미워하는 자를 보지 못했다고 하니, 그때나 지금이나 세상은 항상 거칠기 마련인가 보다. 그런데 '거칢'이란 세상이 저절로 그렇게 된 것이 아니라, 사람이 그렇게 만든 것이다. 그러니 사람이 이루어 놓은 것을 가르치는 인문학人文學을 게을리할 수 없는 이유가 바로 여기에 있다. 이 인문학은 인간의 도덕과 윤리를 바탕으로 하고 있으므로 '질서국가秩序國家'가 되려면 인문학이 강화되어야 하는데 그러지 못한 것이 우리의 현실이다.

공자는 인仁을 실천하기 좋아하는 사람을 보지 못했다고 하였지만, 인

仁한 사람인지 그렇지 않은 사람인지는 그 무리를 보면 알 수 있다고 했다.

> 공자는 "사람의 허물이라고 하는 것은 각자 그 끼리끼리[유類대로] 하니, 허물을 보면 그의 인仁을 알 수 있다."라고 했다. 子曰 人之過也 各於其黨 觀過 斯知仁矣 〈이인里仁〉7

* 군자든 소인이든 실수도 하고 지나친 바가 없지 않겠지만, 군자는 후한 데서 실수하고 사랑에 지나치지만, 소인은 각박한 데서 실수하고 잔인함에 지나치기 마련인데, 둘 다 중中을 잡지 못한 처신이다. 그러나 군자의 실수나 허물은 '후厚하고 지나친 사랑' 때문이라면, 소인의 실수나 허물은 '각박하고 잔인함' 때문이라고 한 점에서 다르다. 유유상종類類相從이란 말이 있듯이 이것은 무리에 따라 허물의 질質이 다름을 의미한다.

『후한서後漢書』「열전列傳」에 나오는 오우吳祐는 인자하고 청렴하기로 이름난 인물이다. 그가 교동후膠東侯의 상相으로 있을 적에 하급 관리인 손성孫性이 세금 일부를 빼돌려서 부친의 옷을 마련하여 가져다드렸다. 그런데 그 부친이 이를 알고 아들을 꾸짖자, 아들은 오우吳祐를 찾아가 자복自服했다. 오우吳祐는 손성孫性이 부정한 짓을 했지만 부친 옷을 지어드리려고 한 것이니, 허물을 보면 인仁을 안다[관과지인觀過知仁]고 했다는 고사故事다. 아버지의 처사處事가 바르니 아들이 바로 반성을 한 것이지만, 오우吳祐는 손성孫性의 효성이 지나쳐서 그렇게 한 것이라고 관대하게 여겼음을 볼 수 있다. 요즘에도 사람 냄새를 느낄 수 있는 판사의 판결을 가끔 들을 수 있어서 그나마 위로가 된다.

공자는 인仁을 실천하는 일이 멀리 있지 않고 가까운 데 있다고 했다.

두 번째 인

공자는 "인仁이 멀리 있는가? 내가 인仁을 하고자 하면 이 인仁이 이를 것이다."라고 했다. 子曰 仁遠乎哉 我欲仁 斯仁 至矣 〈술이述而〉29

　＊ 인仁이 자기 밖에 있다거나 자기로 말미암은 것이 아니라고 해서 놓아두지 말고, 자기 안에서 구하거나 찾고자 하면 실천할 수 있다. 그래서 인仁이 멀리 있지 않다고 하였다. 그렇다고 인仁이 스스로 온다는 것이 아니라, 인仁을 하고자 하면 실천할 수 있다는 뜻이다. 공자는 인仁을 마음의 덕德이라고 해서 가까이 있다고 했지만, 달리 말하면 이를 실천할 대상은 바로 가장 가까이 있는 가족이다. 나를 낳아준 부모와 피를 나눈 형제보다 더 가까운 존재는 이 세상에 없다. 그들에게 효도하고 우애하는 일은 인仁의 실천이니, 이보다 더 가까이서 실천할 수 있는 인仁은 없을 것이다.
　거친 세상에 형제가 아닌 남에게 살신성인殺身成仁을 하는 사람도 있고, 자신도 여유롭지 못하면서 주변의 작은 일에도 측은지심惻隱之心을 참지 못하는 사람도 있다. 이런 일은 보통 사람으로서는 실천하기 어려운 일이니 감히 함부로 말할 수 없다. 그렇지만 이런 사람이 부모 형제에게 불인不仁을 저지른다면, 앞서 한 행위는 진정으로 남을 위한 일이 아니라 사심邪心으로 한 것이 된다. 우리가 진정성을 가지고 인仁을 실천하려면, 마음속에서 죽어가는 도심道心을 바로 세워 가까운 데서부터 인仁을 실천하려고 애를 써야 한다.

　다음에 소개하는 시詩는 인仁이 결코 멀리 있는 것이 아니라는 〈술이述而〉29 내용과 관련이 있어서 여기에 소개한다.

▎'당체[자두나무] 꽃이여, 바람에 펄럭이는구나. 어찌 너를 생각지 않으랴만,

집이 너무 멀어서 갈 수 없구나.' [이 시를 읽은] 공자는 "생각하지 않은 것이지 어찌 멂이 있겠는가."라고 했다. 唐棣之華 偏其反而 豈不爾思 室是遠而 子曰 未之思也 夫何遠之有 〈자한子罕〉30

　　* 당체唐棣는 자두나무[욱리郁李]고, '편기번이偏其反而'의 편偏은 나부낌이며, 번反은 뒤집힘이니 꽃의 흔들림이다. 자두나무가 집에서 멀리 있다는 것은 바로 물리적 거리다. 공자가 이를 생각하지 않기 때문이라고 한 것은 바로 심리적 거리다. 인仁을 실천하지 못하는 것 역시 물리적 거리 때문이 아니라 심리적으로 멀리 있다고 여겨서다. 아무리 가까이 있어도 마음이 없으면 가지 않지만, 아무리 멀리 있어도 마음이 있으면 언젠가는 가게 되는 그런 이치다.

　　다음은 재아宰我가 우물에 빠진 사람을 두고 공자에게 물으니 공자가 답한 내용이다.

　　재아宰我가 묻기를 "인자仁者는 비록 우물 속에 사람이 있다고 [어떤 이가] 알려주더라도, [우물 속에 있는 사람을 구하자고] 우물에 따라 들어가겠습니다."라고 하니, 공자가 "어찌 그리하겠는가. 군자를 [우물까지] 가게 할 수 있지만 빠지게 할 수는 없고, [이치가 닿는 말로 군자를] 속일 수는 있지만 [근거 없는 말로] 속일 수는 없다."라고 했다. 宰我 問曰 仁者 雖告之曰 井有仁[人]焉 其從之也 子曰 何爲其然也 君子 可逝也 不可陷也 可欺也 不可罔也 〈옹아雍也〉24

　　* 정유인井有仁의 인仁은 문맥으로 보아 '인人'이라야 한다고 했다. 이 장章

은 우물 안에 사람이 빠져 있다고 어떤 이가 알려주면, 인자仁者는 '[그를 구하자고] 우물 안에 따라 들어가겠습니다. 其從之也'라는 재아宰我의 말속에는 그가 살신성인殺身成仁 같은 경우를 생각하고, 자신이 없어서 이렇게 말한 것으로 생각되지만, 어쩐지 인자仁者를 비아냥거리는 듯한 느낌도 든다. 살신성인殺身成仁은 인仁을 실천해야겠다고 의도하고 하는 행위가 아니다. 남의 어려움을 차마 보고 있을 수 없는 측은지심惻隱之心이 일어서 자신의 위험을 생각하지 않고 저도 모르는 사이에 인仁을 실천하는 것이지 지어먹은 마음[작심作心]으로 인仁을 실천하는 것이 아니다.

그런데 가까이 있는 가족에게 무관심하면서 남을 형제니, 자매니 하며 정성껏 돌봐주는 사람들을 보면, 그들의 봉사가 과연 진정성眞情性에서 나온 것일까 하고 의심이 들 때가 있다. 남에게는 열정적으로 하는 봉사가 혹시 사심邪心에서 나온 것 같아서 하는 말이다. 어떤 이는 봉사가 명성을 얻자는 것이 아니라 남이니까 신경 써서 하는 것이고, 가족은 가장 가까운 사이이니 무관심해도 이해해 줄 것이란 믿음이 있어서라고 한다. 또, 남이 아니라 성령聖靈으로 다시 태어난 영적靈的 가족이고, 사해四海 중생衆生이 모두 형제자매라고 생각되어 그런다고도 한다.

그런데 『논어』에서는 가까운 데서부터 실천하여 남에게 미치어 나아가는 것을 순리順理라고 한다. '집에서 게으른 놈이 남의 집에 가서 빗자루 먼저 잡는다.'라는 속언俗諺은 남에게 인정받자고 하는 짓이라 여겨서 생긴 말이다. 집에서는 하지 않더라도 밖에서라도 하는 것이 건강한 사회를 만드는 데 도움이 될 수도 있겠지만, 진정성 없는 행위는 허위와 위선만 난무하게 될 것이다. 효孝 · 자慈 · 제悌부터 먼저 실천한 사람은 반드시 여력이 있으니, 그때 남을 돌보는 것이 진정성 있는 행동이 아닌가 한다.

다음은 자하子夏가 인仁이 어디에 있는지를 언급한 내용이다.

> 자하子夏는 "배우기를 널리 하고[박학博學] 뜻을 독실하게 하며[독지篤志], 절실
> 하게 묻고[절문切問] 가까이 생각하면[근사近思], 인仁은 그 가운데 있다."라고
> 했다. 子夏曰 博學而篤志 切問而近思 仁在其中矣 〈자장子張〉6

* 자하子夏가 말한 이 네 가지[박학博學 · 독지篤志 · 절문切問 · 근사近思]는
모두 배움과 생각만으로 사물의 옳고 그름을 가려내는 사변思辨의 일이다.
그러므로 힘써서 해도 인仁을 실천하는데 미치지 못할 수 있다. 그러나 이를
일삼아서 하면 마음이 밖으로 달리지 않아 보존한 바가 저절로 익숙해지므
로 인仁이 그 가운데 있다고 한 것이다. 정자程子는 배우기를 널리[박학博學]
하지 않으면 자기를 지킬[수약守約] 수 없고, 뜻이 독실하지[독지篤志] 못하면
힘써 실천할[역행力行] 수 없으므로, 자기에게 있는 것을 절실히 묻고[절문切
問] 가까이 생각하면[근사近思] 인仁이 그 가운데 있다고 한 것이라 했다. 여기
서 근사近思는 유추類推한다는 것으로, 가까이 있는 것으로 미루어 생각한다
는 뜻이다.

다음은 자유子游가 자장子張의 인仁에 대해서 평評한 내용이다.

> 자유子游가 "나의 벗 자장子張은 어려운 일은 잘하지만, 인仁하지는 않다."라고
> 했다. 子游曰 吾友張也 爲難能也 然而未仁 〈자장子張〉15

* 자유子游가 자장子張의 평소 성격을 보고서, 행실行實은 지나치게 높은
데, 정성스럽고 참된 성실誠實과 가엽게 여겨 슬퍼하는 측달惻怛의 뜻이 적다

　　　　　　　　　　　　　두 번째 인

고 여겼기 때문에 이렇게 말한 것이다. 이는 사람이 아무리 어려운 일을 잘 처리해도 성실誠實과 측달惻怛이 부족하면 인仁을 실천할 수 없기 때문이다.

앞에서 자유子游는 자장子張을 인仁하지는 않다고 했는데, 이번에는 증자曾子가 자장子張에 대해 함께 인仁을 실천하기 어렵겠다고 지적한 내용이다.

> 증자曾子가 "당당하구나, 자장子張이여, [그렇지만] 함께 인仁을 실천하기는 어렵겠다."라고 했다. 曾子曰 堂堂乎 張也 難與並爲仁矣 〈자장子張〉16

* 당당堂堂은 용모의 거룩함이다. 이 장章은 자장子張이 외면外面에 힘쓰고 스스로 높다고 여기니 그를 도와 인仁을 할 수 없고, 또한 남의 인仁을 도울 수 없음을 말한 것이다. 〈자장子張〉15에서 자유子游가 자장子張을 두고 행실行實은 지나치게 높은데, 성실誠實과 측달惻怛의 뜻이 적었기 때문이라고 한 것을 보면, 자장子張을 보는 눈이 증자曾子와 비슷하다. 자장子張이 겉으로는 여유가 있지만 안으로는 부족하므로, 문인門人들이 그와 더불어 인仁을 함께 할 수 없음을 말한 것이다. 공자는 〈자로子路〉27에서 "강하고 굳세며 질박하고 어눌함이 인仁에 가깝다. 剛毅木訥近仁"라고 했으니, 차라리 겉은 부족하더라고 안으로 여유가 있었으면 아마 거의 인仁을 행할 수 있었을 것이다.

어떤 행위가 인仁일까?

그렇다면 어떤 행위가 인仁일까? 인仁의 실천을 좀 더 구체적으로 이해하기 위해서 공자의 제자나 주변 인물의 다양한 행위에 대해 공자가 어떻게 평가하고 있는지 살펴보자. 이에 관련된 일화는 고금古今 인물人物의 현부賢否·득실得失을 논한 〈공야장公冶長〉 편篇에 자주 나온다.

> 어떤 이가 "옹雍은 어질지만[인仁] 말재주가 없다."라고 하니, 공자가 "[그런] 말재주를 어디다 쓰겠는가. 말을 잘해서 남의 말을 막으면 남에게 자주 미움을 받는다. 그의 인仁은 모르겠지만, 어디다 말재주를 쓰겠는가."라고 했다. 或曰 雍也 仁而不佞 子曰 焉用佞 禦人以口給 屢憎於人 不知其仁 焉用佞 〈공야장公冶長〉**4**

　＊혹或은 '어떤 이'이고, 영佞은 말재주이며, 어禦는 상대하는 것이니 남의 말에 응답한다는 뜻이다. 급給은 말을 넉넉하게 잘함이고, 증憎은 미워함[오惡]이다. 옹雍은 공자 제자로 성姓은 염冉이고, 자字가 중궁仲弓인데, 사람됨이 중후重厚하고 소탈 과묵[간묵簡默]했다. 또 공자는 〈옹야雍也〉**1**에서 그를 군왕의 자리에 앉게 할 만하다고 하고, 〈옹야雍也〉**4**에서는 그 아버지는 미천하고 행실이 악惡했지만, 자식인 중궁仲弓은 선善해서 산천山川 신神이 그를 버리지 않을 것이라고 칭찬을 받은 인물이다. 그런데 당시 사람들은 그가 덕德에 뛰어난 것을 아름답게 여기면서도 말재주 없음을 흠으로 여겼다.

　공자가 말한 '말재주를 어디다 쓰겠는가?焉用佞'는 말 잘하는 사람은 남과 응답하면서 다만 입으로 변론을 잘할 뿐, 실정實情이 없어서 한갓 남들의 증오憎惡를 많이 받을 뿐이란 의미다. 공자는 옹雍[중궁仲弓]의 인仁은 알 수 없지만, 그의 말재주 없음은 오히려 훌륭함이 되지, 흠이 될 것은 없다고 하여 '언용영焉用佞'을 거듭 말했다. 이는 옹雍을 어질다고 여기면서 말재주가 부족하다고 한 사람들을 깊이 깨우쳐준 것이다.

중궁仲弓의 어짊으로도 공자가 인仁을 허락하지 않은 이유가 뭐냐는 어떤 이의 질문에, 주자朱子는 인仁의 도道는 지극히 커서 실체가 온전하고 쉼이 없는 자가 아니면 족히 해당하지 않는다. 안자顔子와 같은 아성亞聖도 3개월 뒤에는 인仁에서 떠남이 없지 않았는데, 하물며 중궁仲弓이 비록 훌륭하다지만 안자顔子에게 미칠 수 없으니, 공자가 인仁을 진실로 가볍게 허용할 수 없다고 한 것이라 했다.

사람들이 나이가 들면 남의 말은 들으려 하지 않고 자기 말만 하는 사람이 많다. 특히 나이가 들면 기억력이 감퇴해서 그렇다고 핑계를 댄다. 남의 말을 자주 가로막는 것은 떠오른 생각이 잊힐까 봐 염려되어 조급한 마음에 그럴 것이니 이해가 안 되는 것은 아니다. 그렇지만 말을 많이 하는 것보다 남의 말을 열심히 듣는 것이 상호소통의 중요한 태도인 것을 생각하면, 진정한 말재주는 말하기보다 듣기를 잘하는 데 있다. 그래서 소통은 말하기가 아니라 듣기라고도 한다. 토론에서 자기의 말을 조리 있게 잘하는 것도 중요하지만, 남의 말을 끝까지 듣고 거기에 맞는 내용으로 응대하는 것이 더 중요하다. 상대에게 이런 배려를 제대로 못 하는 것은 자기가 남보다 낫다고 생각하는 마음이 앞서서다. 남의 말을 가로막기보다 잘 듣는 것이 그에 대한 배려이고, 지혜로운 이의 모습이며, 나아가 인仁을 실천하는 것이 된다. 그렇지만 사람들은 이렇게 쉬운 것도 실천하지 못하는데, 이런 사람은 자기의 말은 물론이고 인품마저도 허공으로 사라지게 하는 어리석은 사람이다.

앞의 내용을 보면 중궁仲弓이 어쩌면 진짜 말 잘하는 사람이라고 할 수 있을 것 같은데, 말을 어떻게 해야 하는지 다음을 보자.

사마우司馬牛가 인仁을 물으니, 공자가 "인자仁者는 그 말을 참아서 한다."라고 했다. 사마우가 "그 말을 참아서 하면 이를 인仁이라고 말할 수 있습니까?"라고 하니, 공자가 "그것은 행하기가 어려우니 말하는 것을 참아서 하지 않을 수 있겠는가."라고 하였다. 司馬牛 問仁 子曰 仁者 其言也訒 曰 其言也訒 斯謂之仁矣乎 子曰 爲之難 言之 得無訒乎 〈안연顔淵〉3

* 인訒은 말을 참고[인忍] 어려워함[난難]이다. 인자仁者는 마음이 보존되어서 놓아버리지 않기 때문에, 말할 때도 참는 바가 있어 쉽게 내지 않는데 이는 덕德의 하나다. 공자가 사마우司馬牛는 말이 많고 조급해서 이것으로 말해주어 말을 삼가게 했는데, 인仁을 실천하는 방법도 이에서 벗어나지 않을 것이다.

공자는 제자들이 고쳐야 할 점이 있으면, 대강의 줄거리만을 범연泛然히 말해준 것이 아니라, 상대에 따라서 병통의 간절한 것을 구체적으로 말해주어 이를 고친 뒤에 덕德에 들어갈 수 있도록 했다. 사마우司馬牛가 다시 질문한 것을 보면, 그는 말을 쉽게 하는 사람이다. 그러니 말을 쉽게 하지 않는 것이 바로 인仁을 실천하는 방법이라고 할 수 있다.

중궁仲弓은 남들에게 말재주가 없다는 평을 받을 정도로 중후重厚하고 간묵簡默했으니, 이 점에서 사마우司馬牛와 대조된다. 공자가 비록 중궁仲弓에게 인仁을 허락하지 않았지만, 그의 중후重厚하고 간묵簡默한 태도가 훌륭하다고 여긴 것은 그만큼 말을 쉽게 하지 않았기 때문이다. 요즘에는 입에서 나오는 대로 지껄여대다가 아니면 말고 하는 식으로 말을 쉽게 하니, 세상이 말로 오염될 수밖에 없다. 사람이 말을 쉽게 하지 않는다는 것은 자신이 내뱉은 말을 실천하지 못할까 염려하는 마음이 커서 그런 것인데 사람들은 이것을 모른다.

두 번째 인

다음은 번지樊遲가 인仁에 관해 묻자, 공자가 답한 내용이다.

> 번지樊遲가 인仁에 관해 물으니, 공자가 "거처함에 공손하고, 일을 집행執行할 때 공경하며, 사람을 대할 때 충심으로 하는 것을 비록 오랑캐[이夷·적狄]에게 가더라도 버릴 수 없다."라고 했다. 樊遲問仁 子曰 居處恭 執事敬 與人忠 雖之夷狄 不可棄也 〈자로子路〉**19**

* 공경恭敬을 구분해서 말하면 공恭은 용모容貌를 위주로 하고, 경敬은 일을 위주로 하니, 공恭은 밖으로 나타나고 경敬은 마음속에서 주장함이다. 이夷·적狄은 동쪽 오랑캐와 북쪽 오랑캐를 이르는 말인데, 그런 이夷·적狄에게 가더라도 버릴 수 없다고 말한 것은 굳게 지켜서 잃지 말아야 함을 힘쓰게 하려고 한 것이다.

다음은 자장子張이 인仁에 관해서 묻자, 공자가 답한 내용이다.

> 자장子張이 공자에게 인仁에 관해 물으니, 공자는 "다섯 가지를 천하에 행할 수 있다면 인仁이라 할 수 있다."라고 했다. [자장子張이] 그것을 묻자, [공자가] "공손함[공恭]과 너그러움[관寬]과 믿음[신信]과 민첩함[민敏]과 은혜로움[혜惠]이다. 공손하면 [남이] 업신여기지 않고, 너그러우면 민심을 얻게 되며, 미더우면 남들이 의지하고, 민첩하면 공功이 있게 되며, 은혜로우면 남을 족히 부릴 수 있다."라고 했다. 子張 問仁於孔子 孔子曰 能行五者於天下 爲仁矣 請問之 曰 恭寬信敏惠 恭則不侮 寬則得衆 信則人任焉 敏則有功 惠則足以使人 〈양화陽貨〉**6**

    * 자장子張의 인仁에 대한 물음에 공자는 공손함[공恭]·너그러움[관寬]·믿음[신信]·민첩함[민敏]·은혜로움[혜惠] 다섯 가지가 인仁을 실천할 수 있는 핵심이라고 했다. 이 중에서 공손恭遜은 나를 낮추고 자만하지 않은 것이다. 따라서 공손하면 남의 업신여김을 받지 않으므로 이것이 근본이다. 민첩하면 공功이 있게 된다는 것에서 민첩함이란 일을 처리하는 손이 빠르다는 의미가 아니라, 해야 할 일을 보고 꺼려서 꽁무니를 빼거나 앉아 뭉개지 않고 선뜻 나선다는 의미다. 이른바 밑자리가 가벼움을 말한다. '밑자리가 가벼워야 귀염을 받는다.'라는 말이 이것이다.

    맹무백孟武伯이 자로子路와 염구冉求와 공서적公西赤의 행위를 두고, 공자에게 인仁의 여부를 물었다.

> 맹무백孟武伯이 자로子路에 대해 "자로子路가 인仁합니까?" 하고 물으니, 공자는 "모르겠다."라고 했다. 또 물으니, 공자가 "유由[자로子路]는 천승지국千乘之國에서 군정軍政을 다스리게 할 수는 있겠지만 그 인仁은 모르겠다."라고 했다.
> [맹무백孟武伯이] "구求[염유冉有]는 어떠합니까?" 하니, 공자가 "구求는 천실지읍千室之邑과 백승지가百乘之家에 책임자가 되게 할 수는 있어도 그 인仁은 모르겠다."라고 했다.
> [맹무백孟武伯이] "적赤은 어떠합니까?" 하니, 공자는 "적赤은 관복官服에 띠를 띠고 조정朝廷에서 빈객賓客을 맞아 상대하게 할 수는 있어도 그 인仁은 모르겠다."라고 했다. 孟武伯 問 子路 仁乎 子曰 不知也 又問 子曰 由也 千乘之國 可使治其賦也 不知其仁也 求也 何如 子曰 求也 千室之邑 百乘之家 可使爲之宰也 不知其仁也 赤也 何如 子曰 赤也 束帶立於朝 可使與賓客言也 不知其仁也 〈공야장公冶長〉7

* 자로子路가 천승지국千乘之國[제후지국諸侯之國]에서 군정軍政을 잘 다스리는 능력이 있다고 해도, 그의 인仁함을 공자가 인정하지 않은 것은 인仁이란 지속적인 실천성이 중요해서다.

염구冉求는 천호千戶 정도의 큰 고을에서 장長을 하거나, 대부大夫의 집에 가신家臣이 될 그릇은 되지만, 그렇다고 그가 인仁한 지는 모르겠다고 하여 역시 그의 인仁을 인정하지 않았다. 공자의 눈에는 고을 책임자가 될 만한 그릇이라고 하여 인仁한 인물이라고 하지 않았다.

공서적公西赤은 조정에서 외국 사신을 맞아 상대할 능력을 갖춘 자라고 했지만, 그가 인仁하다고 인정해야 할지 모르겠다고 했으니 외교에 능해도 그것이 인仁과는 무관하다는 의미다.

이상을 종합해 보면 공자의 제자 가운데 군정軍政을 다스리는 자로子路, 한 고을의 책임자로서 임무任務를 수행하는 염구冉求, 외교관으로서 임무를 수행하는 공서적公西赤 모두가 자기 직위職位를 잘 수행하는 능력 있는 군자지만, 공자가 그들을 인仁한 인물이라고 쉽게 허락하지 않았다. 이것은 인仁이란 임무에 대한 뛰어난 능력이나 전문성이 아니라, 인仁을 실천하는 지속성과 직職을 수행하는 진정성이 판단의 기준이 되기 때문일 것이다. 공자가 제자들에 대해서 모두 '모르겠다.'라고 말한 것은 진정으로 몰라서 모르겠다고 한 것이 아니고, 앞에 언급한 지속성과 진정성을 확신할 수 없었기 때문일 것이다.

다음은 극克·벌伐·원怨·욕欲에 대한 원헌原憲의 질문이다.

[원헌原憲이 공자에게] "이기기 좋아하고[극克], 스스로 자랑하며[벌伐], 분하게 여겨 원망하고[원怨], 욕심내는 것[욕欲]을 하지 않는다면 인仁이라고 할 수

있습니까?" 하니, 공자가 "[그렇게 하기가] 어렵다고 생각되지만, 인仁은 내 알지 못하겠다."라고 했다. 克伐怨欲 不行焉 可以爲仁矣 子曰 可以爲難 矣 仁則吾不知也 〈헌문憲問〉2

* 원헌原憲[원사原思 이름]은 공자 제자로 춘추시대 송宋나라 사람인데, 자字는 자사子思이고 공문칠십이현孔門七十二賢 중 한 사람이다. 그는 집안이 가난하여, 성城 안의 작은 골목에 살고 방도 매우 비좁았지만, 가난한 것을 부끄럽게 여기지 않고, 종일 단정하게 앉아서 금琴을 켜며 노래를 부르고 즐거워했다고 한다. 공자가 노魯나라 사구司寇[형조판서刑曹判書]를 지낼 때 원헌原憲이 그의 가신家臣이 된 적이 있었는데, 공자가 9백 곡穀의 봉록俸祿을 주었지만 사양하고 받지 않겠다는 내용이 〈옹야雍也〉3에 나온다. 원헌原憲은 비록 집안이 가난했지만, 절의節義를 지키고 안빈낙도安貧樂道의 생활을 좋아했던 사람이다.

공자는 극克·벌伐·원怨·욕欲이 행해지지 않게 하는 것이 어려운 일이지만, 자기를 이긴다[극기克己]거나 인仁을 구하는[구인求仁] 경지에 가려면, 그런 감정을 억눌러[제어制御] 마음속에 숨겨두지 말고, 그 병이 되는 근원을 없애 버려야 한다고 하니 참으로 철저한 태도다. 극克·벌伐·원怨·욕欲은 사람이 극복하기 쉬운 감정이 아닌데, 공자가 이를 제어制御하는 것만으로는 인仁인지 모르겠다고 한 것은 그 뿌리가 늘 마음속에 도사리고 있어서 제어制御하는 힘이 떨어지면 외부로 나타날 수 있다고 여겨서 그런 것이다.

예를 들어 금연禁煙을 하려는 사람들은 대개 담배가 자기 눈에 보이지 않도록 없애는데, 이는 담배를 보게 되면 참기 어려워서 행하는 궁여지책窮餘之策이다. 이런 사람은 그 제어制御하는 힘이 느슨해지면 결국 담배를 다시 찾게 되어 금연에 실패한다. 진정으로 금연을 원한다면 담배를 눈에 보이

두 번째 인

는 곳에 두고 금연 연습을 하는 것이 좋다. 왜냐하면, 흡연이 몸에 해롭다는 생각만으로는 금연하기 어렵기 때문이다. 흡연하고 싶다는 근본적인 생각을 없애 버리지 않는 한 금연을 할 수 없다. 매사를 의지로 억제한다거나 회피한다고 해서 그것이 마음먹은 대로 되지 않는다. 그것에 대한 인식을 아예 없애야 근원적인 치유가 이루어진다. 공자는 극^克·벌^伐·원^怨·욕^欲에 대해서 그것을 제어하고만 있지 말고, 마음에서 아예 그 싹을 없애 버려야 한다는 점을 강조했다.

제자들에게 말한 이런 기준은 다음에 나오는 공자 제자의 주변 인물의 행위에 대한 평에서도 잘 드러난다. 자장^{子張}이 영윤자문^{令尹子文}과 최자^{崔子}에 행실을 두고서 공자에게 물었다.

자장^{子張}이 "영윤^{令尹} 자문^{子文}은 세 번 벼슬에 나아가 영윤이 되었지만 기뻐하는 낯빛이 없었고, 세 번 그만두었지만 화내는 낯빛이 없었으며, 전임 영윤의 정책을 반드시 새로 부임한 영윤에게 알려주었는데, 이런 사람은 어떠합니까."라고 물으니, 공자는 "충^忠한 [사람일] 것이다."라고 했다. "인^仁한 [사람이라고] 할 수 있습니까."라고 하니, [공자가] "모르겠지만 어찌 인^仁을 얻었다고 하겠느냐."라고 했다.

최자^{崔子}가 제^齊나라 임금을 시해하자, 진문자^{陳文子}는 소유하고 있던 말 십 승^{十乘}[40필]을 버리고 떠나, 다른 나라에 이르러서는 곧 말하기를 "[이 사람도] 우리나라 대부 최자^{崔子} 같다."라고 하고, 거기를 떠나 다른 나라에 가서, 곧 또 말하기를 "[이 사람도] 우리나라 대부 최자 같다."라고 하고 떠나갔는데 [이런 진문자^{陳文子}는] "어떻습니까?" 하고 물으니, 공자는 "청^淸한 [사람일] 것이다."라고 했다. "인^仁한 [사람이라고] 할 수 있습니까?" 하자, [공자

가] "모르겠다. 어찌 인仁을 얻었다고 하겠는가."라고 하였다. 子張 問曰
令尹子文 三仕爲令尹 無喜色 三已之 無慍色 舊令尹之政 必以告新令
尹 何如 子曰 忠矣 曰 仁矣乎 曰 未知 焉得仁 崔子弑齊君 陳文子有
馬十乘 棄而違之 至於他邦 則曰 猶吾大夫崔子也 違之 之一邦 則又曰
猶吾大夫崔子也 違之 何如 子曰 淸矣 曰 仁矣乎 曰 未知 焉得仁 〈공
야장公冶長〉**18**

* 영윤令尹은 벼슬 명名인데 초楚나라 상경上卿 집정자執政者이고, 자문子文은
성姓이 투鬪고, 이름은 곡어토穀於菟['비지備旨'에는 음音이 '누오도'로 되어 있
음]. 최자崔子는 제齊나라 대부大夫이고, 이름은 저杼이며, 당시 제齊나라 임금은
장공莊公으로, 이름은 광光이다. 진문자陳文子는 제齊나라 대부大夫로 이름이 수
무須無다.

자장子張이 영윤令尹 자문子文의 태도를 좋게 여기고 인仁한 사람이냐고 물
었지만, 공자는 충실한[충忠] 사람일 것이라고 했지 인仁을 허락하지 않았
다. 또 최자崔子가 제齊나라 임금을 시해弑害하자, 진문자陳文子가 자기 소유의
말 40필을 버리고 떠나버린 일을 자장子張이 언급하며 인仁한 사람이냐고 물
었지만, 공자는 맑은[청淸] 사람일 것이라고 했지 역시 인仁을 허락하지 않
았다.

주자朱子는 이理에 합당하고 사심私心이 없으면 인仁이라고 말한 연평延平
이동李侗 선생의 말을 근거로 해서 두 사람의 일을 살피면, 비록 그들이 세운
도덕과 행실의 높이는 남이 따라갈 수 없지만, 그들의 행위가 모두 이理에
반드시 합당하고 사심私心이 없었는지는 보여준 것이 없다. 또 다른 책에 보
면 영윤令尹 자문子文은 초楚나라를 도울 적에 도모한 바가 천자天子를 참람僭濫
하게 하고 여러 제후국을 어지럽힌 일이 많았고, 진문자陳文子는 제齊나라에

서 벼슬할 적에 임금을 바로잡고 역적을 토벌하는 의리를 이미 잃었으며, 다른 나라로 가 있다가 몇 년이 못 되어 제齊나라로 되돌아왔으니 그들의 불인^{不仁}을 볼 수 있다고 했다.

그러니 자장子張이 인仁의 실체는 모르고 어려운 일을 구차하게 이룬 것을 좋아하여, 영윤令尹 자문子文의 충실함[충忠]과 진문자陳文子의 맑음[청淸]을 인仁이라고 여겼지만, 공자는 이런 능력이나 행위에 대해서도 인仁의 근본적인 문제가 해결되지 않으면 당사자의 인仁을 인정하지 않았다.

공자의 인仁에 대한 판단 기준은 하늘의 이치理致에서 나오고, 인욕人慾의 사사로움이 없는 진정성眞情性과 그것을 행하는 지속성持續性을 유지하고, 극克 · 벌伐 · 원怨 · 욕欲 같은 감정을 제어制御하는 것만이 아니라 아예 그 근원을 없애버려야 한다고 했다. 그러니 공자에게 인仁을 인정받기란 말처럼 쉬울 것 같지 않다.

인仁의 실천實踐 방법方法

그렇다면 인仁을 실천하는 구체적 방법은 무엇일까? 인仁을 실천하려는 제자들의 물음에 대해서, 공자는 제자의 처지에 따라서 인仁을 실천하는 방법을 달리 설명했다. 다음은 안연顏淵이 공자에게 인仁이 무엇인가를 물은 내용이다.

> 안연顏淵이 인仁을 묻자, 공자는 "자기를 이겨 예禮를 회복하는 것이 인仁을 하는 것이니, 하루라도 자기를 이겨 예禮를 회복한다면 천하 [사람 모두]가 그 사람의 인仁을 인정[허여許與]할 것이다. 인仁을 실천함은 자기로 말미암아서

하는 것이지 남으로 말미암아서 하겠는가."라고 했다. 안연顔淵이 "그 조목條目을 묻습니다."라고 하니, 공자가 "예禮가 아니면 보지 말고, 예禮가 아니면 듣지 말며, 예禮가 아니면 말하지 말고, 예禮가 아니면 행동하지 말아야 한다."라고 했다. 안연顔淵이 "제[회回]가 불민不敏하지만 청컨대 이 말씀으로 일삼겠습니다."라고 했다. 顔淵 問仁 子曰 克己復禮爲仁 一日克己復禮天下歸仁焉 爲仁 由己 而由人乎哉 顔淵曰 請問其目 子曰 非禮勿視非禮勿聽 非禮勿言 非禮勿動 顔淵曰 回雖不敏 請事斯語 〈안연顔淵〉1

　　* 이 장章은 사심私心을 이겨서 도심道心을 회복하고, 도심道心이 자기 마음을 주재主宰하면, 일상의 행동이 인仁을 실천하는 것이 된다는 것이다. 여기서 인仁은 본심本心의 온전한 덕德[전덕全德]이고, 극克은 이김이며, 기己는 육신肉身의 사욕私慾이고, 복復은 되돌아옴이며, 예禮는 천리天理의 절문節文이다. 귀歸는 허여許與함과 같다.

　　우리가 흔히 말하는 '도를 닦는[수도修道]' 것은 마음공부[심학心學]다. 이를 이루는 데는 여러 가지 방법이 있겠지만, 몸[신身]의 씀[용用]을 잘 다스려서 사욕私慾이 드러나지 않게 하고, 마음을 도심道心으로는 채우는 것도 마음공부의 하나다. 그런데 마음공부를 하면서 왜 육신을 구속拘束하는가? 그것은 육신肉身을 주재主宰하는 사욕私慾이 마음에서 작동하지 못하도록 하려고 그러는 것이다.

　　유가儒家의 삶이란 일상생활에서 육신肉身이 하고자 하는 '나[기己]'를 예禮로 구속拘束하는 것이다. 여기서 '나[기己]'란 육신肉身의 이기심利己心인 사심私心이며, 달리 말하면 간사한 마음인 사심邪心이고, 탐욕의 마음인 욕심慾心이다. 예禮를 회복回復한다는 '복례復禮'는 욕심慾心에 짓눌려 있는 도심道心을 회복回復하는 것이니, 이 예禮로 욕심慾心의 소아小我를 다스려 도심道心의 대아大我를 이루는 것이다.

맹자孟子의 성선性善을 전제로 도심道心을 말한다면, 사람이 태어날 때 하늘로부터 받은 것은 본연지성本然之性이다. 아직 욕심慾心에 흔들리지 않은 마음으로 양심良心이라고도 한다. 사람의 마음은 태어나면서 받은 도심道心과 육신肉身에서 자생하는 사심邪心으로 구분한다. 맹자孟子가 성선性善을 말했지만, 사람은 본래 이기적利己的인 존재여서 자신의 욕심을 도심道心으로 구속拘束하기란 쉽지 않다. 그래서 사람들은 성악性惡을 주장하는 순자荀子의 논리로 기울어진다. 이렇게 보면 성性을 선善이라고 한 맹자孟子는 마음을 대상으로 하는 도심道心을 전제로 본연지성本然之性을 말한 것이고, 성性을 악性惡이라고 한 순자荀子는 육신肉身을 대상으로 하는 사심邪心을 전제로 기질지성性氣質之性을 말한 것이 아닌가 한다.

'천하귀인언天下歸仁焉'은 귀歸가 인정認定한다는 뜻과 같으므로 하루라도 자기를 이겨 예禮를 회복한다면, 천하 사람들이 모두 그 인仁을 인정한다는 의미다. 그러니 그 효과가 매우 빠르고 큼을 극단적으로 말한 것이다. 또 인仁을 실천함이 자기로 말미암는다는 것은 남들이 간여干與할 일이 아니고, 또 그 기틀이 나에게 있으므로 어려움이 없다는 의미다. 그러니 날마다 사욕私慾을 이겨내는 것을 어렵지 않게 여긴다면, 마음이 깨끗해지고 천리天理가 유행流行하여 인仁을 다 쓸 수가 없을 것이다.

앞에서 인仁을 본심本心의 온전한 덕[전덕全德]이라 한 것은 본심本心을 도덕으로 온전하게 무장한다는 의미인데, 어느 현인賢人은 "세상에 없는 큰 공을 세우기는 쉬워도, 지극히 작은 본심本心을 보존하기는 어렵다. 不世之大功易立至微之本心難保"라고 했는데, 본심本心은 거짓이나 꾸밈없는 상태지만, 이를 오롯이 보존하기란 결코 쉬운 일이 아니어서 어렵다고 한 것이다. 사람은 살아가는 동안에 도심道心이 한쪽으로 몰려 전혀 작용을 못 하는 것은 육신肉身의

안일함을 추구하는 욕심(慾心)이 마음에 꽉 차 있어서 본심(本心)을 보존하기가 어렵기 때문이다.

그러면 사람이 어떻게 욕심(慾心)에서 자유로울 수 있을까? 마음을 비웠다는 것은 욕심을 버렸다는 의미인데, 불가(佛家)에서도 마음을 비우려고 속세를 떠나 불도(佛道)에 귀의(歸依)하여 좌선(坐禪)을 한다. 기독교에서는 사람이 욕심에서 벗어날 수 있는 것은 오직 하나님의 은혜로만 가능하다고 하니, 사람의 노력으로는 이룰 수 없는 것이 욕심에서 벗어남인지도 모르겠다. 앞에서도 언급했지만, 사람이 욕심을 완전히 버리고 나면 삶의 의미도 없어지니, 욕심은 버릴 수 있는 것이 아니다. 어쩌면 욕심을 절제(節制)한다고 하는 것이 더 적절한 표현이다. 이 절제가 바로 예(禮)를 회복(回復)하는 것이다. 노자(老子)는 『도덕경(道德經)』에서 유가(儒家)의 예(禮)를 대신해서, '만족함을 아는 자가 부자라는 지족자부(知足者富)'를 언급했는데 흔히 말하는 자족지지(自足知止)다. 사람이 욕심에서 벗어날 수 없으니 그것을 인정하고, 욕심이 어느 정도 이루어지면 거기서 만족하여 스스로 그칠 줄 알아야 한다는 의미다. 그러니 만족이란 욕심껏 완전히 충족된 상태가 아니라, 무한한 욕심을 절제하는 이성적 판단으로만 가능하다. 그러나 인간의 욕심이 스스로 만족하지 못하도록 하니, 절제를 실천하는 일도 생각처럼 쉬울 것 같지 않다.

안연(顏淵)은 공자가 말씀하신 이치를 묵묵히 알아차리고, 스스로 사욕(邪慾)을 이기기 위해서 예(禮)가 아닌 것을 외면할 수 있다고 여겼다. 그러므로 자신이 불민(不敏)하지만, 이를 일삼아서 해보겠다고 하고 구체적인 조목(條目)을 청했다. '예(禮)가 아니면 ~하지 말라.'고 해서 이 장(章)을 흔히 '사물장(四勿章)'이라고도 한다. 몸의 씀[용(用)] 네 가지[견(見)·청(聽)·언(言)·동(動)]를 두고서, '예(禮)가 아니면 ~하지 말라.'고 한 것이 조금 소극적이라는 생각이 들기도 한다. 그렇지만 성인(聖人)처럼 도심(道心)으로 무장되지 않은 사람은 눈과 귀 같은 감각 기관을 통해 들어온 외물外物에 자신도 모르게 도심道心이 흔들리기도 하고, 내면에서 발發하는 언言과 동動이 남의 마음을 거스르거나 인욕人慾을 따르기 마련이다. 그러므로 공자는 안연顔淵에게 몸의 씀[용用]을 예禮가 아니면 아예 '하지 말라'고 한 것이다.

주자朱子도 안연顔淵과 공자의 문답은 바로 심법心法을 전수한 간절하고 요긴한 말씀이니, 지극히 밝은 사람이 아니면 그 낌새[기미幾微]를 살필 수 없고, 지극히 강건強健한 사람이 아니면 그 결단을 이룰 수 없다. 그러므로 오직 안연顔淵만이 이것을 얻어들을 수 있었다. 그러니 모든 배우는 자들도 이것을 힘쓰지 않을 수 없다고 했다. 즉 안연顔淵은 이를 잘 수행해서 성인聖人에 버금가는 인물로 일컬어진 것이다. 공자의 말씀에 근거하여 정자程子가 스스로 경계 삼은 사물四勿의 잠箴은 다음과 같다.

- 시잠視箴: 마음이란 본래 비어 있으니 사물을 대해도 흔적이 없다. 그러나 그 마음을 잡는 데는 중요한 점이 있으니, 보는 것이 그 방법方法이 된다. 사물事物이 눈앞에 아른거리면 마음은 곧 거기로 옮겨가므로, 밖에서 제재制裁를 가해서 그 마음을 편안하게 해야 한다. 극기복례克己復禮를 오래 하면 마음이 순수해진다. 其視箴曰 心兮本虛 應物無迹 操之有要 視爲之則 蔽交於前 其中則遷 制之於外 以安其內 克己復禮 久而誠矣

- 청잠聽箴: 사람이 떳떳함을 잡은 것은 천성天性에 근본을 한 것이지만, 지각知覺이 외물外物에 유혹되어 마음이 거기에 동화同化되면 마침내 바른 천성天性을 잃어버리게 된다. 우뚝한 저 선각先覺들은 그칠 데를 알아 한계를 정하여, 마음의 간사함을 막고 순수함을 보존하려고 예禮가 아니면 듣지 아니했다. 其聽箴曰 人有秉彝 本乎天性 知誘物化 遂亡其正 卓彼先覺 知止有定 閑邪存誠 非禮勿聽

- 언잠言箴: 사람의 마음이 움직이는 것은 말로 인해서 베풀어지니, 말

할 때 조급함과 경망스러움을 금해야, 마음이 고요하고 오롯해지는 것이다. 하물며 말이란 문의 돌쩌귀[추樞]나 활시위에 끼우는 오늬[기機]처럼 사람에게 중요한 일이니, 전쟁戰爭을 일으키기도 하고 호의好意를 드러내기도 한다. 사람의 길흉吉凶과 영욕榮辱은 오직 말이 부르는 것이니, 말을 쉽게 해서 지나치면 허탄虛誕해지고, 번거롭게 해서 지나치면 지루해진다. 자기가 말을 제멋대로 하면 남도 거슬러 말하는 것이니, 나가는 말이 어긋나면 오는 말도 어그러진다. 그래서 예법禮法에 맞지 않으면 말하지 말아서 훈계의 말씀을 공경해야 할 것이다. 其言箴曰 人心之動 因言以宣 發禁躁妄 內斯靜專 矧是樞機 興戎出好 吉凶榮辱 惟其所召 傷易則誕 傷煩則支 己肆物忤 出悖來違 非法不道 欽哉訓辭

- 동잠動箴: 이치에 밝은 사람은 낌새를 알아서 생각할 때 정성精誠을 다하고, 지조 있는 선비는 힘써 실행할 때 말한 것을 지킨다. 사람이 사물의 이치를 따르면 여유로워지고 인욕人慾을 따르면 위태로워지니, 오로지 순간에도 능히 생각하고 조심해서 스스로 유지해야 한다. 이렇게 해서 습관習慣이 천성天性과 함께 이루어지면 성현聖賢과 함께 가는 것이다. 其動箴曰 哲人知幾 誠之於思 志士勵行 守之於爲 順理則裕 從欲則危 造次克念 戰兢自持 習與性成 聖賢同歸

앞에서 극기복례克己復禮를 말하면서 본연지성本然之性과 기질지성氣質之性을 언급했는데, 사실『논어』에는 특히 성性에 대한 내용이 거의 없다. 다음은 앞에 언급한 〈양화陽貨〉2의 내용이다.

> 공자가 "성性은 서로 비슷하지만 익힘에 따라서 서로 멀어지게 된다."라고 했다. 子曰 性相近也 習相遠也 〈양화陽貨〉2

＊ 이 장章에서 성性은 사람이 태어날 때 하늘로부터 받은 본연지성本然之性이 아니라, 사람마다 저절로 가지게 된 기질지성氣質之性이다. 이것은 사람마다 차이가 있지만, 처음에는 그것이 좋고 나쁨이 크게 다르지 않아 선善을 익히면 선善해지고 악惡을 익히면 악惡해져 이에 이르러서야 비로소 서로 멀어지게 되었을 따름이다. 결국, 기질지성氣質之性은 어떻게 닦느냐에 따라서 나중에는 서로 크게 달라진다. 그래서 정자程子도 만약 본연지성本然之性의 성性을 말한다면, 성性은 곧 이理요, 이理는 선善하지 않음이 없으니, 맹자孟子가 말한 성선性善이 이것인데, 어찌 서로 비슷함이 있겠느냐고 했다. 그러니 이 장章의 성性은 바로 기질지성氣質之性을 두고 한 말이다.

다시 안회顏回의 이야기로 되돌아가 보자. 공자는 인仁을 얼마간이라도 지속한 제자는 바로 안회顏回뿐이라고 했다.

> 공자는 "안회顏回는 그 마음이 석 달을 인仁을 떠나지 않고, 그 나머지 사람들은 하루 아니면 한 달에 한 번 인仁에 이를 따름이다."라고 했다. 子曰 回也其心 三月不違仁 其餘則日月至焉而已矣 〈옹야雍也〉5

＊ 인仁은 마음의 온전한 덕德인데, 자로子路는 하루에 한 번 또는 한 달에 한 번이나 지니므로, 혹 있기도 하고 혹 없기도 하여 그 유무有無를 기필할수 없어서, 공자는 자로子路의 인仁을 알지 못한다고 했다. 정자程子도 안연顏淵이 적어도 석 달 즉 계절이 바뀌는 한 철은 인仁에서 어긋나지 않았다고 했는데, 이것은 털끝만 한 사욕私慾이 없는 상태로 꽤 오래 유지했음을 의미한다. 그러니 만약 사욕私慾이 있다면, 이는 인仁하지 않은 것이다. 그러므로 사람들이 그를 아성亞聖이라고 부른다. 안자顏子는 성인聖人에 비하면 한 칸을 이

르지 못한 것이지만, 성인^{聖人} 같으면 결점 없이 원만해서 잠시도 끊어지거나 그침이 없을 것이다. 그러니 범인^{凡人}은 예^禮를 배워서 때때로 실천한다고 해도 자로^{子路}가 그러했듯이, 하루에 한 번 또는 한 달에 한 번이나 인^仁에서 어긋나지 않을 따름이다. 그렇지만 이를 중도에 포기하지 않고 실천하려고 노력하는 것만도 의미가 있다.

다음은 자공^{子貢}이 인^仁을 실천할 방도를 묻자, 공자가 답한 내용이다.

> 자공^{子貢}이 인^仁을 행하는 것을 묻자, 공자가 "장인^{匠人}이 일을 잘하려면 반드시 먼저 기구를 잘 갈아야 하니, 이 고을에 살면서 대부^{大夫}의 현자^{賢者}를 섬기고, 선비의 인^仁한 자를 벗해야 한다."라고 했다. 子貢 問爲仁 子曰 工欲善其事 必先利其器 居是邦也 事其大夫之賢者 友其士之仁者〈위령공^{衞靈公}〉**9**

* 자공^{子貢}은 재아^{宰我}와 더불어 언어^{言語}와 사령^{辭令}에 뛰어난 인물이다. 그리고 이재^{理財}에도 밝았다. 현^賢은 일로 말한 것이고, 인^仁은 덕^德으로 말한 것이다. 공자가 '이 고을에 살면서 대부의 현자^{賢者}를 섬기고, 선비의 인^仁한 자를 벗해야 한다. 居是邦也 事其大夫之賢者 友其士之仁者'라고 자공^{子貢}에게 말한 것은 이를 위인^{爲仁}의 바탕으로 삼아 감화되기를 바라서였다. 공자는 〈안연^{顏淵}〉**24**에서 "군자는 문^文으로 벗을 모으고, 벗으로 인^仁을 돕는다. 君子 以文會友 以友輔仁"라고 했는데, 이 말도 벗이 자기의 인^仁을 돕기 때문이다.

자공^{子貢}은 다시 죽을 때까지 행할 만한 한마디 말이 있습니까 하고 공자에게 물었을 때, 공자가 그것은 서^恕일 것이라고 하여 인^仁을 실천하는 구체적인 방법을 안연顏淵의 극기복례克己復禮와는 다른 관점에서 언급하였다.

> 자공子貢이 묻기를 "죽을 때까지 행할 만한 한마디 말이 있습니까?" 하니, 공자는 "그것은 '서恕'일 것이다. 자기가 바라지 않은 바를 남에게 시키지 않는 것이다."라고 했다. 子貢 問曰 有一言而可以終身行之者乎 子曰 其恕乎 己所不欲 勿施於人 〈위령공衛靈公〉**23**

    ＊ 배움에서 귀하게 여기는 것은 핵심을 아는 것인데, 자공子貢이 죽을 때까지 행할 만한 한마디 말을 물은 것은 요체要諦를 알았기 때문이다. 자공子貢의 물음에 대해 공자는 자기가 바라지 않은 바를 남에게 시키지 않는 것을 서恕라고 했다. 이는 자기를 미루어 남에게 미치면 그 베풂이 다함이 없으므로 종신토록 행할 수 있다는 의미다. 이렇게 되면 비록 성인聖人의 무아無我한 경지境地도 이에서 벗어나지 않을 것이다.

    '자기가 바라지 않는 것을 남에게 시키지 말라. 己所不欲 勿施於人'는 서恕는 실천적 행위로 처지를 바꿔 생각하는 역지사지易地思之이고, 남에 대한 배려의 시작이다. 기독교 성경에도 "무엇이든지 남에게 대접받고자 하는 대로 너희도 남을 대접하라."라는 황금률黃金律이 있다. 따라서 역지사지易地思之는 남을 배려하는 보편적 태도라고 할 수 있다.

    다음은 중궁仲弓이 공자에게 인仁을 물었는데, 그 답은 자공子貢에게 말해준 '기소불욕 물시어인己所不欲 勿施於人'보다 좀 더 자상하다.

> 중궁仲弓이 인仁을 물으니, 공자는 "문을 나서서는 큰 손님을 뵙는 듯이 하고, 백성을 부림에 있어서는 큰 제사를 받드는 듯이 하며, 자기가 바라지 않는

것을 남에게 시키지 않으면, 나라에 있어도[정사政事를 해도] 원망함이 없을 것이고, 집에 있어도 원망함이 없을 것이다."라고 했다. 중궁仲弓이 "옹雍[중궁仲弓 이름]이 불민不敏하지만 청컨대 이 말씀으로 일삼겠습니다."라고 했다.

仲弓 問仁 子曰 出門如見大賓 使民如承大祭 己所不欲 勿施於人 在邦 無怨 在家無怨 仲弓曰 雍雖不敏 請事斯語矣 〈안연顔淵〉2

＊ 이 장章은 앞에 언급한 서恕를 좀 더 구체적으로 말한 내용이다. 사람이 문을 나섰을 때는 큰 손님을 뵌 듯하고, 백성 부릴 때는 큰 제사 받들 듯이 하는 것은 '주경主敬'이고, 자기가 바라지 아니한 것을 남에게 시키지 않는 것은 '행서行恕'다. 이에 대해서 정자程子도 문을 나섰을 때 큰 손님 뵌 듯하고, 백성 부릴 때 큰 제사 받들듯이 하라는 공자의 말씀은 그 기상氣像을 보면 모름지기 마음이 넓고 몸이 펴져서[심광체반心廣體胖] 행동과 용모[동용動容]가 일이 잘되도록 두루 힘쓰는 것이 예禮에 맞아야 하니, 오직 근독謹獨이 바로 이것을 지켜내는 방법이라고 했다. 이는 『중용中庸』에서 말한 신독愼獨인데, 홀로 있을 때도 도리에 어긋남이 없도록 언행을 삼가는 것으로 바로 경敬의 자세다.

어떤 이가 문을 나서고 백성을 부릴 때는 본문처럼 하는 것이 옳겠지만, 문을 나가지 않고 백성을 부리지 않을 때는 어찌해야 하느냐고 물었다. 이에 대해 정자程子는 주경행서主敬行恕는 경敬을 주장하여 서恕를 행해야 인仁을 이룰 수 있지만, 동動의 상태에서 경敬을 볼 수 있다면 이보다 앞서 이미 정靜의 상태에서도 마음에 경敬이 있음을 알 수 있으니, 반드시 문을 나서서 백성을 부린 뒤에 경敬이 있는 것은 아니라고 했다.

앞에서 공자가 안연顔淵에게 일러준 극기복례克己復禮는 외물外物로 인해서 마음에 일어나는 사욕私慾을 이겨 예禮를 회복하는 것으로 혼자 하는 것이므

두 번째 인

로 건도乾道이지만, 자공子貢에게 알려준 주경행서主敬行恕는 경敬을 주장해서 서恕를 행하는 것으로 상대에게 실천하는 것을 전제로 말한 것이므로 곤도坤道다. 따라서 안연顏淵과 자공子貢 두 사람의 배움의 경지境地에는 이런 차이가 있다.

주자朱子도 극기복례克己復禮는 사심邪心을 이겨 예禮를 회복하는 것으로 도심道心을 갖추어야 인仁을 실천할 수 있으므로 건도乾道[천도天道]이지만, 주경행서主敬行恕는 경敬을 주장하여 서恕를 행하므로 곤도坤道[지도地道]다. 그러니 극기복례克己復禮가 먼저이고, 주경행서主敬行恕가 나중이 된다고 하고, 안연顏淵과 중궁仲弓 두 사람의 배움의 경지를 하늘[건乾]과 땅[곤坤]으로 구분하여 높고[고高] 낮음[하下], 얕고[천淺] 깊음[심深]을 볼 수 있다고 했다.

극기복례克己復禮와 주경행서主敬行恕는 둘 다 인仁을 실천하는 구체적인 행위지만, 전자前者는 자기 내면에서 실천하는 것이고, 후자後者는 상대에게 행하는 것이어서 중궁仲弓의 공부가 안연顏淵의 공부에 미치지 못한다고 한 것이다. 그러나 주경행서主敬行恕를 하다가 얻음이 있으면, 극기克己하여 사욕私慾을 없앨 수도 있으니, 이 두 가지는 상보적相補的이라고 할 수 있다.

주경행서主敬行恕의 경敬을 흔히 공경恭敬이라고 하는 경敬인데, 공경을 구분해서 말하면 공恭은 몸가짐을 말하는 것이고, 경敬은 일로 말한 것이다. 따라서 몸가짐을 바르게 하여 일할 때, 마음으로 남을 높이고 나를 낮추는 것이 공경恭敬이다. 그래서 마음에서 경敬이 이루어지면 공恭은 자연히 따라오게 되므로, 경敬이 주主가 되고 공恭이 종從이 되지만, 마음에 경敬을 유지하려면 평소에 몸가짐을 바르게 하는 것을 통해서 마음에 경敬을 이루게도 되니, 공恭과 경敬 역시 상보적相補的이다. 왜냐하면, 경敬이 내적內的이어서 마음에서 이루어지는데 마음이란 볼 수도, 만질 수도 없어서 다스리기 어려우니, 외양外樣 즉 몸가짐을 바르게 해서 마음을 바로잡아가다 보면 마음속에 경敬이 갖추어지기 때문이다. 그래서 유가儒家에서 의관衣冠을 정제正齊하고 몸가짐을 바르게 하도록 강조하는 이유가 바로 여기에 있다.

그런데 이러고 다니다 보면 유행에 뒤져서 따돌림을 당하기도 한다. 몸가짐을 바르게 하여 단정한 모습으로 살 것인지, 아니면 유행을 따라서 조금 흐트러진 모습으로 살 것인지는 본인이 선택할 문제이므로 주관대로 하면 되지만, 굳이 말한다면 자신이 처한 상황에 따라서 선택하면 된다. 상황에 따라서 단정한 모습이 어울릴 때도 있고, 간편한 의상이나 흐트러진 모습이 어울릴 때도 있을 것이니, 거기에 따라서 옷을 입으면 그것이 곧 중용中庸이다.

또 '자기가 바라지 않는 것을 남에게 시키지 말라.己所不欲 勿施於人'는 것이 바로 서恕이지만, 흔히 말하는 용서容恕 차원의 서恕는 아니다. 용서는 죄를 지었거나 잘못한 것을 벌하지 않고 덮어주는 것이지만, 심리 치료에서는 그 사람의 과거나 당시의 상황을 이해한다고 해도 용서되는 것이 아니라고 한다. 기독교에서도 <주기도문>처럼 내게 잘못한 이를 용서하여 준 것처럼 내가 하나님께 죄를 용서받기 위해서 하는 용서와도 다르다.

『논어』에 나오는 서恕의 글자 구성構成은 '같을 여如' '마음 심心'의 여심如心이다. 내 마음을 상대의 마음과 진심으로 같이할 때 비로소 서恕가 된다. 그래서 증삼曾參은 이 서恕를 충서忠恕라고 했다. 상담 심리에서 말하는 용서도 마음 깊은 곳에서 상대를 용서하지 못한다면, 마음을 함께하는 진정성眞情性이 없으므로 용서가 될 수 없을 것이고, 하나님께 용서받기 위해 남을 용서한다고 해도, 그 용서에 진정성이 없다면 하나님도 사람을 진정으로 용서하지 않을 것이니, 진정성의 관점에서 보면 모두 같다. 따라서 경敬하는 마음을 유지하고 서恕하는 마음으로 남에게 미루어 나아가는 것이 바로 주경행서主敬行恕이고, 다음에 나오는 충서忠恕다.

　이렇게 하면 사사로움이 용납될 수 없어서 마음의 덕德이 온전하게 된다. 마음의 덕德이란 너그러운 품성을 의미하는데 '너그럽다'라는 말은 경敬을 통해서 남을 높이고, 서恕를 통해서 상대의 처지에서 바라보는 것이니 상대에 대한 배려配慮다. 나를 낮추고 상대가 나와 다르다는 것을 알게 되면, 상대의 행위나 마음이 이해되니 서恕의 심리상태를 유지할 수 있을 것이고, 이렇게 되면 안에서나 밖에서나 원망이 없게 되는 효과가 나타나니 스스로 생각해 볼 만하지 않은가.

　공자가 증삼曾參과의 대화 속에서 유가儒家의 도道는 '하나로 꿴다.'라고 했는데, 문인들이 무슨 뜻이냐고 물으니 증삼曾參이 충서忠恕라고 했다. 이것은 '주경행서主敬行恕'의 서恕를 좀 더 보충한 말이다.

　공자가 "삼參아 우리 도道는 하나로 꿴다."라고 하니, 증자曾子가 "예"라고 했다. 공자가 나가자, 문인들이 묻기를 "무엇을 이른 말씀입니까?"라고 하니, 증자曾子가 "선생님의 도道는 충서忠恕일 뿐이다."라고 했다. 子曰 參乎 吾道 一以貫之 曾子曰 唯 子出 門人 問曰 何謂也 曾子曰 夫子之道 忠恕 而已矣 〈이인里仁〉15

　＊ 증삼曾參의 자字는 자여子輿고, 여輿는 수레니 증삼曾參의 삼參은 곁마의 뜻과 연계되는 '참驂'으로 읽어야 한다고도 하는데, 여기서는 일반적으로 사용되는 증삼曾參으로 읽는다. 삼호參乎는 증자曾子의 이름을 불러서 알려준 것이다. 이는 증자曾子가 제자이기도 하지만, 우리의 언어 관습으로 보면 아마도 공자가 그를 가깝게 여겨서 그렇게 불렀을 것이다. 관貫은 통함이고, 유唯

는 응應하기를 속히 하여 의심함이 없다는 뜻이다.

공자의 마음은 다른 것이 섞이지 않은 일리一理여서 널리 응應하고 곡진曲盡하게 합당合當하지만, 그 쓰임은 각각 같지 않다. 그 용처用處에 있어서는 증자曾子가 이미 일을 따라서 정미精微하게 살피고 힘써 행했지만, 그 체體가 하나인 줄은 몰랐다. 증자曾子가 이 일에 대해 참[진眞]을 쌓고 힘쓰기를 오래 했으므로, 공자는 그가 장차 얻을 것이 있을 줄 알고서 '우리 도道는 하나로 꿴다. 吾道 一以貫之'라고 말해주었고, 증자曾子는 공자의 가르침을 말 없는 중에 알고서 의심함이 없이 '예[유唯]'라고 응대했다.

공자가 말한 '우리 도道는 하나로 꿴다.'라는 의미를 증자曾子는 알았지만, 말로 쉽게 설명하기는 어려웠는지 자기 마음을 다한다는 '진기盡己의 충忠'과 자기 마음을 민다는 '추기推己의 서恕'를 빌어서 '충서忠恕'로 공자가 말한 뜻을 드러내어 밝혔다. 이는 배우는 자들이 쉽게 깨닫게 하려고 그런 것이다.

정자程子는 충忠과 서恕가 하나로 꿰니, 충忠은 천도天道이고 서恕는 인도人道이며, 충忠은 허망함이 없는 것이고 서恕는 충忠을 행하는 것이다. 충忠은 체體이니 대본大本이고, 서恕는 용用이니 달도達道다. 『중용中庸』에도 "충서忠恕는 도道에서 거리가 멀지 않다. 忠恕違道不遠"라는 말이 있다. 다만 이 둘이 다른 점은 공자의 충서忠恕는 움직이기를 하늘로써 자연스럽게 이루어져서 천도天道이지만, 『중용中庸』의 충서忠恕는 배우는 자가 인위적人爲的으로 움직이므로 인도人道다. 그래서 이 둘은 하늘의 도道인 성실한 자[성자誠者]와 사람의 도道인 성실히 하려는 자[성지자誠之者]의 차이라고 했다.

공자가 '오도일이관지吾道一以貫之'라고 한 것을, 증자曾子는 제자들에게 충서忠恕라고 했고, 정자程子는 충忠과 서恕를 천도天道와 인도人道로 구분하고, 충忠은 상달上達이고 실체實體의 체體이지만, 서恕는 하학下學이며 작용作用의 용用이라고 했다. 그러니 충서忠恕가 본체本體와 작용作用으로 구분되어 둘인 것 같지만, 결국은 충忠을 본체本體로 해서 서恕를 실행하는 것이므로 하나로 꿴 것이다.

공자의 일이관지一以貫之의 '일一'에 대해서 증자曾子가 충서忠恕라고 한 것을, 정자程子는 충서忠恕를 충忠과 서恕로 구분하고, 충忠은 진기盡己이고 서恕는 추기推己라고 부연敷衍하니, 충서忠恕는 하나가 아니라 둘로 오해할 수 있다. 더욱이 진기盡己는 자기自己 마음으로 물物에 이르는 '이기급물以己及物'이니 인仁이고, 추기推己는 자기自己 마음을 밀어 물物에 이르는 '추기급물推己及物'이니 서恕라고 하여, 추상적 개념을 빌려서 설명하니 이해하는 데 좀 혼란스러울 수도 있다.

이 설명이 복잡하여 이해하기 어렵다면 이렇게 생각할 수도 있다. 충서忠恕는 '충忠과 서恕' 둘이 아니라 '충忠한 서恕' 하나다. 즉 충忠은 마음의 중심中心이니 진정眞情한 마음이고, 서恕는 마음을 같이 하는 여심如心이니 실천적 행위이다. 그러니 충서忠恕는 진정眞情한 마음[충忠]으로 상대의 마음과 같이하는 실천적 행위[서恕]이니 '충忠한 서恕'가 된다.

인仁의 구체적 실천 행위가 서恕인데, 이를 '자기가 바라지 않는 것을 남에게 베풀지 말라.己所不欲 勿施於人'고 했으니, 요즘 언어로 말하면 바로 남을 배려配慮하는 마음이고 남과 소통하려는 마음이지만, 오늘날 우리 사회가 배려하고 소통하려는 마음에 인색한 것은 남의 삶의 방식이나 가치관을 존중하지 않고, 자기 가치 기준으로 남을 판단하여 상대와 내가 다르다가 아니라, 상대가 틀렸다고 생각하기 때문이다. 남과의 소통을 위해서 먼저 남을 배려하면 남을 이해하게 되니 칭찬에도 인색하지 않게 된다. 남을 칭찬하는 것은 남을 기분 좋게 하는 것이지만, 내게도 손해 볼 것이 없는 아주 좋은 처신이다. 문제는 그 칭찬에 진정성眞情性이 없으면 빈정대는 것으로 느껴져 상대를 더욱 화나게 하니, 칭찬은 참마음을 가지고 해야 효과가 있다. 이 진정성이 바로 충忠이다.

자공子貢이 앞에서 공자에게 죽을 때까지 실천할 만한 말을 물었을 때, 공자는 서恕라고 했다. 그런데 인仁을 실천하는 구체적인 방법으로 널리 은혜를 베풀어 많은 사람을 구제한다는 '박시제중博施濟衆'은 어떤지 또 물었다.

> 자공子貢이 "만약 백성에게 널리 은혜를 베풀어 많은 사람을 구제한다면 어떻겠습니까? 인仁이라고 이를 만합니까?"라고 물으니, 공자가 "어찌 인仁을 일삼는 데 그치겠는가. 반드시 성인聖人일 것이다. 요堯임금이나 순舜임금도 이 점에서는 오히려 부족하다고 여겼다. 대범 인자仁者는 자신이 서고자 하는 데에 남을 서게 하고, 자신이 통달하고자 하는 데에 남을 통달하게 하는 것이다. 가까운 데서 취해 비유할 수 있다면 인仁을 실천하는 방법이라고 이를 수 있다."라고 했다. 子貢曰 如有博施於民而能濟衆 何如 可謂仁乎 子曰 何事於仁 必也聖乎 堯舜 其猶病諸 夫仁者 己欲立而立人 己欲達而達人 能近取譬 可謂仁之方也已 〈옹야雍也〉28

＊ 공자가 요堯임금과 순舜임금도 부족하다고 여겼다고 한 것에 대해 정자程子는 널리 베푸는 것을 요堯임금과 순舜임금 같은 성인聖人이 바라는 바였지만, 당시에는 물자가 넉넉하지 못해서 베푸는 것이 넓지 못하여 그런 것이고, 많은 사람을 구제함 역시 성인이 하고자 한 바였지만, 다스림의 영역이 구주九州를 벗어나지 못해 사해四海 밖까지 구제하지 못한 한계가 있었으므로 부족하다고 여긴 것이라고 했다.

그렇지만 공자는 이런 일도 가까운 데서 취해 비유하여 먼 데로 나아간다면, 백성에게 널리 은혜를 베풀어 대중大衆을 구제救濟하는 '박시제중博施濟衆'의 일이라고 하여 못할 것이 없다고 했다. 그렇지만 자공子貢은 자기에게서 높고 멀리 있는 것을 먼저 말했으니, 이를 경계하여 공자가 이렇게 말한 것이다. 요堯임금과 순舜임금 같은 이도 만약 자신의 다스림이 충분하다고 여겼다면 성인聖人이 아니다.

어찌 되었건 간에 박시제중博施濟衆은 요堯임금과 순舜임금 같은 성인聖人도 오히려 부족하다고 여길 정도였지만, 이것은 유가儒家 정치의 최고 이상理想임은 두말할 것이 없다. 남이 이미 서 있는 자리도 뺏으려고 하는 요즘 세상에서 박시제중博施濟衆은 바라기 어려운 일이지만, 높고 멀게만 느껴지는 박시제중博施濟衆도 자신이 서고자 하는 데에 남을 서게 하고, 자신이 통달하고자 하는 데에 남을 통달하게 하면 가능하다고 했다. '제중병원濟衆病院'이란 이름이 박시제중博施濟衆에서 온 말로 이를 실천하려고 지은 이름일 것이다.

이 장章의 뒷부분은 성경에서 "누구든지 자기의 유익을 구하지 말고 남의 유익을 구하라."라고 한 말과도 통하는데 앞에서 언급한 '서恕'다. 이런 서恕를 현실적으로 불가능하다고 여겨서 공자의 말씀이 현실에 맞지 않는 고원高遠한 말이라고 하는 세상이지만, 이를 포기하면 사람다운 세상에서 살기를 포기하는 일이 된다. 서恕는 나와 너 사이의 물리적 간격을 심리적으로 없애는 것이다. 이에서 더 나아가 타자他者가 자기를 알아주지 않아도 화를 내지 않으면, 타자를 우리의 세계世界 속으로 끌어들일 수 있다. 그러니 나와 너와 타자가 하나가 되는 세상은 군자君子가 지향하는 이상理想이다.

따라서 가까운 데서 취해 비유할 수 있다면, 인仁을 실천하는 방법이라고 한 것은 인仁이 남에게 있는 것이 아니라, 나에게 있음을 말한 것이다. 공자는 〈술이述而〉29에서 "인仁이 멀리 있는가? 내가 인仁을 하고자 하면 이 인仁

이 이르러온다. 仁遠乎哉 我欲仁 斯仁 至矣"라고 한 것도 같은 맥락이다.

앞에서 언급한 박시제중博施濟衆의 인仁은 요堯임금과 순舜임금 같은 이도 부족하다고 했는데, 왕도정치王道政治를 하려는 자가 백성에게 인仁을 실천하게 하려면 얼마나 시간이 필요한지를 공자가 언급한 내용이 있다.

> 공자가 "만약 왕자王者가 있더라도 반드시 한 세대가 지난 뒤라야 백성들이 인仁해진다."라고 했다. 子曰 如有王者 必世而後 仁 〈자로子路〉12

　＊ 왕자王者란 인의仁義로 왕도정치王道政治를 하려는 자를 말한다. 정자程子는 성인聖人이 나라를 다스리면 삼 년 안에 법도法度와 기강紀綱이 이루어지고 교화敎化가 실행된다. 그러나 백성을 인仁에 젖게 하고, 의義로 백성을 연마해서 그것이 피부에 젖어 들고 골수에 스며들게 해야 예禮・악樂이 일어나므로, 이렇게 되려면 쌓기를 오래 해야 한다고 했다. 지금의 위정자들은 인성교육은 외면하고, 권력에 편승한 자들은 부정을 일삼는다. 권력 연장을 위해서라면 패거리를 짓고, 해서는 안 될 짓도 서슴지 않는다. 그러니 이런 나라가 도덕을 회복하여 재무장하기란 요원遼遠할 뿐이다.

위인爲仁의 근본根本은 효孝・제悌

공자는 인仁을 실천하려고 마음만 먹으면 그 인仁이 가까운 데 있다고 했는데, 그 가까운 곳이 바로 부모요 형제다. 따라서 부모를 봉양하는 것이 효孝고, 형이나 어른을 잘 모시는 것이 제悌다. 다음은 공자 제자인 유자有子[유약有若]가 한 말이다.

> 유자有子는 "그 사람됨이 효도하고 공경하면서 윗사람 범하기를 좋아하는 자
> 는 드물고, 윗사람을 범하기 좋아하지 않으면서 난을 일으키기 좋아하는 자
> 는 있지 않다. 군자는 근본에 힘쓰니 근본이 확립되면 도道가 생겨나고, 효도
> 와 공경은 인仁을 실천하는 근본일 것이다."라고 했다. 有子曰　其爲人也孝
> 弟　而好犯上者鮮矣　不好犯上　而好作亂者　未之有也　君子　務本　本立而
> 道生　孝弟也者　其爲仁之本與〈학이學而〉2

　＊ 유자有子는 공자 제자로 이름이 유약有若이다. 유자有子로 칭한 것은 그
의 제자들이 유약有若을 높여서 그렇게 호칭한 것이다. 효孝는 부모를 잘 모
시는 것이고, 제弟는 형이나 어른을 잘 모시는 것이니 제悌와 통용된다. 범상
犯上은 윗자리에 있는 사람을 범하는 것이며, 선鮮은 드묾이다. 작란作亂은 도
리에 어긋나서 다투고 싸우는 일이며, 무務는 힘을 오롯이 하는 것이고, 본本
은 뿌리와 같다. 인仁은 사랑의 순리順理이자 마음의 덕德이다. 위인爲仁은 인仁
을 실천한다는 것이고, 여與는 여歟와 같은 의문사인데, 이 장章이 의문사로
끝난 것은 유자有子가 겸손해서[겸퇴謙退] 감히 딱 잘라 말하지 않은 것이다.
효孝·제悌는 바로 인仁을 실천하는 근본이니, 배우는 자들이 이것을 힘쓰면
인도仁道가 이로부터 생겨난다.

　정자程子는 효孝·제弟는 순종하는 덕德이므로 윗사람을 범하기 좋아하
지 않는 것인데, 어찌 다시 이理를 거슬러서 떳떳함을 어지럽히는 일이 있겠
냐? 또 덕德은 근본이 있으니, 근본이 확립되면 도道가 충만하여 커진다. 효孝
·제弟가 집에서 행해진 뒤에 인仁·애愛가 타자他者에 미치어가는 것이니, 이른
바 친한 이를 친히 하고 백성을 사랑하는 것이다. 따라서 인仁을 실천하는

데는 효孝·제弟를 근본으로 삼으니, 본성本性으로 논하면 인仁은 효孝·제弟의 근본이 된다고 했다.

어떤 이가 효孝·제弟는 인仁의 근본이 되니, 이로 말미암으면 인仁에 이르러 갈 수 있는 것이 아니냐고 물었다. 이에 정자程子는 효孝·제弟가 인仁을 실천하는 근본이라고 하면 옳지만, 인仁의 근본이라고 하면 옳지 않다고 했다. 이는 효孝·제弟가 바로 인仁이 아니라는 말이다. 그리고 성性은 인仁·의義·예禮·지智 네 가지[신信이 포함되면 오성五性이다.]가 있을 뿐이니 효孝·제弟는 이에 들지 않고, 인仁은 사랑이 주장이며 사랑은 부모를 사랑하는 것보다 더 큰 것이 없다고 했다. 그래서 효孝·제弟는 인仁을 실천하는 근본이라고 했다. 다시 말하면 효孝·제悌는 인仁의 활용活用이므로 인仁을 실천하는 하나의 방법[도道]이다.

공자는 제자弟子라면 효제孝悌·근신謹信·애중愛衆·친인親仁을 한 다음에 글을 배워야 한다고 했다.

> 공자는 "제자弟子가 집에 들어와서는 효도를 하고, 밖에 나가서는 공손하며, 말과 행실을 삼가고 신실하게 하며, 널리 사람들을 사랑하되 인仁한 이를 가까이 하고, 행하고 남은 힘이 있거든 문文을 배울 것이니라."라고 했다. 子曰 弟子入則孝 出則弟 謹而信 汎愛衆 而親仁 行有餘力 則以學文 〈학이學而〉6

＊효제孝悌·근신謹信·범애중汎愛重·친인親仁은 사람이 행해야 할 근본이다. 근謹은 행위의 떳떳함이고, 신信은 말의 성실함이며, 범애중汎愛重의 범汎은 넓음이고, 중衆은 뭇사람이며, 친인親仁의 친親은 가까이함이고, 인仁은 인자仁者를 이른다. 따라서 이 모두는 자기의 몸과 마음을 수양하는 위기지학爲己之

學에 해당하므로 자신의 외양外樣을 닦는 문文보다 먼저 해야 한다.

배우는 자[제자弟子]가 효孝·제悌를 바탕으로 해서 언행言行을 삼가고 신실하게 하면서 널리 사람을 사랑하고 인仁한 이를 가까이하는 것이 먼저고, 그런 뒤에 여력餘力이 있으면 문文을 배우라는 것이다. 문文은 시詩·서書·육예六藝로 자신의 외양을 닦는 것인데, 이것이 없으면 사람은 시쳇말로 세련되지 못해 촌스럽다. 만약에 남은 힘이 없는데 시詩·서書와 육예六藝 같은 문文을 배운다면 그 바탕을 멸실滅失하게 될 것이므로 바탕을 닦는 것을 중시한 것이다.

그런데 '행유여력行有餘力' 다음에 한글 토가 '-이어든'으로 되어 있으면 '행하고 남은 힘이 있거든'으로 번역되니, 여력餘力이 없으면 학문學文을 하지 않아도 된다는 의미로 오해하여 문文은 하지 않아도 되는가? 이런 의구심을 가질 수 있다. 주자朱子는 문文 또한 중요함을 강조했다. 이런 점을 감안勘案해서 한글 토를 '-이니'로 하면, 이런 오해를 불식시킬 수 있지 않을까 생각한다. 이것은 바탕을 닦는다고 해서 여력이 없는 것이 아니니, 외양을 꾸미는 문文도 함께 배우되 선후를 따진다면, 몸과 마음을 수양하는 위기지학爲己之學이 먼저라는 것으로 이해하는 것이 좋겠다.

공자의 제자 자하子夏도 바탕 닦는 것을 강조한 바 있다.

자하子夏는 "어진 이를 어질다고 여기되 여색을 좋아하는 마음을 바꿔서 하고, 부모를 섬기되 힘을 다할 것이며, 임금을 섬기되 몸을 바칠 것이고, 친구와 더불어 사귀되 말함에 신실함이 있으면 비록 배우지 않았다고 말할지라도 나는 반드시 그를 두고 배웠다고 이를 것이다. 子夏曰 賢賢 易色 事父母 能竭其力 事君 能致其身 與朋友交 言而有信 雖曰未學 吾必謂之學

* 자하^{子夏}는 공자 제자로 성^姓은 복^卜이고, 이름은 상^商인데 위^衛나라 사람이다. 자하^{子夏}가 언급한 현현^{賢賢}에는 공손할 제^悌의 의미가 포함되어 있으니, 결국 효^孝 · 제^悌 · 충^忠 · 신^信 같은 바탕을 잘 실천한 사람이라면 배우지 않았다고 할지라도 배운 사람이라고 말하겠다는 의미다. 이는 바탕을 닦는 것을 강조한 말이다. 현현^{賢賢}[제^悌], 사부모^{事父母}[효^孝], 사군^{事君}[충^忠], 붕우교^{朋友交}[신^信] 네 가지 모두는 인륜^{人倫}의 큰 것이어서 이것을 실천함에는 반드시 그 정성을 다해야 하니, 배움은 이것을 구할 뿐이라 했다. 성현^{聖賢}은 본^本을 강조하면서도 말^末 또한 소홀히 할 수 없음을 말하고 있으므로 두 가지가 모두 중요하다고 할 수 있는데, 다만 어느 한쪽이 중요함을 말한 것이 아니라 그것을 행하는 차서^{次序}를 말한 것이다.

어떤 이는 여색 좋아하는 마음을 바꿔서 현인^{賢人}을 좋아한다는 구절에 대해, "나는 여색^{女色}을 좋아하지 않으니 바꿀 것이 없네."라고 비아냥거릴지 모르겠으나, '현현역색^{賢賢易色}'은 욕심^{慾心} 중에 색욕^{色慾}이 있으니 일반적으로 말한 것이지 개인의 취향 여부를 두고 한 말은 아니다.

말함에 신실함이 있어야 한다고 하는 '언이유신^{言而有信}'도 자기가 한 말에 대해서 책임 있게 실천해서 남들에게 믿음을 주어야 한다는 의미다. 옛 어른들이 남에게 말을 할 때는 침을 세 번 삼킨 뒤에 하라고 한 것도 그러는 동안에 내가 이 말을 해도 되는지, 말을 하고 나서 실천할 수는 있는지, 또는 이 말에 책임질 수 있는지 등을 살펴서 말을 쉽게 하지 말고 신중히 생각해서 하라는 말이다.

자하^{子夏}의 말은 그 뜻이 좋지만, 말 기운의 사이에 억양이 크게 지나쳐서 그 흐름의 폐단이 장차 혹 배움을 폐지하는 데 이를 수 있으니, 반드시 앞 장章 〈학이學而〉6에서 공자가 말한 '행유여력 즉이학문行有餘力 則以學文'처럼 한 뒤에야 폐단이 없을 것이라고 말하기도 한다.

앞에서 효孝·제悌가 인仁을 실천하는 근본이라고 했는데, 부모에게 순종順從과 공경恭敬을 정성精誠으로 다한다는 효孝가 『논어』에는 어떻게 언급되고 있는지 좀 더 살펴보자. 이에 대한 언급은 〈위정爲政〉 편에 자주 나오는 것을 보면, 효孝가 위정爲政의 근본이라는 생각도 든다. 다음은 공자가 말한 효孝의 실천적 행위다.

> 공자는 "부모가 살아계실 때는 자식의 뜻을 관찰하고 부모가 돌아가셨을 때는 자식의 행동을 살피는 것이니, 3년 동안은 아버지의 도道를 고치지 않아야 효孝라고 이를 수 있다."라고 했다. 子曰 父在 觀其志 父沒 觀其行 三年 無改於父之道 可謂孝矣 〈학이學而〉11

* 아버지가 살아계실 때는 자식이 집안일을 자기 마음대로 할 수 없지만, 자식의 마음이 어디로 향하는지는 알 수 있고, 부모가 돌아가셨을 적에는 자식이 집안일을 어떻게 하는지 그 행실은 볼 수 있으니, 이를 보면 자식이 잘하고 못하는 것을 족히 알 수 있다. 아버지가 하신 것에서 마땅히 고쳐야 할 바가 있는데도 3년 동안 고치지 않은 것은 효자의 마음에 차마 그럴 수 없어서 고치지 않았다는 것인데 왜 3년인가? 그것은 자식이 태어나 3년은 부모의 품 안에서 자랐으니, 적어도 3년은 아버지가 하셨던 것을 그대로 두는 것이 자식으로서 해야 할 도리라고 여겼기 때문이다. 3년 상喪도 비록 아버지가 돌아가셨지만, 아직도 집안에 아버지의 숨결[손때]이 남아 있다고 여기고, 3년 동안 조석朝夕으로 공양하는 것도 같은 이치다.

당시의 도리에 비추어 말한다면, 상황이 부득이하여 아버지께서 하시던 방법을 고쳐서 상황이 호전되었다고 하더라도 그것은 효孝가 되지 않는다. 자식이 상황을 악화시킬 수 없어 부득이 아버지의 도道를 고쳤겠지만, 그렇더라도 자식은 불효不孝를 저질렀다는 생각에서 벗어나지 않는 것이 효孝 원리다.

예를 들어 부모에게 안부 편지를 쓰고, 끝에 흔히 '불효자 아무개'라고 쓰는 것도 같은 이치다. 부모에게 안부 편지를 쓴다는 것이 효孝를 행한 것인데, 왜 그 끝에 불효자라고 쓰는지 요즘 젊은이들은 이해가 안 된다고 하면서 겉과 속이 다른 이중인격자라고도 한다. 그러나 안부 편지를 쓰는 동안에 자신이 그간 부모에게 했던 것을 생각하니, 무심하고 불성실했음이 자각되어 불효자의 심정이 된 것이므로, 표리부동表裏不同이 아니니 불효자로 쓰는 것이 옳다.

이런 삶의 태도는 결과만 좋으면 다 좋다고 생각하고, 직설적인 표현을 좋아하는 사람들의 마음으로는 이해하기 쉽지 않을 수도 있다. 반면에 성현聖賢의 말씀이라고 시공時空을 초월해서 모두 통하는 것은 아니니, 『논어』에 나오는 내용은 모두 진리라고 고집하고 남에게 강요해서도 안 된다. 이 장章과 유사한 내용이 〈이인里人〉20에도 나온다.

> 공자는 "아버지가 돌아가신 후 3년 동안은 아버지의 도道를 고치지 않아야 효孝라고 할 수 있을 것이다."라고 했다. 子曰 三年 無改於父之道 可謂孝矣 〈이인里人〉20

다음은 공자에게 들은 맹장자孟莊子의 효孝에 대해서 증자曾子가 전하는 내용이다.

증자曾子가 "내가 선생님께 들으니, 맹장자孟莊子의 효孝에서 다른 일은 능히 할 수 있지만, 아버지의 신하와 아버지의 정사政事를 고치지 않은 이것은 능하기가 어렵다고 하셨다."라고 했다. 曾子曰 吾 聞諸夫子 孟莊子之孝也 其他 可能也 其不改父之臣與父之政 是 難能也 〈자장子張〉**18**

* 증자曾子라고 지칭한 것은 이 구절을 증자曾子의 제자들이 기록했기 때문이다. 맹장자孟莊子는 노魯나라 대부大夫고 이름은 속速이며, 그 아버지는 헌자獻子이고 이름은 멸蔑이다. 헌자獻子가 어진 덕德이 있으니, 맹장자孟莊子가 자기 아버지의 신하를 등용登用하고 그 정사政事를 지켰다. 그러므로 다른 효행도 비록 일컬을 만한 일이 있었지만, 모두가 이 일의 어려움이 되는 것과 같지 않다. 이것은 자식이 부모가 한 일을 바꾸지 않는 것이 얼마나 중요한가를 보여준 사례다.

'부자夫子'는 제자들이 스승인 공자를 지칭할 때 쓴 말인데, 덕德이 높은 스승 곧 선생님이란 뜻이다. 공자는 맹장자孟莊子가 행한 효孝 가운데 그의 아버지가 등용한 사람과 정책을 그대로 쓴 것을 들어 증자曾子에게 들려주었다. 증자曾子가 이것을 다시 제자에게 들려준 의도는 아버지가 하신 일을 그대로 이어받기가 쉽지 않음을 드러내기 위한 것이다.

공자가 제자들에게 인仁을 설명할 때 상대의 처지에 따라서 다르게 설명한 것처럼 효孝도 마찬가지여서 다음에 나오는 맹의자孟懿子, 맹무백孟武伯, 자유子遊, 자하子夏에게 설명한 효孝의 내용이 다르다. 먼저 맹의자孟懿子가 효孝에 관해 묻자, 공자는 다음과 같이 대답했다면서 제자인 번지樊遲에게 말했다.

맹의자孟懿子가 효孝를 묻기에 [공자가] "어긋남이 없어야 한다."라고 했다. 번지樊遲가 그때 공자의 수레를 몰고 있었는데, 공자가 그에게 "맹손孟孫이 내게 효孝를 묻기에 내가 어긋남이 없어야 한다고 대답했다."라고 하니, 번지樊遲가 "무슨 말입니까?" 하자, 공자가 "살아계실 적에는 예禮로 섬기고, 돌아가시면 예禮로 장사 지내고, 예禮로 제사를 지내는 것이다."라고 했다. 孟懿子問孝 子曰 無違 樊遲御 子告之曰 孟孫 問孝於我 我對曰 無違 樊遲曰 何謂也 子曰 生事之以禮 死葬之以禮 祭之以禮 〈위정爲政〉5

* 춘추시대春秋時代 노魯나라 환공桓公의 장자長子 동同이 즉위하여 장공莊公이 되자, 나머지 3형제는 대부大夫가 되었다. 이들을 삼가三家 또는 삼환三桓이라고 부르고, 이들이 바로 맹손孟孫 숙손叔孫 계손季孫이다. 그 형 장공莊公이 맏이가 되므로 그를 포함하면 여기 맹손孟孫은 중손仲孫이 된다. 여기 나오는 맹손孟孫이 바로 맹의자孟懿子인데 중손씨仲孫氏라고 할 때는 삼가三家에 장공莊公을 포함해서 말하기 때문이다.

맹의자孟懿子의 효孝에 관한 질문에 공자가 어긋남이 없어야 한다고 했다. 그런데 당시에 삼가三家는 차마 두고 볼 수 없는 무례無禮한 짓거리들을 했으므로, 공자가 이 말로 경계한 것이다. 그런데 무위無違를 도리道理에 어긋남이 없음[불패어리不背於理]이라고 하여 추상적인 이理로 이해할 수도 있지만, 공자는 예禮에 어긋남이 없어야 한다는 의도로 무위無違를 말한 것이다. 만약 무위無違를 도리道理에 어긋남이 없어야 한다고 이해하면, 도리道理가 바로 예禮가 된다.

공자는 자신이 한 말의 본뜻을 잃고 맹의자孟懿子가 부모의 명령을 따르는 것을 효孝라고 이해할까 염려해서 번지樊遲에게 말한 것인데, 번지樊遲가 무슨 말이냐고 물었다. 공자는 부모가 살아계실 때 예禮로 섬기고, 죽어서 장

두 번째 인

사를 지내거나 제사를 지낼 때도 예禮로 하는 것이 효孝라고 했다. 여기서 예禮로 한다는 것은 곧 자기 분수에 맞게, 할 수 있는 일을 한다는 뜻이다. 요즘에 부모를 장사나 제사를 지내면서 분수에 넘치게 하는 일은 예禮에 맞지 않으니 삼가야 한다.

다음은 맹의자孟懿子의 아들 맹무백孟武伯이 공자에게 효孝를 묻자, 공자의 대답이다.

> 맹무백孟武伯이 효孝를 물으니, 공자가 "부모는 오로지 자식이 병들까 근심한다."라고 했다. 孟武伯 問孝 子曰 父母 唯其疾之憂 〈위정爲政〉6

* 부모는 자식을 사랑하는 마음이 지극하여 오직 자식이 병이 들까 두려워하여 항상 그것을 근심으로 삼는다. 그러니 자식이 부모의 마음을 자기 마음으로 삼는다면 스스로 몸 지키기를 삼가게 된다. 구설舊說에는 자식이 불의不義에 빠지는 것을 부모가 근심하지 않고, 오직 자식의 병을 근심하게 해야 효孝가 될 수 있다고 했는데 이것도 통한다고 했다.

다음은 자유子游가 효孝를 묻자, 공자가 답한 내용이다.

> 자유子游가 효孝를 물으니, 공자가 "지금의 효孝는 봉양을 잘하는 것을 이르는데 개나 말에 이르러서도 모두 기름[양養]이 있으니, 공경이 아니면 어떻게 구별하겠는가?"라고 했다. 子游問孝 子曰 今之孝者 是謂能養 至於犬馬 皆能有養 不敬 何以別乎 〈위정爲政〉7

* 자유子游는 공자 제자로 성姓은 언言이고 이름은 언偃이다. 자유子游가 성인聖人 문하門下의 높은 제자이므로 반드시 이에 이르지 않았을 것이겠지만, 성인聖人은 다만 그 사랑이 공경恭敬을 넘을까 염려해서 한 말이다.

 이 장章은 부모를 봉양하면서 공경恭敬이 빠지면, 개나 말을 기르는 것과 다를 바 없다고 하여 효孝에서 공경이 중요함을 말한 것이다. 그런데 이렇게 하면 견마犬馬가 부모와 비교 대상이 되니, 이를 염려한 사람은 '개나 말에 이르러서도 모두 기름[양養]이 있으니 至於犬馬 皆能有養'라는 구절을, 견마도 부모를 위해 수고하는 것을 일종의 봉양奉養으로 보고, 자식과 견마를 비교 대상으로 삼아 자식이 봉양할 때 부모를 공경함이 없다면, 견마가 부모를 위해 수고하는 일과 무엇으로 구별하겠느냐고 해석하기도 한다. 해석이 좀 억지스러운 감이 없지 않지만, 견마가 부모와 비교 대상이 된다는 것조차도 불경不敬이라고 생각하는 사람이라면 그럴 수도 있겠다. 그런데 부모에게 삼시 세끼 대접하는 것만으로도 대단한 효라고 생각하는 요즘 세상에 공경恭敬의 유무를 운운하는 것이 배부른 소리라고 할지도 모르겠다.

 이번에는 자하子夏가 효孝를 묻자, 공자가 답한 내용이다.

 자하子夏가 효孝를 물으니, 공자가 "얼굴빛을 [취하기가] 어려우니, [부형父兄에게] 일이 있으면 자식이나 아우[제자弟子]가 그 수고로움을 대신하고, 술과 밥이 있으면, 부형父兄[선생先生]에게 먼저 드시게 하는 것을 일찍이 이것으로 효가 되겠는가?"라고 했다. 子夏問孝 子曰 色難 有事 弟子服其勞 有酒食 先生饌 曾是以爲孝乎 〈위정爲政〉8

 * 색난色難은 부모 섬길 때 얼굴빛을 취하는 어려움이다. 제자弟子는 아

랫사람이란 뜻이니 자식이나 아우를 말한다. 사^食는 밥[반^飯]이고, 선생^{先生}은 부형^{父兄}이며, 찬^饌은 마시고 먹게 하는 것이다. 증^曾은 일찍이[상^嘗]와 같다.

『예기^{禮記}』「제의^{祭儀}」에 "대개 효자^{孝子}로서 깊은 사랑이 있는 자는 반드시 화기^{和氣}가 있고, 화기^{和氣}가 있는 자는 반드시 기쁜 얼굴빛이 있으며, 기쁜 얼굴빛이 있는 자는 반드시 공순한 용모가 있다. ^{蓋孝子之有深愛者 必有和氣 有和氣者 必有愉色 有愉色者 必有婉容}"라고 했다. 그러므로 부모를 섬길 때 오직 얼굴빛 온화하게 하는 것이 어려움이 되니, 수고로움을 대신하고 음식을 받들어 모시는 것만으로는 효^孝가 될 수 없다.

본문의 '술과 밥[주사^{酒食}]이 있으면, 부형^{父兄}에게 먼저 드시게 하는 것을 일찍이 이것으로 효가 되겠는가? ^{有酒食 先生饌 曾是以爲孝乎}'라는 구절은 부형^{父兄}에게 음식을 먼저 들도록 하는 것만으로는 효^孝가 될 수 없고, 부형 앞에서 얼굴빛 취함이 중요하다는 것을 말하려고 한 것이다. 구설^{舊說}에는 부모의 얼굴빛을 살펴서 자식이 순종하기 어려운 것도 마찬가지라고 했는데 역시 통한다고 했다.

정자^{程子}는 공자가 맹의자^{孟懿子}에게 말씀한 것은 뭇사람에게 한 것이고, 맹무백^{孟武伯}에게 말씀한 것은 그 사람이 근심할 만한 일이 많았기 때문이며, 자유^{子游}는 봉양은 잘하나 혹 공경^{恭敬}에서 실수할까 봐 그런 것이고, 자하^{子夏}는 강직하고 의로워서 혹 온화한 얼굴빛이 부족할 것을 염려했기 때문이니, 각각 상대의 자질이 높고 낮음이나, 실수할 바에 따라서 말했으므로 효^孝에 대한 설명이 같지 않다고 했다.

이 장^章에 언급된 색난^{色難}은 요즘의 자녀에게도 마찬가지다. 그러나 평소에 말소리를 온화하게 해 버릇하면, 얼굴빛 취하는 일도 어렵지 않다. 부모건 자식이건 마음속에 불편한 기색을 감추고 있으면 얼굴빛만이 아니라 목소리에도 나타난다. 침묵한다고 해서 속마음이 드러나지 않는 것도 아니다. 그러니 마음이 불편하더라도 말을 온화하게 하면 얼굴빛 취하기도 어렵지 않게 된다. 퉁명스러운 말투가 습관이 된 사람은 그 말투가 상대를 불쾌하게 한다는 것조차 의식하지 못하지만 꾸준히 말투를 고치려고 노력하면 못 할 것도 없다.

지금까지 언급한 내용 외에도 『논어』에는 효孝에 대한 내용이 더 있다.

> 공자는 "부모가 계시면 멀리 나가지 않아야 하고, 가더라도 반드시 가는 곳을 밝혀야 한다."라고 했다. 子曰 父母在 不遠遊 遊必有方 〈이인里人〉19

 * 이 장章은 저녁에는 부모의 잠자리를 정해 드리고, 새벽에는 주무신 자리를 살핀다는 혼정신성昏定晨省을 일상으로 하던 시대에 통하는 말이다. 자녀가 먼 곳에 가서 놀면 부모 떠나기를 멀리하여 날짜가 오래되면 조석朝夕으로 부모 잠자리를 정해 드리고 살필 수 없으므로 한 말이지만, 요즘 같은 지구촌 시대에는 실천하기 쉽지 않은 내용이다. 그렇지만 이 구절이 말하는 속뜻을 이해했다면, 멀리 가거나 피치 못해서 가는 방향이 바뀌더라도 자기 위치를 수시로 알려서 부모가 궁금해하지 않도록 하면 되니, 부모의 마음을 자기 마음으로 삼으면 이 정도는 가능한 일이다.

다음은 자식이 부모의 나이를 기억해야 한다는 내용이다.

> 공자는 "부모의 나이를 기억하지 않아서는 안 된다. 한편으로는 그로 인해 기쁘고 한편으로는 그로 인해 두려운 것이다."라고 했다. 子曰 父母之年

不可不知也 一則以喜 一則以懼 〈이인里人〉**21**

    * '불가부지^{不可不知}'의 지^知는 기억^{記憶}이란 뜻이다. 자기 나이도 깜빡깜빡한다고 해서 부모의 나이를 모른다는 것은 부모에게 관심이 없다는 의미다. 자식이 부모의 나이를 기억하고 있으면 오래 사신 것이 기쁘고, 앞으로 사실 날이 많지 않으니 더욱 효성을 다하게 되기 때문이다.

    다음은 부모의 행동에 대해 자식이 가져야 할 태도에 관한 것이다.

> 공자는 "부모를 섬기는데 [부모에게 허물이 있으면] 부드럽게 간^諫해야 한다. [부모가] 따르지 않을 뜻을 보이더라도 더욱 공경하고 거스르지 말며, 수고로워도 원망하지 않아야 한다."라고 했다. 子曰 事父母 幾諫 見志不從 又敬不違 勞而不怨 〈이인里人〉**18**

    * 이 장^章은 『예기^{禮記}』 「내칙^{內則}」의 내용과 표리^{表裏}가 된다. 기^幾는 부드럽게 함 또는 은미^{隱微}함이니, 기간^{幾諫}은 「내칙^{內則}」에 이른바 "부모에게 허물이 있으면 기운을 낮추고 기쁜 얼굴과 부드러운 음성으로 간^諫한다. 父母有過下氣怡色柔聲以諫也"라고 했다. '[부모가] 따르지 않을 뜻을 보이더라도 더욱 공경하고 거스르지 말며 見志不從 又敬不違'는 「내칙^{內則}」에 이른바 "간^諫하는 말이 만약 받아들여지지 않더라도 자녀는 더욱 공경하고, 더욱 효도하여 기뻐하시면 다시 간^諫한다. 諫若不入 起敬起孝 悅則復諫也"라고 했다. 그리고 '수고로워도 원망하지 말아야 한다. 勞而不怨'는 「내칙^{內則}」에 이른바 "부모가 잘못하여 마을에서 죄를 얻게 하는 것보다는 차라리 잘 간^諫해야 하니, 부모가 화를 내어 기뻐하지 않아서 자식이 종아리를 맞아 피가 흐르더라도 감히 부모를 미워하

거나 원망하지 말 것이고, 더욱 공경하고 더욱 효도하라. _{與其得罪於鄕黨州閭 寧孰} [熟]諫 父母怒不悅而撻之流血 不敢疾怨 起敬起孝也"라고 했다.

공자 시대에도 부모에게 효도한다고 하여 부모에게 무조건 순종하는 것은 아니어서 필요하면 부모에게 간諫하기도 하였지만, 부모가 자식의 말을 따르지 않으면 더욱 공경하고 더욱 효도하여 기뻐하시면 다시 간諫한다고 하니, 진정한 효가 무엇인가를 다시 생각하게 한다.

자녀는 자기를 낳아 길러준 부모임을 생각하고 부드럽게 말하고, 부모의 처신이 어떠하든 간에 부모에게 순종順從하고 공경恭敬하는 것이 효孝의 본질이다. 부모는 견마犬馬가 아니므로 물질이 아닌 순종과 공경의 마음으로 부모의 뜻을 받드는 것이 효孝이지만, 이것은 부모가 중심이던 전통 가정에서나 바랄 일이다. 요즘에는 자녀가 부모를 가르치려는 세상이니 이런 효의 본질을 강요할 수 없다. 서구의 가치관이 지배하는 지금의 가정에서는 자녀가 중심이므로, 부모가 자녀의 뜻을 먼저 이해해줘야 한다. 부모가 낳아주었다고 하지만, '왜 날 낳았느냐'고 하고, '뭐 하려고 낳았느냐'는 말을 거침없이 하니, 자녀의 불효를 개탄할 일이 아닌 현실이 되어 버렸다. 이런 가정에서 부모가 자녀의 순종과 공경을 바라기란 참으로 어렵다. 가족 구성원 간의 효孝의 가치 인식이 양립하는 요즘에 효孝의 본질이 가족 구성원 사이에서 조화롭게 구현되기를 바라는 것이 허상虛想일 뿐이다.

그러므로 부모의 권위를 앞세워 전통사회에서나 실현이 가능한 효행을 자녀에게 강요하지 말고, 자녀와 대화할 때 차라리 부모가 먼저 기운을 낮추어 온화한 음성으로 대화하면, 자녀들도 이를 자연스럽게 익히지 않을까 한다. 지금도 화목한 가정에서 자녀들이 부모를 공경하고 온화한 언행을 마주할 때도 없지 않다. 이런 가정을 보면 부부가 서로 존경하고 배려하니, 자녀들은 그것을 보고 배운다.

다음은 증자曾子가 부모에게서 받은 신체身體를 어떻게 했는가를 제자들에게 말해준 내용이다.

> 증자曾子가 병病[질疾]이 들자, 제자들을 불러 놓고 "이불을 걷고서 내 발과 내 손을 보아라. 『시경詩經』에 '두려워하고 조심하여 깊은 못에 임한 듯, 얇은 얼음판을 밟는 듯이 한다.'고 하였으니, [죽음에 이른] 이제야 나는 [이런 근심을] 면하게 되었음을 알겠노라. 제자들아."라고 했다. 曾子 有疾 召門弟子曰 啓予足 啓予手 詩云 戰戰兢兢 如臨深淵 如履薄氷 而今而後 吾知免夫 小子 〈태백泰伯〉3

* 인용된 시詩는 『시경詩經』「소민小旻」편篇이다. 전전戰戰은 두렵고 두려움이며, 긍긍兢兢은 경계하고 삼감이다. 임연臨淵은 못에 다가가서 빠질까 두려워함이며, 이빙履氷은 얼음을 밟다가 빠질까 두려워함이다. 소자小子는 문인門人 또는 제자弟子를 가리킨다.

이 장章은 『효경孝經』 서두에 공자가 증자曾子에게 덕德의 근본根本인 효孝를 말해주는데, "몸과 터럭은 부모에게 받은 것이라 감히 훼손할 수 없는 것이 효孝의 시작이다. 身體髮膚 受之父母 不敢毁傷孝之始也"라는 말을 증자曾子가 실천하다가 죽음에 이르러서 제자에게 손발을 보게 한 내용이다. 증자曾子는 몸을 온전히 보존한 것을 문인門人들에게 보여주고, 장차 죽음에 이른 뒤에야 몸의 훼손을 면할 수 있음을 알았다고 하여 자기 몸을 상하게 하지 않으려고 얼마나 애를 썼는지 짐작하게 한다.

민담民譚에 전하는 효행담孝行譚에는 병든 부모를 치료하기 위해서 손가락을 잘라[단지斷指] 피를 드리거나 허벅지 살을 베어 드리고[할고割股], 심지어 <손순 매아孫順埋兒>나 <동자삼童子蔘>처럼 부모를 위해 자식을 희생犧牲시켰다는 잔인한 이야기들이 나온다. 민간에서는 효孝의 실천을 강조하다 보니, 이런 극단적인 행위가 자주 구술口述되었다. 유가儒家에서도 부모의 병 치료를 위해 지극한 정성을 하다 보면, 겨울철에 언 못에서 잉어를 얻거나, 나무에서 개구리가 떨어졌다는 기적 같은 일이 『소학小學』 같은 데 나오지만, 민간설화에 나오는 잔혹한 효행을 자녀에게 권장해서는 안 된다고 했다. 유가儒家에서 권하는 효행이란 일상의 삶에서 실천할 수 있는 것들이다. 다만 그것을 실천하는 데 정성精誠과 지속성持續性을 강조했을 뿐이다.

인仁 · 지智 · 용勇

『논어』에는 지智와 용勇의 덕목이 자주 등장하는데 여기서는 인仁과 지智와 용勇 덕목德目들의 관계를 살펴보자.

다음은 지智 · 인仁 · 용勇에 대한 공자의 언급이다.

> 공자는 "지자知者는 의혹하지 않고, 인자仁者는 근심하지 않으며, 용자勇者는 두려워하지 않는다."라고 했다. 子曰 知者 不惑 仁者 不憂 勇者 不懼
> 〈자한子罕〉28

* 지자知者는 지혜智慧 있는 자다. 불혹不惑은 일반적으로 외물外物에 마음을 빼앗기지 않는 것을 말하지만, 여기서는 지혜智慧가 족히 사리事理를 밝힐 수 있으므로 지자智者는 의혹疑惑하지 않는다는 것이고, 불우不憂는 근심하지 않는다는 것인데 인자仁者는 천지天地 자연自然의 이치를 받은 도심道心이 사욕

私慾을 이겼기 때문이며, 불구^{不懼}는 두려워하지 않는다는 것인데 용자^{勇者}는 육신^{肉身}의 기운^{氣運}이 도의^{道義}와 잘 어우러졌기 때문이다. 지^智, 인^仁, 용^勇을 군자가 배우는 순서라고 한 것은 학문의 진전에는 지혜^{智慧}를 우선^{優先}하기 때문이다. 〈헌문^{憲問}〉30에서 공자는 "군자 도^道가 셋인데 자신은 능하지 못하니, 인^仁한 사람은 근심하지 않고, 지혜로운 사람은 미혹되지 않으며, 용기 있는 사람은 두려워하지 않는다. 君子道者三 我無能焉 仁者 不憂 知者 不惑 勇者 不懼"라고 했는데, 여기서 인^仁이 먼저 제시된 것은 덕^德을 이룸에는 인^仁이 우선하기 때문이다.

다음은 번지^{樊遲}가 지^智와 인^仁을 물으니 이에 대해 공자가 말한 내용이다.

> 번지^{樊遲}가 지^知를 물으니, 공자가 "사람이 지켜야 할 마땅한 바에 힘쓰고, 귀신을 공경하되 멀리한다면 지^知라고 이를 수 있다." 다시 인^仁을 물으니, "인^仁은 어려운 일을 먼저하고 얻는 것을 뒤로하면 인^仁이라 이를 수 있다."라고 했다. 樊遲 問知 子曰 務民之義 敬鬼神而遠之 可謂知矣 問仁 曰 仁者 先難而後獲 可謂仁矣 〈옹야^{雍也}〉20

* '문지^{問知}'의 지^知는 지혜^{智慧}이고, 민^民은 사람이며, 획^獲은 얻음이다. 사람의 도리로 마땅히 할 바인 의義에 힘쓰기를 오롯이 하고, 귀신^{鬼神}을 공경하되 멀리하는 것이 지혜다. 귀신을 공경함은 그 초월성을 인정한 것이고, 멀리함은 귀신의 실체가 보이지 않아서 혹세무민^{惑世誣民}을 경계한 말이니 지혜로운 처신이다. 인^仁은 어려운 일을 먼저하고 그 효과를 얻는 것은 뒤에 하는 것이라고 했으니, 어려운 일을 먼저 하는 것은 극기^{克己}의 일이고, 얻는

것을 뒤에 하는 것은 남에 대한 배려다. 그래서 선난후획^{先難後獲}은 인^仁이 된다.

사람이 마땅히 해야 할 일을 급하게 여기고, 귀신에 관한 일처럼 알기 어려운 것은 구하지 않으며, 아는 것은 힘써 하고, 행하기 어려운 일을 꺼려 말아야 한다고 하는데, 사람들은 어려운 일은 고사하고 쉬운 일조차도 하지 않으면서 효과는 먼저 얻으려고 하는 세상이다.

다음도 번지^{樊遲}가 인^仁과 지^智에 관한 물음에 대해 공자의 언급인데 앞의 내용과는 관점이 다르다.

번지^{樊遲}가 인^仁을 물으니, 공자가 "사람을 사랑하는 것[애인^{愛人}]이다." 하고, 지^知를 물으니, 공자가 "사람을 아는 것[지인^{知人}]이다."라고 했다. 번지^{樊遲}가 그 뜻을 통달하지 못하거늘, 공자가 "곧은 것을 들어 굽은 것에다 놓으면 굽은 것을 곧게 할 수 있다."라고 했다. 번지^{樊遲}가 물러나, 자하^{子夏}를 만나서, "접때 내가 선생님[부자^{夫子}]을 뵙고 지^知를 물으니, 선생님께서 '곧은 것을 들어 굽은 것에다 놓으면 굽은 것을 곧게 할 수 있다.'라고 하시던데 무슨 말씀인가?"라고 하니, 자하^{子夏}가 "풍부하다, 말씀이여! 순^舜임금이 천하를 차지하고 무리 중에서 뽑되 고요^{皐陶}를 들어 쓰니, 불인자^{不仁者}가 멀리 사라져 볼 수 없고, 탕^湯임금이 천하를 차지하고 무리 중에서 뽑되 이윤^{伊尹}을 들어 쓰니, 불인자^{不仁者}가 멀리 사라져 볼 수 없었다."라고 했다. 樊遲問仁 子曰 愛人 問知 子曰 知人 樊遲未達 子曰 擧直錯諸枉 能使枉者直 樊遲退 見子夏曰 鄕也 吾見於夫子而問知 子曰 擧直錯諸枉 能使枉者 直 何謂 子夏曰 富哉 言乎 舜有天下 選於衆 擧皐陶 不仁者 遠矣 湯 有天下 選於衆 擧伊尹 不仁者 遠矣 〈안연^{顔淵}〉**22**

두 번째 인

* 견자하見子夏의 견見은 볼 견見이고, 향야鄕也의 향鄕은 접때 향曏이며, 오현吾見의 현見은 뵐 현見이고 문지問知의 지知는 지혜智慧다.

인仁은 사람에 대한 배려이고, 지智는 인재를 알아보는 슬기다. 인仁과 지智에 관한 번지樊遲의 질문에 공자가 인仁은 사람을 사랑하는 것[애인愛人]이고, 지智는 사람을 아는 것[지인知人]이라고 한 것을 번지樊遲가 알아차리지 못한 것은 애愛는 그것을 두루 하고자 하는 것이고, 지智는 선별選別하는 바가 있다고 여겼기 때문이다. 그러자 공자가 다시 '곧은 것을 들어 굽은 것에다 놓으면 굽은 것을 곧게 할 수 있다. 擧直錯諸枉 能使枉者直'라고 보충 설명을 해 주었다. 곧은 것을 들어 굽은 것에 놓는다는 것은 정직한 사람을 천거하여 부정한 사람을 바르게 한다는 의미인데, 번지樊遲가 이를 바로 이해하지 못했다. 그 뒤에 자하子夏를 만나서 그 말뜻을 물으니, 자하子夏는 곧은 것과 굽은 것을 순舜임금 때 법관인 고요皐陶와 탕湯임금 때 정승인 이윤伊尹 같은 바른 사람을 등용함으로써 당시에 불인자不仁者들을 볼 수 없게 되었다는 역사적 사실을 들어서 설명해 주었다. 그러니 곧음[직直]을 알아보는 것은 지혜智慧고, 그것을 들어 굽은 것[왕枉]에 놓아 곧게 하는 것은 인仁이라고 한 것이다. 이처럼 지智와 인仁은 선택적이지 않고 상보적相補的이다.

앞에서 인仁에 관해 많은 기술을 했지만, 여기서는 인仁을 '사람을 사랑하는 것[애인愛人]'이라 했다. 바른 사람을 천거해서 부정한 사람을 바르게 하는 것은 사람을 사랑해서 한 것이란 뜻이다. 공자가 사람을 사랑해서 굽은 사람을 곧게 하는 것을 인仁이라 했는데, 이는 충서忠恕를 전제로 한 사랑이어서, 희생을 바탕으로 한 기독교의 사랑이나 베풂을 바탕으로 한 불교의 자비와는 관점이 좀 다르다. 여기에 나오는 '거직조제왕擧直錯諸枉'은 뒤에서 다룰 '군자君子와 위정爲政'의 〈위정爲政〉19에도 나온다.

다음은 공자의 '요산요수樂山樂水'라고 하는 것인데 사람들이 자주 언급하는 내용이다.

> 공자는 "지혜로운 자는 물을 좋아하고 어진 자는 산을 좋아하며, 지혜로운 자는 동적動的이고 어진 자는 정적靜的이며, 지혜로운 자는 즐기고 어진 자는 장수한다."라고 했다. 子曰 知者 樂水 仁者 樂山 知者 動 仁者 靜 知者 樂 仁者 壽 〈옹야雍也〉21

* 지知는 지智와 통용되고, 낙樂은 즐거울 락, 풍류 악, 좋아할 요 등 훈訓과 음音이 세 가지인데 여기서는 '좋아할 요'다. 물[수水]은 움직이되 맺히지 않으므로 좋아하는 것이고, 산은 고요하여 변하지 않으므로 오래가는 것이다. 지자智者가 물을 좋아하고 인자仁者가 산을 좋아하는 것을 동動과 정靜의 원리로 보면, 지자智者가 동적動的이고 인자仁者가 정적靜的이어서 그런 것이지, 물을 좋아하면 지자智者고 산을 좋아하면 인자仁者인 것은 아니다.

공자는 용맹勇猛을 좋아하면서 가난을 싫어하는 자와 어질지 못한 자라고 해서 심하게 미워하면 나타나는 해害에 대해 언급했다.

> 공자가 "용맹勇猛을 좋아하면서 가난을 싫어하면 난亂을 일으키고, 사람이 인仁하지 못하다고 하여 심하게 미워하면 난亂을 일으킨다."라고 했다. 子曰 好勇疾貧 亂也 人而不仁 疾之已甚 亂也 〈태백泰伯〉10

* 용기勇氣를 좋아하면서 가난을 싫어하는 자는 난亂을 일으키지만, 어질지 못한 자를 심하게 미워해도 난亂을 일으킨다고 했다. 용기를 좋아하면

서 가난을 싫어하는 자는 가난 구제에 돈이 필요하니 어찌할 수 없을지라도, 어질지 못하다고 해서 지나치게 미워하지 않는 것은 돈 드는 일이 아니니, 우리가 마음만 먹으면 할 수 있는 일이다.

세 번째

예禮

예禮란 무엇인가? 예禮는 나와 상대와의 아름다운 거리다. 앞에서 공자는 극기복례克己復禮를 안연顏淵에게 말했지만, 여기서는 좀 더 구체적으로 살펴보자.

예禮의 본질本質

예禮를 천리天理의 절문節文이라고 하는데 천리天理의 사전적 의미는 천지天地 자연自然의 이치理致 또는 하늘의 바른 이치다. 그렇지만 그 뜻이 쉽게 이해되지 않는 것은 그 실체가 눈에 보이지 않기 때문이다. 또 절문節文을 예절에 관한 규정이라고 하지만 이렇게 말하면 너무 제한적이다. 여기서 말하는 절節은 마치 대나무 마디처럼 절제 있음이고, 문文은 외양을 꾸민다는 것이니, 절제 있게 자신의 외양을 꾸민다는 의미다. 따라서 예禮가 비록 집단 구성원의 사이의 질서 유지를 위해 암묵적으로 정해져서 인위적^{人爲的}이지만 순리^{順理}를 따른 것이다.

예^禮라는 글자의 구성^{構成}은 '땅 귀신 기^示, 굽을 곡^曲, 콩 두^豆'로 이루어졌다. 기^示가 흔히 '보일 시^示' 변이라고 하지만, 자형^{字形}의 어원^{語源}은 신^神에게 희생물을 바치는 대^臺를 본뜬 것으로 '땅 귀신 기^祇'와 마찬가지로 귀신을 의미한다. 복^福·화^禍·신^神·제^祭 등의 글자에서 보듯이 기^示는 귀신과 관계가 있는 글자에 자주 쓰인다. 따라서 이 글자의 형태로 보면 예^禮는 굽은 콩을 대^臺에 올려놓고 귀신에게 제사를 지내는 행위다. 귀신에게 제사를 지내는 것은 사람이 필요한 것을 귀신에게 바라는 것이니, 자기를 낮추지 않으면 귀신이 그 바라는 것을 들어 줄 리가 없을 것이다. 자신을 낮추는 것을 귀신 앞에 드러내려면 자신의 육신을 다소곳하게 해야 하는데, 이 다소곳함이란 밖으로 내뻗으려 하는 육신을 옭아매는 행위니 이것이 예^禮다.

다음은 공자가 예^禮를 두고 이른 말이다.

> 공자는 "옭아매면 잃는 것이 드물다."라고 했다. 子曰 以約失之者 鮮矣
> 〈이인里人〉**23**

* 옭아맴[약^約]은 단순히 육신의 검약^{儉約}만이 아니라, 사심^{邪心}을 옭아 매기 때문에 잃는 것이 드물다는 의미다. 예^禮는 사람들이 공동체 질서 유지를 위해서 암묵적으로 정해 놓은 규범이지만, 사람의 마음에서 일어나는 사심^{邪心}을 억제하는 것이다. 효^孝·자^慈·제^悌·충^忠·신^信이 인성^{人性}의 요체^{要諦}라면, 예^禮는 인성^{人性}으로 갖추어진 몸에 겉꾸밈[문식^{文飾}]을 하는 것인데, 사람들이 정해 놓은 의례^{儀禮}도 그중의 하나다. 예^禮는 인^仁 못지않게 『논어』에 자주 나오지만, 그 본질이 딱딱하므로 부드러움을 추구하는 악^樂과 함께

예악쌍수禮樂雙手로 언급된다.

어른 앞에서 예禮를 갖추겠다고 마음을 다잡고 자세를 반듯하게 해보지만, 단정했던 자세가 금방 무너지는 것은 공동체가 수용한 예禮가 몸에 배어있지 않기 때문이다. 또 놀이에 한참 열중하다가도 끝날 시간이 되면 멈추는 것이 아니라 놀이시간을 연장하려고 한다. 그럴 때 누가 "시간이 다되었으니 그만하고 가자."라고 하면, "공자 같은 소리로 분위기 깨지 말고 너나 가라."고 한다. 그러니 예禮는 절제가 몸에 배어야만 지속적인 실천이 가능하다.

절제하기 쉽지 않은 삶이 사람들의 일상이고, 그렇게 사는 것이 인간적이다. 몸 또는 마음[욕심慾心]이 시키는 대로 하고 사는 것이 자연스럽고, 하고 싶은 마음을 구속拘束하면서 사는 것은 위선적僞善的이라고 한다. 마음의 수양修養이 안된 사람이라면, 도道나 이理에 맞는 도심道心으로 사는 것보다 몸이나 마음이 시키는 대로 욕심慾心껏 살고 싶어 한다. 또 살면 얼마나 산다고 마음 졸이며 살 것이냐고도 말한다.

사람들이 빈궁했을 적에는 부富를 모으기 위해서 온갖 수단 방법을 가리지 않고, 어떤 이유를 대서라도 욕심慾心대로 사는 것을 당연시한다. 그러다가 어느 정도 먹고 살 만하면, 도심道心의 눈으로 자신과 주변을 돌아보는 사람도 있다. 90원 가진 자가 10원 가진 자의 것을 뺏어 100원 채우려는 세상을 보고, 그동안 자기도 그렇게 살았으면서 양심이 없고 절제가 없는 세상이라고 개탄하지만 오십보백보五十步百步다. 사람들은 욕심慾心이 시키는 대로 행동하면서 도道나 이理에 비추어 보려고 하지 않으니, 예禮를 실천하는 군자의 태도와는 거리가 멀어도 너무 멀지만, 사람이 어떤 마음가짐으로 살지는 스스로 결정할 일이다.

다음도 비슷한 내용이다. 널리 배우고 예禮로 옭아매면 도道에 어긋나지 않을 것이라는 공자의 언급은 〈옹야雍也〉25에 나오지만, 〈안연顏淵〉15에도 나온다.

> 공자는 "군자가 문文에서 널리 배우고 예禮로 옭아매면 또한 [도道에] 어긋나지 않을 것이다."라고 했다. 子曰 君子 博學於文 約之以禮 亦可以弗畔矣夫 〈옹야雍也〉25, 子曰 博學於文 約之以禮 亦可以弗畔矣夫 〈안연顏淵〉15

＊ 약約은 '요약할 요要'고, 반畔은 '어긋날 패背'다. 군자는 배움을 널리 하고자 하므로 문文에서 상고詳考하지 않음이 없고, 지킴을 요령 있게 하고자 하므로 움직임을 반드시 예禮로 하니 이처럼 하면 도道에 어긋나지 않는다. 그런데 널리 배운 자들 가운데는 공동체 안에서 통용되는 예禮로 자신을 옭아매려고 하는 것이 아니라, 그런 것은 시대에 뒤떨어진 가치라고 여기고, 자신의 행위가 오히려 예禮에 맞는다고 우긴다. 이러니 그가 널리 배운 것이 무엇을 배웠는지 의심하지 않을 수 없다. 예禮는 개인이 정한 것이 아니라, 공동체 구성원들이 서로 인정할 때 성립되는 것이므로 남에 대한 배려이지 독선이 아니다.

다음은 극자성棘子成과 자공子貢이 바탕과 문식文飾에 대해 논의한 내용이다.

> 극자성棘子成이 "군자는 바탕[질質]일 뿐이니 겉꾸밈[문文]을 어디에 쓰겠는가."라고 하니, 자공子貢이 "애석하도다. 부자夫子[극자성棘子成]의 말씀이 군자답기는 하지만, 네 필의 말이 끄는 수레[사마駟馬]도 혀에서 나오는 말을 따

라잡지 못할 것이다. 문文이 질質 같고 질質이 문文 같으니, 범이나 표범의 털 없는 가죽이 개나 양의 털 없는 가죽과 같은 것이다."라고 했다. 棘子成曰 君子 質而已矣 何以文爲 子貢曰 惜乎 夫子之說 君子也 駟不及舌 文 猶質也 質猶文也 虎豹之鞟 猶犬羊之鞟 〈안연顏淵〉8

* 극자성棘子成은 위衛나라 대부大夫다. 그의 말이 비록 실언失言이지만 당시 군자君子의 뜻이었다. 당시의 풍조가 겉꾸밈이 바탕보다 우세하니, 극자성棘子成이 이를 미워하여 이렇게 말한 것이지만, 그렇다고 예禮가 부정되어서는 안 된다. 자공子貢은 겉꾸밈이 없으면 바탕을 구별할 수 없어서 마치 군자와 소인을 구별할 수 없으니, 예禮를 없앨 수 없음을 말한 것이다. 예禮가 아무리 좋다고 해도 지나치면 이처럼 부정되기도 하지만 그렇다고 예禮를 없앨 수는 없다.

예禮의 본질은 효孝·자慈·제弟·충忠·신信 같은 바탕이 아니라 겉꾸밈이다. 시詩를 가지고 질문한 자하子夏와 공자의 대화에서는 예禮가 바탕보다 뒤라고 했다.

자하子夏가 "[시詩에] '예쁜 웃음과 보조개가 아름다움이여. 아름다운 눈에 눈동자의 흑백이 분명함이여. 흰 비단에 채색함이로다.'라고 했는데, 무슨 말입니까?" 하고 물으니, 공자가 "그림 그리는 일은, 흰 바탕을 [마련하는 것보다] 뒤다."라고 했다. [자하子夏가] "예禮가 [인성人性보다] 뒤군요."라고 하자, 공자가 "나를 흥기興起하게 하는 자는 상商[자하子夏]이로다. 비로소 더불어 시詩를 이야기할 만하구나."라고 했다. 子夏問 巧笑倩兮 美目盼兮 素以爲絢兮 何謂也 子曰 繪事後素 曰 禮後乎 子曰 起予者 商也 始

* 자하^{子夏}가 소개한 시^詩는 『시경^{詩經}』에 수록되지 않은 시^詩다. 천^倩은 예쁜 보조개고, 반^盼은 눈의 흑백이 분명함이다. 소^素는 흰 분^粉 바름으로 그림의 바탕이고, 현^絢은 채색이니 그림을 꾸밈이다. 예쁜 보조개와 흑백이 분명한 눈동자의 아름다움은 마치 흰 비단에 채색을 더한 것과 같다는 것을 말한 것이다. 자하^{子夏}는 본문의 '소이위현혜^{素以爲絢兮}'를 흰 분칠로 꾸미는 것을 말한 것으로 의심했으므로 공자에게 물은 것인데, 공자는 '그림 그리는 일은 바탕을 마련하는 것보다 뒤인 회사후소^{繪事後素}'라고 했다.

예^禮는 인격의 완성이지만, 먼저 할 일은 충^忠과 신^信 같은 바탕을 마련한 뒤에 해야 한다. 자하^{子夏}는 시^詩를 가지고 그것이 무슨 의미인지 질문한 뒤에 공자가 '회사후소^{繪事後素}'라고 한 말에 예^禮가 뒤[후^後]라고 응대하고, 공자로부터 더불어 시^詩를 이야기할 만하다는 칭찬을 받았다. 이것은 자하^{子夏}가 시^詩의 이면^{裏面}을 읽어내는 능력이 있었기 때문에 가능했다. 예^禮는 충^忠·신^信 같은 바탕의 뒤임을 이해한 것이다. 요즘도 바탕을 중시하는 화가들 모임인 '후소회^{後素會}'가 있다. 이는 사람의 바탕이 되는 충^忠·신^信이 화가에게도 중요하다는 여겨 만든 모임일 것이다.

그런데 이런 예^禮가 없다면 공손하고[공^恭], 신중하며[신^愼], 용감하고[용^勇], 강직함[직^直] 등은 어떻게 될까? 공자의 말을 들어보자.

공자는 "공손하지만 예^禮가 없으면 수고롭고, 신중하지만 예^禮가 없으면 두렵고, 용맹하지만 예^禮가 없으면 질서를 어지럽히고, 강직하지만 예^禮가 없으면 급하다. [지위에 있는] 군자^{君子}가 친척에게 독실^{篤實}하면 백성들이 인^仁에서 흥기하고, 옛 친구를 버리지 않으면 백성이 야박해지지 않는다."라고 했다.

子曰 恭而無禮則勞 愼而無禮則葸 勇而無禮則亂 直而無禮則絞 君子
篤於親則民興於仁 故舊 不遺則民不偸 〈태백泰伯〉**2**

＊ 공자는 사람이 공손하고[공恭], 신중하며[신愼], 용감하고[용勇], 강직
하지만[직直] 예禮가 없다면, 수고롭고 두렵고 질서를 어지럽히고 급하여 절
박한 폐단을 야기惹起할 뿐이라고 했다. 이것은 사람의 도리에 먼저 할 바와
나중에 할 바를 알아야 하는 것을 가르치기 위해서 한 말이다. 그런데 '군자
가 친척에게 독실篤實하면 백성이 인仁에서 흥기興起하고, 옛 친구를 버리지 않
으면 백성이 야박해지지 않는다. 君子 篤於親則民興於仁 故舊 不遺則民不偸'라는 구절은
앞 구절과 문맥이 확실히 달라서, 증자曾子의 말이 아닌가 의심하는 이도
있다.

군자가 임금을 깍듯이 섬기는 것이 바로 예禮인데, 사람들은 이를 아첨
阿諂이라고 폄하하기도 한다.

공자는 "[군자君子가] 임금을 섬기는데 예禮를 다하는 것을 사람들이 아첨阿諂
이라고 한다."라고 했다. 子曰 事君盡禮 人以爲諂也 〈팔일八佾〉**18**

＊ 임금을 섬기는 것 곧 사군事君은 군자君子가 하는 일이다. 소인小人이라
면 이를 아첨한다고 했을 것인데, 공자는 그 소인小人을 단순하게 사람이라
고 했다. 이것을 두고, 정자程子는 성인聖人[공자]의 도道가 크고 덕德이 넓다고
칭송했다. 군자가 예禮를 다하는 것을 아첨이라고 비난받는 것이 비단 공자
시대만이 아니라 요즘 세상도 마찬가지다. 그것은 남의 행동을 자기 기준

세 번째 예

으로 보기 때문인데, 시속時俗에서 말하는 '내로남불'이 바로 이것이다. 윗사람을 섬기되 예禮를 갖추어 절제와 조화로 해도 이를 아첨이라고 비판하는 사람은 역시 있기 마련이다.

  공자에게 무례無禮하게 행동한 원양原壤을 공자가 지팡이로 그의 정강이를 쳤다.

> 원양原壤이 편히 걸터앉아서 기다리니 공자가 "어려서 공손하지 않고, 장성해서 일컬어질 만한 것도 없으며, 늙어서 죽지 않는 것이 바로 적賊이다."라고 하면서 지팡이로 정강이를 두드렸다. 原壤 夷俟 子曰 幼而不孫弟 長而無述焉 老而不死 是爲賊 以杖叩其脛 〈헌문憲問〉 **46**

  * 이夷는 걸터앉음[준거蹲踞]이고, 사俟는 기다림이니, 이사夷俟는 걸터앉아 기다림이다. 고례古禮에 걸터앉은 것을 무례한 행동으로 여겼다. 고叩는 두드림이고, 경脛은 정강이다. 노자老子의 무리인 원양原壤은 공자의 오래된 벗[고인故人]인데, 어머니가 죽자 노래를 불러 스스로 예법禮法의 밖에서 방탕한 자라고 한다. 공자가 '어려서 공손하지 않더니, 장성해서 일컬어질 만한 것이 없고, 늙어서 죽지 않는 것을 바로 적賊 幼而不孫弟 長而無述焉 老而不死 是爲賊'이라고 한 것은 사는 동안 착한 일은 한 가지도 없고 윤리와 풍속만 해쳤기 때문이다. 원양原壤이 공자를 보고도 걸터앉아 있으니, 공자가 지팡이로 그의 정강이를 두드렸다. 이는 가지고 있던 지팡이로 정강이를 가볍게 쳐서 무례하게 걸터앉아 있지 않도록 한 것이다. 요즘도 어른이 오시면 걸터앉아 있다가도 일어나는데, 이것이 예禮이기 때문이다.

상례^{喪禮} · 제례^{祭禮}

예^禮는 상례^{喪禮}와 제례^{祭禮}에서 엄격했는데 이런 내용은 〈팔일^{八佾}〉 편에 주로 나온다. 다음은 임방^{林放}이 예^禮의 근본에 관해 물으니, 공자가 말한 내용이다.

> 임방^{林放}이 예^禮의 근본을 물으니, 공자가 "훌륭하구나, 질문이여. 예^禮는 사치하기보다는 차라리 검소^{儉素}해야 하고, 상^喪은 절차에 익숙하기보다는 차라리 슬퍼해야 한다."라고 했다. 林放 問禮之本 子曰 大哉 問 禮 與其奢也 寧儉 喪 與其易也 寧戚 〈팔일^{八佾}〉**4**

* 여^與는 '~보다'이고, 영^寧은 '차라리'이며, 검^儉은 검소이고, 이^易는 다스림 또는 익숙함이다. 앞에서 당시 사람들이 문^文이 질^質보다 우세하다고 여긴 것을 미워한 위^衛나라 대부^{大夫} 극자성^{棘子成}의 언급을 통해서 당시에 겉꾸밈[문^文]을 중시한 풍조를 보았다. 이 장^章 역시 당시 사람들이 예^禮를 빙자하여 겉꾸밈에만 신경을 쓸 뿐, 예^禮의 근본은 망각한 채 행동하는 것을 본 임방^{林放}이 공자에게 예^禮의 근본을 묻자, 공자가 답한 것이다. 임방^{林放}이 예^禮의 근본을 물었는데, 공자가 상례^{喪禮}를 예^例로 들어 말한 것은 아마도 예^禮를 논할 때 상례와 제례가 가장 엄격해서 그랬던 것이 아닌가 한다.

조선 시대에도 서인^{西人}과 남인^{南人} 간에 예설^{禮說} 논쟁으로 기해예송^{己亥禮訟}과 갑인예송^{甲寅禮訟}이 있었다. 기해예송은 현종^{顯宗}이 즉위하던 1659[기해^{己亥}]년 5월에 효종^{孝宗}의 국상^{國喪}에서 인조^{仁祖}의 계비^{繼妃} 자의대비^{慈懿大妃} 조씨^{趙氏}의 복제^{服制} 문제를 두고 서인과 남인 사이에 일어난 분쟁이다. 갑인예송은 현종^{顯宗} 15년 1674[갑인^{甲寅}]년에 남인과 서인이 한 번 더 정치생명을 걸고

격돌한 논쟁이다. 현종의 어머니 인선왕후^{仁宣王后} 장씨^{張氏}가 죽자, 복상^{服喪} 문제로 남인과 서인 간에 의견 충돌이 일어났다. 집단 간의 권력투쟁의 수단으로 복상^{服喪} 문제를 예송^{禮訟}의 논쟁거리로 삼았지만, 조선 시대 예학^{禮學}은 국가 경영의 근간이었으므로 매우 심각한 사안이었다.

공자가 '예^禮는 사치하기보다는 차라리 검소^{儉素}해야 하고, 상례^{喪禮}는 절차에 익숙하기보다는 차라리 슬퍼해야 한다. ^{禮 與其奢也 寧儉 喪 與其易也 寧戚}'라고 상대적으로 말했지만, 당시에 제물^{祭物}의 사치^{奢侈}와 검소^{儉素} 그리고 절차에 익숙함[이^易]과 슬퍼함[척^戚]이 모두 중용^{中庸}을 얻었다고 할 수 없다. 그렇지만 제물의 사치^{奢侈}나 절차에 익숙함[이^易]보다는, 비록 다듬어지지 않았어도 검소^{儉素}하고 슬퍼[척^戚]해야 한다고 말했다. 전자^{前者}는 지나치고, 후자^{後者}는 미흡하여 과유불급^{過猶不及}이지만, 검소^{儉素}는 예^禮의 바탕이고, 슬퍼함[척^戚]은 마음의 정성이어서, 예^禮의 근본이 되기 때문에 이를 상대적으로 낫다고 한 것이다.

이처럼 검^儉·척^戚이 상례^{喪禮}의 바탕이라고 하니, 겉을 화려하게 꾸미기를 좋아하는 사람들은 이를 잊지 말아야 한다. 그러나 윗사람이 겉의 화려함을 좋아하면 아랫사람은 따를 수밖에 없으니, 윗사람이 솔선하지 않는한 실천하기 어려운 이야기다. 더욱이 공자가 상대적으로 한 이 말을 사람들이 잘못 인식하여 초상^{初喪}을 치르거나 제사를 모실 때, "공자님도 절차보다 정성이 더 중요하다."라고 했다면서, 절차는 확인하지 않고 생략하거나 절차를 무시하고 행하는 것을 당연시한다. 그러나 이 또한 예^禮가 아니다. 절차에 맞았다고 해서 다 예^禮가 되지 않듯이, 의식^{儀式}의 절차가 맞지 않으면 의식^{儀式}을 행해도 하지 않는 것이 된다.

요즘에는 상례든 제례든 이를 행하는 사람도 드문데 이걸 가지고 긴이야기를 하는 것이 사족^{蛇足}이지만, 이를 통해서 공자가 말한 예^禮의 본질이 무엇인지 살펴볼 수 있고, 공식행사 때 그저 겉을 화려하게 꾸미기를 좋아하는 위정자들이 많은데 한심한 생각이 들어서 하는 말이다.

공자는 제사를 지낼 때 실제로 어떤 태도를 보였을까?

> 집안 제사를 지낼 적에는 [조상이] 임재臨在한 것처럼 하고, 신神에게 제사를 지낼 적에는 신神이 임재臨在한 것처럼 했다. 공자는 "내가 제사에 참여하지 않으면 제사를 지내지 않은 것 같다."라고 했다. 祭如在 祭神如神在 子曰 吾不與祭 如不祭 〈팔일八佾〉**12**

　＊여與는 참여參與[예預]하다는 뜻이다. 이 장章은 예禮가 형식보다는 정성이 중요해서 한 말이다. 조상신祖上神이든 조상 외의 신[외신外神]이든 이들에게 제사를 지내는 것은 복福을 바라기보다 효孝나 경敬을 드러내는 것이므로 정성을 다해야 한다. 또 공자는 제삿날에 연고가 있어 자신이 제사에 참석하지 못하고 남이 대신하도록 했다면, 자신이 그 자리에 참여하는 정성을 다하지 못했으므로 비록 제사를 지냈지만 지내지 않은 것 같다고 한 것이다.

　요즘에는 조상신에게 제사 지내는 사람이 많지도 않지만, 제사를 지내지 않는다고 해서 조상신은 능력의 신이 아니므로 후손들을 괴롭히지도 않는다. 민담民譚에서는 조상 제사를 지낼 때 차린 음식이 깨끗하지 않아 정성이 없으면, 화가 난 조상신이 손자에게 화상을 입히고 되돌아갔다는 둥, 제사에 정성을 다하지 않아서 후손들이 경黥을 치른 이야기들이 많다. 이런 이야기는 조상에게 효도와 공경을 강조하려는 민간의 예절교육일 뿐이지, 조상신에게 무엇을 바라려면 정성을 다하라는 의도가 아니다. 조상신은 우리의 삶을 좌지우지左之右之할 정도의 능력이 없다. 만약 조상신에게 이런 능력이 있다면, 우리가 제사를 지내든지 안 지내든지 상관없이 조상신은 후손이 바라는 복福을 외면하지 않았을 것이다. 조상님은 살아계셨을 때도 그저 후손이 잘되기를 바랐으니, 제사를 지내지 않는다고 하여 후손을 해코지하지 않을 것이기 때문이다. 그러니 복福을 바라고 상례喪禮나 제례祭禮를 치르지 않고 효행孝行과 공경恭敬의 마음으로 제사를 지낸다면, 이는 기복신앙祈福信仰이나 우상숭배偶像崇拜와는 다르다.

상례나 제례에서 예禮가 비록 절차적 형식이긴 하지만, 정성의 실체實體가 되도록 하려면 어떻게 했을까? 공자는 제사 지낼 때, 절차에 어긋나지 않으려고 주위 사람들에게 매번 확인했다. 다음은 정성精誠이 절차가 아니라, 절차에 어긋나지 않으려는 마음에 있음을 보여준다.

> 공자가 태묘太廟에 들어가서 매사를 물었는데, 혹자或者가 "누가 추인鄹人의 아들을 일러 예禮를 안다고 했는가. 태묘太廟에 들어가더니 매사를 묻더라."라고 하니, 공자가 그 말을 듣고서 "그것이 바로 예禮다."라고 했다. 子入大廟 每事問 或曰 孰謂鄹人之子 知禮乎 入大廟 每事問. 子聞之 曰 是禮也 〈팔일八佾〉**15**

＊ 태묘太廟는 노魯나라 주공周公 사당이다. 추鄹는 추鄹와 같은 글자인데 노魯나라 고을 이름이고, 공자 부친 숙량흘叔梁紇이 일찍이 그곳의 대부大夫였다. 공자는 어려서부터 예禮를 안다고 소문이 났으므로 어떤 이가 이 말로써 기롱譏弄을 한 것이다. 공자가 '이것이 예禮다. 是禮也'라고 한 것은 삼감[근謹]이 공경恭敬의 지극함이 되고, 그것이 바로 예禮이기 때문이다. 예禮란 경敬일 따

름이니, 비록 절차에 익숙하더라도 또한 묻는 것은 삼감의 표현이고, 이보다 더 큰 경敬은 없다. 그런데 묻는 것을 가지고 예禮를 모른다고 하니, 그런 사람이 어떻게 공자를 알겠는가?

제의祭儀에서 형식과 절차를 지키는 것은 중요하다. 그렇지만 절차에 익숙하다고 해서 이를 확인하지 않고 행하다 보면 실수를 할 수도 있고, 제의祭儀의 핵심인 정성精誠과 공경恭敬을 놓칠 수 있다. 그러므로 알아도 묻는 것인데, 이 물음은 삼가는[근謹] 것이고, 그것이 곧 정성精誠이며 공경恭敬이고 예禮다.

제례祭禮를 행하면서 잘못된 절차는 예禮가 아니듯이, 절차에 익숙해서 성의誠意 없이 행해도 정성과 공경이 없으니 역시 예禮가 아니다. 그래서 알더라도 묻는 것은 절차를 몰라서가 아니라, 삼감을 통한 정성과 공경이 예禮이기 때문이다. 그런데 묻는 것이 예禮라는 말을 두고, 아는데 왜 묻느냐고 할지 모르지만, 물음은 삼가는 행위이고, 그것을 통해서 정성과 공경이 드러나기 때문이다. 그렇지만 그 물음도 성의 없이 형식적으로 한다면 그 또한 예禮가 아니니 진정성을 가지고 해야 한다. 이 장章의 일부 구절은 〈향당鄕黨〉14에도 나온다.

▌ [공자가] 태묘에 들어가서는 매사를 물었다. 入太廟 每事 問 〈향당鄕黨〉14

* 〈향당鄕黨〉 편篇 머리글에는 "구설舊說에 모두 한 장章이었으나 이제 나누어 17절節로 했다. 舊說 凡一章 今分爲十七節"라고 되어 있는데, 이 절節을 〈향당鄕黨〉13에 포함해야 17절節이 된다. 그런데 〈향당鄕黨〉13의 내용이 이 구절과 달라, 책에 따라서는 구분하기도 하므로 여기서도 〈향당鄕黨〉13과 구별하여 〈향당鄕黨〉14로 했으니, 〈향당鄕黨〉 편은 모두 18절節이 된다.

제례祭禮에는 경敬 외에 성의誠意라는 것이 있는데, 이것도 정성과 같은 의미다. 국가 종묘宗廟 제사인 체禘에 대한 공자의 언급을 보자.

> 공자는 "체禘를 [강신降神을 위해서] 술 따른 뒤부터는 내 보고 싶지 않았다." 라고 했다. 子曰 禘自旣灌而往者 吾不欲觀之矣 〈팔일八佾〉**10**

* 체禘는 종묘 제사의 이름인데, 왕자王者의 큰 제사로 시조始祖 왕王과 시조 왕이 나온 근본인 소자출所自出을 묘당廟堂에서 제사하고 시조로 배향하는 것이다. 주周나라 성왕成王은 숙부인 주공周公이 주周나라에 큰 공로가 있다고 해서 노魯나라에 체禘를 내려주었지만, 체禘는 천자天子가 지내는 제사이므로 제후諸侯가 지내는 것은 예禮가 아니다. 그런데 노魯나라에서는 주공周公의 부父인 문왕文王을 소자출所自出로 삼아서 주공周公 묘당廟堂에 배향配享하고 체禘를 지냈다. 이 체禘가 처음에는 성의誠意가 흩어지지 않아서 그나마 볼만했는데, 이후로는 차츰 게을러 성의가 없어져서 볼 만한 것이 없었다. 이는 예禮를 잃은 중에 또 예禮를 잃은 것이다. 이를 보면 예禮의 기준은 바로 성의誠意의 유무다.

관灌은 물을 댄다는 뜻인데, 제사 때 사용하는 술[울창주鬱鬯酒]을 땅에 부어 백魄을 부르는 절차다. 우리 제사 때도 향香을 피우고 모사茅沙에 술을 붓는데, 이는 혼백魂魄을 모시는 절차 중의 하나다. 혼백은 혼비백산魂飛魄散이란 말에서 보듯이, 향을 피워 공중으로 떠다니는 혼魂을 부르고, 땅을 상징하는 모사茅沙에 술을 부어 땅으로 흩어진 백魄을 불러 신령神靈을 모신 다음에 제사를 지낸다.

체禘의 설說[내용]을 묻자, 공자는 다음과 같이 말했다.

어떤 이가 체禘의 설說을 묻자, 공자가 "알지 못하겠다. 그 설說을 아는 자는 천하를 다스림에 있어 이에서 보는 것과 같다."라고 하고, 그 손바닥을 가리켰다. 或 問禘之說 子曰 不知也 知其說者之於天下也 其如示諸斯乎 指其掌 〈팔일八佾〉11

* 체禘의 내용을 아는 것이 중요한 것이 아니라, 왕이 된 자가 인仁·효孝·성誠·경敬의 지극함이 없이는 체禘에 참여할 수 없고, 이런 체禘의 내용을 알면 천하를 다스리는 이치가 분명하며, 정성이 이르지 않음이 없어서 천하를 다스리는 일이 어렵지 않다고 한 것이다. 그런데 당시 노魯나라는 성의誠意가 이미 흩어졌으므로 체禘를 지내는 것이 예禮가 아니므로 꺼려야 하는데 그렇지 않아서 공자가 알지 못한다고 했다.

다음은 고삭告朔의 예禮가 실상은 없이 형식만 남아서 그 의식儀式을 철폐하려는 자공子貢에게 공자가 충고한 내용이다.

자공子貢이 초하룻날 태묘에서 고유告由 때 바치는 희생양[희양餼羊]을 없애려고 하자, 공자가 "사賜야, 너는 그 양羊을 아까워하느냐? 난 그 예禮를 아까워한다."라고 했다. 子貢 欲去告朔之餼羊 子曰 賜也 爾愛其羊 我愛其禮 〈팔일八佾〉17

* 고告는 아뢴다는 뜻이고, 고삭告朔['비지備旨'에는 음音이 '곡삭'인데 일반에서 고삭으로 쓴다.]은 초하루에 묘당廟堂이나 사당祠堂에서 조상에게 아뢰는 의례儀禮다. 옛날에 천자가 섣달[계동季冬]에 새해 열두 달의 책력冊曆을 제후諸侯에게 반포하면, 제후들은 그것을 받아서 조상의 묘당에 보관한다.

세 번째 예

매월 초하루에 특별히 양 한 마리를 잡아 묘당에 고유告由하고, 신神이나 조상祖上의 명命을 받기 위해 행한 데서 비롯된 것이 고삭告朔의 예禮다. 이때 바치는 희犧는 날고기로 하는 희생물犧牲物이다.

상신尙神시대에는 초하룻날이 되면 제후는 묘당에 가서 아뢰고 신주神主의 명命을 받는 풍속이 있었다. 그런데 이때 의식儀式은 없어지고 다만 제물로 양羊만 바쳤으니, 자공子貢은 희생양을 올리는 것이 무의미하고 낭비라고 여겨서 폐廢하려고 했다. 자공子貢의 이런 태도는 마치 실사實事를 중시하는 요즘 사람들처럼 당연한 처사라고 할 수 있다.

그런데도 공자가 그 양羊 바치는 일을 그만두지 말라고 한 것은 예禮[의식儀式]가 폐지되어 실상이 없어졌어도 양羊을 바치는 의식儀式이라도 남아 있으면, 그것을 기억할 수 있어서 예禮가 복구될 수 있다. 그렇지만 만약 그 양羊을 바치는 일마저 없애 버린다면 고삭告朔의 예禮는 마침내 없어질 것이므로, 공자가 이를 아까워한 것이다.

묘당廟堂의 국조신國祖神이든 사당祠堂의 조상신祖上神이든 간에 나라나 집안의 대소사大小事를 신神에게 아뢰는 것은 바로 효孝의 실천이다. 이것을 기독교 눈으로 보면 우상偶像을 섬긴다고 할 수 있으나, 그곳에 있는 신주神主가 실제로 무슨 명命을 내려서라기보다는 나라나 집안의 대소사를 조상신祖上神에게 아뢰는 것을 효孝라고 여겼기 때문이다. 그러는 동안에 스스로 문제를 해결할 수 있는 깨달음을 얻을 수도 있을 것인데, 사람들은 이것을 신神이 자기들에게 명命했다고 생각하니 우상으로 인식된 것이다.

공자는 남의 귀신에게 제사하는 것도 경계했던 것을 보면, 기복祈福을 위한 제사를 꺼렸다.

공자는 "자기 귀신이 아닌데 제사 지내는 것은 아첨이요, 의義를 보고서 하지 않는 것은 용기가 없음이다."라고 했다. 子曰 非其鬼而祭之 諂也 見義不爲 無勇也 〈위정爲政〉**24**

* 공자는 제사 지낼 때 삼감을 통한 정성이 예禮의 근본임을 강조했지만, 자기 집 귀신이 아닌데 제사 지내는 것은 이기심에서 복福을 바라고 하는 짓이라 여겨 경계했다. 민간신앙은 물론이고, 복福을 비는 행위를 전제하지 않은 종교란 있을 수 없다. 그러나 유가儒家에서 조상신祖上神에게 제사 지내는 것은 기복祈福이 아니라 효孝의 연장이다. 따라서 유가儒家의 제사祭祀 행위가 기독교에서 말하는 우상숭배와는 인식 자체가 다르다. 유가儒家의 조상신에게는 초월적인 능력이 없는데, 만약 조상신에게 복福을 빌려고 제사를 지내는 것이라면 이것은 이기적인 행위로 부질없는 짓이다.

설령 조상신의 초월적 능력을 믿고 조상신에게 의지하려고 제사를 지내더라도 이를 우상숭배라고 해서 못 하게 하거나, 정죄定罪하는 것 또한 기독교의 독선獨善이다. 기독교인이라면 능력의 하나님을 이방인異邦人들에게 열심히 전도傳道해야 하지만, 이방인들이 어떤 신神을 선택하는가의 문제는 저들 스스로 결정할 일이지, 남이 간섭하거나 강요할 일은 아니다. 성경聖經에 그렇게 쓰여 있다고 해도, 남의 신앙생활을 두고 저들을 악惡에서 구원한다고 간섭하고, 심지어 신앙생활을 방해하는 것은 기독교의 독선이고 횡포다. 남의 종교에 대해서 기독교가 왈가왈부할 여력이 있거든, 자기의 신앙생활 안에 기복적祈福的 요소는 없는지 냉정하게 살피는 일이 먼저다. 기독교 교리를 실천하는 것은 기독교 내의 문제이므로 남의 신앙 태도에 대해서 비판하는 일은 삼가야 한다. 구약시대舊約時代 유대인들이 이방인들의 우상偶像을 파괴했던 사건들이야 그 시대의 유대인들의 논리겠지만, 작금의 시대

세 번째 예

에 기독교가 구약시대 같은 독선적 태도를 보이는 것은 고립을 자초할 뿐이다.

계씨季氏를 포함한 삼가자三家者 즉 맹손孟孫·숙손叔孫·계손季孫은 노魯나라 장공莊公의 아우들로서, 이들의 분수 넘는 행동은 제례祭禮를 지낼 때 보인다.

> 삼가자三家者가 옹시雍詩로써 제사를 마치고 제사祭事 상床을 치웠는데[철상撤床] 공자가 "'제후들이 제사를 돕거늘 천자는 엄숙하게 계시다.'는 [옹시雍詩를] 어찌하여 삼가三家의 집에서 취했는가?"라고 했다. 三家者以雍徹 子曰 相維辟公 天子穆穆 奚取於三家之堂 〈팔일八佾〉2

* 옹雍은 『시경詩經』「주송周頌」의 편명篇名이다. 가사歌詞에 나오는 상相은 돕는 것이고, 벽공辟公은 제후諸侯이며, 목목穆穆은 심원深遠의 뜻이니 천자天子의 용모다. 철徹은 제사를 마치고 제기祭器를 거두는 것인데, 천자天子라야 종묘宗廟 제사祭事에 옹雍을 노래하게 하고 제기祭器를 거두는 것이니, 계씨季氏의 신분으로는 이 음악을 쓸 수 없다.

이 장章은 계씨季氏를 포함한 삼가자三家者들이 제사祭祀에 분수에 맞지 않는 의식儀式을 행한 것은 예禮가 아님을 공자가 밝힌 것이다. 그렇지만 삼가자三家者의 이런 참람僭濫한 짓거리의 원인을 따져보면, 주周나라 성왕成王이 천자天子의 예禮·악樂을 노魯나라에 주었고, 주공周公의 아들 백금伯禽이 받은 것은 예禮에 어긋난 것이었다. 이런 전례가 있었으므로 결국 삼가자三家者도 참람한 짓거리를 한 것이다. 위에서 잘못하니 아래에서는 자연스럽게 이를 따른 것이다.

요즘도 위정자為政者들의 정책이 잘못되었다고 사사건건事事件件 비난하는 사람들이 있는데, 저들의 부당한 짓거리도 삼가자三家者처럼 전임자들이 과거에 저지른 짓거리에서 보고 배운 것이다. 그러니 누가 누구를 탓하기에 앞서 자신들의 지난날 잘못을 통렬히 반성하고 앞으로 그런 부당한 짓거리가 다시 자행되지 않도록 정책을 개발하는 것이 권토중래捲土重來하는 길이다.

노魯나라 계씨季氏가 얼마나 분에 넘치는 짓을 했는지 보여주는 또 다른 내용이 공자와 염유冉有와의 대화에 나온다.

> 계씨季氏가 태산泰山에서 여제旅祭를 지냈는데, 공자가 염유冉有에게 "너는 구할 수 없었느냐?"라고 하니, [염유冉有가] 대답하기를 "할 수 없었습니다." 공자가 "아, 일찍이 이르기를 태산이 임방林放만 못하다느냐?"라고 했다. 季氏旅於泰山 子謂冉有曰 女弗能救與 對曰 不能 子曰 嗚呼 曾謂泰山 不如林放乎 〈팔일八佾〉6

＊ 여旅는 산천山川 제사의 이름이고, 태산泰山은 산 이름이니 노魯나라 땅에 있다. 염유冉有는 공자 제자로, 이름은 구求인데 당시 계씨季氏의 가신家臣이었다. 예禮에 봉토封土 내內의 산천山川에 제사를 지내는 것은 제후諸侯의 일이니, 계씨季氏가 제사를 지낸 것은 참람僭濫한 짓이다.

이 장章은 앞에서 예禮의 근본을 물은 노魯나라 사람 임방林放도 아는 예禮를, 태산泰山 신神이 몰라서 계씨季氏의 여제旅祭를 흠향歆饗하겠느냐며, 계씨季氏가 분수 모르고 태산泰山 신神에게 여제旅祭를 지낸 것과 가신家臣인 염유冉有가 계씨季氏의 행동을 제지하지 않은 것을 지적한 것이다. 임방林放을 칭찬하여 태산泰山 신神을 속일 수 없음을 밝혀서 염유冉有를 권면한 것은 공자가 제자 가르치는 방법의 하나다.

공자가 예禮는 자기 분수分數에 맞아야 한다고 했다.

공자가 계씨季氏를 두고 "[자기 집] 마당에서 팔일무八佾舞를 추게 하니, 이런 짓을 차마 한다면 무슨 짓인들 차마 하지 못하겠는가?"라고 했다. 孔子謂 季氏 八佾 舞於庭 是可忍也 孰不可忍也 〈팔일八佾〉1

* 계씨季氏는 노魯나라 대부 계손씨季孫氏다. 일佾은 춤추는 열列인데, 천자天子는 8열, 제후諸侯는 6열, 대부大夫는 4열, 사士는 2열이며 매일每佾의 인원수는 그 일수佾數와 같다. 어떤 이는 각 열列에 8인이라고도 하는데, 어느 것이 옳은지 자세하지 않다고 했다. 팔일무八佾舞는 8열로 각 열列에 8인씩 64인이 추는 춤으로, 천자天子라야 할 수 있으니 털끝만큼이라도 어긋나서는 안 된다.
당시 엄격한 신분 사회 속에서 대부大夫인 계씨季氏가 분수에 넘치는 짓거리를 했으니, 마지막에는 부모나 군주도 시해弑害할 수 있다고 여겨서 공자가 엄히 지적한 것이다. 인忍은 너그러운 마음으로 참는 것[용인容忍]이니 대개 심히 미워하는 말이다.

다음은 삼가자三家者처럼 참람僭濫한 짓을 자행한 것은 사람이 어질지 못해서 그런 것이라는 공자의 지적이다.

공자는 "사람으로서 어질지 못하면 예禮를 어찌하며, 사람으로서 어질지 못

하면 악樂을 어찌하겠는가?"라고 했다. 子曰 人而不仁 如禮何 人而不仁 如樂何 〈팔일八佾〉3

* 어질지 못하다는 불인不仁은 자기 분수에 넘치는 짓거리를 자행한다는 의미다. 이 장章은 어질지 못하고 질서가 없으며, 화합하지 못하여 예禮에 어긋나고 넘치는 짓을 하는 사람은 예禮·악樂을 어떻게 할 수 없으니, 예禮·악樂도 그를 어떻게 해줄 수 없다고 한 것이다. 이는 사람의 바탕이 어질지 못하면 예禮·악樂도 그 사람을 어떻게 해줄 수 없다는 뜻이다.

공자가 노魯나라에서 계씨季氏의 이런 참람僭濫한 짓거리를 목격하고서 동이東夷와 북적北狄의 오랑캐에게 질서 있음과 중국 여러 제후국[제하諸夏]의 무질서를 비교하여 말했다.

공자는 "이夷·적狄에게 임금이 있음이 제하諸夏에 없는 것과 같지 않다."라고 했다. 子曰 夷狄之有君 不如諸夏之亡也 〈팔일八佾〉5

* 이夷는 동쪽 오랑캐이고, 적狄은 북쪽 오랑캐이다. 망亡은 없을 무無다. 제하諸夏는 중국 여러 제후국이다. 정자程子는 이夷·적狄에게도 또한 임금이 있으니, 제후국諸侯國의 참람僭濫하고 어지러워 상上·하下의 구분이 없는 것과 같지 않다고 했다. 이는 공자가 당시 제후국의 질서 없음을 속상해하여 탄식한 것이다. '없다'라고 한 것은 실제로 없다는 것이 아니라, 비록 있더라도 그 도리를 다하지 못할 뿐이라는 뜻이다. 어떤 이는 당시 군불군君不君 신불신臣不臣 시대에 노魯나라 소공昭公이 유명무실한 임금이었기 때문에, 이夷·적狄의 도道로 임금의 자리를 유지할 바에는 차라리 중화中華의 도道[정도正道]를

세 번째 예

써서 임금 자리를 없애버리는 것만 같지 못하다고 해석하기도 한다.

다음은 상사^{喪事}와 제사^{祭事}에 관한 증자^{曾子}의 견해다.

> 증자^{曾子}는 "예^禮를 다하여[신^愼] 상사^{喪事}[종^終]을 지내고 조상^{祖上}[원^遠] 제사^{祭事}
> [추^追]에 정성을 다하면 백성의 덕^德이 후^厚한 데로 돌아갈 것이다."라고 했다.
> 曾子曰 愼終追遠 民德 歸厚矣 〈학이^{學而}〉**9**

* 증자^{曾子}의 말은 상신시대^{尙神時代}에서나 할 수 있지만, 신종추원^{愼終追遠}
이 효^孝의 실천이므로 백성 역시 그 덕^德이 후^厚하게 된다는 의미다. 그런데 이
'민덕 귀후의 ^{民德 歸厚矣}'를 어떤 이는 '민 덕귀후의^{民 德歸厚矣}'로 띄어 읽어서 백성
은 위정자^{爲政者}의 덕^德이 후^厚한 데로 따라간다고 말하기도 한다. 이것은 '후
^厚하다'의 주체가 백성의 덕^德인지, 아니면 위정자^{爲政者}의 덕^德인지의 차이인데
참고로 지적해 둔다.

다음도 친상^{親喪}에 정성을 다해야 한다는 공자의 말씀을 증자^{曾子}가 전
한 것이다.

> 증자^{曾子}가 "내가 선생님께 들으니, 사람이 [평소^{平素}에] 스스로 [정성^{精誠}을]
> 다함이 있지 않더라도, 부모의 상^喪에는 반드시 [정성^{精誠}을 다해야] 한다고
> 하셨다."라고 했다. 曾子曰 吾 聞諸夫子 人未有自致者也 必也親喪乎
> 〈자장^{子張}〉**17**

* 치^致는 그 지극함을 다함이다. 대개 사람의 진정^{眞情}은 스스로 그만둘

수 없다. 그러니 친상^{親喪}에 정성을 다해야 하는 것은 자기를 낳아 길러준 분이 부모이니 그 은혜에 보답하는 것이다.

다음은 자유^{子游}가 상사^{喪事}에서의 처신을 언급한 것이다.

> 자유^{子游}가 "상^喪에는 슬픔을 극진히 하는 데 그칠 따름이다."라고 했다. 子游曰 喪 致乎哀而止 〈자장^{子張}〉**14**

* 슬픔은 극진히 하고, 겉꾸밈은 숭상^{崇尙}하지 않는다. 또한 상^喪은 익숙하게 하는 것보다 차라리 슬퍼함이니, 이는 예^禮가 부족하고 슬픔이 넉넉함만 같지 않다는 뜻이다. 주자^{朱子}는 마지막 '그칠 따름이다. ^{而止}' 두 글자^字는 높고 먼 데에 지나쳐서 미세^{微細}한 것을 간략^{簡略}히 하는 폐단이 있으니, 배우는 자가 자상히 살펴야 한다고 했다. '이지^{而止}'가 문식^{文飾}을 숭상하지 말아야 함을 강조하려고 한 것이지만, 그렇다고 슬픔을 극진히 하는 데 그친다고 하는 것이 좀 야박하게 느껴져서 지적한 말이다.

예^禮 · 악^樂 · 시^詩

이제, 예^禮와 악^樂과 시^詩의 관계를 살펴보자. 사람들은 예^禮가 절차를 중시하다 보니 대개 딱딱하다고 여긴다. 그래서인지 공자의 제자인 유자^{有子}[유약^{有若}]는 예^禮의 활용에는 화락^{和樂}을 귀하게 여긴다고 했는데 예약쌍수^{禮樂雙手}라는 말이 이것이다.

세 번째 예

유자^{有子}는 "예^禮의 용^用은 화^和를 귀하게 여기니, 선왕^{先王}의 도^道가 이를 아름답게 여겼다. 큰일이든 작은 일이든 그것으로 말미암지만, 행하지 아니할 바가 있으니 화^和만 알고 화^和로만 나아가고, 예^禮로 절제하지 않으면 또한 행할 수가 없다."라고 했다. 有子曰 禮之用 和爲貴 先王之道 斯爲美 小大由之 有所不行 知和而和 不以禮節之 亦不可行也 〈학이^{學而}〉12

* 예^禮는 천리^{天理}의 절문^{節文}이고, 인사^{人事}의 의칙^{儀則}인데, 천리^{天理}의 절문^{節文}은 자연의 이치에 맞도록 적절히 꾸미는 것이고, 인사^{人事}의 의칙^{儀則}은 인사가 도덕과 질서에 맞도록 하려고 만든 규칙이다. 화^和는 침착하고 덤비지 않아 급박^{急迫}하지 않다는 뜻이다. 예^禮의 실체는 딱딱하고 엄하면서도 편안하고 경^敬을 위주로 하는 것이므로, 예^禮를 활용할 때는 악^樂의 부드러움으로 조화를 이루어야 한다. 반면에 악^樂은 부드러워서 사람들이 좋아하지만, 예^禮로 절제하지 않으면 방탕으로 흐르게 되므로 결국은 악^樂을 쓸 수 없게 된다. 그래서 주자^{朱子}는 엄하면서도 편안하고^{嚴而泰} 화락하면서도 절제하는^{和而節} 것은 이 이치가 스스로 그렇게 된 것이며 예^禮의 전체라고 했다. 바로 '예악쌍수^{禮樂雙手}'로 조화가 이루어질 때 비로소 예^禮가 행해질 수 있다는 말이다. 이것은 예술론에서 말하는 이론과 반드시 일치한다고 할 수는 없지만, 교훈설^{教訓說}이나 쾌락설^{快樂說} 그리고 당의설^{糖衣說}을 연상케 한다.

공자는 예^禮와 악^樂을, 공경^{恭敬}하면서 옥백^{玉帛}으로 받들면 예^禮가 되고, 조화^{調和}를 하면서 종고^{鍾鼓}로 나타내면 악^樂이 된다고 했다.

공자는 "예^禮다, 예^禮다. 이르지만 옥백^{玉帛}을 이르겠는가. 음악이다, 음악이다. 이르지만 종고^{鍾鼓}를 이르겠는가."라고 했다. 子曰 禮云禮云 玉帛云乎

哉 樂云樂云 鍾鼓云乎哉 〈양화陽貨〉**11**

＊ 공경恭敬을 하면서 옥玉과 비단[백帛]으로 받들면 예禮가 되고, 조화調和를 드러내면서 종鍾과 북[고鼓]으로 나타내면 음악이 되지만, 근본根本을 버리고 끝만을 오롯이 일삼는다면 어찌 예禮·악樂이라고 할 수 있겠냐는 말이다. 이는 옥백玉帛이 화려한 것이지만 절제되지 못하면 화려함이 될 수 없고, 종고鍾鼓가 아름다운 것이지만 조화되지 못하면 아름다움이 될 수 없다는 것이니, 공경과 조화가 빠지거나 모자라면 예禮·악樂이 될 수 없다는 뜻이다.

정자程子도 예禮는 질서秩序요, 악樂은 조화調和인데 질서와 조화가 다소간의 의리義理를 함축하고 있어 천하의 어떤 사事·물物도 예禮·악樂이 없을 수가 없다. 그러니 둘 사이에 질서가 없으면 괴리乖離되고, 괴리되면 조화롭지 못하니, 마치 도적이 우두머리와 부하 사이에 질서가 없으면 도적질을 할 수 없는 것과 같다고 했다.

다음은 선배의 예禮·악樂과 후배들의 예禮·악樂에 대해 당시 사람들의 언급을 소개하면서 공자는 선배의 예禮·악樂을 따르겠다고 한 내용이다.

공자는 "선배는 예禮·악樂에 관해서 야인野人이고, 후배는 예禮·악樂에 관해서 군자君子라고들 하는데, 만약 그것[예禮·악樂]을 쓰기로 한다면 나는 선배를 따르겠다."라고 했다. 子曰 先進 於禮樂 野人也 後進 於禮樂 君子也 如用之則吾從先進也 〈선진先進〉**1**

＊ 야인野人은 교외郊外의 백성을 이르고, 군자君子는 어진 사대부士大夫를 이

세 번째 예

른다. 선진先進[전배前輩]의 음악은 겉꾸밈[문文]과 바탕[질質]이 조화調和를 얻었지만, 후진後進[후배後輩]의 음악은 겉꾸밈이 바탕을 넘었으므로 공자가 선진先進의 음악을 따르겠다고 한 것인데, 선진先進의 음악이 중용中庸을 얻었기 때문이다. 오늘날의 음악에서도 도덕성이나 심성 함양은 배제된 채 오직 쾌락 위주의 음악을 한다면 한 번쯤 반성해 볼 필요가 있지만, 예술가들이 하는 일에 더 왈가왈부曰可曰否할 생각은 없다.

다음은 공자가 위衛나라에서 노魯나라로 돌아온 뒤에 음악音樂이 바르게 되어 아송雅頌이 제 자리를 얻었다는 내용이다.

> 공자는 "내가 위衛나라에서 노魯나라로 되돌아온 뒤에 음악이 바르게 되고 아雅·송頌이 각각 그 자리를 얻었다."라고 했다. 子曰 吾自衛反魯然後 樂正 雅頌 各得其所 〈자한子罕〉14

* 아雅는 궁중宮中 연회宴會 때 쓰는 음악이고, 송頌은 종묘제례宗廟祭禮 때 쓰는 음악이다. 공자가 위衛나라에서 노魯나라로 돌아왔을 때 주周나라 예禮가 노魯나라에 남아 있었지만, 시詩와 악樂은 꽤 이지러지고 빠져서 차서次序를 잃었다. 공자가 천하天下를 철환轍環하면서 사방四方에서 얻은 음악에 관한 지식을 참고하여 서로 비교하고 고찰해서 음악을 바로잡으니 『시경詩經』의 아雅와 송頌이 제자리를 잡았다.

다음은 공자가 『시경詩經』 시詩 삼백三百 편篇을 두고서 평한 내용이다.

> 공자는 "시詩 삼백三百을 한 마디로 그것을 가름한다면 생각에 사邪가 없다."

라고 했다. 子曰 詩三百 一言以蔽之 曰 思無邪 〈위정爲政〉**2**

   ＊『시경詩經』의 시詩는 모두 311편이다. 공자가 이를 칭송한 것은 시詩를 노래한 사람들이 남을 모함하기 위해 간사奸邪한 마음으로 시詩를 지은 것이 아니었기 때문이다. 시詩의 내용이 선善한 것은 사람의 착한 마음을 감발感發시킬 수 있고, 악惡한 것은 사람의 방탕한 뜻을 징계懲戒할 수 있어서, 그 효용은 사람이 실정實情과 본성本性의 바름을 얻어서 돌아가게 할 따름임을 말한 것이다. 정자程子는 '사무사思無邪'를 성誠이라고 했다.

   다음은 공자가 『시경詩經』〈관저關雎〉 장章의 음악을 두고 평한 내용이다.

공자는 "악사樂師 지摯가 악관樂官으로 처음 있을 때 연주한 〈관저關雎〉의 마지막 악장樂章이 아직도 넘실거리듯 귀에 가득하구나."라고 했다. 子曰 師摯之始 關雎之亂 洋洋乎盈耳哉 〈태백泰伯〉**15**

   ＊ 사지師摯는 노魯나라 악사樂師로 이름이 지摯고, 난亂은 악樂의 마지막 장章이다. 앞에서 언급한 대로 공자는 위衛나라에서 노魯나라로 돌아와 음악音樂을 바로 잡았다. 마침 악사樂師 지摯가 악관樂官에 임명되어서 『시경詩經』「국풍國風」〈관저關雎〉의 마지막 장章을 연주한 것을 들은 공자가 아름답고 성盛함이 넘실거려 귀에 가득하다고 한 것이다. 〈관저關雎〉 편篇의 내용은 다음과 같다.

   관관저구關關雎鳩   꾸룩꾸룩 물수리는

             세 번째 예

재하지주^{在河之州}	하수^{河水}의 물가에 우니
요조숙녀^{窈窕淑女}	아름다운 숙녀는
군자호구^{君子好逑}	군자의 좋은 배필이로다

참치행채^{參差荇菜}　들쭉날쭉 마름 풀을
좌우류지^{左右流之}　여기저기 헤치며 찾네
요조숙녀^{窈窕淑女}　아름다운 숙녀를
오매구지^{寤寐求之}　자나 깨나 구하는도다

구지부득^{求之不得}　구해도 얻지 못해
오매사복^{寤寐思服}　자나 깨나 생각하네
유재유재^{悠哉悠哉}　생각하고 생각하니
전전반측^{輾轉反側}　잠 못 이루며 뒤척이네

참치행채^{參差荇菜}　들쭉날쭉 마름 풀을
좌우채지^{左右采之}　여기저기 취하여 가리네
요조숙녀^{窈窕淑女}　아름다운 숙녀를
금슬우지^{琴瑟友之}　금슬처럼 어울려 사귀려네

참치행채^{參差荇菜}　들쭉날쭉 마름 풀을
좌우모지^{左右芼之}　여기저기 다니며 익혀 올리네
요조숙녀^{窈窕淑女}　아름다운 숙녀와
종고락지^{鐘鼓樂之}　풍악을 울리며 즐기려네

공자는 『시경詩經』의 <관저關雎>는 즐거움과 슬픔이 한계를 넘지 않고 조화롭다고 했다.

> 공자는 "즐거워해도 넘치지 않고, 슬퍼해도 마음이 화和를 해치지 않네."라고 했다. 子曰 樂而不淫 哀而不傷 〈팔일八佾〉**20**

* 음淫은 즐거움이 지나쳐 바름[정正]을 넘은 것이고, 상傷은 슬픔이 지나쳐 화和에 해害가 된다는 뜻이다. <관저關雎>는 「주남周南」 국풍國風이니 『시경詩經』의 첫 편이다. 그 내용은 후비后妃의 덕德이 군자와 짝함에 마땅하니, 구해서 얻지 못하면 오매반칙寤寐反側 근심이 없을 수 없고, 구해서 얻으면 거문고와 비파[금슬琴瑟]와 종과 북[종고鍾鼓]으로 즐거워한다는 것이다. 공자가 <관저關雎>는 즐거움이 비록 성대하나 바름을 넘지 않았고, 근심이 비록 심하지만 화和를 해치지 않았다고 하여, 배우는 자들이 그 가사歌詞를 완미해 보고 그 음音을 살펴서 성정性情의 바름을 알게 하려고 한 말이다.

악樂은 나와 너와의 어우러짐인데 반해서, 예禮는 나와 너와의 거리감이다. 악樂은 우리가 한데 어우러져 즐겁게 사는데 필요한 도구여서 사람들에게 사는 맛을 주지만, 그 악樂을 절제하지 못하면 나와 너 사이의 관계가 무너진다. 어우러짐은 나와 너와의 심리적 거리가 좁혀졌다는 의미지만, 거리가 좁혀지다 보면 상대에게 무례無禮하게 되고, 무례하다 보면 실수를 범할 수 있다. 그래서 나와 너 사이에 예禮가 필요한 것이다. 예禮는 나와 너 사이에 공경恭敬을 바탕에 두고 있어서 일정한 거리를 유지할 수 있기 때문이다. 이것이 바로 '아름다운 거리'다.

그런데 예禮가 좋다고 해서 예禮만 고집하면, 사람 사는 맛이나 재미 즉 '흥청댐'이 없어서 인생이 따분해진다. 예禮를 엄히 지키려고 애쓰는 사람을

세 번째 예

보면 딱딱해 보여 친해지기가 쉽지 않으므로 예禮와 악樂의 조화를 강조하는 것이다. 이런 예禮가 몸에 익숙해지도록 하는 것은 운동하는 것과 마찬가지다. 예禮나 운동이나 몸에 익숙해질 때까지는 번거롭고 귀찮을 때도 있지만, 몸에 익숙해지고 나면 이것을 해야 할 때 하지 않으면 오히려 몸이 불편하다. 이런 경지에 이르면 예禮의 실천이 자연스러워져서 남과 어우러지는 데도 전혀 문제가 없다. 바로 예禮에 익숙해지면 악樂과 조화를 이루는데도 어색하지 않게 된다.

공자는 음악音樂에 대해 해박했는데, 순舜임금의 음악인 소韶와 무왕武王의 음악인 무武에 대해서 다음과 같이 평했다.

> 공자가 소韶를 이르되 "지극히 아름답고 또 지극히 선하다." 하고, 무武를 이르되 "지극히 아름다우나 지극히 선하지는 않다."라고 했다. 子謂韶 盡美矣 又盡善也 謂武 盡美矣 未盡善也 〈팔일八佾〉**25**

* 소韶는 순舜임금을 칭송한 음악이고, 무武는 무왕武王을 칭송한 음악이다. 미美는 소리와 모양이 성대함이요, 선善은 아름다움의 실제다. 정자程子는 [은殷나라를 세운] 성탕成湯이 걸桀을 쫓아내고 오직 그 덕德을 부끄러워했는데, 주周나라 문왕文王의 아들 무왕武王 또한 그러하였다. 그러므로 지극히 선善한 것은 아니다. 그러나 요堯·순舜·탕湯·무武의 법도法道는 한가지이니, 정벌征伐이 탕왕湯王이나 무왕武王의 바라는 바가 아니고 때가 그러했기 때문이다.

이 장章은 공자가 순舜임금의 음악은 진미盡美 진선盡善하다고 하면서, 무왕武王의 음악을 진미盡美만 말했다. 요堯임금과 순舜임금 사이에는 갈등 없이 천하를 물려주고 받아서 예禮가 갖추어졌으나, 탕湯왕이 백성을 구제할 명분을 내세워서 걸桀을 정벌한 것처럼, 무왕武王도 주紂를 정벌하고 죄를 물어서 죽였기 때문에 지극히 아름답지만, 지극히 선善하지 않다고 하여 실상이 다름을 말한 것이다. 그렇지만 순舜임금이나 무왕武王이 성인聖人으로 함께 추앙된 것은 법도法道가 한가지여서다.

다음은 공자가 노魯나라에 오기 전, 제齊나라에 있을 적에 순舜임금을 칭송한 음악인 소韶를 들은 뒤에 감상을 언급한 것이다.

> 공자는 제齊나라에 있을 적에 [순舜임금의 음악인] 소韶를 듣고서, [그것을 배우는] 석 달 동안 고기 맛을 모를 정도였는데 "음악音樂이 만들어진 것이 이에 이를 줄은 생각하지 못했다."라고 했다. 子 在齊聞韶 三月 不知肉味 曰 不圖爲樂之至於斯也 〈술이述而〉**13**

＊ 공자는 제齊나라에 있을 적에 순임금의 음악 소韶를 듣고 배우는 석 달 동안 고기 맛을 잃었다고 한 것은 음악 때문이라기보다는 감정感情과 문채文彩에 갖추어진 진미盡美 진선盡善함 때문이었다. 소韶는 지극히 아름답고 또 지극히 좋아서 음악으로서 여기에 보탤 것이 없었다. 그러므로 공자가 이 음악을 배우는 석 달 동안 고기 맛을 알지 못하고, 감탄하기를 이같이 하였다고 하였으니, 이는 정성의 지극함이요 감동의 깊음이라고 할 수 있다.

공자는 노魯나라 태사太師에게 악樂을 가르칠 정도로 해박했다.

공자가 노魯나라 태사大師에게 음악에 대해 "악樂은 알 수 있으니, 처음에는 [각 악기의 소리가] 합해지는 것 같다가[흡여야翕如也] 중간에 가서는 하나가 되고[순여야純如也], [서로 차례를 빼앗음이 없으니] 분명해지며[교여야皦如也], 이를 길게 끌어 끊어지지 않은 것 같아서[역여야繹如也] [음악音樂 일 장章을] 이룬다."라고 했다. 子語魯大師樂曰 樂 其可知也 始作 翕如也 從之 純如也 皦如也 繹如也 以成 〈팔일八佾〉**23**

* 태사大師는 악관樂官의 명칭이다. 노魯나라는 당시에 악樂이 폐기되고 망가졌으므로 공자가 가르쳤다. 이 장章은 음악音樂이 연주되는 과정으로, 악樂이 질서를 잃지 않고 온전히 끝마침을 설명한 것이다. 곡이 연주되면 처음에는 악기들이 저마다 소리를 내다가 중간에 가면 하나로 합해지고, 악기가 서로 차례를 빼앗음이 없으니 분명해지며, 마침내는 길게 끌어 끊어지지 않고 한 장章을 끝마치게 된다. 흔히 집대성集大成이라고 하는 것이 여기서 나온 말이다.

다음은 노魯나라 태사大師 지擊를 비롯해서 악관樂官들이 노魯나라를 떠나 여러 곳으로 흩어졌다는 기사記事다.

태사大師 지擊는 제齊나라로 갔고, 아반亞飯 간干은 초楚나라로 갔으며, 삼반三飯 요繚는 채蔡나라로 갔고, 사반四飯 결缺은 진秦나라로 갔으며, 고수敲手 방숙方叔은 하내河內로 들어갔고, 소고小鼓를 흔드는 무武는 한중漢中으로 들어갔으며, 악관樂官의 보좌[소사少師] 양陽과 경쇠를 치는 양襄은 해도海島로 들어갔다. 大師擊適齊 亞飯干 適楚 三飯繚 適蔡 四飯缺 適秦 敲方叔 入於河 播鼗武 入於漢 少師陽 擊磬襄 入於海 〈미자微子〉**9**

* 이 장章은 당시 노魯나라 악관樂官의 이름과 직책을 소개한 것인데, 삼환三桓이 참람僭濫하고 망령된 짓을 하니 모두 다른 곳으로 떠났다는 내용이다. 주周나라가 쇠하자, 음악도 없어졌는데, 공자가 위衛나라에서 노魯나라로 돌아와 한 번 시험 삼아 다스리니, 그 뒤에 광대나 미천한 악공도 음악의 바름을 알게 되었다. 그런데 노魯나라가 더욱 쇠해짐에 미치어 삼환三桓이 참람하고 망령된 짓을 하니, 태사太師 이하로 모두가 사방으로 흩어져 하수河水를 건너고 바다로 나아가 난亂을 피해 떠났다고 한다.

태사太師는 노魯나라 악관樂官의 우두머리고, 지摯는 그 이름이다. 아반亞飯 이하以下는 제왕帝王이 초하루와 보름에 성찬盛饌으로 식사할 때 음악으로 흥을 돋워 식사하는 것을 돕는 관직이고, 간干, 요繚, 결缺은 모두 그들 이름이다. 천자天子는 새벽, 낮, 저녁 그리고 밤 4차례 식사하고, 제후諸侯는 새벽엔 식사하지 않고 3차례 한다고 한다.

고鼓는 북 치는 자者고, 방숙方叔은 이름이며, 하河는 하수河水 안쪽인 하내河內다. 파播는 흔들어 치는 것이고, 도鼗는 소고小鼓인데 양방兩旁에 귀가 달려서 자루를 잡고 흔들면 곁의 귀가 돌면서 스스로 친다. 무武는 이름이고, 한漢은 한중漢中이며, 소사少師는 악관 보좌인데, 소사少師 양陽과 경쇠 치는 양襄은 이름이다. 특히 양襄은 바로 공자가 거문고를 배운 자者고, 해海는 해도海島다. 이것은 현인賢人이 은둔隱遁한 것을 기록하여 여기에 붙인 것이지만, 공자의 말이 아닐 것이라 한다.

다음은 공자가 아들 백어伯魚에게 『시경詩經』을 읽었는지를 물으면서 시詩를 모르면 무식을 면할 수 없다고 했다.

▌ 공자가 백어伯魚에게 이르기를 "너는 「주남周南」 「소남召南」을 배웠느냐? 사

람으로 「주남周南」 「소남召南」을 배우지 않으면 그것은 바로 담장에 얼굴을 마주하고 서 있는 것과 같다."라고 했다. 子謂伯魚曰 女爲周南召南矣乎 人而不爲周南召南 其猶正牆面而立也與 〈양화陽貨〉**10**

* 「주남周南」 「소남召南」은 『시경詩經』 머리 편의 이름인데 수신修身 제가齊家에 관한 일이 다루어져 있다. '담장에 얼굴을 마주하고 서 있다. 牆面而立也'는 지극히 가까운 곳에 나아가도 한 물건도 보이는 것이 없고 한 걸음도 나아갈 수 없음을 말한다. 속언俗諺에 '알아야 면장을 하지.'라는 말은 면面의 책임자인 면장面長이 아니라 '알아야 담장에 얼굴을 대고 있는 것[장면牆面]을 면免하지.'가 줄어서 된 말이라고 하는데 맞는 말인 듯싶다.

「주남周南」의 〈관저關雎〉 시詩는 슬픔도 기쁨도 지나침이 없이 바르고 조화를 이루었는데, 예禮와 악樂이 〈관저關雎〉처럼 조화를 이루어야만 지속될 수 있다. 예禮가 절節과 함께 쓰여 '예절禮節'이라 한 것도 바로 악樂으로 마음이 풀어지는 것을 예禮로 절제하기 때문이다. 앞에서 유자有子가 예禮를 활용할 때 화和를 귀하게 여긴다고 하였지만, 결국 예禮와 악樂이 적절하게 조화를 이루는 중용中庸의 덕德을 취해야 귀한 것이 되니 바로 예악쌍수禮樂雙手다.

공자는 제자들에게 『시경詩經』의 시詩는 단순한 문학이 아니라, 인륜人倫의 도道가 갖추어져 있으며, 해박한 지식도 얻을 수 있다고 했다.

공자는 "너희들은 어찌하여 저 시詩를 배우지 않느냐? 시詩는 흥기興起할 수 있고, 관찰할 수 있으며, 무리를 지을 수 있고, 원망할 수 있으며, 가까이는 어버이를 섬기고, 멀리는 임금을 섬길 수 있으며, 조수초목鳥獸草木의 이름을 많이 알게 된다."라고 했다. 子曰 小子 何莫學夫詩 詩 可以興 可以觀

可以群 可以怨 邇之事父 遠之事君 多識於鳥獸草木之名 〈양화^{陽貨}〉**9**

＊이 장^章은 시^詩의 효용을 말한 것이다. 소자^{小子}는 제자^{弟子}고, 시^詩는 뜻을 감동 분발하며 ^{感發志意}, 득실^{得失}을 상고^{商考}할 수 있고 ^{考見得失}, 부드러우면서도 방탕한 데로 흐르지 않으며 ^{和而不流}, 원망하면서도 화내지 않는다 ^{怨而不怨}. 그리고 시^詩에는 인륜이 갖추어졌으니 어버이와 임금을 섬길 수 있고, 사물의 이름을 알게 되어 사람이 박학^{博學}해진다.

시^詩는 문학이지만 운율^{韻律}이 있으므로 악^樂과 사촌 간이라고 할 수도 있는데 공자는 시^詩와 예^禮와 악^樂의 관계를 다음과 같이 말했다.

공자는 "시^詩에서 흥기^{興起}하고 예^禮에서 서며[입^立] 악^樂에서 이루어진다."라고 했다. 子曰 興於詩 立於禮 成於樂 〈태백^{泰伯}〉**8**

＊시^詩는 성정^{性情}에 근본하고 있어서 간사함과 바름이 있고, 그 말 됨이 이미 알기 쉽고, 읊조리는 사이에 억양과 반복이 있어서, 사람에게 감동을 주고, 또 들어가기 쉬우므로 배우는 자가 처음에 선^善을 좋아하고 악^惡을 싫어하는[오^惡] 마음을 일으키게 함으로써 스스로 그만둘 수 없는 것을 반드시 시^詩에서 얻는다.

예^禮는 공경^{恭敬}과 사양^{辭讓}과 겸손^{謙遜}을 근본으로 삼고, 절문^{節文}과 도수^{度數}의 자상함이 있으므로, 살가죽이 모이는 것과 살과 뼈가 묶이는 것을 단단하게 할 수 있어서, 배우는 자가 중간에 우뚝하니 자립^{自立}하고, 사물^{事物}에 흔들리고 빼앗기지 않음을 바로 예^禮에서 얻게 된다.

악^樂에는 5성^{五聲}[오음^{五音}]과 12율^{十二律}이 있어 번갈아 부르고 화답하여

가무歌舞와 8음八音의 절도節度를 삼으니, 사람의 성정性情을 함양해서 간사하고 더러움을 씻어내고 찌꺼기를 사그라지게 할 수 있다. 그러므로 배우는 자가 마지막에는 의義가 정밀精密해지고, 인仁이 완숙完熟해져서 스스로 도덕의 화순和順에 이르는 것을 반드시 악樂에서 얻게 되니 이것이 배움의 완성이다.

악樂에서 5성五聲이란 궁宮 · 상商 · 각角 · 치徵 · 우羽 오음五音을 말하고, 12율十二律은 음역音域의 차이를 12개의 음정音程으로 구분하여 각 음 사이를 반음 정도의 음정 차差로 율律을 정한 것이다. 주周나라 때부터 사용하였는데 양陽을 뜻하는 홀수 육율六律과 음陰을 뜻하는 짝수 육려六呂로 구분된다. 8음八音은 여덟 가지 다른 재료로 만들어진 팔종八種의 악기에서 나는 음音으로 재료는 쇠[금金] · 돌[석石] · 실[사絲] · 대[죽竹] · 박[포匏] · 흑[토土] · 가죽[혁革] · 나무[목木] 등을 말한다.

예禮는 시공時空 따라 다르다.

예禮는 공경을 바탕으로 하고 있으면서 사심私心을 절제하는 도구이자, 인간이 집단을 형성해서 살아가는 데 필요한 질서다. 그래서 예禮는 사람 사이의 약속이지만, 시대와 공간에 따라 그 기준은 다르기 마련이어서 하夏 · 은殷[상商] · 주周 시대의 예禮도 달랐다. 이에 대한 자장子張과 공자의 대화를 보자.

┃ 자장子張이 "십 세十世[십 왕조十王朝] 뒤의 일을 알 수 있습니까?"라고 물으니,

공자가 "은殷나라는 하夏나라의 예禮에서 인습因襲한 것이니 덜고 보탠 것을 알 수 있고, 주周나라는 은殷나라의 예禮에서 인습因襲한 것이니 덜고 보탠 것을 알 수 있다. 혹이라도 주周나라를 계승한 자가 있다면 비록 백세百世라도 알 수 있다."라고 했다. 子張 問十世 可知也 子曰 殷因於夏禮 所損益 可知也 周因於殷禮 所損益 可知也 其或繼周者 雖百世 可知也 〈위정爲政〉23

　＊ 왕자王者가 성姓을 바꾸어 천명天命을 받는 것을 1세世라고 한다. 자장子張이 '이로부터 이후以後 십 왕조十王朝 뒤의 일을 미리 알 수 있냐고 물은 것인데, 공자는 과거의 역사를 가지고 미래의 역사를 짐작할 수 있다고 말해주었다.

　주자朱子는 하夏·은殷·주周 삼대三代는 서로 계승하여 모두 그대로 인습因襲하고 변경하지 않았고, 덜고 보탠 것은 문장文章[겉꾸밈]과 제도制度로 조금 지나치거나 미치지 못한 사이이므로 이미 그 자취를 지금에 다 볼 수 있다. 그러니 이후로 혹 주周나라를 계승하여 왕 노릇 할 자가 있다면, 비록 백세百世라도 인습因襲하고 변혁變革하는 바가 또한 이에 지나지 않을 뿐이므로, 어찌 다만 10왕조王朝뿐이겠냐고 한 것이다. 또 성인聖人이 미래를 아는 것이 이와 같지만, 후세後世의 길흉화복吉凶禍福의 조짐과 예언 같은 참위讖緯와 길흉을 점치는 술수術數와는 같지 않다고 했다.

　예禮의 근본이 앞 시대에서 인습因襲한 삼강三綱과 오상五常은 천서天敍요, 귀천貴賤은 하늘이 준 질서[천질天秩]이기 때문에 시대가 변해도 바뀌지 않는다. 그렇지만 하夏·은殷·주周의 삼통三通을 포함해서 제도制度와 문화文化는 지나치거나 부족하면 덜고 보태고 했다. 삼통三統은 하夏·은殷·주周 세 나라의 한 해가 시작되는 기준 달을 말한다. 하夏나라는 북두칠성 자루가 인방^{寅方}을 가리키면 인통^{人統}이니, 음력 정월을 기준 달을 삼았다. 상^商나라는 북두칠성 자루가 축방^{丑方}을 가리키면 지통^{地統}이니, 음력 섣달을 기준 달로 삼았다. 그리고 주^周나라는 북두칠성 자루가 자방^{子方}을 가리키면, 천통^{天統}이니 음력 동짓달을 기준 달로 삼았다.

공자 시대는 계급사회였으므로 귀천^{貴賤}의 등급^{等級}인 천질^{天秩}을 언급했지만, 요즘 세상에 삼강^{三綱}의 천서^{天敍}나 귀천^{貴賤}의 등급을 언급하는 사람은 없다. 그러니 지금의 관점으로 보면 이것을 예^禮의 근본이라고 강변^{強辯}할 수 없다. 반면에 오상^{五常}은 지금 세상에도 유효한 가치 개념이지만, 그것을 구체적으로 실천함에서는 시대와 공간에 따라 다를 수 있다. 심지어 한 집단 안에서도 사람마다 다른 관점을 가질 수도 있으니, 예^禮란 고정된 것이 아니다. 그래서 예^禮는 전시대^{前時代}의 것에서 덜고 보탠 것을 따져보면 백세^{百世}라도 알 수 있다.

오늘날에는 예^禮를 문화의 범주에서 논의하기도 하는데 흔히 서양의 예절[etiquette, manner]과도 통한다. 그런데 예절은 시대와 나라마다 다르고, 심지어 한 공동체 안에서도 기준이 다를 수 있다. 그러므로 나와 남 사이에 예절의 기준이 다름을 인정해야 상대와 소통할 수 있다. 따라서 자신의 예절을 기준으로 해서 남의 행위를 판단하는 일은 삼가는 것이 좋다.

우리의 식사 예절만 봐도 과거 밥상 문화에서는 식사 중에 대화하는 것을 금기시했다. 그러나 생활환경이 식탁 문화로 바뀐 지금은 식사 중에 대화가 없으면, 가족 간의 분위기가 썰렁함을 느낀다. 또 과거엔 식사 때 소리를 내는 것을 상스럽게 여겨서 국수를 먹을 때도 소리를 내지 않았는데, 지금은 국수를 후루룩 소리를 내고 먹는 것이 더 자연스럽다고 한다. 〈향당^{鄉黨}〉8에 '식불어^{食不語}'라는 말도 있지만, 먹는 것이 귀했던 밥상 문화에서는 대화를 삼가고 소리를 내지 않은 것은 식사하는 것을 신앙처럼 여겼기 때문이다. 식사할 때 음식을 주신 이에 대한 감사와 함께, 내일도 모레도 이처럼 주시기를 바라는 마음이었다. 그러나 지금처럼 먹을 것이 풍부한 식탁문화 시대에서는 이런 태도를 이해하기 힘들 수도 있다.

예禮든 예절禮節이든 이것은 집단이 살아가기 위한 기본질서다. 자연 속에서 혼자 산다면 실오라기 하나 걸치지 않아도 예禮를 가지고 시비할 사람이 없다. 그래서 자연처럼 살고자 하는 사람들은 자연으로 돌아가려고 한다. 그러나 우리가 하나의 공동체를 유지하기 위해서는 예禮라는 것 자체를 부정할 수 없다. 문제는 서로 간의 소통을 위해서 자기 기준만을 고집하지 말고, 동의同義는 못하더라도 남의 기준이 나와 다름을 배려하면 거기서부터 상대와 소통할 수 있다. 그러다 보면 우리가 생각하지 못한 새로운 삶의 방식이나 아이디어가 창출될 수도 있다. 그렇지만 자기 기준에 맞지 않는다고 하여, '넌, 틀렸어.'라고 해 버리면 상대와 소통할 수 없고, 새로운 기준을 만들 기회를 놓칠 것이니 창조적인 삶을 이룰 수 없다.

일반적으로 예禮는 겉꾸밈의 형식이라고 말하지만, 실상은 공경恭敬을 바탕으로 하여 남에게 베푸는 정성精誠이요, 성의誠意며, 배려配慮다. 다만 처한 상황과 대상에 따라서 다르게 표현될 뿐이다. 공자가 『예기禮記』를 기술했지만, 예禮를 고정해 두지 않았다는 것은 시대에 따라 다르므로 어디가 중中인지를 처한 상황과 대상에 따라서 판단할 수밖에 없어서 그랬을 것이다. 중용中庸의 중中을 시중時中이라고 하는데, 이 '시時'는 상황을 전제로 한 말이다. 중中은 자신이 판단해서 잡은 것이고, 그 판단의 옳고 그름은 뒷날 역사가 판단해 줄 것이니, 책임은 판단한 사람이 져야 한다. 이처럼 예禮의 기준은 상황과 대상에 따라서 얼마든지 다를 수 있다. 다만 어떤 태도가 자연스러운지는 그때 처한 상황과 대상에 따라서 자신이 판단할 수밖에 없다. 여기서 굳이 그 기준을 말하라면 상황을 잘 이해하고 남에게 폐를 끼치지 않으려는 배려의 마음이 판단의 기준이 될 것이다. 그런데 판단은 자기가 하고, 책임은 남에게 전가하려는 것이 오늘날의 시속^{時俗}이어서 공자 같은 소리만 하는 내가 한심한 생각이 든다.

공자는 시대별로 달라진 예^禮는 말할 수 있지만, 계승한 나라들이 이를 증명해 주지 못함을 다음과 같이 안타까워했다.

공자는 "하^夏나라 예^禮를 말할 수 있지만 기^杞나라가 이를 징험하는데 부족하고, 은^殷나라 예^禮를 말할 수 있지만 송^宋나라가 이를 징험하는데 부족한 것은 문헌^{文獻}이 부족하기 때문이다. 그것이 충분하다면 내 말을 징험할 수 있을 것이다."라고 했다. 子曰 夏禮 吾能言之 杞不足徵也 殷禮 吾能言之 宋不足徵也 文獻 不足故也 足則吾能徵之矣 〈팔일八佾〉**9**

* 문^文은 전적^{典籍}이고 헌^獻은 현인^{賢人}이다. 이것이 부족해서 공자가 하^夏나라와 은^殷나라의 예^禮를 말한다고 해도 그 말을 후신^{後身}들이 징험해 줄 수 없음을 안타까워한 것이다. 기^杞나라는 하^夏나라 후신^{後身}이고, 송^宋나라는 은^殷나라의 후신인데, 이들 나라가 공자의 말씀을 징험해 주지 못한다는 것이다.

그런데 하^夏・은^殷 두 시대의 예^禮를 보고서 만든 주^周나라 예^禮를 공자가 찬탄하고, 주^周나라 예^禮를 따르겠다고 했다.

공자는 "주^周나라가 이대^{二代}[하^夏・은^殷]를 보았으니, 성대하고 찬란하다 문^文이여. 나는 주^周나라를 따르겠다."라고 했다. 子曰 周監於二代 郁郁乎文

* 본문에 '주^周가 이대^{二代}[하^夏 · 은^殷]를 보았다. ^{周監於二代}'라는 것은 주^周나라가 두 나라의 예^禮를 보고서 덜고 보탠 것을 말한 것이다. 공자는 주^周나라 예^禮[문화^{文化}]가 성대한 것을 예찬하고 그것을 따르겠다고 했다.

지금까지 살펴본 예^禮는 사람의 욕망을 억제하는 규범이다. 인성^{人性}에 해당하는 효^孝 · 자^慈 · 제^悌 같은 '바탕'이 아니라, 그 바탕 위에 문채^{文彩}를 내는 '겉꾸밈'이다. 그래서 예^禮는 문화와도 통한다. 예^禮는 그것을 이루고 사는 공동체 구성원이 무언^{無言}으로 합의하여 이루어진 약속이지만, 시대와 공간에 따라 달라질 수 있으므로 예^禮는 고정되어 있지 않고, 각각의 예^禮가 존재한다. 그런데 사람들은 자신이 인식하고 있는 예^禮가 시공^{時空}을 초월해서 항상 '참'이라고 주장한다면, 그것은 남에 대한 배려가 없는 행위다.

우리는 손윗사람이 젊은이에게 '저런 버릇없는 놈'이라고 말하지만, 젊은이는 자기가 왜 '버릇없는 사람'인지 이해하지 못할 때가 많은 것은 공동체 구성원의 예^禮에 대한 기준이 다르기 때문이다. 예^禮는 공동체 삶 속에서 구성원 간에 암묵적으로 합의된 약속이다. 그러니 하나님이 이미 정해 놓았다고 믿는 유대인들의 율법^{律法}처럼 이를 어겼다 하여 정죄^{定罪}하지 않고, 또 그것을 반드시 지켜야 하는 것도 아니다. 그러므로 전통적으로 내려온 예^禮가 반드시 오늘날에 그대로 적용될 수 없다. 오늘날에는 하늘이 정해 놓았다는 천륜^{天倫}마저도 시대에 맞지 않는다고 여기는 세상이다. 유가^{儒家}에서 절대 진리라고 생각하는 인간의 본성에 관련된 윤리에 대해서 그 개념은 수용하지만, 구체적인 실천 방법에서는 새롭게 정의되는 시대라는 것을 기억했으면 좋겠다.

본성^{本性}을 세련되게 다듬는 예^禮는 얼마든지 현실에 맞게 공동체 구성원의 소통을 통해서 수정될 수 있다. 다만 육신肉身의 욕망을 풀어놓는 것이 아니라, 절제節制하는 것이 예禮의 본질이란 전제로 이루어져야 한다. 절제라고 해서 흥청대고 살맛 나는 세상을 부정하는 것이 아니고, 예禮는 오히려 그 즐거움이 오래가도록 하려는 것이다. 그러니 절제와 흥청댐이 적절히 어우러져야 인생은 진짜 살맛이 나고 관계가 오래간다.

예禮와 위정爲政

지금까지는 예禮를 주로 개인과 공동체의 삶이란 측면에서 살폈는데, 이제는 지위地位를 가진 군자君子가 정치政治를 할 때, 예禮의 중요함에 대해서 공자가 어떻게 강조하였는가를 보자. 공자는 군자君子가 예禮의 실제인 겸양謙讓을 안다면 나라를 다스리는 데 어려움이 없을 것이라고 했다.

> 공자는 "예禮의 [실제인] 겸양謙讓으로 할 수 있다면 나라를 다스리는 데 무슨 어려움이 있으며, 예禮의 [실제인] 겸양謙讓으로 나라를 다스릴 수 없다면 예禮 같은 것을 어찌하겠는가?"라고 했다. 子曰 能以禮讓 爲國乎 何有 不能 以禮讓 爲國 如禮 何〈이인里人〉13

* 겸양謙讓은 예禮의 실제고, '하유何有'는 어렵지 않음이다. 예禮의 실제가 있어 나라를 다스리면 무슨 어려움이 있겠는가. 그렇게 할 수 없다면 예법禮 法과 문물文物이 갖추어졌을지라도, 또한 어찌할 수 없을 것이니 나라 다스림을 어떻게 할 수 없다는 뜻이다.

공자는 〈선진先進〉25 끝 구절에 "나라를 다스리는 것은 예禮로 하는 것인데, 자로子路의 말이 겸손하지 않아서 웃었다. 爲國以禮 其言 不讓 是故 哂之"라고 했는데, 이것을 보면 나라를 다스리는데 예禮의 실제인 겸양謙讓을 중시했음을 알 수 있다.

그런데 공자는 예禮로 정사政事를 하는 데는 덕德도 상관된다고 했다.

> 공자는 "정政[법法]으로 인도하고 형벌刑罰로 백성을 가지런히 하면[다스리면] 백성들이 형벌을 면하고도 부끄러워함이 없다. 덕德으로 인도引導하고 예禮로 다스리면, 부끄러워함이 있고 또 [선善에] 이른다."라고 했다. 子曰 道之以政 齊之以刑 民免而無恥 道之以德 齊之以禮 有恥且格 〈위정爲政〉3

　* 도道는 인도引導함과 같으니 솔선함이고, 정政은 법제法制와 금령禁令이다. 제齊는 가지런히 하는 것이니, '제지이형齊之以刑'은 인도引導해서 따르지 않는 자를 형벌刑罰로써 가지런히 한다는 뜻이다. '면이무치免而無恥'는 형벌을 구차히 면하고도 부끄러워함이 없다는 뜻이니, 비록 감히 악惡을 행하지는 못하지만, 악惡을 행하려는 마음이 일찍이 없었던 적이 없다는 것이다.

　예禮는 제도制度와 품절品節을 말하고, 격格은 이름[지至]이다. 몸소 행하여 솔선하면 백성이 진실로 보고 감동하여 흥기興起하는 바가 있을 것이다. 그러니 얕고 깊음과 두껍고 엷음이 가지런하지 않은 것을 예禮로써 가지런하게 한다면, 백성은 불선不善한 데에서 부끄러워하고, 또 선善에 이를 수 있을 것이다. 일설一說에 격格은 바로잡음[정正]이라고도 한다.

　주자朱子는 정政[법제法制]은 다스리는 도구고, 형벌刑罰은 다스림을 돕는 법法이다. 덕德과 예禮는 다스림의 근본인데, 덕德 또한 예禮의 근본이어서 서로 시작과 끝이 되니, 어느 한쪽으로 치우치거나 폐할 수 없다. 그러나 정政과 형刑은 백성이 죄를 멀리하게 할 따름이다. 덕德과 예禮의 효과는 백성이 날마다 선善으로 옮겨 가게 하지만, 백성 스스로는 알지 못한다. 그러므로 백성을 다스리는 자는 다만 법제法制와 형벌刑罰만 믿어서는 안 되고, 또한 마땅히 근본根本인 덕德과 예禮를 깊이 탐구해야 한다고 했다.

정치를 법法과 형벌刑罰로 하면 일시적으로 효과를 볼 수 있지만, 덕德과 예禮로 하면 눈에 띄는 효과를 바로 볼 수는 없다. 그래서 위정자爲政者들은 법法을 제정하고 형벌刑罰을 시행하는 것을 좋아한다. 대표적으로 중국 진秦나라 상앙商鞅은 법가法家 신봉자로서 오로지 법法으로 나라를 다스려야 한다고 주장하여 법을 아주 세세하게 만들었다. 이렇게 해서 그는 당시 관리들의 부정을 막는 데 성공하고 한때 백성들의 추앙도 받았지만, 그 자신은 결국 자기가 만든 법에 죽었다.

미국 듀크[Duke] 대학교에서 1년간 한국학을 강의하느라 체류했을 때 경험한 일이다. 애틀랜타[Atlanta] 시내의 교차로에서 충분히 좌우를 살핀 뒤에 차를 우회전했는데, 갑자기 교통경찰이 차를 세우고 소위 딱지라는 것을 뗐다. 이해할 수 없었지만, 경찰과 시비할 언어능력도 부족해서 불쾌한 마음으로 내가 거주하는 더럼[Durham]으로 돌아와 벌금 통지가 오면 납부를 할 요량이었다. 그런데 어느 변호사가 그 일을 자기에게 의뢰하면 교통법규 위반 사실을 없애 주겠다고 했다. 내가 속한 대학 사무실 직원에게 전후 사정을 말하고, 변호사의 제안이 사실이냐고 물었더니 그럴 수도 있다고 했다. 사무실 직원이 내게 들려준 설명은 대강 이렇다.

이런 변호사는 소위 교통법규 전문가로, 예를 들어 운전자가 속도를 위반하면 법원에 재판을 신청한다. 판사 앞에서 경찰과 다툴 때 변호사는 속도위반 촬영 당시 카메라는 정상으로 작동하였는지 등, 좀 엉뚱하다고 할 정도로 이런저런 질문으로 시비是非를 벌인다. 그러고 나면 판사가 판결은 다음에 할 터이니 그때 다시 오라고 한다. 소송 당사자와 변호사는 해당하는 날에 다시 출석한다. 이런 일을 두세 번 겪고 나면 판사가 무죄를 선언한다. 그 이유는 법규 위반자가 시간을 내어서 법원에 두세 번이나 출석했고, 변호사 비용도 부담하였으므로 법규 위반에 대한 충분한 대가를 치렀다고 판단하여 무죄를 선언한다는 것이다. 법규 위반자는 변호사 비용을 범칙금보다는 좀 더 내지만, 위반한 사실이 기록에 남지 않아서 교통보험을 갱신할 때 추가 비용을 내지 않아서 좋고, 변호사는 수입이 생겨서 좋다는 설명이었다.

그 후 나는 이런 절차를 포기하고 우체국에 가서 범칙금을 내고 말았지만, 미국인의 법法 감정은, 법을 어겼다는 부끄러움보다는 지극히 현실적으로 대처하는 문화임을 실감했다. 그들에게도 그들 나름의 덕德과 예禮가 없는 것도 아니겠지만, 미국인들의 법에 대한 사고방식이 『논어』의 법 인식과는 상당히 다르다는 것을 알았다.

필리핀 국립대학교[University of Philippines]에 있을 적에 전국에서 변호사 시험을 치르기 위해 모여든 수험생 중에 내가 만났던 사람은, 자신이 변호사가 되려는 이유가 법法을 어겼을 때 법망法網에서 빠져나가기 위해서라고 했다. 즉 법을 잘 알아야 법의 허점을 이용할 수 있다는 말이 현실적으로 틀린 말은 아니더라도, 법을 이렇게 인식해서는 안 될 것 같아서 좀 당황한 적이 있었다.

오늘날의 우리 정치판도 마찬가지다. 국회는 국민을 위한다는 명분으로 법을 제정하지만, 그 법이 한 번도 시행되지 못할 정도로 비현실적인 경우도 많다고 한다. 서민들은 법에 걸리면 재수가 없어서 걸린 것이라고 여길 뿐 전혀 부끄러움이 없다. 그런가 하면 권력이나 재력을 가진 자들이 법에 걸리면 변호사를 동원해서 온갖 이유를 대고 법망에서 빠져나간다. 법이 이들에게는 종이호랑이에 불과하다.

이들이 이렇게 할 수 있는 것은 법法이 문자文字로 기록되어 있기 때문이다. 문자는 지극히 다의적多義的이어서 맥락과 정서에 따라서 얼마든지 그 의미가 다르게 읽힐 수 있다. 선임된 변호사들은 문자의 이런 약점을 이용하여 법을 자기들에게 유리하게 해석하고, 이를 근거로 논쟁을 벌인다. '유전무죄有錢無罪 무전유죄無錢有罪'라는 말이 그냥 생긴 것이 아니다. 돈이 없는 자나, 돈이 있는 자나 죄에 대한 양심의 부끄러움은커녕, 법에 걸리면 늘 억울하다고 불평만 하는 세상이다. 우리나라가 법치국가라고 하지만, 힘을 가진 사람은 금·권력으로 법망을 교묘하게 벗어난다. 그러나 힘이 없는 사람은 늘 억울하다고 불평한다. 이런 병폐는 법 집행자가 공정과 공평으로 정의롭게 하려고 해도 성문법成文法의 허점 때문에 어쩔 수 없다.

덕德이니 예禮니 하는 것이 한낱 수사修辭에 불과해서는 안 된다. 우리가 지향해야 하는 나라는 법치국가를 넘어서 예禮와 덕德 곧 윤리와 도덕이 중시되는 질서국가秩序國家로 거듭나야만 비로소 이상국가理想國家가 실현될 것이다. 그렇지만 오늘날 인성 회복이니, 윤리 질서니, 도덕 재무장이니 하는 말이 꿈속에서나 주절대는 '공자 같은 소리'이니 그저 씁쓸할 뿐이다.

다음은 임금이 신하를 부릴 때와 신하가 임금을 섬길 때 어떻게 해야 하느냐는 노魯나라 정공定公의 물음에 대한 공자의 대답이다.

정공定公이 "임금이 신하를 부리고, 신하가 임금을 섬김에 어떻게 해야 합니까?"라고 하니, 공자가 "임금은 예禮로 신하를 부리고, 신하는 충忠으로 임금을 섬깁니다."라고 답했다. 定公 問 君使臣 臣事君 如之何 孔子對曰 君

    ＊정공定公은 노魯나라 임금으로 이름은 송宋이다. 여지하如之何는 어떻게 해야 하느냐는 뜻이다. 상上·하下가 상대에게 불만이 없게 하려면 먼저 자신의 본분을 살펴야 한다. 아랫사람보다는 윗사람이 먼저 예禮로 아랫사람을 부리면, 아랫사람은 충忠으로 임금을 섬긴다. 그러니 윗사람의 태도 여하에 따라 아랫사람의 충忠의 여부가 결정된다. 임금과 신하는 혈연血緣 관계가 아닌 의리義理 관계이니, 군신君臣 간에 먼저 생각해야 할 것은, 임금은 예禮요, 신하는 충忠이다. 이것은 군신君臣 간에 아름다운 거리를 두면 가능해진다. 지나치지도 않고 부족하지도 않게 중용中庸의 거리를 두면 상上·하下가 자기의 분수를 지키게 된다. 지금 위정자爲政者들은 어떤 태도로 나라를 다스릴까? 예禮로 나라를 다스리기는커녕 자기들의 정권 유지를 위해서 백성들을 양분兩分하는 일도 서슴지 않는다. 그러니 이들에게 예禮를 말한들 그들 귀에 들어갈지 의구심만 든다.

    공자는 진심으로 백성을 쉽게 부리고 싶으면, 위정자가 예禮를 좋아하면 된다고 했다.

> 공자는 "윗사람이 예禮를 좋아하면 백성을 부리기가 쉽다."라고 했다. 子曰 上 好禮則民易使也 〈헌문憲問〉44

    ＊예禮는 각자의 본분을 지키는 것인데 윗사람이 먼저 예禮를 좋아하면 아랫사람도 따라서 예禮를 좋아하게 되어서 부리기가 쉽다. 윗사람이 아랫사람을 예禮로 대하면 윗사람이 자기를 알아주는 사람이라고 여기고 윗사

람을 따른다. 과거에 협객俠客들은 자기를 알아주는 윗사람을 위해서 목숨을 바치는 것을 삶의 의미로 여겼다. 자신이 섬기던 사람을 배신하는 일을 밥 먹듯 하는 요즘 세상에 예禮를 운운하는 것이 부질없는 짓이란 생각이 들어서 이런 말을 주절거리고 있는 내가 한심하지만, 그래도 이런 이야기가 없으면 세상은 더욱 타락할 것이라고 하니 포기하지 말고 끝까지 해보는 것이다.

다음은 공자 제자 번지樊遲가 농사짓는 법을 배우고자 한 것에 대한 공자의 대답이다.

> 번지樊遲가 농사짓는 법을 배우기를 청하자, 공자가 "나는 늙은 농부만 못하다."라고 하고, 채소 가꾸는 법을 청하자, 공자는 "나는 늙은 밭 일꾼만 못하다."라고 했다. 번지가 나가자, 공자가 "소인이로구나, 번수樊須[번지樊遲 이름]여. 윗사람이 예禮를 좋아하면 백성들이 감히 공경恭敬하지 않을 리 없고, 윗사람이 의義를 좋아하면 백성들이 감히 복종服從하지 않을 리 없으며, 윗사람이 신信을 좋아하면 백성들이 감히 성실誠實하지 않을 리 없다. 이렇게 되면 사방의 백성들이 어린 자식을 포대기에 싸서 업고 찾아올 것인데, 농사짓는 법을 어디에다 쓰겠는가."라고 했다. 樊遲請學稼 子曰 吾不如老農 請學爲圃 曰 吾不如老圃 樊遲出 子曰 小人哉 樊須也 上 好禮則民莫敢不敬 上 好義則民莫敢不服 上 好信則民莫敢不用情 夫如是則四方之民 襁負其子而至矣 焉用稼 〈자로子路〉4

* 오곡 심는 것을 가稼라고 하고, 채소 심는 것은 포圃라고 한다. 소인小人은 세민細民 즉 서민庶民이다. 의를 좋아함은[호의好義] 일이 마땅함에 합함이

고, 정情은 성실誠實함이다. 예禮·의義·신信은 위정자為政者가 할 바이고, 경敬·복服·정情은 백성이 할 바이다. 강襁은 실로 짜서 만들어 등에 어린애를 묶는 것이다.

번수樊須는 번지樊遲의 이름인데, 노魯나라 애공哀公 11년 제齊나라와 노魯나라 싸울 때 염구冉求를 따라 참여한 적도 있다. 공자 문하門下에서 성인聖人의 학문을 하겠다는 번수樊須가 무슨 이유인지 알 수 없으나, 농사일과 밭일을 배우는 것을 공자에게 청했다. 이런 청請에 대해 공자는 이런 일에 익숙한 늙은 농부나 밭 일꾼 같지 못하다고 말했다. 그런데 번수樊須는 이 말을 한 공자의 의도를 깨닫지 못하고 더는 질문하지 않았다. 번수가 나가자, 공자가 다른 제자들에게 일러준 것은 번수樊須가 공자의 말을 이해하지 못하고 끝내 성인聖人의 학문을 포기하는 잘못을 저지를까 염려해서다.

이 장章은 군자君子가 예禮·의義·신信을 몸에 익히면 사방의 백성들이 어린애를 싸안고서 찾아올 것이니, 군자라면 농사 같은 실질보다는 인성人性에 해당하는 덕목을 배움으로 백성을 모을 수 있음을 말한 것이다. 그런데 실질을 숭상하고 인성人性의 함양에는 관심 없는 요즘 세상에는 이런 덕목을 강조한 공자의 말씀이 좀 우활迂闊하다고 생각할 수 있다. 번수樊須의 요청은 실질을 숭상해서 말한 것이지만, '공자의 말씀'이 관념적이어서 현실에 맞지 않은 덕목을 공자가 강조한 것이란 생각이 들어서다. 이런 '공자의 말씀'을 되풀이하는 필자 역시도 현실을 잘못 읽고 있다고 하겠으나, 물질의 풍요보다는 인성人性의 회복만이 우리들의 삶을 밝게 해줄 것이란 믿음에는 변함이 없다.

군자君子는 예禮를 중시하므로 겸양謙讓을 미덕으로 여기고 남과 다투지 않는다. 그렇지만 활터에서는 경쟁하기 마련인데 그러는 중에도 예禮를 지

세 번째 예

켰다는 내용이다.

> 공자는 "군자가 다툼이 없지만, 활쏘기에서는 반드시 경쟁한다. [상대방에게] 읍하고 사양하며 [활 쏘는] 자리에 올라갔다가 [활을 쏜 뒤에는] 내려와 [술을] 마시니 그 다툼이 군자답다."라고 했다. 子曰 君子無所爭 必也射乎 揖讓而升 下而飮 其爭也君子 〈팔일八佾〉7

　　* 활터 정자亭子에서 '관덕정觀德亭'이란 현판懸板을 가끔 볼 수 있는데, 아마 활쏘기 때 군자의 덕德을 볼 수 있다고 해서 써 놓았을 것이다. 활쏘기를 마치고 나면 승자와 패자가 나누어지기 마련이지만, 승자와 패자가 보여준 처신은 덕德스러워 군자다움을 보여준다. '내려와 술을 마신다. 下而飮'는 것은 승자가 읍揖을 하고, 패자가 술잔을 잡고 마시는 것이니, 승자가 패자에게 베푸는 이른바 벌주罰酒인 셈이다.

　　벌주는 경쟁의 세계에서 패敗한 벌로 마시는 술이다. 그러나 승자가 다툼에서 이겼다 하여 승리에 도취 되어서 패자에게 정작 벌로 주는 술이라면, 이는 승부에 집착하는 소인배들의 모습이다. 군자인 승자가 패자에게 벌주를 건네는 것은 무언無言으로 보여주는 위로慰勞의 행위다. 평소 패자의 실력이 그렇지 않았는데, 이번 시합에서는 활쏘기에 집중하지 않아서 패한 것으로 여겨 벌한 것이다. 바로 상대의 실력을 인정하고 위로하는 의미가 담겨 있다.

　　『고문진보古文眞寶』 권2에 이백李白의 <춘야연도리원서春夜宴桃李園序>에 벌주 사례가 보인다. "복숭아꽃, 자두꽃이 핀 방원芳園에 모여 가족 친지들이 즐거운 일을 펼 때, -중략- 그윽한 감상이 끝나지 않고 고담高談이 갈수록 맑음이라. 경연瓊筵의 자리를 마련하여 꽃그늘 아래 앉아 술잔을 주고받으며 달에 취했으니, 아름다운 시詩가 없다면 무엇으로 아취雅趣의 회포를 펼 수 있겠는가. 만약 글을 이루지 못하면 금곡주金谷酒 여러 잔으로 벌하리라. 會桃李之芳園 序天倫之樂事 -中略- 幽賞未已 高談轉淸 開瓊筵而坐花 飛羽觴而醉月 不有佳作 何伸雅懷 如詩不成 罰依金谷酒數"

라는 구절이다.

이 글은 여러 준수俊秀한 자들이 이런 분위기에서 시詩를 짓지 못한다면 금곡주金谷酒로 벌하겠다는 내용이다. 충분한 능력을 갖추고 있어 시詩를 지을 만한데도 시詩를 짓지 못한다면, 이는 능력의 문제가 아니므로 벌주를 내리겠다는 것이니 얼마나 군자다운가. 벌주에 대한 풍속을 나로서는 고증할 길이 없으나, 어찌 되었건 간에 『논어』에 보이는 벌주罰酒는 승자의 도취가 아니라 패자에 대한 위로의 술이니 군자다운 행위다.

언제부터인지 알 수 없으나, 우리한테도 회식할 때 '후래자삼배後來者三盃'라는 벌주 풍속이 있다. 이것도 모임에 늦게 온 자에게 늦음에 대한 벌을 주자는 것이 아니다. 이미 온 자들이 먼저 식사를 시작해서 음식상은 낭자狼藉하고, 늦게 온 자에게 먹던 상을 함께 하자고 하려니 미안하다. 그렇다고 새로 상을 차리려 해도 여의찮으니 궁여지책窮餘之策으로 나온 것이 '후래자삼배後來者三盃'가 아닌가 한다. 벌주라는 이름을 빌려서 늦게 온 죄를 묻고 빈속에 연거푸 술 석 잔을 마시게 하면, 늦게 온 자 역시 술기운이 올라 마음이 화통해져서 질펀한 음식상에 마음 쓸 일 없이 먼저 온 사람들과 바로 어우러질 수 있을 것이라 여겨서 생긴 것이리라.

다음은 공자가 옛날 활쏘기 도道를 언급한 내용이다.

공자는 "활을 쏘는 데 과녁 뚫는 것을 중시하지 않는 것은 [사람마다] 힘이 같지 않기 때문이니 옛날의 [활쏘기] 도道다."라고 했다. 子曰 射不主皮 爲

세 번째 예

力不同科 古之道也 〈팔일八佾〉16

* '사부주피射不主皮'는 『의례儀禮』 「향사례鄕射禮」에 나오는 글이고, '위력부동과爲力不同科'는 공자가 「향사례」의 글 뜻을 해석한 것이다. 피皮는 가죽이니 과녁 가운데 가죽을 붙여서 표적 삼은 것으로 이른바 정곡正鵠의 곡鵠이고, 과科는 같음이다.

옛적에는 활쏘기로 덕德을 보았으니 다만 표적에 맞히는 것을 중시했지, 과녁에 맞히는 것을 중시하지 않았다. 그것은 대개 사람의 힘에 강약이 있어 동등하지 않기 때문이다. 『예기禮記』 「악기樂記」에 "무왕武王이 상商나라를 이기고서 군대를 흩고 성 밖에서 활쏘기하는데 과녁을 맞히는 활쏘기는 그만두었다. 武王克商 散軍郊射 貫革之射息"라고 했다. 그런데 주周나라가 쇠하고 예禮가 폐해지자, 열국列國이 전쟁을 다시 시작하면서 과녁에 맞히는 것을 숭상했으므로, 공자는 옛 도道가 지금 없어진 이유를 탄식해서 말한 것이다.

제 2 장

군자론

첫 번째

군자君子 · 선비[사±] · 소인小人

군자君子

　　군자가 어떤 사람인지 앞에서도 언급했지만, 이제 본격적으로 이야기해보자. 군자의 의미는 다양하여, 나이 든 사람을 가리키기도 하고 큰 사람[대인大人]이라고도 하는데, 『논어』에서는 주로 '도道를 이루고 덕德을 확립한 군자[도성덕립지군자道成德立之君子]' 또는 '지위에 있는 군자[재위지군자在位之君子]'로 쓰인다. 쉽게 말하면 도덕을 갖춘 자와 남을 다스리는 위치에 있는 위정자爲政者이지만, 두 개념이 혼용되기도 한다.

　　흔히 말하는 조선 시대 양반兩班은 군자일까? 결론부터 말하면 양반이라고 해서 모두 군자는 아니다. 양반은 조선 시대 조정朝廷의 문관文官과 무관武官을 통틀어 일컫는 것으로 사족士族이라고도 하지만, 자기의 권세權勢를 이용해서 백성을 수탈하는 양반을 군자라고 하지 않는다.

　　연암燕巖 박지원朴趾源의 <양반전>은 양반답지 못한 양반을 풍자한 글인데, 거기에는 양반이 다양하게 설명되어 있다. 글만 읽으면 선비[사±], 정치에 종사하면 대부大夫, 착한 덕德이 있으면 군자君子라고 했다.

<양반전> 이야기를 간단히 소개하면 이렇다. 정선旌善 고을에 어느 가난한 양반이 관곡官穀을 빌려 먹고는 갚지 못해 붙들려가게 되었다. 그 아내는 양반이라고 종일 독서만 했지, 값으로 치면 한 푼도 못 되는 양반이라고 비아냥거렸다. 반면에 아무리 가난해도 위치가 높고 영광스러운 양반을 부러워하던 어느 부자는 양반의 신분을 가지고 싶어라 했다. 그래서 가난한 양반이 갚지 못한 환곡還穀을 대신 내주고 거래했다. 이를 가상히 여긴 정선旌善 군수가 가난한 양반과 부자를 불러 양반 거래 증서를 작성해주는데, 그 증서에 양반으로서 지켜야 할 처신을 상세히 기술하고 들려주었다. 이를 듣던 부자는 양반이 신선神仙이나 다름없는 존재인 줄 알았는데 그렇지 않으므로 이만저만 실망한 것이 아니었다. 그러자 군수는 증서를 고쳐주는데, 그 내용을 들은 부자는 자기보고 도둑놈이 되라고 하느냐며 달아나 버렸다. 처음 작성한 증서는 부자가 지켜내기 힘든 것이어서 부자는 양반을 위선적僞善的이라고 여겼고, 뒤에 고친 증서는 양반이 백성의 소유를 제 것처럼 가져다 쓸 수 있다고 해서 양반을 도둑이나 다름없는 존재라고 생각했다.

<양반전>을 읽다 보면 이야기 속의 양반은 가난하고 무능한 존재다. 그런데 부자의 눈으로 보면 처음 쓴 증서 속의 양반은 위선적僞善的인 존재고, 고쳐 쓴 증서 속의 양반은 탐욕스러운 존재다. <양반전> 때문만은 아니겠지만, 사람들은 '양반'이란 말에 꽤 혐오감을 가지기도 한다. 그러나 진정한 양반의 삶의 태도는 우리가 계승해야 할 문화이지 결코 혐오의 대상이 아니다. 양반에 속한 연암燕巖이 <양반전>에서 양반문화 자체를 부정했다기보다는 양반답지 못한 양반을 풍자함으로써 양반다운 양반 곧 진정한 양반을 기대했다. 진정한 양반이란 '도道를 이루고 덕德을 세운[도성덕립

道成德立]' 군자로, 자신의 욕망을 끝없이 구속拘束하고 오직 주변의 약자弱者를 위해 행동하는 의義로운 존재다.

연암燕巖은 <광문자전廣文者傳>에서도 비렁뱅이 광문廣文을 의협심義俠心 있는 인물로 그렸다. 『논어論語』 〈이인里仁〉16에 나오는 "군자는 의義에서 깨우친다. 君子 喻於義"라는 말을 생각해 보면, 연암은 광문廣文이 비록 거지였지만 그 행위가 군자답다고 여겨서 전傳을 지었다.

이런 양반의 문화가 부정되면, 앞서 <양반전>의 부자富者가 기대했던 것처럼 능력과 자질도 없으면서 영광스러운 양반 자리를 오직 돈으로 사려는 천박한 세상이 되고 만다. 이런 시속時俗이 비단 당시 조선 사회에서만 있었던 것은 아니다. 요즘 세상에도 알량한 지식이나 좁쌀만 한 권력을 가지고 자기 이익만을 탐하며, 진실에 대한 신념을 버린 채 말재주나 글재주로 권모술수權謀術數를 부리는 정치인들과 지식인들이 득실거리는 소인배小人輩 천국이다. 또 부동산이나 증권에 투자해서 돈이라도 벌고 나면, 자신의 부富를 으스대며 돈으로 국회의원 자리를 사겠다는 둥 오만 주접을 떠는 소인배가 판을 치기도 한다. 그러니 진정한 군자를 만나기가 어디 쉬운 일인가.

『논어』에서 공자는 군자를 어떻게 언급하고 있는지 살펴보자. 공자는 〈학이學而〉1 마지막 구절에 "남이 자기를 알아주지 않아도 화를 내지 않으니 또한 군자답지 않은가. 人不知不慍 不亦君子乎"라고 했는데 이와 비슷한 표현은 여러 곳에 반복된다.

> 공자는 "남이 자기를 알아주지 않음을 근심하지 말고, 내가 남을 알지 못함을 근심하라."라고 했다. 子曰 不患人之不己知 患不知人也 〈학이學而〉16

　　* 이 말은 군자가 문제의 해결을 자기에게서 구한다는 것이고, 다른 하

나는 남을 알지 못하면 옳음[시是]과 그름[비非], 간사[사邪]와 정직[정正]을 분별할 수 없다는 의미다. 군자는 자기에게 있는 것을 구하기 때문에 남이 자기를 알아주지 않는 것을 근심하지 않는다. 예를 들어 중간에 매듭이 있는 줄을 두 사람이 양쪽에서 잡고 있다고 하자, 한쪽 사람이 상대에게 그쪽에서 잡아당기면 중간의 매듭이 쉽게 풀리니 잡아당기라고 한다. 그런데 상대가 시키는 대로 하지 않으면 매듭이 풀리지 않는다. 상대를 힘으로 강요한다고 해도 상대가 끝까지 버티면 매듭은 풀리지 않을 것이다. 이럴 때 사람들은 대개 상대를 탓하면서 매듭 풀기를 포기한다. 그렇지만 그 매듭을 반드시 풀어야 한다면, 비록 시간이 오래 걸리더라도 자기 쪽에서 하나하나 풀어갈 수밖에 없다. 상대가 붙잡고 있는 것만도 고맙게 여기고 풀다 보면, 시간이 좀 더 걸릴 뿐 언젠가는 매듭이 풀린다. 혹 애를 쓰고 있는 자기의 모습에 상대가 감동되어 중간에 줄을 당겨준다면, 시작했을 때 예상했던 시간보다 훨씬 더 단축되어 매듭이 풀린다. 이처럼 남을 탓하지 않고 자신한테서 문제를 풀어가려고 노력하는 사람이 바로 군자다.

공자는 남이 자기를 알아주지 않음을 병으로 여기지 않는다고 했다.

공자는 "군자는 [자기가] 능력 없음을 병病으로 여기지, 남이 자기를 알아주지 않음을 병으로 여기지 않는다."라고 했다. 子曰 君子 病無能焉 不病人之不己知也 〈위령공衛靈公〉18

＊ 군자라면 자신을 알아주지 않는 것을 병으로 여기지 않아야 하지만, 군자라고 자칭하는 사람들 가운데는 그렇지 못한 사람이 많아서 어떻게든지 권력자에게 빌붙으려고 애를 쓰는 것을 보면 안타까울 뿐이다.

첫 번째 군자 · 선비 · 소인

다음도 공자는 군자가 벼슬하지 못할 때, 자기에게서 문제점을 찾아 남에게 인정받을 만한 실체를 구하라고 했다.

> 공자는 "지위가 없는 것을 근심하지 말고, 그 자리에 설 수 있을 바를 근심하라. 남들이 자기를 알아주지 않음을 근심하지 말고, 알아줄 만한 [실체를] 구해야 한다."라고 했다. 子曰 不患無位 患所以立 不患莫己知 求爲可知也 〈이인里仁〉14

　* 본문의 소이립所以立은 그 지위地位에 설 수 있는 바를 이르고, 가지可知는 남이 알아줄 만한 실체를 이른다. 이 장章은 군자가 지위 없음을 불평할 일이 아니라, 그 자리에 설 수 있는 능력과 그 자리에 섰을 때 감당할 능력을 걱정해야 한다는 의미다. 그렇지만 사람들은 자리가 능력을 만드는 것이니, 그 자리에 앉으면 누구나 할 수 있다고 생각한다. 공자는 지위地位가 없음을 걱정하지 말고, 자기를 알아줄 만한 실체를 자기에게서 구하라고 충고하고 있다. 그러니 이 문제를 바라보는 태도가 달라도 너무 다르다.

　공자는 비슷한 내용을 이렇게도 말했다.

> 공자는 "남이 나를 알아주지 않는다고 근심할 것이 아니라, 그 능력이 없음을 근심해야 한다."라고 했다. 子曰 不患人之不己知 患其不能也 〈헌문憲問〉32

　* 이 역시 군자가 걱정해야 할 것은 자기의 능력 없음이다. 이처럼 유사한 내용이 중복되어 나오는 것은 가리키는 바가 같아서다. 그리고 문文이 다

르지 않은 것은 한번 말했는데 거듭나온 것이고, 문文이 조금 다른 것은 여러 번 말해서 각각 나온 것이다. 이런 장章이 『논어』에 여러 번 나오는데, 문文은 모두 조금씩 다르지만, 성인聖人이 한 가지 일에 대해 거듭 말한 것이니 간절한 뜻을 이에서 볼 수 있다.

그렇지만 공자는 군자가 종신토록 이름이 이루어지지 않음도 싫어했다.

> 공자는 "군자가 종신토록 이름이 일컬어지지 않음을 싫어한다."라고 했다.
> 子曰 君子 疾沒世而名不稱焉 〈위령공衛靈公〉19

* 군자는 자기를 위한 학문[위기지학爲己之學]을 하므로 남이 알아주는 것을 구하지 않지만, 종신토록 이름이 일컬어지지 않는다면 그것은 선善을 행한 실체가 없기 때문이다. 군자는 입신양명立身揚名처럼 세상에 자신의 이름이 일컬어지지 않음을 싫어함이 아니다. 선善을 행한 실체가 없다면, 종신토록 그 이름이 일컬어질 리가 없어서 이렇게 말한 것이니 오해하지 말아야 한다.

다음은 군자를 그릇에 비유한 내용으로, 덕德을 이룬 군자는 두루 쓰일 수 있어야 한다.

> 공자가 "군자는 그릇이 아니다."라고 했다. 子曰 君子 不器 〈위정爲政〉12

* 덕德을 이룬 군자라면 그릇처럼 용도가 한 가지로 정해져서는 안 되

첫 번째 군자 · 선비 · 소인

고, 쓰임이 두루 미치어야 한다. 요즘처럼 뭐든지 한 가지 재주만 특출해도 성공한 사람이라고 인정받는 세상에서 불기^{不器}의 군자는 시대에 뒤떨어진 사람처럼 보여서 권할 만한 인간형이라고 할 수 없다. 그러나 한 가지 재주에 출중하여 자기 분야에서 성공한 사람도 인격적으로 천박하면, 남의 존경을 받을 수 없으니 진정으로 성공한 사람이라고 할 수 없다. 그러니 두루 쓰이는 불기^{不器}의 군자 모습을 꼭 부정적으로 볼 필요는 없다.

다음은 〈공야장^{公冶長}〉2에서 공자가 자천^{子賤}을 군자^{君子}답다고 칭찬한 것을 들은 자공^{子貢}이 자기[사^賜]는 어떠냐는 물음이다.

> 자공^{子貢}이 "저[사^賜; 자공^{子貢}]는 어떠합니까?" 하고 물으니, 공자가 "너는 그릇이다."라고 했다. "어떤 그릇입니까?" 하니, "호^瑚·연^璉이다."라고 했다.
> 子貢 問曰 賜也 何如 子曰 女 器也 曰 何器也 曰 瑚璉也 〈공야장^{公冶長}〉3

* 이 장^章은 공자가 자천^{子賤}을 군자^{君子}라고 인정한 것을 들은 자공^{子貢}이 자기는 어떠냐는 질문과 이에 대한 대답으로 되어 있다. 그가 '군자불기^{君子不器}'의 경지에는 이르지 못해서 인격적으로 두루 미치지는 못했지만, 공자는 그를 그릇 중에 귀한 그릇인 호^瑚와 연^璉이라고 했다. 이처럼 용도가 정해진 그릇이라 해도 귀하게 쓰이는 그릇이라면 바람직한 인간형이라고 할 수 있겠다.

요즘에 무엇이든지 한 가지만 잘하라고 하는 가정교육도 반드시 편협한 것은 아니다. 그릇 가운데는 옥^玉으로 꾸며져 귀중^{貴重}하고 화미^{華美}한 하^夏나라의 호^瑚나 상^商나라의 연^璉이나 주^周나라의 보궤^{簠簋}처럼 종묘^{宗廟}에서 곡식을 담는 그릇으로 쓰인다면 바람직한 존재라고 할 수 있다. 한 가지 재주에 뛰어나서 세계적인 인물이 된다면, 남들이 모두 부러워하니 하는 말이다. 그러나 세계적인 인물이 된다는 것은 자기 전문 분야에서 최고인 것만 아니라 인격적으로도 완성된 인물이다. 다만 공자 당시에는 요즘과 달라서 덕德을 이룬 군자는 그릇처럼 한 가지 재주에 한정된 사람보다 두루 쓰일 수 있는 사람을 바람직한 군자라 했다. 그렇지만 지금 세상에서는 한 분야에 뛰어나면서 인성人性도 함께 갖추어야 한다는 의미로 이 구절을 이해하는 것이 좋겠다.

이왕 그릇 이야기가 나왔으니, 본문과 관련된 것은 아니지만, 사람의 팔자와 그릇에 관한 이야기를 해보자. 사주학四柱學에서는 사람이 태어날 때부터 자기 그릇의 용량이 정해져 있어서 세숫대야만 한 이가 있는가 하면, 간장 종지만 한 이도 있다고 한다. 그릇이 크면 큰일을 할 인물이고, 그릇이 작으면 평범한 일이나 할 인물로 여겨서인지, 사람들은 큰 그릇이 좋은 줄로 안다. 그렇지만 반드시 그런 것도 아니다. 왜 그런가? 그릇이 크다 보면 노력해도 쉽게 채울 수 없어서 늘 불만일 수 있지만, 그릇이 작으면 쉽게 채울 수 있어서 항상 만족하며 살 수 있기 때문이라고 한다. 그런데 부모가 자녀의 그릇 크기는 알아차리지 못하고 큰 인물이 되라고 무조건 몰아세우면, 결국은 부모와 자녀 사이가 성글어질 수도 있다. 자녀가 비록 큰 인물은 못 된다고 하더라도 자기 일에 스스로 만족하면서 산다면, 그것으로 행복할 수 있지 않을까 하는 생각이 든다. 사주학의 운명론을 꼭 믿어서가 아니라 자기의 능력을 알고 거기에 맞춰 사는 것도 어쩌면 자족지지自足知止라는 생각이 들어서 하는 말이다.

다음은 증자曾子가 군자에 대해서 자문자답自問自答한 내용이다.

증자曾子는 "육척六尺의 어린 임금을 맡길 만하고, 백 리百里[제후국諸侯國]를 다스리는 임무[명命]를 부탁할 만하며, 대의大義를 위해 목숨 바치는 절개節概에 임했을 때 절개를 빼앗을 수 없다면, 군자君子다운 사람인가? 군자다운 사람이다."라고 했다. 曾子曰 可以託六尺之孤 可以寄百里之命 臨大節而不可奪也 君子人與 君子人也 〈태백泰伯〉6

* 육척六尺은 요즘 자[척尺]의 길이가 아니고 작다는 의미다. 고孤는 어린데 부모가 없는 사람이다. 백 리百里는 사방이 백 리百里가 되는 제후국諸侯國이다. 증자曾子는 그 재주가 어린 임금을 보필하고 국정國政을 대행케 할 만하며, 생사生死의 즈음에 이르러서도 그 절의節義를 빼앗을 수 없다면 군자라고 이를 수 있다고 자문자답自問自答한 것이다.

다음은 자하子夏가 군자삼변君子三變에 관해 언급한 내용이다.

자하子夏는 "군자는 세 가지로 변함이 있으니, 멀리서 바라보면 의젓하고, 가까이 다가가면 온화하고, 그 말을 들어보면 명확하다."라고 했다. 子夏曰 君子 有三變 望之儼然 卽之也溫 聽其言也厲 〈자장子張〉9

* 엄연儼然은 용모가 엄장嚴壯함이고, 온溫은 얼굴빛이 온화溫和함이며, 여厲는 말이 확실함이다. 군자삼변君子三變은 변함에 의미를 둔 것이 아니라, 세 가지가 함께 행해지면서도 서로 어긋나지 않음을 의미한다. 정자程子는 이 삼변三變을 공자만이 온전하다고 했으니 성인聖人의 경지에 들어야 할 수 있다는 것이겠지만, 자하子夏는 군자도 이를 목표로 해서 자신을 수양하라는 의미로 말한 것이다.

다음도 자하子夏가, 작은 재주[기예技藝]가 볼만한 것이 있다고 할지라도 군자가 그것을 하지 않은 이유를 언급한 내용이다.

> 자하子夏는 "비록 작은 재주[기예技藝]라 할지라도 반드시 볼 만한 것이 있으나 원대遠大함에 이르는 데 장애가 될까 두렵다. 이 때문에 군자는 하지 않는 것이다."라고 했다. 子夏曰 雖小道 必有可觀者焉 致遠恐泥 是以 君子不爲也 〈자장子張〉**4**

* 소도小道는 작은 재주인데 볼만한 것이 없지 않은 농사, 원예, 의술, 점복 같은 것들이다. 이泥는 본래 진흙을 뜻하지만 여기서는 통하지 아니한다는[불통不通] 의미다. 어떤 이는 백가百家의 여러 기예技藝가 마치 이목구비耳目口鼻와 같아서 모두 밝은 바가 있지만 서로 통할 수 없으니, 볼만함이 없는 것이 아니라 원대함에 이르는 데 장애가 된다. 그러므로 군자가 하지 않는다고 했다.

소도小道는 실사實事라고 할 수 있는 형이하학形而下學이고, 원대함은 사물의 본질이나 존재의 근본 원리를 사유思惟하는 형이상학形而上學이라고 할 수 있다. 군자가 이를 하지 않은 것은 형이상학形而上學이 추구하는 원대함을 탐구하는 데 장애가 되어서인데, 이는 성리학性理學의 관점이다. 그러나 자하子夏가 말한 '원대함에 이르는 데 장애가 될까 두렵다. 致遠恐泥'라는 것은 군자의 최종 목표가 치국治國과 평천하平天下에 있으니, 이에 이르는 데 소도小道가 장애가 될까 봐 염려해서 한 것으로 생각된다. 그렇지만 실사구시實事求是를 중시하는 오늘날의 관점에서는 소도小道를 외면한 치국治國과 평천하平天下란 있을 수 없으니, 군자라고 해서 이를 멀리해서는 안 된다.

선비[士]

지금까지는 군자君子의 개념을 살폈다. 이제 군자와 의미상 사촌 간이라고 할 수 있지만, 어감語感이 좀 다른 '선비'에 대해 알아보자.

선비란 사士의 고유어固有語로 앞으로 벼슬할 사람[사仕]이므로 덕담德談으로 미리 당겨 부른 것이지만, 문맥에 따라서는 의미가 조금 다르게 쓰인다. 즉 학문을 닦는 사람, 학식은 있으나 벼슬하지 않은 사람, 학식이 있고 행동과 예절이 바르며 의리와 원칙을 지키고 관직과 재물을 탐내지 않는 고결한 인품을 지닌 사람, 마지막으로 품성이 얌전하기만 하고 현실에 어두운 사람을 비유적 표현으로 쓰이는 등 다양하다.

자로子路가 물은 선비에 대해서 공자가 어떻게 설명하고 있는지 살펴보자.

자로子路가 "어떻게 해야 선비라 할 수 있습니까?" 하고 물으니, 공자가 "간곡하고 자상하게 권면하며, 온화하고 기쁘게 할 것 같으면 선비라 이를 수 있다. 친구에게는 간곡하고 자상하게 권면하고, 형제간에는 온화하고 기쁘게 대해야 한다."라고 했다. 子路問曰 何如 斯可謂之士矣 子曰 切切偲偲 怡怡如也 可謂士矣 朋友 切切偲偲 兄弟 怡怡 〈자로子路〉**28**

＊ 절절切切은 간절하고 지극함이고, 시시偲偲는 자상하게 권면함이며, 이이怡怡는 온화하고 기뻐함인데, 이것들은 모두 자로子路에게 부족한 점이라고 한다. 선비의 처신에 대해 공자가 붕우와 형제간에 대하는 태도를 구별하여, 붕우 사이에는 간절하고 자상하게 권면하지만 형제에게는 온화하고

기쁘게 하라고 했다. 이것은 붕우는 신의信義로 맺어진 것이지만, 형제는 부모의 피를 나누었기 때문에 온화하고 기쁘게 하는 것이 더 중요해서다.

본문과는 좀 다른 화제話題인데, 흔히 말하기를 피를 나눈 형제가 친구만도 못한 경우가 있다. 요즘에는 형제가 아니라 원수라고 하는 사람들도 많다. 심지어 욕을 하고 법에 고발하는 추태를 보이니 보기 민망할 때도 있다. 같은 부모한테서 태어났어도 기질氣質이 다른 것은 어쩔 수 없는 모양이다. 그러니 자녀가 선善한 기질을 타고났으면, 부모는 그 선善함을 잘 보존하도록 양육하고, 선善하지 못한 기질을 타고났으면 바른 인성人性을 가지도록 엄히 가르쳐서 형제나 남에게 폐가 되지 않게 해야 한다. 그런데 그저 공부 잘해서 좋은 학교에 가고 출세하기만 바란다.

여기서는 붕우와 형제간만 언급되었지만, 선비가 부부간에는 어떻게 행동했을까? 부부는 피를 나눈 형제도 아니고 그렇다고 남도 아니지만, 가족을 이루는 근본이니 형제보다 더 온화하고 기쁘게 대하는 것이 마땅하다. 그런데 삼강三綱 중에 남편은 부인의 벼리가 된다는 부위부강夫爲婦綱이 있고, 부부의 역할에 구별이 있어 서로 침범할 수 없는 부부유별夫婦有別도 있으니, 과거에는 선비가 자기 부인을 엄하게 대하는 것을 당연시했다.

그러나 오늘날에는 부위부강夫爲婦綱이 아내가 남편의 벼리가 되는 부위부강婦爲夫綱으로 바뀐 지 오래다. 그리고 부부유별夫婦有別의 '구별'에는 본래 상호존중의 의미가 담겨 있는데, 아직도 남편이 가부장적家父長的 사고로 아내를 대하는 사람도 있다. 이뿐만 아니라 친구를 대할 때는 간곡하고 자상하게 권면하면서도, 형제나 아내에게는 온화하고 기쁘게 대하기보다는 엄하게만 대한다. 이것은 순리順理를 거스르는 매우 잘못된 처사다.

공자는 도道에 뜻을 둔 선비는 어떤 자세를 취했을까?

첫 번째 군자·선비·소인

공자는 "선비가 도道에 뜻을 두고서 좋지 않은 옷과 음식을 부끄러워하는 자와는 더불어 [도道를] 의논할 수가 없다."라고 했다. 子曰 士志於道而恥惡衣惡食者 未足與議也 〈이인里人〉9

 * 이는 마음이 도道를 구하고자 하지만, 몸을 기르는 것이 남만 못함을 부끄러움으로 삼는다면, 지식知識과 취향趣向의 비루함이 심할 것이니, 어찌 더불어 도道를 의논할 수 있겠느냐고 말한 것이다. 요즘 흔히 하는 말로 마음이 콩밭에 가 있는 사람과는 도道를 논할 수 없다는 의미다. 오의惡衣와 오식惡食[악의惡衣와 악식惡食으로 표음表音된 사전도 있음]을 부끄럽게 여기지 않는 사람 중에는 때가 찌들고 냄새난 옷을 입고 다니거나, 남이 먹다 남은 지저분한 음식을 먹는 것을 전혀 개의치 않는 사람들도 있다. 이 구절의 본래 의미가 무엇인지 확신할 수 없지만, 아마도 도道에 뜻을 둔 선비일수록 깨끗이 손질된 옷을 입고 깨끗하게 마련된 음식을 먹어야 하지 않을까 한다. 따라서 오의惡衣는 더러운 옷이 아니라 비단처럼 고급 천이 아닌 값싼 천으로 지은 옷이고, 오식惡食은 더러운 음식이 아니라 고기반찬이 아닌 나물로 차려진 밥상을 뜻한다고 해야 오늘의 감각에 맞을 듯하다.

 공자는 선비가 의복이나 음식만이 아니라 일상의 거처에 대해서도 언급했다.

공자는 "선비가 편안한 생활만 생각하면 선비라고 할 수 없다."라고 했다. 子曰 士而懷居 不足以爲士矣 〈헌문憲問〉3

 * 과거의 선비들은 부유하게 사는 것을 부끄럽게 여겨 가난을 끼고 살

았다. 청빈淸貧을 자처하는 사람은 얼굴에 개기름이 번질거리는 것을 혐오하기도 한다. 그러나 요즘 세상에 가난한 몰골을 한 선비를 흠모할 것 같지 않다. 배운 자든 못 배운 자든 간에 금력과 권력을 쥐는 것을 인생 최고의 목표로 삼기 때문이다. 그래서 부귀를 얻거나 빈천에서 벗어나는 과정이 도道이든, 도道가 아니든 따질 겨를이 없이 안락한 생활을 원하는데 이런 자를 선비라고 하지 않는다.

어떻게 해야 선비인가를 두고, 자공子貢이 공자와 나눈 이야기에 선비의 처신과 능력이 언급되어 있다.

자공子貢이 "어떻게 해야 선비라고 이를 수 있습니까?" 하고 물으니, 공자는 "몸가짐에 부끄러움이 있고, 다른 나라에 사신使臣으로 나가서 군명君命을 욕되게 하지 않으면 선비라고 이를 수 있다."라고 했다. [자공子貢이] "감히 그 다음을 묻습니다." 하니, 공자가 "친척들이 효성스럽다고 일컫고, 마을에서 공손하다고 일컫는 사람이다."라고 했다. 자공子貢이 "감히 그다음을 묻습니다." 하니, 공자가 "말을 하면 반드시 미덥게 하고 행실을 과단성 있게 하는 것이 국량局量[융통성融通性] 좁은 소인小人이라 해도 역시 그다음은 될 수 있을 것이다."라고 했다. [자공子貢이] "지금 정치에 종사하는 사람들은 어떻습니까?"라고 하니, 공자가 "아, 그 비루하고 자잘한 사람들을 따질 게 뭐 있겠는가."라고 했다. 子貢 問曰 何如 斯可謂之士矣 子曰 行己有恥 使於四方 不辱君命 可謂士矣 曰 敢問其次 曰 宗族 稱孝焉 鄕黨 稱弟焉 曰 敢問其次 曰 言必信 行必果 硜硜然小人哉 抑亦可以爲次矣 曰 今之從政者 何如 子曰 噫 斗筲之人 何足算也 〈자로子路〉**20**

첫 번째 군자 · 선비 · 소인

* 희噫는 마음에 불평하는 소리다. 도량度量의 단위인 두斗는 열 되가 들어가고, 소筲는 대그릇[죽기竹器]으로 한 말 두 되가 들어간다. 두소지인斗筲之人은 비루하고 자잘한 사람이다. 산算은 헤아린다는 뜻이다.

자공子貢이 정치에 종사하는 사람들은 어떠냐고 물었을 때, 공자가 '아, 그 비루하고 자잘한 사람들을 따질 게 뭐 있겠는가?噫 斗筲之人 何足算也'라고 했는데, 이런 무리의 사람들은 당시 노魯나라 삼가三家 같은 존재들을 두고 한 말이다. 그런데 요즘 정치하는 사람들 역시 시정잡배市井雜輩나 다름없다고 한다. 모두가 그런 것은 아니겠지만, 저들의 부도덕한 언행이 국민에게 미치는 영향은 지극히 커서 저들만 이 땅에서 사라져도 이 나라가 더 나아질 것이란 비판의 목소리를 자주 듣는다. 그렇지만 저들은 이런 비판의 소리를 귓등으로 듣는 모양이다. 진정한 선비 정신에 투철한 위정자를 어디가야 만나볼 수 있을지 참으로 답답할 뿐이다.

다음은 증자曾子의 선비론이다.

증자曾子는 "선비는 도량이 너그럽고 뜻이 굳세지 않으면 안 된다. 임무가 무겁고 갈 길이 멀기 때문이다. 인仁으로 자신의 임무로 삼으니 무겁지 않은가? 죽은 뒤에야 그칠 것이니 또한 멀지 않은가?"라고 했다. 曾子曰 士 不可以不弘毅 任重而道遠 仁以爲己任 不亦重乎 死而後已 不亦遠乎 〈태백泰伯〉7

* 사람의 마음이 너그럽고 넓지[관광寬廣] 않거나, 뜻이 굳세고 참지[강인强忍] 않으면, 자기에게 부여된 임무가 무겁고 멀어서 이겨낼 수도 없고 이룰 수도 없다. 인仁이란 인심人心의 온전한 덕德을 몸소 행하고자 하는 것이니,

임무가 무겁다고 이를 만하다. 또, 한 가닥 숨이 남아 있을 때까지 인仁에서 풀어짐을 용납하지 않으니, 임무가 멀다고 이를 만하다. 우리 주변에 이런 임무를 생각하는 위정자가 과연 있을지 심히 의심스러울 뿐이다.

다음은 자장子張이 선비에 관해 언급한 내용이다.

> 자장子張은 "선비가 나라의 위태로움을 보면 목숨을 바치고, 얻을 것을 보면 의義를 생각하며, 제사祭祀에는 공경恭敬을 생각하고, 상사喪事에 슬픔을 생각한다면 괜찮다고 할 수 있다."라고 했다. 子張曰 士 見危致命 見得思義 祭思敬 喪思哀 其可已矣 〈자장子張〉1

* 치명致命은 목숨을 바치는 것이고, 선비란 군자의 다른 표현이다. 자장子張이 말한 네 가지[견위치명見危致命, 견득사의見得思義, 제사경祭思敬, 상사애喪思哀]는 외물外物에 흔들리지 않고 확실하게 뽑히지 않도록 세운다는 입신立身의 큰 절조節操다. 그러니 하나라도 이르지 않으면 나머지는 족히 볼 것이 없다고 한다. 오늘날의 선비라고 할 수 있는 학자들이 네 가지 중에서 '얻을 것을 보면 의義를 생각하는 견득사의見得思義' 한 가지만 잘해도 나라가 이처럼 품격 없이 추락하지는 않을 텐데 그저 안타까울 따름이다.

소인小人

지금까지 군자와 선비의 개념을 살폈는데, 소인小人은 군자君子와 어떻게 다른지 살펴보자. '선善을 행하는 자가 군자君子가

첫 번째 군자 · 선비 · 소인

되고, 악惡을 행하는 자가 소인小人이 된다. 爲善者爲君子 爲惡者爲小人'라고 하는데, 『논어』에서 소인小人은 대개 군자君子와 함께 언급되고, 군자처럼 의미가 다양하다. '도성덕립道成德立'의 군자君子와 대립된 개념으로 말하면, 소인小人은 아직 덕德을 이루지 못한 사람을 이르고, '재위지군자在位之君子'와 대립된 개념으로 말하면, 소인小人은 위정자의 다스림을 받는 피지배자 곧 백성百姓이다. 그 외에 소인배小人輩처럼 부정적인 의미로도 쓰이지만, 문맥의 의미를 고려할 때 하나로 한정하기 어려울 때도 있다. 이제 공자와 제자들은 소인小人을 어떻게 인식하였는지 살펴보자.

공자는 의義와 이利로 군자와 소인을 구별하였다.

> 공자가 "군자는 의義에서 깨우치고, 소인은 이利에서 깨우친다."라고 했다.
> 子曰 君子 喩於義 小人 喩於利 〈이인里仁〉16

　　* 유喩는 깨우침이고, 의義는 천리天理의 마땅함이며, 이利는 인정人情이 바라는 바다. 천리天理의 마땅함인 의義는 깨닫지 못하고 먹을 것 있는 곳이면 모이며, 의義로운 일을 하는 데에는 피하는 것이 소인이다. 이런 소인과는 다르게 처신하는 사람이 군자다. 군자가 삶을 버리고 의義를 취하는 것은 깨달은 바가 의義일 뿐이고, 이利가 이利되는 것을 알지 못하기 때문이다. 이利로써만 말한다면 사람의 바라는 바가 사는 것보다 더한 것이 없고, 싫어하는 바가 죽음보다 더한 것이 없지만, 삶을 버리고 의義를 취하는 사람이 군자다.
　　이처럼 군자와 소인은 숭상하는 바가 의義인지, 이利인지에 따라서 구별된다. 의義는 정신적인 것을 추구하고, 이利는 물질적인 것을 추구한다. 『맹자孟子』「양혜왕 장梁惠王 章」상上 첫머리에 양혜왕梁惠王이 맹자孟子를 만나 "또한 장차 우리나라에 이로움이 있겠습니까? 亦將有以利吾國乎"라고 하니, 맹자孟子가 "왕은 어찌 반드시 이利를 말씀하십니까? 또한 인仁·의義가 있을 따름입니다. 王何必曰利 亦有仁義而已矣"라고 해서 인仁·의義를 강조한 바 있다. 여기서도 왕이 말한 이利란 바로 물질적인 이로움이다. 양혜왕梁惠王이 나라님이니 백성들의 물질적 풍요를 먼저 생각하지 않을 수 없었겠지만, 인仁·의義보다 이利를 앞세운 것을 보면, 그가 비록 왕이지만 소인小人에 지나지 않는다. 왜냐하면, 군자는 물질로 다투지 않고, 편당偏黨을 짓지 않은 것도 바로 이利보다는 인仁·의義를 앞세우기 때문이다. 인仁·의義를 앞세우면 이利는 저절로 따른다고 생각하는 것이 유가儒家의 세계관이다.

요즘 세상에 공무를 수행해야 할 공인公人이 공公·사私를 구분 못 하는 소인배小人輩들이 많다. 이들은 업무상 알았던 기밀을 이용하여 자기의 이利를 탐하기를 마치 도적처럼 하지만 어찌 이들뿐이겠는가. 이런 소인배가 의인義人보다 자꾸 더 많아져 나라의 미래가 보이지 않으니 자라는 후세들이 걱정될 뿐이다.

공자는 군자와 소인을 다음과 같이도 비교하였다.

공자가 "군자는 남의 아름다움을 이루어 주고 남의 악惡을 이루어 주지 않지만, 소인은 이와 반대다."라고 했다. 子曰 君子 成人之美 不成人之惡 小人 反是 〈안연顔淵〉16

* 남의 아름다움을 이루어 주는 '성인지미成人之美'에서 성成은 이끌어 도와주고 권면勸勉하여 그 일을 이루는 것이다. 군자와 소인은 마음에 있는 바

가 두텁고 엷음의 다름이 있고, 그 좋아하는 바가 또한 선^善·악^惡의 다름이 있으므로, 마음 씀이 같지 않다. 요즘 사회 매체[Social Media]에 올라오는 가짜뉴스나 댓글 등을 보면 대부분 쓰레기라고 하니, 남의 아름다움을 이루어 주기는 고사하고 거짓으로 남을 헐뜯지나 말았으면 하는 것이 우리가 바라는 세상이다.

공자는 사랑하는 태도에서도 군자와 소인이 다르다고 했다.

공자가 "군자는 두루 사랑하고 한쪽으로 치우치지 않지만, 소인은 한쪽으로 치우치고 두루 사랑하지 않는다."라고 했다. 子曰 君子 周而不比 小人 比而不周 〈위정爲政〉**14**

* 주周는 두루 사랑함이고, 비比는 한쪽으로 치우침이다. 군자와 소인은 행동하는 것이 같지 않아서 마치 음양陰陽이나 주야晝夜처럼 매양 상반되지만, 그 나뉘는 까닭을 살펴보면 공公과 사私의 사이에서 털끝만 한 차이만 있을 뿐이다. 그래서 공公·사私를 구분 못 하고, 보편적普偏的이지 못하며, 편당偏黨을 지어서 부화뇌동附和雷同하고, 권력에 붙어 교만한 자들이 바로 소인이다. 특히 권력을 가진 자와 그 주변 인물들이 공公·사私를 구분 못 하고 몰염치한 행동을 한다면, 바로 소인배라고 할 수 있으니 자신의 이익에 따라서 지조 없이 행동하는 사람이다.

공자는 또 군자와 소인을 다음과 같이 비교하기도 했다.

공자가 "군자는 화목하면서 동同하지 않고, 소인은 동同하고 화목하지 않

다."라고 했다. 子曰 君子 和而不同 小人 同而不和 〈자로子路〉**23**

　＊ 화和는 어긋나려는 마음이 없으니 맹목적으로 부화附和하지 않고 의리義理를 숭상하여 조화調和하는 것이고, 동同은 아첨하고 빌붙는 뜻이 있으니 맹목적으로 뇌동雷同하고 이익利益을 숭상하여 조화調和하지 않는 것이다. 그러므로 부화뇌동附和雷同은 자신의 주견主見이 없이 남의 의견에 따라서 같이 행동하는 것이다. 군자는 의義를 숭상하기 때문에 뇌동雷同하지 않지만, 소인은 이利를 좋아하는데 어떻게 조화調和할 수 있겠는가.

　어떤 이는 누가 소인배인지 알려면 정치하는 무리를 보면 알 수 있다고 한다. 저들은 권력 유지와 물질적인 이로움에만 관심이 있지, 나라의 존망이나 백성의 진정한 행복에는 전혀 관심이 없어서 편을 갈라 부화뇌동附和雷同한다. 우리나라 역사를 둘러봐도 권력을 가진 자가 진정으로 백성의 행복을 위한 적이 언제였는지 찾아보려고 해도 아득한 것을 보면, 정치인이란 태생이 그런 모양이다. 그러니 우리가 꿈꾸는 태평성대는 신화처럼 들리는 요堯 · 순舜 시절에나 그러했을까 싶다. 부화뇌동附和雷同의 극치를 조선조朝鮮朝 당파싸움의 역사에서 이미 보았을 터인데도, 이념으로 대립한 지금은 정권 유지를 위한 방편으로 권력을 가진 자들이 국민을 적과 동지로 갈라치기를 한다. 이런 자들은 역사적 교훈이 자신들에게는 해당하지 않는다고 믿는 모양이니 참으로 어리석은 소인배들이다. 이런 소인배들에게 나라의 통치를 맡기면 그 밑에 있는 백성만 고달플 따름이다.

　공자는 생활 태도 면에서도 군자와 소인을 구별했다.

　공자가 "군자란 섬기기는 쉬워도 기쁘게 하기는 어려우니, 도道 아닌 것으로 기쁘게 하면 기뻐하지 않고, 사람을 부리는데도 [그 사람의] 그릇에 맞게 한다. [반면에] 소인은 섬기기는 어려워도 기쁘게 하기는 쉬우니, 비록 도^道 아닌 것으로 기쁘게 하더라도 기뻐하고, 사람을 부리는데도 [그 사람이 완벽하게] 갖추어지기를 구한다."라고 했다. 子曰 君子 易事而難說也 說之不以 道 不說也 及其使人也 器之 小人難事而易說也 說之雖不以道 說也 及 其使人也 求備焉 〈자로^{子路}〉**25**

* 기지^{器之}는 그 사람의 재주와 감당할 능력에 따라서 사람을 부리는 것이니 상대의 처지를 고려한 배려의 마음이다. 그래서 군자의 마음은 공적^{公的}이며 아랫사람과 함께하지만, 소인의 마음은 사적^{私的}이며 각박하니, 천리^{天理}와 인욕^{人慾}의 사이에서 매양 서로 반대된다. 군자는 부도덕한 것으로 기쁘게 하면 기뻐하지 않고, 아랫사람을 부릴 때도 공정하고 이해심을 가지고 대하지만, 소인은 마음이 부도덕해서 사사롭고 인정머리 없이 아랫사람을 대한다. 그래서 군자는 천리^{天理}를 따르고, 소인은 인욕^{人慾}을 따른다.

공자는 또 이런 말도 했다.

공자가 "군자는 태연하면서 교만하지 않지만, 소인은 교만하면서 태연하지 못하다."라고 했다. 子曰 君子 泰而不驕 小人 驕而不泰 〈자로^{子路}〉**26**

* 군자는 이치^{理致}를 따르기 때문에 무리^{無理}가 없으니 행동이 편안하고 차분하면서도 자랑하거나 함부로 하지 않지만, 반면에 소인은 욕심을 부리기 때문에 무리^{無理}가 따르고 행동도 군자와 반대로 한다. 그래서 소인은 뭘 좀 가지고 있으면 교만하고 위급한 상황에서는 태연하지 못하는데, 이것은

욕심이 지나치기 때문이다.

앞 장^章에서 군자의 태연함과 소인의 교만함이 대조되었는데, 다음을 보면 왜 그런지 이해된다.

> 공자가 "군자는 자기한테서 구하고 소인은 남에게서 구한다."라고 했다. 子曰 君子 求諸己 小人 求諸人 〈위령공衛靈公〉**20**

* 군자는 남이 비록 자신을 알아주지 않음을 병^病으로 여기지 않지만, 또한 죽을 때까지 이름이 일컬어지지 않음도 싫어한다. 군자가 비록 이름이 일컬어지지 않음을 싫어하지만, 이 또한 자기 자신을 돌아보고 거기서 문제의 해결책을 찾는다. 그렇지만 소인은 남에게서 찾으므로 도^道를 어기고 명예^{名譽}를 구하면서 하지 않는 짓거리가 없다. 요즘 위정자들의 행태^{行態}를 보면 잘못된 것 모두를 남의 탓으로 돌리는 데 그치는 것이 아니라, 추종하는 패거리들을 이용해서 자기주장을 합리화하니 이런 인간들이야말로 소인배들이 아닐 수 없다.

공자는 남을 다스리는 위치에 있는 위정자를 백성과 대비하여 다음과 같이 말했다.

> 공자가 "군자는 덕^德을 생각하고 소인은 땅[처할 곳]을 생각하며, 군자는 형^刑[법法]을 생각하고 소인은 은혜^{恩惠}를 생각한다."라고 했다. 子曰 君子 懷德 小人 懷土 君子 懷刑 小人 懷惠 〈이인里人〉**11**

첫 번째 군자 · 선비 · 소인

＊ 회懷는 사념思念이니, 덕德을 생각하는 회덕懷德은 고유固有한 선善을 보존하는 것이고, 처處할 곳을 생각하는 회토懷土는 안락한 거처에 빠지는 것이다. 형刑을 생각하는 회형懷刑은 법을 두려워하는 것이고, 은혜를 생각하는 회혜懷惠는 이익을 탐하는 것이다. 이처럼 군자와 소인이 생각하는 것이 같지 않은 것은 공公과 사私의 차이에서 비롯된다. 여기에 언급된 소인小人은 백성이다.

　공자는 맡은 일을 두고도 군자와 소인을 구별했다.

> 공자가 "군자는 작은 일로는 알 수 없지만 큰 임무를 받을 수 있고, 소인은 큰 임무를 받을 수 없지만 작은 일로 알 수 있다."라고 했다. 子曰 君子 不可小知而可大受也 小人 不可大受而可小知也 〈위령공衛靈公〉**33**

　＊ 이 장章은 사람을 보는 관인지법觀人之法이라고 한다. 군자는 대개 작은 일에서는 반드시 볼만한 것이 없어서 그 능력을 알 수 없지만, 재질材質과 덕德이 중임重任을 맡을 만하고, 소인[백성]은 기국器局과 도량度量이 비록 얕고 좁지만, 반드시 한 가지 장점을 취할 만한 것이 없지 않다. 소小는 작은 일로 병사兵事, 형벌刑罰, 금전金錢, 곡식穀食 등 실무적인 일이고, 대大는 국가를 경영하여 안정시키는 일이다. 또 군자는 성인聖人의 학문을 했으므로 대범하여 국가를 경영하는 큰일을 하는 사람이고, 소인은 작지만 실질적인 재주를 가진 사람 즉 백성이지 이익利益을 탐하는 소인배는 아니다.

　공자는 군자가 두려워하는 세 가지를 소인은 알지 못하거나 무시한다.

공자가 "군자는 세 가지 엄히 여기고 두려워함이 있으니, 천명天命을 엄히 여기고 두려워하며, 대인大人을 엄히 여기고 두려워하며, 성인聖人의 말씀을 엄히 여기고 두려워한다. 소인은 천명天命을 알지 못하여 엄히 여기고 두려워하지 않고, 대인大人을 함부로 대하며, 성인聖人의 말씀을 업신여긴다."라고 했다.

孔子曰 君子有三畏 畏天命 畏大人 畏聖人之言 小人不知天命而不畏也 狎大人 侮聖人之言 〈계씨季氏〉8

* 외畏는 엄히 여기고 두려워한다는 뜻이고, 대인大人은 군자君子이며, 성언聖言은 성인聖人의 말씀이고, 모侮는 희롱함이며, 천명天命은 하늘이 부여해 준 바의 바른 이치다. 군자는 도道와 덕德을 쌓기 때문에 천명天命과 대인大人 그리고 성언聖言을 엄히 여기고 두려워한다. 그렇지만 소인은 무지하여 앞뒤 분간을 못 하니, 천명天命이 무엇인지 몰라서 엄히 여기고 두려워하지 않고, 성인聖人이나 대인大人을 함부로 대하며, 성인聖人의 말씀을 업신여기기도 한다.

공자는 군자와 소인의 마음 상태에 대해서 이렇게 말했다.

공자가 "군자는 마음이 평탄하여 여유가 있으며, 소인은 항상 근심과 슬픔 속에 싸여 있다."라고 했다. 子曰 君子 坦蕩蕩 小人 長戚戚 〈술이述而〉36

* 탄坦은 평탄함이고, 탕탕蕩蕩은 너그럽고 넓은 모양이다. 군자는 천리天理를 따르기 때문에 자연의 이치에 따라 처신하여 스스로 외물外物을 다스리므로, 마음이 펴지고 태연하여 막힘이 없다. 그렇지만 소인은 남의 부림을 받으므로 항상 근심과 슬픔 속에 싸여 있다. 여기서 말하는 군자는 도道

첫 번째 군자 · 선비 · 소인

를 이루고 덕德을 세운 자이지만, 소인은 백성과 소인배를 이른다.

공자는 인仁이 있고 없음으로 군자와 소인을 구분했다.

> 공자는 "군자로서 인仁하지 못한 자는 있어도, 소인으로서 인仁한 자는 없다."라고 했다. 子曰 君子而不仁者 有矣夫 未有小人而仁者也 〈헌문憲問〉7

* 공자가 소인 중에는 인仁한 자가 아예 없다고 단언한 것은 외물에 집착하는 소인배이기 때문이다. 군자라고 해서 모두 인仁하지 않다고 한 것은 지위地位에 있는 군자를 두고 이른 말이다. 인仁에 마음 가는 바를 두고, 아주 짧은 사이에도 마음이 인仁에 있지 않으면 불인不仁함을 면하지 못한다고 여기는 군자라면 외물外物에 집착하지 않는, 도道를 이루고 덕德을 세운 군자다.

공자는 통달通達을 두고도 군자와 소인을 구분했다.

> 공자가 "군자는 위로 통달하고, 소인은 아래로 통달한다."라고 했다. 子曰 君子 上達 小人 下達 〈헌문憲問〉24

* 군자는 천리天理를 따라 고상하고 현명함에 날로 나아가 자기를 수양하는 위기지학爲己之學을 하니 위로 통하는 도성덕립道成德立한 군자이고, 소인은 인욕人欲을 따라 더럽고 낮은 데에 날로 이르러서 남에게 자기를 드러내려는 위인지학爲人之學을 하니 아래로 통하는 소인배다.

공자는 군자의 용勇을 소인의 용勇과 비교하여 설명하기도 했다.

> 자로子路가 "군자는 용勇을 숭상합니까?" 하고 물으니, 공자가 "군자는 의義를 으뜸으로 삼는다. 군자가 용勇만 있고 의義가 없으면 난亂을 일으키고, 소인이 용勇만 있고 의義가 없으면 도적이 된다."라고 했다. 子路曰 君子 尙勇乎 子曰 君子 義以爲上 君子 有勇而無義 爲亂 小人 有勇而無義 爲盜 〈양화陽貨〉23

* 상尙은 숭상하는 것이고, '군자君子 의이위상義以爲上'에서 위상爲上은 으뜸으로 삼는다는 뜻이다. 의義는 용勇의 근본이 되니, 의義가 없는 용勇은 만용蠻勇이다. '군자君子 ~ 위란爲亂'과 '소인小人 ~ 위도爲盜'에서 군자와 소인은 모두 지위地位로 말한 것이다. 공자는 자로子路가 용勇을 좋아했으므로 실수할 것을 염려하여 이렇게 말한 것이다.

다음은 집단 속에서 보여준 소인의 태도에 대해 공자가 언급한 내용이다.

> 공자는 "여럿이 종일 모여 의義에 대한 말은 아니 하고 작은 지혜나 부리는 것을 좋아한다면, 어려움이 있을 것이다."라고 했다. 子曰 群居終日 言不及義 好行小慧 難矣哉 〈위령공衛靈公〉16

* 소혜小慧는 작은 지혜인데 요즘 말로 하면 잔꾀를 부리는 것이다. 말에 의義가 없으면 제멋대로 행동하고 사치한 마음이 차츰 불어날 것이다. 잔꾀를 부리기 좋아하면 위험함을 행하고 요행을 바라는 기틀이 무르익을 것

이다. 난의재難矣哉는 덕德에 들어갈 수 없어서 장차 환난患難의 해害가 있을 것이란 뜻이다. 요즘 말 좀 한다는 사람들을 보면 자기 머리가 닭대가리인 줄은 모르고, 잔꾀를 부려서 혹세무민惑世誣民을 하는 소인배의 극단極端을 보여준다. 그런데도 이들은 자기가 제일 똑똑하다고 생각하니, 사회의 혼탁混濁이 심하지 않을 수 없다.

다음은 교언巧言으로 덕德을 어지럽히고, 작은 일을 참지 못하는 것은 소인배나 하는 짓이니, 군자는 이런 일을 경계해야 한다는 것이다.

> 공자가 "공교로운 말은 덕德을 어지럽히고, 작은 것을 참지 않으면 큰 계책을 어지럽힌다."라고 했다. 子曰 巧言 亂德 小不忍則亂大謀 〈위령공衛靈公〉26

 * 교언巧言은 옳고 그름을 교란하므로, 이것을 들으면 사람이 지켜야 할 바를 상실하여 덕을 어지럽히니, 소인배가 하는 짓이다. 소불인小不忍은 작은 것이나 하찮은 것을 참지 못하는 것이니, 마치 부인婦人의 인仁이나 필부匹夫의 용勇 같은 것이다. 부인婦人의 인仁은 차마 하지 못하는 마음이 지나쳐 작은 일을 결단하지 못하고, 필부匹夫의 용勇은 하찮은 일을 참지 못해서라고 한다. 그런데 요즘 세상에 작은 일을 참지 못하는 것에 남녀 구분이 없고, 과감한 결정을 부인이 오히려 더 잘할 때가 많으니, 소불인小不忍의 사례로 부인을 언급한 것은 적절하지 않다. 이 장章은 소인배들이나 하는 교언巧言이나 소불인小不忍 같은 짓거리는 큰 계책을 위해서라면 조심해야 한다는 것이다.

공자가 당시 백성[소인小人]의 병폐에 대해서 언급하기도 했다.

공자가 "옛날에는 백성들이 세 가지 병폐가 있었는데, 지금은 그마저도 없어졌구나. 옛날의 거침[광^狂]은 작은 예절에 구애받지 않았는데 지금의 거침은 방탕하기만 하고, 옛날의 꼿꼿함은 모가 났는데 지금의 꼿꼿함은 성내고 어그러지기만 하며, 옛날의 어리석음은 곧았는데 지금의 어리석음은 속일 뿐이다."라고 했다. 子曰 古者 民有三疾 今也 或是之亡也 古之狂也 肆 今之狂也 蕩 古之矜也 廉 今之矜也 忿戾 古之愚也 直 今之愚也 詐 而已矣 〈양화$^陽貨$〉16

 * 기운이 평형을 잃으면 질^{疾}이 되고, 광^{狂}은 바라는 뜻이 너무 높은 것이며, 사^{肆}는 작은 예절에 구애받지 않음이고, 탕^{蕩}은 바로 큰 한계를 넘은 것이다. 궁^{矜}은 지키기를 너무 엄하게 하는 것이며, 염^{廉}은 모가 나서 엄격함이고, 분려$^忿戾$는 다툼이다. 우^{愚}는 생각이 어두워서 밝지 못함이고, 직^{直}은 곧바로 행동하여 스스로 성취하는 것이며, 사^{詐}는 곧 사사로움을 끼고 허황한 짓을 하는 것이다.

 질^{疾}은 몸이 아픈 병^{病}이 아니라, 기품$^氣稟$이 편벽$^偏僻$된 병폐를 말한다. 옛날의 이른바 병폐[질^疾]가, 지금은 그것마저도 없어져서 풍속이 더욱 투박해졌음을 공자가 속상해한 것이다. 사람들은 이런 행태$^行態$를 흔히 말세적$^末世的$ 징후라고 한다. 공자 당대도 전^前 시대에 비하면 이런 말세적 징후가 나타나서 사람들이 기품$^氣稟$을 상실했던 모양이지만, 요즘도 마찬가지다.

 다음은 공자가 소인배에 대해서 언급한 것인데 비열한 인간과는 함께 임금을 섬길 수 없다고 했다.

▌ 공자는 "마음씨가 천박한 사람과 함께 임금을 섬길 수 있겠는가? 부귀를 얻

첫 번째 군자 · 선비 · 소인

지 못했을 때는 얻으려고 근심하고, 얻고 나서는 잃을까 봐 걱정하니, 만약 잃을 것을 근심한다면 못하는 짓이 없을 것이다."라고 했다. 子曰 鄙夫 可 與事君也與哉 其未得之也 患得之 旣得之 患失之 苟患失之 無所不至 矣 〈양화陽貨〉15

  * 비부鄙夫는 어리석고 악하며[용악庸惡], 더럽고 졸렬[누열陋劣]한 사람 이다. 얻을 것을 걱정한다는 환득지患得之는 얻을 수 없음을 근심하는 것이 다. 공자는 어리석고 악하며, 더럽고 졸렬한 사람과는 함께 임금을 섬길 수 없다고 했다. 마음이 천박한 사람은 부귀에만 뜻을 두어서, 못 할 짓이 없는 비루한 사람으로 오로지 이기심에 사로잡혀 있을 뿐이다.

  송宋나라 근재지靳裁之 같은 사람은 선비의 품격에는 세 가지가 있다고 하면서, 도덕에 뜻을 둔 자는 공명功名이 그 마음을 족히 얽매지 못하고, 공 명에 뜻을 둔 자는 부귀富貴가 그 마음을 족히 얽매지 못하며, 부귀에 뜻을 둔 자는 또한 못하는 짓이 없다고 했는데 그럴듯한 말이다. 여기서 부귀에 뜻을 둔 자는 바로 공자가 말한 비루한 사람이다.

  공자는 얼굴빛에 위엄威嚴이 있지만, 마음이 유약柔弱한 자를 소인에 비 유해서 설명하기도 했다.

공자는 "얼굴빛에 위엄威嚴이 있으나 마음이 유약柔弱한 것을 소인에게 비유 하면, 벽을 뚫거나 담을 넘는 도둑과 같을 것이다."라고 했다. 子曰 色厲而 內荏 譬諸小人 其猶穿窬之盜也與 〈양화陽貨〉12

  * 여厲는 위엄威嚴이고, 임荏은 유약柔弱이며, 소인小人은 세민細民 즉 서민庶民

이다. 천穿은 벽을 뚫는 것이며, 유窬는 담장을 넘는 것이다. 외모는 위엄威嚴
이 있어 군자 같은데 마음이 유약柔弱한 사람을 두고, 공자는 소인에 비유했
는데 외모의 위엄에 맞는 실상이 없어서 남의 집에 들어가 물건을 훔치는
도적과 같다고 하여, 마음이 유약한 군자를 심히 경계했다. 여기서 마음이
유약하다는 것은 자신의 마음을 의義에 뜻을 두었으나, 외물外物에 그 마음
이 흔들리는 약한 모습이다.

　　앞에서 언급한 유약柔弱한 자와는 다르지만, 인仁을 가장假裝한 사람이
향촌鄕村 사회에 있다. 겉으로는 점잖은 척하면서 속으로는 온갖 나쁜 짓만
하는 향원鄕愿을 두고 공자가 이른 말이다.

> 공자는 "향원鄕原은 덕德의 적賊이다."라고 했다. 子曰 鄕原 德之賊也 〈양화
> 陽貨〉**13**

　　* 향鄕은 비속하다는 의미고, 원原은 '삼갈 원愿'과 같다. 향원鄕原은 시골
사람 중에 근후謹厚한 자인데, 전해오는 유속流俗과 동화하고 추잡함에 영합
하여 세상에 아첨하기 때문에, 유독 시골 사람들 사이에서는 근후謹厚하다
고 일컬어진다. 그런데 공자는 덕德과 비슷한 것 같지만 덕德이 아니고, 도리
어 덕德을 어지럽게 한다고 여겨서 덕德의 적賊이라고 하여 심히 미워했다.

　　공자가 향원鄕原을 덕德의 적賊이라고 한 것에 대해『맹자孟子』「진심盡心」
장章 하下37에 자세히 보인다. 만장萬章이 맹자孟子에게, "공자께서 '내 집 문
앞을 지나면서 내 집에 들어오지 않아도 내가 서운하지 않은 자는 오직 향
원鄕原뿐이다. 향원은 덕德을 해치는 자다.'라고 하셨는데, 어떤 자를 향원이
라 할 수 있습니까? 孔子曰 過我門而不入我室 我不憾焉者 其惟鄕原乎 鄕原 德之賊也 曰 何如 斯可謂之

鄕原矣"라고 물었다. 이에 대해 맹자孟子가 "[향원鄕原이 광자狂者를 비난하기를] '어찌하여 이렇게 말과 뜻이 커서 말은 행실을 돌아보지 않고, 행실은 말을 돌아보지 않고서 바로 옛사람이여, 옛사람이여!'라고 하고, [향원鄕原이 견자狷者를 비난하기를] '행실을 어찌하여 외롭고 쓸쓸하게 하는가? 세상에 태어났으면 세상의 일을 하여 남들이 선善하다고 하면 되는 것이다.'라고 하여, 내시內侍처럼 세상에 아첨하는 자가 향원이다. 孟子曰 何以是嘐嘐也 言不顧行 行不顧言 則曰 古之人 古之人 行何爲踽踽涼涼 生斯世也 爲斯世也 善斯可矣 閹然媚於世也者 是鄕也"라고 했다.

만장萬章이 다시 "한 고을 사람들 모두가 점잖은 사람이라고 일컫는다면 가는 곳마다 점잖은 사람이 되지 않음이 없을 것인데, 공자께서 '덕德을 해친다.'라고 하신 것은 어째서입니까? 萬章曰 一鄕 皆稱原人焉 無所往而不爲原人 孔子 以爲德之賊 何哉" 하고 물으니, [맹자孟子가] "비난하려 해도 들출 것이 없고, 풍자諷刺하려 해도 풍자할 것이 없으며, 유속流俗과 동화하고 더러운 세상에 영합하여, 평소에는 충忠과 신信이 있는 것 같고, 행동은 청렴淸廉 결백潔白한 것 같아서 모두 다 그를 좋아하니 스스로 옳다고 여기지만, 그런 자와는 함께 요堯·순舜의 도道에 들어갈 수가 없으니 [공자가] 덕德을 해친다고 한 것이다. 曰 非之無擧也 刺之無刺也 同乎流俗 合乎汚世 居之似忠信 行之似廉潔 衆皆悅之 自以爲是 而不可與入堯舜之道 故 曰 德之賊也"라고 했다.

공자는 여자와 소인을 대하기 어렵다고 했다. 왜 그랬을까?

공자는 "아, 여자와 소인은 대하기가 어렵다. 가까이하면 불손하고 멀리하면 원망한다."라고 했다. 子曰 唯女子與小人 爲難養也 近之則不孫 遠之則怨 〈양화陽貨〉25

* 유唯는 탄식하는 발어사發語辭이고, 소인은 마부 또는 노비 같은 아랫사람이다. 이 장章은 지위에 있는 군자가 신첩臣妾에게 엄숙함과 장중함으로 다가가고 자애慈愛로 거두면, 불손과 원망의 근심을 덜 수 있을 것이라 여겨서 이렇게 말한 것이다. 그러나 여성과 소인을 대하는 이런 태도가 공자 시대나 조선朝鮮 사회에서 통용되었을지라도, 요즘 세상에는 여성이나 소인에게만 적용되는 것이 아니라 누구에게나 적용되는 일반적인 말이니 유의해야 한다.

다음은 자하子夏가 언급한 소인小人과 군자君子의 관계다.

> 자하子夏가 "온갖 공인工人들은 공장에 있으면서 자기 일을 이루고, 군자君子는 배워서 그 도道를 지극히 한다."라고 했다. 子夏曰 百工 居肆 以成其事 君子 學 以致其道 〈자장子張〉7

* 사肆는 관청의 물건 만드는 곳이며, 치致는 지극함이다. 이 장章은 군자와 소인이 모두 제자리에서 자기의 직분을 행해야 한다는 것을 언급한 것이다. 공인工人이 공장에 있지 않으면 마음이 다른 것으로 옮겨가서 그 일을 정미하게 할 수 없고, 군자가 배우지 않으면 외부의 유혹에 마음을 빼앗겨 뜻이 독실篤實할 수 없기 때문이다.

다음도 소인小人에 관해 자하子夏가 언급한 내용이다.

> 자하子夏는 "소인小人은 허물이 있으면 반드시 변명한다."라고 했다. 子夏曰 小人之過也 必文 〈자장子張〉8

첫 번째 군자 · 선비 · 소인

* 문文은 문식文飾이고 요즘 말로 하면 변명이다. 소인小人은 잘못을 고치는 데는 꺼리고 스스로 속이는 데는 꺼리지 않으므로, 반드시 변명하여 그 잘못을 두 번 저지른다.

두 번째

군자의 이상^{理想}

덕목^{德目}

군자가 되기 위해서는 어떤 덕목^{德目}이 필요할까? 공자는 군자의 덕목^{德目}으로 네 가지를 언급했다.

> 공자가 "군자는 의^義를 바탕으로 삼고, 예^禮로 행하며, 겸손^{謙遜}으로 내고, 신^信[성실^{誠實}]으로 이루나니 군자로다."라고 했다. 子曰 君子 義以爲質 禮以行之 孫以出之 信以成之 君子哉 〈위령공^{衛靈公}〉**17**

* 손^孫은 겸손^{謙遜}의 손^遜과 통한다. 의^義는 일을 마름질하는 근본이므로 그것[의^義]으로 근간^{根幹}을 삼고, 의義를 행함에는 반드시 절문^{節文} 있게 하며, 의^義를 드러낼 때는 겸손^{謙遜}으로 하고, 의^義를 이루고자 할 때는 반드시 신^信[성실^{誠實}]으로 하는 것이니 바로 군자의 도^道다.

정자^{程子}는 의^義·예^禮·손^孫·신^信 이 네 가지가 한 가지 일이므로 의^義를

바탕으로 삼는다고 했다. 또, 경敬으로 마음을 곧게 하면 의義로 외모를 방정하게 하고, 의義를 근본으로 삼으면 예禮가 이것을 행하며, 겸손謙遜이 이것을 드러내고, 성실誠實이 이것을 이룬다고 하였으니, 결국은 경敬을 전제로 하여 의義는 군자의 바탕이 되고, 예禮와 손遜과 신信이 군자를 군자답게 하는 덕목德目이 된다.

공자는 군자의 덕목 중에서 특히 신信을 강조하였다.

> 공자는 "사람이 신信 없으면 그 사람이 옳은지[가可] 알 수 없다. 큰 수레에 끌채 끝의 쐐기[예輗]가 없고, 작은 수레에 끌채 끝의 쐐기[월軏]가 없다면, 수레가 어떻게 굴러갈 수 있겠는가."라고 했다. 子曰 人而無信 不知其可也 大車無輗 小車無軏 其何以行之哉 〈위정爲政〉**22**

* 큰 수레는 평지에서 짐을 싣는 것이고, 예輗는 끌채[원轅] 끝의 횡목橫木이니 멍에[액軛]를 묶어서 소에 얹는 것이다. 작은 수레는 사냥용, 전투용, 승용乘用이 있다. 월軏은 끌채[원轅] 끝에 위로 굽은 것이니 횡목[형衡]에 걸어서 말에 얹는다. 수레에 예輗나 월軏이 없으면 수레가 굴러갈 수가 없는 것처럼, 사람에게 신信이 없으면 또한 이와 같다. 이처럼 신信은 남에게 믿음을 주는 것이지만 달리 말하면 성실誠實과도 통한다. 오상五常 중에 신信이 맨 끝에 있지만, 이것이 없으면 인仁·의義·예禮·지智를 이룰 수 없으므로 공자가 신信을 중하게 여긴 것이다.

그런데 공자는 군자가 정도正道를 따를 뿐이고, 작은 신信에는 얽매이지 않는다고 했다.

공자가 "군자는 정도正道를 따르고, 작은 신信에 얽매이지 않는다."라고 했다. 子曰 君子 貞而不諒 〈위령공衛靈公〉36

* 정貞은 바르고 단단함이고, 양諒은 옳고 그른 것을 가리지 않고 신信에 기필期必하는 것인데, 하찮은 일을 굳게 지키는 묵수墨守다. 이 장章은 군자가 일의 바름[정正]으로 나아감을 의미한 것이지, 『장자莊子』「도척盜跖」에 나오는 미생고尾生高처럼 불문곡직不問曲直하고 신信에만 요지부동하는 것이 아니라는 의미다.

미생고尾生高는 춘추시대 노魯나라 사람이다. 어느 여자와 다리 밑에서 만나기로 약속했는데 시간이 지나도 그녀는 오지 않고, 큰비가 내려 물이 불어났다. 그렇지만 그는 끝내 기둥을 붙잡고 그 자리를 떠나지 않았다는 고사故事의 주인공이다. 군자는 이런 미생고尾生高의 신信을 기필期必하지 않는다. 군자는 일의 '정도正道'를 지켜서 나아갈 뿐 '작은 신信'에 매달리지는 않는다는 것이지만, 그것이 작은 신信인지 아닌지는 본인의 판단에 달렸고, 결과에 대해서도 본인이 책임을 져야 한다. 그렇지만 사람들은 그렇게 하지 않아서 문제다.

공자 제자인 유자有子[유약有若]는 신의信義에 대해서 이렇게 말했다.

유자有子는 "믿음[신信]이 의義에 가까우면 [자신이 한] 말을 실천할 수 있고, 공손恭遜함이 예禮에 가까우면 치욕을 멀리할 수 있으며, [어떤 이를 주인 삼을 때] 그가 친한 이를 잃지 않으면 [그것에] 의지해서 또한 주인 삼아 높일 수 있다."라고 했다. 有子曰 信近於義 言可復也 恭近於禮 遠恥辱也 因不失其親 亦可宗也 〈학이學而〉13

두 번째 군자의 이상

* 신信은 믿음을 맺는 것이고, 의義는 일의 마땅함이며, 복復은 말을 실천하는 것이고, 공恭은 경敬을 지극히 함이며, 예禮는 상황에 맞게 드러내는 것이고, 인因은 의지依支함이며, 종宗은 주인 삼아 높인다는 뜻이다.

이 장章은 군자가 말과 행실과 교제 때, 어떻게 해야 하는가를 밝힌 것이다. 군자가 남과 신의信義를 맺을 때 말이 의義에 합당하면 실천할 수 있고, 공손恭遜을 지극히 하면서 예절禮節에 맞으면 치욕을 멀리할 수 있으며, 어떤 이를 주인 삼고자 할 때 그 사람이 친한 이를 잃지 않으면 그것에 의지依支해서 주인 삼아 높일 수 있다는 말이다.

신의信義는 말로 맺는 것이니, 그 말이 양심에 비추어 떳떳하면 실천할 수 있을 것이다. 그렇지만 사람들은 대개 이해利害를 따져서 신의信義를 운운하므로 실천하지 못한다. 어떤 이는 본문의 '언가복야言可復也'의 복復을 '뒤집을 복'으로 보고, 버선목을 뒤집듯이 자기가 한 말이 진실임을 보여줄 수 있다고 했다.

남에게 지극히 공손恭遜하더라도 예절에 맞지 않으면 바로 아첨阿諂 아니면 교만驕慢이 된다. 그러므로 공손이 한계를 넘거나 부족하지 않도록 해야 한다. 또 어떤 이를 주인 삼고자 할 때, 그 주변에 친한 이를 잃지 않으면 그것에 의지해서 그를 주인 삼아 높일 수 있다. 친한 이를 잃는다는 것은 상대와 아름다운 거리를 유지하지 못하고 무례함을 범했기 때문이니, 이런 사람으로 주인 삼을 수는 없다.

공자는 군자의 덕목德目으로 경敬을 제시하기도 했는데 자로子路의 물음에 공자는 다음과 같이 말한다.

▌ 자로子路가 군자에 관해 묻자, 공자는 "경敬으로 자기 몸[기己]을 닦는 것이

다."라고 했다. [자로子路가] "이것뿐입니까?"라고 하자, 공자는 "자기 몸[기己]을 닦아서 남을 편안하게 하는 것이다."라고 했다. [자로子路가] "이것뿐입니까?"라고 하자, 공자가 "자기 몸[기己]을 닦아서 백성을 편안하게 하는 것이니, 자기 몸[기己]을 닦아서 백성을 편안하게 하는 것은 요堯·순舜도 그것을 오히려 어렵게 여겼다."라고 했다. 子路問君子 子曰 修己以敬 曰 如斯而已乎 曰 修己以安人 曰 如斯而已乎 曰 修己以安百姓 修己以安百姓 堯舜 其猶病諸 〈헌문憲問〉**45**

* '여사이이호如斯而已乎'의 이이호而已乎는 복합 어조사다. '기유병저其猶病諸'의 병病은 어렵게 여김이며, 저諸는 어조사다. 군자가 먼저 갖추어야 할 덕목은 경敬으로, 자기 몸을 닦아서 남을 편안하게 하고 나아가 백성을 편안하게 하는 것이 경敬의 최종 목표인데, 요堯·순舜도 이것을 어렵게 여겼다고 하니, 군자의 덕목으로 경敬이 얼마나 어려운 것인지 짐작된다. 유자有子는 〈학이學而〉**2** 끝 구절에서 "효孝·제弟가 인仁을 실천하는 근본이다. 孝弟也者 其爲仁之本與"라고 했는데, 인仁을 실천하는 근본根本인 효孝·제弟와 지금까지 언급한 의義·신信·경敬을 덕목으로 삼아서 힘써 행해야 진정한 군자라고 할 수 있다.

다음은 공자가 겉꾸밈인 예禮를 언급하여 군자가 바탕[질質]과 겉꾸밈[문文]이 잘 어우러져야 한다고 하여 중용中庸의 덕德을 취했다.

공자는 "바탕이 겉꾸밈을 이기면 거칠어지고, 겉꾸밈이 바탕을 이기면 겉치레만 잘하게 되니, 겉꾸밈과 바탕이 잘 어우러진 뒤에라야 군자다."라고 했다. 子曰 質勝文則野 文勝質則史 文質 彬彬然後 君子 〈옹야雍也〉**16**

* 야野는 거친 사람이니 비루하고 소략하다는 말이고, 사史는 문서를 관장하는 사람이니 들은 것이 많고 일에는 익숙하나, 정성이 혹 부족하다는 뜻이다. 빈빈彬彬은 반반斑斑과 같으니, 물건이 서로 섞여 잘 어우러진 모양이다. 문질빈빈文質彬彬은 남은 것을 덜고 부족한 것은 보태어서 배우는 자가 덕德을 이루는 데 이르면, 잘 어우러지도록 기약하지 않아도 그렇게 된다는 뜻인데, 그렇게 된 뒤에라야 군자라고 한 것은 빈빈彬彬이 바로 중용中庸이기 때문이다. 그러니 문文과 질質은 서로 이기려고 해서는 안 된다. 만약 질質이 문文을 이긴다면, 단맛[감甘]이 조미[화和]를 받을 수 있고, 흰색이 채색을 받을 수 있는 것과 같지만, 문文이 이겨서 질質을 없애게 되면 근본이 없는 것과 같으니, 비록 문文이 있다고 해도 장차 어디에다 베풀겠는가. 그래서 사史보다는 야野가 낫다고 한 것이다.

다음은 군자가 두루 쓰이려면 명命과 예禮와 언言을 알아야 한다는 내용이다.

공자는 "명命[천명天命]을 모르면 군자가 될 수 없고, 예禮를 모르면 제대로 설 수 없으며, 말을 알지 못하면 사람을 알아볼 수 없다."라고 했다. 子曰 不知命 無以爲君子也 不知禮 無以立也 不知言 無以知人也 〈요왈堯曰〉3

* 공자는 군자의 덕목德目으로 명命과 예禮와 언言을 두루 알아야 한다고 한 이 장章은 『논어』의 전편全篇의 마지막 내용이다. 천명天命은 사람들이 눈에 보이는 것이 아니니, 쉽게 알기 어렵지만 바로 자연自然의 순리順理다. 공자는 나이 오십五十이 되어야 천명天命을 안다고 했으니, 사람이 나이가 들어야 천명天命을 아는 것인가? 반드시 그렇지 않을 것이다. 사람이 욕심慾心을 버리고

순리順理대로 사는 것 역시 천명天命을 아는 사람의 처신이니, 이렇게 사는 사람이라면 천명天命을 아는 사람이라고 할 수 있다.

천명天命은 하늘이 내려준 것이니 운수運數나 팔자八字처럼 사람의 힘으로 바꿀 수 없다고 생각한다. 그렇지만 이를 어떻게 수용하고 대응하느냐가 중요하다. 자신에게 닥친 상황이 천명天命이어서 어쩔 수 없다면, 일단 천명天命에 순응하면서 다음 단계를 생각하는 것이 천명天命을 불평하고 삶을 체념하는 것보다는 긍정적인 삶의 태도다. 이른바 제2의 최선이란 것인데, 이는 주어진 여건에서 최선을 모색하는 것이다.

공자는 천명天命을 아는 것 외에 예禮와 언言도 알아야 제대로 설 수 있고, 남을 알아볼 수도 있다고 했다. 이는 예禮를 모르면 이목耳目을 보탤 곳과 수족手足을 둘 곳이 없고, 말의 옳고 그름에서 그 사람의 간사함과 바름을 알 수 있으니, 그 말을 알지 못하면 말한 사람이 어떤 사람인지 알 수가 없기 때문이다.

다음은 증자曾子가 문병問病을 온 노魯나라 대부大夫 맹경자孟敬子에게 해준 말로, 군자가 귀하게 여기는 도道 세 가지를 언급한 내용이다.

증자曾子가 질환疾患이 있거늘, 노魯나라의 대부大夫 맹경자孟敬子가 문병問病을 했는데, 증자曾子가 스스로 말하기를 "새가 죽을 때는 그 울음소리가 슬프고, 사람이 죽을 때는 그 말이 착한 법이다. 군자가 중重히 여기는 도道는 세 가지가 있으니, 용모를 움직일 때는 사나움과 태만함을 멀리해야 하며, 얼굴빛을 바르게 할 때는 신의信義에 가깝게 해야 하며, 말을 할 때는 비루하고 도리에 어긋나는 것을 멀리해야 하고, 제기祭器 같은 자질구레한 일은 담당자가 있다."라고 했다. 曾子 有疾 孟敬子 問之 曾子 言曰 鳥之將死 其

鳴也 哀 人之將死 其言也 善 君子 所貴乎道者 三 動容貌 斯遠暴慢 矣 正顏色 斯近信矣 出辭氣 斯遠鄙倍矣 籩豆之事 則有司 存 〈태백泰伯〉4

* 맹경자孟敬子는 노魯나라 대부大夫 중손씨仲孫氏로 이름은 첩捷이다. 문지問之는 문병問病이고, '증자언曾子言'의 언言은 스스로 말한 것이다. 귀貴는 중重하다와 같고, 용모容貌는 한 몸을 들어서 말한 것이다. 포暴는 거칠고 사나움이고, 만慢은 멋대로 행동함이다. 신信은 성실誠實이니, 안색顏色을 바르게 하고 신의信義를 가까이하면, 얼굴빛만 엄장嚴莊한 것이 아니다. 사辭는 언어言語이고, 기氣는 소리 기운聲氣이다. 비鄙는 비루함이고, 배倍는 패背와 같으니 이치에 어긋남이다. 변籩은 대나무로 만든 제기祭器고, 두豆는 나무로 만든 제기祭器다.

'새가 장차 죽을 때는 그 울음소리가 슬프고 사람이 장차 죽을 때는 그 말이 선하다.鳥之將死 其鳴也 哀 人之將死 其言也 善'라는 말은 새가 죽음에 이르면 두려워하므로 울음이 슬프고, 사람은 죽을 때가 되어 궁窮해지면 근본으로 돌아가므로 말이 착해진다는 뜻인데, 증자曾子가 스스로 겸손해서 한 말이다. 그렇지만 새가 죽음에 이르면 울음이 슬프다는 것은 사람이 그렇게 느낄 뿐이다.

증자曾子가 말한 세 가지[동용모動容貌 사원포만斯遠暴慢, 정안색正顏色 사근신의斯近信矣, 출사기出辭氣 사원비패斯遠鄙倍]의 도道[덕목德目]는 수신修身의 중요한 핵심이고, 위정爲政의 근본이므로 배우는 자가 마땅히 마음을 다잡고 살펴야 한다. 다만 제기祭器를 세는 일은 지엽적이라 해도 전체에 해당이 되지 않음이 없지만, 그 일을 맡은 유사有司가 있으니 군자가 중重하게 여길 바는 아니라고 한 것이다.

정자程子는 용모의 움직임은 온몸을 들어서 말한 것이니, 행동을 예禮에 맞게 해야 포만暴慢이 멀어지고, 얼굴빛을 바르게 해야 망령되지 않으니 성실함에 가깝고, 말소리를 낼 때 바로 속마음에서 나와야 비루하고 어긋남이 멀어질 것인데, 이 세 가지[동용모動容貌, 정안색正顏色, 출사기出辭氣]는 몸을 바르게 하는 것이지 밖에서 구하는 것이 아니므로, 변두邊豆의 일은 유사有司가 있다고 했다. 이는 증자曾子가 말한 세 가지 동용모動容貌, 정안색正顏色, 출사기出辭氣를 바르게 행해야 사원포만斯遠暴慢, 사근신의斯近信矣, 사원비패斯遠鄙倍의 효과를 얻을 수 있음을 말한 것이다.

다음은 자하子夏가 언급한 대덕大德과 소덕小德에 관한 것이다.

> 자하子夏는 "크게 빛나는 절조節操가 한계를 넘지 않으면 대수롭지 않은 작은 예절은 예禮에 맞지 않고 들쑥날쑥 [합리合理에 미진未盡]해도 괜찮다[해害가 없다]."라고 했다. 子夏曰 大德 不踰閑 小德 出入 可也 〈자장子張〉11

* 대덕大德은 크게 빛나는 절조節操이고, 소덕小德은 대수롭지 않은 작은 예절과 같은 것이다. 한閑은 가로막음이니 외물外物의 출입을 멈추게 하는 것이다. 크게 빛나는 절조를 확립할 수 있으면, 대수롭지 않은 작은 예절은 합리合理에 미치지 못했어도 해害가 없다고 한 자하子夏의 진술에서, 대덕大德인지 소덕小德인지 판단은 사람에 따라 다를 수 있으므로 폐단이 있을 수 있으니 유의해야 한다.

다음은 자유子游가 자하子夏의 제자를 두고 언급한 것에 대해, 자하子夏의 반론이다.

두 번째 군자의 이상

자유子游는 "자하子夏의 제자들이 물 뿌리고 청소하며, 부름이나 질문에 응應하여 대답對答하고, 나아가고 물러남[소학지절小學之節]에서는 잘 하지만[가의可矣], [그런 일들은] 지엽적枝葉的이라서 근본이 없으니 어찌하겠는가?"라고 했다. 자하子夏가 그것을 듣고서, "아, 자유子游의 말이 지나쳤다. 군자의 도道에 어느 것을 먼저라 하여 가르치고, 어느 것을 뒤라 하여 게을리하겠는가? 초목草木에 비유하면 [같은 것끼리] 구분해서 별개로 함과 같으니, 군자의 도道를 어찌 속일 수 있겠는가? 처음이 있고 끝이 있는 것은 오직 성인聖人일 것이다."라고 했다. <u>子游曰 子夏之門人小子 當灑掃應對進退 則可矣 抑末也 本之則無 如之何 子夏 聞之 曰 噫 言游 過矣 君子之道 孰先傳焉 孰後倦焉 譬諸草木 區以別矣 君子之道 焉可誣也 有始有卒者 其惟聖人乎</u> 〈자장子張〉**12**

* '비저초목譬諸草木'에서 저諸는 지어之於의 줄인 말로 어조사이다. 자유子游의 말은 자하子夏 제자들의 학습 태도를 보고 평한 것이다. 자유子游가 언급한 말末은 몸가짐[위의威儀]과 용모·예절[용절容節] 같은 『소학小學』의 지엽적枝葉的인 것이고, '본本이 없다. 本之則無'는 『대학大學』에 팔조목八條目에 나오는 정심正心과 성의誠意 같은 것이다. 그래서 자유子游가 자하子夏의 제자들이 근본根本을 배우지 않는다고 기롱譏弄을 한 것이다.

이에 대해 자하子夏는 군자의 도道[덕목德目]에 어느 것을 먼저라 하여 가르치고, 어느 것을 뒤라 하여 게을리하지 않는 것은 마치 초목草木에 비유하면 초목에는 대소大小가 있어서 같은 것끼리 구분하여 별개로 하는 것과 같다. 그러니 군자의 도道는 속일 수 없고, 시종始終과 본말本末이 있는 것은 오직 성인聖人일 뿐이라고 했다. 여기서 군자의 도道를 속일 수 없다는 것은 배움의 수준이 얕고 깊음을 헤아리지 않고, 또 익히는 정도를 따지지 않고서 한

결같이 높고 또 원대한 것만을 가지고 억지로 말해준다면, 이는 제자를 속이는 것이라는 의미다.

정자程子는 가르침에는 순서가 있어서 작고 비근한 것을 먼저 가르친 다음에 멀고 큰 것을 가르치는 것이지만, 비근하고 작은 것을 먼저 가르친 다음에 멀고 큰 것을 가르치지 않는 것은 아니라고 했다. 또 모든 물物에는 본本·말末이 있지만, 그것을 본本과 말末로 나누어 두 가지 일로 여길 수 없다. 그러니 물 뿌리고 비질하며 부름이나 질문에 대답하는 쇄소응대灑掃應對하는 일이 바로 그것이므로 반드시 그렇게 된 이유가 있을 것이라고 했다.

주자朱子도 배우는 자는 마땅히 순서를 따라서 점점 나아가야 한다. 그렇지만 말末이 싫어서 본本을 찾는 것은 옳지 않고, 또 말末이 곧 본本이지만, 말末을 배우면 본本이 거기에 있는 것도 아니라고 했다.

인품人品

다음은 군자의 인품에 관해 공자가 언급한 내용이다.

> 공자는 "싹은 났으나 꽃이 피지 못하는 것도 있고, 꽃이 피었으나 열매를 맺지 못하는 것도 있다."라고 했다. 子曰 苗而不秀者 有矣夫 秀而不實者 有矣夫 〈자한子罕〉21

　＊ 곡식이 처음 생겨난 것을 묘苗라고 하고, 꽃이 핀 것을 수秀라 하며, 열매를 맺는 것을 실實이라고 한다. 공자는 군자가 배워도 곡식처럼 완성에 이

르지 못하는 경우가 있으니 자강불식自强不息해야 한다고 말한 것이다.

그렇다면 완전한 인격을 가지고 남에게 존경받는 사람은 어떤 사람일까. 자로子路가 공자에게 온전한 사람[성인成人]에 관해 물었다.

자로子路가 성인成人에 관해 물으니, 공자는 "장무중臧武仲 같은 지혜와 맹공작孟公綽의 욕심내지 않음과 변장자卞莊子의 용맹과 염구冉求의 재능에다가 예禮 · 악樂으로 겉꾸밈을 한다면, 또한 [지극한 것은 아니더라도] 성인成人이라 할 수 있을 것이다."라고 했다. [또] 말하기를 "오늘날의 성인成人이야 어찌 굳이 그럴 것이 있겠느냐. [물질적인] 이利 앞에서 의義를 생각하고, [나라의] 위태로움을 보고 목숨을 바치며, 오래된 약속일지라도 평소에 했던 말을 잊지 않으면 역시 성인成人일 것이다."라고 했다. 子路問成人 子曰 若臧武仲之知 公綽之不欲 卞莊子之勇 冉求之藝 文之以禮樂 亦可以爲成人矣 曰 今之成人者 何必然 見利思義 見危授命 久要 不忘平生之言 亦可以爲成人矣 〈헌문憲問〉**13**

* 성인成人은 온전한 사람[전인全人]인데 네 사람의 장점을 겸하여, 지혜智慧가 이치를 궁구하는 데 족足하고, 염치廉恥가 마음을 기르는 데 족하며, 용기勇氣가 힘써 행하는 데 족하고, 재예才藝가 널리 응용되는 데 족하면 된다는 것이다. 거기에 예禮로 절제節制하고 악樂으로 화합和合하여 덕德이 안에서 이루어져 문文이 밖으로 나타나게 하면, 자질[재材]이 온전하고 덕德이 갖추어져 원만히 한 가지 잘함으로 이름을 이룬 자취는 볼 수 없다고 해도, 중정中正화락和樂하고 순수하여 다시는 편의偏倚와 잡박雜駁의 가림이 없어서, 그 사람됨이 지극하지는 않더라도 또한 성成이라고 할 수 있다고 했는데, 이것이 성

인成人의 첫 번째 단계다.

중간에 왈曰 자字를 다시 더한 것은 이미 대답하고 다시 말한 것이다. 수명授命은 목숨을 아끼지 않고 남에게 준 것이고, 구요久要는 오래된 약속이며, 평생平生은 평일平日이다. 성인成人의 다음 단계는 물질적인 이利 앞에서 의義를 생각하고, 나라의 위태로움을 보고 목숨을 바치는 충忠과 오래된 약속일지라도 평소에 했던 말을 잊지 않는 신信의 실상이 있으면, 앞 단계에서 언급한 지智·인仁·용勇·예藝 그리고 예禮·악樂 등이 비록 갖추어져 있지 않아도 또한 성인成人의 다음이 될 수 있다는 것이다.

정자程子는 지혜가 밝고[지지명知之明], 믿음이 독실하며[신지독信之篤], 행실이 과감한[행지과行之果] 것은 천하에 마땅히 갖추어야 할 덕德인데, 공자가 말한 성인成人 역시 이 세 가지에서 벗어나지 않는다고 했다. 그러면서 장무중臧武仲은 지智고, 공작公綽은 인仁이며, 변장자卞莊子는 용勇이고, 염구冉求는 예藝이니, 모름지기 이 네 사람의 능력을 합하고 나서 예禮·악樂으로 겉꾸밈을 하면 또한 성인成人이라 할 수 있다. 그렇지만 대성大成을 논한다면 여기서 그치지 않는다. 지금의 성인成人으로 말하면 의義·충忠·신信은 있으나, 예禮·악樂에는 미치지 못하니 또한 그다음인 자라고 했다.

그런데 〈헌문憲問〉15에 나오는 장무중臧武仲이 노魯나라 대부大夫로 임금에게 하사받은 방읍防邑을 점거하고서 노魯나라에 후계자로 삼아달라고 요구한 것을 보면, 이는 그의 지혜가 바른 것이 아니고 또 지혜를 좋아하고 배우는 것을 좋아한 사람도 아니다.

공작公綽이 〈헌문憲問〉12에 나오는 맹공작孟公綽이라면, 그 역시 노魯나라 대부大夫인데, 그가 진晉나라의 경卿인 조씨趙氏와 위씨魏氏의 가노家老는 될 수 있지만, 등滕나라나 설薛나라의 대부大夫는 될 수 없다. 다만 청렴하고 조용하며 욕심이 적은데 재주가 부족한 사람이라고 했다.

두 번째 군자의 이상

변장자卞莊子는 노魯나라 하읍下邑 대부大夫인데,『사기史記』「장의열전張儀列傳」에 한韓나라와 위魏나라 화해和解 문제를 두고 진秦나라 혜왕惠王과 진진陳軫이 대화하는 대목에서 변장자卞莊子 일화逸話가 나온다. 그가 호랑이를 보고 잡으려고 할 때 여관집 어린애가, 먹을 것을 두고 다투는 호랑이는 기다리고 있으면, 큰놈은 상처를 입고 작은놈은 죽을 것이니, 상처 입은 놈을 찌르면 단번에 호랑이 두 마리를 잡을 수 있다고 말해서 그렇게 한 사람이다.

염구冉求 역시 노魯나라 출신으로 공자 제자인데 집안은 비록 가난했지만, 학문에 밝고 정사政事에 능하며, 대재다능多才多能하고 이재理財에도 밝아 예藝는 갖추었다고 할 수는 있어도, 계강자季康子의 가신家臣으로 있으면서 가혹한 세금을 징수하여 공자로부터 질책을 받은 사람이다.

이런 사람들을 공자는 '장무중臧武仲 같은 지혜와 맹공작孟公綽의 욕심내지 않음과 변장자卞莊子의 용맹과 염구冉求의 재능에다가 예禮·악樂으로 겉꾸밈을 한다면, 또한 [지극한 것은 아니더라도] 성인成人이라 할 수 있다.'고 했다. 네 사람에 관한 기록을 보면, 지智·인仁·용勇·예藝 한 가지를 각각 갖춘 성인成人이라고 할 수 있을지 의심이 되지만, 이들에 대한 다른 기록을 알 수 없으니 뭐라고 말할 수 없다.

다음은 달達에 대한 공자의 말이다.

자장子張이 "선비가 어떠해야 달達이라 이를 수 있습니까?" 하고 물으니, 공자가 "무엇이냐, 네가 말하는 달達이란 것이?", 자장子張이 대답하기를 "나라에 있어도 반드시 소문所聞이 나고, 집에 있어도 반드시 소문이 나는 것입니다." 라고 했다. 공자가 "이는 문聞이지 달達이 아니다. 대범 달達이라 하는 것은, 바탕이 곧고 의義를 좋아하며, [남의] 말을 살피고 낯빛을 관찰하며, 사려思慮

있게 몸을 낮추는 것이니, 나라에 있어도 반드시 달達하고 집에 있어도 반드시 달達한다. 대범 문聞이라 하는 것은, 낯빛은 인仁을 취하지만 행실은 어긋나고, 머물고 있으면서도 의심하지 아니하니, 나라에 있어도 반드시 소문이 나고 집에 있어도 반드시 소문이 난다."라고 했다. 子張 問 士何如 斯可謂之達矣 子曰 何哉 爾所謂達者 子張 對曰 在邦必聞 在家必聞 子曰 是 聞也 非達也 夫達也者 質直而好義 察言而觀色 慮以下人 在邦必達 在家必達 夫聞也者 色取仁而行違 居之不疑 在邦必聞 在家必聞 〈안연顔淵〉20

＊ 흔히 말하는 달인達人은 학문이나 재주가 뛰어나거나 사물의 이치에 해박한 사람을 두고 이른 말인데, 여기서의 달達은 덕德을 닦아 사려思慮 깊게 행동하여 막힘이 없이 통하는 것을 의미한다. 자장子張의 달達에 관한 질문에 공자가 그의 질문 의도를 먼저 확인한 다음, 내면을 닦아서 이룬 달達과 겉만을 꾸며 얻은 문聞을 구별해서 설명해 준 것은 자장子張이 문聞과 달達을 오해하고 있었기 때문이다.

달達과 문聞의 차이를 보면, 달達은 마음속에서 충忠과 신信을 위주爲主로 하고, 겉으로 행하는 바가 마땅함[의義]에 합하며, 대상[물物]을 대하면 살피고 겸손으로 스스로 기르니, 모두 내면을 스스로 닦고 남이 알아주는 일은 구하지 않는다. 그러나 덕德이 자기 몸에서 닦아져서 남들이 믿으니 행하는 바가 저절로 막힘이 없다.

반면에 문聞은 낯빛을 좋게 해서 인仁을 취하지만, 행실은 어긋나고 또 스스로 옳다고 여기고 꺼리는 바가 없다. 이는 실제에 힘쓰지 않고 이름을 구하는 것에만 오직 힘쓰므로, 헛된 명예는 비록 높지만 실제로 덕德은 병이 든 것이다.

두 번째 군자의 이상

이처럼 문^聞과 달^達은 서로 비슷한 것 같지만 같지 않으니, 바로 위선^{僞善}과 성실^{誠實}의 차이다. 그래서 군자가 삼가야 할 것은 실제에 힘쓰지 아니하고 외면에 힘써서 헛된 명예나 이익을 탐하는 문^聞이다. 이는 공자 시대의 자장^{子張}에게만 해당하는 것이 아니다. 요즘에도 덕^德을 닦아 실제에 힘써서 달^達하기를 바라기보다, 얼굴빛은 인^仁을 취하지만 행실은 어긋나 실제에 힘쓰지 않고 이름나기만 구하여 헛된 명예나 이익을 탐하는 자들이 많다. 그런데 그들에게는 이런 이야기가 귀에 들어갈 것 같지는 않다.

자장^{子張}이 이번에는 행^行에 관해 물었다.

자장^{子張}이 행^行에 관해서 묻자, 공자가 "말[언^言]이 충신^{忠信}하고 행실^{行實}이 독경^{篤敬}하면, 비록 만^蠻[남방 오랑캐]·맥^貊[북방 오랑캐]의 나라일지라도 행^行할 수 있지만, 말이 충신^{忠信}하지 않고, 행실이 독경^{篤敬}하지 않으면, 비록 주^州[고을]·리^里[마을]일지라도 행할 수 있겠느냐? 서 있으면 그것[충신^{忠信}과 독경^{篤敬}]이 앞에 참여함을 볼 수 있고, 수레에 있으면 그것이 멍에에 기대고 있음을 볼 수 있어야 하니 이처럼 한 뒤에라야 행^行할 수 있는 것이다."라고 했다. 자장^{子張}이 [이 말을] 띠에다 썼다. 子張 問行 子曰 言忠信 行篤敬 雖蠻貊之邦 行矣 言不忠信 行不篤敬 雖州里 行乎哉 立則見其參於前 也 在輿則見其倚於衡也 夫然後 行 子張 書諸紳 〈위령공^{衛靈公}〉5

* 행^行은 뜻이 베풀어지고 행한다는 시행^{施行}이다. 충신^{忠信}은 충실^{忠實}하고 신실^{信實}함이며, 독경^{篤敬}은 독실^{篤實}하고 공경^{恭敬}함이다. 어떤 이는 참^參을 참여^{參與}가 아니라, 소 등에 씌우는 멍에[참^驂]로 보고, 수레에 서 있으면 앞에 있는 멍에를 보고, 앉아 있으면 [수레가] 횡목^{橫木}에 의지해 있음을 본다

고 해서 멍에와 횡목이 말과 수레를 연결해서 함께 나아가는 것처럼 사람도 충신忠信과 독경篤敬이 그러해야 뜻을 행行할 수 있다고 했다.

어찌 되었든 간에 이 장章은 뜻을 행行하려면, 널리 배워 뜻을 독실하게 하는 박학독실博學篤實과 절실하게 물어 생각을 도道에 가깝게 하는 절문근사切問近思를 하여, 말은 충신忠信하고 행실行實은 독경篤敬하는 언신행경言信行敬을 한순간도 이에서 떠나지 않아야 뜻을 행行할 수 있다고 했으니, 핵심어는 마음을 닦는 충신忠信과 독경篤敬이다.

군자는 말이 충신忠信하고 행실이 독경篤敬해야 뜻을 행行할 수 있으니, 자기 몸을 닦아서 백성을 편안하게 해서 평천하平天下를 이루는 것이 유가儒家의 최고의 목표目標요 이상理想이다. 그러니 위정자爲政者가 설령 유가儒家가 아닐지라도 국민을 편 갈라서 불안하게 하지 말고, 국민이 편안히 지낼 수 있도록 이 말을 꼭 기억하고 실천했으면 좋겠다.

자장子張은 또 밝음[명明]에 대해서도 공자에게 물었다.

> 자장子張이 명明을 물으니, 공자가 "차츰차츰 스며드는 참소와 피부로 받는 하소연이 [자기한테서] 행해지지 않는다면 밝다고 이를 만하다. 차츰차츰 스며드는 참소와 피부로 받는 하소연이 행해지지 않는다면 멀다고 이를 만하다."라고 했다. 子張 問明 子曰 浸潤之譖 膚受之愬 不行焉 可謂明也已矣 浸潤之譖 膚受之愬 不行焉 可謂遠也已矣 〈안연顏淵〉6

＊ 자장子張이 명明에 관해 물었는데, 공자는 참譖과 소愬로 설명해 주었다. 남의 행실을 훼방毁謗하는 참譖은 듣는 자도 모르게 서서히 젖어 드는 것이고, 원통冤痛을 하소연하는 소愬는 듣는 자가 피부로 갑자기 받는 것이다.

　　　　　　　　　　　　　　　　　두 번째 군자의 이상

그런데 이런 것이 자기에게 行^행해지지 않도록 하는 것이 밝음이고 멂이다. 왜냐하면, 참소는 물이 스며들 듯이 하니 사람이 밝지 못하면 쉽게 알아차리지 못할 것이고, 하소연은 몸에 갑자기 절박하게 다가오는 것이므로 이해利害가 절박하게 行^행해져서 앞뒤 가리지 않고 반응하기 쉽기 때문이다. 그래서 이런 것들이 행해지지 않는 사람을 밝다[명明]고 하고, 또 멀리[원遠] 내다본다고 하는 것이니, 멂을 보는 것은 밝음의 지극함이다. 요즘에 이런 무고[참讒]와 하소연[소愬]을 밝게 분별할 수 있는 위정자爲政者가 과연 얼마나 될까? 오히려 이런 참소讒愬를 위정자爲政者가 소인배小人輩들을 시켜서 조장助長하고 있지는 않은지 심히 염려스러운 세상이다.

다음은 군자가 덕을 높이고 미혹迷惑을 분변分辨하는 숭덕변혹崇德辨惑에 관해서 자장子張이 공자에게 물었다.

자장子張이 덕을 높임[숭덕崇德]과 혼미하여 의혹함[미혹迷惑]을 분변分辨하는 것을 물으니, 공자가 "충신忠信을 위주로 하고 의義에 옮겨서 덕德을 높이는 것이다. 사랑함은 살기를 바라는 것이고 미워함은 죽기를 바라는 것이니, 이미 살기를 바라고 또 죽기를 바라는 것은 미혹迷惑이다. 진실로 부유富裕하지도 못하고 또한 다만 괴이怪異할 뿐이다."라고 했다. 子張 問崇德辨惑 子曰 主忠信 徙義崇德也 愛之 欲其生 惡之 欲其死 旣欲其生 又欲其死 是惑也 誠不以富 亦祇以異 〈안연顔淵〉10

* '주충신主忠信'의 충신忠信에서 충忠은 충실忠實함이고, 신信은 신실信實함이다. 덕德을 높이고 미혹을 분변하지[숭덕변혹崇德辨惑] 못하는 것은 앞 장章 〈안연顔淵〉6에서 말한 것처럼 사람이 밝지 못해서 그런 것이다. 충신忠信을 위

주로 하면 근본이 서고, 의義에 옮기면 날로 새로워지므로 덕德을 높이는 숭덕崇德이 된다. 사랑과 미움은 사람이면 누구나 가지고 있는 일상의 정情이고, 삶과 죽음은 천명天命인데 일상日常의 인정人情으로 천명天命을 바라는 것이 모순이므로 미혹迷惑이 된다.

정자程子는 『시경詩經』의 시詩를 인용한 '성부이부 역지이이誠不以富 亦祇以異' 구절은 착간錯簡이다. 〈계씨季氏〉12에 "제경공齊景公이 유마천사有馬千駟를 소유하였으나 죽는 날에 사람들이 그 덕德을 칭송함이 없었고, 백이伯夷 숙제叔齊는 수양산首陽山 아래서 굶주렸으나 사람들이 지금에 이르도록 칭송했다. 그것이 이를 이름인저. 齊景公 有馬千駟 死之日 民無德而稱焉 伯夷叔齊 餓於首陽之下 民到于今稱之 其斯之謂與"라는 구절이 '진실로 부유하지도 못하고 다만 괴이怪異한' 내용이므로 이 장章 앞에 와야 한다고 했다.

번지樊遲가 공자를 따라서 무우산舞雩山엘 간 적이 있는데 거기서 자장子張과 비슷한 '숭덕수특변혹崇德修慝辨惑'을 물었다.

> 번지樊遲가 [공자를 따라] 무우舞雩 아래에 가서 놀았는데, "덕德을 높이고 간특奸慝함을 닦으며 미혹迷惑을 분변分辨하는 것을 감히 묻습니다."라고 하니, 공자가 "좋구나, 질문이여. 일을 먼저하고 얻음을 뒤에 함이 덕德을 높이는 것이 아니겠냐? 자기 악惡을 다스리고 남의 악惡을 다스리지 않음이 간특함을 다스리는 것이 아니겠는가? 하루아침의 분노로 자기를 잊어서 [그 분노가] 부모에게 미치게 하는 것이 미혹이 아니겠는가?"라고 했다. 樊遲從遊於舞雩之下 曰 敢問崇德修慝辨惑 子曰 善哉 問 先事後得 非崇德與 攻其惡 無攻人之惡 非修慝與 一朝之忿 忘其身 以及其親 非惑與 〈안연顏淵〉21

두 번째 군자의 이상

    * 특慝의 글자 구성構成이 '숨길 익匿' 아래 '마음 심心'으로 되어 있으니, 악慝이 마음에 숨어 있는 것이고, 수修는 다스려 제거함이다. 앞의 〈안연顔淵〉10에서 자장子張이 물은 '덕德을 높이고 미혹을 분변함[숭덕변혹崇德辨惑]'과 이 장章에서 번지樊遲가 물은 '덕德을 높이고 간특함을 닦으며 미혹을 분변함[숭덕수특변혹崇德修慝辨惑]'에 대해서 공자의 설명이 다른 것은 그들의 단점이 달라서 그렇다. 자장子張은 사리분별事理分別에 밝지 못한 점이 단점이라면, 번지樊遲는 거칠어서 쉽게 화를 내고 이욕利慾에 어두운 점이 단점이다. 군자는 자신의 단점을 스스로 살펴서 고치는 것이니, 군자의 삶이란 끝없이 자기성찰自己省察을 통해서 사심邪心을 누르고 도심道心을 회복해야 한다. 이런 삶을 목표로 하여 노력하는 군자가 많을수록 우리 사회는 지금처럼 물질에 예속隸屬되어 혼탁하지 않을 것이다.

    그렇다면 군자의 지조志操는 어떠해야 할까?

> 공자는 "삼군三軍의 장수를 빼앗을 수는 있어도 필부匹夫의 지조志操는 빼앗을 수 없다."라고 했다. 子曰 三軍 可奪帥也 匹夫 不可奪志也 〈자한子罕〉25

    * 삼군三軍을 이끄는 장수의 용맹이라도 남에게 있으니 빼앗을 수 있지만, 비록 필부의 지조志操라도 그것이 자기에게 있으니 빼앗을 수가 없다. 만약 빼앗을 수가 있다면 그것은 지조志操라고 할 수 없다. 요즘도 지조志操 지키기 위해 목숨과 바꾸는 사람들을 보면 저절로 머리가 숙어진다. 그렇지만 지조志操는커녕 어제 한 말을 버선목 뒤집듯 하고도 조금도 부끄러움이 없는 위정자를 보는 것은 아주 흔한 일이 되어 버렸으니 안타깝다.

이런 지조志操는 소나무나 잣나무의 모습에서 볼 수 있다.

> 공자는 "날이 추운 그런 뒤라야 소나무와 잣나무가 늦게 시드는 것을 알 수 있다."라고 했다. 子曰 歲寒然後 知松栢之後彫也 〈자한子罕〉27

* 새긴다는 조彫는 시든다는 조凋와 같은 의미로 쓰였다. 소인小人은 잘 다스려진 세상에서는 군자와 다름없지만, 오직 이해利害나 일의 변고變故를 만난 뒤에라야 군자가 지키는 바를 볼 수 있다. 이 장章을 볼 때마다 추사秋史 김정희金正喜 선생의 〈세한도歲寒圖〉가 생각난다. 추사秋史가 1840년 제주도에 유배되어 갖은 고초를 겪고 있을 적에, 통역관이던 제자 우선藕船 이상적李尙迪이 청淸나라에서 어렵게 구한 『경세문편經世文編』을 가져다드렸다. 이를 받은 추사가 감동하고 그동안 변함없이 자신을 보살펴준 그의 지조에, 『논어』의 "세한연후 지송백지후조야歲寒然後 知松栢之後凋也"라는 말이 생각나서 〈세한도歲寒圖〉를 그렸다고 하니, 추사秋史와 우선藕船 사제師弟 사이에 이루어진 교제가 많은 것을 시사示唆해 준다.

군자는 어떤 상황에서도 변함없이 떳떳한 마음[항심恒心]을 지녀야 한다.

> 공자는 "남방南方 사람들 말에 사람이 항심恒心이 없으면, 무당이나 의원醫員도 될 수 없다고 했는데 참 좋은 말이다."라고 했다. [『주역周易』 「항괘恒卦」 구삼九三 효사爻辭에] "그 덕德을 항상 변함없이 하지 않으면, 혹 부끄러움에 나아갈 수 있다."라고 했는데, 공자는 "[항심恒心 없는 짓을 한 것은] 점을 쳐보지 않았기 때문이다."라고 했다. 子曰 南人 有言曰 人而無恒 不可以作巫醫 善夫 不恒其德 或承之羞 子曰 不占而已矣 〈자로子路〉22

* 남인南人은 남방南方 사람이고, 항恒은 항상 오래 함이며, 무巫는 귀신鬼神과 교제交際하는 자者고, 의醫는 사람의 죽고 삶을 기탁寄託하는 자者다. 이들이 비록 비천卑賤한 일은 하지만, 더욱 항심恒心이 없어서는 안 되니, 공자가 그 말을 들어 좋게 여긴 것이다. 승承은 나아간다[진進]이니 승지수承之羞는 부끄러움을 취取한다는 뜻이다.

　부점이이의不占而已矣 앞에 다시 '자왈子曰'로 시작한 것은 공자의 언급을 『주역周易』의 글과 구별하기 위해서 그런 것 같은데, 이유는 자세하지 않다. 공자가 항심恒心 없는 짓을 하는 것은 또한 점占을 쳐 보지 않았기 때문이라고 한 것은 군자가 『주역周易』에 나오는 그 점괘를 음미해 보면 항심 없는 것이 부끄러움이 됨을 알 수 있기 때문이다.

　『맹자孟子』도 「양혜왕梁惠王」 장章 상上7에서 "항산恒産이 없어도 항심恒心이 있는 것은 오로지 선비라야 할 수 있다. 無恒産而有恒心者 惟士爲能"라고 했다. 이는 군자가 목숨을 걸고 항심恒心을 지키기란 결코 쉬운 일이 아니지만, 비천한 무당이나 의원도 항심恒心을 가져야 자기 일을 제대로 할 수 있어서 그렇게 말한 것이다. 그렇지만 요즘처럼 마음이 조변석개朝變夕改하는 일을 항다반사恒茶飯事로 하는 세상에서 항심恒心을 거론한다는 것이 물색 모르는 짓이란 생각도 든다.

　다음은 군자가 어떻게 해야 호학지사好學之士의 인품을 갖출 수 있는지 자하子夏의 언급이다.

> 자하子夏는 "날마다 없는 바를 알고 달마다 능한 바를 잊지 않으면, 배우는 것을 좋아한다고 이를 만하다."라고 했다. 子夏曰 日知其所亡 月無忘其所能 可謂好學也已矣 〈자장子張〉5

* 무ᵂ는 없음[무無]이니 자기에게 있지 않음이다. 이 장章은 자기에게 없는 바를 알아서 새롭게 하고 자신이 능한 것을 잊지 않은 자라야 배우는 것을 좋아한다고 할 수 있다고 한 것이다.

처신處身과 태도態度

지금까지 군자의 덕목德目과 인품人品을 주로 살폈는데, 이제 이러한 덕목과 인품을 갖춘 군자가 남을 대할 때 어떻게 처신과 태도를 유지해야 하는지 공자의 언급을 보자.

다음은 공자가 군자는 중후重厚하여 위엄威嚴이 있어야 한다고 했다.

> 공자는 "군자가 중후하지 않으면 위엄이 없으니 배움도 견고하지 못하다. 충실忠實함과 신실信實함을 주인 삼아 자기만 못한 자를 벗 삼으려 하지 말고, 허물이 있으면 고치기를 꺼려 말아야 한다."라고 했다. 子曰 君子 不重則 不威 學則不固 主忠信 無友不如己者 過則勿憚改 〈학이學而〉8

* 중重은 두텁고 무거움이고, 위威는 위엄威嚴이며, 고固는 견고함이다. 무우無友의 무無는 무毋와 통하니 금지사禁止辭고, 우友는 인仁을 돕는 것이니, 자기만 못하면 유익함이 없고 손해만 있다는 뜻이다. 물탄勿憚의 물勿도 금지사禁止辭이고, 탄憚은 두려워서 꺼린다는 뜻이다.

군자가 중후重厚하지 않으면 위엄이 없다는 말은 사람이 겉으로 드러난 것을 두고 이른 말이지만, 겉으로 드러난 언행言行에 중후함이 없다는 것이

두 번째 군자의 이상

지 몸무게 같은 외모外貌를 두고 이른 말은 아니다. 언행이 중후하지 못해서 위엄이 없는 사람은 배워도 배움 그 자체가 견고하지 않다는 의미다.

어떤 이는 '학즉불고學則不固'를 배우면 고집스러워지지 않는다고 말하기도 한다. 이는 '고固'를 고집固執으로 보고, 언행이 중후하지 않아 위엄이 없는 사람이라도 충실忠實함과 신실信實함을 주인 삼아서 배우면 고집스러워지지 않는다고 하여 배움을 강조한 것이다. 그렇지만 이것은 중후하지 못해 위엄이 없으면 고집스럽다는 것이 전제된 것이므로 논리적으로는 설득력이 부족한 듯하다. 또 어떤 이는 학學 뒤에 토를 '학[이라도] 즉불고 學 則不固'라고 하여, 중후하지 않으면 위엄이 없어서 배우더라도 그 내면內面[마음]이 견고하지 못하다고 한다. 이런 해석들은 모두 학學과 고固에 대한 인식의 차이에서 비롯된 것이다.

주충신主忠信은 사람에게 충忠과 신信이 없다면 나의 밖에 어떤 존재도 있을 수 없으니 충忠과 신信을 주인으로 삼아야 한다는 의미다. 충忠은 바로 사람의 마음속에 있는 충실함이고, 신信은 자기의 말을 남이 믿게 하는 것이다. '충忠과 신信을 주인으로 삼고, 자기만 못한 자와는 벗하지 말며, 허물이 있으면 고치기를 꺼려 말라. 主忠信 無友不如己者 過則勿憚改' 이 구절만 〈자한子罕〉24에 중복해서 나오는데, '무無' 자字가 '무毋' 자字로 되어 있고 나머지 반은 빠졌다.

그런데 '무우불여기자無友不如己者' 이 구절은 어른들한테서 '너만 못한 놈과 사귀지 말라.'는 속언俗諺으로 흔하게 들었던 말이다. 공자는 인仁을 실천하는 데 도움이 되지 않는 자를 두고, '자기만 못한 자와 벗하지 말라'고 하여 배우는 자들에게 상향지심上向之心을 가지라고 한 말이다. 그렇지만 속언으로만 들은 사람은 '나보다 나은 사람은 나와 사귀고 싶을까.' 하는 반발심이 생기기도 한다. 또 사람을 가려서 사귀라는 말로 이해하거나, 사람을 차별해서 상대하라는 말로 확대해석하기도 한다. 시속^{時俗}에서는 나보다 잘난 사람과 못난 사람의 구별이 지극히 주관적^{主觀的}이거나, 아니면 흔한 말로 공부 잘하거나 출셋길로 잘 나가는 사람과 그렇지 못한 사람으로 구별하기도 한다. 그런데 '자기만 못한 자와 벗하지 말라.'는 구절은 자기보다 못한 사람이라고 해도, 그 사람 전체를 살피면 나보다 나은 점이 있으니, 그 점을 벗으로 사귄다면 사람을 가려서 사귈 것도 없고, 자기만 못한 사람을 사귀지 말라는 공자의 말씀도 실천하는 것이 된다.

앞 장^章 끝 구절에 '허물이 있으면 고치기를 꺼려 말라.'고 했지만, 다음은 군자가 허물을 대하는 태도에 관한 공자의 언급이다.

> 공자는 "허물이 있어도 고치지 않는 것, 이것을 허물이라 이른다."라고 했다. 子曰 過而不改 是謂過矣 〈위령공^{衛靈公}〉**29**

＊허물이 있으나 고칠 수 있으면, 그 허물이 없는 것이 된다. 그런데 허물을 고치지 않으면, 그 허물이 마침내 굳어져서 장차 고칠 수 없게 될 것이다. 그런데 사람들은 자기 허물을 인정하려고 하지 않을 뿐만 아니라, 설령 남들이 허물이라고 지적해도 이를 고칠 생각이 추호도 없는 세상이니 참으로 딱하다.

공자는 군자가 처신하는데 독선적인 태도를 지양하고 오직 의^義를 따라야 한다고 했다.

> 공자는 "군자는 천하^{天下}의 일에 혼자만 오롯이 주장하는 것도 없고, 수긍하

두 번째 군자의 이상

지 않음도 없다. 오직 의義를 따를 뿐이다."라고 했다. 子曰 君子之於天下
也 無適也 無莫也 義之與比 〈이인里人〉**10**

 * '의지여비義之與比'의 비比는 따른다는 뜻이다. 불가佛家나 도가道家에서는
마음의 집착執着을 금禁하여 어느 한 곳에 마음이 머무는 바가 없어야 변화에
응할 수 있다고 했다. 유가儒家에서 자기 가치관에 따라 가可함도 없고 불가
不可함도 없다고 한 것도 어찌 보면 노老 · 불佛에서 말하는, 마음에 집착執着하
지 않는다는 것과 유사하다는 생각이 든다. 다만 유가儒家에서는 그 사이에
오직 의義가 존재해서 그에 따라 행하므로 치우치는 바가 없다고 했다. 의義
는 천리天理에 순응順應하는 것이지만, 내 마음의 의義가 상대의 마음에는 반
드시 의義가 아닐 수도 있다. 이것은 마음이 얼마나 도심道心으로 채워졌는가
의 문제다. 그러니 범인凡人이라면 꾸준히 수신修身을 통해서 도심道心을 길러
사심邪心에 흔들리지 않아야 의義에 따라 행동할 수 있다.

  군자는 어떤 삶의 태도를 지녀야 할까? 공자는 널리 글을 배우고 예禮
로 자신을 옭아매야 한다고 했는데, 이 내용은 앞에서 예禮가 무엇인가를
언급한 〈옹아雍也〉**25**와 〈안연顏淵〉**15**에 나와 있다. 여기서는 독자의 기억을 위
해서 〈옹아雍也〉**25** 본문만 제시해 둔다.

 공자는 "[군자가] 문文에서 널리 배우고 예禮로 [자신을] 옭아매면 또한 [도道
에] 어긋나지 않을 것이다."라고 했다. 子曰 博學於文 約之以禮 亦可以弗
畔矣夫 〈옹아雍也〉**25**

  다음은 군자가 위정자로서 행하는 처신이다.

공자는 "윗자리에 있으면서 너그럽지 못하고, 예禮를 행하면서 공경하지 않으며, 상사喪事에 임하여 슬퍼하지 않는 사람이라면 내가 무엇으로 그 사람됨을 관찰하겠는가?"라고 했다. 子曰 居上不寬 爲禮不敬 臨喪不哀 吾何以觀之哉 〈팔일八佾〉**26**

* 위정자爲政者가 너그러움이 없고, 예禮를 행할 때 공경恭敬하는 마음이 없으며, 상사喪事에 임해서 슬픔으로 근본 삼지 않는다면 이렇게 처신處身하는 사람을 어찌 군자라고 할 수 있겠는가? 위정자들이 꼭 기억해 두어야 할 처신은 윗자리에 있을 때 너그러움[관寬]과 예禮를 행할 때 공경恭敬 그리고 상사喪事에 임해서 슬퍼함[애哀]이다.

다음은 군자가 성실함에 한결같아서 남의 실정實情과 거짓에 대해 스스로 먼저 깨달아야 어짊이 된다고 했다.

공자는 "남이 나를 속일 것이라고 미리 넘겨짚지 않고, 남이 나를 믿지 않을 것이라고 억측臆測하지 않아야 하지만, 또한 먼저 깨닫는 것이 현명함이다."라고 했다. 子曰 不逆詐 不億不信 抑亦先覺者 是賢乎 〈헌문憲問〉**33**

* 역逆은 일이 아직 이르지 않았는데 미리 짐작하는 것이고, 사詐는 남이 자기를 속이는 것이다. 억億은 억臆과 통용되는데 보지 않고 미리 생각하는 것이고, 불신不信은 남이 자기를 의심하는 것이다. 억抑은 앞에 한 말을 누르는 반어사反語辭다.

비록 미리 짐작[역탐逆探]하지 않고 억측臆測하지 않지만, 남의 실정實情과 거짓에 대해 스스로 먼저 깨달아야 바로 어짊이 된다. 군자가 성실誠實에 한

결같은 것은 성실하면서 밝지 않은 자가 없기 때문이다. 비록 남이 자기를 속일까 미리 짐작하지 않고, 남이 나를 불신할까 억측하지 않지만, 성실하면 항상 먼저 깨닫게 된다. 만약 그렇게 하지 않고 있다가 마침내 소인_{小人}에게 속게 되면 이 또한 볼 것이 없다.

다음도 군자의 처신에 대해서 공자의 언급이다.

> 공자는 "바르게 타이르는 말을 따르지 않을 수 있겠는가? [자기 잘못을] 고치는 것이 귀한 것이다. 완곡하게 해주는 말을 기뻐하지 않을 수 있겠는가? 실마리를 찾는 것이 중요하다. 기뻐하기만 하고 실마리를 찾지 아니하고, 따르기만 하고 고치지 않으면, 나도 그런 사람은 어찌할 수가 없다."라고 했다. 子曰 法語之言 能無從乎 改之爲貴 巽與之言 能無說乎 繹之爲貴 說而不繹 從而不改 吾末如之何也已矣 〈자한_{子罕}〉**23**

　＊법어지언^{法語之言}은 바르게 말해주는 말이고, 손여지언^{巽與之言}은 완곡하게 인도해주는 말이다. 역^繹은 실마리를 찾음이다. '오말여지하야이의^{吾末如之何也已矣}'에서 말^末은 없음이고, 여지하^{如之何}는 어찌함이며, 야이의^{也已矣}는 복합 어조사로, 이 말은 나도 그 같은 사람을 어찌할 수가 없을 따름이라는 뜻이다. 법언^{法言}은 사람이 공경하고 꺼리는 것이므로 반드시 따르지만, 잘못을 고치지 않으면 겉으로만 따를 뿐이다. 손언^{巽言}은 마음에 어그러지고[괴^乖] 거슬리는[오^忤] 것이 없으므로 반드시 기뻐하지만, 실마리를 찾지 않으면 또한 그 은미^{隱微}한 뜻이 있는 곳을 아는데 부족하다.

　법언^{法言}은 맹자^{孟子}가 〈양혜왕^{梁惠王}〉 하^下에서 왕이 왕도^{王道}에 대해 들을 수 있겠냐는 요청에 문왕^{文王}의 사례를 들어 왕도정치^{王道政治}를 시행할 것을

말하고 결론적으로 '정책을 펴서 인^仁을 베풀어라. ^{發政施仁}'고 한 말 같은 것이고, 손언^{巽言}은 왕이 재물^{財物}을 좋아하고 여색^{女色} 좋아한다는 말에 맹자^{孟子}가 『시경^{詩經}』의 시^詩를 인용한 뒤에 호화^{好貨}든 호색^{好色}이든 '백성과 함께하라. ^{與百姓同之}'는 말과 같은 것이라 했다. 이런 법언^{法言}이나 손언^{巽言}을 말해주었는데도 통달하지 못하고 거절하여 받아들이지 않은 것은 오히려 괜찮다. 그렇지만 혹 그것을 깨달았으면 잘못을 고치고, 또 은미^{隱微}한 뜻 찾기를 기대하는 것이 인지상정^{人之常情}이다. 그런데 그 말을 따르고 기뻐하면서도 잘못을 고치거나 은미^{隱微}한 뜻을 찾지 않는다면, 이런 사람은 말해준 것을 마침내 이룰 수가 없으니, 공자도 어떻게 할 수 없다고 말한 것이다. 이처럼 공자마저 포기할 정도라면 매우 심각한 사람인데, 이런 부류의 사람이 오늘날에도 아주 많으니 답답할 뿐이다.

다음은 공자가 자천^{子賤}을 군자라고 인정했는데, 자천^{子賤}이 군자가 된 것은 그 주변에 군자가 많았기 때문이다.

> 공자는 자천^{子賤}을 이르되, "군자답구나, 이 사람이여. 노^魯나라에 군자가 없었다면 이 사람이 어디서 이 덕^德을 취했겠는가."라고 했다. 子謂子賤 君子哉 若人 魯無君子者 斯焉取斯 〈공야장^{公冶長}〉2

＊ 자천^{子賤}은 공자 제자로 성이 복^宓이고, 이름은 부제^{不齊}다. 사언치사^{斯焉取斯}에서 앞의 사^斯는 이 사람 곧 자천^{子賤}이고, 뒤의 사^斯는 이러한 덕^德을 가리킨다. 자천^{子賤}은 대개 주위의 어진 이를 높이고 훌륭한 벗을 취하여 덕^德을 이룬 사람이다. 그러므로 공자가 이 사람이 어디에서 덕^德을 취해서 이루었겠냐고 말한 것이니, 이로 보면 노^魯나라에는 군자가 많았음을 알 수 있다.

아래와 같은 공자의 말을 실천한 사람이 바로 자천子賤이 아닐까 한다.

> 공자는 "어진 이를 보면 그와 나란히 되기를 생각하고, 어질지 못한 이를 보면 안으로 자신을 반성한다."라고 했다. 子曰 見賢思齊焉 見不賢而內自省也 〈이인里仁〉17

＊ 어진 사람이나, 어질지 못한 사람을 본다는 것은 어질다거나 어질지 못한 그 행실을 본다는 의미다. 군자君子는 저 홀로 되는 것이 아니라, 군자가 될 수 있는 환경에서 나오는 것이다. 군자는 좋아하되 유익한 것과 손해가 되는 것을 구별해야 하고, 남의 선善과 악惡이 자신의 그것과 똑같지 않음을 보고서 스스로 되돌아보는 사람이라면, 남의 선善을 부러워만 한다거나 남의 악惡을 꾸짖기만 하지 않을 것이다.

그러나 요즘 세상은 자라나는 세대들이 본받고 싶을 어른들이 그리 많지 않다. 특히 사회관계망 서비스[SNS]에서는 익명이 보장되는 것을 빙자하여 남의 잘못을 확인하지도 않고 들춰내고, 그것으로 자신은 정직한 양으스대는 꼴을 그리 어렵지 않게 본다. 특히 위정자爲政者들을 보면 더욱 그렇다. 자신의 자리나 집단의 이익을 위해서라면 못 할 짓이 없는 소인배들로 득실거리는 세상이다. 이런 사람들의 처신을 보고 배울 다음 세대들을 생각하면, 나라의 앞날이 심히 걱정스럽기도 하다.

공자는 정鄭나라 대부大夫 자산子産을 두고서 그가 처신한 도道를 네 가지로 칭찬한 바 있는데, 이를 보면 위정자爲政者의 처신處身이 어떠해야 하는지 알 수 있다.

공자가 자산子産을 이르기를 "군자의 도道는 네 가지가 있는데 자기 행실에 공손하고, 윗사람을 섬길 때 공경하며, 백성을 양육함에 은혜로 하고, 백성을 부릴 때 의롭게 했다."라고 했다. 子謂子産 有君子之道 四焉 其行己 也恭 其事上也敬 其養民也惠 其使民也義 〈공야장公冶長〉**15**

  * 자산子産은 정鄭나라 대부大夫 공손교公孫僑다. 그는 지위地位를 가진 군자로서 비록 지극하지 못한 바가 있었지만, 군자의 도道 네 가지 공恭 · 경敬 · 혜惠 · 의義를 공자가 하나씩 열거하여 일컬은 것은 결국 그를 칭찬한 것이다. 공恭은 겸손謙遜이고, 경敬은 삼감이며, 혜惠는 사랑하고 이롭게 하는 것이고 의義는 백성을 부릴 때 사심私心 없는 떳떳함이다.

  공자는 계속해서 위정자爲政者가 갖추어야 할 처신處身을 말한다.

공자는 "지혜智惠가 거기에 미치더라도 인仁이 그것을 지킬 수 없으면, 비록 얻더라도 반드시 잃는다. 지혜가 미치고, 인仁이 그것을 지킬 수 있더라도 장엄莊嚴으로 백성에게 다가가지 않으면, 백성들이 그를 공경恭敬하지 않는다. 지혜가 거기에 미치고, 인仁이 그것을 지킬 수 있으며, 장엄으로 백성에게 다가가더라도 [백성을] 흥동興動시킴을 예禮로써 아니하면 선善하지 못하다."라고 했다. 子曰 知及之 仁不能守之 雖得之 必失之 知及之 仁能守之 不莊以涖之 則民不敬 知及之 仁能守之 莊以莅之 動之不以禮 未善也 〈위령공衛靈公〉**32**

  * 지혜智慧가 이치를 아는 데 충분하지만, 사욕私慾이 끼어들면 그것을 자기 몸에 지킬 수 없다. 그것은 사욕이 끼어들면 사람이 인仁하지 못해서다.

장이위지莊以涖之에서 위涖는 백성에게 다가감이다. 이치를 알고 사욕이 끼어들지 못하도록 하면, 지혜가 자기에게 있으므로 잃지 않을 것이다. 그러나 장엄하지 못하면 기질과 습관의 편벽됨이 혹 내면에는 후厚하지만, 외모가 엄숙하지 않아서 백성들이 두려워할 만함을 보지 못해 공경하지 않는다. 동지불이례動之不以禮에서 동動은 백성이 분발하도록 고무鼓舞하는 것이니, 이것을 예禮로써 하지 못하는 것은 기품氣稟과 학문學問의 작은 허물이므로 진선盡善의 도道가 아니다. 그러므로 공자는 지위를 가진 군자의 덕목으로 지智 · 인仁 · 장莊 · 예禮를 들고, 그것을 사리事理의 흐름에 따라서 낱낱이 말하여, 덕德이 더욱 온전하면 책임責任도 더욱 갖추어질 것이니, 대수롭지 않은 일이라고 여기고 소홀히 해서는 안 된다는 처신을 알게 한 것이다.

그런데 군자라고 해서 다 군자가 아닌 모양이다. 공자는 군자라고 해도 함께할 수 없는 존재가 있어 단계가 있다고 했다.

> 공자는 "더불어 배울 수는 있어도 더불어 도道에 나아갈 수 없고, 더불어 도道에 나아갈 수는 있어도 더불어 설 수 없으며, 더불어 설 수는 있어도 더불어 권도權道를 할 수 없다."라고 했다. 子曰 可與共學 未可與適道 可與適道 未可與立 可與立 未可與權 〈자한子罕〉**29**

* 가여可與는 더불어 일을 할 만함이다. 정자程子는 '더불어 배운다. 與共學'는 구할 바를 아는 것이고, '더불어 도道에 나아간다. 與適道'는 나아갈 바를 아는 것이며, '더불어 선다. 與立'는 뜻을 독실하게 하고 굳게 지켜서 변하지 않는 것이다. 그리고 권權은 저울추를 말하는데 물건을 저울질함으로써 경중輕重을 아는 것처럼, '더불어 권도權道를 행한다. 與權'는 경중輕重을 저울질하

여 의義에 합하게 할 수 있다는 것이다.

　권도權道는 목적을 달성하기 위해서 상황에 따라 판단하는 도道이고, 경도經道는 떳떳한 도道 즉 상도常道라 하여 항상 변하지 않는 도道다. 그러므로 권도權道의 판단 책임은 행한 자에게 있고, 그것의 옳고 그름은 뒷날 역사가 판단할 것이다. 따라서 더불어 설 수 있어도 더불어 권도權道를 할 수 없는 것은 의義에 합하는 판단을 해야 하기 때문이다. 그런데 역사 자체가 살아있는 것[활물活物]이므로 시대에 따라서 의義에 대한 판단이 달라질 수 있으니, 영구불변永久不變한 판단이란 있을 수 없다. 그렇지만 처한 상황에서 그 선택이 의義에 비추어 떳떳하다면 자신으로서는 최선을 다한 것이다.

　더불어 행할 수 없는 사람을 구별하여 그들에게 속지 않으려면 다음과 같이 해야 한다.

> 공자는 "그 하는 것을 보고 그 의도意圖를 살피며, 그 편안히 여김을 살펴본다면 사람들이 어떻게 [자기 속마음을] 숨길 수 있겠는가. 어떻게 [자기 속마음을] 숨길 수 있겠는가."라고 했다. 子曰 視其所以　觀其所由　察其所安 人焉廋哉 人焉廋哉 〈위정爲政〉10

　＊ 시기소이視其所以의 이以는 행함[위爲]이니 그 행함을 보는 것이다. 그리하여 선善을 행하는 자는 군자가 되고, 악惡을 행하는 자는 소인이 된다. 관기소유觀其所由의 관觀은 크고 넓게 살피는 것이고, 유由는 따름[종從]이다. 일[사事]은 비록 선善을 한다고 하더라도, 마음이 따르는 바가 선善하지 못하면 또한 군자가 될 수 없다. 어떤 이는 유由가 따름[종從]이 아니라, 행行함이라고 하여 그 하는 바를 실행하는 이유를 말한 것이라고도 한다. 찰기소안

察其所安의 찰察은 하나하나 자세히 살피는 것이고, 안安은 즐거워함이니, 말미암은 바가 비록 선善하지만, 마음에 즐거워하는 바가 이에 있지 않다면 또한 거짓이다. 그래서 오래 지나고 나면 변하지 않을 수 없으니 잘 살펴야 한다는 것이다. 사람들이 어떻게 자기 속마음을 숨길 수 있겠냐는 인언수재人焉廋哉를 거듭 말한 것은 속일 수 없음을 강조한 것이다.

정자程子는 자기에게 있는 것으로 남의 말을 알아듣고 궁리窮理한다면, 이것으로 남을 살피는 것을 성인聖人처럼 할 수 있다고 했다. 사물을 살핀다는 한자어漢字語는 시視와 관觀과 찰察이 있다. 이는 대상을 얼마나 자상하게 보느냐로 구분된다. 관觀은 크고 넓게 보는 것이고, 찰察은 구체적으로 자상하게 보는 것이니, 관찰觀察에서 전체를 보는 것이 관觀이고, 세미細微하게 살피는 것이 찰察이다. 그리고 시視는 일반적으로 보는 것이다.

자공子貢이 벗 사귐에 관해 물었을 때 공자는 이렇게 말했다.

> 자공子貢이 벗 사귐을 물으니 공자는 "충심으로써 말하고 잘 인도하되, 불가능하면 그만두어서 스스로 욕을 당하는 일이 없어야 한다."라고 했다. 子貢問友 子曰 忠告而善道之 不可則止 無自辱焉 〈안연顔淵〉**23**

* 선도지善道之의 도道는 인도할 도導와 통한다. 벗은 인仁을 서로 돕는 것이므로 벗에게 마음을 다해서 말해주고 말을 잘해서 인도引導하는 것이다. 그러나 벗은 의義로써 합해졌기 때문에 그것이 불가능하면 그치는 것이다. '듣기 좋은 꽃노래도 한두 번이다.'라는 말이 있듯이, 친구 사이에 좋은 충고도 너무 자주 하거나 각박하게 하면 오히려 사이가 멀어진다. 친구는 피를 나눈 형제가 아니라 의義로 맺어진 관계이므로 신信에 바탕을 두는 것이

다. 그러니 인도引導하는 일이 불가능하면 자제해야 한다. 충고를 번거롭게 하는 것은 친구의 가치관이나 이념을 인정하지 않고 자기의 가치관이나 신념을 친구에게 강요하는 것이어서 그렇다.

다음은 유익한 벗과 해로운 벗에 대한 공자의 언급이다.

> 공자는 "유익한 벗이 세 부류고, 해害되는 벗이 세 부류다. 벗이 곧고[직直], 벗이 신실信實하고, 벗이 들은 것이 많으면 유익하고, 벗이 겉치레에만 익숙하고, 벗이 아첨阿諂하기를 잘하며, 벗이 말만 잘하면 나에게 해害가 된다."라고 했다. 孔子曰 益者三友 損者三友 友直 友諒 友多聞 益矣 友便辟 友善柔 友便佞 損矣 〈계씨季氏〉4

* 편便은 익숙함이니, 편벽便辟은 겉치레[위의威儀]에만 익숙하고 곧지 못함이고, 선유善柔는 아첨하여 기쁘게 하는 데만 잘하고 성실하지 못하며, 편영便佞은 말에만 익숙하고 듣고 본 실제가 없음이다.

벗을 사귈 때 곧고 신실하며 들은 것이 많은 사람을 선택할지, 아니면 겉치레에나 익숙하고 아첨阿諂하기를 좋아하며 말만 잘하는 사람을 선택할지는 본인이 결정할 일이지만, 유유상종類類相從이란 말처럼 서로 마음이 통하는 사람과 사귀기 마련이다. 유익한 벗을 사귀어 인仁을 도움받는 것도 본인의 선택이고, 손해가 되는 벗을 사귀어 곤경에 처하는 것도 본인의 선택이다. 그러니 이런 선택을 팔자로 돌리거나 누구를 원망하고 탓할 것은 아니다. 벗 사귀는 일을 팔자라고 한다면, 이는 『논어』 읽은 사람의 태도가 아니다. 특히 요즘 세상에 가르치고 배워도 되지 않는 것은 자기애自己愛가 강해서 그런 것이다. 공자가 아무리 사람을 잘 살피라고 말했지만, 그것을

　　　　　　　　　　　　두 번째 군자의 이상

따르지 않은 것은 바로 이 때문이다.

다음은 좋아하는 것 중에 유익한 것과 손해가 되는 것을 공자가 언급한 것이다.

> 공자는 "유익한 것 세 가지 좋아함이 있고, 손해가 되는 것 세 가지 좋아함이 있다. 예禮·악樂으로 절제하기 좋아하고, 남의 선善을 말하기 좋아하고, 어진 벗이 많은 것을 좋아하면 유익하고, 교만을 즐기기 좋아하고, 편히 놀기 좋아하며, 향락 즐기기 좋아하면 손해가 된다."라고 했다. 孔子曰 益者 三樂 損者三樂 樂節禮樂 樂道人之善 樂多賢友 益矣 樂驕樂 樂佚遊 樂宴樂 損矣 〈계씨季氏〉5

 * 삼요三樂의 요樂는 좋아함이고, 예禮·악樂으로 절제하기 좋아한다는 요절예악樂節禮樂에서 절節은 제도制度[예禮]와 성용聲容[악樂]의 절도節度를 분변分辨하는 것이다. 그러니 예禮·악樂으로 절제節制한다는 것은 예禮는 딱딱하고 악樂은 부드러우니, 이 두 가지가 서로 조화를 이루도록 한다는 의미다. 남의 선善을 말하기 좋아한다는 요도인지선樂道人之善에서 도道는 말하는 것이고, 선善은 장점이다. 어진 벗이 많은 것을 좋아한다는 요다현우樂多賢友에서 현우賢友는 인仁을 행하는 데 도움이 되는 벗을 의미인데, 〈안연顔淵〉24에서 "군자는 문文으로 벗을 모으고, 벗으로 인仁을 돕는다. 君子 以文會友 以友輔仁"라는 구절이 이를 이해하는 데 참고가 된다.

반대로 교만을 즐기기 좋아한다는 요교락樂驕樂은 남 앞에서 잘난 척하기를 좋아한다는 것이고, 편히 놀기를 좋아한다는 요일유樂佚遊는 게으르다는 것이며, 잔치 즐기기를 좋아한다는 요연락樂宴樂은 잔치를 즐기되 한계를 넘어 빠져들어서 헤어나지 못함을 의미한다.

　이처럼 좋아함에 유익이 되는 것과 손해가 되는 것이 서로 반대되지만, 도심道心이 없는 속인俗人은 손해가 되는 것을 알면서도 이를 더 좋아하니, 이들에게 성현聖賢의 말씀을 들려주는 것은 '쇠귀에 경 읽기'다.

　다음은 자공子貢이 군자도 미워하는 자가 있는지를 공자에게 물은 내용이다.

> 자공子貢이 "군자도 미워함이 있습니까?"라고 하니, 공자는 "미워함이 있다. 남의 단점을 말하는 자를 미워하며, 아랫자리에 있으면서 윗사람을 비방하는 자를 미워하며, 용맹만 있고 예의가 없는 자를 미워하며, 과감하기만 하고 융통성이 없는 자를 미워한다."라고 했다. [공자는] "사賜야, 너도 미워함이 있느냐?"라고 하니 [자공子貢이] "[남의 일을] 살펴서 아는 척하는 자를 미워하고, 불손한 짓을 용맹으로 여기는 자를 미워하며, [남의 비밀을] 들춰내면서 정직하다고 여기는 자를 미워합니다."라고 했다. 子貢曰 君子亦有惡乎 子曰 有惡 惡稱人之惡者 惡居下流而訕上者 惡勇而無禮者 惡果敢而窒者 曰 賜也亦有惡乎 惡徼以爲知者 惡不孫以爲勇者 惡訐以爲直者
> 〈양화陽貨〉24

　* 산訕은 비방하여 헐뜯음[방훼謗毁]이고, 질窒은 통하지 않음이다. 오요惡徼 이하以下는 자공子貢의 말인데, 요徼는 엿보고 살핌이고, 알訐은 남의 비밀을 들춰내는 것이다.

　〈이인里仁〉3에서 인仁을 말할 때 "오직 어진 자라야 남을 좋아할 수도 있고, 남을 미워할 수도 있다. 惟仁者 能好人 能惡人也"라고 했는데, 남의 단점을 일컫는 것은 어질고 후덕한 뜻이 없고, 아랫사람이 윗사람을 비방하는 것은 충심과 공경의 마음이 없으며, 용기勇氣만 있고 예禮가 없으면 난亂을 일으키고, 과감하기만 하고 통하지 않으면 함부로 행동하므로, 공자가 그것을 미워한 것이다.

자공子貢이 공자에게 이런 질문을 한 것은 자신에게 남을 미워하는 마음이 있었기 때문이다. 군자라고 해도 사람을 미워하는 마음이 없을 수 없겠지만, 공자나 자공子貢이 어떤 사람을 미워했는가를, 배우는 자라면 잘 살펴야 한다. 사람이 남을 미워한다는 것은 자기 가치판단의 기준으로 남을 평가하기 때문이다. 가치판단은 자기 기준으로 하는 것이지만, 그 기준이 반드시 보편적일 수 없으니 자기 기준만 고집해서는 군자일 수 없다.

물론 사람 중에는 미움을 받아도 싼 사람이 있고, 살다 보면 미워함의 기준이나 이유가 분명하지 않은데 준 것 없이 미운 사람도 있다. 특히 이런 사람은 사주쟁이 말로 사주四柱가 서로 상극相克이어서 그렇다고 하지만, 이 말 때문에 남을 미워하는 일을 사주팔자로 돌려서는 안 된다. 남에게 피해를 주지 않으려면 항상 자기의 판단 기준을 살피는 것이 옳다. 공자나 자공子貢이 미워한 사람의 내용을 잘 살펴보면서 자신도 남의 미움의 대상이 되지 않도록 주의해야 한다. 특히 위정자爲政者는 자신의 불손한 언사와 행동을 용기 있는 태도로 여기는데, 불손과 용기를 구별하지 못한다면 군자가 아니다. 그러니 위정자라면 남의 미움의 대상이 되는지 아닌지 잘 살펴야 하는데, 남이 나를 미워하든 말든 내 마음이 시키는 대로 하면 그만이란 사람이라면 할 말 없다.

군자가 자신을 책망하기를 무겁게 해야 원망을 멀리할 수 있다.

공자는 "몸소 자책은 무겁게 하고 남에게 책망하기는 가볍게 하면 원망을 멀리할 수 있다."라고 했다. 子曰 躬自厚而薄責於人 則遠怨矣 〈위령공衛靈公〉14

* 요즘은 '남탓문화'가 판을 치는 세상이다. 정책을 결정하는 자리에 있는 사람은 정책을 결정하고 시행하다가 잘못되면 본인이 책임지는 것이 아니라, 남을 탓하고 심지어는 죽은 자를 가리키며 그를 탓한다. 이런 세태이다 보니 권력을 가진 자들이라면 '남탓연구소'라도 만들고 싶지 않을까 하는 생각이 든다. 이런 비겁한 행동을 하는 자들을 국민은 뭐라고 할까? 자신을 탓하는 것을 무겁게 하라는 공자의 말씀이 요즘처럼 심각하게 다가오는 경우도 드물다.

다음은 도道가 같지 않을 때 군자라면 어떻게 처신해야 하는지를 공자가 언급한 내용이다.

공자는 "도道가 같지 않으면 서로 도모하지 않는다."라고 했다. 子曰 道不同 不相爲謀 〈위령공衛靈公〉39

* 같지 않다[부동不同]는 선善과 악惡, 사邪와 정正 등이 같지 않다는 뜻이다. 군자는 추구하는 도道[이념理念]가 서로 대립적인 관계에 있는 사람과는 일을 도모해서는 안 된다. 요즘은 어제의 적敵이 오늘의 동지同志가 되고, 오늘의 동지가 내일의 적이 되는 세상이다. 선악善惡의 기준이 다르고, 이념理念이 달라서 지향하는 세계가 같지 않다면, 함께 일을 도모해봐야 결과는 기대한 대로 되지 않을 것이다. 그런데 지금은 선악善惡도 이념理念도 아닌 오직

두 번째 군자의 이상

이해관계로 이합집산離合集散을 한다. 그러니 자기에게 이익이 된다면 언제든지 함께 일을 도모할 수 있다고 생각하지만 결국 파탄 나기 마련이다.

다음은 다툼이나 편당偏黨에 대해서 군자가 어떠해야 하는지를 공자가 언급한 내용이다.

> 공자는 "군자가 긍지矜持를 가지되 다투지 않고, 무리를 짓지만 편당偏黨을 만들지 않는다."라고 했다. 子曰 君子 矜而不爭 群而不黨 〈위령공衛靈公〉**21**

 * 엄장嚴莊으로 자기를 지키는 것이 긍지矜持지만, 어긋날 마음이 없으므로 다투지 않는다. 군群은 서로 조화하여 무리에 처하는 것이고, 당黨은 아첨하고 치우친 것이다. 그래서 군자는 편당偏黨하지 않는다. 공자가 이 구절을 말한 것은 인의仁義에 근거해서 처신하는 것이 군자이기 때문이다. 군자는 자긍심을 가지지만 다툼이 없고, 무리는 짓지만 편당을 만들지 않는 것은 이치에 어긋나려는 마음이 없고, 권력을 가진 자에게 잘 보이려고 아첨하려는 뜻도 없기 때문이다. 그러나 세상을 이렇게 살다 보면 자신은 물론이고 가족까지 고생시키므로, 사람들은 기회가 있을 때 어떻게든지 아첨해서 떡고물이라도 얻으려고 기를 쓴다. 이렇게 사는 인생이 불쌍하기도 하지만, 본인은 가족을 위해서 희생하고 있다면서 자기 행위를 합리화하고 있으니 뭐라고 말할 수도 없다.

공자는 후생後生은 두려워할 만한 존재라고도 했다.

> 공자는 "후생後生은 두려워할 만하니 어찌 [그들의] 장래가 [나의] 지금만 못

하다는 것을 알겠는가. 그러나 40, 50세가 되어도 이름이 알려지지 않는다면 이런 사람은 두려워할 것이 못 된다."라고 했다. 子曰 後生 可畏 焉知 來者之不如今也 四十五十而無聞焉 斯亦不足畏也已 〈자한子罕〉22

  * 공자의 이 말은 후생後生의 나이가 젊고, 힘이 강하여 배움을 쌓아서 기대할 수 있어서다. 그의 장래가 나의 오늘만 같지 않을 줄 어찌 알겠느냐고 해서, 그 형세가 두려워할 만한 것이 된다고 한 것이다. 그런데 40, 50세가 되어도 이름이 알려지지 않는 것을 두고, 증자曾子도 "50세가 되어도 선善으로 알려짐이 없으면 알려지지 못한 것이다. 五十而不以善聞 則不聞矣"라고 한 적이 있는데, 이것은 대개 본문에서 공자가 말한 뜻을 서술한 것이다.

  공자는 덕德을 이루어 선善을 행하지 못한 군자를 두고 이렇게도 말했다.

공자는 "나이 40세가 되어서도 [세인世人의] 미움을 받는다면 그것으로 끝이다."라고 했다. 子曰 年四十而見惡焉 其終也已 〈양화陽貨〉26

  * 군자는 40세가 되면 덕德이 어느 정도 완성되어 선善을 이루어서 세상에 이름이 알려져야 하지만, 덕德의 완성은 고사하고 남에게 미움을 받는다면 그 인생은 끝이라고 여겨서, 공자가 이렇게 말한 것이다. 공자가 앞에서 언급한 후생가외後生可畏도 군자가 40세가 되기 전에는 그 가능성이 무한히 열려 있어서 두려워할 만하다고 했으나, 40, 50세가 되어서도 들리는 바가 없다면 이 또한 두려워할 것이 못 된다고 했다. 이 소문所聞은 흔히 말하는 세속적인 명성名聲이나 출세出世가 아니라, 덕德과 선善으로 이름이 세상에 알

두 번째 군자의 이상

려지지 않으면 두려워할 것이 못 된다는 의미다. 덕德을 쌓고 선善을 이루는 일은 사람의 바탕을 쌓는 것이므로 배우는 자가 한순간도 이에서 떠날 수 없다. 그래서 평범한 일상의 삶에서 적덕積德하여 남에게 꾸준히 적선積善을 하다 보면, 주위에 그 사람의 인품이 자연스럽게 알려진다.

다음은 증자曾子가 매일 자신을 어떻게 살폈는지를 언급한 내용이다.

> 증자曾子가 "나는 날마다 세 가지로 나의 몸을 살폈는데 남을 위해 일을 도모해 주면서 충忠으로 하지 않았는가, 붕우와 더불어 사귐에 성실誠實하지 않았는가, 전傳하여 받은 것[전수傳受]을 익히지 않았는가."라고 했다. 曾子曰 吾日三省吾身 爲人謨而不忠乎 與朋友交而不信乎 傳不習乎 〈학이學而〉4

* 증자曾子는 공자 제자로 이름은 삼參이며, 자字는 자여子輿다. 자기를 다하는 것이 충忠이고, 성실誠實로 하는 것이 신信이며, 전傳은 스승에게 배운 것이고, 습習은 자기에게 익숙하게 하는 것이다. 증자曾子는 이처럼 매일 자신 살피기를 세 가지로 성실하게 했다.

여러 제자의 학설學說이 모두 성인聖人한테서 나왔지만, 시대가 멀어지면서 그 진실을 잃었다. 그런데 유독 증자曾子의 학學만은 안에서 마음을 오롯이 써서 전하여 주는[전수傳授]데 폐단이 없었으니, 자사子思와 맹자孟子한테서 살펴볼 수 있다. 따라서 공자의 학통은 증자曾子가 계승하여, 자사子思로 그리고 맹자孟子로 이어졌다. 그런데 애석하게도 그 본받을 만한 말[가언嘉言]과 착한 행실[선행善行]이 세상에 모두 전하지 못했으나, 요행히 남은 것은 없어지지 않았으니, 배우는 자들이 마음을 다해서 배우고 실천해야 한다.

증자曾子는 군자가 벗을 사귀는 도道에 대하여 다음과 같이 말하였다.

> 증자曾子 "군자는 글[강학講學]로 벗을 모으고, 벗으로 인仁을 돕는다."라고 했다. 曾子曰 君子 以文會友 以友輔仁 〈안연顔淵〉**24**

* 강학講學으로 벗을 모으면 도道가 더욱 밝아지고, 선善을 취하여 인仁을 도우면 덕德이 날로 나아가게 된다. 그래서 강학講學을 좋아하는 사람은 문文으로 벗을 모으는 이문회以文會를 만들고, 벗을 좋아하는 사람은 벗으로 인仁을 돕는 이우회以友會 같은 모임을 만든다.

앞에서 언급한 적이 있는 '자기만 못한 자와는 벗하지 말라. 毋友不如己者'는 구절은 배우는 자들의 향상심向上心을 고취하려고 공자가 그렇게 말한 것이지 사람을 구별해서 사귀라는 것이 아니므로, '벗으로 인을 돕는 이문회우以友輔仁'의 관점에서 이해하는 것이 좋다.

다음은 자하子夏의 문인門人이 자장子張에게 군자의 벗 사귀는 법을 묻자, 자장子張이 말한 내용이다.

> 자하子夏의 문인門人이 자장子張에게 벗 사귀는 법을 묻자, 자장子張이 "자하子夏는 뭐라고 하시던가?"라고 하니, "자하子夏께서는 괜찮은[가可] 자者는 사귀고, 괜찮지 않은[불가不可] 자者는 사귀지 말라고 했습니다." 자장子張이 "내가 들은 것과는 다르군. 군자는 어진 이를 존경하고 대중大衆을 포용하며, 잘하는 이를 좋게 여기고 능하지 못한 이를 불쌍히 여긴다. 내가 크게 어질다면 누군들 용납하지 못하며, 내가 어질지 못하다면 남들이 장차 나를 거절할 텐데 어떻게 남을 거절하겠는가?"라고 했다. 子夏之門人 問交於子張 子張

曰 子夏 云何 對曰 子夏曰 可者 與之 其不可者 拒之 子張曰 異乎吾

所聞 君子 尊賢而容衆 嘉善而矜不能 我之大賢與 於人 何所不容 我之

不賢與 人將拒我 如之何其拒人也 〈자장子張〉**3**

＊ 이 장章은 자하子夏의 말이 절박하고 좁으니, 자장子張의 비판이 옳지만, 그의 말 또한 지나치게 높고 먼 폐단弊端이 있다. 이를테면 크게 어질면 누군들 용납하지 못할 것이 없다고 했지만, 그래도 큰 잘못이 있으면 끊는 것이 마땅하다. 그리고 어질지 못하면 남을 확실하게 거절할 수 없다고 했지만, 그래도 손해가 되는 친구는 마땅히 멀리해야 한다. 그러니 배우는 자들은 이런 말을 잘 살펴야 한다.

다음은 군자가 자신의 허물에 대하여 어떻게 생각해야 하는지를 자공子貢이 말한 내용이다.

자공子貢이 "주왕紂王의 불선不善함이 이처럼 심하지는 않았을 것이다. 이 때문에 군자는 하류下流에 처하는 것을 싫어하니, 하류下流에 있으면 천하天下의 악惡이 모두 그곳으로 돌아들기 때문이다."라고 했다. 子貢曰 紂之不善 不如是之甚也 是以 君子 惡居下流 天下之惡 皆歸焉 〈자장子張〉**20**

＊ 은殷나라 '주왕紂王의 불선不善함이 이처럼 심하지는 않았을 것이다. 紂之不善 不如是之甚也'라는 말은 사람이 항상 스스로 경계하고 살펴서 한 번이라도 불선不善의 처지에 그 몸을 두지 않게 하려고 말한 것이지, 주왕紂王이 본래 죄가 없는데 헛되이 악명惡名을 뒤집어썼다고 말한 것은 아니다. 하류下流는 지형이 낮아서 모든 흐름이 그곳으로 돌아드는 것처럼, 사람 몸에 더럽고 천

한 행실이 있으면 더러운 이름이 모이는 것을 비유하는 말이다. 그러니 사람은 항상 몸을 깨끗하게 보존하고 천박한 행실은 삼가야 한다는 말이다.

다음은 자공子貢이 허물에 대한 군자의 처신을 언급한 내용이다.

자공子貢이 "군자의 허물은 일식日食이나 월식月食 같아서 잘못이 있으면 사람들이 모두 보고, 잘못을 고치면 사람들이 모두 우러러본다."라고 했다. 子貢曰 君子之過也 如日月之食焉 過也 人皆見之 更也 人皆仰之 〈자장子張〉21

＊ 위정자爲政者가 본인이 저지른 잘못을 감추려는 것은 손바닥으로 해를 가리는 것과 다름이 없다. 왜냐하면, 군자의 허물은 일식日蝕이나 월식月蝕처럼 모든 사람에게 뚜렷이 보이기 때문이다. 그러니 잘못을 솔직히 말하고 사람들에게 용서를 구하는 것이 훨씬 더 현명한 처신이지만, 남 앞에서 솔직하기를 두려워하는 것이 사람의 마음이기도 하다.

부귀빈천富貴貧賤

도道를 이루고 덕德을 세운 군자는 부귀빈천富貴貧賤에 대해서 어떤 태도를 보였을까? 다음은 부富에 대한 공자의 인식認識 내용이다.

공자는 "부富가 만일 구할 수 있는 것이라면, 비록 말채찍을 잡고 수레를 모는 사람이라도 내 또한 되겠지만, 만일 구할 수 있는 것이 아니라면, 내가 좋아하는 것을 따르겠다."라고 했다. 子曰 富而可求也 雖執鞭之士 吾亦爲之 如不可求 從吾所好 〈술이述而〉**11**

* 말채찍을 잡는다는 집편執鞭은 천賤한 사람의 일이다. 사람이 모두 부자 되기를 싫어하지 않지만, 부귀富貴가 천명天命에 달렸으므로 일반적으로는 구해서 이루어질 수 있는 것이 아니다. 그러나 '내 부富는 내가 챙긴다.'라는 놀부 같은 사람은 노력 여하에 따라서 부귀를 얼마든지 구할 수 있다고 생각하므로, 부귀富貴가 천명天命이란 말은 지나치게 운명론적이라 생각할 수 있다. 부富를 천명이라고 생각하는 흥부처럼은 아니더라도 의義를 지키면서 부富를 구한다는 것은 결코 쉬운 일이 아니다. 공자는 부富를 구해서 얻어질 것이 아니라면, 자신이 좋아하는 의義에 따라 살겠다는 것이다. 이것은 공자가 부富를 부정적으로 인식해서가 아니라 의롭게 살고자 해서다.

다음도 공자는 의롭지 못한 부귀富貴에 대해서 뜬구름 같은 것이라고 하면서 곤궁함 속에서도 도道를 즐기는 성인聖人의 모습을 보여준다.

공자는 "거친 밥을 먹고 물을 마시며, 팔베개를 베고 누워도 [도道를 즐기는] 즐거움 또한 그 가운데 있으니, 의義롭지 못한 부귀富貴는 내게 뜬구름과 같다."라고 했다. 子曰 飯疏食飮水 曲肱而枕之 樂亦在其中矣 不義而富且貴 於我 如浮雲 〈술이述而〉**15**

* 반飯은 먹는 것이고, 소사疏食는 거친 밥[추반麤飯]이다. 이 말 때문에 공자가 거친 밥을 먹고 물 마시는 것 자체를 즐긴 것처럼 오해하기도 하는데, 이것은 물질적인 어려움 속에서도 도道를 즐기는 즐거움을 고치지 않겠

다는 뜻이다. 그리고 거친 밥은 고기반찬 없이 나물만으로 차려진 밥상이지, 남이 먹고 남긴 깨끗하지 않은 밥이 아니다.

그렇다면 공자가 군자^{君子}라면 부귀^{富貴}에 대해서 어떤 태도를 지녀야 한다고 했을까?

> 공자가 "부귀^{富貴}는 사람이 바라는 바이지만 도^道로써 얻은 것이 아니라면 처하지 않고, 빈천^{貧賤}은 사람이 싫어하는 바이지만 도^道로써 얻은 것이 아니라면 벗어나지 않는다. 군자가 인^仁을 떠나면 어떻게 이름을 이루겠는가? 군자는 밥 한 그릇 다 먹는 사이에도 인^仁에서 어긋남이 없어야 하고, 급하고 구차한 때에도 반드시 이에 있어야 하며, 엎어지고 자빠지는 즈음에도 반드시 이[인^仁]에 있어야 한다."라고 했다. 子曰 富與貴 是人之所欲也 不以其道 得之 不處也 貧與賤 是人之所惡也 不以其道 得之 不去也 君子去仁 惡乎成名 君子無終食之間 違仁 造次 必於是 顚沛 必於是 〈이인^{里仁}〉5

* 종식지간^{終食之間}은 밥 한 그릇 다 먹는 사이고, 조차^{造次}는 급하고 구차한 때이며, 전패^{顚沛}는 엎어지고 자빠지는 상황이다. 반드시 이[인^仁]에 있어야 한다는 필어시^{必於是}는 언제 어느 곳에서든지 인^仁을 행하는 데 힘을 쓰지 않음이 없다는 뜻이다.

군자가 부귀^{富貴}를 도^道로써 얻은 것이 아니라면 거기에 처하지 않는다는 것은 마땅하다. 그렇지만 빈천^{貧賤}을 도^道로써 얻은 것이 아니라면 거기서 벗어나지 않는다는 것은 문맥이 자연스럽지 못하다. 그래서 '부귀는 사람이 바라는 바지만 도^道로써 [부귀에 처하는 것을] 얻은 것이 아니면 처하지 않고, 빈천을 사람들이 싫어하는 바지만 도^道로써 [빈천에서 벗어나는 것을]

얻은 것이 아니면 벗어나지 않는다. 富與貴 是人之所欲也 不以其道 得之[處之] 不處也 貧與賤 是人之所惡也 不以其道 得之[去之] 不去也'처럼 '[처지處之]'와 '[거지去之]'를 첨언添言하면 글 뜻이 좀 더 명료해진다.『논어』본문에 감히 첨언을 하여 성현聖賢의 말씀을 어지럽힌 감이 없지 않지만, 이렇게 하면 독자들이 쉽게 이해할 수 있다.

부富와 귀貴, 그리고 빈貧과 천賤을 구분하지 않은 것은 부富란 귀貴하게 되면 저절로 따라오는 것이고, 빈貧도 천賤하게 되면 저절로 따라온다고 생각한 선인先人들은 부富·귀貴가 함께 하듯이 빈貧·천賤도 함께 한다고 여겼다. 유가儒家에서는 부富나 빈貧을 입에 담는 것을 천賤하게 여겼으므로 귀貴와 천賤만을 이야기하고, 부富나 빈貧은 입에 올리는 것을 꺼렸다.

옛날에 좀 고상하다는 중국 사람들은 전錢[돈]이란 말을 입에 올리기를 꺼렸다. 그래서 전錢 대신 아도물阿堵物이라고 했다. 아도물阿堵物은 '이것'이라는 중국 육조六朝 때 사용된 구어口語라고 한다. 남송南宋 때 유의경劉義慶이 쓴『세설신어世說新語』의「규잠規箴」의 고사故事에 나오는 왕연王衍[자字 이보夷甫]은 성격이 고상해서 전錢이란 말을 입 밖에 내지 않았다. 아내 곽씨郭氏가 이를 시험하려고 돈을 바닥에 늘어놓고 못 다니게 하자, 그가 "아도물阿堵物[이것]을 치워라."라고 했다. 요즘 사람에겐 웃기는 말이지만, 돈을 입에 올리기 싫어하는 우리도 돈 대신에 '이것' 또는 '그것'이라고 했다. 군자가 돈을 입에 올리지 않은 것은 돈[부富]이 싫어서가 아니라, 돈 때문에 도심道心이 흔들릴까 봐 경계한 것이다.

또 '군자가 인仁을 떠나면 어떻게 이름[명名]을 이루겠는가? 君子去仁 惡乎成名'라고 했는데, 사람이 이름을 이루고자 하는 것은 인지상정人之常情이다. 이름이란 자기를 대신하는 기호記號일 뿐인데, 사람들은 이름을 후세에 남기려고 한다. 육신肉身은 시간적 한계가 있지만, 이름은 기호이므로 한계가 없어서다. 마치 '호랑이는 죽어 가죽을 남기고, 사람은 죽어 이름을 남긴다.'라는 말처럼 세상이 자기를 오래도록 기억하게 해서 유한한 삶을 극복하려는 것이다.

그래서 유가儒家에서는 입신양명立身揚名을 최고의 목표로 삼는다. 그런데 이는 도道를 닦고 선善을 행하여, 자기 삶을 뒷사람이 본받아 기억하게 하는 것이지, 출세해서 단순히 이름 석 자를 세상에 남기는 것이 아니다. 그런데도 사람들은 이름을 후세에 남기려고 비석을 세우고, 바위에 이름을 새겨 자연을 훼손한다. 그렇지만 사람이 얼마나 가치 있는 삶을 살았는지 뒷사람이 기억할 수 없다면 이런 일은 헛수고일 뿐이다. 사람은 시·공간을 초월해서 오래 살 수는 없다. 그러므로 내세來世에서 영靈으로라도 살고 싶으면 종교에 귀의한다. 기독교의 천국天國, 불교의 극락極樂, 무속巫俗의 저승이 바로 내세다. 이런 내세관來世觀을 불신하는 사람은 기氣를 수련하여 불로장생不老長生하는 신선神仙처럼 살려고 한다. 이런 소망은 죽음의 공포로부터 해방되려는 인간의 종교적 장치인데, 유가儒家에는 이런 초월적인 공간도 초능력의 삶도 없으니, 입신양명立身揚名이 후세에 이름을 남기는 유일한 방식이다.

공자나 예수나 석가모니 같은 성인聖人처럼 살 수 없어도 우리가 성실하게 살아서 뒷사람의 귀감龜鑑이 되었다면, 이름이 기억되지는 못해도 그들의 삶 속에 우리 삶이 녹아들었을 것이니, 육신肉身의 유한성有限性은 어느 정도 극복될 수 있다. 이는 이름 석 자가 아니라, 가치 있는 삶이 기억되는 것이다. 그런데 공자는 이런 가치 있는 삶이 물질을 탐해서는 남길 수 없고, 오직 인仁을 실천함으로써 가능하다고 했다. 그러나 이를 실천하는 일이 말처럼 쉽지 않다. 인仁을 실천한다는 것은 단순히 부귀富貴나 빈천貧賤을 도道로써 취사取捨한다고 해서 되는 것이 아니다. 종식終食·조차造次·전패顚沛 같은 아주 짧은 시간이나, 어려운 상황 속에서도 인仁을 떠나서는 안 된다. 그러니 인仁을 멀리한다면 실천할 수 없고 이름을 이룰 수도 없다.

공자는 군자가 먹는 것과 거처함에서 배부름과 편안함을 구해서는 안 된다고 했다.

> 공자가 "군자는 먹는 것에 배부름을 구함이 없고, 거처하는 것에 편안함을 구함이 없으며, 일을 보면 선뜻 나서고, 말할 때는 신중히 하며, 도道 있는 곳에 나아가서 몸을 바르게 할 것 같으면, 배우는 것을 좋아한다고 이를 만하다."라고 했다. 子曰 君子食無求飽 居無求安 敏於事而愼於言 就有道而正焉 可謂好學也已 〈학이學而〉14

* '먹는 것에 배부름과 거처하는 것에 편안함을 구하지 않는다. 食無求飽 居無求安'는 것은 관심이 다른 곳[수양修養과 존양存養]에 있어서 배부름이나 편안함에 미칠 겨를이 없어서 그렇다. 그리고 '일에 있어서 민첩하게 한다. 敏於事'는 것은 일을 빠르게 처리한다는 것이 아니라, 해야 할 일을 보면 주저하지 않고 선뜻 일어나서 한다는 말이다. 또 '말할 때 신중히 한다. 愼於言'는 것은 하고 싶은 말을 감히 다 하는 것이 아니다. 그리고 '도道 있는 곳에 나아가서 몸을 바르게 한다. 就有道而正焉'는 것은 도道가 사물의 당연한 이치니, 도道 있는 사람과 함께 자기도 도道에 어긋나지 않게 행동한다는 의미다. 군자가 이 네 가지 일에 능한 자라면, 뜻이 독실하고 힘써 행하는 자이므로 호학지사好學之士라고 할 수 있다.

만약에 도道 있는 곳에 나아가 바름[정正]을 취하지 않으면, 어그러짐이 있는 것을 면하지 못해서, 마치 겸애설兼愛說을 주장한 묵적墨翟이나 위아설爲我說을 주장한 양주楊朱가 인의仁義를 배우다가 어긋나서 아비도 없고 임금도 없는 폐단에 이른 것처럼 된다.

공자는 사람이 가난하면 원망이 없을 수 없어서 다음과 같은 말을 한 것이 아닌가 한다.

> 공자는 "가난하면서 원망이 없기는 어렵지만, 부유하면서 교만이 없기는 쉽다."라고 했다. 子曰 貧而無怨 難 富而無驕 易 〈헌문憲問〉11

 * 가난에 처하기는 어렵고, 부유에 처하기가 쉬운 것은 인지상정人之常情이다. 그렇지만 사람이 마땅히 그 어려운 것을 힘쓰되 쉬운 것이라 해서 소홀히 할 수 없다. 가난한 중에 원망怨望이 없기가 어려운 것은 사람이 그만큼 외물外物에 얽매여 있고, 먹고 사는 것이 본능적本能的인 욕망이라 자제하기 쉽지 않아서다. 또 부유함 속에서 교만이 없기란 이미 물질의 풍요 속에 살고 있으므로 절제하기 쉽지 않지만, 예禮를 갖추고 있으면 교만驕慢을 쉽게 제어制御할 수 있어서 쉽다고 한 것이다.

다음은 자공子貢은 빈貧·부富를 대하는 태도를 보이며 공자에게 묻다가, 그 설명을 들은 뒤에 『시경詩經』「위풍衛風」〈기욱淇奧〉 편의 시詩로 응대하니, 공자가 더불어 시詩를 논할 만하다고 그를 칭찬한 내용이다.

> 자공子貢이 "가난해도 아첨함이 없고, 부유해도 교만함이 없다면 어떠합니까?"라고 물으니, 공자가 "옳지만 가난해도 [도道를] 즐기고, 부유해도 예禮를 좋아하는 것만 같지 못하다."라고 했다. 자공子貢이 "시詩에 '절단한 뒤에 갈고[절차切磋], 쫀 뒤에 간다[탁마琢磨].'라는 내용이 있는데 그것이 이를 말

　　　　　　　　　두 번째 군자의 이상

한 것이군요."라고 하니, 공자가 "사賜[자공子貢]는 비로소 더불어 시詩를 이야기할 만하구나. 가는 것을 일러주니 오는 것을 아는구나."라고 하였다. 子貢曰 貧而無諂 富而無驕 何如 子曰 可也 未若 貧而樂 富而好禮者也 子貢曰 詩云如切如磋 如琢如磨 其斯之謂與 子曰 賜也 始可與言詩已矣 告諸往而知來者 〈학이學而〉15

* 첨諂은 비굴卑屈한 것이고, 교驕는 자랑하고 멋대로 하는[방사放肆] 것이다. 자공子貢은 재화財貨를 증식하는데 재주가 있었다. 그가 처음엔 가난했는데 뒤에 부유해졌어도 일찍이 스스로 지키기를 힘썼다. 자공子貢의 질문은 이런 자기 삶의 태도를 공자에게 물어 확인하려는 의도로 보인다. 이에 대해 공자는 괜찮은 삶의 태도라는 의미로 '가야可也'라고 말했지만, 이 말 가운데는 자공子貢의 삶의 태도에 좀 미진한 구석이 있음을 암시한다. 그래서 공자가 빈부에 대해 좀 더 완벽한 삶의 태도를 일러 준 것이 바로 '가난해도 [도道를] 즐기고, 부유해도 예禮를 좋아함 貧而樂 富而好禮'이다.

'가난해도 즐긴다.'라는 것이 아무래도 요즘 사람들에게는 이해되지 않을 수도 있다. '젊어서 고생 사서도 한다.'라는 말을 요즘 세대들은 왜 고생을 돈 주고 사서 하느냐고 의아해하기도 한다. 그렇지만 이 말은 고생[가난]이 좋아서가 아니다. 젊어서 가난할 적에 고생을 이겨내려고 자강불식自强不息하여 좋은 결실을 얻었으므로 고생이 의미 있다는 것이지, 그 자체가 좋다는 말은 아니다. 따라서 빈이락貧而樂은 비록 가난한 중에도 도道를 즐김으로써 마음이 넓어지고 몸이 펴져서, 도道를 즐기는 자신에게는 가난이 아무런 장애가 되지 않는 삶의 태도이다. 부이호례富而好禮는 사람이 돈이 떨어지면 풀 죽어 있다가도 돈이 좀 생기면 기운이 팔팔하듯이, 사람이 물질적인 풍요를 누리다 보면 말이 머리를 높이 쳐든 '교驕' 자字의 형상처럼 교만驕慢해져서 자기 절제[예禮]를 잃어버리게 된다. 부유해도 예禮를 좋아한다는 것은 바로 절제한다는 것인데, 부유해도 교만하지 않은 삶의 태도만으로도 일반인의 삶의 태도로는 괜찮다는 생각이 든다. 그렇지만 부유한 삶 속에서도 절제 곧 예禮를 좋아한다는 것은 선善에 처하는 것을 편안히 여기고, 천리天理를 따르기를 즐거워해서 물질의 풍요함을 남에게 자랑하지 않은 겸손한 태도다. 이런 삶의 태도를 보여야 진정한 군자라고 할 수 있다.

자공子貢은 이런 의미를 알아차리고 『시경詩經』의 시詩로 답하였으니 공자의 칭찬을 받은 것이다. 그 시詩의 숨겨진 뜻은 짐승 뼈나 뿔을 잘라만 놓거나[절切] 옥돌을 쪼아만 놓았다고[탁琢] 해서 온전한 귀물貴物이 되는 것이 아니다. 그것을 갈고[차磋] 갈아야[마磨] 비로소 완성되듯이, 부富에 대해서 자공子貢이 말한 바가 절切·탁琢이라면, 공자가 말한 바는 차磋·마磨에 해당하는 것으로 군자의 완벽한 삶의 태도에 해당한다. 절차탁마切磋琢磨는 일상생활 속에서 흔히 듣는 말인데 바로 이 시詩에서 유래되었다.

따라서 군자가 가난하다고 해서 도道를 즐기는 일을 게을리한다거나, 부유하다고 해서 예禮를 모르는 체하는 것은 바람직한 처신이 아니다. 이렇게 보면 예禮란 바탕이 이루어진 뒤에 행해지는 것으로 부유하다고 할지라도 항상 절제를 잊지 말아야 한다.

공자는 군자가 근심하는 바는 도道지, 가난을 근심하지 않는다고도 했다.

> 공자가 "군자는 도道를 도모하지 먹을 것을 도모하지 않는다. 밭을 갈아도 굶주림이 그 가운데 있지만, 배움에는 복록福祿이 그 가운데 있으니, 군자는 도道를 근심하지 가난을 근심하지 않는다."라고 했다. 子曰 君子 謀道 不謀食

耕也 餒在其中矣 學也 祿在其中矣 君子 憂道 不憂貧 〈위령공衛靈公〉31

＊ '복록福祿이 그 안에 있다. 祿在其中'는 것은 복록이 저절로 온다는 의미다. 군자는 빈천貧賤이나 명예名譽처럼 밖에서 오는 것[외물外物] 때문에 근심하는 것이 아니라 오로지 도道를 근심한다. 그런데 요즘 세상에 이렇게 살다 가는 자신은 물론이고 가족까지도 가난에서 벗어나지 못할 수도 있으니, 도道를 근심한다는 군자란 세상 물정 모르는 덜떨어진 사람이라고 할 수 있다.

그러나 물질이 풍요롭다고 해서 반드시 행복한 것도 아니다. 한국전쟁 후에 우리나라는 세계 최빈국最貧國 중의 하나였지만, 지금은 선진국 대열에 당당하게 들었다. 그래도 사람들은 지금의 삶을 결코 행복하다고 여기지 않는다. 행복이 물질이나 명예로 이루어지는 것이 아니기 때문이다. 도道가 무너지고 나면 세상 역시 무너지고 말 것이니, 삶의 근본인 도道가 실추되지 않도록 살아야 한다. 그런데 물질이 삶의 전부가 아니라고 해도, 그것에 대한 염려가 없을 수 없으니 여기에도 중용中庸의 도道가 필요하다.

다음은 위衛나라 영공靈公이 진법陣法에 관해 물었는데 공자가 어떻게 처신했는가를 보여준 것과 공자가 진陳나라에 있을 적에 양식이 떨어지니 시종侍從이 병들어 일어나지 못하자, 자로子路가 화난 얼굴로 공자에게 불평한 내용이 함께 있다.

위衛나라 영공靈公이 진陳[진陣]에 대해 공자에게 물으니, 공자 대답하기를 "조두俎豆에 대한 일은 일찍이 들었지만, 군軍에 관한 일은 배우지 못했습니다." 라고 하고 다음 날 바로 떠났다. 진陳나라에 있을 적에 양식이 떨어지니 시종

侍從이 병들어 일어나지 못했다. 자로子路가 화난 얼굴로 "군자 역시 궁窮함이 있습니까?"라고 하니, 공자가 "군자는 궁함을 확실히 하지만, 소인은 궁하면 이에 넘친다."라고 했다. 衛靈公 問陳[陣]於孔子 孔子對曰 俎豆之事 則嘗聞之矣 軍旅之事 未之學也 明日 遂行 在陳絶糧 從者病 莫能興 子路慍見曰 君子亦有窮乎 子曰 君子 固窮 小人 窮斯濫矣 〈위령공衛靈公〉1

* '위령공衛靈公 문진問陳'의 진陳은 군사軍師 항오行伍를 즉 열列을 의미하는 진陳이고, '조두지사俎豆之事'의 조두俎豆는 제례祭禮 때 쓰는 그릇이다. 당시 위衛나라 영공靈公이 무도無道한 임금이어서 전쟁과 정벌에 뜻을 두었으므로, 공자가 배우지 못했다고 대답하고 떠났다고 했는데, 위衛나라를 떠나서 진陳나라로 갔다.

자로온현子路慍見의 현見은 드러낼 현見이다. 흥興은 일어남이며, 남濫은 넘침[일溢]이다. 고궁固窮을 궁窮함을 확실히 한다고 했지만, 정자程子의 말로 하면 '그 궁窮함을 확실히 지킨다. 固守其窮'는 의미다. 군자君子가 진실로 궁窮할 때가 있지만, 소인小人이 궁窮하면 멋대로 거리낌 없이[방일放逸] 잘못하는 것과는 같지 않다. 군자는 곤궁에 처해도 당연한 것으로 여기고 곤궁을 확실히 지키지만, 소인은 그것을 견디지 못하고 이에서 벗어나려고 온갖 못된 짓을 한다. 이런 소인배들은 오늘날에도 우리 주변에서 흔히 볼 수 있으니 당대의 소인배나 지금의 소인배가 크게 다른 바가 없다.

다음은 자장子張이 녹봉祿俸을 구하는 것을 물었다.

자장子張이 녹봉祿俸 구하는 방법을 배우고자 하자, 공자는 "많이 듣고 의심스러운 것은 빼놓고 그 나머지를 삼가서 말하면 허물이 적을 것이요, 많이 보고 위태로운 것은 빼놓고 그 나머지를 삼가서 행하면 후회가 적을 것이다. 말에 허물이 적고, 행실에 후회가 적으면 녹봉祿俸은 그 속에 있다."라고 했다. 子張 學干祿 子曰 多聞闕疑 愼言其餘則寡尤 多見闕殆 愼行其餘 則寡悔 言寡尤 行寡悔 祿在其中矣 〈위정爲政〉**18**

* 자장子張은 공자 제자로 성姓은 전손顓孫이고, 이름은 사師다. 간干은 구求함이고, 녹祿은 벼슬하는 자의 녹봉祿俸이다. 의疑는 믿지 못한다는 것이고, 태殆는 편안하지 못하다는 것이며, 과우寡尤의 우尤는 허물이 밖으로부터 이르는 것이고, 과회寡悔의 회悔는 후회의 이치가 마음으로부터 나오는 것이다.

주자朱子는 문견聞見이 많은 것은 배움이 넓은 것이고, 의심나고 위태로운 것을 제쳐 놓은 것은 선택을 정치精緻하게 한 것이며, 언행言行을 삼간 것은 지키기를 단단히 한 것이다. 무릇 '녹봉이 그 속에 있다.祿在其中'라고 말한 것은 구하지 않아도 저절로 이르는 것을 말한다고 했다.

공자는 녹봉祿俸을 얻는데 임금이 내린 공公, 경卿, 대부大夫 같은 인작人爵보다는 인의仁義, 충신忠信을 행해서 사람들로부터 존경받는 벼슬 곧 하늘이 내린 천작天爵을 구하는 데 더 열심이기를 바라서 이렇게 말하고, 이를 통해서 자장子張의 실수를 고쳐 나아가게 한 것이다. 정자程子도 천작天爵을 닦으면 인작人爵이 이르니, 군자가 언행言行을 삼가는 것이 녹봉俸祿을 얻는 방법이라고 했다. 요즘 사람들도 '많이 듣고 의심스러운 것은 빼놓고 그 나머지를 삼가서 말하고, 많이 보고 위태로운 것은 빼놓고 그 나머지를 삼가서 행하는 多聞闕疑 愼言其餘 多見闕殆 愼行其餘' 것을 배워서 실천했으면 좋겠다.

다음은 정사政事를 돌보는 군자가 녹봉祿俸에 대해서 어떻게 처신하는지에 관한 공자의 언급이다.

> 공자는 "3년 동안 배우고도 벼슬에 뜻을 두지 않는 사람을 얻어 보기란 쉽지 않다."라고 했다. 子曰 三年學 不至於穀 不易得也 〈태백泰伯〉12

　＊부지어곡不至於穀의 지至는 뜻을 나타내는 지志고, 곡식을 뜻하는 곡穀은 녹봉祿俸이다. 배우기를 오래 하고서도 녹祿을 구하지 않는 사람을 얻어 보기란 쉽지 않다. 앞에서 자장子張과 같은 제자도 녹봉 구하는 것을 공자에게 물었으니, 보통 사람이 3년을 배우고 벼슬에 뜻을 두지 않기란 쉬운 일이 아니다. 3년은커녕 길에서 얻어듣고 그 자리에서 뱉어내는 도청도설道聽塗說하는 사람들이 벼슬하겠다고 나서는 세상 아닌가?

　다음은 임금을 공경히 섬기고 녹봉祿俸은 뒤에 하라는 공자의 말씀이다.

> 공자는 "임금을 섬기되 그 일을 공경히 하고 녹祿은 뒤에 하여야 한다."라고 했다. 子曰 事君 敬其事而後其食 〈위령공衛靈公〉37

　＊후後는 〈옹야雍也〉20에서 번지樊遲가 인仁을 묻자, 공자가 '선난후획先難而後獲'이라고 했을 때 후획後獲의 후後와 같은 의미다. 관官을 지키는 관수자官守者건, 말을 책임진 언책자言責者건 간에 자신이 맡은 직책을 먼저 공경히 하고, 녹봉祿俸을 구하는 일은 뒤에 해야 한다. 그렇지만 위정자爲政者가 자기 자리를 보존하기 위해서 자존심은 말할 것 없고, 심지어 본심本心마저도 헌신짝 버리듯 하면서 자기 몫을 챙기려고만 한다면 이를 보는 백성의 마음은 어떠

할까?

원헌原憲이 부끄러움에 관해 물으니, 공자는 녹祿을 받는 일로 답했다.

> 원헌原憲이 부끄러움에 관해 물으니, 공자는 "나라에 도道가 있을 때 녹祿을 받거나, 나라에 도道가 없을 때 녹祿을 받는 것이 부끄러운 일이다."라고 했다. 憲 問恥 子曰 邦有道 穀 邦無道 穀 恥也 〈헌문憲問〉1

　＊ 헌憲은 원사原思의 이름이고, 곡穀은 녹祿이다. 원헌原憲은 절의節義를 지켜 뜻을 굽히지 않아서 나라에 도道가 없을 때 녹祿을 받는 것이 수치임을 확실히 알고 있었으나, 나라에 도道가 있을 적에도 녹祿을 받는 것이 수치임은 반드시 알지 못했다. 그러므로 공자가 그의 질문을 근거로 두 가지 경우를 말해주어, 그의 뜻을 넓혀서 스스로 힘쓸 바를 알고 일할 수 있는 데로 나아가게 해주었다.

　도道 있는 세상에서 녹祿을 받으면서 무위도식無爲徒食하는 것이 부끄러운 일임을 모른다고 해도, 무도無道한 세상에서 녹祿을 받는 것이 얼마나 부끄러운 일인가를 아는 인사가 요즘 세상에 과연 얼마나 될까? 윗사람이 부도덕한데도 직간直諫은커녕 괜히 말했다가 자기 위치마저 위태로워질 것을 염려하는 사람이 더 많아서 하는 말이다. 지금 세상은 먹고살기에도 빠듯하니, 나라가 무도無道한지 아닌지 따질 겨를이 없다. 설령 나라가 무도無道하더라도 자기 자리를 지키는 것이 더 중요하다고 여기는 위정자爲政者가 적지 않은 세상이다. 그러니 이를 두고 부끄러운 일이네, 아니네 하고 따지는 것도 부질없는 짓이다.

군자는 가난보다는 도^道를 염려해야 하므로, 공자는 군자가 이익에 따라서 행동하면 백성이 원망한다고 했다.

> 공자는 "이익에 따라 행동하면 [백성의] 원망을 많이 사게 된다."라고 했다.
> 子曰 放於利而行 多怨 〈이인里仁〉12

 * 방^放은 의지함이고, 다원^{多怨}은 원망을 많이 취함이다. 정자^{程子}는 군자가 자신에게 이롭게 하면 반드시 남에게 해롭게 하므로 원망이 많을 것이라고 했다. 앞 장^章에서 지위^{地位}를 가진 군자^{君子}가 봉록^{俸祿}을 받는 것을 두고도 수치인지 아닌지 따졌었는데, 여기서는 자기의 이익에 따라 행동하면 백성들의 원망을 많이 사게 된다고 하니, 앞에 지적한 내용보다 더 수치스러운 짓이다. 그런데 요즘에 업무상으로 알게 된 정보로 이익을 취한 사람들이 지금 어찌 되었는가를 보면, 위정자들이 얼마나 부도덕한지 짐작된다.

 다음은 공자가 제^齊나라 경공^{景公}과 백이^{伯夷}·숙제^{叔齊}를 비교해서 언급한 내용이다.

> [공자는 "진실로 부유하지도 못하고 또한 다만 이상함만 취할 뿐이다."라고 했는데] "제^齊나라 경공^{景公}이 말 4천 필을 소유하였으나 죽는 날에 백성들은 덕^德을 칭송하지 않았고, 백이^{伯夷}·숙제^{叔齊}는 수양산^{首陽山} 아래서 굶주렸으나 백성들이 지금에 이르도록 칭송한다. 그것이 이를 말함인저."라고 했다. [孔子曰 誠不以富 亦祇以異] 齊景公 有馬千駟 死之日 民無德而稱焉 伯夷叔齊 餓于首陽之下 民到于今稱之 其斯之謂與 〈계씨季氏〉12

＊ 사駟는 네 필의 말[사마四馬]이고, 수양首陽은 산 이름이다. 말 사천四千 필을 소유한 제齊나라 경공景公이 죽은 날에, 그 덕德을 칭송하는 사람이 없었다. 반면에 백이伯夷와 숙제叔齊는 비록 말년末年에 수양산首陽山에서 굶주렸지만, 그 덕德을 칭송하는 사람이 있었다. 그러니 덕德을 칭송하는 일은 재산 때문이 아니라, 어떤 삶을 살았느냐에 따른 문제다.

　요즘엔 자신이 모은 재산을 사회에 쾌척하는 것을 보고 당연시하기보다는 그 인품이 훌륭함을 칭송하는 것이 맞을 듯한데, 어찌 된 일인지 이런 행위를 보고도 사람들은 감동이 없다. 재산 모으는 과정이 떳떳하지 못했다면 그럴 수도 있겠다. 그러나 '개처럼 벌어서 정승처럼 쓴다.'는 말이 있듯이, 그렇게라도 사회에 환원했다는 것은 자기 재산을 자식에게 물려주려고 온갖 탈세의 방법을 찾는 인간들보다 훨씬 나은 것이 아닌가?

　정자程子가 〈안연顏淵〉10 끝부분에 나오는 『시경詩經』의 '성불이부 역지이이誠不以富 亦祇以異[진실로 부유하지도 못하고 또한 다만 이상함만 취할 뿐이다.]' 구절句節을 〈계씨季氏〉12의 착간錯簡이라 하여 마땅히 이 장章의 머리글 제경공 유마천사齊景公 有馬千駟 앞에 있어야 한다고 했는데 앞에서도 언급한 바 있다.

근심과 경계警戒

　이제 군자가 근심[우憂]을 대하는 태도와 경계警戒할 내용에 관해서 이야기해보자. 사마우司馬牛가 군자에 관해 묻자, 공자가 군자는 근심하지도 두려워하지도 않는다고 했는데, 어떻게 살면 그렇게 될 수 있을까?

사마우^{司馬牛}가 군자를 묻자, 공자가 "군자는 근심하지 않고 두려워하지 않는다."라고 했다. [사마우가] "근심하지 않고 두려워하지 않으면 이를 군자라이를 수 있습니까?"라고 하자, 공자는 "안으로 살펴서 흠이 없으니 어찌 근심하고 두려워하겠는가."라고 했다. 司馬牛問君子 子曰 君子 不憂不懼曰 不憂不懼 斯謂之君子矣乎 子曰 內省不疚 夫何憂何懼 〈안연^{顔淵}〉4

* 구^疚는 허물이다. 춘추시대^{春秋時代} 송^宋나라 대부^{大夫} 향퇴^{向魋}[일명 환퇴^{桓魋}]의 일화^{逸話}에, 공자가 송^宋나라에서 제자들과 함께 큰 나무 아래서 예^禮를 익히고 있었는데, 향퇴^{向魋}가 공자를 죽이고자 그 나무를 뽑으려고 했다. 그래서 공자 제자 사마우^{司馬牛}는 항상 이를 근심하고 두려워했다고 한다. 공자는 군자가 근심과 두려움이 없는 것은 덕^德을 오롯이 해서 안으로 돌아보아도 스스로 흠결이 없기 때문이라고 말해주었다. 문제는 어떻게 덕^德을 오롯이 하느냐는 것인데 먼저 사심^{邪心}을 비워야 한다.

근심이 많았던 사마우^{司馬牛}가 이번에는 형제 없음을 근심하자, 자하^{子夏}가 그를 위로한 내용이 바로 뒤에 이어진다.

사마우^{司馬牛}가 근심하면서 "남들은 모두 형제가 있는데 나만 홀로 없다."라고 하니, 자하^{子夏}가 "나[상^商]는 들으니, 죽고 사는 것은 명^命에 달려 있고, 부귀는 하늘에 달려 있다. 군자가 공경하여 잃음이 없고 남과 함께할 때 공손하고 예^禮가 있으면, 사해^{四海}가 다 형제인데 군자가 어찌 형제 없음을 근심하겠는가."라고 했다. 司馬牛憂曰 人皆有兄弟 我獨亡 子夏曰 商 聞之矣死生有命 富貴在天 君子敬而無失 與人恭而有禮 四海之內 皆兄弟也君子何患乎無兄弟也 〈안연^{顔淵}〉5

두 번째 군자의 이상

* 사마우^{司馬牛}는 걱정이 많은 사람이었던 모양이다. 사마우^{司馬牛}는 자기 형제가 난^亂을 일으켰으므로 장차 죽을 것이라고 걱정하니, 자하^{子夏}가 그의 마음을 넓혀줄 의도로 '죽고 사는 것은 명^命에 달려 있고, 부귀는 하늘에 달려 있다. 死生有命 富貴在天'라고 하면서 본문처럼 덧붙여 말해주었다. 이 말은 아마도 공자에게 들었을 것이라 한다.

자하^{子夏}의 이 말을 두고서, 어떤 이는 뜻은 원만하나 말이 막혔다고 했다. 왜냐하면, 자하^{子夏}는 아들을 잃고 곡하다가 실명^{失明}할 정도로 자식 사랑에 빠져서 이치에 어두웠으므로 언행^{言行}이 불일치^{不一致}했기 때문이다. 또 달리 생각하면, 자하^{子夏}의 '사해^{四海} 안이 다 형제다. 四海之內 皆兄弟也'라는 말이 겸애설^{兼愛說}을 주장한 묵적^{墨翟}의 말에 가깝다는 생각도 든다.

공자는 근심이 가까운 데 있다는 이유를 다음과 같이 말했다.

> 공자는 "사람이 멀리 내다보고 생각지 않으면 반드시 가까운 근심이 있다."
> 라고 했다. <u>子曰 人無遠慮 必有近憂</u> 〈위령공^{衛靈公}〉**11**

* 근우^{近憂}를 가까운 근심이 있다고 했지만, 의미가 모호한 점이 없지 않다. 어떤 이는 생각이 천 리의 밖에 있지 않으면 근심이 궤석^{几席}의 아래에 있을 것이라고 했는데, 천 리의 밖이라든가 궤석^{几席}의 아래라고 한 것은 공간적으로 멀리 내다보지 않으면 가까운 곳에 근심이 있다는 의미다. 그런데 이 구절은 시간상으로 먼 장래를 내다보지 않으면 가까운 장래에 근심이 있다는 의미도 포함된다고 할 수 있다. 그래서 시^時·공^空을 막론하고 사람이 멀리 보고 염려함이 없다면 자신에게서 가까운 곳이나 멀지 않은 장래에 근심이 올 수 있다는 의미로 볼 수도 있다.

공자는 군자가 나이에 따라서 경계^{警戒}할 대상이 세 가지가 있다고
했다.

> 공자가 "군자는 세 가지 경계함이 있으니 젊었을 적에는 혈기가 미정^{未定}이라
> 경계함이 여색^{女色}에 있고, 장성해서는 혈기가 한창 강하므로 경계함이 싸우는
> 데 있으며, 늙어서는 혈기가 이미 쇠하였으므로 경계함이 얻음을 [탐하는 데]
> 있다."라고 했다. 孔子曰 君子有三戒 少之時 血氣未定 戒之在色 及其壯
> 也 血氣方剛 戒之在鬪 及其老也 血氣旣衰 戒之在得 〈계씨^{季氏}〉7

　* 혈기^{血氣}는 형체^{形體}가 의지해서 살아가는 것이다. 혈^血은 음^陰이고, 기^氣
는 양^陽이다. 계지재득^{戒之在得}의 득^得은 얻기를 탐하는 것이다. 나이 든 사람
은 한 시대를 걸머지고 애쓰며 살았으니, 아랫사람에게 대접받는 것도 당연
하다. 그렇지만 나이가 들수록 지기^{志氣}를 키워서 덕^德을 높여야 한다. 요즘
나이 든 분들을 보면 나잇값을 못 하는 경우가 적지 않다. 그것은 옛날과
달리 건강이 좋아져서 아직도 혈기^{血氣}에 휘둘려 살기 때문일 것이다. 나이가
들면 혈기^{血氣}는 쇠했어도, 지기^{志氣}가 왕성한 것은 그만큼 덕^德을 쌓았기 때
문이다. 그런데 아랫사람에게 보여야 할 덕^德은 없고, 오로지 얻기를 탐하고
대접받기만 원한다면 지기^{志氣}를 키운 어른의 태도가 아니다. 노인들 사이에
주고받는 말로는 치아가 부실하여 음식을 씹지 않고 삼키니 소화가 안 된
다고 하는데, 치아가 부실해서 그런 것이 아니다. 나이가 들었어도 건강이
좋아서 혈기가 왕성하니 탐득^{貪得}이 마음속에 가득해서 그런 것이다.

　공자는 군자가 갖추어야 할 것으로 위에서 말한 세 가지 경계만이 아
니라, 아홉 가지 생각해야 할 것에 대해서도 언급하였다.

　　　　　　　　　　　　　　　두 번째 군자의 이상

공자는 "군자에게는 아홉 가지 생각함이 있으니, 볼 적에는 눈이 밝음을 생각하고, 들을 적에는 귀가 밝음을 생각하며, 얼굴빛에는 온화함을 생각하고, 용모에서는 공손함을 생각하며, 말은 충실함을 생각하고, 일은 공경함을 생각하며, 의심스러울 적에는 물음을 생각하고, 분忿할 적에는 어려움을 생각하며, 얻게 되면 의義를 생각한다."라고 했다. 孔子曰 君子有九思 視思明 聽思聰 色思溫 貌思恭 言思忠 事思敬 疑思問 忿思難 見得思義 〈계씨季氏〉**10**

* 군자가 아홉 가지를 생각할[구사九思] 적에, 정자程子는 각각 그 한 가지에 오롯이 생각해야 한다고 했다. 예를 들어서, 볼 때는 아홉 가지 생각 중에 밝게 볼 것 한 가지만 생각한다. 그런데 나이가 들면 한 가지에 오롯이 하기가 쉽지 않은 것은 생각이 많아서다. 그렇지만 침착하고 여유롭게[종용從容] 도道에 맞는 데에 이르지 못할 때는 스스로 성찰해야 한다. 이렇게 하면 비록 본심本心이 보존되지 않더라도 이를 잃음이 적을 것이다. 이는 바로 성실誠實을 생각하기 때문이다. 군자가 특히 나이 들어서 얻기를 탐하면 구차스러워진다. 이럴 때마다 그 얻음이 의義에 맞는지 그렇지 않은지 살피면 양심良心이 보존되지 않는 경우가 적을 것이니, 이런 것을 일러서 사람이 성실해지려고 노력한다고 하는 것이다.

공자는 군자가 선善과 불선不善을 대하는 태도를 언급하기도 했다.

공자는 "선善을 보면 [거기에] 이르지 못할 것같이 하고, 불선不善을 보면 끓는 물을 더듬는 것처럼 하는 것을, 나는 그런 사람을 보았고 그런 말을 들었다. 숨어 살면서도 그 뜻[지志]을 구하고, 의義를 행하는 것으로 그 도道를 통하게[달達] 하는 것을, 나는 그런 말을 들었지만 그런 사람을 보지는 못했다."라고 했다. 孔子曰 見善如不及 見不善如探湯 吾見其人矣 吾聞其語矣 隱居以求其志 行義以達其道 吾聞其語矣 未見其人也 〈계씨季氏〉11

 * 오문기어吾聞其語의 어語는 옛말이다. 구기지求其志는 통할 바의 도道를 지킴이고, 달기도達其道는 구할 바의 뜻을 행함이다.

 선善을 보면 거기에 이르지 못할 것같이 하고, 불선不善을 보면 끓는 물을 더듬는 것처럼 하는 사람은 선善과 악惡을 정말로 알아서 진실로 그것을 좋아하고 미워할 줄 안 안회顏回 · 증자曾子 · 염백우冉伯牛 · 민자건閔子騫처럼 덕행德行으로 알려진 제자라면 가능할 것이다. 그리고 숨어 살면서도 그 뜻을 구求하고 의義를 행함으로써 그 도道를 통할 사람으로는 이윤伊尹과 태공太公의 무리가 대개 이에 해당할 것이라고 한다.

 착한 일을 보고 거기에 미치지 못하면 어떻게 하나 하면서 조바심치거나, 악한 일을 보고서 끓는 물을 더듬듯이 조심하는 사람이 세상에 얼마나 될까? 또 자신을 드러내지 않고 숨어 살면서도 그 뜻을 구求하고, 의義를 행함으로써 그 도道를 통하게 할 사람 역시 오늘날에도 쉽게 찾을 수 없으니 공자 시대만이 그런 것은 아니다.

 공자는 무도한 세상에서 어진 사람이라면 피해야 할 것 네 가지를 언급하였다.

 공자가 "현자賢者는 세상을 피하고, 그다음은 나라를 피하고, 그다음은 [임금의] 얼굴빛[예모禮貌]을 [보고] 피하고, 그다음은 [임금이] 말을 [어기면] 피한다."라고 했다. 子曰 賢者 辟世 其次 辟地 其次 辟色 其次 辟言 〈헌

두 번째 군자의 이상

　＊ 피辟는 '임금 벽辟'으로 주로 쓰이지만, 여기서는 피한다는 피避와 같이 쓰였다. 피세辟世는 천하에 도道가 없으면 숨는 것인데, 백이伯夷나 태공太公 같은 이가 바로 그들이다. 피지辟地는 어지러운 나라를 떠나서 다스려진 나라로 가는 것이며, 피색辟色은 임금이 예절에 맞는 몸가짐이 없으면 떠나고, 피언辟言은 임금의 말이 어긋남이 있는 뒤에 떠난다는 의미다. 정자程子는 이 네 가지가 비록 크고 작은 차례로 말한 것이지만, 우열이 있는 것이 아니고 합치되는 바가 같지 않을 뿐이라고 했다.

　무도한 세상에서는 은자隱者로 사는 것이고, 어지러운 나라를 피해 다스려진 나라로 간다는 것은 당시 중국이 천자天子 아래 한 백성이기 때문에 제후국 사이에서 서로 옮겨가는 것을 말한다. 그러나 이런 사람 중에도 자기가 태어나서 자란 나라를 버리고 다른 나라에 가서 벼슬하는 일을 괴롭게 여기는 이도 있었다. 요즘처럼 독립된 국가에서는 나라가 어지럽다고 하여 조국을 버리고 다른 나라로 가는 일이 쉽게 용납되는 것도 아니다. 그러니 이 장章을 오해해서는 안 된다.

　앞 장章 〈헌문憲問〉**39**에서 어진 이가 위정자를 피하는 네 가지 경우를 말한 것으로 보아서, 다음 장章은 공자가 앞 장章의 내용을 구체화한 것이 아닌가 한다.

▌ 공자는 "일어나 [피한] 자가 칠인七人이다."라고 했다. 子曰 作者七人矣 〈헌문憲問〉**40**

* 이 장章에서 공자가 7인의 이름을 구체적으로 열거하지 않은 것은 이런 것을 밝히기 좋아하는 호사자好事者들의 입에 오르내리는 것을 막기 위함이라고 한다.

　다음은 고을 사람 모두가 어떤 이를 좋아한다거나, 싫어한다면 어떠하냐는 자공子貢의 물음에 공자가 대답한 내용이다.

> 자공子貢 "고을 사람이 모두 그를 좋아하면 어떻습니까?" 하고 물으니, 공자가 "옳지 못하다." [자공子貢이] "고을 사람들이 모두 그를 싫어하면 어떻습니까?" 하고 물으니, 공자가 "옳지 못하다. 고을 사람 중에 선善한 사람이 그를 좋아하고, 선하지 않은 사람이 그를 싫어하는 것만 같지 못하다."라고 하였다. 子貢 問曰 鄕人 皆好之 何如 子曰 未可也 鄕人 皆惡之 何如 子曰 未可也 不如鄕人之善者好之 其不善者惡之 〈자로子路〉**24**

　* 어느 고을 사람이든 간에 위정자爲政者를 두고 마땅히 공론公論이 있을 수 있다. 그렇지만 어떤 이를 좋아한다거나 또는 싫어하는 호불호好不好의 판단 기준은 개인에 따라 다를 수 있다. 그러니 집단 모두가 좋아하거나 싫어한다는 것은 정상이 아니므로, 공자가 옳지 못하다고 한 것이다. 특정인에 대해 집단 모두가 한결같을 수가 없으니, 호불호好不好를 개인에게 강요해서는 안 된다. 특히 패거리를 지어서 특정인을 좋아한다거나 비방해서는 안 되는 일인데도, 이런 일들이 사회관계망 서비스[SNS]상에서 자행되고 있다.

　또 공자는 어떤 이를 선善한 자가 좋아하고, 선善하지 못한 자가 싫어하는 것만 같지 못하다고 한 것은 그 어떤 이가 선善하다는 것을 전제로 한 말

　　　　　　　　　　　　　두 번째 군자의 이상

이다. 그리고 누구를 좋아하고 미워한다는 것은 자신의 선^善과 불선^{不善}으로 결정되는 것이니, 선^善한 자가 좋아하고 불선^{不善}한 자가 미워하는 것이 정상이다.

언어^{言語}

사람들은 헤어질 때 흔히 하는 인사말로, "다음에 식사 한번 하지."라고 한다. 특히 외국인 중에는 이 말을 곧이곧대로 듣고서 식사에 초대해 줄 것을 기다렸는데, 다음에 만나도 아무런 반응이 없다고 푸념하는 경우를 가끔 듣는다. 우리는 이런 말을 헤어질 때 인사 정도로 생각하지만, 상대가 정말로 초대를 기다렸다면 누구의 잘못일까? 인사말도 상대에 따라 가려서 할 필요가 있다.

군자의 언어는 어떠했을까? 공자는 덕^德 있는 자의 말에 대해 다음과 같이 말했다.

> 공자는 "덕^德 있는 자는 반드시 말이 있지만, 말이 있는 자라고 해서 반드시 덕^德이 있지는 않다. 인자^{仁者}는 반드시 용기^{勇氣}가 있지만, 용맹한 자라고 해서 반드시 인^仁이 있지는 않다."라고 했다. 子曰 有德者 必有言 有言者 不必有德 仁者 必有勇 勇者 不必有仁 〈헌문^{憲問}〉5

* '유덕자^{有德者} 필유언^{必有言}'의 언^言은 덕^德 있는 자에 대한 소문이 있다는 것이 아니라, 덕^德 있는 자는 할 말이 있다는 뜻이다. 왜냐하면, 덕^德 있는 자

는 화합^{和合}과 순리^{順理}가 마음에 쌓여서 영화^{榮華}가 밖으로 드러나기 때문이다. 반면에 능언자^{能言者}의 언^言은 말솜씨[구변^{口辯}]만 좋다는 말이다. 그리고 인자^{仁者}는 마음에 사사로운 얽매임이 없어서 의^義를 보면 반드시 행하지만, 용맹만 있는 자는 혈기만 강할 뿐이다. 그래서 덕^德 있는 자는 반드시 훌륭한 말을 하지만, 다만 말만 잘하는 자는 반드시 덕^德이 있지 않다. 그리고 인자^{仁者}는 의지^{意志}가 반드시 용맹하지만, 다만 용맹만 있는 자는 반드시 인^仁이 있지 않다. 그래서 군자는 말을 할 때 말솜씨가 좋은 것보다는 덕^德을 쌓아서 귀감^{龜鑑}되는 말을 해야 하고 용^勇보다는 인^仁을 먼저 생각해야 하는데 요즘에는 이런 군자를 찾아보기가 쉽지 않다.

다음은 자공^{子貢}이 군자에 관해 묻자, 공자는 언행^{言行}으로 답했다.

> 자공^{子貢}이 군자에 관해 물으니, 공자가 "말할 것을 먼저 실행하고 그런 뒤에 말이 행동을 따르게 한다."라고 했다. 子貢 問君子 子曰 先行其言 而後 從之 〈위정^{爲政}〉**13**

 * 자공^{子貢}의 병통은 말을 앞세우고 실행하지 못하는 데 있으므로 공자가 이 말로 일깨워주었다고 한다. 공자는 군자가 되기 위해서는 말을 앞세우지 말고 실행을 먼저 해야 함을 강조한 것인데, 요즘에 자기의 말에 대해서 실행 여부를 살피는 사람이 드물다. 흔한 말로 "그냥 한번 해 본 말인데 꼭 그렇게 해야 해."라는 말을 주변에서 흔히 듣는다.

그래서 군자는 언행^{言行}을 신중히 해야 한다.

공자는 "말하는 것을 부끄러워하지 않으면 그것을 실행하기가 어렵다."라고 했다. 子曰 其言之不怍 則爲之也難 〈헌문憲問〉21

　＊ 작怍은 부끄러워한다는 뜻이다. 흔히 큰소리치거나 흰소리 늘어놓기를 좋아하는 사람은 반드시 실행하려는 의지가 없으니, 스스로 실천 능력의 여부를 헤아리지 않고 말한다. 이런 말에는 진정성이 없어서 스스로 한 말을 실천할 수 없는 사람이므로 가까이하면 낭패를 보기 쉽다.

　다음은 군자의 말하기 태도다.

공자는 "말하기는 부끄러워하고, [말한 것을] 실행하기는 넉넉하게 한다."라고 했다. 子曰 君子 恥其言而過其行 〈헌문憲問〉29

　＊ 치恥는 말하는 것을 부끄러워하여 감히 다 하지 않고 조심해서 한다는 것이고, 과過는 실행은 남음이 있게 한다는 의미다. 따라서 부끄러워한다는 것은 실천을 염두에 두기 때문에 하고 싶은 말이 있어도 다 하지 않는다는 것이고, 말을 실행에 옮길 때는 말한 만큼만 하는 것이 아니라 그보다 좀 넉넉하게 하는 것이다. 그런데 요즘에 말하는 태도를 보면 실행하는 데 비해서 말이 푸짐함을 자주 목격하게 된다. 그러니 신중히 생각해서 말하지 않는 사람을 신뢰해서는 안 된다.

　공자는 말의 실천이 얼마나 어려운가를 다음과 같이 말했다.

공자는 "옛날에 말을 [함부로] 내지 않은 것은 몸소 행함이 미치지 못할 것

을 부끄러워했기 때문이다."라고 했다. 子曰 古者 言之不出 恥躬之不逮 也 〈이인里仁〉**22**

　＊ 체逮는 미침[급及]이다. 말하기가 어려운 것이 아니라, 실행이 어렵다는 것을 안다면 말을 쉽게 하지 않을 것이다. 요즘은 실행을 가볍게 여기니 아무런 생각 없이 입에서 나오는 대로 말을 내뱉는다. 위정자들이야 정치적 이해득실 때문에 그런가 보다 하고 이해라도 하겠지만, 지식인도 이들과 다를 바 없이 말을 생각 없이 뱉어내서 말로 남에게 상처를 주는 것이 다반사다. 사람들은 국어교육이 잘못되어 국민이 그렇게 되었다고 하여 죄 없는 국어 교사만 몰아세운다. 이것은 말하기나 글쓰기의 문제가 아니라 인성人性의 문제다. 우리의 교육 현장에서 인성교육이 사라진 지 언제인지 생각조차 나지 않을 정도인데, 교육정책을 세우는 위정자들은 인성이 중요하다고 말은 하면서 교육정책에 반영하는 것은 별개로 생각한다.

　다음은 군자의 어눌한 '말하기' 태도다.

공자가 "군자는 말하기는 어눌하게 하고자 하고 실행은 민첩하게 하고자 한다."라고 했다. 子曰 君子 欲訥於言而敏於行 〈이인里仁〉**24**

　＊ 말하기를 어눌하게 하고자 한다는 늘언訥言은 말을 더듬는 사람처럼 하라는 것이 아니라, 신중하게 생각하면서 차근차근 말하라는 것이다. 실천을 민첩하게 하라는 것도 일을 빨리빨리 처리하라는 것이 아니라, 일을 보면 선뜻 일어나서 행하라는 의미다. '저 사람은 밑자리가 참, 가볍다.'라는 말은 마땅히 해야 할 일을 보면, 주저하지 않고 선뜻 일어난다는 말이다.

그런데 이런 사람을 두고, 〈학이學而〉8에서는 "군자가 중후하지 않으면 위엄이 없다. 君子 不重則不威"라고 하여, 밑자리가 가벼우면 중후重厚하지 못하다고 했다. 물론 밑자리가 가벼우면 사람이 중후한 맛이 없을 수도 있지만, 눈앞에 할 일을 보면서도 '내가 안 하면 누군가 하겠지.' 하고서, 앉아 뭉개는 사람을 보면 중후하게 보일지 몰라도 얌체처럼 보여 덕德 있는 군자라고 할 수 없다. 일을 앞에 두고 어떤 자세를 취할지는 본인의 선택 문제이니 왈가왈부할 생각은 없다. 그렇지만 자기가 해야 할 일을 보고도 중후한 척, '내가 안 하면 누군가 하겠지.' 하는 사람을 보면 좀 얄미운 생각이 든다.

공자는 말하는 것을 강하고 굳세게 하되, 꾸미지 않고 신중히 하는 것이 인仁에 가깝다고 했다.

> 공자는 "강하고 굳세고 질박하고 어눌함이 인仁에 가깝다."라고 했다. 子曰 剛毅木訥 近仁 〈자로子路〉27

＊ 강剛은 강함이고, 의毅는 굳셈이다. 목木은 질박이고, 눌訥은 더디고 둔함이니, 강剛·의毅·목木·눌訥 네 가지 자질資質을 갖추고 있다면 인仁에 가깝다. 사람이 강하고 굳세면 물욕物慾에 굽히지 않고, 질박하고 어눌하면 마음이 외물外物로 치닫는 데에 이르지 않으므로 인仁에 가깝다고 한 것이다. 사람들이 말을 유창하게 잘하는 것을 현하지변懸河之辯 또는 청산유수靑山流水라고 한다. 이런 말에는 대개 감언이설甘言利說처럼 진정성이 없어 보인다. 선거철이 다가오면 후보자들은 말 풍년을 이룬다. 요즘 유권자들은 현명하여 유세 때 한 말을 기억해 두고, 당선된 뒤에도 그 말의 실천實踐 여부與否를 확인한다. 그러니 아무리 표가 아쉬워도 실현 불가능한 말을 함부로 지껄였

다가는 주민소환住民召喚을 당할 수도 있으니, 후보자들은 공약을 내세울 때 실행이 가능한지를 잘 살펴서 말하는 것이 좋을 것이다.

다음은 공자가 꾸며서 하는 말과 표정에 대해서 언급한 내용인데, 〈학이學而〉3과 〈양화陽貨〉17 두 군데에 나온다.

> 공자는 "[남이 기분 좋도록] 꾸며서 하는 말과 곱게 꾸민 얼굴빛에는 인仁이 드물다."라고 했다. 子曰 巧言令色 鮮矣仁 〈학이學而〉3, 〈양화陽貨〉17

* 교巧는 듣기 좋음이고, 영令은 좋게 함이다. 사람들이 듣기에 좋은 말만 하고, 얼굴빛을 좋게 하여 겉을 지극히 꾸며서 남을 기쁘게 하는 데만 힘쓴다면, 사람의 욕심慾心이 함부로 부려져서 본심本心의 덕德이 없어질 것이다. 또 인仁이 드물다고 한 것은 성인聖人인 공자의 말이 박절하지 않아서 이렇게 한 것이지만, 이를 도치倒置하여 '드물다, 인이. 鮮矣仁'라고 말한 것은 인仁이 절대 없다는 뜻을 강조하기 위한 것이다. 정자程子 같은 이는 교언巧言·영색令色이 인仁이 아님을 안다면 인仁을 안다고 할 수 있다고 할 정도다.

'강剛·의毅·목木·눌訥이 인仁에 가깝다.'라고 말한 것은 실천을 의식한 말하기 태도이지만, '교언巧言·영색令色에는 인仁이 드물다.'라고 말한 것은 대화할 때나 표정 지을 때 진정성 여부를 따지는 말하기 태도이다. 사람들은 남과 대화할 때 진정성을 가지고 일관되게 하면 될 것을, 목소리나 얼굴빛을 꾸며서 자기 본심을 감추려고 한다. 과거에는 남 앞에서 목소리나 표정을 꾸미는 것을 천박하게 여겼으므로 광대나 배우를 업신여겼던 것이 아닌가 한다. 그러나 요즘에는 남의 말이나 표정을 흉내 내는 것을 '개인기'라고 하여 너·나 가리지 않고 연습한다. 이를 두고 교언巧言·영색令色이라고

두 번째 군자의 이상

한다면 분위기 모르는 사람으로 취급받기 마련이니 이런 말도 아무 때나 해서는 안 될 성싶다.

이런 교언巧言·영색令色에 대해서 공자는 반복해서 언급하였다.

공자는 "[남이 기분 좋도록] 꾸며서 하는 말과 곱게 꾸민 얼굴빛, 그리고 지나친 공손[주공足恭]을 좌구명左丘明이 부끄러워했는데 나 또한 부끄러워한다. 원망怨望을 감추고 그 사람과 사귀는 것을 좌구명左丘明이 부끄러워했는데, 나[구丘] 또한 그것을 부끄러워한다."라고 했다. 子曰 巧言令色足恭 左丘明 恥之 丘亦恥之 匿怨而友其人 左丘明 恥之 丘亦恥之 〈공야장公冶長〉**24**

* 주足는 지나침[과過]이다. 여기에 등장하는 좌구명左丘明은 공자와 교분이 있는 선배로 생각되고, 『춘추좌씨전春秋左氏傳』의 저자著者인 좌구명左丘明은 춘추 말기 사람이라 서로 시대가 맞지 않아서 동명이인同名異人이라고 하는데 자세하지는 않다.

말과 얼굴빛을 꾸미는 교언巧言·영색令色과 상대를 지나치게 공손히 대하는 주공足恭은 남의 집 담장을 뚫거나 넘는 것보다 심할 정도로 부끄러워할 만한 처신이니 군자가 조심해야 한다. 특히 지나친 공손은 본인이 상대를 진실로 공경해서 한 행동이라고 할지라도, 상대의 처지에서는 자기가 받을 예禮가 아니어서 받아들이기 쉽지 않을 수도 있다. 그러니 상대의 처지를 고려해서 주어진 상황에 맞게 예禮를 갖추어 말하고 행동하는 것이 좋은 처신이다. 이는 바로 중용中庸이지만 말처럼 행하기는 쉽지 않다. 그리고 상대에 대한 원망怨望을 감추고 사귀는 것 또한 진정한 사귐이 아니니, 이것이 군자가 부끄러워해야 할 처신인 것은 상대는 물론이고 자신을 속이는 사귐이기 때문이다.

다음은 위衛나라 공자公子 형荊의 말하기 태도를 공자가 언급한 것이다.

> 공자가 위衛나라 공자公子 형荊을 두고 이르기를 "집에 살림을 잘했다. 처음 살림살이를 소유하였을 때는 '그런대로 모았다.' 하고, 조금 더 갖추어졌을 때는 '그런대로 갖추어졌다.' 하더니, 부유하게 되자 '그런대로 아름다워졌다.'"라고 했다. 子謂衛公子荊 善居室 始有 曰苟合矣 少有 曰苟完矣 富有 曰苟美矣 〈자로子路〉8

＊ 공자公子 형荊은 위衛나라 대부大夫다. 구苟는 그런대로 대략이고, 합合은 모음이며, 완完은 갖춤이다. 외물外物에 마음을 빼앗기지 않고, 자신의 살림 형편에 대해서 드러내지 않으면서 담담하게 처신했던 형荊의 말하는 태도는 공자가 듣기에 군자다웠으므로 이렇게 언급한 것이다. 군자라면 이처럼 자신에게 주어진 상황을 자랑삼아 드러내지 않고 담담하게 말해야 한다. 그래서인지 몰라도 우리도 남이 칭찬하면 '예, 그저 그렇습니다.'라고 응대하는데, 이런 태도를 솔직하지 못하다고 하는 사람도 있다. 사람의 욕망이란 끝이 없어서 스스로 만족하고 그칠 줄 아는 자족지지自足知止가 쉬운 일이 아니듯이, 남에게 예禮를 갖추어 겸손하게 말하기도 쉬운 일은 아니다.

다음은 언어의 기능에 대한 공자의 언급이다.

> 공자가 "말은 뜻을 전달할 뿐이다."라고 했다. 子曰 辭 達而已矣 〈위령공衛靈公〉40

* 말이란 상대에게 내 뜻을 전달하는 것이 일차 목표이므로 굳이 화려하게 꾸며서 말할 필요는 없다. 일반적으로 사람들은 자기의 말을 화려하게 꾸미려고 하는데, 이런 말은 듣는 사람에게 진정성을 의심받을 수도 있다. 그러니 군자가 말할 때는 성실하게 뜻을 전달하면 그만이지 굳이 말을 화려하게 꾸밀 것은 없다.

다음은 지혜智慧 있는 사람의 말하기 태도를 공자가 언급한 내용이다.

공자는 "상대해서 말할 만한데 더불어 말하지 않으면 사람을 잃는 것이고, 상대해서 말할 만하지 않은데 더불어 말을 한다면 말을 잃는 것이다. 지혜로운 사람은 사람을 잃지 않고 또 말도 잃지 않는다."라고 했다. 子曰 可與言 而不與之言 失人 不可與言而與之言 失言 知者 不失人 亦不失言 〈위령공衛靈公〉7

* 사람을 상대해서 잘못을 일러주면 고칠 만한 사람인데도 잘못을 말해주지 않으면, 그 사람이 잘못에 빠져서 사람을 버리게 된다는 의미로 실인失人이다. 그리고 잘못을 일러주어도 듣지 않을 사람에게 말을 일러주면, 그 말만 버리게 된다는 의미에서 실언失言이다. 우리가 일상에서 단순히 사용하는 사람을 잃는다는 실인失人이나 말을 실수한다는 실언失言의 의미와는 조금 다르다.

다음은 언론言論이 독실한 군자에 대해서 공자가 자문自問한 내용이다.

공자는 "언론言論이 독실篤實한 것을 인정한다면 과연 군자다운 사람인가, 얼

굴빛만 엄숙하게 꾸미는 사람인가?"라고 했다. 子曰 論篤 是與 君子者乎
色莊者乎 〈선진^{先進}〉**20**

* 얼굴빛만 엄숙하게 꾸민 색장자^{色莊者}란 속마음으로는 공경하지 않으
면서 얼굴빛만 점잖게 하는 것을 말한다. 〈양화^{陽貨}〉**12**의 "얼굴빛은 엄숙하
나 속은 나약하다. ^{色厲而內荏}"라고 한 말과도 통한다. 이는 언론이 독실하다
고 인정한다고 해도 그가 군자라고 할 수 있는지, 아니면 얼굴빛만 엄숙한
자인지 알 수 없으니, 말과 외모로 군자 여부를 판단에서는 안 된다는 것을
말한 것이다.

지금까지는 말할 때 외물^{外物}에 마음을 빼앗기지 않아야 진정한 군자<sup>君
子</sup>라는 것을 살폈다. 이제 군자가 정사^{政事}를 돌볼 때, 말하기 태도를 어떻게
했는지 살펴보자. 공자는 말로써 사람 쓰는 일에 대해서도 이렇게 말했다.

공자가 "군자는 말로써 사람을 천거하지 않고, 사람 때문에 그 말을 버리지
않는다."라고 했다. 子曰 君子 不以言擧人 不以人廢言 〈위령공^{衛靈公}〉**22**

* '말로써[이언^{以言}]'에는 '사람이 말을 잘한다고 해서'의 의미가 함축되
어 있고, '사람 때문에[이인^{以人}]'에는 '사람이 나쁘다고 해서'의 의미가 함축
되어 있으니, 함축된 말을 참고하면 이해하기 쉽다.

다음은 자로^{子路}가 임금 섬기는 도리에 관한 질문에 공자가 답한 내용
인데 말하기 태도가 언급되어 있다.

자로子路가 임금 섬기는 도리를 물으니, 공자는 "임금을 속이지 말고 거침없이 직언直言해야 한다."라고 했다. 子路問事君 子曰 勿欺也 而犯之〈헌문憲問〉23

* 범犯은 임금의 안색을 범犯하면서까지 잘못을 고치도록 간절하게 말하는 것이다. 임금의 안색을 범하면서 간쟁諫爭하는 것은 자로子路에게 어려운 바가 아니고, 오히려 속이지 않는 것이 어려우므로 공자는 임금을 속이지 말 것을 먼저 말하고 간쟁諫爭하는 것을 뒤에 말한 것이다. 아랫사람이 윗사람을 섬길 때는 속이지 않고 거침없이 말한다는 것이 쉬운 일은 아니지만 군자라면 그렇게 해야 한다. 그렇지만 이런 말도 상황에 따라 다를 수 있으니 유의해야 하는데 다음에 나온다.

다음은 군자가 임금 앞에서 어떤 태도로 말해야 하는가에 대한 공자의 언급이다.

공자는 "나라에 도道가 있을 때는 높게 말하고 높게 행동하지만, 나라에 도道가 없을 때는 높게 행동하되 말은 겸손해야 한다."라고 했다. 子曰 邦有道 危言危行 邦無道 危行言孫〈헌문憲問〉4

* 위危는 높고 준엄[고준高峻]함이고, 손孫은 낮고 거스르지 않음[비순卑順]이다. 말과 행실을 높게 한다는 것은 자신의 안위安位가 위태로울 정도로 한다는 것이다. 선비가 도道 있는 세상이든 도道 없는 세상이든 간에 말과 행실은 높게 해야 한다. 다만 무도한 세상에서 말을 겸손하게 해야 한다는 것은 때로 말을 감히 다 하지 아니함으로써 화禍를 피할 수도 있기 때문이다.

그렇다고 하여 임금이 선비에게 말을 겸손하게 하도록 강요한다면 결국 나라가 위태로워질 수도 있다.

다음은 정공定公과 공자의 대화인데 말의 힘에 관한 내용이다.

정공定公이 "한마디 말로 나라를 흥하게 할 수 있다고 하는데, 그런 말이 있습니까?" 하고 물으니, 공자가 대답하기를 "말은 이 같은 [효과를] 기약할 수 없지만, 사람들 말에 '임금 노릇 하기 어렵고, 신하 노릇 하기 쉽지 않다.'라는 말이 있는데, 만약에 임금 노릇 하기 어려운 줄을 안다면, [이] 한마디 말로 나라를 흥興하게 하는 것에 거의 가깝지 않겠습니까."라고 했다. [정공定公이] "한마디 말로 나라를 잃을 수 있다고 하는데, 그런 말이 있습니까?"라고 하니, 공자가 대답하기를 "말은 이 같은 [효과를] 기약할 수 없지만, 사람들 말에 '나는 임금이 된 것에는 즐거움이 없고, 오직 내 말을 [아무도] 어기지 않는 게 [즐거울] 뿐이다.'라는 말이 있는데, 그 [말이] 선善해서 어기지 않는다면 [이] 또한 좋지 않겠습니까마는, 만약 그 [말이] 불선不善한데도 어기지 않는다면, [이] 한마디 말로 나라를 잃는 것에 거의 가깝지 않겠습니까?"라고 했다. 定公 問 一言而可以興邦 有諸 孔子對曰 言不可以若是其幾也 人之言曰 爲君難 爲臣不易 如知爲君之難也 不幾乎一言而興邦乎 曰 一言而喪邦 有諸 孔子對曰 言不可以若是其幾也 人之言曰 予無樂乎爲君 唯其言而莫予違也 如其善而莫之違也 不亦善乎 如不善而莫之違也 不幾乎一言而喪邦乎 〈자로子路〉**15**

* '약시기기若是其幾'의 기幾는 기약期約함이고, '불기호不幾乎'의 기幾는 거의 가깝다는 뜻이다. 나라를 일으키거나, 망하게 할 수 있는 한마디 말이 있다

면 그것이 무엇이냐는 정공定公의 물음에, 공자는 굳이 한마디 말로 한다면, 임금 노릇을 하는 것이 어려운 줄을 알면 나라가 일어날 것이고, 임금이 된 것에는 즐거움이 없고, 오직 아무도 내 말을 어기지 않는 것이 즐겁다고 한다면 나라를 잃게 된다고 했다. 임금 노릇을 하기가 쉽지 않은 것은 임금이 성실로써 신하와 백성을 대해야 해서다. 그런데 요즘 세상의 최고 통치자도 대통령 노릇을 하기가 쉽지 않다는 것을 안다. 그런데도 나라가 흥하지 않은 것은 성실로 국가의 안위와 국민의 행복을 살피기보다는, 오직 자기 고집만 앞세워 정책을 펴나가다가 잘못된 것은 남의 탓으로 돌리기 때문이다.

다음은 간언諫言이든, 충언忠言이든 임금이나 친구에게 자주 하는 것이 오히려 역효과만 난다는 것을 공자 제자 자유子游가 한 말이다.

자유子游는 "임금을 섬길 때 간언諫言을 자주 하면 욕을 당하고, 친구에게 충고를 자주 하면 이것으로 소원해진다."라고 했다. 子遊曰　事君數　斯辱矣　朋友數　斯疏矣〈이인里人〉**26**

＊삭數은 번거롭게 자주 함이다. 임금에게 간諫한 말이 받아들여지지 않는다면 마땅히 떠나야 하고, 벗을 인도하는데 착한 말이 받아들여지지 않으면 마땅히 그만두어야 한다. 주고받는 말이 번거롭고 지저분해지면 말한 사람은 가벼워지고 듣는 사람은 싫어한다. 이러므로 영화榮華를 구하다가 도리어 욕辱을 당하고, 친하기를 구하다가 도리어 성글고 멀어지는 것이다. 이는 군신과 붕우는 의義로 합해졌기 때문이다.

사람들이 친구에게 충고해 줄 때 자신이 말한 대로 친구가 따라주기를 바라서 집요하게 강요하는 것은 말하는 사람의 독선獨善이다. 친구가 상담을 요구해서 충고해주는 것은 좋은 일이고 당연한 일이지만, 정보를 제공하는 수준에서 그쳐서 친구 스스로 선택하고 판단하게 해야만 친구의 관계가 오래간다. 아무리 듣기 좋은 꽃 노래도 상대의 처지에서는 듣기 싫을 수도 있으니, 상대의 처지를 고려해서 충고든 상담이든 해주는 것이 좋다. 〈자로子路〉28에도 자로子路가 어떠해야 선비라고 하느냐고 물음에, 공자는 "친구에게는 간곡하고 자상하게 권면하고, 형제간에는 온화하고 기쁘게 대해야 한다. 朋友 切切偲偲 兄弟 怡怡"라고 말한 적이 있다.

공자는 군자를 모실 때 세 가지 실수를 지적했는데 말하기 태도에 관한 것이다.

> 공자는 "군자를 모시는 데 세 가지 실수가 있으니, [군자의] 말씀이 아직 끝나지 아니했는데 말하는 것을 조급하다[조躁]고 하고, 말씀이 끝났는데 말하지 않는 것을 숨긴다[은隱]고 이르며, 안색을 살피지 않고 말하는 것을 고瞽라고 한다."라고 했다. 孔子曰 侍於君子 有三愆 言未及之而言 謂之躁 言及之而不言 謂之隱 未見顔色而言 謂之瞽 〈계씨季氏〉6

* 군자는 덕德과 지위地位가 있는 이의 통칭通稱이고, 건愆은 실수다. 언미급지言未及之의 급及은 끝남이다. 고瞽는 시각장애인이어서 남의 안색을 살필 수 없다.

이 장章은 말하기 태도에서 중요한 내용이다. 사람이 조급하다 보면 상대의 말을 가로채기 쉬운데 이것이야말로 말하기 태도에서 가장 나쁜 사례다. 특히 나이가 들면 남의 말을 자르고 자기 말을 하는 경우가 많다. 이것은 아마도 나이가 들면 자신이 생각해 놓은 말을 잊을까 염려하는 조바심이 나서 그런 것이다. 나이가 들었으니 '그러겠지.' 하고 듣는 이가 이해해주면 좋지만, 나이 든 사람 스스로 조심해야 할 태도다. 그러려면 혈기血氣로 말하려고 하지 말고, 지기志氣를 쌓아서 남의 말을 잘 듣고 상대에게 하고 싶은 말이 있어도 자제하는 것이 상대를 대하는 좋은 전략이다.

상대의 말이 끝났으면 거기에 대해 어떤 형태로든지 반응을 보이는 것이 이야기 듣는 사람의 예의禮儀다. 그런데 상대 앞에서 예의를 갖춘답시고 그저 '예, 예'만 한다거나 상대가 물어도 겸손을 가장해서 '전 모르겠습니다.'로 일관하는 태도는 상대에게 뭔가 숨기고 있는 것이 아닌가 하는 의심을 받게 된다. 그러니 자신이 아는 대로 말을 하되, 다만 자기가 하고 싶은 말을 다 하는 것이 아니라 조금 부족한 듯이 하는 것이 상대에 대한 바른 태도다. 마지막으로 남과 대화할 때 상대의 안색을 살피는 것이 중요하다. 상대가 자신보다 윗사람이든지 아랫사람이든지 상관없이 상대의 안색을 살피지 않고, 하고 싶은 이야기가 남았다고 하여 막무가내로 이야기하는 것은 좋은 말하기 태도가 아니다. 말하기에서 상대의 안색顔色 곧 심리상태를 살피면서 이야기하는 습관을 지니는 것이 아주 좋은 말하기 태도다.

다음은 지칭指稱 또는 호칭呼稱에 관한 내용인데 지칭이나 호칭은 말하기 태도에서 중요하므로 여기에 소개한다.

나라 임금의 아내를 임금이 일컬을 때는 부인夫人이라 하고, 부인이 스스로를 일컬을 때는 소동小童이라 하며, 나라 사람들이 일컬을 때는 군부인君夫人이라 하고, 다른 나라 사람에게 말할 때는 과소군寡小君이라 하며, 다른 나라 사람들이 일컬을 때는 역시 군부인君夫人이라 한다. 邦君之妻 君 稱之曰夫人 夫人 自稱曰 小童 邦人 稱之曰 君夫人 稱諸異邦曰 寡小君 異邦人 稱

 * 이것은 중국 춘추시대 호칭법이니, 비록 『논어』에 언급된 지칭指稱이나 호칭互稱이라고 해도 오늘날 우리 현실에 반드시 적용할 필요는 없고, 현실에 어울리는 어휘를 지칭이나 호칭으로 사용하면 된다. 다만 공개된 장소에서 사용하는 지칭이나 호칭 중에 듣는 사람을 민망하게 하는 말은 삼가는 것이 다른 집단에 대한 배려다.

 요즘 젊은 부부들은 남편을 '오빠'라고 하고, 아내를 동생처럼 '얘, 쟤' 하는데, 이것은 부부간에 지켜야 할 아름다운 거리를 무너뜨릴 수도 있으니 적절한 지칭이나 호칭이 아니다. 혼인 전에는 마땅한 호칭이 없어서 이를 사용할 수 있겠지만, 혼인한 후에도 계속 오빠라고 하는 것은 바람직하지 않다. 지칭이나 호칭은 사용하는 사람끼리 편하면 그만이지만, 심리적 의타심으로 남편을 오빠라고 한다면 이는 적절한 어휘가 아니다. 결혼 전에 오빠라고 불리기를 좋아했던 남성들이 결혼을 꺼리는 이유가 결혼해서 여자의 노예로 살기 싫어서라고 하는데, 설마 오빠라는 말이 부담되어서는 아니겠지만, 부부가 된 뒤에도 이런 지칭이나 호칭을 사용하는 것은 바람직하지 않다.

 나이 든 부부의 호칭이나 지칭에도 문제가 없지 않다. 부부가 오래 살다 보니 서로 익숙해져서 그러겠지만, 호칭이나 지칭이 매우 거칠고 다양하다. 구체적으로 언급은 못 하지만 듣기에 민망할 때가 있다. 부부가 상대를 함부로 대하는 말버릇은 퉁명스러운 대화로 이어져서 마음에 상처를 입게 되면 서로가 묵언수행默言修行하듯 침묵으로 지낸다. 그러다가 마지막에는 돌이킬 수 없는 사달이 나기도 하니, 품격 갖춘 지칭과 호칭 그리고 온화한 말씨는 가정의 화목과 평화를 위해서 반드시 실천해야 할 군자의 덕목이다.

세 번째

군자^{君子}의 위정^{爲政}

공자는 지위^{地位}를 가진 군자 곧 위정자^{爲政者}가 정사^{政事}를 어떻게 해야 한다고 했는지 보자.

공자는 〈위정^{爲政}〉의 첫머리에서 군자의 덕치^{德治}를 언급했다.

> 공자는 "덕^德으로 정치를 하는 것은, 비유하자면 북극성이 그 자리를 차지하고 있으면 뭇별이 [그에게로] 향하는 것과 같다."라고 했다. 子曰 爲政以德 譬如北辰 居其所 而衆星 共之 〈위정^{爲政}〉1

* 정^政은 바름이고, 북신^{北辰}은 북극성^{北極星}이다. 어떤 이는 중성공지^{衆星共之}에서 공^共은 향하다가 아니라, 두 손 맞잡을 공^拱 또는 하나로 끼일 공^拱이라고 하여, 뭇별들이 북극성^{北極星}을 중심으로 해서 함께 돈다는 의미라고도 한다.

이 장^章은 북극성이 자리만 차지하고 있으면 뭇별들이 알아서 향하는

273

것처럼, 군왕君王이 자리만 차지하고 있으면 신하들이 스스로 알아서 향한다는 의미가 아니다. 군왕이 인위人爲로 하지 않더라도 정사政事가 이루어진다는 것은 군왕이 먼저 덕德으로 정사政事를 하여 신하들을 모은 뒤에, 그 자리를 차지하고 있으면서 신하에게 정사政事를 맡기면 무위無爲를 할 수 있다는 의미다. 정자程子도 덕德으로 정사政事를 한 그런 뒤에야 무위無爲를 할 수 있다고 했다.

군왕이 덕德으로 정사政事를 한다고 하더라도 신하를 모으는 일은 사실 인위人爲다. 다만 군왕이 먼저 덕德을 쌓은 뒤에야 무위無爲를 할 수 있다는 점에서 처음부터 인위人爲 자체를 부정적으로 보는 노장老莊의 무위無爲와는 좀 다르다. 그런데 달리 생각하면 덕德을 쌓는 일 자체가 지어먹은 마음 곧 작심作心으로 하는 것이 아니라, 자연의 이치를 따르는 것이므로 그것 자체가 인위人爲가 아닌 무위無爲라고 할 수도 있다. 그래서 '북극성이 그 자리를 차지하고 있으면 北辰 居其所'이란 말은 다양하게 이해된다.

공자가 순舜임금의 사례를 들어서 설명한 것을 보면 앞의 설명이 좀 더 확실해진다.

> 공자는 "무위無爲로 다스린 분은 아마 순舜임금일 것이다. 대범 어떻게 하였는가? 몸가짐을 공손히 하고 바르게 남면南面을 하였을 따름이다."라고 했다. 子曰 無爲而治者 其舜也與 夫何爲哉 恭己正南面而已矣〈위령공衛靈公〉4

* 순舜임금이 무위無爲로 다스렸다는 것은 먼저 성인聖人의 덕德을 갖추고 몸가짐을 공경히 했기 때문이다. 따라서 덕德을 쌓는 일이 없었다면 순舜임금도 무위지치無爲之治를 할 수 없었을 것이다. 만약에 지도자가 자기와 코드

세 번째 군자의 위정

가 맞는 사람만 골라 쓰는 인사人事를 하면서, 수고를 아끼지 않았다고 하는 것은 진정한 수고가 아니다. 인사가 만사萬事라는 말이 있듯이 사람을 적재적소適材適所에 쓸 만한 인물을 찾는 일은 가만히 앉아서 될 일이 아니다. 인사 검증을 시스템으로 한다고 하지만, 위정자가 먼저 덕德을 쌓아서 신망信望을 얻은 뒤에라야 능력 있는 이들이 모여들어서 적절한 인사가 가능한 것이다. 그런데 위정자들은 덕德 쌓는 일을 자신과는 무관한 일로 여긴다.

공자가 군자의 위정爲政을 말하면서 덕德을 먼저 강조했지만, 위정爲政에는 예禮 또한 덕德 못지않게 중요하다. 이것은 '예禮와 위정爲政'에서 이미 다루었으니, 독자의 기억을 위해서 본문만 소개해 둔다.

> 공자는 "정政[법法]으로 인도하고 형벌刑罰로 백성을 다스리면 백성들이 형벌을 면하고도 부끄러워함이 없다. 덕德으로 인도하고 예禮로써 다스리면 부끄러워함이 있고 또 선善에 이른다."라고 했다. 子曰 道之以政 齊之以刑 民免而無恥 道之以德 齊之以禮 有恥且格 〈위정爲政〉3

* 군자의 위정爲政은 덕德과 예禮가 쌍수雙手로 나아가야 하는데, 위정자들이 걸핏하면 법을 만들어 백성을 겁박하는 것은 위정爲政이 아니다. 법法을 좋아하다가 그 법에 자신이 걸려드는 사례를 앞에서 이미 소개했다. 그러니 백성을 법으로 다스리려고 하지 말고, 예禮로써 다스려야 하는데 이것은 인성교육人性敎育을 통해서 가능하다.

다음은 제후국諸侯國의 위정자爲政者들이 정사政事를 행할 때, 어떻게 해야 하는가를 공자가 언급한 내용이다.

공자는 "천승지국[제후지국諸侯之國]을 다스리되 일을 공경히 하고 미덥게 하며, [물자를] 절약해서 쓰고, 사람을 사랑하며, 백성 부리기를 때에 맞춰서 해야 한다."라고 했다. 子曰 道千乘之國 敬事而信 節用而愛人 使民以時 〈학이學而〉5

＊ 도천승지국道千乘之國의 도道는 이끌 도導와 통하니 다스림[치治]이다. 천승千乘은 제후諸侯의 나라이니, 그 땅은 수레 천 대에 말 4천 필의 병거兵車를 내놓을 만한 나라다. 제후지국諸侯之國에서 군자가 정사政事를 할 때, 공자는 세 가지를 말했는데 '일함에 공경히 하고서 백성에게 미덥게 하고 敬事而信', '물자를 절약해서 쓰고 사람을 아끼며 節用愛人', '백성을 때에 맞춰서 부리는 것 使民以時'이라고 했다. 이를 세분細分하면 경사敬事, 신어민信於民, 절용節用, 애인愛人, 사민이시使民以時 다섯 가지다.

이 말이 얕고 쉬워 보이지만 오늘날에도 이것만 제대로 되면 요堯ㆍ순舜의 정치도 볼 수 있다. 요즘에 국민복지라는 이름으로 국고國庫를 풀지만, 권력 유지를 위해 민심을 얻으려는 의도가 깔렸다면 진정성을 의심받을 수 있다. 그러니 실태를 잘 파악한 뒤에 실시하지 않으면 절용節用은 공염불이 될 수밖에 없다. 말로는 이렇게 쉽게 하지만, 담당자들은 이런 실태 파악이 어렵다고 한다. 그러니 평소 민중의 삶을 가까이서 잘 살피고 사심私心없이 백성을 아끼는[애인愛人] 담당자가 아니라면, 이런 일이 어려울 수밖에 없을 것이다.

다음은 제齊나라 경공景公이 공자에게 정치에 관해서 묻자, 거기에 대답한 내용이다.

제齊나라 경공景公이 공자에게 정政을 물으니 공자가 대답하기를 "군왕이 군왕답고, 신하는 신하답게, 아비가 아비답고, 자식은 자식답게 하는 것입니다."라고 하니, 공[경공景公]이 "좋은 말씀입니다. 진실로 군왕이 군왕답지 못하고, 신하가 신하답지 못하며, 아비가 아비답지 못하고, 자식이 자식답지 못하면, 비록 곡식이 있다고 한들, 내가 얻어먹을 수 있겠습니까?"라고 했다. 齊景公　問政於孔子　孔子對曰　君君臣臣父父子子　公曰　善哉　信如君不君　臣不臣　父不父　子不子　雖有粟　吾得而食諸 〈안연顔淵〉**11**

　＊요즘 세상에 군신君臣 부자父子의 관계가 본문에서 말한 것처럼 되어야 하는 도리를 아는 자가 많지 않다. 또 알아도 이를 기뻐하기만 하고 이를 궁구窮究하여 실천하지 않으면 나라는 망할 것이다. 영도자가 영도자답지 못하고, 관리가 관리답지 못하며, 아버지가 아버지답지 못하고, 자식이 자식답지 못한 것은 물질만 숭상하고 인성人性을 외면한 결과다. 그런데도 위정자들은 인성교육보다는 자신들의 정권 유지를 위해서 무소불위無所不爲의 짓을 자행한다. 오죽하면 노래하는 사람마저 "세상이 왜 이래." 하고 불러대니 참으로 딱한 세상이다.

　다음은 위정자爲政者의 몸가짐을 바르게 하는 것에 대한 공자의 언급이다.

공자는 "진실로 윗사람이 몸가짐을 바르게 하면 정치를 하는 데 무슨 어려움이 있겠는가. 자신의 몸가짐을 바르게 하지 못한다면 어떻게 남을 바르게 할 수 있겠는가?"라고 했다. 子曰　苟正其身矣　於從政乎　何有　不能正其身　如正人　何 〈자로子路〉**13**

＊ 공자는 위정자爲政者의 처신이 바르지 않으면 남을 바로 할 수 없다고 했다. 몸을 바르게 한다는 정신正身은 위정자爲政者가 몸가짐을 바르게 한다는 의미다. 뒤에 나오는 행동을 곧게 한다는 정직正直과도 통하지만, 정신正身의 의미가 더 포괄적이다. 위정자들은 자기 몸을 바르게 한다는 말을 항상 기억하면서 정사政事를 돌본다면 아랫사람이 모두 따를 것이고, 위정자가 자기 직職을 그만둔 뒤에 교도소에 갈 일도 없을 것이다.

위정자爲政者치고 자기 몸가짐을 바르게 한 자들이 과연 얼마나 될까. 공자는 몸가짐을 위정자의 명령과 관련지어서 언급했다.

> 공자는 "자기 몸이 바르면 명령하지 않아도 행해지고, 자기 몸이 바르지 못하면 비록 명령해도 따르지 않는다."라고 했다. 子曰 其身 正 不令而行 其身 不正 雖令不從 〈자로子路〉6

＊ 이는 군자가 자신의 몸가짐을 항상 바르게 해야 백성들이 그의 명령에 따른다는 것을 공자가 언급한 것인데, 요즘에 자신의 욕망을 누르고 오로지 백성만을 생각하는 청백리淸白吏를 찾기가 쉽지 않다. 위정자爲政者들의 행태行態를 보면 앞선 위정자들이 온갖 비리를 저지르고 홍복洪福을 누렸는데, 이제 우리가 권력을 잡았으니 저들을 적폐로 몰아 청산하고, 우리도 저들처럼 백성의 단물 좀 빨아보자고 한다면, 저런 자나 이런 자나 모두 도긴개긴이다.

위정자들의 불법 자행은 앞선 못된 위정자들한테서 배운 것이 아닌가 싶다. 그러니 앞서 불법을 자행했던 자들은 과거의 자기 잘못을 먼저 통렬하게 반성하는 대오각성大悟覺醒을 해야 권토중래捲土重來를 할 수 있다. 그러

세 번째 군자의 위정

나 권력을 되찾겠다는 자들의 행태를 보면, 현 위정자들의 불법이나 발고發告해서 쉽게 권력을 재탈환하려는 데에만 혈안이 되어 있다. 속된 말로 제삿밥에만 관심이 있을 뿐, 통렬한 자기반성을 통해 공평무사公平無私하고 정의로운 나라를 이루겠다는 미래의 계획은 없고 그럴 의지도 전혀 안 보인다. 또 적폐積弊를 청산淸算하겠다고 해서 정권을 차지한 자들이라면, 저들의 잘못을 타산지석他山之石으로 삼고 자기들은 바르게 처신해야 한다. 그런데 이들의 하는 짓거리가 앞서 잘못한 저들이랑 똑같다면, 이들도 나쁘기는 마찬가지다. 이러니 위정자들에 대한 백성들의 불신은 날이 갈수록 커질 뿐이다.

다음의 직直은 정직正直이지만 앞에서 언급된 정신正身과도 통한다.

공자는 "사람의 삶이란 정직正直이니, [남을] 속이면서 사는 것은 요행히 [죽음을] 면한 것이다."라고 했다. 子曰 人之生也直 罔之生也 幸而免 〈옹야雍也〉**17**

* 삶의 이치理致는 정직正直이니, 남을 속이는 망罔은 사는 것이 아니다. 여기서 말하는 직直은 일반적으로 말하는 바르고 곧음이지, 융통성이 없다는 의미의 고지식한 곧음[직直]과는 다르다. 정자程子도 삶의 이치가 본래 정직正直이고 망罔은 정직하지 않음이니, 그런데도 '산 것[생生]'은 요행히 죽음을 면한 것이라고 했다.

사람의 삶의 이치[도道]가 본래 정직正直이라는데, 사람들은 어떻게 정직하게 살까? 섭공葉公과 공자의 다음 대화를 보자.

섭공^{葉公}이 공자에게 "우리 무리에 몸을 곧게[직^直] 행하는 자가 있으니, 그 아버지가 양을 훔치자 아들이 이를 증좌^{證佐}했습니다."라고 하자, 공자가 "우리 무리의 곧은[직^直] 자는 이와 다르다. 아버지는 자식을 위해 숨겨주고 자식은 아버지를 위해 숨겨주니, 곧음[직^直]은 그 속에 있다."라고 했다. 葉公 語孔子曰 吾黨 有直窮者 其父攘羊 而子證之 孔子曰 吾黨之直者 異於是 父爲子隱 子爲父隱 直在其中矣 〈자로^{子路}〉**18**

  * 섭공^{葉公}이 말한 곧음[직^直]은 고지식하다는 의미로 곧음이고, 공자가 말한 곧음[직^直]은 순리^{順理}의 곧음이다. 정직^{正直}이라는 일반적 의미의 곧음[직^直]은 우리가 반드시 실천해야 할 도덕이지만, 상황에 따라서는 자기가 하는 행위가 곧은 것[직^直]인지 아닌지를 따질 겨를도 없이 행동하는 때도 있다. 그렇다고 곧게 행동하지 않아도 된다는 것은 아니다. 유가^{儒家}에서는 순리^{順理}를 곧음[직^直]이라고 한 것이다.

  순^舜임금은 자기 아버지 고수^{瞽瞍}가 만약에 살인^{殺人}을 했다면, 남이 모르게 아버지를 업고 도망하여 바닷가를 따라 살았을 것이라는 말이 있다. 우리가 순^舜임금처럼 살기는 어렵다. 그렇지만 아버지가 자식을 위해 숨겨주지 않고, 자식이 아버지를 위해 숨겨주지 않는다면, 이는 삶의 이치를 따른 것이 아니다. 어떤 것이 순리^{順理}인지는 본인이 판단하고 그 판단에 대한 책임도 져야 한다. 이런 인정^{人情}을 이해하고 부모와 자식 사이의 불고지죄^{不告之罪}는 법에서도 묻지 않나 보다.

  다음은 백성의 복종에 대해서 노^魯나라 애공^{哀公}의 물음에 공자가 답한 내용이다.

세 번째 군자의 위정

애공哀公이 "어떻게 해야 백성이 복종합니까?"라고 물으니, 공자가 대답하기를 "곧은 것을 들어서 굽은 곳에 놓으면 백성이 복종하고, 굽은 것은 들어곧은 곳에 놓으면 백성은 복종하지 않습니다."라고 했다. 哀公問 何爲則民服 孔子對曰 擧直錯諸枉 則民服 擧枉錯諸直 則民不服 〈위정爲政〉**19**

* 애공哀公은 노魯나라 군주로 이름이 장蔣이다. 거직조제왕擧直錯諸枉의 조錯는 놓아둠[사치捨置]이고, 제諸를 모두 중衆라고 하지만 지어之於의 축약형으로 볼 수도 있다. 임금의 물음에 '공자대왈孔子對曰'이라 한 것은 공자가 군주를 높여서 그렇게 한 것이다.

'곧은 것을 들어서 굽은 것에 놓는다.擧直錯諸枉'는 것은 임금이 정직한 사람을 들어 쓰고 바르지 못한 사람을 버린다는 의미다. 진秦나라 환관宦官 조고趙高가 권력을 잡은 뒤에 사슴을 가리켜 말[마馬]이라고 했다는 지록위마指鹿爲馬 고사故事처럼, 요즘엔 권력을 가진 자가 자기 권력을 이용해서 '곧은 것은 굽었다.' 하고, '굽은 것은 곧다.'라고 할 정도로 무도無道하다. 심지어 굽은 자가 저 스스로 곧다 하고, 또 저들끼리 편을 짜서 정작 곧은 자를 굽은 자라고 몰아세우는 형국이다. 이것은 나라에 도道가 없어서 벌어지는 현상이다. 그러니 백성이 그런 위정자爲政者에게 복종할 리 없다. 정치하는 자들은 거직조제왕擧直錯諸枉의 구절을 마음에 새기고 실천해야 국민이 복종한다. 우리가 늘 하는 말로 '화무십일홍花無十日紅이요 권불십년權不十年'이라고 하는데, 자신이 집권하는 중에는 이 말을 기억하고 싶지 않은 모양이다.

거직조제왕擧直錯諸枉은 앞의 '인仁·지智·용勇' 절節에서 소개한 〈안연顏淵〉**22**에도 나온다. 이미 기술한 내용이므로 독자의 기억을 위해서 본문만 소개한다.

번지樊遲가 인仁을 물으니, 공자가 "사람을 사랑하는 것"이라 하고, 지知를 물으니, 공자가 "사람을 아는 것"이라고 했다. 번지가 그 뜻을 통달하지 못하거늘 공자가 "곧은 것을 들어 굽은 것에다 놓으면 굽은 것을 곧게 할 수 있다."라고 했다. 그래도 번지樊遲가 이해하지 못하고, 번지樊遲가 물러나 자하子夏를 만나서 "저번에 내가 선생님[부자夫子]을 뵙고 지知를 물으니, 공자가 '곧은 것을 들어 굽은 것에 놓으면 굽은 것을 곧게 할 수 있다.'라고 하셨는데 무엇을 말한 것인가?"라고 하니, 자하子夏가 "풍부하다, 말씀이여! 순舜임금이 천하를 차지하고 무리 중에서 뽑되, 고요皐陶를 들어 쓰니 불인不仁자가 멀리 사라져 볼 수 없고, 탕湯임금이 천하를 차지하고 무리 중에서 뽑되 이윤伊尹을 들어 쓰니 불인不仁자가 멀리 사라져 볼 수 없었다."라고 했다. 樊遲問仁 子曰 愛人 問知 子曰 知人 樊遲未達 子曰 擧直錯諸枉 能使枉者直 樊遲退 見子夏曰 鄕也 吾見於夫子而問知 子曰 擧直錯諸枉 能使枉者直 何謂也 子夏曰 富哉 言乎 舜有天下 選於衆 擧皐陶 不仁者 遠矣 湯有天下 選於衆 擧伊尹 不仁者 遠矣 〈안연顔淵〉22

노魯나라의 대부大夫 계강자季康子의 위정爲政에 관한 질문이 『논어』에 네 번 나온다. 다음은 공자가 윗사람이 솔선하면 백성은 권면勸勉하게 된다는 내용이다.

계강자季康子가 "백성들에게 윗사람을 공경恭敬하게 하고, 충성忠誠하게 하는 것을 권면勸勉하려면 어떻게 해야 합니까?" 하고 물으니, 공자가 "용모를 단정히 하고 위엄[장엄莊嚴]으로 [백성에게] 다가가면 [백성들이] 공경하고, [윗사람이] 효도를 [본보이고] [아랫사람에게] 인자仁慈함을 베풀면 [백성들이] 충성하며, 잘하는 자를 천거하고 능력 없는 자를 가르치면 [백성들이] 권면

하게 됩니다."라고 했다. 季康子問 使民敬忠以勤 如之何 子曰 臨之以莊
則敬 孝慈則忠 擧善而敎不能則勸 〈위정爲政〉20

* 〈위정爲政〉 편篇에 수록된 이 장章은 계강자季康子의 질문에 '자왈子曰'로
되어 있고, 다음에 나오는 〈안연顏淵〉 편篇에 수록된 세 장章은 '공자대왈孔子
對曰'로 되어 있다. 이는 아마도 기록자가 달라서 그런 것이 아닌가 한다.

계강자季康子는 노魯나라 대부大夫 계손씨季孫氏로 이름이 비肥다. 장莊은 용
모容貌가 단정하고 위엄을 갖춤인데, 여기서 말하는 용모는 외모만이 아니
라 행동거지行動擧止도 포함된다. 경敬과 충忠은 백성에게 강요한다고 해서 되
는 것이 아니다. 공자는 위정자가 용모를 단정히 하고 위엄으로 먼저 백성
에게 다가가면 백성들이 공경하고, 위정자가 먼저 효도를 본보이고 백성에
게 인자함을 베풀면 백성들은 충성하게 되며, 잘하는 자를 천거하고 능력
없는 자를 가르치면 백성은 권면하게 된다고 했다. 이는 백성이 군자를 공
경하고 충성하도록 억지로 강요하는 것이 아니다. 위정자가 솔선수범하면
백성은 즐거운 마음으로 복종하여, 위정자가 기대하지 않아도 그렇게
된다.

만약 위정자들이 백성보다 앞서 위선僞善을 자행하면서 백성들에게는
공경과 충성을 강요하면, 어느 백성이 위정자에게 마음으로 복종하겠는가.
취업이 잘 되는 나라보다 공정·공평·정의가 실천되는 사회를 더 원한다
는 젊은 세대들의 이야기를 위정자들은 귀담아들어야 한다.

위에 언급된 위정자의 엄장嚴莊한 용모容貌와 관련하여, 과거에 의관衣冠
을 정제整齊하고 용모를 엄장嚴莊하게 한 것은 위정자가 도道로써 백성을 인
도했기 때문이다. 따라서 용모가 흐트러진 위정자는 백성의 신뢰를 받을
수 없고, 신뢰받지 못한 위정자는 백성을 도道로써 인도引導할 수 없다고 생

각해서 용모를 강조했다.

야담野譚에 전하는 일화로, 과거에 육조六曹의 판서判書는 관冠에 금관자金貫子를 붙이고 가마도 화려했다. 반면에 삼정승三政丞의 관冠에는 선비들의 옥관자玉貫子를 달아서 '도리옥[도로 옥]'이란 말이 여기서 생겼다고 한다. 정승의 가마 역시 고작 파초선芭蕉扇으로 장식해서 외양外樣이 화려하지 않았는데 왜 그랬을까? 판서는 백성을 직접 상대하는 지위이니 백성에게 위엄을 갖추자고 화려한 것이고, 삼정승은 판서를 상대하기 때문에 외모의 장엄함보다는 덕德으로 대해야 했으므로 그랬다고 한다. 이 야담의 진위眞僞 여부를 떠나서 그럴듯한 말이다.

요즘에 관용차는 직위에 따라 제일 높은 사람부터 시작하여 직급별로 수준이 정해진다고 한다. 시대가 바뀌었으니 이것도 위계질서를 잡아가는 하나의 방법일 수 있지만, 여기에 어떤 의미가 담겨 있는지 잘 찾아지지 않고 오직 위계질서만 강조된 것 같다. 전통사회에서는 백성 앞에 나서는 위정자가 외모를 단정히 하는 것이 자신의 마음을 바로 하는 것이라 여겼기 때문에, 용모가 흐트러지는 것을 혐오嫌惡했다. 전통적 서구사회에서도 백성 앞에 나서는 위정자들이 정장한 모습을 한동안 흔하게 볼 수 있었는데, 실용주의가 보편화하면서 편한 용모로 바뀌었다. 우리 사회도 위정자들이 백성에게 좀 더 친근하게 다가가려고 한 것인지, 아니면 전통적인 권위 의식에서 벗어나려고 해서 그런지 몰라도, 요즘엔 용모에 격식을 차리지 않는 것을 볼 수 있다. 백성의 신뢰를 얻고자 하는 위정자가 어떤 용모를 갖출 것인가는 자신이 처한 정황을 고려해서 스스로 선택할 문제다.

계강자季康子가 공자에게 정政에 관해 묻자, 공자는 정政을 바름[정正]이라고 했다. 위정자爲政者가 백성을 다스릴 때 정직正直하고 솔선해야 한다는

　　　　　　　　　　　　　　　　　　세 번째 군자의 위정

의미다.

> 계강자季康子가 정政에 대해 공자에게 물으니, 공자가 "정政이란 것은 바름[정正]입니다. 그대가 바름[정正]으로 솔선한다면, 누가 감히 바르지 않겠습니까?"라고 대답했다. 季康子問政於孔子 孔子對曰 政者 正也 子帥以正 孰敢不正 〈안연顏淵〉**17**

  * 이 장章은 맹손孟孫, 숙손叔孫, 계손季孫 삼가자三家者가 노나라 정권을 좌지우지左之右之하던 시절에, 계강자季康子가 자기 잘못은 숨기고 백성이 자기에게 공경恭敬하고 충성忠誠하기를 바라는 의미로 공자에게 정政에 관한 묘책을 물었지만, 공자는 자기가 바르지 않고서 남을 바르게 할 수 있는 자는 없다고 했다. 계강자季康子는 이욕利慾에 탐닉했으므로, 공자가 그에게 원론적인 대답만 하고 잘못을 고치기를 바랐지만, 그는 공자의 말대로 하지 않았다. 계강자季康子만이 아니라 삼가자三家者 모두가 잘못을 감춘다고 해도, 백성이 이를 모를 리 없다. 그러니 그에게 복종하지 않은 것이다.

  위정자들은 법 집행자를 겁박해서라도 자신들의 잘못을 수단 방법을 가리지 않고 가리고 싶겠지만, 백성들이 따르지 않는 것은 위정자가 자기의 잘못을 가린다고 해서 가려지는 것이 아니기 때문이다. 위정자가 이욕利慾에 눈이 멀면 백성이 따르지 않을 것은 뻔한 이치인데도 깨닫지 못한다.

  계강자季康子가 이번에는 도적을 걱정하며 어떻게 대처해야 할지를 물었다.

> 계강자季康子가 도적을 근심하여 공자에게 물으니, 공자가 "진실로 그대가 욕

심을 부리지 않는다면 비록 [도적에게] 상을 준다 한들 도적질하지 않을 것입니다."라고 했다. 季康子患盜 問於孔子 孔子對曰 苟子之不欲 雖賞之 不竊 〈안연顏淵〉**18**

　　＊ 계강자季康子의 아버지 사斯가 권력을 도적질하고, 강자康子가 적자嫡子 자리를 빼앗았으니, 백성들이 도적이 되는 것은 당연하다. 위정자爲政者가 도적질하면 백성이 도적이 되는 것은 너무도 당연하기 때문이다. 그래서 공자는 계강자季康子에게 탐욕을 부리지 말고 근본으로 돌아가라고 한 것이다. 오늘날의 위정자 역시 이 말을 깊이 새겨야 할 것이지만, 그들은 자기에게 온 탐욕의 기회를 놓치려고 하지 않는다. 결국, 그 탐욕이 자신의 미래를 망치게 될 것을 역사가 말해주지만, 바르지 못한 위정자는 이것을 깨닫지 못한다. 잘못을 지금이라도 고쳐서 바름으로 백성에게 다가가면 될 것을, 오로지 자기편만 있으면 권세는 무궁토록 누릴 수 있다고 믿으니 참으로 어리석다.

　　계강자季康子는 정사政事할 때 무도無道한 자를 처리하는 것에 대해 공자의 견해를 물었다.

계강자季康子가 공자에게 정政을 물으면서, "만약에 무도한 자를 죽여서 도道 있는 데로 나아가게 한다면 어떻습니까?"라고 하자, 공자가 대답하기를 "그대가 정사政事를 하면서 어찌 죽이는 것[살殺]을 씁니까? 그대가 선善을 하고자 하면 백성들은 선善해질 것입니다. 군자의 덕德은 바람이요 소인의 덕德은 풀이라, 바람이 풀에 더해지면 풀은 반드시 쓰러지는 것입니다."라고 했다. 季康子問政於孔子 如殺無道 以就有道 何如 孔子對曰 子爲政 焉用殺

　　　　　　　　　　　　　　　세 번째 군자의 위정

子欲善 而民 善矣 君子之德 風 小人之德 草 草上之風 必偃 〈안연顏淵〉19

* 초상지풍草上之風의 상上은 다른 본本에는 상尙으로 되어 있으니 더할 가加의 뜻이고, 언偃은 엎드릴 부仆의 뜻이다. 백성을 죽여 그들을 도道 있는 데로 나아가게 한다고 해서 질서가 잡히는 것이 아니다. 공자는 위정자가 백성에게 선善으로 나아가는 것을 몸소 보여줌으로써 백성을 도道 있는 데로 나아가게 하는 것이 치도治道의 원리라고 했다.

다음은 노魯나라 애공哀公이 흉년 대책에 대해 유약有若에게 물으니 철법徹法을 쓰라는 내용이다.

애공哀公이 유약有若에게 묻기를 "흉년이 들어 국가의 재용財用이 부족하니, 어떻게 하면 좋겠는가?"라고 하니, 유약有若이 "어찌 철법徹法[10분의 1 세법]을 쓰지 않으십니까?"라고 대답했다. 애공哀公이 "나에게는 [10분의] 2의 [세금도] 오히려 [국가 재용에] 부족한데, 어떻게 철법徹法을 쓰겠는가?"라고 하니, [유약有若이] "백성이 풍족하면 임금이 누구와 더불어 부족하겠으며, 백성이 부족하면 임금이 누구와 더불어 풍족하겠습니까?"라고 대답했다. 哀公 問於有若 年饑用不足 如之何 有若對曰 盍徹乎 曰 二 吾猶不足 如之何其徹也 對曰 百姓 足 君孰與不足 百姓 不足 君孰與足 〈안연顏淵〉9

* 『논어』에서 공자의 제자弟子를 주로 자字로 지칭했는데, 여기서는 유약有若이란 이름을 쓴 것은 군신君臣 간의 말이라고 하여, 임금 앞에서 신하는 이름을 써서 임금을 높인다는 사례에 따라 기록자가 그렇게 한 것이다.

철徹은 통합이고 균등함이다. 주周나라 제도는 지아비 1인[일부一夫]이 전田 백 묘百畝를 받아 도랑과 우물을 같이 쓰는 사람들과 더불어 힘을 합해서 농사를 짓고 이랑[묘, 무畝]을 계산하여 균등하게 거두니, 대개 백성은 그 아홉을 얻고 국가는 그 하나를 취하므로 이를 철徹이라고 했다. 노魯나라는 선공宣公 때부터 이랑 단위로 세금을 내게 하고 또 이랑마다 10분의 1을 취했는데, 이때는 10분의 2를 취했다. 그래서 유약有若이 오직 철법을 쓰도록 청하여, 재용財用을 절약해서 백성을 여유롭게 하고자 한 것이다. 그런데 애공哀公이 이를 이해하지 못했다.

국가에서 세금을 거두는 일은 오늘날에도 백성들의 원성의 대상이니, 예나 지금이나 차이가 없다. 세금 징수에 백성이 불평하는 것은 위정자爲政者나 백성百姓 모두가 자기중심으로 상대를 바라보기 때문이다. 위정자의 세금 징수가 국가 경영을 위한 진정한 정책이라면, 세금을 좀 많이 걷어도 백성은 불만이 없을 것이다. 그런데 위정자들은 국민을 빈자貧者와 부자富者로 편을 가른 뒤에 부자에게 부유세富裕稅를 걷어 소외된 국민의 복지에 쓰겠다는 논리를 앞세워서 교묘한 수법으로 세금을 거둔다. 부유한 자가 세금을 많이 내는 것이야 당연하지만, 그들의 생산 의욕마저 꺾여 이 나라 백성 되기를 포기한다면, 앞으로 복지, 교육, 국방 등 국가 경영을 위한 비용은 어디서 마련하겠는가? 그러니 위정자는 백성을 편 가르면 나라가 결딴나기 마련이다.

부자들이 자기들만 잘살겠다고 절세를 빙자하여 탈세를 저지르는 것이 불합리한 제도 때문이라면 반드시 제도를 고쳐야 한다. 그렇지만 이보다 먼저 부자들이 가난한 자들과 더불어 살겠다는 마음을 가진다면, 위정자들이 굳이 제도를 손질할 이유가 없다. 그런데 90원 가진 자는 10원 가진 자에게 자기 100원 채우자고 10원을 빼앗는 세상이라니, 이게 어디 사람 사는 세상인가? 또 위정자들은 전 국민복지라는 명분을 내세워서 증세^{增稅} 하지만, 결국 백성들은 자기들의 권력 유지를 위한 술책이라고 여기니, 그들의 마음이 위정자에게서 멀어질 뿐이다.

그런데도 굳이 왜 이런 짓을 할까? 저들이 몰라서가 아니라, 사람이 탐욕스러워서다. 그러니 공자 같은 성인^{聖人}이 다시 태어나도 저들의 탐욕을 바로잡을 수는 없을 것이니, 국민 스스로가 인성^{人性}을 회복하지 않으면 나라의 미래는 없다.

다음은 초^楚나라 섭공^{葉公}이 정치에 관해 질문하자, 공자가 답한 내용이다.

> 섭공^{葉公}이 정사^{政事}를 물으니, 공자가 "가까이 있는 자들이 기뻐하고, 멀리 있는 자들이 오게 하는 것이다."라고 했다. 葉公 問政 子曰 近者說 遠者來 〈자로^{子路}〉16

* 섭공^{葉公}은 섭현^{葉縣}의 윤^尹인 심제량^{沈諸梁}으로 자^字는 자고^{子高}다. 요즘은 남의 백성이 자기 나라로 이주해오는 것을 달가워하지 않지만, 옛날의 위정자들은 백성이 자기 지역으로 이주해오는 것을 자신의 덕^德 때문이라고 여겼다. 그렇지만 섭공^{葉公}은 한 고을의 한낱 책임자일 뿐인데 그 지위에 어울리지 않은 내용을 질문했다. 이런 질문에 공자가 왜 답했는지 궁금하지만, 더 이상의 언급이 없으니 알 수가 없다.

다음은 제자들의 정^政에 관한 질문에 공자가 답한 내용이다. 중궁^{仲弓}이 계씨^{季氏}의 가신^{家臣}으로 있으면서 정사^{政事}에 대해 공자와 나눈 대화부터 소개해 보자.

> 중궁仲弓이 계씨季氏의 가신家臣이 되어 정政에 관해 물으니, 공자가 "유사有司에게 먼저 시키고, 작은 허물은 용서해 주며, 어진 자와 재능 있는 자를 천거해야 한다."라고 하니, "어떻게 현賢 · 재才를 알아서 천거합니까?" 하니, "네가 아는 자를 천거하면 네가 모르는 자를 남들이 그를 버려두겠느냐."라고 했다. 仲弓 爲季氏宰 問政 子曰 先有司 赦小過 擧賢才 曰 焉知賢才而擧之 曰 擧爾所知 爾所不知 人其舍諸 〈자로子路〉2

* 유사有司는 여러 가지 직책이고, 가신家臣은 여러 직책을 겸한다. 그러나 일은 반드시 유사有司에게 먼저 하게 한 뒤에 공적功績을 살핀다면, 자기가 수고롭지 않고서도 일이 모두 잘 될 것이다. 그런데 유사有司에게 먼저 일을 시키지 않으면, 임금이 신하의 일을 할 수밖에 없을 것이다.

과過는 실수로 잘못한 것인데 작은 잘못을 용서하지 않으면 사람이 남아나지 않을 것이다. 큰 허물은 일에 혹 해로운 바가 있으니 징계하지 않을 수 없지만, 작은 허물은 용서해 주면 형벌이 남용濫用되지 않아서 민심이 기뻐할 것이다.

그리고 현賢은 덕德 있는 자고, 재才는 재능才能이 있는 자니, 이들을 천거薦擧해서 쓰면 유사有司가 바로 그 적임자를 얻어 정사政事가 더욱 닦일 것이다. 그렇지만 만약에 적재적소適材適所에 어진 인재를 등용하지 못하면, 많은 직책이 결국은 폐기되고 말 것이다. 중궁仲弓이 한 시대의 현賢 · 재才를 다 알 수 없음을 염려하니, 공자가 이렇게 말해 준 것이다.

다음은 공자 제자 자공子貢이 정사政事에 대해 공자와 나눈 대화다.

자공子貢이 정政에 관해 묻자, 공자가 "식食[식량食糧]을 풍족하게 하고 병兵[병기兵器]을 풍족하게 하면 백성들이 [윗사람에게] 신信[신의信義]을 지킬 것이다."라고 했다. 자공子貢이 "부득이해서 반드시 버려야 한다면 이 세 가지 중에서 무엇을 먼저 합니까?" 하니, 공자가 "병兵을 버려야 한다."라고 했다. 자공子貢이 "부득이해서 반드시 버려야 한다면 두 가지 중에서는 무엇을 먼저 합니까?" 하니, "식食을 버려야 한다. 자고自古로 [세 가지] 모두 다 죽음이 있지만, 백성[사람]은 신信[신의信義]이 없으면 설 수 없다."라고 했다. 子貢 問 政 子曰 足食足兵 民 信之矣 子貢曰 必不得已而去 於斯三者 何先 曰 去兵 子貢曰 必不得已而去 於斯二者 何先 曰 去食 自古皆有死 民無信不立 〈안연顏淵〉7

* 민신지民信之를 문맥을 고려해서 민신어아民信於我로 보고, '백성이 나[윗사람]에게 신信[신의信義]을 지킨다.'라고 했지만, 어떤 이는 민신지民信之를 백성들이 '위정자爲政者를 믿는다.'라고 말하기도 한다. 이는 백성이 나를 믿으니까 결국 내게 신의信義를 지킬 것이라는 의미다. 또 '자고로 모두 다 죽음이 있다.自古皆有死'는 식食과 병兵과 신信이 없으면, 사람은 결국 모두 다 죽게 된다는 말이다.

이 장章은 전쟁을 염두에 두고 정사政事를 펼칠 경우를 전제로, 창고에 먹을 것이 충실하고 병기가 갖추어진 뒤에라야 교화敎化가 행해져서 백성이 위정자爲政者에게 신의信義를 지켜 이반離叛하지 않을 것을 언급한 것이다. 세 가지 중에서 병兵을 먼저 버려야 한다고 말한 것은 설령 전쟁이 나도 백성이 양식이 풍족하고 신의가 깊으면 병기가 없어도 지킴이 견고할 수 있기 때문이다. 두 가지 중에서는 양식을 먼저 버려야 한다고 말한 것은 백성은 양식이 없으면 반드시 죽음을 면할 수 없지만, 백성과 위정자 사이에 특히 신의

信義가 없으면 살더라도 스스로 설 수 없다. 그러니 죽음이 오히려 편안함이 되는 것과 같지 않다. 그러니 위정자는 차라리 죽을지언정 백성에게 신信을 잃지 않고, 백성도 차라리 죽을지언정 위정자에게 믿음을 잃지 않도록 해야 한다.

주자朱子는 인정人情으로 말한다면 병兵과 식食이 풍족한 뒤에 위정자爲政者의 신의信義가 백성들에게 믿어질 수 있고, 백성의 덕德으로 말한다면 신의信義는 본래 사람에게 고유固有한 것이므로, 병兵과 식食을 얻는 것이 신信보다 앞서는 것은 아니다. 그러므로 위정자들은 마땅히 백성들에게 솔선率先해서 죽음으로써 신의信義를 지켜야 할 것이지, 위급하다고 해서 그것을 버릴 수 있는 것은 아니라고 했다.

여기서 신信은 사람의 말을 믿는 신의信義인데, 인仁·의義·예禮·지智·신信 오상五常 중에 신信이 맨 뒤에 있는 것은 다른 것에 비해 중요하지 않아서가 아니다. 신信은 동東·서西·남南·북北·중앙中央 오방五方으로 봐도 중앙을 차지하고 있고, 춘春·하夏·추秋·동冬·계季의 계절季節로 봐도 사계四季마다 마지막 18일이 계季에 해당하여 늦봄[계춘季春]·늦여름[계하季夏]·늦가을[계추季秋]·늦겨울[계동季冬]이 된다. 따라서 계季가 각 계절에 모두 있는 것처럼, 사람에게 신信이 없으면 인仁·의義·예禮·지智가 설 수 없게 된다. 그래서 공자는 정사政事에서 병兵과 식食도 중요하지만, 백성이 위정자에게 신信이 없으면 설 수 없어서 이를 중시한 것이다. 그런데 위정자가 백성에게 신信을 얻으려면, 공자가 〈자로子路〉1에서 자로子路에게 정치政治는 "먼저 수고해야 한다. 先之勞之"라고 말한 것처럼, 위정자爲政者가 백성 앞에서 솔선수범率先垂範해야 백성에게 신의信義를 얻을 수 있고, 백성도 위정자에게 신의信義를 지킨다.

다음은 공자 제자 자장子張이 정政을 물으니, 공자가 답한 내용이다.

자장子張이 정政을 물으니, 공자가 "[정사政事에] 마음 두기를 게을리하지 말고 충심忠心으로 [정사政事를] 행해야 한다."라고 했다. 子張 問政 子曰 居之無倦 行之以忠 〈안연顔淵〉14

* 거居는 마음에 둠이다. 정자程子는 자장子張은 인仁이 부족해서 성심誠心으로 백성을 사랑함이 없으니, 반드시 게을러서 마음을 다하지 않을 것이므로 공자가 이것으로 알려준 것이라고 했다. 공자는 마음에 게으름이 없으면, 시종여일始終如一하게 되고, 행동을 충심忠心으로 하면 표리여일表裏如一하게 된다고 했지만, 게으름이 없는 마음으로 시작과 끝이 한결같고, 충심으로 행동하여 겉과 속이 한결같은 위정자를 요즘 세상에도 찾아보기가 쉽지 않다.

다음도 자장子張이 공자에게 어떻게 해야 정사政事에 종사할 수 있는지를 물으니 공자가 답한 내용이다.

자장子張이 공자에게 "어떻게 해야 정사政事에 종사할 수 있습니까?" 하고 물으니, 공자가 "다섯 가지 미덕美德을 존중하고, 네 가지 악덕惡德을 물리친다면 정사에 종사할 수 있다."라고 했다. 자장子張이 "무엇을 일러 다섯 가지 미덕이라 합니까?" 하니, 공자가 "군자가 백성에게 혜택을 베풀되 허비하지 않고, 백성에게 일을 시키되 원망을 사지 않으며, [인仁한 일에] 의욕을 가지되 탐욕을 부리지 않고, 태연하되 교만하지 않으며, 위엄이 있되 사납지 않은 것이다."라고 했다.
자장子張이 "무엇을 일러 혜택을 베풀되 허비하지 않는 것이라 합니까?" 하니, 공자가 "백성이 이롭게 여기는 것을 근거로 이롭게 해주니, 이것이 혜택을 베풀되 허비하지 않는 것이 아니겠는가. 그리고 시킬 만한 일을 가려서 시키니, 또 누가 원망하겠는가. 인仁을 하고자 하다가 인仁을 얻었는데, 또 무엇을 탐하겠는가. 군자는 [숫자가] 많거나 적거나[중과衆寡], 작거나 크거나[소대小大] 간에 감히 교만을 부리는 일이 없으니, 이 또한 태연하되 교만하지 않음이 아니겠는가. 군자는 의관衣冠을 바르게 하고 바라보기를 점잖게 하여 그 위엄 있는 모습을 사람들이 바라보고 두려워하니, 이것이 위엄이 있되 사납지 않은 것이 아니겠는가."라고 했다.

자장子張이 "무엇을 일러 네 가지 악덕惡德이라 합니까?" 하니, 공자가 "미리 가르치지도 않고 죽이는 것을 잔학殘虐이라 하고, 미리 경계하지도 않고 결과를 따지는 것을 포악暴惡이라 하며, 명령은 태만하게 내리고 기한을 재촉하는 것을 잔적殘賊이라 하고, 똑같이 주면서 출납할 때 인색吝嗇하게 구는데 그를 유사有司라고 이른다."라고 했다. 子張 問於孔子 何如 斯可以從政矣 子曰 尊五美 屛四惡 斯可以從政矣 子張曰 何謂五美 子曰 君子惠而不費 勞而不怨 欲而不貪 泰而不驕 威而不猛 子張曰 何謂惠而不費 子曰 因民之所利而利之 斯不亦惠而不費乎 擇可勞而勞之 又誰怨 欲仁而得仁 又焉貪 君子 無衆寡 無小大 無敢慢 斯不亦泰而不驕乎 君子 正其衣冠 尊其瞻視 儼然人望而畏之 斯不亦威而不猛乎 子張曰 何謂四惡 子曰 不敎而殺 謂之虐 不戒視成 謂之暴 慢令致期 謂之賊 猶之與人也 出納之吝 謂之有司 〈요왈堯曰〉2

* 군자가 어떻게 해야 정사政事를 할 수 있느냐는 자장子張의 물음에 공자는 다섯 가지 존중할 미덕美德 혜이불비惠而不費, 노이불원勞而不怨, 욕이불원欲而不貪, 태이불교泰而不驕, 위이불맹威而不猛을 말했다. 그리고 백성에게 혜택惠澤을 베풀되 허비虛費하지 않으려면 백성이 이롭게 여기는 것으로 이롭게 해주면

되고, 백성에게 일을 시키되 원망을 사지 않으려면 백성에게 시킬 만한 일을 가려서 시키면 백성이 원망하지 않게 되며, 의욕을 가지되 탐욕을 부리지 않으려면 군자가 인^仁을 하고자 하다가 인^仁을 얻었으니 무엇을 더 탐할 것이 없게 되고, 군자가 태연하되 교만하지 않으려면 숫자가 많거나 적거나[중과^{衆寡}], 작거나 크거나[소대^{小大}] 간에 감히 교만을 부리는 일이 없으니 태연하되 교만하지 않음이 되며, 마지막으로 군자가 위엄이 있되 사납지 않으려면 의관^{衣冠}을 바르게 하고 바라보기를 점잖게 하여 그 위엄 있는 모습을 사람들이 바라보고 두려워하므로 위엄이 있되 사납지 않은 것이 된다고 했다.

자장^{子張}이 질문한 네 가지 악덕^{惡德}에 공자는 잔학^{殘虐}, 포악^{暴惡}, 잔적^{殘賊}, 유사^{有司}를 들었는데, 이는 백성을 가르치지도 않고 죽이는 것, 미리 경계^{警戒}하지 않고 결과를 따지는 것, 명령은 태만하게 하고 기한을 재촉하는 것 그리고 똑같이 주면서 출납할 때 인색^{吝嗇}하게 구는 것이다. 오늘날의 위정자도 정사^{政事}를 펴는데 이런 미덕^{美德}과 악덕^{惡德}을 잘 살피면 백성에게 존경받을 것이다.

〈안연^{顏淵}〉14에서 자장^{子張}이 정^政을 물었을 때, 공자는 "[정사^{政事}에] 마음두기를 게을리하지 말고 충심^{忠心}으로 [정사^{政事}를] 행해야 한다. ^{居之無倦 行之以忠}"라고 한 것을 이 장^章에서 좀 더 구체적으로 언급한 것이라고 할 수 있다.

다음은 자장^{子張}이 상^商나라 왕 고종^{高宗}이 양암^{諒陰}에서 3년 동안 말하지 않은 이유를 물으니 공자가 답한 내용이다.

자장^{子張}은 "『서경^{書經}』[「열명^{說命}」]에 고종^{高宗}이 양암^{諒陰}에서 3년 동안 말을 하지 않았다고 되어 있는데 무슨 말입니까?" 하니, 공자가 "어찌 반드시 고종^{高宗}뿐이겠는가. 옛날 사람들은 다 그리하였으니, 임금이 죽으면 백관^{百官}이 자기 직무 일체를 총괄하여 총재宰에게 [명령] 듣기를 3년간 하였다."라고 했다. 子張曰 書云 高宗 諒陰三年 不言 何謂也 子曰 何必高宗 古之人 皆然 君薨 百官 總己 以聽於冢宰三年 〈헌문憲問〉43

* 고종高宗은 상商나라 왕王 무정武丁이고, 양암諒陰은 천자天子가 상중喪中에 거처하는 곳을 말하는데 왜 양암諒陰인지 그 뜻은 알 수 없다고 했다. 천자天子나 제후諸侯가 죽으면 뒤를 이을 천자나 왕이 3년간 말을 하지 않은 것은 천자나 왕이 상중喪中에 정사를 돌보는 것은 효孝에 맞지 않아서, 총재冢宰가 나라의 대소사大小事를 대신해서 백관百官에게 명령하기 때문이다. 자장子張이 이것을 의심한 것이 아니라, 임금이 3년 동안 백관에게 명령하지 않으면 명령받을 곳이 없으니, 그것으로 말미암아 화란禍亂이 일어날 것을 염려한 것이다.

다음은 자하子夏가 거보莒父의 읍재邑宰가 되어 정政에 관해 물으니, 공자가 답한 내용이다.

자하子夏가 거보莒父의 읍재邑宰가 되어 정政에 관해 물으니, 공자가 "서두르지 말고 작은 이익을 보려 하지 말라. 서두르다 보면 목표에 도달하지 못하고, 작은 이익을 보려 하면 큰일을 이루지 못한다."라고 했다. 子夏爲莒父宰 問政 子曰 無欲速 無見小利 欲速則不達 見小利則大事不成 〈자로子路〉17

* 거보莒父는 노魯나라 고을[읍邑] 이름이다. 자하子夏가 읍재邑宰가 되어 정政에 관해 물으니, 공자가 서두르지 말고 작은 이익을 보려 하지 말라고

한 것은 서두르다 보면 순서가 뒤죽박죽되고, 작은 이익을 생각하다 보면 이루는 것은 작고, 잃는 것은 크기 때문이다. 자하子夏의 병통은 항상 가깝고 작은 데 있어서 공자가 이렇게 말해준 것이다.

정자程子는 자장子張이 정사政事를 물었을 때는 공자가 '정사政事에 마음 두기를 게으르지 말고 행하기를 충심으로 하라. 居之無倦 行之以忠'고 하더니, 자하子夏가 정사政事를 물었을 때는 공자가 '서두르지 말고 작은 이익을 보려 하지 말라. 無欲速 無見小利'고 하였는데, 이는 그들의 병통이 자장子張은 항상 지나치게 높아서 인仁하지 못하고, 자하子夏는 항상 가깝고 작은 데 있었으므로 각각 저들의 절실한 일로 알려준 것이라 했다.

다음은 안연顔淵이 나라 다스리는 것[위방爲邦]을 물으니 공자가 답한 내용이다.

안연顔淵이 나라 다스리는 것[위방爲邦]을 물으니, 공자가 "하夏나라 시時[책력冊曆]를 쓰고, 은殷나라 수레를 타며, 주周나라 면류관冕旒冠을 쓰고, 음악은 [순舜임금의 음악인] 〈소무韶舞〉를 쓸 것이며, 정鄭나라 음악은 추방하고, 말 잘하는 사람은 멀리할지니, 정鄭나라 음악은 음탕하고 말 잘하는 사람은 위태롭다."라고 했다. 顔淵問爲邦 子曰 行夏之時 乘殷之輅 服周之冕 樂則韶舞 放鄭聲 遠佞人 鄭聲 淫 佞人 殆 〈위령공衛靈公〉**10**

* 위방爲邦은 위정爲政과 같다. 공자가 하夏나라 책력冊曆을 쓴다고 했는데, 하시夏時는 부두칠성 자루가 초저녁[초혼初昏] 때 인방寅方을 가리키는 건인建寅 달로 정월을 삼았다. 하늘은 자子, 땅은 축丑, 사람은 인寅에서 생겨났으니 인월寅月이 인정人正이 된다. 그런데 농사일은 책력冊曆에 따라서 하는 것

이므로 한 해의 정월正月을 인정人正으로 하는 것이 마땅하다고 여겨, 공자가 하夏나라의 책력冊曆을 쓴다고 안자顔子에게 알려준 것이다.

상商나라 수레는 목로木輅인데 노輅는 큰 수레의 이름으로 처음으로 그 제도를 달리한 것이다. 공자가 상商나라 수레를 취한 것은 질박하면서도 중中을 얻었기 때문이고, 면류관冕旒冠은 주周나라 것을 취한 것은 화려하지만 호사스럽지 않고, 비록 소모되더라도 사치함에 미치지 않으며, 문채文彩가 나면서도 그 중中을 얻었기 때문이다. 음악은 순舜임금의 음악인 <소무韶舞>를 취한 것은 그 음악이 진선盡善 진미盡美했기 때문이다. 그런데 정鄭나라 음악과 함께 말 잘하는 사람을 추방한 것은 그 음악이 음탕하고, 말하는 사람은 몸을 낮추고 아첨하기를 잘하여 위태롭게 여겨서다.

정자程子는 제자들이 정사政事에 관해 물은 것이 많지만 오직 안연顔淵에게만 이것을 말해주었다. 삼대三代의 제도가 모두 때에 따라서 덜고 보태고 하였는데, 그것이 오래되니 폐단이 없지 않았다. 주周나라가 쇠하고 성인聖人이 나오지 못하였으므로, 공자가 선왕先王의 예禮를 짐작하여 만세萬世에 항상 시행할 수 있는 도道를 세우려고 이것을 말하여 빌미로 삼았을 뿐이니, 이로 말미암아 구한다면 나머지도 모두 상고할 수 있다고 했다.

예禮·악樂이란 다스리는 법인데, 정鄭나라 음악을 추방하고 말 잘하는 사람을 멀리하는 것은 법 이전의 일이다. 하루라도 이것을 삼가지 않으면 법이 무너지니, 순舜임금과 우禹임금의 군신君臣들이 돌아가면서 서로 경계警戒하고 단단히 타일러서 조심한 것은, 의도가 대개 이와 같은 것이다.

다음은 공자가 위衛나라에 갈 때 제자인 염유冉有가 수레를 몰고 가면서 백성에게 해야 할 우선순위를 공자에게 물은 것이다.

세 번째 군자의 위정

공자가 위衛나라에 갈 때 염유冉有가 수레를 몰았는데 공자가 "백성이 많구나."라고 하니, 염유冉有가 "이미 백성이 많은데 또 무엇을 더해야 합니까?" 하니, 공자가 "[백성을] 부유하게 해야 한다."라고 했다." 염유冉有가 "이미 부유하면 또 무엇을 더 해야 합니까?" 하니, 공자가 "[그들을] 가르쳐야 한다."라고 했다. 子適衛 冉有僕 子曰 庶矣哉 冉有曰 既庶矣 又何加焉 曰 富之 冉有曰 既富矣 又何加焉 曰 教之 〈자로子路〉9

* 복僕은 수레를 모는 것이고, 서庶는 많음[중衆]이다. 공자는 백성을 많이 모았으면, 그들에게 전답田畓과 살 집을 마련해 주고 세금을 줄여 주어서 부유하게 해야 하고, 그런 다음에는 예의禮義를 밝게 가르쳐야 한다고 했다. 이는 사람이 부유한데 가르치지 않으면 예의를 모르는 금수禽獸에 가깝게 되기 때문이다.

다음은 염유冉有가 대부大夫[계씨季氏]의 가신家臣 노릇을 하고 있을 때 정政에 관해서 공자와 나눈 대화다. 공자는 염유冉有의 정政은 계씨季氏의 가신家臣으로서 한 것이므로 국정國政이라고 할 수 없다고 했다.

염자冉子가 [계씨季氏의 사적私的인] 조정朝廷에서 퇴근하자, 공자가 "어찌하여 늦었는가?"라고 하니, 대답하기를 "정政이 있었습니다." 했다. 공자 "그 일은 [계씨季氏 집안일이었을 것이다.] 만약 [노魯나라에] 국정國政이 있었다면 비록 나를 [현직現職에] 등용해주지 않았지만, 내가 참여參與해서 [그 정사를] 들었을 것이다."라고 했다. 冉子退朝 子曰 何晏也 對曰 有政 子曰 其事也 如有政 雖不吾以 吾其與聞之 〈자로子路〉14

* 염유冉有는 당시에 계씨季氏의 가신家臣이고, 조朝는 계씨季氏의 사적私的 조정朝廷이다. 안晏은 늦음이고, 정政은 국정國政이며, 사事는 집안일이고, 이以는 등용登用의 용用이다. 여與는 참예參預의 예預와 같으니 음音이 '예'라고도 한다.

당시에 노魯나라 전권專權을 쥔 대부大夫 계씨季氏는 가신家臣들과 사적인 곳에서 모의謀議를 했다. 여기에 참여參與하고 돌아온 염유冉有에게 공자는 모른 척하고 "왜 늦었냐?" 하고 물으니, 염유冉有가 국정國政이 있었다고 했다. 그러자 공자가 "그것은 계씨季氏의 집안일일 것이다. 만약 국정이었다면 내가 비록 지금 등용되지 못했지만, 나도 일찍이 대부大夫였다. 그러니 당연히 참여해서 들었을 것인데 듣지 못했으니, 이는 국정國政이 아니다."라고 했다. 예禮에 "[전임前任] 대부大夫는 비록 정사政事를 직접 챙기지 않더라도 국정國政에 참여하여 들을 수 있다. 大夫雖不治事 猶得與聞國政"라고 되어 있기 때문이다. 이 장章은 공자가 '돌려 말하기' 방식으로 염유冉有를 깨우쳐준 것이다.

다음은 자로子路와 공자 사이에 이루어진 정사政事에 관한 대화다.

> 자로子路가 정政에 관해 묻자, 공자는 "솔선해서 수고로워야 한다."라고 했다. [자로子路가] 좀 더 말해 줄 것을 청하자, "게으르지 말아야 한다."라고 했다. 子路問政 子曰 先之勞之 請益 曰 無倦 〈자로子路〉1

 * 위정자爲政者가 솔선수범率先垂範하면 백성은 스스로 행하고 수고롭더라도 원망하지 않는다. 이런 정치의 기본을 요즘 위정자들이 얼마나 알고 있을지 그들의 행태行態를 보면 의심하지 않을 수 없다. 위정자들은 백성에게는 부동산에 투기해서 번 것을 세금으로 거둬들여야 한다면서도, 일부이

　　　　　　　　　　　　　세 번째 군자의 위정

긴 하지만 솔선은커녕 정작 자신들의 투기는 숨기고 있으니, 요즘 세상에 그것을 숨긴다고 숨겨지겠는가? 손바닥으로 하늘을 가리는 격이다.

다음은 위정자爲政者가 갖추어야 할 능력에 대한 공자의 언급이다.

> 공자는 "『시경詩經』 삼백 편을 외우더라도, 정치를 맡겨 주었는데 제대로 통달하지도 못하고 사방에 사신使臣으로 가서 독대獨對도 할 수 없다면, 비록 [시詩를] 많이 외운들 또한 어디에 쓰겠는가."라고 했다. 子曰 誦詩三百 授之以政 不達 使於四方 不能專對 雖多 亦奚以爲〈자로子路〉5

　＊전專은 오롯이 함이다. 『시경詩經』은 풍風·아雅·송頌 세 체제體制로 되어 있다. 풍風은 국풍國風으로 민중 사이에 떠도는 여러 지방의 음악[시詩]을 모아 정리한 것이다. 아雅는 궁중宮中 연회宴會나 조회朝會 때 쓰던 가곡歌曲으로 대아大雅와 소아小雅로 나뉘고 대부분 귀족 문인들의 작품이다. 마지막으로 송頌은 종묘제례宗廟祭禮 때 쓰던 무곡舞曲의 가사歌詞다.

　당시에 『시경詩經』 시詩가 단순한 문학이 아니라 정치의 도구였다는 것은 인정人情에 근본하고 사물의 이치가 다 갖추어져서, 풍속風俗의 성쇠盛衰를 증험하고 정치의 득실得失을 볼 수 있어서다. 그 말이 온후溫厚·화평和平하여 풍유風諭에 뛰어나서, 그것을 외는 자는 반드시 정치에 통달하고 말에 능하다고 했다. 따라서 이 장章은 시詩를 외는 자[송시자誦詩者]가 정치와 외교에 통달할 때, 『시경詩經』의 가치가 비로소 발휘되지만, 시詩의 장구章句나 달달 외기만 하고 그 이면裏面의 의미를 몰라 정치나 외교에 활용할 능력이 없다면, 시詩를 왼 의미가 없음을 말한 것이다.

　순자荀子는 「권학勸學」편에서 "『시경詩經』과 『서경書經』은 옛일을 기재한 것으로 현실에는 절실하지 않고 詩書故而不切"라고 하고, 그 주註에 "『시경詩經』과 『서경書經』은 선왕先王의 고사故事만 논論한 것이어서 사람들에게 곡진하고 절실하게 와 닿지 않으므로 시詩 3백 편을 배웠는데도 사방에 사신使臣으로 나가서는 임무를 독대해서 처결하지 못한다. 詩書 但論先王故事 而不委曲切近於人 故曰 學詩三百 使於四方 不能專對也"라고 했으니, 공자의 관점과는 다르다.

다음은 군자君子가 정사를 돌보면서 어떻게 처신해야 하는가에 대한 공자의 언급인데 이 장章은 〈태백泰伯〉14와 〈헌문憲問〉27에 거듭나왔다.

> 공자는 "그 지위에 있지 않거든 그 정사를 꾀하지 말아야 한다."라고 했다.
> 子曰 不在其位 不謀其政 〈태백泰伯〉14, 〈헌문憲問〉27

＊ 정자程子는 그 지위에 있지 않다는 것은 그 일을 맡지 않았다는 것이지만, 만약 군주君主나 대부大夫가 물어서, 말하는 것은 있을 수 있다고 했다. 남의 집 제사에 '감 놓아라. 배 놓아라.' 하지 말라는 속언도 공자의 이런 구절에서 연유되었을 것이다.

이 장章은 뒤에 언급될 〈헌문憲問〉28에 증자曾子가 "군자는 생각이 자기 지위를 벗어나지 않는다. 曾子曰 君子 思不出其位"라고 말한 구절과 비슷하다.

다음은 모난 술그릇이 모나지 않으면 모난 술그릇이라고 할 수 없듯이 군신君臣이 자기 도리를 못 하면 진정한 군신일 수 없음을 적실하게 지적한 내용이다.

> 공자는 "모난 술그릇[고觚]이 모나지 않으면, 모난 술그릇이라고 할 수 있겠

는가? 모난 술그릇이라고 할 수 있겠는가?"라고 했다. 子曰 觚 不觚 觚哉 觚哉 〈옹야雍也〉**23**

　＊ 고觚는 모가 난 것인데, 어떤 이는 술그릇이나 글이 적힌 나무 조각이라고도 한다. 그릇에 모가 나지 않은 것은 당시에 그 제도制度를 잃어 모가 나지 않은 것이다. 고재고재觚哉觚哉하고 반복한 것은 모난 술그릇이 될 수 없다는 것을 강조한 것이다.

　공자는 모난 술그릇을 예例로 들어서 임금이 군왕의 도리를 다하지 못하고 신하가 신하의 직분을 다하지 못하면, 그들은 임금도 신하도 아님을 말한 것이다. 여기서 한 걸음 더 나아가서 사람이 어질지 못하면 사람이 아니고, 나라가 다스려지지 않으면 나라가 아니라고 말할 수도 있다. 한 번도 경험해 보지 못한 나라를 보여주겠다는 통치자의 말에 잔뜩 기대했던 사람들이 기대와는 전혀 다른 나라를 경험했다면 이 말이 실감이 나겠다.

　다음은 한 세대가 지나야 백성이 인仁하게 된다고 한 공자의 언급이다.

　공자는 "만약 왕자王者가 있더라도 반드시 한 세대가 지난 뒤에야 [백성이] 인仁하게 된다."라고 했다. 子曰 如有王者 必世而後仁 〈자로子路〉**12**

　＊ 왕자王者는 성인聖人이 천명天命을 받아서 일어나는 것을 말하고, 30년이 1세一世다. 인仁은 교화가 두루 미친다는 것이다. 정자程子는 주周나라 문왕文王 무왕武王으로부터 성왕成王에 이른 뒤에야 예禮·악樂이 일어났으니 바로 그 효과라고 했다. 또 법도法度와 기강紀綱이 이루어지고 교화敎化가 행해지는 것은 3년으로 가능하지만, 백성이 인仁에 젖어 들고 의義로 연마되어 그들의

피부에 두루 미치게 하고 골수에 빠져들게 해야 예禮·악樂이 일어날 수 있으니, 나라가 이렇게 되려면 한 세대 정도 쌓고 오래되어야 한다고도 했다.

다음은 선인善人의 도道에 관해서 물은 자장子張에게 공자가 답변한 내용이다.

> 자장子張이 선인善人의 도道에 관해 묻자, 공자는 "[선인善人은 성인聖人의] 자취[법도法度]를 밟지 않았어도 [악惡을 행하지 않지만,] 또한 [성인聖人의 학學을 배우지 않았으므로 성인聖人의] 경지境地[실室]에 들어갈 수 없다."라고 했다.
> 子張 問善人之道 子曰 不踐迹 亦不入於室 〈선진先進〉**19**

＊ 선인善人은 사전적 의미로는 선량한 사람이지만, 여기서 선인善人은 인仁을 하고자 하지만, 성인聖人의 학學에 뜻을 두지 않은 사람을 말한다. 그래서 선인善人은 스스로 악惡을 행하지 않지만, 성인聖人의 자취를 밟은 것이 아니므로 성인聖人의 지경地境에는 들 수 없다. 자취를 밟는다는 천적踐迹이란 길을 따르고 바퀴 자국을 지킨다는 말이다. 따라서 비록 성인聖人의 법도를 밟지 않았지만 악惡에 들어가지 않았고, 선善이 자기 안에 있지만 성인聖人의 학學을 배우지 않았으므로 스스로 성인聖人의 경지境地에는 들지 못함을 말한다.

다음은 앞에 언급된 '선인善人'에 대해서 구체적으로 언급되어 있다.

> 공자는 "선인善人이 나라를 다스려 백 년이 되면 또한 잔악殘惡한 사람을 교화시켜서 사형을 폐지할 수 있다고 하니, 참되도다, 이 말씀이여."라고 했다.

子曰 善人 爲邦百年 亦可以勝殘去殺矣 誠哉 是言也 〈자로子路〉11

　　* 위방백년爲邦百年은 나라를 다스림이 서로 이어서 오래됨을 말하고, 승
잔勝殘은 잔폭殘暴한 인간을 교화하여 악惡을 행하지 못하도록 한 것이며, 거
살去殺은 백성들이 선善에 교화되어 사형死刑을 쓰지 않을 수 있게 되었다는
뜻이다. 이 장章은 선善한 위정자가 잔포殘暴한 자들을 교화해서 악惡을 행하
지 못하도록 했다는 옛말을 두고 공자가 참되다고 한 것이다.

　　정자程子는 한漢나라 고조高祖, 혜제惠帝에서 문제文帝 경제景帝에 이르기까
지 백성이 순후淳厚해서 사형死刑 같은 형벌을 쓰지 않고 거의 없애 버렸으니
아마 거기에 가까울 것이라고 했다. 그런데 잔포殘暴한 사람을 교화시키고
사형을 없애는 것은 악惡을 행하지 않게 할 따름이니 선인善人의 공功이겠지
만, 선인善人은 성인聖人의 학學을 배운 자는 아니다. 만약 공자가 같은 성인聖
人이라면 백 년을 기다리지 않아도 그 교화가 또한 이에 그치지 않았을 것
이다.

　　요즘에도 사형제도 폐지에 대한 논의도 있지만, 제도의 폐지가 중요한
것이 아니라, 악인惡人을 어떻게 하면 교화할 수 있을까를 먼저 생각해야 한
다. 그러려면 위정자들이 먼저 악행惡行을 저지르지 않는 모범을 보이는 것이
중요할 것 같은데, 과거나 지금이나 위정자들의 도덕 불감증이 여전하니 사
형제도 폐지를 운운하는 것은 논리의 우선순위에 맞지 않는다.

　　다음은 요堯임금을 비롯한 다른 성인聖人들의 말씀을 통해서 성인聖人의
위정爲政을 보여준 내용이다.

요堯임금이 "아! 그대 순舜아, 하늘이 정한 제왕帝王이 서로 계승하는 차례[역

305

수[曆數]가 네 몸에 있으니 진실로 그 중도[中道]를 잡아라. 천하[天下][사해[四海]]가 곤궁[困窮]해지면 하늘의 녹[祿][천록[天祿]]이 영원히 끊길 것이다."라고 했다.

순[舜]임금도 [이 말씀으로] 우[禹]임금에게 명[命]하였다.

[탕왕[湯王]이] "나 소자[小子] 리[履]는 검은 수소[현모[玄牡]]의 [희생[犧牲]을] 써서 감히 거룩하신 상제[上帝]께 밝게 아룁니다. 죄 있는 자[걸[桀]]를 감히 용서하지 못하고, 상제[上帝]의 [어진] 신하를 가려서 숨기지[엄폐[掩蔽]] 못하니, 여럿 중에 선택[간택[簡擇]]함은 상제[上帝]의 마음에 달려 있습니다."라고 했다.

[또 탕왕[湯王]이 제후[諸侯]들에게] "내 몸에 죄가 있다면 그것은 만백성 탓이 아니고, 만백성에게 죄가 있다면 그 책임이 내 한 몸에 있다."라고 했다.

주[周]나라에서 [무왕[武王]이] 크게 베풂이 있자, 선량[善良]한 사람들이 부유[富裕]해졌다. [은[殷]나라 주왕[紂王]에게] 비록 가까운 친척이 있다고 해도, [주[周]나라에] 어진 사람이 있는 것만 못하며, 백성들의 잘못이 있다면 [그 책임은] 나[무왕[武王]] 한 사람에게 있다. 저울[권[權]]과 되[양[量]] 같은 [도량형[度量衡]을] 삼가고 법도[法度]를 살피며 폐지된 관직[官職]을 정비하니, 사방의 정사[政事]가 [제대로] 행해졌다. 멸망한 나라를 일으켜 주고, 끊어진 대[代]를 이어주며, 숨은 인재를 등용[登用]하니, 천하의 민심이 돌아왔다. 중[重]하게 여긴 바는 백성의 식량과 상례[喪禮]와 제례[祭禮]였다. 너그러우면 민중을 얻고, 신의[信義]가 있으면 백성들이 믿고 맡기며, 민첩하면 공[功]이 있고, 공정하면 기뻐한다. 堯曰 咨爾舜 天之曆數在爾躬 允執其中 四海困窮 天祿 永終 舜 亦以命禹 [湯]曰 予小子 履 敢用玄牡 敢昭告于皇皇后帝 有罪 不敢赦 帝臣不蔽 簡在帝心 朕躬有罪 無以萬方 萬方有罪 罪在朕躬 周有大賚 善人 是富 雖有周親 不如仁人 百姓有過 在予一人 謹權量 審法度 修廢官 四方之政 行焉 興滅國 繼絶世 擧逸民 天下之民 歸心焉 所重 民食喪祭 寬則得衆 信則民任焉 敏則有功 公則說 〈요왈[堯曰]〉1

＊ 자呰는 차탄하는 소리고, 역수曆數는 제왕帝王이 서로 계승하는 차례이며, 윤允은 '진실로'고, 중中은 과불급過不及이 없음이다. 리履는 탕湯임금의 이름인 듯하고, 검은 수소[현모玄牡]를 사용한 것은 하夏나라가 흑색을 숭상해서 그 예禮를 변하지 않은 것이며, 간簡은 가려 뽑음이다. 뢰賚는 선량한 사람에게 주는 것을 말한다.

이 장章은 성인聖人으로 일컬어지는 다섯 분의 위정爲政의 말씀을 전한 것이다. 요堯임금이 순舜임금에게 천자의 자리를 선위禪位하고 이를 또 우禹임금에게 선위禪位한 것과 탕湯임금이 걸왕桀王을 용서할 수 없어서 이를 없애고, 은殷나라를 세운 뒤에 제후諸侯들에게도 말한 것 그리고 주周나라 무왕이 은殷나라 주왕紂王을 없애고, 백성에게 베풀어서 법도法度를 살펴 폐지된 관직官職을 정비하니, 사방의 정사政事가 제대로 행해졌다는 내용 등이다.

특히 무왕武王은 '멸망한 나라를 일으켜 주고 끊어진 대代를 이어주었다. 興滅國 繼絶世'라고 했는데, 이는 황제黃帝, 요堯, 순舜, 하夏, 상商의 후손後孫을 봉封해 준 것을 말하고, 또 '무왕武王이 숨은 인재를 등용登用했다. 擧逸民'라고 한 것은 죄수로 갇혀 있던 기자箕子를 석방하고, 대부大夫로 주왕紂王에게 직간直諫하다가 쫓겨난 상용商容의 지위를 회복해 준 것이다. 무왕武王이 이처럼 나라를 다스리니 천하의 민심이 돌아왔다.

마지막에 '너그러우면 민중을 얻고, 신의信義가 있으면 백성들이 믿고 맡기며, 민첩하면 공功이 있고, 공정하면 기뻐한다. 寬則得衆 信則民任焉 敏則有功 公則說'라는 구절은 오늘날의 위정자가 기억해 둘 만하다.

다음은 앞에서 〈태백泰伯〉14, 〈헌문憲問〉27에 거듭나온 "그 지위에 있지 않거든 그 정사를 꾀하지 말아야 한다. 不在其位 不謀其政"라는 것과 비슷한 내용을 증자曾子도 언급했다.

증자曾子가 "군자는 생각이 자기 지위를 벗어나지 않는다."라고 했다. 曾子曰 君子 思不出其位 〈헌문憲問〉**28**

    * 이는 『주역周易』 「간괘艮卦 ☶」의 형상을 말한 것인데, 증자曾子가 일찍이 그것을 일컬었다. 간괘艮卦의 상사象辭는 "겹친 산이 간艮이니, 군자는 생각이 자기 위치를 벗어나지 않는다. 象曰 兼山 艮 君子以思不出其位"라고 했다. 산이 겹쳐 멈춘 뜻이 더욱 커서 군자는 이런 때 사려思慮의 미치는 바가 자기 지위를 벗어나지 않는다. 사물事物이 각기 제자리에 머무르면 천하의 이치가 얻어지듯이 군자의 생각하는 바가 자기 위치位置를 벗어나지 않아야, 크고 작은 것이 모두 자기 직분職分을 얻게 된다.

    다음은 맹씨孟氏가 임명한 재판관[사사士師] 양부陽膚가 옥사獄事에 대한 물음에 증자曾子가 답한 내용이다.

맹씨孟氏가 양부陽膚를 사사士師로 임명하자, 양부陽膚가 증자曾子에게 [옥사獄事에 대해] 물으니, 증자曾子가 "윗사람이 도리道理를 잃어 백성들이 흩어진 지가 오래되었으니, 만약 그 [범법犯法의] 실정實情을 알았다면 불쌍히 여기고 기뻐하지 말아야 한다."라고 했다. 孟氏 使陽膚 爲士師 問於曾子 曾子曰 上失其道 民散 久矣 如得其情 則哀矜而勿喜 〈자장子張〉**19**

    * 양부陽膚는 증자曾子 제자다. 민산民散은 인정과 의리가 괴리乖離되어 서로 연계되지 않음이다. 이 장章은 재판관이 된 제자 양부陽膚에게 증자曾子가 이른 말인데, 윗사람이 도리道理를 잃은 지 오래되었음을 지적하고, 만약 범법犯法의 실정實情을 알았다면 백성을 불쌍히 여기고 기뻐하지 말라고 했다.

                      세 번째 군자의 위정

이 장章은 백성의 흩어지는 것은 백성 부리기를 무도無道하게 하고 평소 가르치지 않아서 그런 것이므로, 백성이 법法을 범한 것은 부득이해서 급박한 것이거나, 아는 것이 없어서 죄에 빠져서다. 그러니 이런 실정實情을 알았다면 불쌍히 여기고 기뻐하지 말라고 했다.

다음은 자하子夏의 군자君子 위정론爲政論이다.

자하子夏가 "군자君子는 백성들에게 신임을 얻은 뒤에 백성을 수고롭게 하는 것이니, 백성들에게 신임을 얻지 못하면 백성들은 자기들을 괴롭힌다고 여긴다. 군자는 신임을 얻은 뒤에 간諫하니, 윗사람에게 신임을 얻지 못하면 윗사람은 자기를 비방한다고 여긴다."라고 했다. 子夏曰 君子 信而後 勞其民 未信則以爲厲己也 信而後 諫 未信則以爲謗己也 〈자장子張〉**10**

* 신信은 성의誠意가 간절하여 사람들이 믿어주는 것이고, 여厲는 괴롭힌다는 뜻이다. 윗사람을 섬기고 아랫사람을 부림에는 반드시 성의誠意로 서로 믿어진 뒤에라야 가능하다. 그래서 자하子夏는 군자가 백성을 부리거나 윗사람에게 간諫하는 데 절실하게 요구되는 것은 신信이라고 했다. 이 신信을 얻지 못하면 백성은 자기를 수고롭게 하는 것을 괴롭힘이라고 여기고, 윗사람은 아랫사람이 간諫하는 것을 비방誹謗이라고 여긴다고 하니 신信은 군자가 갖추어야 할 필수다.

다음은 자하子夏가 군자의 배움과 벼슬에 관해서 견해를 밝힌 것이다.

자하子夏는 "벼슬하면서 여력餘力이 있으면 배우고, 배우고서 여력이 있으면 벼

슬을 해야 한다.”라고 했다. 子夏曰 仕而優則學 學而優則仕 〈자장子張〉13

* 우優는 남은 힘이다. 이 장章은 벼슬하면서 여력餘力이 있으면 배우고, 배우면서 여력이 있으면 벼슬한다고 말한 것이지만, 벼슬하면서 여력이 없으면 배우지 않고, 배웠어도 여력이 없으면 벼슬하지 않는 것으로 오해할 수도 있다. 이 말의 속뜻은 벼슬하거나 배우거나 간에 먼저 그 일을 다 마친 뒤에 여력이 있으면 배우고 또 벼슬한다는 뜻이다. 그래서 벼슬하고서 배우면 바탕이 더욱 깊어지고, 배우고서 벼슬하면 그 배움을 경험함이 더욱 넓어짐을 말한다.

제 3 장

공자의 삶과 세계관

일상^{日常}에서의 삶

다음은 공자가 군자로서의 성장 과정을 스스로 말하여 후학들에게 날로 매진하도록 한 내용이다.

> 공자가 "나는 15세에 배움에 뜻을 두고, 30세에 [유가^{儒家}의 학^學으로 나아가겠다는 확실한 뜻을] 세웠으며, 40세에 [사물^{事物}의 당연^{當然}한 이치^{理致}를] 의심하지 않았고, 50세에 자연의 순리^{順理}를 알았으며, 60세에 [들리는 말이] 귀[마음]에 거슬리지 않았고, 70세에 마음이 바라는 대로 따랐어도 법도^{法度}를 넘지 않았다."라고 했다. 子曰 吾十有五而志于學 三十而立 四十而不惑 五十而知天命 六十而耳順 七十而從心所欲不踰矩 〈위정^{爲政}〉4

* 이 장^章을 흔히 공자의 일생이라고 하는데, 생이지지^{生而知之}한 공자가 스스로 이렇게 말한 것은, 후학들이 이를 하나의 사례로 삼아 학문에 정진

하기를 바라서다. 15세에 배움에 뜻을 둔 '지우학^{志于學}'은 15세에 태학^{大學}에 들어가서 하늘과 사람이 하나인 천인합일^{天人合一}의 학^學에 뜻을 두었다는 뜻이다. 여기서 학^學은 『대학^{大學}』의 도^道고, 지^志는 마음이 가는 바다. 배우는 자가 도^道에 뜻을 두면 마음마다 여기에 있으므로 도^道를 실천하더라도 싫증이 나지 않는다. 30세에 유가^{儒家}의 학^學으로 나아가겠다고 뜻을 세운 '입지^{立志}'는 지킴이 확실해져 뜻하는 바를 일삼을 필요 없이 학^學에 뜻을 둔 것이 뽑히지 않도록 확실하게 했다는 뜻이다. 40세에 의심하지 않은 '불혹^{不惑}'은 대개 외물^{外物}에 마음이 미혹^{迷惑}되지 않는 것이라고 하는데, 여기서는 사물^{事物}의 당연한 이치^{理致}를 빠짐없이 알아서 의혹하지 않았다는 뜻이다. 50세에 하늘의 명을 안 '지천명^{知天命}'은 하늘과 사람이 하나[천인합일^{天人合一}]라는 이치를 알아서 자연^{自然}의 순리^{順理}를 따랐다는 뜻으로, 하늘의 명^命을 즐긴다는 낙천지명^{樂天之命}의 의미도 함축되어 있다. 60세에 귀가 순^順해진 '이순^{耳順}'은 사물^{事物}의 이치^{理致}를 빠짐없이 알았으므로 귀에 들리는 모든 시비^{是非}가 마음에 거슬려 들리지 않았다는 의미다. 70세에 마음이 바라는 대로 해도 법도^{法度}를 넘지 않은 '종심소욕불유구^{從心所欲不踰矩}'는 70세쯤 되면 마음이 극기복례^{克己復禮}의 상태가 되어서 자기의 욕심^{慾心}을 자제^{自制}할 수 있으므로, 마음이 바라는 대로 따랐어도 법도^{法度}를 넘지 않았다는 뜻이다.

공자는 73세까지 살았으니 이 경지를 잠시 경험해 보았을 것 같다. 마음은 주체[심즉체^{心卽體}]이고 욕심^{慾心}은 쓰임[욕즉용^{欲卽用}]인데, 주체^{主體}가 도[체즉도^{體卽道}]이니 그 쓰임이 의로우면[용즉의^{用則義}], 마음이 도심^{道心}이 되어서 욕심^{慾心}[사심^{私心}]에 얽매지 않으니, 모든 것이 도^道에 부합된다. 그래서 나이 70세가 되면 마음을 따라서 행동해도 일동일정^{一動一靜}이 법도^{法度}에 어긋나지 않는다. 그런데 70세가 되었어도 사심^{私心}을 버리지 못하고, 도심^{道心}보다 욕심^{慾心}이 앞서는 사람이라면 마음 가는 대로 해선 안 된다.

공자의 삶의 태도에 관한 기록은 주로 「향당鄕黨」편篇에 실려 있는데, 그 머리에, "부자夫子의 평소 일동일정一動一靜을 문인門人들이 모두 살펴 기록한 것이다. 夫子之平日 一動一靜 門人 皆審視而詳記之"라고 했다.

다음은 공자가 선호한 복식服飾에 관한 것이다.

군자君子는 검은빛을 띤 푸른색[감색紺色]과 검붉은색으로는 옷깃에 선을 두르지 않고, 다홍색과 자주색으로는 평상복[설복褻服]을 만들지 않았다. 더울 때는 가는 칡 섬유로 짠 베[치絺]나 굵은 칡 섬유로 짠 베[격綌]로 만든 홑옷[진衿]을 반드시 겉에다 입었다. 검은 옷[치의緇衣]에는 염소 갖옷[양구羔裘]을 입고, 흰옷[소의素衣]에는 사슴 새끼 갖옷[예구麑裘]을 입었으며, 누런 옷에는 여우 갖옷[호구狐裘]을 입었다. 평상시에 입는 갖옷[설구褻裘]은 길게 하되 오른쪽 소매를 짧게 했다. 반드시 잠옷[침의寢衣]이 있었으니, 길이가 한 길 반이다. 여우와 담비[호학狐貉]의 두꺼운 가죽옷을 [입고] 거처居處했다. 탈상脫喪을 마치면 몸에 차지 않은 것[패물佩物]이 없었고, 조복朝服이나 제복祭服 같은 예복禮服[유상帷裳]이 아니면, 반드시 [치마 허리통에 주름을 잡지 않고] 줄여서 꿰매었다. 염소 갖옷과 검은 관冠 차림으로 조문弔問하지 않고 초하루에는 반드시 조복朝服으로 조회朝會에 참여했다. 君子 不以紺緅飾 紅紫 不以爲褻服 當暑 袗絺綌 必表而出之 緇衣 羔裘 素衣 麑裘 黃衣 狐裘 褻裘 長 短右袂 必有寢衣 長 一身有半 狐貉之厚 以居 去喪 無所不佩 非帷裳 必殺之 羔裘玄冠 不以弔 吉月 必朝服而朝 〈향당鄕黨〉6

* 여기서 군자君子는 공자를 말한다. 감紺은 짙은 청색에 적색이 드러난 것인데 재계齊戒할 때 입는 복식에 사용한다. 재계齊戒의 재齊는 본래는 '가지

런할 제齊'이지만, 재계齊戒로 쓸 때는 '재계할 재齋'와 통용된다. 추緅는 진홍색[강색絳色]인데 삼년상 중에 입는 연복練服[제복祭服]의 옷깃에 선을 두를 때 이 색으로 한다. 식飾은 옷깃에 선을 두르는 것이다. 홍자색紅紫色은 두 가지 이상 섞인 색이니 바르지 않고, 또 부인婦人이나 여자의 복식에 가까워서 이런 색으로는 평상시에 입는 설복褻服을 만들지 않을 뿐만 아니라, 조회에 나갈 때 입는 조복朝服이나 제사에 입는 제복祭服도 이 색으로 만들지 않는다.

진袗은 홑單이며, 치絺는 갈포葛布 고운 것이고, 격綌은 거친 것이다. 표이출지表而出之는 먼저 속옷을 입고 겉에 갈포 옷을 입어서 밖으로 드러낸 것이니 몸을 드러내지 않으려는 것이다. 치緇는 흑색黑色이고, 양구羔裘는 검은 염소 가죽[피皮]으로 만든 갖옷이며, 예구麑裘는 사슴 새끼 가죽으로 만든 갖옷인데 백색色白이고, 호구狐裘는 여우 가죽으로 만든 갖옷인데 황색色黃이다. 옷을 갖옷 위에 덧입되 서로 어울리도록 한다.

길게 한 것은 따뜻하게 하려는 것이고, 우측 소매를 짧게 한 것은 일할 때 편하게 하려고 해서다. 재계齊戒는 경敬을 위주爲主로 하니 옷을 벗고 잘 수 없고, 또 명의明衣를 입고 잘 수도 없으므로 별도로 잠옷이 있었다. 그 반은 대개 발을 덮는다. 갖옷 위에 덧입은 홑옷을 석구裼裘라고 하는데 앞을 열어서 갖옷이 보이도록 했다. 명의明衣는 재계齊戒할 때 입는 옷이다.

공자가 예복禮服과 일상복日常服을 엄격히 구별해서 입은 것은 의복을 통해서 예禮와 경敬을 드러내기 위한 것이고, 군자가 일상생활 중에 패물을 찬 것도 예禮를 갖추려는 의도지만, 특히 옥玉을 항상 패용佩用한 것은 옥玉의 맑음을 마음으로 잊지 않으려고 해서다. 상사喪事에는 흰색을 주로 입고 길사吉事에는 검은색을 주로 입었으며, 조문弔問할 때 반드시 옷을 바꿔 입은 것 역시 죽음을 애도哀悼하는 이유에서다. 마지막 구절에 "길월吉月에는 반드시 조복朝服으로 조회朝會에 참여한다. 吉月 必朝服而朝"라고 했는데 길월吉月은 그달

초하루다.

이상은 공자가 나이가 많아서 벼슬을 사양하고 물러났을 때 이렇게 했다는 것인데, 의상衣裳에 대한 위의 기록을 보면 시쳇말로 공자는 패션 감각이 뛰어나고, 실용성도 갖추었으며, 옷 색깔에 따라서 갖옷을 어울리게 입고, 생활에 불편하지 않도록 옷을 마름질[재단裁斷]해 입었다는 의미일 뿐, 의복으로 사치한 것은 아니다.

이 일절一節은 공자의 의복 제도를 기록한 것이라고 했으나, 공씨孔氏가 남긴 문서로 자질구레한 예절을 자상하게 기록한 문서『잡기곡례雜記曲禮』에 나오는데, 특별히 공자에게만 해당하는 일은 아니라고 한다.

정자程子는 '반드시 잠옷[침의寢衣]이 있었으니, 길이가 한 길 반이다. 必有寢衣 長 一身有半' 구절은 잘못 편집된 것으로, 〈향당鄕黨〉7에 나오는 '재계齊戒할 때는 반드시 명의明衣가 있었으니 베[포布]로 만들었다.[재필유명의 포 齊必有明衣 布]' 다음에 있어야 한다고 했다.

다음은 공자가 재계齊戒할 때 처신한 내용이다.

> 재계齊戒할 때 반드시 명의明衣가 있었는데 베로 만들었다. 재계齊戒할때는 반드시 음식을 바꾸고 거처도 반드시 옮겼다. 齊必有明衣 布 齊必變食 居必遷坐 〈향당鄕黨〉7

* 일상에서 목욕재계沐浴齊戒한다는 말을 자주 하는데, 목욕沐浴의 목沐은 머리 감고 세수하는 것이고 욕浴은 몸을 씻는 것이다. 재계齊戒의 재齊는 냄새 나는 음식이나, 남과 다툼으로 생기는 더러운 일을 입에 올리지 않고 자신을 깨끗하게 지키는 것이고, 계戒는 바깥출입을 삼가고 흉한 일을 피하며

주변을 경계하여 근신謹身하는 것이다. 목욕을 마치고 베로 만든 명의明衣를 입은 것은 그 몸을 청결하게 하려는 것이다. 변식變食은 술을 마시지 않고 마늘을 먹지 않은 것인데, 특히 냄새가 심한 마늘을 피하는 것을 우리 민속에서는 마늘 냄새가 축귀逐鬼의 기능이 있다고 믿어서 그런 것이라고도 한다. 재齊는 귀신과 교감交感하는 것이므로 깨끗함을 다하고 일상을 바꿔서 경敬을 다해야 한다.

앞에서 지적한 대로 '반드시 잠옷[침의寢衣]이 있었으니, 길이가 한 길 반이다. 必有寢衣 長 一身有半' 한 구절 빠졌는데, '재계齊戒할 때는 반드시 명의明衣가 있었으니 베[포布]로 한다. 齊必有明衣 布' 다음에 있어야 한다. 이 절은 공자가 재齊를 하는 중에 삼간 일을 기록한 것이다.

다음은 공자의 식습관이다.

> 음식은 정갈한 것을 싫어하지 않고, 회膾는 가늘게 썬 것을 싫어하지 않았다. 밥이 쉰 것과 생선이 상한 것과 고기가 부패한 것은 먹지 않고, 빛깔이 좋지 않은 것은 먹지 않았으며, 냄새가 좋지 않은 것도 먹지 않았다. 설익은 것은 먹지 않고, 제철에 나지 않은 것도 먹지 않았다. 자른 곳이 바르지 않으면 먹지 않고, 장醬이 없으면 먹지 않았다. 고기가 비록 많더라도 밥 기운을 이기도록 하지 않고, 술은 정해 놓은 양이 없었지만 비틀거릴 정도에 이르지는 않았다. 사 온 술과 저잣거리 포脯는 먹지 않고, 생강 먹는 것을 그만두지 않았으나 많이 먹지는 않았다. 나라의 제사를 돕고 받은 고기는 그날 밤을 넘기지 않고, [집에서] 제사 지낸 고기는 3일을 넘기지 않았으며, 3일이 지난 것은 먹지 않았다. 음식을 먹을 때는 말하지 않고, 잠자리에 누웠을 때도 말하지 않았다. 비록 고기반찬이 없는 거친 밥과 나물국이라도 반드시 고수레

하되 반드시 마음을 가다듬었다. 食不厭精 膾不厭細 食饐而餲 魚餒而肉
敗 不食 色惡不食 臭惡不食 失飪不食 不時不食 割不正 不食 不得其
醬 不食 肉雖多 不使勝食氣 唯酒無量 不及亂 沽酒市脯 不食 不撤薑
食 不多食 祭於公 不宿肉 祭肉 不出三日 出三日 不食之矣 食不語
寢不言 雖疏食菜羹 瓜[必]祭 必齊如也 〈향당^{鄕黨}〉8

＊ 식^食은 밥[반^飯]이고, 정^精은 쌀을 깨끗이 씻음이다. 소와 양과 어류의
날것을 저며 썰어놓은 것을 회^膾라 하고, 음식이 깨끗하면 사람 몸에 영양이
될 수 있고, 회^膾가 거칠면 사람을 해칠 수 있다. 싫어하지 않는다는 불염^{不厭}
은 좋게 생각한다는 것이지, 반드시 이처럼 하고자 한다는 말이 아니다.

의^饐는 밥이 열과 습기에 상^傷한 것이고, 애^餲는 맛이 변한 것이다. 생선
물러진 것이 뇌^餒고, 육류 부패한 것은 패^敗며, 빛깔이 추하고[오^惡] 냄새가
고약한[오^惡] 것은 아직 부패하지 않았지만, 빛깔과 냄새가 변한 것이다. 실
임^{失飪}은 설익은 것이고, 불시^{不時}는 제철이 아니어서 오곡^{五穀}이 여물지 않거
나 과일이 덜 익은 것이다. 이런 것들은 모두 사람을 상^傷하게 할 수 있으므
로 먹지 않았다.

고기 자른 것이 방정^{方正}하지 않은 것을 먹지 않은 것은 잠시라도 바름
에서 떠나지 않으려는 것이고, 고기를 먹을 때 장^醬을 사용한 것은 각각 마
땅한 것이 있어서이지만, 얻지 못하면 먹지 않은 것은 준비되지 않음을 싫어
해서다. 이 두 가지가 사람에게 해^害는 없지만, 다만 맛을 좋아해서 구차스
럽게 먹지 않았을 따름이다.

시장에서 사 온 술이나 육포는 정갈하지 못해서 혹^或 사람이 상할까 염
려한 것이니, 정자^{程子}는 계강자^{季康子}가 보내준 약을 먹지 않은 것과 같다고
했다. 〈향당^{鄕黨}〉11에 강자^{康子}가 공자에게 약^藥을 보냈는데 절하고 받으면서

"저는 [이 약을] 알지 못해서 감히 맛볼 수가 없습니다. 康子饋藥 拜而受之曰 丘未達 不敢嘗"라는 구절이 있다. 생강[강薑]은 하늘과 땅의 신령神靈에 통하고, 더러 움과 악취를 제거하므로 그만두지 않았다. '먹을 때는 응대하지 않고 잠잘 때는 말하지 않았다. 食不語 寢不言'에서 어語는 응대[답술答述]하는 것이고, 언言 은 스스로 말하는 것이다.

공자가 마시고 먹기를 이처럼 한 것은 구복口腹이 바라는 바를 다하고 자 해서가 아니라, 대개 기운[기氣]과 몸[체體]을 길러서 목숨이 상하지 않도 록 하려고 한 것이다. 그러니 오직 건강을 염려해서 그런 것이지 입이 까다 롭다거나 오래 살려고 한 것은 아니다. 자른 곳이 바르지 않으면 먹지 않은 것은 잠시라도 바름에서 떠나지 않으려고 해서 그런 것이지만, 특히 고기가 바르게 잘리지 않으면 상한 것일 수도 있어 건강을 염려한 것일 수도 있다. 먹을 고기가 많더라도 밥 기운을 이기도록 먹지 않았다는데, 요즘 사람들 은 밥 들어가는 배, 고기 들어가는 배, 술 들어가는 배가 따로 있다고 하니 걱정할 것이 없겠지만, 당시에는 주식主食이 밥이어서 그렇게 말한 것이다.

공적公的인 제사를 돕고서 얻어 온 고기는 그 밤이 지나기 전에 나누어 주고, 집 제사의 고기는 사흘 넘기지 않는다고 한 것은 신神의 은혜를 머물 러 둘 수 없을 뿐만 아니라, 귀신이 흠향하고 남긴 것을 함부로 버리지 않으 려고 해서다. 그리고 가져온 음식을 반드시 나누어서 음복飲福을 하는 것은 조상과 후손이 그 음식을 나눔으로써 정신적으로 교감하는 행위이다. 다 만 나라 제사에 쓴 고기를 그날 밤을 넘기지 않고, 집안 제사 고기를 사흘 을 넘기지 않았다고 했는데, 이는 음식을 장만할 때 걸린 시간 때문일 것 이다.

'밥을 먹을 때 말하지 않은 것 食不語'은 남이 말을 걸어도 응대하지 않은 것인데, 음식을 주신 누군가에게 감사하는 마음으로 식사하므로 말을 삼

첫 번째 공자의 삶

간 것이다. 고수레 풍속은 곡신穀神이나 지신地神에게 감사하는 마음을 표하는 의례다. 그러다 보니 식사 중에 밥알이라도 바닥에 떨어뜨리거나 한 자리에서 밥을 먹지 않으면 "복 달아난다."라며, 어른들이 경을 쳤다. 식사와 관련된 금기禁忌 · 속신俗信의 말은 이 외에도 많다. '밥 먹을 때 밥그릇을 긁어 소리 내지 마라.' '젓가락이나 숟가락으로 밥상을 두드려 소리 내지 마라.' '밥그릇을 들고 먹지 마라.' '선 채로 음식을 먹지 마라.' 등이 그것이다. 이것들은 모두 경건敬虔한 마음으로 식사하도록 하는 언어적 장치다. 이처럼 밥상에서 대화하는 것을 바람직하게 여기지 않았으니, 식사를 마치고 나서 차를 마실 때 필요한 대화를 하는 것이 우리다운 문화가 아닐까 한다. '잠잘 때 말하지 않은 것 寢不言'은 잠꼬대하지 않는다는 것이 아니라, 자려고 누웠다면 마음을 딴 데 두고 남과 불필요한 말을 하지 않고 바로 잠을 자는 것이다. 마지막 구절의 '과제瓜祭'의 과瓜가 『노론魯論』에는 필必로 되어 있다고 한다. 이 절은 공자의 음식에 관한 예절을 기록한 것이다.

다음은 공자의 일상 거처에 관한 내용이다.

▎자리가 바르지 않으면 앉지 않았다. 席不正 不坐 〈향당鄉黨〉9

＊ 기울어진 의자나 의자 끝 또는 식탁 모서리 쪽에 앉지 않은 것은 자리가 바르지 않거나 식탁에 모가 나서 위험하기 때문이다. 그런데 어른들은 "거기 앉지 마라."라고 하지 않고, '복 달아난다.' '모진 소리 듣는다.' 같은 금기 · 속신의 말로 한 것은 식사 때 언급한 것과 같은 맥락이다. 성인聖人은 마음이 바름을 편안히 여기므로 자리가 바르지 않은 데서는 비록 잠시라도 머물지 않는다.

다음은 공자가 자기의 일상 태도를 언급한 것인데 고루하더라도 검소함을 택하여 사치스러운 것을 피하는 공자의 모습이다.

> 공자는 "사치스러우면 불손하고 검소하면 고루하지만, 불손하기보다는 차라리 고루한 것이 낫다."라고 했다. 子曰 奢則不孫 儉則固 與其不孫也 寧固 〈술이述而〉35

＊ 사즉불손奢則不孫의 손孫은 '공손할 손遜'과 통하고, 고固는 고루함이다. 사치奢侈와 검소儉素는 모두 중中을 잃었지만, 사치의 해害가 더 커서 이렇게 말한 것이다. 공자가 의복, 음식, 거처에서 엄격했던 것은 앞에서도 지적했지만 사치하려는 것이 아니라, 예禮와 경敬에서 벗어나지 않으려는 의도에서다.

다음은 제자가 기록한 공자의 평소 얼굴 모습이다.

> 공자는 한가로울 때, 얼굴이 펴지고 얼굴빛이 온화하였다. 子之燕居 申申如也 夭夭如也 〈술이述而〉4

＊ 연거燕居는 한가로이 일이 없을 때다. 신신申申은 얼굴이 펴지는 것이고, 요요夭夭는 얼굴빛이 온화한 것이다. 정자程子는 제자弟子가 성인聖人의 일상을 잘 형용했는데, 신신申申만으로는 부족해서 다시 요요夭夭라는 글자를 붙인 것이다. 그런데 사람들은 한가로울 때 게으르고 멋대로 하지 않으면 반드시 지나치게 엄하니, 지나치게 엄할 때 신신요요申申夭夭 네 글자를 쓸 수 없는 것처럼, 게으르고 멋대로 할 때도 이 글자를 쓸 수 없다. 오직 성인聖人이라야 바로 저절로 덕성德性이 중용中庸을 잃지 않는 중화中和의 기운이 있다고 했다.

첫 번째 공자의 삶

일상에서 공자처럼 얼굴을 펴고 온화하기가 그리 쉬운 일은 아니다. 사람들은 심기가 불편하면 자신도 모르게 얼굴이 찌푸려지기 마련인데, 이럴 때 어른들은 "낯을 펴고 살아야 복이 들어오지, 오만상을 찌푸리고 있으면 오던 복도 달아난다."라고 하신다. 이런 표정을 정자程子는 성인聖人이라야 할 수 있는 일이라고 했지만, 항상 중용지덕中庸之德을 지니고 살려고 노력하면 가능하지 않을까 한다. 이 장章은 공자가 한가로울 때의 얼굴 모습을 제자가 기록한 것이다.

다음은 공자가 상喪에 참여했을 때 태도이다.

공자는 상喪 중에 있는 사람 옆에서 음식을 먹을 때에는 배불리 먹은 적이 없었다. 공자는 이날에 곡哭을 했으면 노래를 부르지 않았다. 子 食於有喪者 之側 未嘗飽也 子 於是日 哭則不歌 〈술이述而〉9

＊ 배우는 자라면 여기에 언급된 두 가지에서 공자의 인정人情과 성질性質의 바름을 볼 수 있다. 그러니 성인聖人의 정성情性을 안 뒤에라야 도道를 배울 수 있다. 요즘은 시대가 변해서 상가喪家에서 소란을 피우는 일이 드물지만, 과거에 민간에서는 상주喪主의 슬픔을 위로한다고 밤을 새우며 노름판을 벌이거나, 술을 마시고 큰 소리로 떠드는 일이 비일비재非一非再했다. 진도珍島 지역에서 지금도 이런 놀이를 하는지 모르겠는데, 상주喪主를 위로한다고 상두꾼이나 이웃 사람들이 밤을 지새워서 벌이는 '다시래기 놀이'를 했다.

다음은 상복喪服을 입은 자와 관복官服을 입은 자 그리고 장님을 대하는 공자의 태도이다.

공자는 상복^{喪服} 입은 자와 관복^{冠服} 입은 자 그리고 시각장애인을 만났을 적에는 비록 나이가 적더라도 반드시 일어나고, 그 곁을 지날 적에는 반드시 빠르게 갔다. 子 見齊衰者 冕衣裳者 與瞽者 見之 雖少 必作 過之必趨 〈자한^{子罕}〉**9**

* 자최^{齊衰}는 올이 가는 베로 만든 상복^{喪服}이고, 참최^{斬衰}는 올이 굵은 베로 만든 상복이다. 부모의 상^喪처럼 상^喪이 무거우면 올이 굵은 상복을 입는다. 면^冕은 관^冠이며, 의^衣는 상의^{上衣}고, 상^裳은 하의^{下衣}다. 관^冠을 쓰고 의상^{衣裳}을 차려입는 것은 잘 갖춰 입은 귀인^{貴人}의 복장이다. 고^瞽는 시각장애인이고, 작^作은 일어남이며, 추^趨는 빠르게 감이다.

성인^{聖人}의 마음에 상^喪을 당한 이를 슬퍼하고, 벼슬을 한 이를 높이며, 신체가 온전하지 않은 이를 긍휼히 여겨 일어나서 빠르게 지나가는 것은 성실한 마음이 한결같아서다. 이와 비슷한 태도는 〈향당^{鄕黨}〉**16**에 공인^{公人}일 때도 보인다.

어떤 이는 '수소 필작 ^{雖少 必作}'에서 '나이 어릴 소^少'를 '앉을 좌^坐'라고 했는데, 이것은 '반드시 일어난다는 필작^{必作}' 때문일 것이다. 상대가 아무리 나이가 어려도 이런 사람을 만나면 앉아 있다가도 일어나거나 빠르게 지나가는 태도는 바로 배려심의 실천이다.

공인^{公人}으로서의 삶

다음은 공자가 공인^{公人}으로서 보여준 태도다.

첫 번째 공자의 삶

제齊나라 대부大夫인 진성자陳成子가 간공簡公을 시해하자, 공자가 목욕沐浴하고 조정에 나아가 [노魯나라] 애공哀公에게 아뢰기를 "진항陳恒이 임금을 시해하였으니 청컨대 토벌하소서."라고 하니, 공公이[애공哀公이] "저 삼자三子[삼가三家]에게 알리라."고 했다, 공자는 "내가 대부大夫의 뒤[말석末席]를 따랐기 때문에 감히 아뢰지 않을 수 없었는데, 임금께서 '저 삼자三子에게 알리라.'고 하시는구나!"라고 했다. 삼자三子에게 가서 알리니, "[삼자三子가] 할 수 없다."라고 했다. 공자는 "내가 대부大夫의 뒤를 따랐기 때문에 감히 알리지 않을 수 없었다."라고 했다. 陳成子 弒簡公 孔子 沐浴而朝 告於哀公曰 陳恒 弒其君 請討之 公曰 告夫三子 孔子曰 以吾從大夫之後 不敢不告也 君曰 告夫三子者 之三子 告 不可 孔子曰 以吾從大夫之後 不敢不告也
〈헌문憲問〉**22**

* 진성자陳成子는 제齊나라 대부大夫인데 이름이 항恒이다. 간공簡公은 제齊나라 임금으로 이름은 임壬이다. 이 사건은 노魯나라 애공哀公 14년에 있었고, 삼자三子는 삼가三家다. 그때 정치 권력이 삼가三家에게 있으니, 애공哀公이 독단獨斷으로 할 수 없었으므로 삼가三家에게 알리라고 한 것이다. 공자는 나이 들어 치사致仕한 뒤였지만, 제齊나라 권력자의 불의不義한 행위를 보고 의분義憤을 참지 못했으니, 평소 말씀과 행동이 일치하는 성인聖人의 모습을 보여준다.

정자程子는 『춘추좌씨전』을 쓴 좌씨左氏가 공자의 말씀을 기록하기를, "진항陳恒이 그 임금을 시해함에 제齊나라 백성 중에 동조하지 않은 자가 반이니, 노魯나라 무리에다 제齊나라 반을 더하면 이길 수 있다. 陳恒 弒其君 民之不予[與]者半 以魯之衆 加齊之半 可克也"라고 했다. 그런데 이는 공자의 말씀이 아니다. 만약 이 말처럼 했다면, 이것은 힘으로 하는 것이지 의義로 하는 것이 아니기 때문이다. 만약 공자의 의지로 한다면 진성자陳成子의 죄罪를 바로 규정하고, 천자天子와 방백方伯에게 알려서 동맹국을 거느리고 토벌했을 것이다. 그러므로 그 전쟁의 승패는 공자에게 부차적인 일이라 했다.

　정자程子의 이 지적은 공자가 힘으로 문제를 해결하려는 것이 아니라 오직 의義의 여부만 따졌음을 확실히 보여준다. 그런데 춘추春秋의 법法에 임금을 시해弒害한 역적은 사람이 토벌할 수 있다고 했으니, 중니仲尼[공자의 자字]의 거사擧事는 먼저 토벌하고 뒤에 알리는 것이 옳다는 견해도 있다.

　다음은 공자가 예禮보다는 검소儉素를, 편함보다는 예禮를 따른 태도다.

> 공자는 "베로 만든 면류관이 본래의 예禮이지만, 지금은 삶지 않은 명주실[생사生絲]로 만든 것이 검소儉素하므로 나는 시속時俗을 따르겠다고 하고, 당堂 아래에서 절하는 것이 본래의 예禮인데, 지금 당堂 위에서 절하는 것은 교만하므로 나는 비록 시속에 어긋나더라도 당堂 아래서 절하는 예禮를 따르겠다."라고 했다. 子曰 麻冕 禮也 今也純 儉 吾從衆 拜下 禮也 今拜乎上 泰也 雖違衆 吾從下 〈자한子罕〉3

　* 마면麻冕은 검정 베로 만든 관冠이고, 순純은 생사生絲며, 검儉은 줄임[생약省約]이다. 치포관緇布冠은 30새[승升] 베로 만든다. 1새[승升]는 80올이니, 그 날실이 2천4백 올인데 세밀해서 만들기가 어려우니, 생사生絲를 써서 공력功力을 줄임[생약省約]만 못해서 시속을 따른 것이다. 태泰는 교만인데, 신하가 임금과 예禮를 행할 때 당하堂下에서 절하는 것이 당연하지만, 임금이 사양하면 당堂에 올라가서 절할 수도 있다. 그렇지만 당堂에 올라가서 절하는 것이 교만하므로 시속을 따르지 않고 예禮를 따른 것은 군왕에게 교만하지

않으려는 태도다.

공자가 이렇게 예禮를 중시하였지만, 그것이 의義에 맞지 않는다고 생각하면 검儉을 택했다. 이는 예禮가 고정된 것이 아님을 보여준다. 군자가 처세하는 일이 의義에 해롭지 않으면 시속時俗을 따를 수 있으니, 판단의 기준은 의義다.

다음은 시속時俗이 야박해졌음을 공자가 지적한 내용이다.

공자가 "내 오히려 사관史官들이 [분명치 않은 부분은] 글을 빼놓고 기록하지 않음과 말을 가진 자가 남에게 빌려주어 타도록 해주었는데, 지금에는 이것도 없어졌구나."라고 했다. 子曰 吾猶及史之闕文也 有馬者 借人乘之 今亡矣夫 〈위령공衛靈公〉 **25**

* 금망今亡의 망亡은 '없을 무無'와 같다. 사관史官의 궐문闕文과 남에게 말을 빌려줌 이 두 가지 일을 공자가 일찍이 본 적이 있는데 지금은 없다고 했다. 그러니 시대가 더욱 투박해진 것을 공자가 슬퍼한 것으로 볼 수 있다. 그렇지만 어떤 이는 이 장章이 사연이 있어서 공자가 언급했을 것이니, 의미가 의심스러우므로 억지로 해석하지 않는 것이 좋다고 했다.

공자는 제齊나라에서 미녀 악공樂工을 보냈을 적에 노魯나라 계환자季桓子가 그것을 받고 보여준 행동에 실망하여 노魯나라를 떠났다.

제齊나라 사람이 여악女樂[미녀 악공]을 보내니, 계환자季桓子가 그것을 받고 3일 동안 조회朝會를 하지 않아서 공자가 떠났다. 齊人 歸女樂 季桓子 受之

＊ 계환자季桓子는 노魯나라 대부大夫고 이름은 사斯다. 『사기史記』에는 "정공定公 14년에 공자가 노魯나라 사구司寇가 되어서 정승의 일을 대신했는데, 제齊나라 사람이 두려워하여 여악女樂을 보내 막았다. 定公十四年 孔子爲魯司寇 攝行相事 齊人 懼 歸女樂以沮之"라고 되어 있다. 귀녀악歸女樂 의 귀歸는 보내준다는 뜻이고, 여악女樂은 춤 잘 추는 미녀 악사다.

〈미자微子〉 편篇은 인자仁者와 현자賢者의 출처出處를 기록하고 거기에 성인聖人의 행동으로 절충하여 중용中庸의 도道를 밝힌 것이다. 이 장章은 제齊나라 사람이 보낸 여악女樂을 받고 조회에 나오지 않은 노魯나라 실권자인 계환자季桓子의 태만함을 본 공자가 어진 이를 홀대하고 예禮를 버린 자와는 함께 큰일을 할 수 없을 것이라 여기고, 조금도 주저함 없이 그 나라를 떠났음을 말한 것이다. 오늘날 권력자의 불의不義한 태도를 보고 공자처럼 그 자리를 버리는 이가 과연 얼마나 될까?

다음은 향당鄕黨과 종묘宗廟와 조정朝廷 같은 공적公的 장소에서 보여준 공자의 언행이다.

공자는 향당鄕黨에 있을 적에는 신실信實해서 말을 잘하지 못하는 사람 같았고, 종묘宗廟와 조정朝廷에 있을 적에는 말을 잘하였지만 삼갔을 따름이다. 孔子於鄕黨 恂恂如也 似不能言者 其在宗廟朝廷 便便言 唯謹爾 〈향당鄕黨〉1

＊ 향당鄕黨은 부형과 친척이 있는 곳이다. 순순恂恂은 신실信實한 모습이

고, '사불능언자^{似不能言者}'는 겸손하고 자신을 낮춘 태도이며, 변변^{便便}은 말을 잘하는 것이다.

이 장^章은 공자가 향당^{鄕黨}에 있을 때와 종묘^{宗廟}나 조정^{朝廷}에 있을 때 말하기 태도가 달랐음을 보여준다. 부형과 친척이 있는 향당^{鄕黨}에서 공자는 신실하되 말을 잘하지 못하는 사람처럼 겸비^{謙卑}하고 손순^{遜順}하여 어짊과 앎으로 남을 앞서려고 하지 않았다. 반면에 종묘^{宗廟}나 조정^{朝廷}에서는 말을 분명하게 하지 않을 수 없으므로, 자상하게 묻고 극진하게 말하되 다만 삼가고 멋대로 하지 않았다. 이를 통해서 공자는 때와 장소에 따라 말하기 태도가 달랐음을 알 수 있다. 이 절^節은 공자가 향당^{鄕黨}과 종묘^{宗廟}와 조정^{朝廷}에 있을 때 언어^{言語}와 용모^{容貌}가 같지 않은 것을 기록한 것이다.

다음도 공자가 조정^{朝廷}에 있을 때의 언행^{言行}이다.

> [임금이 없을 적에 공자가] 조정^{朝廷}에서 하대부^{下大夫}와 말할 적에는 강직^{剛直}하게 하고, 상대부^{上大夫}와 말할 적에는 온화하게 하였으며, 임금이 있을 적에는 조심하고 위의^{威儀}에 맞게 했다. 朝 與下大夫言 侃侃如也 與上大夫言 誾誾如也 君在 踧踖如也 與與如也 〈향당^{鄕黨}〉2

* 제후^{諸侯}와 상대부^{上大夫}는 경^卿이고, 하대부^{下大夫}는 상사^{上士}, 중사^{中士}, 하사^{下士} 등 5인이다. 간간^{侃侃}은 굳세고 곧음[강직^{剛直}]이고, 은은^{誾誾}은 온화하고 기뻐하면서 간절하게 말하는 것[간쟁^{諫諍}]이다. 군재^{君在}는 임금이 조회를 볼 때고, 축적^{踧踖}은 공경하여 편안하지 않은 것이며, 여여^{與與}는 위의^{威儀}에 알맞은 것이지만, 임금을 향하는 마음을 잊지 않는다는 견해도 있다.

관직에 있으면 아랫사람에게는 업무상 책임을 져야 하는 위치에 있으므로 강직하게 말하는 것이고, 윗사람에게는 업무를 보고하여 그의 결심을 받아야 하므로 온화하고 기쁜 마음으로 간절하게 말하는 것이 위의威儀에 맞는 언행言行이다. 이 절節은 공자가 조정에 있으면서 윗사람을 섬기고 아랫사람을 대하는 태도가 같지 않음을 기록한 것이다.

다음은 임금 앞에서 동료 빈擯과 함께 국빈國賓을 접대할 때의 처신을 기록한 것이다.

> 임금이 불러서 국빈國賓 맞는 사신을 하도록 하면 낯빛을 변하고 발걸음을 조심했다. 함께 서 있는 [동료 빈擯에게] 읍揖할 때, 왼쪽 사람에게 읍할 때는 손을 왼쪽으로 하고, 오른쪽 사람에게 읍할 때는 손을 오른쪽으로 했다. 앞뒤 옷자락을 가지런히 하고, 빨리 걸어 나갈 때는 새가 날개를 편 듯이 했다. 국빈이 물러가면 반드시 보고하기를 "손님이 뒤돌아보지 않았습니다."라고 했다. 君 召使擯 色勃如也 足躩如也 揖所與立 左右手 衣前後 襜如也 趨進 翼如也 賓退 必復命曰 賓不顧矣 〈향당鄕黨〉3

* 빈擯은 주인 된 나라의 임금이 손님을 접대하도록 나가게 한 것이고, 발勃은 얼굴빛을 변하는 모양이며, 곽躩은 발걸음을 함부로 떼지 않는 모양이니, 모두 임금의 명命을 공경하기 때문이다. 좌우수左右手는 왼쪽 사람에게 읍揖할 때는 손을 왼쪽으로, 오른쪽 사람에게 읍揖할 때는 손을 오른쪽으로 하는 것이다. 첨襜은 옷자락이 가지런한 모양이다. 빨리 걸어 나갈 때 새가 날개를 편 듯이 한다는 것은 삼가는 걸음걸이 모습이다. 국빈國賓이 물러가면서 뒤돌아보지 않았다고 보고하는 것은 사신에 대한 임금의 긴장을 풀게 한 것인데, 다른 한편으로는 외교가 원만히 잘 되었다는 의미도 된다. 외교

첫 번째 공자의 삶

를 마친 사신이 자꾸 뒤를 돌아본다는 것은 뭔가 아쉬움이 남았다는 것을 의미하므로, 사신使臣은 일을 마치고 나면 뒤를 돌아보지 않고 떠나는 것이 예禮다. 남의 집이나 기관을 방문했을 때 일을 마치고 나면 뒤를 돌아보지 않고 가는 것이 예禮지만, 방문한 곳 사람들의 고마움 때문에 차마 쉽게 발길을 돌리지 못하고 작별의 인사를 마친 뒤에도 또 절을 하느라고 시간이 길어지는 것은 정情 많은 우리네 삶의 관습이다. 이 절節은 임금을 위해 빈상擯相이 되었을 때의 용모를 기록한 것이다.

다음은 공자 같은 공적인 사람이 공문公門을 출입할 때 보여준 기록이다.

궁궐의 문門에 들어갈 적에는 몸을 굽혀 문이 작아서 들어가기에 넉넉하지 못한 것처럼 했으며, 서 있을 때는 중문中門에 서지 않고, 다닐 때는 [문 중앙의] 문턱[역閾]을 밟지 않았다. 임금이 계시던 자리를 지날 적에는 낯빛을 변하고 발을 조심하며 말씀을 부족한 듯이 하였다.

옷자락을 잡고 당堂에 오를 적에는 몸을 굽히고 숨을 죽여 숨 쉬지 않는 것처럼 하였고, 밖으로 나와 층계를 하나 내려와서는 낯빛을 펴서 화평하게 하였으며, 층계를 다 내려와서는 빨리 걷되 새가 날개를 편 듯이 하였고, 자기 자리로 돌아와서는 삼가고 공손하였다. 入公門 鞠躬如也 如不容 立不中門 行不履閾 過位 色勃如也 足躩如也 其言 似不足者 攝齊升堂 鞠躬如也 屛氣 似不息者 出降一等 逞顔色 怡怡如也 沒階 趨翼如也 復其位 踧踖如也 〈향당鄕黨〉4

* 국궁鞠躬은 몸을 굽히는 것인데, 공문公門이 높고 큰데도 마치 용납되

지 않을 것처럼 하는 것은 공경의 지극함이다. 중문中門은 문의 중앙인데 문설주[정棖]와 문 중앙에 세운 문지방[얼闃] 사이로, 임금이 출입하는 곳이다. 문턱[역閾]은 문門의 한계다. 예禮에 "사대부가 공문公門을 출입할 때는 문 중간에 세운 문지방[얼闃]의 우측으로 다니고, 문턱[역閾]을 밟지 않는다. 士大夫 出入公門 由闃右 不踐閾"라고 하였으니 이를 밟으면 조심스럽지 못한 것이다.

과위過位의 위位는 임금의 빈자리다. 고대 중국에서 군주가 조회를 받기 위해 마련한 자리인데, 문門과 병풍[병屛] 사이로 조회朝會할 때 임금이 신하를 기다리며 서 있는 곳이니 바로 저宁다. 임금이 비록 부재중이라 할지라도 그 앞을 지나칠 때 반드시 공경해야 하므로 빈자리라고 해서 감히 함부로 하지 않고, 말씀도 부족한 듯이 하여 감히 멋대로 하지 않는다.

섭攝은 걷어잡음이고, 자齊는 옷 아랫단을 꿰맨 것인데 옷자락이다. 예禮에 "장차 당堂에 오를 때 두 손으로 옷을 걷어잡고 땅에서 한 자쯤 떨어지게 한다. 將升堂 兩手摳衣 使去地尺"라고 한 것은 옷단을 발로 밟아 몸이 기울어져서 용모를 잃을 것을 염려함이다. 병屛은 감춤이고, 식息은 코의 숨이 들고나는 것인데, 숨을 죽여 쉬지 않는 것처럼 하는 것은 지존至尊 즉 임금을 가까이함에 숨 쉬는 용모가 엄숙함이다.

등等은 계단의 층계이고, 영逞은 폄이며, 높은 곳을 차츰 멀리하니 기운을 펴고 경직되었던 얼굴을 푸는 것이다. 이이怡怡는 온화하고 기뻐하는 모습이고, 몰계沒階는 계단을 다 내려옴이다. 추趨는 빨리 걸어서 자기 자리로 나아가는 것이고, 다시 자리로 돌아와서도 삼가고 공손한 것은 공경恭敬의 마음이 아직 남은 것이다.

나라님 없는 곳에서는 나라님 흉도 본다는데, 여기 기록된 내용을 보면 공자의 언행은 나라님의 있고 없음과 상관없이 공경을 다 하는 모습이다. 이 언행이 오늘날의 덕德 있는 사람들의 언행과 크게 다르지 않다. 일상에서

첫 번째 공자의 삶

웃어른이 평소 앉자 계시던 곳에 함부로 앉지 않고 피하는 행위나, 출입할 때 문턱을 밟지 않거나, 사당祠堂의 문 중앙으로 출입하지 않고 옆문으로 다니는 것 등은 이런 데서 연유된 것으로 생각된다. 이 절節은 공자가 조정朝廷에 있을 적의 모습을 기록한 것이다.

다음은 임금을 위해 이웃 나라에 사신으로 방문했을 때 처신하는 모습을 기록한 것이다.

[임금을 위해서 이웃 나라를 방문했을 때] 명규命圭를 잡되 몸을 굽혀 [그것을] 이기지 못할 듯이 하고, [명규命圭를 잡는 위치는] 위로는 읍揖할 때처럼 하고, 아래로는 [물건을] 줄 때처럼 한다. 낯빛은 변해서 두려워하는 빛을 띠고, 발은 종종걸음 해서 발꿈치를 끌듯이 한다. 연향燕享에서는 온화한 낯빛을 하고, 사사로이 만나볼 때는 화평하게 하였다. 執圭 鞠躬如也 如不勝 上如揖 下如授 勃如戰色 足蹜蹜如有循 享禮 有容色 私覿 愉愉如也 〈향당鄕黨〉5

* 규圭는 제후諸侯의 명규命圭로, 이웃 나라를 방문할 때 대부大夫로 하여금 이것을 잡아서 상호相互 믿음을 통하게 하는 것이다. 여불승如不勝은 임금의 기물器物을 잡되, 잡은 것이 가벼워도 이기지 못할 것처럼 하는 것이니, 이는 공경과 삼감의 지극함을 표현한 것이다. 상여읍上如揖과 하여수下如授는 규圭를 잡는 것이 평형하게 하여 손이 심장 부위와 나란히 하여, 높아도 읍揖할 때의 위치를 지나지 않고, 낮아도 물건을 줄 때의 위치를 지나지 않는다. 전색戰色은 조심하여 얼굴빛이 두려워함이며, 축축蹜蹜은 발걸음을 좁게 떼는 것이고, 여유순如有循은 『예기禮記』에 이른바 "앞을 들되 발꿈치를 끌듯함. 擧前

曳踵"이니, 걸음이 땅에서 떨어지지 않아 마치 물건을 이음과 같은 것이다. 그런데 이런 여러 행위가 어떤 의미인지도 모른 체 인습처럼 한다면, 거기에는 진정성이 없으니 아무런 감동이 없다.

'향례享禮'의 향享은 물건을 드린다는 뜻이다. 빙문聘問의 예禮를 마친 뒤에 참여하는 연회燕會에서는 옥玉으로 된 규벽圭璧을 사용한다. 정실庭實은 마당에 여러 예물을 벌여 놓는 것이니, 제후諸侯끼리 상호 방문하거나 천자天子를 알현謁見할 때 또는 국가 예식禮式에 참여할 때, 가져간 예물禮物이나 공물貢物 등을 궁궐 뜰에 진열하여 놓는다. 유용색有容色은 온화함이니, 『의례儀禮』에 "기운을 펴서 얼굴에 가득하게 한다.發氣滿容"라고 했다. 사적私覿은 사사로운 예禮로 임금을 뵙는 것이고, 유유愉愉는 온화함이다.

이 절節은 공자가 임금을 위해 이웃 나라를 방문했을 때의 예禮를 기록한 것이라고 했지만, 공자는 노魯나라 정공定公 9년에 노魯나라에서 벼슬을 하다가 13년에 제齊나라로 갔다. 그사이에 빈상儐相이 되거나 집규執圭하고 타국을 방문한 일이 없었다. 그러니 두 조항[향당鄕黨3, 5]은 그 예禮가 마땅히 이와 같아야 함을 말한 것이라고 했다.

다음은 공자가 향당鄕黨에서 향인鄕人과 음주할 때와 향인鄕人이 굿하는 것을 볼 적에 취한 행동을 기록한 내용이다.

> [공자는] 향인鄕人과 술을 마실 때 지팡이를 짚은 분이 나가면 그런 다음에 나갔다. 향인鄕人이 굿할 때는 조복朝服을 입고 동쪽 섬돌에 서 있었다. 鄕人 飮酒 杖者 出 斯出矣 鄕人儺 朝服而立於阼階 〈향당鄕黨〉10

* 장자杖者는 지팡이 짚은 노인이다. 60세에 마을에서 지팡이를 짚고 다

닌다. 집장자執杖者가 나가지 않았으면 감히 앞서지 않고, 이미 나갔으면 감히 뒤에 남지 않는다. 나儺는 역귀疫鬼를 쫓는 것으로『주례周禮』에는 방상씨方相氏가 관장했다고 하는데, 방상씨方相氏씨는 궁중 나례儺禮에서 귀신 쫓는 자者다. 조계阼階는 동쪽 계단이다. 나儺는 옛 의례儀禮지만 놀이에 가까웠는데도 또한 반드시 조복朝服을 입고 참석했던 것은 공자가 정성과 공경을 쓰지 않은 바가 없어서 그런 것이다. 이 절節은 공자가 시골에 있을 때 일을 기록한 것이다.

얼마 전까지만 해도 우리의 회식會食 풍속을 보면, 식사할 때 어른이 수저나 젓가락을 들기 전에 먼저 들지 않고, 어른이 자리에서 일어나기 전에는 먼저 일어나지 않았으며, 어른이 자리에서 일어나 나가는데 그대로 자리에 앉아 있지 않은 것은 어른에 대한 예禮라고 여겨서다. 지금도 이런 예禮를 차리는 사람이 있지만 이를 낯설어하는 사람도 있으니, 어른이라고 해서 이런 대접을 받을 생각을 해서는 안 된다.

집장執杖 역시 민간에 전하는 말로는 40세가 되면 집 마당에서, 50세에는 동네 가까운 데서, 60세가 되어야 마을에서 지팡이를 짚었다고 한다. 나이 들어 치사致仕하면 임금이 사궤장賜几杖이라 하여 궤几[안석安席]와 장杖[지팡이]을 하사했다. 이때 받은 지팡이로는 임금 앞에서도 집장執杖을 할 수 있었다고 하니, 우리나라에서는 나이 들어 지팡이 짚는 일도 쉽지 않았을 것 같다. 이처럼 살기 복잡한 시절을 살아낸 어른들의 삶을 보면서 왜 이렇게 복잡하게 살았을까 하는 생각이 든다.

그런데 어른들은 이런 예의를 지키는 것이 오히려 마음이 편하다고 하니, 남을 배려하는 마음 곧 인仁을 실천하고 생활화했던 모양이다. 반면에 요즘 젊은이들은 자기중심적으로 육신肉身이 편한 것을 선호한다. 남이야 어찌 생각하든 말든 내 하고 싶은 대로 하고, 내 편한 대로 하면서 내 감정에 솔직하고 남의 눈치 볼 것 없이 산다고 한다. 이들의 생각과 처신도 그럴 수밖에 없는 세상이니, 남에게 피해를 주지 않는다면 자기주장대로 사는 것이 잘못은 아니다. 그런데 기성세대는 오랫동안 전통적인 삶의 방식에 익숙하다 보니, 젊은이들의 이런 행동이 눈에 거슬린다.

이런 젊은이들도 자기와의 이해관계 앞에서는 오히려 지나칠 정도로 상대의 눈치를 보고, 어떻게 하면 상대의 눈에 거스르지 않을까 고민하는 사람도 있다. 이런 상황에 직면한 젊은이가 어떻게 하는 것이 예禮인지 묻지만, 평소에 그렇게 살지 않았다면 일러준다고 해도 그런 태도가 자연스러울 수 없다. 그래서 평소에 하던 대로 하라고 조언한다. 그러면 적어도 위선僞善 한 가지는 하지 않을 테니 말이다.

다음은 공자가 다른 나라에 사자使者를 보내거나 대부大夫가 약藥을 보냈을 적에 보여준 태도이다.

> [공자는] 다른 나라에 사람을 보내어 [안부를] 물을 때는 [사자使者에게] 두 번 절하고 보냈다. 강자康子[계강자季康子]가 약藥을 보내왔는데, 공자는 절하고 받으면서 "제[구丘]가 [이 약藥에 대해] 잘 알지 못하기 때문에 감히 맛보지 못합니다."라고 했다. 問人於他邦 再拜而送之 康子 饋藥 拜而受之曰 丘 未達 不敢嘗 〈향당鄕黨〉11

* 심부름꾼[사자使者]에게 절하고 보내는 것은 심부름꾼이 자기보다 아랫사람이지만, 본인이 상대에게 직접 갈 수 없어서 사자使者를 보냈으므로 심부름꾼에게 예禮를 갖추어 상대에게 성의誠意와 공경恭敬을 드러내는 것이다. 요즘은 아랫사람을 심부름 보낼 때 용건만 주고 전하라고 하는데, 공

첫 번째 공자의 삶

자는 참 복잡하게 살았던 것 같다. 그러나 공자의 관심은 상대가 앞에 있든 지 없든지 항상 상대에게 성의를 다하는 것을 예^禮로 여겼다. 이렇게 살다 보면 이런 성의도 이심전심^{以心傳心}으로 상대에게 전해질 수도 있겠다.

남이 먹을 것을 내려주면 반드시 맛을 보고 감사의 뜻으로 절을 하고 받지만, 약^藥에 대해서 남이 보낸 약을 잘 알지 못하면 감히 맛보지 않는다. 그러니 받고서 맛보지 않으면 남이 주는 것을 헛되게 하므로 공자가 이처럼 말한 것이다. 그런즉 마실 수 있으면 마시고, 마실 수 없으면 마시지 않는 것이 모두 그 안에 있다. 또 대부^{大夫}가 내려줌이 있으면 절하고 받는 것은 예^禮고, 잘 알지 못해서 감히 맛보지 않은 것은 병^病을 삼가는 것이며, 반드 시 말한 것은 곧음[직^直]이다.

남이 정성으로 보낸 음식을 입에 맞지 않으면 버리는데, 그걸 먹고 탈이 나는 것보다 먹지 않는 것이 당연하기 때문이다. 그러나 어른들은 잘 알지 못하는 약을 받지 않은 것을 제외하고는 음식을 버리는 것이 상대의 성의^誠^意를 버리는 것 같아서 차마 그렇게 하지 못한다. 이런 어른들은 물건이 아 까워서가 아니라 보낸 분의 성의^{誠意}를 버린다고 생각해서다. 그러니 어른들 은 보내준 음식을 먹는 것이 아니라 보낸 이의 성의를 먹고 살았다. 이 절^節 은 공자가 남과 사귐에서 보여준 성의^{誠意}를 기록한 것이다.

다음은 공자가 마구간이 불탄 것을 듣고서 반응한 태도인데, 사람의 생 명보다 더 귀한 것이 없다고 여기는 공자의 인간애^{人間愛}를 볼 수 있는 일화다.

> 마구간이 불이 났는데 공자가 조정에서 물러 나와서 "사람이 다쳤느냐?"라 고 하는 말[마^馬]에 대해서는 묻지 않았다. 廐焚 子 退朝曰 傷人乎 不 問馬 〈향당^{鄕黨}〉12

＊ 공자가 말[마馬]을 아끼지 않은 것이 아니지만, 사람이 상했을까 염려한 뜻이 더 컸으므로 물을 겨를이 없어서 그런 것이다. 그러니 대개 사람을 귀하게 여기고 가축을 천하게 여기는 도리가 당연히 이와 같았다. 요즘 사람들은 차로 사람을 치고도 다친 사람보다는 자기 차 흠집 난 것을 먼저 살핀다는데 사실이 아니었으면 좋겠다.

다음은 임금의 하사품下賜品에 대한 공자의 태도를 제자가 기록한 내용이다.

> [공자는] 임금이 음식을 주시면 반드시 자리를 바르게 하고서 먼저 맛보고, 임금이 날고기를 주시면 반드시 익혀서 조상께 올렸으며, 임금이 살아 있는 것을 주시면 반드시 길렀다. 임금을 모시고 밥을 먹을 때 임금이 제祭[고수레]를 하면 먼저 밥을 먹었다. 병을 앓을 때 임금이 문병問病을 오시면 [병자病者의] 머리를 동쪽으로 향하게 하고, 조복朝服을 몸에 덮고 큰 띠를 [그 위에] 걸쳐 놓았다. 임금이 부르시면 수레가 준비되는 것을 기다리지 않았다. 君賜食 必正席先嘗之 君 賜腥 必熟而薦之 君 賜生 必畜之 侍食於君 君祭 先飯 疾 君 視之 東首 加朝服拖紳 君 命召 不俟駕行矣 〈향당鄕黨〉**13**

＊ 임금이 하사下賜한 음식飮食이 혹 먹고 남은 음식일까 염려되므로 사당祠堂에는 올리지 않지만, 자리를 바르게 하고서 먼저 맛보는 것은 임금을 상대하는 것처럼 한 것이고, 먼저 맛본다고 말했으면 나머지는 마땅히 주변에 나누어준다. 이것은 자신이 임금에게 받은 은혜를 자랑하려는 것이 아니라 그 은혜를 함께 누리고자 해서다. 우리가 선물 받은 음식이 맛이 있을 때 주

위 사람들과 나누면 그 즐거움이 배가 되는 것은 그 맛과 은혜를 함께 나누기 때문이다.

성^腥은 날고기이니 익혀서 조상에게 올리는 것은 임금이 내려준 것을 영광스럽게 여긴 것이고, 살아있는 것을 하사하면 임금의 은혜를 어질게 여겨 까닭 없이 감히 죽이지 않고 길렀다. 야담^{野談}에는 임금이 하사한 생물^{生物}을 죽이지 않으려고 애를 썼다는 이야기가 심심찮게 전하는데 그것을 잡아먹거나 죽이는 일은 불충^{不忠}이 되기 때문에 죽이지 않으려고 골머리를 앓았다는 이야기다.

『주례^{周禮}』에 "왕은 매일 한 번씩 성찬^{盛饌}을 드니, 반찬 시중을 드는 선부^{膳夫}가 고수레할 물건을 올리고 음식 맛을 보면 왕이 마침내 먹는다. 王日一擧 膳夫授祭品嘗食 王乃食"라고 했다. 임금을 모시고 밥을 먹는 자가 임금이 고수레하면, 자기는 고수레하지 않고 먼저 먹어서 마치 임금을 위해서 맛보는 것처럼 하는 것은 임금이 손님을 대하는 객례^{客禮}를 감히 감당하지 못해서다.

그러나 웃어른을 모시고 식사할 때 예^禮를 지킨다고 먼저 음식을 맛보는 일은 조심해야 한다. 왜냐하면, 이런 의도를 모르는 어른에게는 결례가 될 수도 있기 때문이다. 어른이 수저를 들면 그 뒤에 수저를 들고 어른의 손이 가지 않은 음식은 기다렸다가 어른의 손이 간 뒤에 먹어야 한다. 그렇지만 어른들이 이런 식사 예절을 강조하면, 아랫사람들은 어른과 함께 식사하는 것을 피하게 되니, 어른은 상황에 따라서 처신하는 것이 현명할 듯하다.

병자^{病者}가 동쪽에 머리를 두는 것은 동쪽이 생명의 근원이 되므로 생기^{生氣}를 받기 위함이다. 병들어 누워 있으면 임금이 방문한다 해도 옷을 입고 의대^{衣帶}를 찰 수도 없다. 또 평소 입은 옷으로 임금을 뵐 수 없으므로 조복^{朝服}을 몸에 덮고 또 큰 띠를 그 위에 걸친다. 본문에는 없지만, 환자가 방의 북쪽에 누워 있다가도 임금이 방문하면 환자를 남쪽으로 옮기는 것은 임금은 항상 얼굴을 남쪽으로 향해 앉기 때문이다.

　　마지막으로 임금의 명命이 집에 이르면 수레가 준비되는 것을 기다리지 않고 명命을 받은 즉시 걸어 나가는 것도 임금의 명命을 잠시라도 묵혀두는 것을 불충不忠으로 여겼기 때문이다. 따지고 보면 걸어가다가 타고 가나, 탈 것이 준비되는 것을 기다렸다가 타고 가나, 대궐에 도착하는 시간은 마찬가지다. 그렇지만 임금의 명命을 대하는 두 행동의 마음가짐은 전혀 다르다. 이 절節은 공자가 임금 섬기는 예禮를 기록한 것이다.

　　다음은 공자가 태묘太廟에서 보인 태도다.

> 공자가 태묘太廟에 들어가 매사를 물었다. 入大廟 每事 問 〈향당鄕黨〉14

　　* 이 장章은 책에 따라 〈향당鄕黨〉13의 마지막 구절로 소개되지만, 그 내용이 앞 구절과 다르므로, 여기서는 이를 구분하여 〈향당鄕黨〉14로 했다. 이 장章은 앞의 '상례喪禮와 제례祭禮'에서 소개한 〈팔일八佾〉15의 첫 구절로 나와 거기서 설명하였으니 본문만 소개한다.

> 공자가 태묘太廟에 들어가 매사를 물었는데, 혹자가 "누가 추인鄹人의 아들보고 예禮를 안다고 했는가? 태묘太廟에 들어가서는 매사每事를 묻더라."라고 하니, 공자가 그것을 듣고 "그것이 바로 예禮다."라고 했다. 子入大廟 每事 問 或曰 孰謂鄹人 知禮乎 入大廟 每事 問 子聞之 是禮也 〈팔일八佾〉15

　　다음은 공자가 붕우朋友를 대하는 태도에 관한 기록이다.

[공자는] 붕우朋友가 죽어서 돌아갈 곳이 없으면 "우리 집에서 빈殯[염殮]을 하라."고 했다. 붕우朋友의 준 선물은 비록 수레와 말 같은 귀중한 물건이라도 제사를 지낸 고기가 아니면 절하지 않았다. 朋友 死 無所歸 曰 於我殯 朋友之饋 雖車馬 非祭肉 不拜 〈향당鄕黨〉15

* 의義로 합한 친구가 죽어서 돌아갈 곳이 없으면, 자기 집에서라도 시신屍身을 관棺에 넣어 일정 기간 보존하는 빈殯을 하지 않을 수 없다. 그뿐만 아니라 붕우 사이에는 재물財物을 통하는 의義가 있다. 비록 거마車馬처럼 귀중할지라도 절을 하지 않지만, 부모 제사를 지낸 고기에 절을 하는 것은 친구의 조상을 공경하여 부모처럼 여겼기 때문이다. '제사를 지낸 고기가 아니면 절을 하지 않는다. 非祭肉 不拜'라고 한 것으로 보아서 절하는 대상이 붕우가 아니라 제물祭物인 점은 친구의 돌아가신 부모에게 예禮를 갖춘 것이라 할 수 있다. 아마도 친구의 부모를 마치 내 부모 부르듯이 아버님, 어머님 하는 것도 이런 인식에서 나온 것으로 생각된다. 이 절節은 공자가 붕우를 사귀는 의義를 기록한 것이다.

다음은 공자가 공인公人으로서 상황에 따라 취할 예모禮貌에 대한 기록이다.

[공자는] 누워 있을 때 죽은 사람처럼 하지 않았고, 집에 있을 적에는 몸을 꾸미지 않았다. 상복喪服[자최齊衰]을 입은 자를 보면 비록 절친한 사이라도 반드시 [낯빛을 엄숙한 모습으로] 바꾸었고, 면류관冕旒冠을 쓴 자와 시각장애인을 보면 비록 [잔치 자리 같은] 사석私席에서도 반드시 예모禮貌를 갖추었다. [수레를 타고 갈 때] 상복喪服[흉복凶服]을 입은 자에게 경의敬意를 표하고, 지

도^{地圖}와 호적^{戶籍}을 짊어진 자에게 경의를 표했다. 성찬^{盛饌}을 받으면 반드시 낯빛을 바꾸고 일어났으며, 빠른 우레가 치고 바람이 사나우면 반드시 낯빛을 바꾸었다. 寢不尸 居不容 見齊衰者 雖狎 必變 見冕者與瞽者 雖褻 必以貌 凶服者 式之 式負版者 有盛饌 必變色而作 迅雷風烈 必變 〈향당^{鄕黨}〉**16**

* 시^尸는 누워 있을 때 죽은 사람처럼 하는 것이고, 거^居는 집에 있는 것이며, 용^容은 얼굴을 꾸밈^{容儀}이다. 누워 있을 때 죽은 사람처럼 하지 않았다는 침불시^{寢不尸}는 죽은 사람과 유사함을 싫어해서가 아니라, 게으른 기운^{氣運}을 몸에 베풀지 아니하려고 비록 그 사지^{四肢}를 펴더라도 또한 일찍이 멋대로 한 적이 없었다. 집에 있을 적에는 몸을 꾸미지 않았다는 거불용^{居不容}도 집에 있을 적에 게을러서가 몸을 꾸미지 않은 것이 아니라, 다만 제사를 모시거나 빈객을 만날 때와 같지 않았을 뿐이다. 〈술이^{述而}〉4에서 공자가 한가로이 있을 적에 용모가 펴진 것[신신^{申申}]같이 하고, 얼굴이 온화한 것[요요^{夭夭}]같이 했다는 것이 이것이다.

압^狎은 평소에 절친하다고, 설^褻은 잔치 자리 같은 사석^{私席}에서 보는 것이며, 모^貌는 예모^{禮貌}다. 식^式은 식^軾으로 수레 앞의 횡목인데, 공경할 일이 있으면 구부려 거기에 의지한다. 부판^{負版}은 나라의 지도^{地圖}와 호적^{戶籍}을 가지고 있는 자다. 상복을 입은 흉복자^{凶服者}에게 경의를 표한 것은 상^喪이 있음을 슬퍼함이다. 지도와 호적을 짊어진 부판자^{負版者}에게 경의를 표한 것은 백성의 숫자를 중^重히 여겼기 때문인데, 사람은 오직 만물의 영장^{靈長}이고 왕자^{王者}는 백성을 하늘로 여기므로, 『주례^{周禮}』에 "백성의 수^數를 왕에게 올리면 왕이 절하고 받는다. ^{周禮 獻民數於王 王拜受之}"라고 했으니, 하물며 그 아랫사람이 감히 백성을 공경하지 않을 수 없다.

첫 번째 공자의 삶

성찬盛饌이 있으면 반드시 얼굴빛을 변하고 일어났다고 한 것은 주인의 예禮를 공경하는 것이지, 그 음식 때문에 그렇게 한 것이 아니다. 신迅은 빠름이고 열烈은 사나움이다. 반드시 낯빛을 바꾼다는 것은 하늘의 노여움을 공경해서다. 『예기禮記』「옥조玉藻」에도 "만약 빠른 바람, 빠른 우레, 심한 비가 있으면 반드시 낯빛을 바꾸어 비록 밤이라 하더라도 반드시 일어나 옷을 입고 관을 쓰고 앉는다. 記曰 若有疾風迅雷甚雨 則必變 雖夜 必興 衣服冠而坐"라고 했는데 요즘으로 말하면 태풍이 몰아쳐서 날씨가 요란할 때 취한 태도다.

왕이 백성의 숫자를 중히 여겼다는 것은 제왕帝王의 시대에도 백성을 귀하게 여겼다는 의미인데, 선거철이 되어 표를 구걸할 때면, 선거 단상에서 주민을 향해 코가 바닥에 닿도록 절을 하지만, 당선된 뒤에 태도를 보면 거만하기 일쑤인 위정자들이 많다. 이것은 아마도 거만해야 백성들에게 권위가 설 것이라고 믿기 때문일 것이다. 위정자로서의 권위는 인정받아야 하겠지만, 백성에게 권위적인 태도는 진정한 의미의 애민愛民 정신精神이 아니다. 이 절節은 공자의 용모 변화를 기록한 것이다.

다음은 공자가 수레에 타고 있을 때의 태도를 기록한 것이다.

[공자는] 수레에 올랐을 때는 반드시 바르게 서서 수레 손잡이 줄을 잡았다. 수레 안에서는 안을 돌아보지 않고, 말을 빠르게 하지 않았으며, 손가락으로 가리키지 않았다. 升車 必正立執綏 車中 不內顧 不疾言 不親指 〈향당鄕黨〉17

＊ 수綏는 잡고서 수레에 오르는 끈이다. 바르게 서서 끈을 잡으면 마음과 몸이 바르지 아니함이 없어 마음이 성실해지며 엄숙하고 공손해진다. 대

개 군자의 장엄과 공경이 있지 않은 바가 없으니 수레에 오르면 이에서 나타난다. 내고內顧는 안을 둘러보는 것이니, 『예기禮記』 「곡례曲禮」에 "둘러봄이 수레바퀴[곡轂]를 벗어나지 않는다. 顧不過轂"라고 했다.

수레 안에서 무례한 행동은 바른 용모容貌를 잃고 또 남을 의혹疑惑하는 것이 된다. 버스나 지하철 안에서 눈을 돌려 여기저기 기웃거리는 행위를 상스럽게 여기는 것은 용모가 단정해 보이지 않을 뿐만 아니라, 남을 의심하여 수상히 여기는 것으로 의심을 살 수 있기 때문이니 주의해야 한다. 이 절節은 공자가 수레에 탔을 때의 용모를 기록한 것이다.

다음은 시각장애인 악사樂師를 대하는 공자의 처신을 기술해 놓은 것이다.

[시각장애인] 악사樂師 면冕이 [공자를] 뵙는데 [그가] 계단에 이르자 공자가 "섬돌이다."라고 했고, 자리에 이르자 공자가 "자리다."라고 했으며, 모두 앉자 공자가 알려주기를 "아무개는 여기에 있고 아무개는 저기에 있다."라고 했다. 면冕이 나가자, 자장子張이 묻기를 "그렇게 하는 것이 악사樂師와 더불어 말하는 도리道理입니까?"라고 물으니, 공자는 "그렇다. 진실로 악사樂師를 도와주는 도리다."라고 했다. 師冕 見 及階 子曰 階也 及席 子曰 席也 皆坐 子告之曰 某在斯 某在斯 師冕 出 子張 問曰 與師言之道 與 子曰 然 固相師之道也 〈위령공衛靈公〉41

* 사師는 악사樂師이니 시각장애인인데, 옛날에 악사樂師가 대개 시각장애인이었던 것은 소리에 민감해서라고 한다. 면冕은 악사樂師의 이름이다. 거듭해서 아무개가 여기 있다고 말한 것은 열거해서 앉아 있는 사람을 소개

한 것이고, 상相은 돕는 것이다. 성인聖人이 홀아비와 과부를 업신여기지 않고, 하소연할 곳이 없는 사람을 학대하지 않았다는 것을 여기서 볼 수 있다. 그러니 이를 천하에 미루어 나가면 한 가지 사물事物도 있을 곳을 얻지 못함이 없을 것이다. 공자는 시각장애인에게 이토록 친절하였는데, 이들을 대하는 그의 진실한 마음을 볼 수 있으니 공자를 왜 성인聖人이라고 했는지 알 수 있다.

자아성찰自我省察

다음은 공자가 자신에 대해 스스로 언급한 내용이다.

섭공葉公이 자로子路에게 공자의 [인물됨을] 물었는데 자로子路가 대답하지 못했다. 공자가 "너는 어찌, 그 사람 됨됨이가 [뭔가 알지 못하면] 분발하여 먹는 것도 잊고, [알고 나면] 즐거워하여 근심을 잊어버리며, 늙음이 장차 이른 줄도 모른다고 말하지 않았느냐."라고 했다. 葉公 問孔子於子路 子路 不對 子曰 女奚不曰 其爲人也 發憤忘食 樂以忘憂 不知老之將至云爾 〈술이述而〉**18**

* 섭공葉公은 초楚나라 섭현葉縣의 책임자 심제량沈諸梁으로 자字는 자고子高인데, 자신을 공公이라 칭한 것은 참람僭濫한 짓이다. 자로子路가 대답하지 아

니한 것은 섭공棄公이 공자를 알지 못해서 반드시 묻지 않을 것 같은데 물었거나, 성인聖人인 공자의 덕德을 제대로 명명命名하여 말하기 쉽지 않아서였을 것이다.

공자는 자로子路를 통해 자신이 어떤 사람인가를 우회적으로 말했다. 터득攄得하지 못하면 먹는 것을 잊고 분발하고, 이미 터득하면 즐거워서 근심을 잊어버렸다. 이 두 가지를 힘써서 날마다 부지런히 하여 나이 듦도 잊었다고 하니, 공자야말로 배우기를 독실하게 좋아함을 스스로 말한 것이다. 생이지지生而知之한 공자도 배움을 좋아했는데 학이지지學而知之한 자者로서 배우기를 게을리한다면, 이 구절이 자신을 성찰하는데 귀감龜鑑이 될 것이다.

다음도 공자는 자공子貢과 대화하면서 자신이 어떠한 사람인가를 밝힌 내용이다.

> 공자가 "사賜야, 너는 내가 많이 배우고 그것을 기억하는 자라고 생각하느냐?"라고 하니, [자공子貢이] 대답하기를 "그렇습니다. 아닙니까?"라고 하니, [공자가] "아니다. 나는 하나의 [이치로 모든 것을] 꿰고 있다."라고 했다.
> 子曰 賜也 女 以予 爲多學而識之者與 對曰 然 非與 曰 非也 予 一以貫之 〈위령공衛靈公〉2

＊〈이인里仁〉15에서 증자曾子에게 '일이관지一以貫之'를 말했을 때와 여기서 자공子貢에게 말했을 때의 문맥적 의미는 좀 다르다. 증자曾子에게 말한 '일一'은 충서忠恕라는 '행위'로써 말한 것이고, 자공子貢에게 말한 '일一'은 '지식'으로 말한 것이다. 그런데 이 '일이관지一以貫之'에 대해서 증자曾子는 곧바로 '예'

라고 대답한 데 반해서, 자공子貢은 그렇지 못한 것을 보면 두 사람의 학문 수준을 짐작할 수 있다. 그런데도 공자가 특별히 자공子貢에게 이를 말해주었으니, 안자顏子와 증자曾子를 제외한 나머지 제자 중에서는 자공子貢이 나았던 모양이다.

공자의 도道는 커서 사람들이 두루 보고 다 알 수 없으니, 많이 배워서 그것을 기억한 것이라고 여기겠지만, 성인聖人인 공자가 널리 배운다고 하는 박학博學에 힘쓸 일은 없었다. 공자의 학문은 마치 하늘이 뭇 형상을 물건마다 조각해서 만들어 놓은 것이 아닌 것과 같다. 그러니 박학博學으로 세상의 모든 지식을 일일이 알아간 것이 아니다. 자연의 이치를 깨우쳐 그것으로 모두 통할 수 있어서, 공자가 하나로 꿸 수 있다고 말한 것이다. 『시경詩經』 「대아大雅」 <문왕文王> 편에 "하늘에 실려 있는 것이 소리도 없고 냄새도 없어야 지극한 것이다. 上天之載 無聲無臭 至矣"라고 했듯이, 학문도 지극한 경지에 이르러야 한다는 것을 자공子貢에게 깨우쳐주고, 공자 자신도 박학博學만으로 학문을 다 할 수 없어서 지극함을 향해 나아갔음을 말한 것이다.

다음은 옛것을 좋아하여 부지런히 구한 사람이라고 공자가 자평自評한 내용이다.

> 공자가 "나는 태어나면서부터 도道를 아는 사람이 아니고, 옛것을 좋아하여 부지런히 그것을 구한 사람이다."라고 했다. 子曰 我非生而知之者 好古敏 以求之者也 〈술이述而〉**19**

＊ '태어나면서 아는 자 生而知之者'는 기질氣質이 청명淸明하고 의리義理가 밝게 드러나, 배움을 기다리지 않고도 안다는 뜻이다. 민敏은 빠름速이니 한 가

두 번째 자아성찰과 품격

지 일에만 정신을 쏟는 것이다. 공자가 태어나면서 아는 성인^{聖人}이면서도 매양 배우는 것을 좋아한다고 말한 것은 사람들을 면려^{勉勵}하기 위해서만이 아니다. 태어나면서 아는 것은 사람으로서 지켜야 할 의리^{義理}에 관한 것이고, 배워서 아는 것은 예^禮 · 악^樂과 명물^{名物}과 고금사변^{古今事變} 등에 관한 것이어서 아는 것과 배우는 것의 대상이 다르다.

다음도 공자의 자평^{自評}인데 그의 겸손함이 드러난다.

> 공자가 "문^文이야 내가 남과 같지 않겠느냐만, 몸소 행하는 군자^{君子}는 내가 아직 얻음이 있지 못했다."라고 했다. 子曰 文莫吾猶人也 躬行君子 則吾 未之有得 〈술이^{述而}〉32

* 막^莫은 의심하는 말이고, 유인^{猶人}은 남보다 나을 수는 없으나 오히려 남에게 미칠[급^及] 수 있음을 말한다. '몸소 행하는 군자^{躬行君子}'에서 군자^{君子}는 '군자^{君子}의 도^道'를 말하고, '아직 얻지 못했다. ^{吾未之有得}'는 '온전히 얻음이 없다.'라는 의미다. '군자^{君子}의 도^道'란 다음에 나오는 〈헌문^{憲問}〉30에서 언급한 "인자^{仁者} 불우^{不憂}, 지자^{知者} 불혹^{不惑}, 용자^{勇者} 불구^{不懼}" 같은 것이다. 여기서는 공자 언행^{言行}의 난이^{難易}와 완급^{緩急}을 볼 수 있는데, 이것은 공자가 배우는 자들에게 실행을 힘쓰게 하려고 한 것이고, 능하지 못하다고 한 것은 겸손해서 한 말이다.

다음도 공자가 군자의 도^道에 능하지 못하다고 스스로 말한 내용이다.

> 공자는 "군자의 도^道가 셋인데, 나는 능^能한 것이 없으니, 인^仁한 사람은 근심

하지 않고, 지혜로운 사람은 미혹되지 않고, 용기 있는 사람은 두려워하지 않는다."라고 했다. 자공子貢이 "선생님께서 스스로 말씀하신 것이다."라고 했다. 子曰 君子道者三 我無能焉 仁者 不憂 知者 不惑 勇者 不懼 子貢曰 夫子自道也 〈헌문憲問〉30

* '나는 능한 것이 없다. 我無能焉'라고 한 말은 사람을 면려勉勵하려고 한 것이다. '선생님께서 스스로 말씀하신 것이다. 夫子自道也'에서 도道는 말함이고, 자도自道는 겸사謙辭로 한 말과 같다. 〈자한子罕〉28에서 공자는 "지혜智惠로운 자는 의혹하지 않고, 어진 자는 근심하지 않으며, 용기 있는 자는 두려워하지 않는다. 子曰 知者 不惑 仁者 不憂 勇者 不懼"라고 언급했는데, 이는 배움의 순서를 말한 것이므로 지혜智慧가 먼저 제시되었고, 이 장章에서는 덕德을 이루는 것을 말한 것이므로 인仁이 먼저 제시되었다.

인仁한 사람이 근심 없는 것은 도심道心에 거리끼는 바가 없어서고, 지혜智慧로운 사람은 사물의 이치를 분간할 수 있어서 의심하지 않은 것이며, 의義에 용기를 내는 사람은 의義를 실천하는데 자기 몸을 돌아보지 않기 때문에 두려움이 없는 것이다. 그런데 공자 자신은 이에 능能한 것이 없다고 하여 자신을 성찰省察하고 있지만, 자공子貢이 선생님께서 스스로 겸손해서 한 말씀이라고 한 것을 보면, '군자의 도道'를 실천한 이가 바로 공자이기 때문이다.

다음은 공자가 동방의 구이九夷 땅에서 살려고 하자, 어떤 이가 그 누추한 곳에서 어찌 살겠느냐고 말한 내용인데 공자의 대답에서 군자로서 자신감이 보인다.

두 번째 자아성찰과 품격

공자가 구이九夷에 살려고 하자, 어떤 이가 "누추한데, 어찌 살 수 있겠는가?"라고 하자, 공자는 "군자가 산다면 어찌 누추함이 있겠는가?"라고 했다. 子欲居九夷 或曰 陋 如之何 子曰 君子 居之 何陋之有 〈자한子罕〉13

* 동방東方의 이족夷族에는 아홉 종족이 있다. 공자가 구이九夷에 살려고 한 것은 〈공야장公冶長〉6에서, 도道가 행해지지 않자, 공자가 뗏목을 타고 가려고 했던 의도와 같다. 군자가 거처하면 교화敎化가 되니 어찌 누추함이 있겠느냐고 말했는데, 이는 군자가 사는 곳이 바로 도道가 행해진다는 뜻이니 공자의 자신감이 보인다.

품격品格

공자는 어떤 처신과 태도로 자신의 품격을 보여주는지 살펴보자. 다음은 공자의 진중한 처신이다.

공자가 "대개 알지도 못하면서 함부로 행동한 적이 있는가? 나는 그런 일이 없다. 많이 듣고서 그 선善한 것을 가려 따르고, 많이 보고서 기억하는 것이 아는 것의 다음이다."라고 했다. 子曰 蓋有不知而作之者 我無是也 多聞 擇其善者而從之 多見而識之 知之次也 〈술이述而〉27

* '부지이작不知而作'은 이치理致를 알지 못하면서 망령되게 행동하는 것인데, 이런 사람은 우리 주변에 아주 많다. 그렇지만 공자는 스스로 망령되게 행동한 적이 없다고 했으니, 이는 겸손한 말이고 또 알지 못한 바가 없었음

을 짐작할 수 있다. '다견이지지多見而識之'의 지識는 기억함인데, 선善과 악惡을 기억하면 마땅히 마음속에 다 두게 되어서 참고하는 데 대비할 수 있다. 그러므로 실질적인 이치를 알 수 없더라도 많이 듣고서 선善만을 가려 따르는 것이 아는 것의 다음이 된다고 말한 것이다. 그런데 많이 듣고도 선善·악惡을 가려 실천하지 못하고, 많은 것을 보고도 기억하지 못하는 사람도 있으니 보고 들은 것이 아까울 뿐이다.

다음은 무도無道한 세상에서 유가儒家의 도덕道德인 독신호학篤信好學과 수사선도守死善道에 대한 언급이다.

> 공자는 "[도道를] 독실하게 믿으면서 배우는 것을 좋아하고, 죽음으로 지키면서 도道를 잘 행해야 한다. 위태로운 나라에 들어가지 않고 어지러운 나라에는 살지 않으며, 천하天下에 도道가 있으면 [자신을] 드러내서 [벼슬하고], 도道가 없으면 숨는다. 나라에 도道가 있을 때는 가난하고 천한 것이 부끄러운 것이지만, 나라에 도道가 없을 때는 부유하고 귀한 것이 부끄러운 것이다."라고 했다. 子曰 篤信好學 守死善道 危邦不入 亂邦不居 天下 有道 則見 無道則隱 邦有道 貧且賤焉 恥也 邦無道 富且貴焉 恥也 〈태백泰伯〉13

　＊ 독篤은 두텁고 힘씀이니, 도道에 대한 독실篤實한 믿음이 없으면 배우는 것을 좋아할 수 없다. 그러나 독실하게 믿으면서 배우는 것을 좋아하지 않으면 믿은 바가 혹 바르지 아니할 수도 있고, 죽음으로 지키지 않으면 도道를 잘 행할 수 없다. 그러니 죽음으로 지키고도 그 도道를 잘 행할 수 없으면, 또한 쓸데없는 죽음일 뿐이다. 대개 죽음으로 지키는 것은 독실한 믿음

　　　　　　　　　　　　　두 번째 자아성찰과 품격

의 효험效驗이고, 도道를 잘 행하는 것은 배움을 좋아하는 공효功效다.

군자는 나라의 위태로움을 보면 목숨을 바치는 것이므로, 위태로운 나라[위방危邦]에서 벼슬하는 자는 떠날 수 있는 의義[명분名分]가 없다. 그러니 그런 나라의 밖에 있다면 들어가지 않는 것이 옳다. 어지러운 나라[난방亂邦]는 위태롭지 않지만, 형정刑政과 기강紀綱이 문란紊亂한 것이므로 몸을 깨끗이 하고 떠나는 것이 좋다. 이는 도道에 대한 믿음을 독실하게 하고 배우기를 좋아하며 篤信好學, 죽음으로 지키면서 도道를 잘 행하는 守死善道 자라야 할 수 있다.

나라의 형정刑政과 기강紀綱이 문란한지 그렇지 않은지는 개인적인 관점의 차이일 수 있으므로, 설령 많은 사람이 문란하다고 하더라도 이를 바로잡고자 하는 의지가 강한 사람이라면 그런 나라의 위정爲政에 참여할 수 있다. 이는 현실을 바라보는 시각視覺이나 의지意志의 차이일 뿐이어서, 자신의 기준으로 남을 비판하는 것은 항상 신중해야 한다.

이보다 더 중요한 것은 자신의 기준으로 본인의 처신을 살피는 것이다. 남의 선택에 대해서는 박절하게 비판한 자들이 정작 자신에게 그런 기회가 오면 언제 그런 말을 했느냐는 식으로 처신하는 인간 군상들을 자주 본다. 이런 군상들을 보면 그들의 지적知的 수준이나 도덕적 기준을 의심하지 않을 수 없다. 그런데 다음 세대들이 이런 부도덕한 처신을 배우려고 하니 염려하지 않을 수 없다. 그리고 자신이 아무리 능력이 있더라도 치사致仕할 나이가 되면 후배들에게 자리를 내주고 권력 주변에 서성이지 않는 것도 바람직한 처신이지만, 요즘에 이런 의인義人을 만나기가 쉽지 않다.

다음은 공자가 평소에 조심하고 경계한 내용이다.

공자가 조심한 바는 재계齊戒 · 전쟁戰爭 · 질병疾病이다. 子之所愼 齊戰疾 〈술이述而〉**12**

* 재齊는 가지런히 한다는 뜻이니, 재계齊戒는 장차 제사를 지내려고 하면서, 가지런하지 못한 사려思慮를 가지런히 하여 신명神明과 사귀는 것이다. 그러니 정성의 지극함과 그렇지 못함, 신神의 흠향함과 그렇지 않음이 모두 재계齊戒에서 결정된다. 재齊는 본래는 '가지런할 제齊'로 쓰이지만 '재계할 재齋'로도 쓴다. 여기서 재齊는 종교의식을 치르기 전에 몸과 마음을 깨끗이 하고 부정不淨한 일을 멀리한다는 재계齊戒라는 의미다. 전쟁戰爭에는 뭇사람의 사생死生과 나라의 존망存亡이 걸려 있고, 질병疾病은 또 내 몸의 사생死生 존망存亡의 이유가 되는 것이다. 그러므로 모두 조심하지 않을 수 없다. 여기서는 제자弟子가 그 대강大綱만을 기록했지만, 공자는 일상에서 조심하지 않은 바가 없음을 짐작할 수 있다.

다음은 공자가 사람을 섬길 때 보여준 태도다.

공자는 "[밖에] 나가서는 공公 · 경卿을 섬기고, [집에] 들어와서는 부父 · 형兄을 섬기며, 상사喪事를 감히 힘쓰지 않음이 없고, 술 때문에 곤란하지 않았으니, 나에게 무슨 어려움이 있겠는가?"라고 했다. 子曰 出則事公卿 入則事父兄 喪事 不敢不勉 不爲酒困 何有於我哉 〈자한子罕〉**15**

* '나에게 무엇이 있겠는가? 何有於我哉'는 이런 일들을 실천하는데 '나에게 무슨 어려움이 있겠는가? 何難之有於我'라는 의미다. 공자의 '일상에서의 삶'에서 술은 정해 놓은 양이 없지만 어지러움에 이르지는 않았다고 했으니,

　　　　　　　　　두 번째 자아성찰과 품격

당연히 술 때문에 곤란한 일이 없었을 것이다.

다음은 일상에서 배움을 주는 스승이란 배우는 자의 태도에 달렸음을 일깨워준 내용이다.

> 공자는 "삼인三人이 [길을] 가면 그 가운데 반드시 나의 스승이 있으니, 선善한 것은 가려서 따르고, 선善하지 못한 것은 거울로 삼아 고친다."라고 했다.
> 子曰 三人行 必有我師焉 擇其善者而從之 其不善者而改之 〈술이述而〉**21**

＊삼인三人이 동행할 때 한 사람은 선善하고, 다른 한 사람이 악惡하다면, 나는 그 선善을 따르고 그 악惡을 고치니 이 두 사람이 모두 내 스승이 된다. 이 구절을 대개 이렇게 이해하고, 배움의 스승은 상대가 아니라 상대의 선善·악惡에 있다고 한다. 세 사람이 동행하니, 쉽게 생각해서 한 사람은 선인善人으로 또 한 사람은 악인惡人으로 전제하고 말할 수 있지만, 이는 선善·악惡을 동행인으로 비유해서 한 말일 뿐이다. 어떤 한두 가지 행동을 보고 사람을 선인善人이니, 악인惡人이니 하고 단정하다 보면, 자신도 모르게 선善·악惡으로 사람을 구분해서 보는 선입견이 생기기 마련이다.

사람은 성인聖人이 아닌 이상 누구나 선善·악惡의 양면이 있을 수 있으니, 세 사람이 동행하더라도 선인善人과 악인惡人으로 구분하지 말고 동행한 사람이 선善을 행하면 그 선善을 닮으려 하고, 악惡을 행하면 그 악惡을 보고서 자신에게는 그런 행위가 없는지 살핀다는 의미로 보는 편이 바람직하다. 함께 살아가는 사람의 어떤 행동을 보고 선인善人이니, 악인惡人이니 하고 단정하는 것은 더불어 살아야 하는 세상에서 좋은 태도가 아니다.

다음 역시 공자가 평소 자신이 지키는 태도다.

> 공자는 네 가지 [태도가] 전혀 없으니, [사사로운] 뜻이 없고[무의毋意], 반드
> 시 [이루어지기를] 기대함[기필期必]이 없으며, 고집함이 없고[무고毋固], 사사
> 로운 이기심 없다[무아毋我]. 子絶四 毋意毋必毋固毋我 〈자한子罕〉4

　＊ 절絶은 전혀 없음이고, 무毋가 『사기史記』에는 무無로 되어 있다. '무毋'를
'~을 하지 말라.'는 금지禁止가 아니라, '~이 없다.'라고 한 것은 성인聖人에게
는 이런 일을 금지할 필요가 없기 때문이다. 이 네 가지는 서로 끝과 시작이
되어서 사사로운 뜻[사의私意]에서 시작해서 이루어지기를 기필[필必]하고,
고집함[고固]에 머물러 사사로운 이기심[사아私我]에서 완성되는 것이다. 그
런데 의意와 필必은 항상 사전事前에 있고, 고固와 아我는 항상 사후事後에 있으
니, 사사로운 이기심인 사아私我가 다시 사사로운 뜻인 사의私意를 생기게 하
면 물욕物慾에 이끌려서 끝없이 순환循環하게 된다.
　사람이 살면서 사의私意가 없을 수 없으므로, 뜻한 바가 반드시 이루어
지기를 기대한다. 그러다 보면 하는 일에 저절로 무리가 따른다. 이렇게 되
면 일이 어그러질 것이 예상되어도 끝까지 고집하게 되고 끝장을 본 뒤에야
그만둔다. 이런 삶의 방식은 바로 사의私意에서 사아私我로 진행되는 과정에
서 비롯된다. 이 네 가지는 인위人爲여서 그중에 하나라도 있으면 천지天地 자
연自然과 같지 않은 것이다.

　다음은 위기 속에서 보여준 공자의 의연한 태도다.

> 공자는 "하늘이 내게 덕德을 주셨으니, 환퇴桓魋가 나를 어쩌겠느냐?"라고 했

　　　　　　　　　　　　　　두 번째 자아성찰과 품격

다. 子曰 天生德於予 桓魋 其如予何 〈술이述而〉**22**

* 환퇴桓魋는 송宋나라 사마司馬인 상퇴向魋인데 환공桓公한테서 나왔으므로 환씨桓氏라고도 한다. 천생天生은 '하늘이 내게 주었다.'라는 뜻이니, 이 장章은 환퇴桓魋가 하늘의 뜻을 어기고 공자를 해칠 수 없다는 뜻으로 한 말이다. 그러나 이것은 자연의 이치 또는 하늘의 뜻이 그렇다는 것이지 종교적인 신神을 의미하지는 않는다.

다음도 앞에 소개한 것과 유사한 상황에서 보여준 공자의 담대함이다.

공자가 광匡 땅에서 두려운 일을 당했을 때, "문왕文王이 이미 별세했으니, 문文이 내게 있지 않겠는가? 하늘이 장차 이 문文을 없애려 하였다면 뒤에 죽을 내가 이 문文에 참여하지 못하였을 것이지만, 하늘이 아직 이 문文을 없애려 하지 않는다면, 광匡 땅의 사람이 나 같은 사람을 어떻게 하겠는가?"라고 했다. **子 畏於匡 曰 文王 旣沒 文不在玆乎 天之將喪斯文也 後死者 不得與於斯文也 天之未喪斯文也 匡人 其如予 何** 〈자한子罕〉**5**

* 외畏는 경계심이고, 광匡은 지명이다. 『사기史記』에 "양호陽虎가 일찍이 광匡에서 포악暴惡을 자행했는데 공자의 모습이 양호陽虎와 비슷하였으므로 광인匡人이 그를 포위하였다. 史記云 陽虎曾暴於匡 夫子貌似陽虎 故 匡人 圍之"라고 했다.

도道가 드러난 것을 문文이라고 하는데 대개 예禮·악樂과 제도制度를 의미한다. 그런데 도道라 말하지 않고 문文이라 말한 것은 공자가 겸손해서 한 말이다. 하늘이 장차 이 문文을 없애려고 하였다면, 주周나라 문왕文王 뒤에 죽을 공자 또한 이 문文에 참여하지 못했을 것이다. 그런데 하늘이 유가儒家

의 도^道가 아직은 세상에 필요해서 이 도^道를 없애지 않았으니, 양호^{陽虎}가 나를 어떻게 할 수 없을 것이란 말이다. 이는 유가^{儒家}의 도^道가 천지^{天地} 자연^{自然}의 이치를 실현하고 있음을 우회적으로 나타낸 말이다.

다음은 공자가 사람을 대하는 자세다.

> 호향^{互鄕} [사람과는] 함께 말하기가 어려웠는데, [호향^{互鄕}의] 동자^{童子}가 공자를 찾아뵈니, 문인^{門人}들은 부당하다고 생각했다. 공자는 "사람이 자기 몸을 닦아 다스려서 찾아오면 그 몸이 닦아 다스려진 것을 허여^{許與}해 줄 뿐이고, 지난날의 [잘잘못까지] 담보하지 않으며, 그 찾아온 것을 허여할 뿐이다. [그렇다고] 물러간 뒤에 [잘못하는 것을] 허여하는 것은 아니니, 어찌 심하게 대할 것이 있겠는가?"라고 했다. 互鄕 難與言 童子 見 門人 惑 [子曰 與其進也 不與其退也 唯何甚 人 潔己以進 與其潔也 不保其往也 착간 구절] [子曰 人 潔己以進 與其潔也 不保其往也 與其進也 不與其退也 唯何甚 수정 구절] 〈술이^{述而}〉**28**

　* 호향^{互鄕}은 고을 이름인데, 그 지역 사람들이 불선^{不善}에 익숙해서 더불어 선^善을 말하기에 어려웠다. 따라서 공자가 호향^{互鄕}의 동자^{童子}를 만나보는 것이 부당해서 문인들이 의심한 것이다. 결^潔은 닦아 다스림이고, 여^與는 허여^{許與}함이며, 왕^往은 지난날이다.

　공자는 과거에 불선^{不善}한 사람이라고 할지라도 스스로 그 잘못을 고치고 찾아오는 것을 허락하지만, 돌아간 뒤에 저지른 불선^{不善}을 허락하지는 않는다. 이미 지나간 것을 추적하지 않고 미래에 그가 어떤 짓을 할지를 억측하지도 않는다는 것이니, 공자의 인품이 남과 다름을 이에서 알 수 있다. 이 장章은 착간錯簡의 구절이 있어 본문에 수정했다.

다음은 공자가 남과 더불어 노래 부를 때 보여준 태도다.

공자는 남과 함께 노래를 부르다가 상대방이 잘하면 반드시 반복해서 부르게 하고 그런 뒤에 화답하였다. 子與人歌而善 必使反之 而後和之 〈술이述而〉**31**

* 반反은 반복反復이다. 반드시 반복해서 노래 부르게 한 것은 그 자세함을 얻고 그 좋은 점을 취하고자 해서고, 뒤에 화답한 것은 그 자세함을 얻어서 그 좋은 점을 함께 기뻐한 것이다. 이는 성인聖人의 기상氣像이 조용하고, 성의誠意가 간절懇切·지극至極하며, 겸손謙遜·심밀深密해서 남의 좋은 점을 덮지 않아서 그런 것이다. 대개 한 가지 작은 일에 뭇 선善이 모인 것을 이루 다 말할 수 없다.

다음은 공자의 병이 위중危重하자, 자로子路가 천지신명天地神明에게 빌자고 한 것에 대한 공자의 반응이다.

공자가 질병疾病에 걸리자, 자로子路가 [신명神明에게] 기도하기를 청했는데, 공자가 "그런 [이치理致가] 있느냐?" 하고 묻자, 자로子路가 대답하기를 "있습니다. 뇌문誄文에 '상하신기上下神祇에게 너를 위해서 기도祈禱한다.'고 되어 있습니다."라고 했다. 공자가 "그런 기도라면 나[구丘]는 기도한 지 오래다."라고 하였다. 子 疾病 子路請禱 子曰 有諸 子路對曰 有之 誄曰 禱爾于上下 神祇 子曰 丘之禱 久矣 〈술이述而〉**34**

* 질병疾病을 통상 병病이라고 하지만, 굳이 구별한다면 가볍게 아픈 것이 질疾이고, 심각한 것은 병病이다. 공자의 병病이 좀 심각해지자, 자로子路가 하늘 신과 땅 귀신에게 기도하자고 했다. 유저有諸는 이런 이치가 있는가 하고 물은 것이고, 뇌誄는 죽은 이를 애도하여 그 행적을 기술한 것이다. 도禱는 귀신에게 비는 것이고, 신기神祇는 천지신기天地神祇 즉 천지신명天地神明이다. 기도祈禱는 잘못을 뉘우치고 선善으로 돌아가기 위해 신명神明께 비는 것인데, 공자의 삶은 신명神明과 부합되었으므로 그럴 일이 없어서 이미 오래되었다고 한 것이지, 이기적인 복福을 빈 지 오래되었다는 것은 아니다.

또 『사상례士喪禮』에 "질병에 걸리면 오사五祀[작은 문 신, 부엌 신, 용마루 신, 대문 신, 길 신]에 기도한다. 士喪禮 疾病 行禱五祀"라고 했다. 대개 신하 된 자[신자臣子]의 절박하고 지극한 정情에 스스로 그만둘 수 없어서 한 것이지 처음부터 병자病者에게 청한 뒤에 기도한 것은 아니다. 그러므로 공자는 자로子路의 청을 바로 거절하지 않고, 다만 기도를 일삼을 것이 없다고 말한 것이다.

다음도 공자가 병중에 있었던 일을 언급한 것인데, 자기 신분에 맞지 않는 처신이라면 하지 않는 공자의 인품을 보여준다.

공자가 질병疾病에 걸리자, 자로子路가 문인門人으로 가신家臣을 삼았다. [공자가] 병이 좀 덜해지자 "오래되었구나, 자로子路가 거짓을 행함이여! 나는 가신家臣이 없어야 하는데 가신家臣을 두었으니, 내 누구를 속이리오. 하늘을 속였구나. 또 내가 가신家臣의 손에서 죽는 것보다는 차라리 너희들 손에서 죽는 것이 낫지 않겠는가? 또 내가 비록 큰 장례葬禮를 치르지 못하더라도 설마 길거리에서 죽기야 하겠느냐?"라고 했다. 子 疾病 子路 使門人 爲臣 病間

두 번째 자아성찰과 품격

曰 久矣哉 由之行詐也 無臣而爲有臣 吾誰欺 欺天乎 且予與其死於臣之手也 無寧死於二三子之手乎 且予縱不得大葬 予死於道路乎 〈자한子罕〉11

* 병간病間은 조금 차도가 있음인데, 병病 중에는 알지 못했다가 차도가 있자 바로 그 일을 알았다는 뜻이다. 무녕無寧은 차라리[영寧]며, 대장大葬은 군신君臣의 예장禮葬이고, '길에서 죽는다. 死於道路'는 장사하지 않고 버리는 것이다. 공자가 벼슬을 그만두어서 가신家臣이 없는데 자로子路가 스승의 상喪을 대비해서 문인門人으로 가신家臣을 둔 것은 예禮에 맞지 않을 뿐만 아니라 허례허식虛禮虛飾이어서, 공자가 이를 좋아할 리가 없었다. 요즘 상갓집에 가 보면 빈소 주변을 지나치게 화려하게 꾸미는데, 이는 고인故人을 위한다기보다 살아있는 사람의 자기 과시나, 고인에게 못 해 드린 것에 대한 한풀이로밖에 보이지 않으니, 이런 가식假飾은 고인에게 욕이 될 수도 있다.

공자는 교만驕慢과 인색吝嗇을 매우 싫어했다.

공자는 "만약 주공周公의 재주 같은 아름다움이 있더라도 교만하고 또 인색하다면 그 나머지는 볼 것이 없다."라고 했다. 子曰 如有周公之才之美 使驕且吝 其餘 不足觀也已 〈태백泰伯〉11

* 재미才美는 지혜智慧의 능력과 기예技藝의 아름다움이고, 교驕는 자랑한다는 긍과矜夸인데 과긍誇矜으로도 많이 쓴다. 인吝은 비루鄙陋하고 인색吝嗇함이다. 주공周公은 덕德이 있었으므로 교만하고 인색함이 없었지만, 만약에 주공周公의 재주만 있고, 교만하고 인색하다면 또한 족히 볼 것이 없다고 말한

것이다. 또 교만은 기氣가 차[영盈] 있는 것이고, 인색은 기氣가 부족[겸歉]해서 나타난 것이지만, 그 형세는 항상 연관되어 있어서 교만은 인색의 지엽枝葉이고, 인색은 교만의 근본根本이다.

교만과 인색에서 벗어나려면 육신에 흐르는 기氣를 잘 다스려야 한다. 어떤 이는 이 기氣가 자연에서 오는 것으로 믿고, 기氣를 받겠다고 기氣가 강하게 느껴지는 장소를 찾기도 한다. 그러나 유가儒家에서는 기氣란 몸에서 생겨난 것이기 때문에 몸을 얼마나 잘 수련修鍊하느냐에 달린 것이다. 다만 청정清淨한 자연은 몸을 수련하는 데 도움이 될 것이므로 자연으로 돌아가서 자기 내면의 호연지기浩然之氣는 기를 수 있을 것이다.

공자의 평소 태도에 대한 어느 문인門人이 언급한 내용이다.

> 공자는 온화하면서도 엄숙하고, 위엄이 있으면서도 사납지 않으며, 공손하면서도 편안했다. 子 溫而厲 威而不猛 恭而安 〈술이述而〉**37**

* 여厲는 엄숙嚴肅이다. 사람의 덕성德性은 본래 마련되지 않음이 없지만, 기질氣質이 부여한 바는 치우치지 않음이 드물다. 오로지 성인聖人은 전체가 모나지 않고 원만해서 부드러움과 강함이 덕德에 맞았으므로 중화中和의 기운이 용모容貌의 사이에 나타난 것이 이와 같았다. 문인門人이 공자의 인품을 잘 살펴서 자세히 기록하였으니, 또한 마음 씀의 치밀함을 볼 수 있다. 지혜가 성인聖人을 알 만하고, 덕행德行을 잘 말할 수 있는 자가 아니라면 이를 기록할 수 없다. 그래서 정자程子는 이를 증자曾子가 한 말이라고 했다. 배우는 자들은 마땅히 반복하고 마음에 새겨야 할 것이다.

기질氣質이 온화하다 보면 엄숙하기가 쉽지 않고, 위엄이 있다 보면 사나워 보이기 마련이며, 외모가 공손하다 보면 편안하기 어려운데, 공자는 기질氣質이 어느 쪽으로 치우치지 않고 강하고 부드러움이 덕德에 맞았으니, 그 모습도 중용中庸의 덕德을 지닌 인물이다.

공자는 이利와 명命과 인仁을 드물게 말했다.

> 공자는 이利와 명命과 인仁에 대해 드물게 말했다. 子 罕言利與命與仁 〈자한子罕〉1

* 한罕은 드물다는 뜻이다. 정자程子는 이利를 따지면 의義에 해롭고, 천명天命의 이치는 은미隱微하며, 인仁의 도道는 크니, 모두 공자가 드물게 말한 것이라 했다. 사람이 이익利益을 보고 탐내지 않을 사람이 드물고, 사람이 천명天命을 쉽게 볼 수 있다면 누군들 인생에서 실패하겠는가? 그리고 안회顏回 같은 이도 인仁의 실천을 한 철 정도 지속할 수 있었으니, 인仁의 도道는 크다고 할 수 있다. 따라서 공자가 이것들을 드물게 말한 것은 수양하지 않은 사람이 실천하기에는 이利에서 자유로울 사람이 없고, 명命은 쉽게 볼 수 있는 것이 아니며, 인仁의 도道가 너무 크다고 여겨서다.

다음은 공자가 성性과 천도天道에 대해 말하는 것을 자공子貢이 듣지 못했다고 했다.

> 자공子貢이 "선생님의 문장은 얻어들을 수 있었으나, 선생님의 성性과 천도天道에 관한 말씀은 얻어들을 수가 없다."라고 했다. 子貢曰 夫子之文章 可得而聞也 夫子之言性與天道 不可得而聞也 〈공야장公冶長〉12

* 앞의 〈자한子罕〉1에서 "공자는 이利와 명命과 인仁에 대해 드물게 말했다. 子 罕言利與命與仁"라고 했는데, 이 장章에서는 자공子貢이 성性과 천도天道에 관한 말씀을 들을 수가 없다고 했다. 공자는 성性이나 천도天道가 형이상학形而上學 중에서도 수준 높은 주제이다 보니, 제자의 수준에 따라서 가르침을 달리해서 그런 것이다. 자공子貢도 아마 이때에야 비로소 얻어듣고 탄미歎美한 것 같으니, 요즘에 제자를 가르치는 사람이라면 한 번쯤 기억해 둘 만한 구절일 수도 있겠다.

문장文章은 덕德이 밖으로 나타난 것이어서, 위의威儀와 문사文辭가 모두 이것[문장文章]이지만, 성性은 사람이 받은 천리天理고, 천도天道는 천리天理 자연自然의 본체本體이다. 그러니 성性과 천도天道의 실체는 하나의 이理라고 하지만, 성性은 본연지성本然之性의 성性이고, 천도天道는 스스로 그렇게 되는 것의 실체實體이다. 그런데 이 실체가 구체적이지 않으니 말로 설명할 수 없고, 본연지성本然之性 역시 순리順理이니, 억지로 되는 것이 아니라 물 흐르듯이 거스름이 없는 것이다. 그래서 성性과 천도天道를 구체적인 언어로 설명할 수 없고 스스로 느낄 뿐이어서 성인聖人이 쉽게 말하지 않았으니, 제자들이 얻어들을 수 없었다.

다음은 안연顔淵이 공자의 도道를 칭송하면서, 자기를 이끌어 주는 공자의 뒤를 따르고 싶은 간절한 마음을 술회한 내용으로 공자의 품격을 볼 수 있다.

안연顔淵이 크게 탄식하면서 "[선생님의 도道는] 우러러볼수록 더욱 높고, 파고들수록 더욱 견고하며, 바라보면 앞에 있는가 싶더니 홀연히 뒤에 있다. 선생님께서는 차근차근히 사람을 잘 이끌어 주시어, 문文으로 나를[내 지식을] 넓혀주시고, 예禮로 나를[내 행동을] 단속하게 해주셨다. [이 때문에 공부를] 그만두고자 해도 그럴 수가 없어서 이미 내 재주를 다하였으나, 마치 [선생님의 도道는 내 앞에] 서 있는 것이 우뚝한 것 같아서 비록 좇고자 하나 말미암을 수가 없을 뿐이다."라고 했다. 顏淵 喟然歎曰 仰之彌高 鑽之彌堅 瞻之在前 忽焉在後 夫子 循循然善誘人 博我以文 約我以禮 欲罷不能 旣竭吾才 如有所立 卓爾 雖欲從之 末由也已 〈자한子罕〉**10**

* 위喟는 감탄하는 소리다. 미彌는 '더욱 미'고, 찬鑽은 '뚫을 찬'이며, 첨瞻은 '바라볼 첨'이고, 홀忽은 '갑자기 홀'이다. '우러러볼수록 더욱 높다. 仰之彌高'는 미칠 수 없음이고, '뚫을수록 더욱 견고하다. 鑽之彌堅'는 들어갈 수 없음이다. '바라보면 앞에 있더니 홀연히 뒤에 있다. 瞻之在前 忽焉在後'는 그 도道가 황홀하여 어떻게 형용할 수 없다는 것이니, 공자의 도道는 다함이 없고 방소方所와 형체形體가 없음을 안연顏淵이 깊이 알고 탄식한 것이다. 순순循循은 차서次序가 있는 모양이고, 유誘는 이끌고 나아감이다.

안연顏淵은 '그만두고자 해도 그럴 수가 없어서 이미 자기 재주를 다하였지만, 마치 선생님의 도道가 자기 앞에 서 있는 것이 우뚝한 것 같아서 비록 좇고 싶어도 말미암을 수가 없다. 欲罷不能 旣竭吾才 如有所立 卓爾 雖欲從之 末由也已'라고 말한 것은 기뻐함이 깊고 힘씀이 극진해서, 공자의 도道를 보는 것이 더욱 친근하지만 자기는 힘을 쓸 수가 없고, 우뚝한 것 같다는 공자의 도道는 일상으로 행하는 일 사이에 있다는 것이지, 아득하고 깊어서 말로 표현할 수 없다는 말은 아니다. 그리고 공자의 도道가 '우러러볼수록 더욱 높고, 파고들수록 더욱 견고하며, 바라보면 앞에 있는가 싶더니 홀연히 뒤에 있다. 仰之彌高 鑽之彌堅 瞻之在前 忽焉在後'라는 것은 공자 도道의 본체本體를 가리킨 것이지만, 안연顏淵이 그 요점을 거둘 수 없어서 이렇게 말한 것이다.

글을 넓게 배우고 예禮로 단속하는 것은 가르치는 순서다. 안연顏淵은 공자가 자기를 차례차례 잘 이끌어서 먼저 '글로써 나를 넓게 하여 博我以文', 고금古今을 알게 하고 일의 변화를 통달하게 해주었으며, '예禮로 나를 단속하여 約我以禮', 내가 들은 바를 높이고 아는 바를 실행하게 해주었다고 했다. 여기서 박아이문博我以文은 치지격물致知格物의 지식知識이고, 약아이례約我以禮는 극기복례克己復禮의 행위行爲다. 이처럼 공자의 도道는 비록 높고 오묘하지만 이처럼 가르치는 순서가 있었다.

그러므로 안연顏淵은 그만두고자 해도 그럴 수 없어서 마음을 다하고 힘을 다해서 조금도 쉬거나 그만두지 않았다. 그런 뒤에 공자의 선 바가 우뚝함을 보고, 비록 좇고자 했지만 말미암을 수가 없다고 한 것이다. 이는 공자의 도道를 따르는데 게을러서가 아니라, 공자처럼 반드시 우뚝 선 경지에 이르기를 구하고자 해서 한 말이다.

다음은 공자가 생명에 대한 존엄성을 보여준 사례다.

> 공자는 낚시질은 하되 그물질은 하지 않고, 주살질은 하지만 잠자는 새는 쏘지 않았다. 子 釣而不綱 弋不射宿 〈술이述而〉26

  * 강綱은 굵은 끈으로 그물을 이어서 물의 흐름을 끊고 고기를 잡는 것이고, 익弋은 명주실에 화살을 이어서 쏘는 것이며, 숙宿은 잠자는 새다. 낚시로 물고기를 잡되 그물질하지 않은 것은 작은 물고기까지 잡는 일을 삼간 것이다. 명주실에 화살을 이어서 쏘는 주살질은 하되, 잠자는 새를 쏘지 않은 것은 상대가 예상하지 못한 공격은 하지 않은 것이니, 이는 어질지 못한 행위라고 생각해서다.

현세관^{現世觀}과 교육^{敎育}

세상 풍조^{風潮}와 자탄^{自歎}

다음은 공자가 주변 인물 중에 호학지사^{好學之}
^士가 없음을 탄식한 내용이다.

> 공자는 "열 집 사는 작은 고을에도 반드시 나[구^丘]처럼 충^忠·신^信한 자가
> 있겠지만, 나[구^丘]만큼 배우는 것을 좋아하지 않는다."라고 했다. 子曰 十
> 室之邑 必有忠信 如丘者焉 不如丘之好學也 〈공야장^{公冶長}〉27

　＊ 10실^{十室}은 작은 고을이고, 충실함[충^忠]과 신실함[신^信]이 공자 같다
면 태어난 바탕이 아름다운 것이다. 공자는 태어나면서 알았으므로 배울
것이 없었을 것인데도 자기만큼 배우는 것을 좋아하는 사람이 주변에 없음
을 탄식했다. 그런데 요즘은 배우는 것보다 가르치는 것을 좋아하는 세상
이다. 자신의 명예와 수입을 위해서 사회관계망 서비스[SNS]에 지식 정보

가 넘쳐나는 것을 보면 이를 짐작할 수 있다.

다음은 공자가 자기 허물을 보고서 자책하는 자를 보지 못했다고 한 내용이다.

공자는 "어쩔 수 없구나! 나는 아직 자신의 허물을 보고서 마음으로 자책自責하는 자를 보지 못하였다."라고 했다. 子曰 已矣乎 吾未見能見其過而內自訟者也 〈공야장公冶長〉26

* '어쩔 수 없구나! 已矣乎者'는 끝내 만날 수 없을까 염려하여 탄식한 것이다. '안으로 스스로 송사하는 자 內自訟者'는 입으로 말하지 아니하고 마음으로 스스로 허물하는 자이다. 사람이 자기 잘못을 아는 것도 드물지만, 그 잘못을 알고 자책하는 자는 더욱 드문 것이 공자 당시만이겠는가. 요즘엔 더욱 심해서 자기의 잘못을 남에게 덮어씌우는 세상이 아닌가. 그런데도 인성교육은 뒷전이어서 개선될 희망이 전혀 없으니 그저 탄식할 따름이다.

공자 같은 성인聖人의 근심은 어떤 것일까?

공자는 "덕德이 닦이지 못함과 배움이 익혀지지 못함과 의義를 듣고도 옮겨 갈 수 없음과 불선不善을 고칠 수 없음이 바로 나의 근심거리다."라고 했다. 子曰 德之不修 學之不講 聞義不能徙 不善不能改 是吾憂也 〈술이述而〉3

* 덕德은 반드시 닦인 뒤에 이루어지고, 배움은 반드시 익힌[실천한] 뒤에 밝아지며, 선善을 보고 능히 옮기고, 잘못을 고치는 데 인색하지 않은 이

네 가지는 군자가 날로 새롭게 되는 요체要諦다. 그러나 이에 능하지 못해서 성인聖人의 근심거리가 되었으니, 하물며 배우는 사람이야 오죽하겠는가?

공자는 언변言辯과 미모美貌를 중시하는 당시의 풍조를 비판했다.

> 공자는 "축관祝官 타鮀의 말재주와 송宋나라 [공자公子] 조朝와 같은 아름다운 외모를 갖고 있지 않으면 요즘 세상에서는 [화禍를] 면하기 어렵다."라고 했다. 子曰 不有祝鮀之佞 而有宋朝之美 難乎免於今之世矣 〈옹야雍也〉**14**

＊ 축祝은 종묘宗廟의 벼슬이고, 타鮀는 위衛나라 대부大夫인데, 자字는 자어子魚로 말재주가 있고, 송宋나라 공자公子 조朝는 미색美色이 있었다. 오로지 말재주나 미모로 세상 부귀를 누리려는 자는 공자 시대만이 아니라 요즘도 많아서 그때나 지금이나 다른 바가 없다. 그러니 공자의 이런 탄식은 오늘날에도 여전하다.

다음도 공자가 도道를 따르려 하지 않는 세상 풍조를 지적하고 탄식한 내용이다.

> 공자는 "누군들 밖으로 나갈 적에 문門을 통하지 않고 나갈 수 있겠는가. [그런데] 어찌하여 이 도道를 말미암으려고 하지 않는가?"라고 했다. 子曰 誰能出不由戶 何莫由斯道也 〈옹야雍也〉**15**

＊ 공자는 사람이 출입할 때는 문을 통해서 들고날 줄 알면서, 행동할 때는 도道로 말미암을 줄 모르는 세상을 두고 탄식하였다. 여기서 도道란 사

람이 마땅히 해야 할 도리^{道理}인데, 이 도리를 지키지 않는 사람을 두고 "저 것 사람 아니다."라고 한다. 이는 사람이 아니라 짐승이라는 말로 정말 큰 욕이지만, 요즘 사람들은 이것이 욕인 줄도 모르고 산다.

공자는 중용^{中庸}의 덕^德이 지극한데 이를 간직한 자가 적음을 탄식했다.

> 공자는 "중용^{中庸}의 덕^德이 지극하구나. 사람 중에 [이 덕^德을 간직한 자^者가] 드문 지 오래다."라고 했다. 子曰 中庸之爲德也 其至矣乎 民鮮 久矣 〈옹아^{雍也}〉27

* 중^中은 넘치거나 미치지 못함이 없음이고, 용^庸은 평상^{平常}이며 바뀌지 않는 것이다. 지^至는 지극함이고, 선^鮮은 드묾이다. 이 장^章은 사람들에게 중용^{中庸}의 덕^德이 적은 것이 이미 오래되었음을 말한 것이다.

정자^{程子}는 편중되지 않은 것을 중^中이라 하고, 바뀌지 않는 것을 용^庸이라 하니, 중^中은 천하의 바른 도^道고, 용^庸은 천하의 정해진 이치다. 중용^{中庸}의 가르침이 사라지니 사람들이 중용^{中庸}의 덕^德을 행하지 않게 되어 이 덕^德을 간직한 이가 드물게 된 것이 오래되었다고 했다. 앞에서 바뀌지 않는 것을 용^庸이라 한 것은 항상 중^中을 지켜야 한다는 의미에서 바뀌지 않는다는 것이지 고정되었다는 말은 아니다. 왜냐하면, 중^中은 처한 상황에 따라서 달라질 수 있기 때문이다. 그래서 중^中을 시중^{時中}이라고 한다.

다음은 공자도 이해할 수 없는 부류의 사람이 있음을 언급했다.

> 공자는 "거칠면서 곧지 않고, 무지^{無知}하면서 삼가지 않으며, 무능^{無能}하면서

성실하지 않은 사람을 나는 알 수가 없다."라고 했다. 子曰 狂而不直 侗而
不愿 悾悾而不信 吾不知之矣 〈태백泰伯〉**16**

    ＊ 동侗은 무지無知한 모양이고, 원愿은 삼가고 두터움[근후勤厚]이다. 공
공悾悾은 무능無能한 모양이다. '나는 알 수 없다. 吾不知之矣'라는 것은 심하게 거
절한 말로 달갑지 않은 가르침[불설지교회不屑之敎誨]이다. 사람이 행실이 거
칠면 곧기라도 하거나, 무지無知하면 행실을 삼가기라도 하고, 능력이 없으
면 성실하기라도 해야 하는데, 이것도 저것도 없는 사람을 공자 같은 성인聖
人도 이해할 수 없다고 한 것이다. 무식하면 용감하다는 세상에서 성인聖人도
아닌 범인凡人이 이런 사람을 어떻게 이해할 수 있겠는가.

    공자는 성인聖人과 군자君子와 선인善人을 만나보고 싶어 했지만, 항심恒心
을 가진 자도 드물다고 탄식하였다.

    공자는 "성인聖人을 내가 만나볼 수 없다면, 군자君子라도 만나볼 수 있으면
좋겠다. 선인善人을 내가 만나볼 수 없으면, 변함없이 떳떳한 마음[항심恒心]이
있는 자라도 만나볼 수 있으면 좋겠다. 없으면서 있는 체하고, 비었으면서
가득한 체하며, 적으면서 넉넉한 체하면 항심恒心을 가지기 어렵다."라고 했
다. 子曰 聖人 吾不得而見之矣 得見君子者 斯可矣 子曰 善人 吾不得
而見之矣 得見有恒者 斯可矣 亡而爲有 虛而爲盈 約而爲泰 難乎有恒
矣 〈술이述而〉**25**

    ＊ 성인聖人이란 신명神明해서 헤아릴 수 없는 사람이고, 군자君子는 재주
와 덕德이 출중한 사람이다. 항恒은 떳떳하고 오래감이다. 본문 중간의 '자왈

子曰'은 잘못해서 들어간 글자로 의심된다고 했다. 여기서 성인聖人과 군자君子는 학문으로 말한 것이고, 선인善人과 항심恒心이 있는 자는 바탕으로 말한 것인데, 주자朱子는 항심恒心이 있는 상태에서 시작해서 성인聖人의 경지에 이를 수 있다고 하여 덕德에 들어가는 길이 항심恒心에서 비롯된다고 했다.

항심恒心이란 마음이 도심道心과 사심邪心 사이에서 흔들리지 않고 일관됨을 말한다. 〈옹야雍也〉2에서 공자가 안회顔回를 두고 "배우는 것을 좋아하고, 화를 옮기지 않으며, 도심道心과 사심邪心 사이에서 흔들리는 잘못을 아니 한다. 好學 不遷怒 不貳過"라고 한 것처럼, 이런 사람이라야 항심恒心이 있다고 할 수 있으니, 군자君子라고 해도 이를 지키기란 쉽지 않다.

항심恒心은커녕 없으면서 있는 체하고, 비었으면서 가득한 체하며, 적으면서 넉넉한 체하는 것이 당대의 현실이지만 오늘날도 마찬가지다. 위정자爲政者나 지식인知識人들의 처신을 보면, 이들에게서 항심恒心을 기대한다는 것은 나무를 인연因緣해서 물고기를 구하는 연목구어緣木求魚나 마찬가지다. 연목구어緣木求魚는 물고기를 구하지 못한 데서 끝나지만, 이들의 가식假飾은 국가의 품격을 떨어뜨리고 후학들에게 못된 선례先例를 남기니 그 피해가 실로 크다.

이런 세상에서 도道에 일관된 마음을 가지고 실천하는 자가 한 사람이라도 나타나면, 백성들의 관심은 그에게 집중된다. 옛날의 군자는 지금보다 훨씬 더 많은 수고를 했어도 백성에게 칭찬받기가 쉽지 않았는데, 요즘엔 도道에 일관된 행동만 보여주어도 백성들이 환호한다. 이것은 시대가 이런 사람 갈급하기를 오뉴월 가뭄에 단비 기다리듯 하는 심정이기 때문이다. 그러니 성인聖人이니, 군자君子니, 선인善人이니 하는 것은 다 그만두고, 항심恒心 있는 인사가 나와서 어지러운 세상을 바로잡아 주었으면 하는 바람이 크다.

공자가 미워하는 것 세 가지는 자주색과 정鄭나라 음악 그리고 말 잘하는 입이다.

> 공자는 "자주색이 붉은색을 빼앗는 것을 미워하며, 정鄭나라 음악音樂이 아악雅樂을 어지럽히는 것을 미워하며, 말 잘하는 입이 나라를 전복시키는 것을 미워한다."라고 했다. 子曰 惡紫之奪朱也 惡鄭聲之亂雅樂也 惡利口之覆邦家者 〈양화陽貨〉18

＊ 주색朱色은 바른 색正色이고, 자색紫色은 간색間色이다. 아雅는 바름이고, 이구利口는 민첩하고 넉넉하게 말을 잘하는 입이다. 복覆은 기울고 무너짐이다. 천하의 이치가 바르면서 이기는 것은 항상 적고, 바르지 못하면서 이기는 것은 항상 많으니, 성인聖人이 그것을 미워하였다. 말 잘하는 입을 가진 사람은 옳은 것을 아니라고 하고, 아닌 것을 옳은 것이라 하며, 어진 사람을 같잖은 자라고 하고, 같잖은 자를 어진 사람이라고 하니, 임금이 구차스럽게 그것을 기뻐하고 믿는다면 국가가 전복되는 일도 멀지 않을 것이다.

요즘에는 말로 먹고사는 자들이 아주 많다. 말을 잘해서 먹고사는 것이 잘못된 일은 아니다. 다만 현하지변懸河之辯으로 혹세무민惑世誣民하는 것이 문제다. 전국시대에 세 치의 혀로 육국六國의 재상이 된 소진蘇秦 같은 이도 결국 말년에 그를 시기하던 사람에게 횡사橫死를 당한 것을 보면, 자신의 입심 좋은 것을 자랑할 것이 아니라, 자신이 얼마나 도덕으로 무장되어 있는가를 염려해야 한다. 사람의 재앙이 입에서 비롯된다는 옛말이 하나도 틀림이 없다.

공자는 삼대三代의 정직한 도道로 행한 사람들을 칭찬했다.

공자는 내가 누구를 헐뜯고 누구를 지나치게 칭찬하겠는가? 만약에 칭찬을 한 경우가 있었다면 시험해본 바가 있어서다. 이 사람들은 삼대^{三代}의 정직한 도^道를 행해왔기 때문이다. 子曰 吾之於人也 誰毀誰譽 如有所譽者 其有 所試矣 斯民也 三代之所以直道而行也 〈위령공衛靈公〉24

　　* 훼^毁는 남의 악^惡을 일컬으면서 그 진실을 덜어내는 것이고, 예^譽는 남의 선^善을 들춰내면서 그 실제를 지나치게 하는 것이다. 사민^{斯民}은 지금 사람이고, 삼대^{三代}는 하^夏·상^商·주^周이며, 직도^{直道}는 사사로이 구부러진 것이 없는 정직한 도^道다. 공자는 남을 헐뜯거나 과찬하지 않았는데, 과찬이 된 것은 대개 시험해서 그 아름다움을 알았기 때문이라고 했다. 이 백성들은 삼대^{三代}의 정직한 도^道로 행해왔기 때문이니 그사이에 어찌 사사로움을 용납할 수 있었겠느냐고 한 것이다.

　　요즘 사람들이 남을 헐뜯거나 칭찬하는 것은 상대가 악^惡하거나 선^善해서가 아니라, 자기편인가 남의 편인가로 결정한다. 그러니 선^善·악^惡의 실체는 살피지 않고, 오직 누구 편인가를 판단의 기준으로 삼으니 참 막된 세상이다. 이런 편 가르기는 어제, 오늘에 일어난 일이 아니다. 조선 시대는 그만두고, 대한민국이 수립된 후에도 좌우 이념으로 편을 가르고 지역으로 나누더니만, 이제는 보수와 진보, 자본가와 근로자로 대립하여 편을 가르니 사회가 조용할 날이 없다. 이런 대립 갈등도 자유민주주의 발전 과정에 필요악^{必要惡}이라고 한다.

　　다음은 공백료^{公伯寮}가 자로^{子路}를 죽이려고 계손^{季孫}에게 참소한 것을 안 자복경백^{子服景伯}이 공자에게 아뢰니, 공자는 이를 두고 도^道가 행^行해지고 폐^廢해지는 것은 천명^{天命}이라고 했다.

공백료公伯寮가 계손季孫에게 자로子路를 참소하자, 노魯나라 대부大夫 자복경백子服景伯이 그것으로 [공자에게] 알리기를 "부자夫子[계손季孫]가 공백료公伯寮의 [말에] 확실히 미혹迷惑된 뜻이 있습니다. 저의 힘이 그래도 공백료公伯寮를 [죽여서] 그 시신尸身을 거리에 내걸 수 있습니다."라고 하자, 공자가 "도道가 장차 행行해지는 것도 천명天命이고, 도道가 장차 폐廢해지는 것도 천명天命이니, 공백료公伯寮가 그 천명天命 같은 것을 어찌하겠는가?"라고 했다. 公伯寮 愬子路於季孫 子服景伯 以告曰 夫子 固有惑志於公伯寮 吾力 猶能肆諸市朝 子曰 道之將行也與 命也 道之將廢也與 命也 公伯寮 其如命 何

〈헌문憲問〉38

* 이 장章은 공백료公伯寮의 말에 계손季孫이 자로子路를 의심함이 있다고 자복경백子服景伯이 전한 말에 공자가 응대한 내용이다. 공백료公伯寮는 노魯나라 사람이다. 자복경백子服景伯은 자복子服이 성씨姓氏이고, 경景은 시호諡號이며, 백伯은 자字이니, 노魯나라 대부大夫 자복하子服何다. 여기 부자夫子는 계손季孫을 가리킨다. 사肆는 시신을 널어놓음[진시陳尸]이니, 공백료公伯寮를 죽일 수 있다는 뜻이다.

주자朱子는 공자의 말씀이 경복景伯을 깨우치고, 자로子路를 안심시키며, 공백료公伯寮를 경계한 것뿐이지, 성인聖人이 이해利害의 사이에서 천명天命의 결단을 기다린 뒤에 태연해진 것은 아니라고 했다. 이는 공자가 천명天命은 자연自然의 순리順理이므로 공백료公伯寮가 천명을 어찌할 수 없을 것이어서 한 말이다.

다음은 앞에서 도道가 행行해지거나 폐廢해지는 것이 천명天命이라고 했던 공자가 자공 앞에서 자탄自嘆한 내용이다.

공자가 "나를 아는 이가 없구나!"라고 하자, 자공子貢이 "어찌하여 선생님을 아는 이가 없다고 하십니까?" 공자가 "하늘을 원망하지 않고 사람을 탓하지 않으며, 아래로 인간人間의 일을 배워 위로 천리天理를 통달하였으니, 나를 알아주는 이는 하늘일 것이다."라고 했다. 子曰 莫我知也夫 子貢曰 何爲 其莫知子也 子曰 不怨天 不尤人 下學而上達 知我者 其天乎 〈헌문憲問〉37

* '하위기막지자何爲其莫知子'의 자子는 공자 곧 선생님을 가리킨다. 이 장章은 공자가 스스로 탄식하면서 자공子貢의 질문을 유발한 것이다. 사람은 하늘의 시운時運을 얻지 못해도 하늘을 원망하지 않고, 남과 어우러지지 못해도 남을 탓하지 않으며, 다만 인간의 일을 배워 위로 천리天理를 통달하는 것이 진정으로 아는 것이다. 그런데 이렇게 하려면 자기를 되돌아보고 스스로 닦아서 순서에 따라 차츰 나아갈 따름이지, 남과 아주 다르게 해서 알아줌을 이룰 수는 없다. 이 말뜻을 깊이 음미해 보면 사람은 아는 것이 미치지 못하고, 하늘만이 홀로 그것을 아는 오묘함이 저절로 있음을 볼 수 있다. 이는 공자의 문하門下에서 자공子貢의 지혜만이 거의 여기에 이른 것이어서 특별히 말해준 것인데, 애석하게도 자공子貢이 통달하지 못했다.

정자程子는 하늘을 원망하지 않고 不怨天 남을 탓하지 않는 不尤人 것은 도리道理로 보면 마땅히 이같이 해야 한다. 또 하학상달下學上達은 뜻이 말 밖에 있는데, 이는 사람이 해야 할 도리를 배우면서 천리天理의 오묘함을 통달할 수 있다. 그래서 배우는 자는 모름지기 하학상달下學上達의 말을 지키니 바로 배움의 요체다. 이는 아래로 인사人事를 배우면 바로 위로 천리天理에 통달하게 되지만, 인사人事를 익히기만 하고 천리天理를 살피지 않으면 또한 위로 통달할 수 없다고 했다.

여기서 인사人事를 배워서 천리天理를 통달하는 하학상달下學上達은 단순히 인사人事를 배우기만 해서는 안 되고 천리天理를 통달해야 함을 말한 것인데, 천리天理를 통달한 공자의 학문을 위정자들은 알아주지 못하고, 오직 하늘만 알아준다고 공자가 탄식하였으니, 자신의 이상理想 실현實現이 차츰 멀어짐을 느낀 것이 아닌가 한다.

공자는 주周나라 무왕武王의 아우인 주공周公을 꿈속에서도 그리워했다.

> 공자는 "심하도다. 나의 쇠약함이여! 오래되었구나. 내 다시 꿈속에서 주공周公을 뵙지 못하는구나."라고 했다. 子曰 甚矣 吾衰也 久矣 吾不復夢見周公 〈술이述而〉5

　＊ 공자가 왕성히 활동하던 때는 주공周公의 도道를 행하고자 의지가 강하였으므로 꿈속에서 주공周公을 본 것 같았다. 그런데 늙음에 이르러 도道를 행할 수 없게 되니 이 마음을 회복할 수 없고, 또 이런 꿈도 다시없으므로 그 쇠함이 심한 것을 자탄한 것이다.

　주공周公은 주周나라 무왕武王의 동생으로, 어린 조카인 성왕成王을 도와서 주周나라의 예禮·악樂과 문물文物 제도制度를 완성했다. 그래서 공자는 〈팔일八佾〉14에서 "나는 주周나라를 따르겠다. 吾從周"라고 했다. 도道를 보존하는 것은 마음이지만, 도道를 행하는 것은 몸이다. 나이가 들어서 몸이 쇠해지니 공자도 어쩔 수 없었나 보다.

　다음도 공자가 봉황鳳凰이 나타나지 않고 하도河圖도 나오지 않으니, 자신의 꿈이 좌절되는 것을 느끼고 탄식한 내용이다.

공자는 "봉鳳 새도 오지 않고, 황하黃河에서 하도河圖도 나오지 않으니, 나는 끝났나 보다."라고 했다. 子曰 鳳鳥 不至 河不出圖 吾已矣夫 〈자한子罕〉8

＊ 봉鳳은 신령스러운 새다. 봉鳳 새가 순舜임금 때 와서 춤을 추었다고 했는데, 『서경書經』 「익직益稷」에 "순임금 음악인 소韶를 아홉 번 연주하여 마치니, 봉황이 와서 춤을 추었다. 簫韶九成 鳳凰來儀"라고 했다. 또 주周나라가 흥하던 문왕文王 때는 봉鳳이 기산岐山에서 울었다. 하도河圖는 하수河水에서 나온 용마龍馬의 등에 그려진 그림인데 복희伏羲 때 나왔다. 이 모두가 성왕聖王 출현의 서기瑞氣다. 이처럼 봉황鳳凰과 하도河圖가 나타난 것은 문명文明의 상서祥瑞인데, 복희伏羲・순舜・문왕文王 때는 나타났던 서기瑞氣가 공자 당시에는 나타나지 않으니, 자기의 시대가 끝났다고 체념한 것이다.

후생교육後生敎育과 찬술纂述

공자는 당대의 현실을 체념하고 스스로 탄식한 뒤에 고향인 노魯나라로 돌아와 후생後生을 교육하고 찬술纂述에 힘썼다. 공자는 자신의 이상理想 실현實現이 어렵다는 것을 알았지만, 노魯나라에 대한 기대는 버리지 않았다.

공자는 "제齊나라가 한 번 변하면 노魯나라에 이르고, 노魯나라가 한 번 변하면 도道에 이를 것이다."라고 했다. 子曰 齊一變 至於魯 魯一變 至於道 〈옹아雍也〉22

* 여기 언급된 도^道는 선왕^{先王}의 도^道다. 제^齊나라의 풍속은 공명^{功名}과 이익^{利益}을 먼저 여기고 과장^{誇張}과 속임을 좋아했으니, 바로 패도^{覇道} 정치의 잔재^{殘滓}였다. 반면에 노^魯나라는 예교^{禮敎}를 중히 여기고 신의^{信義}를 숭상해서 선왕^{先王}이 끼친 풍속이 아직 남아 있었다. 다만 어진 사람이 죽고 훌륭한 정치가 그쳐서 폐지됨과 실추됨이 없지 않았다. 두 나라의 정치는 풍속에 아름다움[미^美]과 추함[오^惡]의 차이가 있으므로, 변화해서 선왕^{先王}의 도^道에 가기에는 어려움과[난^難] 쉬움[이^易]이 있었다.

정자^{程子}는 공자 당시에 제^齊나라는 강하고 노^魯나라는 약했으니, 누구나 제^齊나라가 노^魯나라보다 낫다고 여겼다. 그러나 노^魯나라에는 아직 선왕^{先王}인 주공^{周公}의 법제^{法制}가 남아 있었고, 제^齊나라는 환공^{桓公}의 패도^{覇道}로 인하여 간략함을 따르고 공^功을 숭상하는 정치를 하여 선왕^{先王}인 태공^{太公} 망^望의 유법^{遺法}이 모두 변해 버렸다. 그러므로 제^齊나라가 한 번 변화하여 노^魯나라에 이를 수 있고, 노^魯나라는 폐지되고 실추된 것만 들어서 닦으면 되니, 한 번 변화하면 선왕^{先王}의 도^道에 이를 수 있다고 했다.

공자는 자기 고향이나 다름없는 노^魯나라에는 선왕^{先王}의 법제^{法制}가 아직 남아 있어서 한 번 변화하면 선왕^{先王}의 도^道에 이를 수 있다고 하였으니, 교육을 통해 그 가능성이 있겠다는 희망을 버리지 않았다고 할 수 있다.

공자는 천하^{天下}를 주류^{周流}하다가 지친 나머지 제자들을 돌보기 위해서 노^魯나라로 돌아가야겠다고 했다.

공자가 진^陳나라에 있으면서 "돌아가야겠다, 돌아가야겠다. 나의 무리 소자^{小子}[문인^{門人}]들이 뜻은 크나 일에는 소략^{疏略}하여, 문장^{文章}은 찬란하게 이루었으나, 그것을 다듬을 줄을 알지 못하는구나!"라고 했다. 子在陳 曰 歸與

* 오당소자^{吾黨小子}는 노^魯나라에 있는 문인^{門人}들을 가리키고, 광간^{狂簡}은 뜻이 크지만 일에서는 소략^{疏略}함이다. 비^斐는 문채^{文彩} 나는 모양이고, 성장^{成章}은 사물의 이치를 성취하여 볼 만한 것이 있음이며, 재^裁는 자름이 바른 것이다.

공자의 처음 마음은 도^道를 천하^{天下}에 행하고자 했으나, 이때 이르러 끝내 세상에 쓰이지 못할 것을 알고 비로소 후학^{後學}을 성취하게 해서 후세에 도^道를 전하고자 했다. 공자는 또 중항^{中行}[중도^{中道}]의 선비를 얻지 못하여 그다음 사람을 생각했으니 바로 뜻이 높고 먼 광사^{狂士}이지만, 이들을 가르쳐서 더불어 도^道에 나아가야겠다고 했다. 이들이 중도^{中道}를 넘어 정도^{正道}를 잃고 혹 이단^{異端}에 빠질까 염려했으므로 돌아가서 다듬고자 한 것이다.

다음은 광자^{狂者}와 견자^{狷者}를 두고 공자가 언급한 내용이다.

> 공자는 "중항^{中行}[중도^{中道}의 선비]을 얻지 못해서 함께 할 수 없다면 반드시 광자^{狂者}와 견자^{狷者}를 취할 것이다. 광자^{狂者}는 진취적이고 견자^{狷者}는 하지 않는 바가 있다."라고 했다. 子曰 不得中行而與之 必也狂狷乎 狂者 進取 狷者 有所不爲也 〈자로^{子路}〉**21**

* 중항^{中行}은 항^行이 도^道이므로 중도^{中道}다. 광자^{狂者}는 뜻이 지극히 높지만, 행실은 말을 감당하지 못한 자이고, 견자^{狷者}는 앎이 미치지 못하지만, 지킴은 남음이 있는 자다. 공자는 중도^{中道}의 사람을 얻어 가르치려고 했다. 그렇지만 그런 선비를 얻을 수 없다면 차라리 뜻이 지극히 높지만, 행실은

자기가 한 말을 감당하지 못하는 광자狂者나, 앎은 미치지 못하지만, 지킴에는 남음이 있는 견자狷者를 얻어서 가르치겠다고 했다. 왜냐하면, 근후勤厚한 사람은 대개 스스로 분발하고 떨쳐서 열심히 하지 않고, 광자狂者나 견자狷者는 지조와 절개를 근거로 해서 격려하고 다듬으면 도道에 나아갈 수 있을 것이라 여겼기 때문이다. 이 장章은 공자가 천하철환天下轍環을 그만둔 뒤에 제자를 가르치려는 의지를 보여준다.

다음은 공자가 노魯나라로 돌아온 뒤에 후학을 교육하면서 시詩·서書·예禮 등을 정리했다.

> 공자는 "옛것을 전술傳述하기만 하고 창작創作하지 않았으며, 옛것을 믿고 좋아하는 것을 마음속으로는 우리 노팽老彭에게 견준다."라고 했다. 子曰 述而不作 信而好古 竊比於我老彭 〈술이述而〉1

* 술述은 묵은 것을 전할 뿐이지만, 작作은 처음 창작創作하는 것이다. 따라서 창작은 성인聖人이 아니면 할 수 없고, 술述은 현자賢者도 미칠 수 있다. 마음속으로 비교한다는 절비竊比는 존칭의 의미로 한 말이고, 아我는 친하게 여겨서 한 말인데, 노팽老彭은 상商나라 어진 대부大夫로 대개 옛것을 믿고 전술傳述한 사람이라고 한다.

공자는 『시詩』와 『서書』에 필요 없는 글자나 글귀를 지우고, 『예禮』와 『악樂』을 정定했으며, 『주역周易』을 찬술贊述하고, 『춘추春秋』를 편수編修하였다. 그런데 이는 모두 선왕先王의 묵은 것을 전술傳述한 것이고 창작한 것은 아니다. 그러므로 스스로 이같이 말하여 창작한 성인聖人임을 자처하지 아니했을 뿐만 아니라, 감히 드러내놓고 옛 현인賢人에게 붙이지도 않고 겨우 우리 노팽

老彭에게 견주었다. 그러니 덕德이 더욱 풍성해질수록 마음은 더욱 겸손해서 말씀이 겸손한 줄을 스스로 알지 못했다. 공자는 여러 성인聖人이 크게 이룬 것을 모아서 절충했으므로 그 일이 비록 전술傳述이지만, 공력功力은 창작보다 배가 더 들었을 것이다.

다음은 『주역周易』에 대한 공자의 언급이다.

> 공자는 "[하늘이 수명壽命] 몇 년을 나에게 빌려주어 마침내 『주역周易』을 배운다면 큰 허물이 없을 것이다."라고 했다. 子曰 加[假]我數年 五十[卒] 以學易 可以無大過矣 〈술이述而〉**16**

　　* 다른 판본에는 '가아수년加我數年'의 가加는 '빌릴 가假'로, '오십이학역五十以學易'의 오십五十은 '마침내 졸卒'로 되어 있다고 해서 거기에 근거하여 가加를 가假로 오십五十은 졸卒로 했다. 주자朱子는 『주역周易』을 배우면 길흉吉凶·소장消長의 이치理致와 진퇴進退·존망存亡의 도리道理에 밝을 것이므로 큰 허물이 없을 것이라 했다. 공자는 『주역周易』의 도道가 무궁함을 깊이 보고, 이를 말하여 사람들을 가르쳐서 배우지 않을 수 없게 하면서도 쉽게 배울 수 없음을 알게 한 것이다. 『주역周易』은 주周나라 역易으로 유가儒家의 삼경三經인 시詩·서書·역易 가운데 하나다. 역易은 바뀐다, 변한다는 의미인데 천지만물天地萬物의 끊임없이 변화하는 자연自然 현상現象의 원리를 설명하고 풀이한 책으로, 인간사 미래를 미리 알아보는 예언서豫言書이자 지혜서智慧書이고 나아가서는 우주론적宇宙論的 철학서哲學書라고 할 수 있다.

다음은 공자가 평소에 항상 하는 말은 시詩와 서書 그리고 예禮를 지키는 것이라 했다.

> 공자가 평소에 항상 하는 말은 『시詩』와 『서書』 그리고 예禮를 지키는 것이
> 었으니, 모두 평소에 항상 하는 말이었다. 子所雅言 詩書執禮 皆雅言也
> 〈술이述而〉**17**

   * 아雅는 항상恒常이니, 아언雅言은 항상 하는 말 즉 상언常言이고, 집執은 지
킴이다. 시詩로 성정性情을 다스리고, 서書로 정사政事를 말하며, 예禮로 절문節文을
조심하니, 모두 일용의 실질에 절실한 것이어서 항상 말한 것이다. 그런데 공
자가 예禮만 유독 지킨다[집執]고 말한 것은 사람들이 고집스럽게 지켜야 함
을 말한 것이어서 단순히 외고 말하는 것으로 그만둘 것이 아니기 때문이다.

교육관敎育觀

       공자는 평소에 제자들에게 가르침과 배움에
대해서 말한 것이 많은데 이를 통해서도 공자의 인품人品을 볼 수 있다.

   공자가 제자들에게 가는 것이 흐르는 물 같으니, 배우는 자도 끊임없
이 자강불식自强不息할 것을 말했다.

> 공자가 시냇가에 있으면서 "가는 것이 이와 같구나. 밤낮으로 그치지 않는
> 다."라고 했다. 子在川上曰 逝者 如斯夫 不舍晝夜 〈자한子罕〉**16**

＊ 천지天地의 만물萬物은 가는 것은 지나가고, 오는 것은 이어져서 한순간도 멈추지 않으니 바로 도체道體의 본연本然이다. 그런데 이 도체道體를 쉽게 볼 수 없으므로, 공자가 물에 비유해서 말한 것이다.

정자程子는 군자가 물의 흐름처럼 멈춤이 없음을 본받아서 자강불식自强不息해야 한다고 했다. 성인聖人의 마음이 순수함은 그치지 않음을 볼 수 있으니, 순수함 또한 그치지 않음이 바로 천덕天德이고, 이것이 있어야 왕도王道를 말할 수 있다. 그렇지만 그 핵심은 홀로 있을 때 도리에 어긋남이 없도록 하는 근독謹獨이라고 했다.

도체道體를 흐르는 물에 비유한 것은 물이 아래로 흐르는 것이 순리順理이고, 도체道體의 본연本然이며, 천지天地가 만들어지는 이치이니, 학문하는 사람은 물처럼 한순간도 멈춤 없이 순리順理대로 진전해야 함을 말한 것이다. 근독謹獨은 바로 『중용中庸』의 신독愼獨과 같은 말로, 자기를 보는 사람이 없어도 신神이 지켜보고 있다고 여기고, 홀로 있을 때도 남이 있을 때와 마찬가지로 삼가는 데 멈춤이 없어야 함을 의미한다.

공자는 자공子貢에게 "나는 말이 없고자 한다."라고 했는데 왜 그랬을까?

공자가 "나는 말이 없고자 한다."라고 하니, 자공子貢이 "선생님께서 만일 말을 아니 하시면 저희는 어떻게 [도道를] 전하겠습니까?"라고 하였다. 공자가 "하늘이 무슨 말을 하더냐? 그런데도 사시四時가 운행運行되고 온갖 물건이 낳고 자라니, 하늘이 무슨 말을 하더냐?"라고 했다. 子曰 予欲無言 子貢曰 子如不言 則小子 何述焉 子曰 天何言哉 四時 行焉 百物 生焉 天何言哉 〈양화陽貨〉19

* 자공^{子貢}은 바로 언어로 성인^{聖人}을 관찰한 자다. 그러므로 공자가 말이 없고자 한다고 하니, 의심이 나서 이렇게 응대한 것이다. 그런데 공자는 도^道가 언어로만 표현된다고 생각하지 않았다. 천지^{天地} 자연^{自然}의 흐름이나 사시^{四時}의 변화가 모두 도체^{道體}의 의미를 발현^{發顯}하고 있듯이, 성인^{聖人}의 일동일정^{一動一靜} 역시 오묘^{奧妙}한 도^道와 정미^{精微}한 의^義의 발현이 아닌 것이 없어서, 굳이 언어화할 필요가 없다고 생각했다. 그렇지만 자공^{子貢} 같은 제자는 말씀이 없으면, 성인^{聖人}의 도^道를 전할 수가 없다고 생각하였으니, 공자가 가르칠 때 말이 없고자 한다는 말에 당혹할 수밖에 없었을 것이다.

정자^{程子}는 공자의 도^道는 비유하면 해와 별의 밝음이로되, 오히려 문인^{門人}들이 다 깨닫지 못할까 봐 근심했다. 그러므로 '나는 말이 없고자 한다. ^{予欲無言}'라고 한 것인데, 안자^{顔子} 같으면 말이 없는 중에 이를 바로 알았을 것이지만, 다른 제자들은 의문을 면하지 못해서 자공^{子貢}이 '저희가 어떻게 도^道를 전하겠습니까? ^{小子 何述焉}'라고 말한 것이다. 또 공자가 '하늘이 무슨 말을 하더냐? 그런데도 사시^{四時}가 운행되고 온갖 물^物이 낳고 자란다. ^{天何言哉 四時 行焉 百物 生焉}'라고 했으니, 지극히 명백하다고 이를 만하다고 했다.

언어란 하나의 기호^{記號}로 실체를 상징화한 것인데 의미의 다양성 때문에 수용자에게는 다양하게 인지^{認知}될 수밖에 없다. 사물의 실체나 인간의 생각을 언어로 표현해내지만, 발화자^{發話者}와 수신자^{受信者} 사이에 의미의 간극^{間隙}이 커서 단어와 의미가 일대일^{一對一}로 대응하지 않는다. 따라서 공자는 사물의 실체를 직접 경험하고 거기서 발현되는 의미 곧 천리^{天理}를 스스로 발견하라는 의도로 말이 없고자 한 것이다.

다음은 공자가 제자를 교육하면서 아무것도 숨김이 없었음을 언급한 내용이다.

공자가 "너희들은 내가 숨기는 게 있다고 여기는가? 나는 너희들에게 숨긴 것이 없다. 무엇을 하든지 너희들과 더불어 하지 않음이 없는 사람이 바로 나[구丘]다."라고 했다. 子曰 二三子 以我爲隱乎 吾無隱乎爾 吾無行而 不與二三子者 是丘也 〈술이述而〉23

* 이 장章은 앞에 나온 〈양화陽貨〉19의 "나는 말이 없고자 한다. 予欲無言"라는 구절과 관련이 있다. 제자들은 말로 직접 가르침을 받아서 거기에 이르러서야 공자 학문이 심원深遠함을 알았다. 그런데 공자의 일동일정一動一靜과 침묵沈默 역시 말로 가르치는 것 못지않게 가르침이 아닌 것이 없는데도, 제자들은 이를 알지 못하고 숨긴 것이 있다고 여겼다.

정자程子는 성인聖人의 도道는 천연天然과 같아서 문하門下의 제자들은 직접 가르침을 받아 거기에 미치기를 바란 뒤에야 그 높고 넓음을 알았다. 만약 진실로 미칠 수 없다고 여긴다면, 도道를 좇아가는[추향趣向] 마음이 거의 태만해지는 데 가깝지 않겠는가? 그러므로 성인聖人의 가르침은 항상 내려다보고 거기에 나아가기를 이처럼 한 것이다. 유독 자질資質이 용렬하고 낮은 자가 힘쓰고 생각해서 바라고 미치게 할 뿐만 아니라, 재주와 기질이 높고 뛰어난 자라도 또한 감히 수준을 건너뛰어 쉽게 나아가지 못하도록 한 것이라고 했다.

다음은 공자의 가르치는 태도에 관해서 스스로 말한 것이다.

공자가 "성聖과 인仁 같은 것을 내 어찌 감히 [자처]하겠는가? 그러나 [성聖과 인仁의 도道를] 행하기 싫어하지 않고, 남 가르치기를 게을리하지 않은 것은 '그렇다.'고 말할 수 있다."라고 하니, 공서화公西華가 "바로 [그것이] 제자弟子

세 번째 현세관과 교육

가 배울 수 없는 것입니다."라고 했다. 子曰 若聖與仁 則吾豈敢 抑爲之 不厭 誨人不倦 則可謂云爾已矣 公西華曰 正唯弟子 不能學也 〈술이^{述而}〉33

* '그렇다고 말할 수 있다. 可謂云爾已矣'는 다른 말이 필요 없이 인정한다는 뜻이다. 성^聖은 대인^{大人}으로서 저절로 된 것이고, 인^仁은 심덕^{心德}이 온전하여 인도^{人道}가 갖추어진 것이다. 위지^{爲之}는 인^仁과 성^聖의 도^道를 행하는 것을 이른 것이고, 회인^{誨人}은 남을 가르치는 것이다.

당시에 공자를 성^聖이요, 또 인^仁이라고 일컫는 자^者가 있었는데, 공자는 이러한 평가를 사양하였다. 다만 공자는 비록 성^聖과 인^仁을 행하는 데 싫어하지 않았고, 남을 가르치는 데 게으르지 않았다는 것은 자신에게 합당한 말이라고 하였다. 성^聖과 인^仁의 도^道를 몸으로 얻었으면서도 이를 행하기를 싫어하지 않고, 이것으로 남을 가르치는 것을 게을리하지 않는다는 회인불권^{誨人不倦}을 겸사^{謙辭}로 말하였으니, 공자야말로 시대의 귀감^{龜鑑}이라고 할 수 있다.

그런데도 사람들은 누군가 점잖게 도덕적인 말이라도 한마디 하면, 공자 같은 소리를 한다고 비아냥거리는 세상이니, 인성^{人性} 회복은 요원^{遙遠}한 덕목이 되어 버렸다. 최고의 위정자라면 바로 이 인성 회복을 우선해서 실천해야 이쪽저쪽으로 나누어진 민심이 하나가 될 것이고, 우리가 바라는 통일도 바라볼 수 있을 것이지만, 사람들은 이걸 또 공자 같은 소리 하고 있다고 비아냥거릴지 모르겠다.

공자는 스스로 배우는 것을 싫어하지 않았고, 남을 가르칠 때는 게으르지 않았다.

공자는 "묵묵한 중에 마음속에 기억하고, 배우는 것을 싫어하지 않으며, 남 가르치기를 게을리하지 않은 것 중에 무엇이 나에게 있겠는가?"라고 했다.

子曰 默而識之 學而不厭 誨人不倦 何有於我哉 〈술이述而〉2

 * 지識는 '기억할 지'이니, 묵지默識는 말하지 않고 마음에 있다는 것이다. 어떤 이는 '알 식識'이라 하고, 묵식默識은 말하지 않고 아는 것이라고 했다. '이 중에 무엇이 나에게 있는가. 何有於我'는 자기에게 없다는 말이지만 겸손으로 한 말이다. 공자는 온전한 성인聖人인데도 묵묵한 가운데 기억하고, 배우는 것을 싫어하지 않으며, 가르치는데 게으르지 않았다고 했으니, 요즘 교육자들이 배워야 할 공자의 모습이다.

다음은 잘못된 제자를 가르치는 공자의 태도이다.

유비孺悲가 공자를 뵙고자 했는데, 공자가 병이 있다고 사절했다. 명命을 가지고 온 자가 문을 나가거늘, 비파琵琶를 가져다가 타면서 노래를 불러 그에게 들리도록 했다. 孺悲 欲見孔子 孔子 辭以疾 將命者 出戶 取瑟而歌 使之聞之 〈양화陽貨〉20

 * 유비孺悲는 노魯나라 사람으로 일찍이 공자에게 「사상례士喪禮」를 배운 자다. 「사상례士喪禮」는 의례儀禮의 편명篇名으로 선비가 상喪을 당했을 때 행하는 예禮를 설명한 것이다. 그가 공자에게 홀대받은 이유가 무슨 일 때문인지 구체적으로 알 수 없지만, 아마 그럴 만한 이유가 있었을 것이다. 공자의 이런 냉정한 태도가 심하다고 할 사람이 있을지 모르겠으나, 공자가 유비孺悲를 이같이 대한 것도 크게 깨우치기를 바라고 그랬을 것이다. 그러나 그가

깨우치고 반성했다면 다행이지만, 그러지 않았다면 공자의 문하門下에서 멀어지고 말았을 것이다. 오늘날에도 사제 간에 이런 경우가 없지 않을 것이니 스스로 잘 판단해서 처신해야 한다.

맹자孟子는 <고자告者> 장章 하下16에서 "가르침 또한 여러 가지 방법이 있으니, 내 달갑지 않은 가르침, 이것 또한 가르침일 따름이다. 教亦多術矣 予不屑之敎誨也者 是亦敎誨之而已矣"라고 했는데, 유비孺悲에게 한 행동 역시 가르치는 한 방법이다.

다음은 제자인 재아宰我가 상례喪禮의 삼년상三年喪과 기년상期年喪에 관해서 물으니 공자가 답한 내용인데, 여기에서 공자의 교육 방법의 하나인 문답법問答法을 볼 수 있다.

재아宰我가 묻기를 "삼년상三年喪은 기년期年만 해도 너무 깁니다. 군자君子가 3년 동안 예禮를 행하지 않으면 예禮가 반드시 무너지고, 3년 동안 음악音樂을 익히지 않으면 음악音樂이 반드시 무너질 것입니다. 일 년이면 묵은 곡식이 이미 없어지고 햇곡식이 익으며, 계절에 따라 불씨를 일으키는 나무도 바뀌니 1년이면 그칠 만합니다."라고 했다.
공자가 "[상중喪中에] 쌀밥을 먹고 비단옷을 입는 것이 네 마음에 편안하더냐?"라고 하니, 재아宰我가 "편안합니다."라고 했다. [공자가] "네 마음이 편안하거든 그렇게 해라. 군자君子가 상중喪中에는 맛있는 것을 먹어도 맛이 없고, 음악을 들어도 즐겁지 않으며, 거처하는 것도 편안하지 않아서 하지 않는 것인데, 지금 네가 편안하다고 하니 그렇게 해라."라고 했다. 재아宰我가 밖으로 나가자, 공자가 "재여宰予는 어질지 못하구나. 자식이 태어나서 3년이 된 뒤에야 부모의 품을 벗어난다. 3년의 상喪은 천하의 공통된 상례喪禮인데 재여宰予는 그 부모父母에게 3년의 사랑을 받았었나?"라고 했다. 宰我 問 三年之喪 期已久矣 君子 三年 不爲禮 禮必壞 三年 不爲樂 樂必崩 舊穀 旣沒 新穀 旣升 鑽燧改火 期可已矣 子曰 食夫稻 衣夫錦 於女 安乎 曰 安 女安則爲之 夫君子之居喪 食旨不甘 聞樂不樂 居處不安 故不爲也 今女安則爲之 宰我 出 子曰 予之不仁也 子生三年然後 免於父母之懷 夫三年之喪 天下之通喪也 予也 有三年之愛於其父母乎 〈양화陽貨〉21

* 재여宰予는 자字가 자아子我 또는 재아宰我고, 기期는 주년이다. 일 년이 지나 소상小喪때 비로소 나물과 과일을 먹고, 연포관練布冠과 전연縓緣은 착용하지만, 요질腰絰은 이때도 풀지 않는다. 연포관練布冠은 잿물에 담근 삼베를 솥에 쪄 뽀얗게 처리해서 만든 관冠이고, 전연縓緣은 분홍색으로 가장자리 선을 두른 옷이며, 요질腰絰은 짚으로 만들어 상복에 두른 허리띠다.

몰沒은 다함이고, 승升은 곡식 등이 익은 것이며, '찬수개화鑽燧改火'의 찬鑽은 뚫음이고, 수燧는 불을 취하는 나무이며, 개화改火는 불씨 얻는 나무를 바꾸는 것으로 봄에는 느릅나무[유楡]와 버드나무[류柳], 여름에는 대추나무[조棗]와 살구나무[행杏], 늦여름에는 뽕나무[상桑]와 산뽕나무[자柘], 가을에는 상수리나무[작柞]와 졸참나무[유楢], 겨울에는 홰나무[괴槐]와 박달나무[단檀]로 불을 취하니, 또한 일 년이 주기週期고, 이已는 그침이다.

지旨는 맛있음이며, 회懷는 품이다. 처음에 '네가 편안하거든 그렇게 하라. 女安則爲之'라고 말한 것은 그를 끊어 버리는 말이고, 또 차마 하지 못하는 단서를 말하여 살피지 못한 것을 깨우쳐 준 것인데, 다시 '네가 편안하다니 그렇게 하라. 女安則爲之'라고 거듭 말한 것은 심하게 꾸짖은 것이다. '자식이 태어나 삼 년 뒤에 부모의 품을 벗어난다. 子生三年然後 免於父母之懷'라고 한 것은

세 번째 현세관과 교육

특별히 재아宰我의 은혜 없음을 나무라서 그가 발돋움하여 이르러 가게 하고자 한 것이다.

공자는 문답법問答法을 활용해서 재아宰我에게 차마 하지 못하는 마음을 스스로 터득하게 하였다. 그러나 재아宰我가 이것을 깨닫지 못하니 방에서 나간 뒤에야, 공자는 그의 불인不仁을 지적했다. 이것은 재아宰我의 거침없는 답변으로 인해서 남아 있던 다른 제자들이 재아宰我의 견해를 옳게 여길까 봐 염려하여 그렇게 한 것이다. 그렇지만 요즘 사람들은 본인이 없는 곳에서 공자가 지적한 것에 대해 바람직하지 않다고 생각할지도 모르겠다.

상례 기간을 단축하자는 논의를 보니, 우리는 어떻게 했을까? 반세기 전까지만 해도 삼년상三年喪과 일년상一年喪을 구별하여 부모가 돌아가시면 상기喪期를 삼 년으로 하되, 어머니가 아버지 먼저 돌아가시면 일 년으로 했다. 그렇지만 지금은 불교 의식인 49재齋를 빌어서 상기喪期를 마치거나, 심하면 삼우제三虞祭로 끝내기도 한다. 과거에는 시묘侍墓살이 3년에도 오히려 부족하다고 여긴 것은 부모가 자식을 3년 동안 품에 안아 길러준 것을 기억하고, 그런 부모가 돌아가셨으니 애틋한 정을 못 이겨 아쉬워하며 부모에 대한 효孝를 다하고자 하는 진정성의 발현發現이었다. 그러나 오늘날에는 삼년상으로 치른다 해도 그 의미도 모르고, 상기喪期 중에 부모가 돌아가셨다는 비통悲痛의 극진함도 없이 그저 요식행위要式行爲로 하고 있으니, 선인先人들이 보여준 효심孝心과는 전혀 다르다. 그러니 공자가 상기喪期를 두고 제자와 시비是非를 논하는 가르침은 요즘 말로 시대정신에 맞지 않은 것 같지만, 선조들이 왜 그렇게 상례를 치렀는지 그 의미를 알아야 재여宰予처럼 오해가 없을 것이다.

다음은 공자의 교육과정이다.

공자는 네 가지로 가르쳤으니, 글[문^文]·행실[행^行]·충심[충^忠]·신의[신^信]

였다. 子以四敎 文行忠信 〈술이^{述而}〉24

* 정자^{程子}는 공자가 사람을 가르치되, 글을 배우고 행실을 닦으며 충심^{忠心}과 신의^{信義}를 마음에 보존하게 한 것이니, 네 가지 중에 충^忠과 신^信을 근본이라고 했다. 글을 배우고 행실을 닦음은 겉으로 나타나는 것이지만, 충심과 신의는 마음의 바탕이 되기 때문에 충^忠과 신^信이 근본이다.

다음은 공자가 제자들에게 뭔가를 알려주려고 할 때 상대의 수준에 따라 화제가 달랐음을 언급한 것이다.

공자는 "중간 수준 이상의 사람에게는 높은 것을 말해 줄 수 있으나, 중간 수준 이하의 사람에게는 높은 것을 말해 줄 수 없다."라고 했다. 子曰 中人

以上 可以語上也 中人以下 不可以語上也 〈옹야^{雍也}〉19

* 어^語는 알려줌이다. 사람을 가르치는 자는 상대의 수준에 맞게 말해 주어야 그 말이 이해되기 쉬워서 수준을 뛰어넘는 폐단이 없다. 성인^{聖人}의 도^道는 정미한 것과 거친 것 두 가지가 없지만, 가르칠 때는 반드시 바탕부터 독실^{篤實}하게 해야 한다. 대개 중인^{中人} 이하의 자질을 가진 자에게 한꺼번에 몰아서 말한 내용이 너무 높으면, 가르친 것을 이해하지 못해서 장차 망령된 뜻으로 수준을 뛰어넘어 몸에 절실하지 않은 폐단이 있게 되니 끝내 하급^{下級}에서 마치고 말 것이다. 그러므로 상대가 미칠 바에 맞춰서 말해주게 되면 이는 바로 절실하게 묻고, 진리에 가깝게 생각하여 차츰 높고 먼 수준으로 나아가게 된다.

세 번째 현세관과 교육

아무리 어려운 지식도 어떻게 설명하여 가르치느냐에 따라서는 나이가 많고 적음이나 지적 능력의 수준과 관계없이 가르칠 수 있다고 한다. 그렇지만 인성人性 함양涵養에 해당하는 성인聖人의 도道는 지적 수준만이 아니라, 삶의 경험에서 얻어진 자질도 포함되어 있어서 이렇게 말한 것이 아닌가 한다.

공자는 지극히 잘난 자와 가장 어리석은 자는 가르쳐도 바뀌지 않는다고 말했다. 왜 그럴까?

> 공자는 "오직 가장 뛰어난 지혜를 가진 자와 아주 어리석은 자는 바뀌지 않는다."라고 했다. 子曰 唯上知與下愚 不移 〈양화陽貨〉3

* 〈양화陽貨〉2의 "성性은 서로 비슷하지만 익힘에 따라서 서로 멀어지게 된다. 性相近也 習相遠也"에서 성性은 기질氣質을 겸하여 말한 것인데, 기질지성氣質之性이란 본래 좋고 나쁨이 같지 않지만, 그 처음을 가지고 말한다면 서로 크게 멀지 않다. 그래서 선善을 익히면 선善해지고 악惡을 익히면 악惡해져 비로소 서로 멀어지게 된다고 한 것이다. 그런데 이 장章에서는 사람의 기질氣質은 서로 비슷한 중에 또 좋고 나쁨에 일정一定함이 있으므로, 익혀서 바꿀 수 있는 것이 아니라고 하니 '모순어법'처럼 보인다.

정자程子는 사람의 본성本性이 모두 선善하지만, 재질才質로 말하면 아주 어리석어서 바뀔 수 없는 사람이 두 가지인데, 거절하고 믿지 않는 자포자自暴者와 체념하고 아무것도 하지 않는 자기자自棄者다. 이런 사람은 비록 성인聖人이 함께 거처해도 변화해서 들어갈 수 없으니, 공자가 말한 하우자下愚者다. 그런데 그 바탕이 어둡고 어리석은 것은 아니지만, 상商나라 주왕紂王 상신商

우^愚은 강하고 사나워서 재주와 능력이 남보다 지나친 사람인데, 성인^{聖人}도 '그 스스로 선^善을 끊는다 하여 그를 하우^{下愚}'라고 일렀으니, 그 귀결을 살펴보면 참으로 어리석다고 했다.

주왕^{紂王} 상신^{商辛}은 강하고 사납고 재주와 능력이 남보다 지나친 사람이어서 상지^{上智}에 해당하는 사람이라고 생각했는데, 정자^{程子}가 성인^{聖人}의 말을 인용하여 참으로 어리석은 사람이라고 했다. 그래서 상지^{上智}에 해당하는 사람이 어떤 사람인지 구체적으로 알 수 없다. 아마도 남달리 뛰어난 지혜를 가진 사람은 바뀔 것이 없으므로 언급하지 않은 것인지 잘 모르겠다.

그것은 그렇다 쳐도 사람이 진실로 선^善으로 자신을 다스린다면 변화시킬 수 없는 자가 없을 것이다. 그러니 비록 어둡고 어리석은 자라고 해도 모두 차츰 연마하여 나아갈 수 있겠지만, 여기서 말한 상지자^{上智者}와 하우자^{下愚者}만은 그렇지 않아서 한 말인 듯하다. 이 장^章은 〈양화^{陽貨}〉2와 합해서 1장^章이 되어야 하니, 글머리에 '자왈^{子曰}'은 연문^{衍文}이라고 한다.

공자는 비천한 자^者가 물어도 그 무식을 따지지 않고 가르쳐 주었으니, 교육하는 데 차별하지 않았음을 알 수 있다.

> 공자는 "내가 아는 것이 있는가? [나는] 아는 것이 없다. [다만] 비천한 사람이 나에게 물으면, [그가] 아무리 무식한 것 같아도 나는 그 양쪽 끝을 들어서 다해주었다."라고 했다. 子曰 吾 有知乎哉 無知也 有鄙夫 問於我 空空如也 我 叩其兩端而竭焉 〈자한^{子罕}〉7

  * 고기양단이갈언^{叩其兩端而竭焉}에서 고^叩는 펴서 동작함[발동^{發動}]이고, 양

단兩端은 양쪽 머리라는 말과 같으니, 시작과 끝, 근본과 말단, 위와 아래, 치밀함과 거침이다. 갈언竭焉은 다하지 않은 바가 없음이다.

앞에서는 자포自暴·자기自棄한 자와 재주와 능력이 지나쳐 스스로 선善을 끊은 하우자下愚者들은 아무리 가르쳐도 재질才質이 바뀌지 않는다고 했는데, 여기서는 지극히 어리석은 비부鄙夫라도 공자에게 물었다면 양단兩端을 들어서 말해주었다고 했다. 이는 지극히 어리석은 비부鄙夫라 해도 상지上智나 하우下愚보다 가르치는 데 더 나아서가 아니다. 비부鄙夫는 학문을 하는 자가 아니니 일상적인 것을 물었을 것이므로, 묻는 자에게 양단을 들어서 말해준 것이다. 어찌 되었건 간에 비부鄙夫는 신분도 낮고 지극히 어리석지만, 공자가 가르치는 것을 포기하지 않고 자상하게 가르쳐 주었다는 것에서 교육자로서의 인품을 볼 수 있다.

다음도 공자의 교육 방법에 관한 것이다.

> 공자는 "알려고 애쓰지 않으면 가르쳐주지 않고, 표현하지 못해 애태우지 않으면 말해주지 않았으며, 한 모서리를 들어 보였을 때 이것으로 남은 세 모서리를 유추하여 반증反證하지 못하면 다시 더 일러주지 않았다."라고 했다. 子曰 不憤 不啓 不悱 不發 擧一隅 不以三隅反 則不復也 〈술이述而〉8

* 분憤은 마음으로 통하려고 하지만 얻지 못해 애태움이고, 비悱는 입으로는 표현하려고 하는데 할 수 없어서 애태우는 모양이다. 계啓는 그 뜻을 열어주는 것이고, 발發은 그 말을 통달하게 하는 것이다. 거일우擧一隅는 네 모서리가 있는 물건은 그 하나를 들면 셋을 알 수 있다는 의미로 하나를 든

다고 한 것이고, 반反은 되돌려서 서로 증거 한다는 것이며, 부復는 거듭 말해
준다는 뜻이다.

이 장章은 이미 성인聖人이 사람 가르치기를 게을리하지 않는다는 회인
불권誨人不倦을 말했고, 인하여 이것을 함께 기록해서 배우고자 하는 자들을
면려勉勵하여 가르침을 받을 수 있는 터전을 마련코자 한 것이다. 또 앞에서
비부鄙夫에게 이해하지 못하면 양단兩端을 들어서 다시 말해주었다는 것은 일
상적인 것을 물은 비부鄙夫이므로 친절한 것이고, 여기는 도道를 배우는 자들
이 추리력이 부족한 것을 전제로 한 말이니, 묻는 내용이 다르다.

정자程子는 분憤과 비悱는 성의誠意가 얼굴빛과 말에 나타난 것이니, 그 정
성이 지극함을 기다린 뒤에 말해주는 것이고, 이미 말해주었으면 또 반드시
그 스스로 얻음을 기다려서 바로 다시 알려줄 따름이다. 또 분憤하고 비悱하
기를 기다리지 않고 말해주면 아는 것이 단단해질 수 없고, 이를 기다린 뒤
에 말해주면 확실히 깨달을 것이라고 했다.

한 모서리를 일러 주었는데 다른 세 모서리를 유추하여 반증하지 않는
다면 더 가르칠 것이 없다고 한 것은 추리력이 향상되도록 하려는 의도에서
한 말인데, 아무리 가르쳐주고 싶어도 학습자가 알려고 애쓰지 않고, 표현
하려고 애를 태우지 않으면 가르칠 수 없는 것은 요즘도 마찬가지다.

그래서 공자는 배우는 자의 학습 태도에 대해 다음과 같이 말했다.

공자는 " '어떻게 하지, 어떻게 하지.' 하고 [심사숙고深思熟考하면서] 말하지
않는 자는 나도 어찌할 수가 없다."라고 했다. 子曰 不曰如之何如之何者
吾末如之何也已矣 〈위령공衛靈公〉 15

＊ '여지하如之何 여지하如之何'는 깊이 생각하고 살펴서 처신한다는 말이다. 그런데 이같이 하지 않고 망령되게 행동하면, 비록 성인聖人도 또한 그런 사람을 어찌할 수가 없다고 했다. 이것은 앞에서 보여준 '알려고 애쓰지 않으면 가르쳐주지 않고, 표현하지 못해 애태우지 않으면 말해주지 않았다. 不憤不啓 不悱不發'라는 것과 같은 맥락이다.

　다음도 공자의 교육 방법과 관련된 내용이다. 자로子路와 염유冉有가 어떤 일을 듣고 곧바로 실행하는 일에 대해서 질문했는데, 공자는 묻는 사람에 따라 대답을 달리하였다.

　자로子路가 "[어떤 일을] 들으면 곧바로 행해야 합니까?" 하고 묻자, 공자는 "부형父兄이 계시니, 어떻게 듣고 곧바로 행할 수 있겠느냐?"라고 했다. 염유冉有가 "[어떤 일을] 들으면 곧바로 행해야 합니까?" 하고 묻자, 공자는 "들으면 곧바로 행해야 한다."라고 했다. 공서화公西華가 선생님께서는 "유由[자로子路]가 '[어떤 일을] 들으면 곧바로 행해야 합니까?' 하고 여쭙자, '부형父兄이 계시다.' 라고 말씀하시고, 구求[염유冉有]가 '[어떤 일을] 들으면 곧바로 행해야 합니까?' 하고 여쭙자, '들으면 곧바로 행해야 한다.' 라고 말씀하시니, 제[적赤]가 의혹이 되어 감히 묻습니다."라고 하니, 공자가 "구求는 뒤로 물러나므로 나아가게 한 것이고, 유由는 남보다 앞서가므로 한발 물러나게 한 것이다."라고 했다. 子路問 聞斯行諸 子曰 有父兄在 如之何其聞斯行之 冉有問 聞斯行諸 子曰 聞斯行之 公西華曰 由也問聞斯行諸 子曰 有父兄在 求也問聞斯行諸 子曰 聞斯行之 赤也惑 敢問 子曰 求也 退故 進之 由也 兼人故 退之 〈선진先進〉21

* 겸인兼人은 남보다 앞서가려는 사람을 이른다. 사람이 의義를 들으면 용감하게 하는 것이 진실로 당연하지만, 부형父兄이 계시면 멋대로 할 수 없으니, 만약에 명령받지 않고 실행하면 도리어 의義를 해칠 수도 있다.

자로子路는 들음이 있었는데 아직 행하지 못했으면, 행여 다른 들음이 있을까를 두려워하니, 마땅히 할 바에서 할 수 없음을 근심할 것이 없다. 다만 그것을 행하려는 뜻이 혹 지나쳐서 마땅히 명命을 받아야 하는 데 빠뜨림이 있을까 염려할 뿐이다. 그런데 염구冉求는 그 자품資稟을 보면 나약해서 실수할 수 있으니, 그 부형의 명命을 받지 않을까를 걱정할 것이 없다. 다만 마땅히 해야 할 바에 머뭇거리고 위축되어 실행하는데 용감하지 못할까 염려할 뿐이다.

같은 질문에 대해 공자가 자로子路와 염구冉求에게 달리 말한 것은 두 사람의 성격에 차이가 있어서다. 이처럼 공자는 한 사람은 물러나게 하고, 한 사람은 나아가게 하여 의리義理 가운데 묶어서 그들이 지나침과 미치지 못함의 근심이 없게 하려고 했다. 공자는 학습자의 성격에 맞춰서 그 실행을 어떻게 하는 것이 좋은지 말해주었으니, 능력과 성격에 따라서 개별학습을 한 셈이다.

다음도 공자가 평소 제자를 교육할 때의 태도를 언급한 내용이다.

공자는 "포脯 한 묶음 이상을 [예물禮物로 가지고 와서] 스스로 행한 자에게는 내 일찍이 가르쳐주지 않은 적이 없었다."라고 했다. 子曰 自行束脩以上 吾未嘗無誨焉 〈술이述而〉7

* 스스로 행한다는 자행自行은 집지執贄의 예禮를 스스로 갖추었다는 의

미고, 수^脩는 말린 고기 포^脯로 열 묶음이 한 속^束이니, 속수^{束脩}는 지극히 적은 예물^{禮物}이다. 성인^{聖人}은 사람에 대해서 선^善에 들기를 바라지 않음이 없지만, 와서 배울 줄 모르면 가서 가르쳐주는 예^禮는 없다. 따라서 이 장^章은 진실로 예^禮로써 오면 가르쳐줌이 없지 않았다는 뜻이다.

제자들이 공자에게 배움을 청할 때 폐백^{幣帛}을 가져갔음을 이에서 알 수 있다. 배움을 청하는 자가 공자에게 가져온 포^脯 한 속^束은 지극히 보잘 것없는 예물^{禮物}이지만, 선^善을 회복하기 위해서 배움을 청하러 온 자라면 예물의 많고 적음을 조금도 개의치 않고 가르쳤다 하니, 공자의 인품을 이에서 볼 수 있다.

당시에는 사제^{師弟} 사이에만이 아니라, 친구를 처음 사귈 때도 빈손으로 만나지 않아서 먼저 폐백을 보내면, 상대는 거기에 합당한 답례를 했다. 스승은 제자에게 답례하지 않았다는데, 이는 글을 가르쳤기 때문이라고 한다. 친구를 처음 사귈 때 폐백을 가져간다는 집지^{執贄}는 예^禮를 표하는 당시의 풍속이지만, 예물을 받는 이가 자신의 분수에 넘치거나 미치지 못한다고 생각되면 거절한다고 하니, 예^禮에 맞는지 맞지 않는지를 예물^{禮物}로 가늠했다. 예물이 뇌물^{賂物}이 되거나 준 자의 교만^{驕慢}이 되는 것은, 예물로 상대를 사려고 했거나 얕잡아 본 것으로 여겼기 때문이다. 예물은 정도^{正道}를 넘지 않고 오로지 정성^{精誠}의 표시로 하는 것이지만, 그렇게 행하기가 생각처럼 쉽지 않다.

우리도 얼마 전까지 스승에게 감사의 뜻으로 예물을 드렸는데 가난한 선비는 글 쓰는 백지^{白紙} 한 권으로 예^禮를 갖추기도 했다. 이것은 공자에게 포^脯 한 속^束을 집지^{執贄}한 것과 같다. 민간 풍속에서 마을의 어른을 찾아뵐 때도 빈손으로 가지 않고 반드시 예물을 가지고 갔던 것도 아마 여기서 연유된 풍속이 아닌가 한다. 그렇지만 위정자들의 경우는 대부분 예물이 아닌 뇌물이어서 문제다. 예물이 뇌물로 전락하여 사회 문제가 될 정도로 심각해지자, 이런 예물을 아예 법으로 엄격히 금했다. 그러다 보니 감사의 뜻으로 사람의 도리를 표하는 풍속이 사라져버렸다. 집지執贄의 풍속이 타락한 것은 거기에 사의私意가 끼어 진정성이 없었기 때문이니 법을 탓할 것도 없다.

다음은 공자의 아들 백어伯魚의 말을 통해서 공자가 시詩와 예禮를 중시했음을 알게 해 준 내용이다.

> 진강陳亢이 공자의 아들 백어伯魚에게 "그대는 아버지에게서 특별한 가르침을 받은 적이 있는가?" 하고 물으니, 백어伯魚가 "없었다. 언젠가 아버지께서 홀로 서 계셔서 내[이鯉]가 빠른 걸음으로 뜰을 지나가는데, '시詩를 배웠느냐?' 하시기에, '아직 배우지 못했습니다.' 하였더니, '시詩를 배우지 않으면 [남과] 말을 할 수가 없다.' 하시므로, 내[이鯉]가 물러나 시詩를 배웠다. 다른 날에 또 홀로 서 계셔서 내[이鯉]가 빠른 걸음으로 뜰을 지나가는데, '예禮를 배웠느냐?' 하시기에, '아직 배우지 못했습니다.' 하였더니, '예禮를 배우지 않으면 [남 앞에] 설 수가 없다.' 하시므로, 내[이鯉]가 물러나 예禮를 배웠다. 이 두 가지[시詩와 예禮]를 들었다."라고 했다. 진강陳亢이 물러나 기뻐하면서 "하나를 물어서 세 가지를 얻었으니, 시詩를 들었고, 예禮를 들었으며, 또 군자君子가 자기 자식만 가까이하지 않는다는 것을 들었다."라고 했다. 陳亢問於伯魚曰 子亦有異聞乎 對曰 未也 嘗獨立 鯉 趨而過庭 曰 學詩乎 對曰 未也 不學詩 無以言 鯉 退而學詩 他日 又獨立 鯉 趨而過庭 曰 學禮乎 對曰 未也 不學禮 無以立 鯉 退而學禮 聞斯二者 陳亢 退而喜曰 問一得三 聞詩聞禮 又聞君子之遠其子也〈계씨季氏〉**13**

    * 진강[항]^{陳亢}은 진^陳나라 사람이고, 이름은 자강[항]^{子亢}이다. 강[항]^亢이 사사로운 뜻으로 성인^{聖人}을 엿보려고, '반드시 그 아들을 몰래 후^厚하게 했겠지.' 하고 의심해서 백어^{伯魚}에게 물은 것이다.

    시^詩를 배우면 사리^{事理}가 통달해지고 심기^{心氣}가 화평해지므로 말을 잘하게 되고, 예^禮를 배우면 품격^{品格}과 절도^{節度}에 자상하고 밝아서 덕성^{德性}이 견고하고 일정해지므로 남 앞에 설 수 있다. 그런데 조선조^{朝鮮朝} 도학자^{道學者} 중에는 시^詩를 배우는 것이 성정^{性情}을 해친다고 하여 시^詩를 부정^{否定}한 학자도 있었으니, 공자의 이 말씀에 비추어 보면 이런 도학자들의 주장은 지나친 감이 없지 않다.

    다음은 자녀를 왜 가르쳐야 하는지에 대한 공자의 말이다.

> 공자는 "[자식을] 사랑한다면 수고롭게 하지 않을 수 있겠는가. [백성이] 충성한다면 가르쳐주지 않을 수 있겠는가?"라고 했다. 子曰 愛之 能勿勞乎 忠焉 能勿誨乎 〈헌문^{憲問}〉8

    * 부모가 자녀를 사랑하기만 하고 수고롭게 하지 않는 것은 짐승의 사랑이고, 백성이 임금에게 충성하는데 가르쳐주지 않으면 궁궐에서 일하는 여인과 내시의 충성이니, 부모가 자녀를 사랑하면서도 수고롭게 해야 하는 것을 안다면 그 사랑함이 깊은 것이고, 백성에게 충성하게 하면서도 가르쳐야 하는 것을 안다면 그 충성함이 큰 것이 된다.

    공자는 사랑하는 자녀를 수고롭게 하는 것이 깊은 사랑이고, 백성을 가르치면 충성이 크다고 했지만, 요즘 사람들은 자신이 살아오면서 고생을 신물 나게 해서인지 자녀를 고생시키지 않으려고 한다. 학생들은 학교에서 아예 청소하지 않는다고 하는데, 얼마 전까지도 자녀가 학교에서 청소하는 것이 안타까워서 부모가 자녀를 대신하여 청소할 사람을 학교에 보냈다는 이야기를 심심치 않게 들은 적이 있다. 자녀를 이렇게 위하는 일이 과연 진정한 자녀 사랑인지 의심이 든다. 자녀가 학교에서 청소하는 것도 선善한 심성心性과 건전한 인격人格을 형성하는 데 도움이 될 터인데, 부모는 자녀가 고생하는 것이 무조건 싫고, 그저 좋은 학교에 들어갈 수 있도록 공부하기만 바란다. 자녀를 위해서 어떤 것이 진짜 바람직한 선택인지는 각자 알아서 선택할 일이지, 남이 간섭할 일은 아닌 것 같으니 여기까지만 이야기하자.

공자는 교육이 사람들을 선善하게 하므로 악惡을 짓는 무리가 없다고 했다.

> 공자는 "가르침이 있으면 무리[유類]가 없다."라고 했다. 子曰 有敎 無類
> 〈위령공衛靈公〉**38**

* 군자는 가르침이 있으면 모두 선善을 회복할 수 있으니, 다시 그 무리의 악惡을 논하는 것은 옳지 않다. 왜냐하면, 교육을 통해서 인성人性의 선善을 회복할 수 있기 때문이다. 그런데 요즘에는 '가르쳐도 안 되는 자는 안 된다.'든가, '개 꼬리 3년 두어도 황모 못 된다.'라는 말을 자주 듣는데, 이 말은 아마도 한번 본성本性이 엇나가면 회복하기 어려워서 한 말일 것이다. 전에는 '학교에 책가방만 들고 왔다 갔다 해도 안 배운 자보다 낫다.'라는 말도 있었다. 이는 전문 지식이 아니라 인성교육을 염두에 두고 한 말이다.

그런데 요즘 학교에서 학생들에게 가르치는 내용을 보면 인성을 닦을 수 있는 과목은 뒷전이니, 나라의 미래가 걱정이다. 설마 인성人性은 가르쳐도 바뀌지 않는다고 생각해서 그러는지 모르겠다. 사실 인성人性을 글로 가르쳐서는 잘 바뀌지 않고, 인성교육이 잘 갖추어진 환경 속에서 생활하면서 터득해 나가는 것이다. 학교에서 사제 간에 함께 어떤 일을 기획하고 해결한다거나, 가정에서는 대가족이 함께 살면서 어른들의 바른 처신과 행동을 보고 자라다 보면 저절로 인성人性이 다듬어진다. 그런데 지금은 핵가족이고, 학교는 오직 입시나 취업을 위한 과목만 가르치니 인성교육은 기대하기 어렵게 되었다.

공자는 선善한 사람이 7년 정도 백성을 가르치면 전쟁터에 내보낼 수 있다고 했다.

> 공자는 "선善한 사람이 7년 정도 백성을 가르치면 또한 [국가를 위해] 전쟁터에 나가 싸우게 할 수 있을 것이다."라고 했다. 子曰 善人 敎民七年 亦可以卽戎矣 〈자로子路〉**29**

＊ 즉卽은 나아감이고, 융戎은 전쟁이다. 백성을 가르친다는 교민敎民은 효孝·제弟·충忠·신信의 행실과 농사에 힘쓰고 무예武藝를 익히는 법으로 가르친다는 것이다. 백성을 7년 정도 가르치면 윗사람을 가깝게 하고 우두머리를 위해 죽을 줄을 안다. 그러므로 전쟁에 나가게 할 수 있다고 한 것이다.

다음도 공자가 백성을 위한 교육의 중요성에 대해서 언급한 내용이다.

> 공자는 "가르치지 않은 백성을 써서 전쟁에 나가 싸우게 하면, 이를 일러 그

들을 버리는 것이다."라고 했다. 子曰 以不敎民戰 是謂棄之 〈자로子路〉**30**

* 이以는 용用이다. 가르치지 않은 백성을 전쟁에 나가 싸우게 하면 반드시 패망의 재앙이 있을 것이므로 백성을 버린 것이다.

다음은 백성을 가르친다고 해서 백성에게 도리를 알게 할 수 없다는 내용이다.

공자는 "백성을 [도리道理로] 말미암게 할 수는 있어도 그것을 알게 할 수는 없다."라고 했다. 子曰 民 可使由之 不可使知之 〈태백泰伯〉**9**

* 백성을 도리道理로 말미암게 한다는 것은 이치의 당연함을 따라서 나아가게 할 수 있다는 의미다. 백성에게 왜 그렇게 해야 하는지 이유를 하나하나 알게 할 수 없다는 것은 군자를 위정자로, 소인을 무지한 백성으로 구분하던 시대의 이야기다. 요즘의 위정자가 이런 사고思考 방식方式를 가졌다면, 촛불 시위의 대상이 되고도 남을 것이니 지금 시대에는 맞지 않는 논리다.

다음은 공자의 교육관은 아니지만, 주周나라 문왕文王의 아들인 주공周公이 그 아들 백금伯禽에게 무엇이라고 가르쳤는지 보자.

주공周公이 노공魯公에게 이르기를 "군자는 자기 친척에게 소홀하지 않고, 대신大臣이 [자기를] 써주지 않은 것으로 원망하지 않게 하며, 오래된 친구에게 큰 연고緣故가 없으면 [그를] 버리지 않고, 한 사람에게 [모든 것을] 갖추기를

세 번째 현세관과 교육

요구하지 않는다."라고 했다. 周公 謂魯公曰 君子不施[弛]其親 不使大臣 怨乎不以 故舊無大故則不棄也 無求備於一人 〈미자微子〉**10**

* 노공魯公은 주공周公의 아들 백금伯禽이다. 시施는 다른 판본에 '이弛'로 되어 있는데, 이弛는 버림 또는 소홀함이다. '불이不以'의 이以는 등용登用의 용用이고, 대고大故는 도리에 어긋나는 극악한 행위다. 대신大臣이라고 해도 그 사람이 적임자가 아니면 버리지만, 그 자리에 있다면 쓰지 않을 수 없다. 이 장章은 주공周公의 아들 백금伯禽이 봉읍封邑을 받아 그곳으로 갈 때 주공周公이 훈계한 말씀인데, 노魯나라 사람들이 이를 전하여 오래도록 잊지 않았다고 한다.

지금까지는 가르치는 것에 대한 언급이었지만, 교학상장敎學相長이란 말이 있듯이 가르치고 배우는 것은 상호 성장하는 것이므로, 가르치는 자도 배워 아는 것을 게을리해서는 안 된다. 이제는 배움[앎]에 대해서 언급한 내용을 보자. 다음은 공자는 자로子路에게 안다는 것이 무엇인지 가르쳐준 내용이다.

공자는 "유由[자로子路]야, 너에게 안다는 것에 대해 가르쳐주랴. 아는 것을 안다고 하고 모르는 것을 모른다고 하는 이것이 아는 것이다."라고 했다. 子曰 由 誨女知之乎 知之爲知之 不知爲不知 是知也 〈위정爲政〉**17**

* 유由는 공자 제자로 성姓이 중仲이고, 자字는 자로子路다. 자존심이 센 사람들은 자신이 모르는 것을 남 앞에서 모른다고 순순히 인정하기보다 자로子路처럼 아는 척하기를 좋아하니, 이는 자로子路한테만 해당하는 일이

아니다. 반면에 누군가 물으면 자신의 겸손함을 드러낸답시고 알고 있으면서도 모른다고 하는 사람도 있는데, 이것은 겸손을 가장한 것이지 진정한 겸손이 아니다. 이것도 아는 척하는 사람이나 다를 것이 없으니 솔직하지 못한 태도다. 남이 물으면 자신이 아는 만큼 대답하는 것은 상대에 대한 예禮다.

다음은 배우는 자들이 마음을 어디에 두어야 하는지를 공자가 충고하는 내용이다.

> 공자는 "도道에 뜻을 두고, 덕德에 의거依據하며, 인仁에 의지하고, 예藝에서 노닐어야 한다."라고 했다. 子曰 志於道 據於德 依於仁 游於藝 〈술이述而〉6

　* 지志는 마음이 가는 바고, 도道는 인륜人倫과 일용日用의 사이에 마땅히 행해야 할 바니, 지어도志於道는 마음 가는 바를 도道에 두는 것이다. 거據는 잡아 지킴이고, 덕德은 도道를 행하여 마음에 얻음이니, 거어덕據於德은 도道를 행하여 마음에 얻은 덕德을 잡아 지키는 것이다. 의依는 떠나지 않음이고, 인仁은 곧 사욕私慾이 모두 없어져서 마음의 덕德이 온전함이니, 의어인依於仁은 인仁에서 떠나지 말아야 한다는 것이다. 유游는 사물을 완상玩賞하여 성정性情에 알맞음이고, 예藝는 예禮·악樂의 문文과 사射·어御·서書·수數의 기술이므로, 여기에는 지극한 이치가 있어 일용日用에 빠질 수 없다. 그러니 유어예游於藝는 조석朝夕으로 육예六藝에 노닐어 의리義理의 취향趣向을 넓힌다면, 사무事務를 응대應對함에 여유가 있고 마음도 방일放逸되는 바가 없다는 뜻이다.
　배움은 뜻을 세우는 것[입지立志]보다 앞서는 것이 없으니, 도道에 뜻을 두면 마음이 바른 데 있어서 다른 데로 가지 않고, 덕德에 의거할 것 같으면 도道를 마음에 얻어 잃지 않을 것이며, 인仁에 의지하면 덕성德性이 항상 쓰여 물욕物慾이 행해지지 않을 것이고, 예藝에서 노닐면 작은 것도 빠뜨리지 않고, 움직이거나 멈춤에 길러짐이 있을 것이다.

배우는 자가 선후先後의 차례와 경중輕重의 질서를 잃지 않으면, 본말本末이 함께 하게 되고 안과 밖에 서로 길러져서 일용日用의 사이에 조그마한 틈이 없어 물이 배어들 듯하고, 따르고 용납되어 자신도 모르는 사이에 홀연히 성현聖賢의 영역에 들어서게 된다.

다음은 배움의 중요성에 대한 언급이다. 공자는 태어나면서 도道를 안 사람과 배워서 도道를 안 사람을 구분했다.

> 공자는 "태어나면서 도道를 안 사람이 상등上等이고, 배워서 안 사람이 그다음이며, 막혀서 배운 사람이 또 그다음이다. 막혔는데도 배우지 않으면 사람이 바로 하등下等이 된다."라고 했다. 孔子曰 生而知之者 上也 學而知之者 次也 困而學之 又其次也 困而不學 民斯爲下矣〈계씨季氏〉9

* 곤困은 통하지 않는 바를 말한다. 사람의 기질에는 생지生知와 학지學知와 곤학困學에 이르기까지 여러 등급이 있는데, 비록 바탕이 같지 않지만 아는 것에 이르면 한 가지이므로, 군자가 오로지 배움을 귀하게 여긴다. 다만 꽉 막혔는데도 배우지 않으면 하등下等이 된다.

공자는 제자들에게 배움의 핵심은 스스로 굳세어서 쉬지 않는 자강불식自强不息이라고 했다.

공자는 "[배움이란] 비유하자면 산 만드는데 흙 한 삼태기를 못 이루고 그침도 내가 그치는 것이고, 비유하자면 평지平地에 흙 한 삼태기를 쏟아부어 나아감도 내가 가는 것이다."라고 했다. 子曰 譬如爲山 未成一簣 止 吾止也 譬如平地 雖覆一簣 進 吾往也 〈자한子罕〉18

＊ 공자는 배움을 산을 쌓는 일에 비유하여, 배우는 자가 적은 것을 쌓아도 자강불식自强不息해야 많은 것이 이루어진다고 했다. 복覆은 쏟아붓는 것이고, 궤簣는 흙을 담는 그릇이다. 산이 이루어지는데 다만 한 삼태기가 모자라서 그치는 것도 나 스스로 그칠 따름이고, 평지平地에 산을 만들기 위해서 한 삼태기 쏟아부어 나아감도 나 스스로 한 것이다. 대개 배우는 자가 자강불식自强不息하면 적은 것이 쌓여서 많은 것이 이루어지지만, 중도에 그치면 앞선 공功을 다 버리는 것이니, 그치고 나아감이 모두 나에게 있는 것이지 남에게 있는 것이 아니다.

공자는 제자 자로子路에게 배움의 중요성을 육언六言 육폐六蔽로 말하였다.

공자는 "유由[자로子路]야, 너는 육언六言과 육폐六蔽를 들었느냐?"라고 하자, 자로子路가 대답하기를 "아직 듣지 못하였습니다."라고 했다. 공자가 "앉아라. 내 너에게 말해주마. 인仁은 좋아하면서 배우는 것을 좋아하지 않으면 그 폐단은 어리석게 되고, 지혜知慧는 좋아하면서 배우는 것을 좋아하지 않으면 그 폐단은 방탕하게 되며, 신의信義은 좋아하면서 배우는 것을 좋아하지 않으면 그 폐단은 [사물事物]을 해치게 되고, 정직正直은 좋아하면서 배우는 것을 좋아하지 않으면 그 폐단은 급하게 되며, 용기勇氣는 좋아하면서 배우는 것 좋아하지 않으면 그 폐단은 어지럽게 되고, 강剛을 좋아하면서 배우는 것을 좋아하지 않으면 그 폐단은 조급하고 경솔하게 된다."라고 했다. 子曰 由也女 聞六言六蔽矣乎 對曰 未也 居 吾 語女 好仁不好學 其蔽也 愚 好知不好學 其蔽也 蕩 好信不好學 其蔽也 賊 好直不好學 其蔽也 絞 好勇不好學 其蔽也 亂 好剛不好學 其蔽也 狂 〈양화陽貨〉8

* 폐蔽는 가림[차엄遮掩]이고, 거居는 앉으라는 말인데, 예禮에 "군자가 질문할 때 화제話題를 바꾸면 [문인門人은] 일어나 대답한다. 禮 君子問更端 則起而對"라고 했으므로, 공자가 자로子路에게 깨우쳐주려고 다시 앉게 해서 말한 것이다. 우리도 전에는 선생님이 지명하면 반드시 일어나 대답한 기억이 있다.

육언六言은 어짊[인仁]·지혜로움[지知]·신실함[신信]·정직함[직直]·용맹함[용勇]·굳셈[강剛]인데 모두 미덕美德이다. 그렇지만 이를 다만 좋아하기만 하고 배워서 이치를 밝히지 않으면 폐단이 있게 된다. 그 폐단弊端은 어리석음[우愚]·방탕함[탕蕩]·해침[적賊]·급함[교絞]·어지러움[난亂]·거침[광狂] 등이다. 우愚는 함정에 빠지고 속을 수도 있는 류類고, 탕蕩은 높은 것을 다하고[궁窮] 넓은 것을 다하여[극極] 그치는 바가 없음이며, 적賊은 외물에 상처를 내서 해害를 입히는 것이다. 용勇은 강剛이 드러남이고, 강剛은 용勇의 실체實體이며, 광狂은 조급하고 경솔함이다.

자로子路는 선善을 행하는 데 용감하였지만, 배움을 좋아하여 이치를 밝히지 못하는 단점이 있으므로, 공자가 이것으로 말해준 것이다. 그런데 용勇이니·강剛이니·신信이니·직直이니 라고 말한 것은 모두 자로子路의 치우침을 구하자는 이유에서다.

공자는 배움[학學]과 생각[사思]의 관계에 대해 말하면서 생각하는 것이 배움에 앞설 수 없다고 했다.

> 공자는 "내 일찍이 종일토록 밥을 먹지 않고 밤새도록 잠을 자지 않고서 생
> 각하였으나, 유익함이 없었다. 배우는 것만 못하였다."라고 했다. 子曰 吾
> 嘗終日不食 終夜不寢 以思 無益 不如學也 〈위령공衛靈公〉30

   * 이는 생각만 하고 배우지 않는 자를 위해 말한 것이다. 대개 마음을
수고롭게 하여 반드시 구하려는 것이, 뜻을 겸손히 해서 스스로 얻는 것만
못하다는 뜻이다. 『순자荀子』도 〈권학勸學〉 편에서 "내 일찍이 종일 생각했지
만, 잠깐이라도 배우는 것만 같지 못하다. 吾嘗終日而思矣 不如須臾之所學也"라고 말
한 바 있다.

   공자는 또 배우기만 하고 생각하지 않거나, 생각만 하고 배우지 않은
것의 결과에 대하여도 말하였다.

> 공자는 "배우기만 하고 생각하지 않으면 얻는 게 없고, 생각만 하고 배우지
> 않으면 위태롭다."라고 했다. 子曰 學而不思則罔 思而不學則殆 〈위정爲
> 政〉15

   * 이 장章은 배운 것을 마음에서 구하지 아니하므로 혼미해서 얻음이
없고, 생각만 하고 배움을 통해서 그 일을 익히지 않으므로 위태로워서 편
안하지 못하다는 것을 말한 것이다. 배운 것을 마음에서 구하지 않으면 얻
음이 없다는 것은 망罔을 '없음'으로 보기 때문이다. 그렇지만 망罔을 '그물
망網'과 같은 뜻으로 보면, 마치 그물에서 작은 고기가 빠져나가듯이, 생각

         세 번째 현세관과 교육

하지 않으면 배운 것이 기억에서 빠져나간다는 뜻이라고도 한다.

생각만 하고 배움을 통해서 그 일을 익히지 않았다는 것은 성경현전聖經賢傳 같은 것을 참조하지 않았다는 것이니, 명상瞑想이나 선禪만을 일삼고 배우지 않는 것도 이에 해당한다. 독학獨學은 혼자 독서를 통해서 배우는 것이므로 생각하는 것만을 일삼는 것과는 다르지만, 독서를 통해서 스스로 익힌 지식을 토론해서 남들 것과 변별할 기회를 얻지 못한다면, 이 역시 사이불학思而不學에 가까워서 독선獨善에 빠질 위험이 있다. 따라서 독학하더라도 남과 토론을 통해서 자신의 얻은 지식을 검증받을 필요가 있다.

정자程子는 박학博學·심문審問·신사愼思·명변明辯·독행篤行 다섯 중에 하나만 폐廢하여도 배움이 아니라고 했는데, 이는 『중용中庸』에 나오는 말로 박학博學에서 명변明辯까지는 지식을 알아가는 과정이고, 마지막 독행篤行은 아는 것을 실천하는 단계다.

암기만 한 지식[기문지학記問之學]을 가지고는 남의 스승이 될 수 없고, 옛것을 찾아 풀어내고 새것을 알면 스승이 될 수 있다고 했다.

> 공자는 "옛것을 찾아 풀어내고 새것을 알면 스승이 될 수 있을 것이다."라고 했다. 子曰 溫故而知新 可以爲師矣 〈위정爲政〉11

* 온溫은 찾아서 풀어냄이며, 고故는 예전에 들은 바고, 신新은 지금 터득함이다. 예전에 들은 것을 때때로 익히고, 매번 새로 터득함이 있으면, 배운 바가 내게 있어 그 응용에 끝이 없어서 그것으로 남의 스승이 될 수 있다. 그런데 기문지학記問之學처럼 암기만 하는 잡박雜駁한 지식으로는 마음에 터득할 것이 없어서, 스승이 되기에 부족할 수밖에 없다. 이는 암기 위주의

지식만으로는 사고력 증진에 도움이 되지 않기 때문이다. 그렇다고 기본적인 지식이 없이는 사고력을 증진할 수도 없으니, 지식知識과 사고思考는 항상 함께해야 한다.

온고이지신溫故而知新은 접속어 이而를 어떻게 보느냐에 따라서 온고溫故와 지신知新에 대한 인식이 달라진다. 이而를 대등 관계인 '-고'로 보면, 온고지신溫故知新이 '옛것을 찾아 풀어내고 새것을 안다.'가 되지만, 인과因果 관계인 '-서'로 보면, '옛것을 잘 익혀서 새것을 안다.'가 되어 옛것은 새것을 알아가는 근거가 된다. 온溫은 '따뜻하다[온燳]'는 뜻이니, 마치 온돌방에 불을 지펴서 아랫목을 따뜻하게 하면 윗목까지 차츰차츰 따뜻해지는 것처럼 옛것을 잘 익혀서 새것을 알아 가면, 새것도 결코 옛것과 무관할 수 없으니 자연스럽게 알게 된다는 견해다. 이렇게 보는 것은 결국 옛것과 새것에 대한 인식의 차이다.

개화기 때에는 구학문舊學問을 온고溫古로, 신학문新學問을 지신知新으로 보기도 했지만, 요즘은 온고溫故를 보수保守, 지신知新을 진보進步라 하여 보수와 진보를 대립적인 관계로 보기도 한다. 그렇지만 보수 없는 진보가 없고 진보 없는 보수도 없다고 생각하면, 두 이념 사이에 얼마든지 소통할 수 있을 것이므로 대립 관계로 볼 것도 아니다. 집단이 이념에 매몰되면, 나라의 미래보다 집단의 이해에 골몰하기 때문에 첨예하게 대립한다. 이런 대립이 가져올 미래를 조선조朝鮮朝 당쟁사黨爭史에서 이미 확인했는데도 아직도 계속하고 있다. 이는 집단의 이기심이고, 심성心性 교육을 제대로 받지 못해서다.

상식적으로 생각해 봐도 옛것을 모르면 새로운 것을 알 수 없다. 첨단 과학이라고 해도 그 분야의 선학先學들이 이루어 놓은 지식을 바탕으로 새로운 것을 창조하는 것이지, 기존의 지식과는 무관하게 새로운 것이 만들어지지 않는다. 한때 위정자들이 '창조경제'라는 말을 유행어처럼 쓴 적이 있지만, 창조라는 것도 과거의 것을 자세히 살피는 가운데 틈새를 발견하여 거기서 새로운 것을 만들어 내는 것이지, 과거를 전부 부정하거나 모르고서 새로운 것을 창조해 내는 것이 아니다. 과거의 지식을 살펴서 문제점을 찾고 그것을 해결하려는 과정에서 새로운 것을 창조하는 것이 순리順理다.

창의적인 글쓰기도 마찬가지다. 기존의 글을 따져가면서 읽다 보면 거기에 틈새가 보이고, 그 틈새를 주제로 삼아 글쓰기를 하면 창의적인 글쓰기가 되는 것이지, 처음부터 백지에다가 창의적인 아이디어를 찾아 글을 쓴다는 것은 쉬운 일이 아니다. 그러니 옛것을 알아 가는 독서를 소홀히 할 수 없다. 따라서 온고이지신溫故而知新의 온고溫故와 지신知新은 대립적이 아니라, 온고溫故를 인연으로 해서 지신知新을 해 나가는 상보적相補的 관계라고 할 수 있다.

공자는 배우는 자가 그 태도를 어떻게 해야 하는지도 언급했다.

> 공자는 "배움은 미치지 못할 것처럼 하면서도 오히려 [배워 얻은 것을] 잃을까 두려워하는 것이다."라고 했다. 子曰 學如不及 猶恐失之 〈태백泰伯〉17

＊ 배우는 자가 자기의 배움이 완성되었다고 생각한다면 그것은 만용蠻勇이거나 아니면 자기己 기만欺瞞이다. 그러니 나는 아직 배움에 배가 고프다는 마음으로 자신의 부족함을 채우려고 자강불식自强不息해야 한다.

다음은 공자가 옛날 배우는 자와 지금 배우는 자의 차이에 대해서 언급한 내용이다.

공자는 "옛날에 배우는 자들은 자기 몸에 얻고자 해서는 공부했는데, 지금 배우는 자들은 남에게 인정받으려고 공부한다."라고 했다. 子曰 古之學者 爲己 今之學者 爲人 〈헌문憲問〉**25**

* 이 장章은 자기를 위한 학문인 위기지학爲己之學과 남을 위한 학문인 위인지학爲人之學을 언급한 것이다. 위기爲己는 자기를 위해 얻고자 함이고, 위인爲人은 남에게 인정받고자 함이다. 그래서 옛날에 배우는 자들은 자기를 위해서 한다지만 그 끝은 남을 이루어 줌에 이르고, 지금 배우는 자들은 남을 위해서 한다지만 그 끝은 자기를 상실喪失함에 이른다. 위기지학爲己之學은 심성心性을 길러 도심道心으로 자신을 지키는 인격 수양이므로 자기를 위한 공부지만, 그런 심성을 갖추면 결국 남을 배려하는 공부가 된다. 이에 반해서 위인지학爲人之學은 남을 위한 공부라고 하지만, 따지고 보면 자기를 드러나게 해서 물질적 풍요를 바라는 공부일 뿐이다. 배우는 자들이 어떤 것을 선택할지는 자신의 가치관에 따라서 결정할 일이지 누가 권해서 될 일은 아니다.

옛날에 군자는 과거科擧를 보는 것을 그만두고 오직 성현聖賢의 학문에 심취해 공부하는 것을 추앙推仰했다. 연암 〈양반전〉의 주인공처럼 그렇지 못한 선비도 있었지만, 그들이 그렇게 할 수 있었던 것은 최소한의 생활이 보장되는 세록世祿이 있어서 가능했다. 그러나 지금 세상에는 자기 먹을 것을 해결하지 않고는 삶을 유지할 수 없으니, 성현聖賢의 학문에 매진하는 삶을 막무가내莫無可奈로 권할 수도 없는 처지다.

다만 먹고 살기 위해서 지식 위주의 위인지학爲人之學을 하더라도 인성人性을 함양하는 위기지학爲己之學을 외면해서는 안 된다. 그러니 인성 함양을 중시하는 인문학을 함께해야 한다. 이런 인문학 발전을 위해서는 국가가 지속적인 지원을 해야 하는데, 인문학은 그만두고 인성을 함양할 수 있는 교양과목도 찾아보기가 어렵다. 지금 우리의 교육은 오로지 출세를 위한 공부뿐이라 사회가 갈수록 각박해지니 행복한 사회라고 할 수 없다. 행복은 물질이 아니라 마음이지만, 그 마음도 먹을 것을 채워둔 곳간에서 나온다고 하니 더 할 말은 없다.

다음은 사람이 배불리 먹고 종일終日 마음 쓰는 곳이 없어서는 안 된다고 하여 배움을 강조한 내용이다.

> 공자는 "배불리 먹고 종일終日 마음 쓸 곳이 없으면 어렵다. 장기와 바둑이라도 있지 않은가? 그것이라도 하는 것이 그만두는 것보다 오히려 낫다."라고 했다. 子曰　飽食終日　無所用心　難矣哉　不有博奕者乎　爲之猶賢乎已 〈양화陽貨〉22

* 박博은 판으로 노는 국희局戲라는 장기이고, 혁奕은 돌을 에워싸는 위기圍棋라는 바둑이다. 이已는 그만둠이다. 종일 마음 쓰는 곳이 없는 것보다 장기나 바둑이라도 두는 것이 낫다고 한 것은 장기나 바둑 두는 일을 권한 것이 아니라, 마음 쓸 곳이 없는 것은 옳지 않다는 것을 심하게 말한 것이다.

다음은 배우는 자들이 금禁해야 할 것을 지적한 내용이다.

> 공자는 "이단異端을 전공하면 해로울 뿐이다."라고 하였다. 子曰　攻乎異端　斯害也已 〈위정爲政〉16

* 공攻은 오롯이 다루는 것이니 나무[목木], 돌[석石], 쇠[금金], 옥玉을 다루는 공인工人을 공攻이라 한다. 이단異端은 성인聖人의 도道가 아니라, 별도의 한 분야가 되니 양주楊朱 묵적墨翟 같은 것이다. 이들은 천하天下 백성百姓을 이끌어다가 아비도 없고 임금도 없는 데에 이르게 하니, 이를 오롯이 다루어 정미精微하고 치밀緻密하게 하고자 하면 해害가 되는 것이 심하다고 말한 것이다.

정자程子는 불가佛家의 말은 양주楊朱나 묵적墨翟에 비하면 이치에 가까워서 그 해害가 더욱 심하니, 배우는 자가 음탕한 음악이나 아름다운 여색처럼 마땅히 멀리해야 한다. 그렇지 않으면 차츰차츰 그 안으로 빠져든다고 했다.

유가儒家에서는 불가佛家의 학學이나 양주楊朱 묵적墨翟의 학學을 모두 이단異端으로 보고 있어서 이렇게 말한 것이다. 이런 학문이 유가儒家에서 추구하는 도道와는 맞지 않지만, 이들 학문 역시 세상을 다스리는 하나의 원리原理를 제시한 것이므로, 거기에 대해 깊이 알지 못하면서 함부로 부정하는 것은 유가儒家의 학學을 위해서도 바람직한 태도가 아니다. 이단異端을 배우는 것이야 개인의 선택인데, 이단異端의 학문 원리를 깊이 알지도 못하면서 제멋대로 해석하고 혹세무민惑世誣民하는 사이비似而非 비판은 그 학문에 대한 모독이다.

공자가 산 꿩을 바라보고 노래하니, 자로子路가 꿩을 잡아 올렸다. 세 번 냄새를 맡고 일어난 공자의 모습에서, 제자를 가르치는 그의 태도와 인품을 볼 수 있다.

┃ [새는 사람의] 기색을 보고서 날아올라 빙빙 돌다가 살펴본 뒤에 내려앉는

세 번째 현세관과 교육

다. 공자가 "산의 다리에 있는 암꿩이여! 좋은 시절이로다. 좋은 시절이로다."라고 하였다. 자로子路가 그 꿩을 잡아 올리니, 세 번 냄새를 맡고 일어났다. 色斯擧矣 翔而後集 曰 山梁雌雉 時哉時哉 子路 共之 三嗅而作 〈향당鄕黨〉**18**

　　* 꿩이 사람의 안색을 살핀 뒤에 내려앉는 것처럼 사람도 기미機微를 보고 일어나 처處할 바를 살펴서 가리기를 또한 이같이 함이 마땅하다. 사람이 남의 기미를 살피는 것을 소심하다고 할 수 있지만, 눈치 없는 행동도 남에게 좋은 인상을 주지 않는다. 자로子路는 공자가 말한 깊은 뜻을 깨닫지 못하고 눈치 없이 그것을 잡아 음식으로 갖추어 올렸으니, 공자는 먹지 아니하고 세 번 냄새를 맡고 일어났다.

　　다음은 궐당闕黨에 명령을 전하러 온 동자童子의 처신에 대하여 공자가 언급한 내용이다.

　　궐당闕黨의 동자童子가 명령을 전달하자, 어떤 사람이 "[학문學問]이 진전進展된 자입니까?"라고 물었다. 공자는 "나는 그가 어른의 자리에 앉아 있는 것을 보고 선생先生과 나란히 걸어가는 것을 보았는데, 그는 학문學問이 진전進展되기를 구하는 자가 아니라 빨리 이루고자 하는 자다."라고 했다. 闕黨童子 將命 或 問之曰 益者與 子曰 吾 見其居於位也 見其與先生並行也 非求益者也 欲速成者也 〈헌문憲問〉**47**

　　* 궐당闕黨은 향당 이름黨名이고, 동자童子는 아직 관례를 치르지 아니한 자의 지칭인데, 여기서는 빈주賓主의 말을 전하는 심부름꾼이다. 장명將命은

빈주賓主의 말을 전하는 것이다.

예禮에 "동자童子는 마땅히 모서리에 앉아 수행해야 한다.童子當隅坐隨行"라고 했는데, 동자가 자리에 앉아 있는 것을 보고, 또 선생과 나란히 걸어 나가는 것을 본 공자는 학문이 진전되기를 바라는 자가 아니라 빨리 이루어지기를 바라는 자라고 말한 것이다. 전에는 어른의 자리가 비어 있어도 아랫사람은 피했고, 어른을 모시고 다닐 적에 한 걸음 뒤로 물러난 옆에서 걸었는데 요즘엔 그런 예禮를 아는 사람도 드물다.

귀신鬼神과 죽음에 대한 인식認識

유가儒家에서는 비현실적 존재인 귀신이나 미지未知의 세계인 죽음에 대해서 어떻게 인식했을까? 필자가 『논어』를 이야기하면서 유교儒敎라 하지 않고 유가儒家라고 한 것은 공자의 학문인 유학儒學을 종교宗敎로 인식하지 않고 이를 전공하는 집단으로 여겼기 때문이다. 다음은 귀신 섬기는 일과 죽음에 관한 자로子路의 질문에 공자가 답한 내용이다.

> 계로季路가 귀신鬼神 섬기는 일을 묻자, 공자는 "살아 있는 사람을 잘 섬길 수 없다면 귀신鬼神을 어떻게 섬길 수 있겠는가?"라고 했다. 계로季路가 "감히 죽음에 관해서 묻습니다."라고 하자, 공자는 "삶을 모른다면 어떻게 죽음에 대해서 알겠는가?"라고 했다. 季路 問事鬼神 子曰 未能事人 焉能事鬼 敢問死 曰 未知生 焉知死 〈선진先進〉11

* 계로季路는 자로子路의 딴 이름이다. 자로子路가 귀신 섬기는 일을 물은

것은 제사祭事 받드는 의미를 알기 위해서였다. 그리고 죽음은 누구에게나 반드시 있는 것이므로 알지 않으면 안 되는 절실한 문제다. 공자는 정성과 공경이 족히 사람을 섬길 수 있을 만한 사람이 아니면, 반드시 귀신을 섬기지 못하고, 삶이 그렇게 된 이유를 알지 못하면, 죽음이 그렇게 된 이유를 알지 못한다고 했다. 저승[유幽]과 이승[명明], 삶[생生]과 죽음[사死]은 서로 다른 두 가지 이치理致가 아니지만, 다만 배움에는 차서次序가 있으니 단계를 뛰어넘을 수 없어서 공자가 이렇게 말한 것이다.

정자程子는 낮과 밤은 삶과 죽음의 도道다. 삶의 도道를 알면 죽음의 도道를 알 것이고, 사람 섬기는 도道를 다하면 귀신 섬기는 도道도 다하는 것이니, 삶과 죽음이나 사람과 귀신은 하나이면서 둘이고, 둘이면서 하나라고 한 것은 삶을 먼저 알아야 죽음을 알 수 있고, 사람을 먼저 알아야 귀신을 알 수 있기 때문이라고 했다.

화복禍福을 준다고 믿는 귀신과 미지未知의 세계인 죽음은 인간에게 절실한 문제지만, 여기서 말한 귀신鬼神은 자로子路가 제사祭事 받드는 일을 염두에 두고 물은 것이라 하니, 아마도 조상신祖上神을 말한 것이 아닌가 한다. 대개 귀신과 죽음에 대해 알려면 사람 섬기는 일과 삶에 대해 먼저 알아야 한다. 비현실적 존재인 귀신이나 미지未知의 세계인 죽음에 대해서, 공자는 쉽게 알 수 없으나 그 시작을 알면 자연히 그 끝도 알 수 있다고 하여 알아 가는 데 차서次序가 있다고 했다.

그렇다면 괴력난신怪力亂神에 대해서 공자는 어떻게 인식했을까?

공자는 괴이怪異와 용력勇力과 어지러움과 귀신鬼神에 대해서는 말하지 않았다.
子 不語怪力亂神 〈술이述而〉20

＊ 괴이怪異와 용력勇力과 패란悖亂의 일은 이치의 바름이 아니므로, 진실로 성인聖人이 말하지 않은 것이고, 귀신鬼神은 사람의 힘으로 어찌할 수 없는 조화造化의 자취이니 비록 바르지 아니한 것이 아니지만, 이치理致를 다하는 지극함이 아니면 쉽게 밝힐 수가 없으므로 또한 남에게 가볍게 말하지 않은 것이다. 성인聖人은 떳떳함을 말하고 괴이함을 말하지 않고, 덕德을 말하고 용력勇力을 말하지 아니하며, 다스림[치治]을 말하고 어지러움[패란悖亂]을 말하지 아니하며, 사람을 말하고 귀신을 말하지 않는다.

공자가 괴력난신怪力亂神을 말하지 않았다고 해서 이를 부정한 것이 아니라, 이치를 다하는 지극함이 아니면 쉽게 밝힐 수 없어서 그렇게 말한 것이다. 그런데 공자의 이 말을 근거로 유가儒家가 비현실적인 것을 부정했다고 단정하는 것은 옳지 않다. 고려조高麗朝의 유가儒家 출신 김부식金富軾은 공자의 이 말에 근거해서 1145년에 편찬한『삼국사기三國史記』를 단군조선檀君朝鮮이 아닌 기자조선箕子朝鮮부터 기술했다. 그러나 승려僧侶 출신인 일연一然은 1281-1283년 사이에 편찬한『삼국유사三國遺事』「기이紀異」서序에서 괴력난신怪力亂神을 언급하고 고조선古朝鮮檀부터 기술했다. 이 두 책에서 단군檀君의 역사 기술記述 유무有無는 바로 괴력난신怪力亂神에 대한 인식의 차이에서 비롯된 것이다.

네 번째

공자의 위정爲政

군자의 위정爲政에 대해서는 앞에서 기술했지만, 공자 자신은 위정爲政을 어떻게 생각했는가를 살펴보자.

어떤 이가 공자에게 왜 정치를 하지 않느냐고 물었다.

혹자或者가 공자에게 이르기를 "선생님께서는 어찌하여 정치를 하지 않으십니까?" 하니, 공자는 "『서경書經』에서 효孝를 이름이라. 오직 [부모에게] 효도하며, 형제간에 우애友愛하여 정사政事에 베푼다고 하였으니, 이 또한 정치다. 어찌 정사하는 것만 정치이겠느냐?"라고 했다. <u>或謂孔子曰 子 奚不爲政 子曰 書云孝乎 惟孝 友于兄弟 施於有政 是亦爲政 奚其爲爲政</u> 〈위정爲政〉**21**

＊ 서書는 『주서周書』 〈군진君陳〉 편篇이다. '서운효호書云孝乎는 『서경書經』에 효를 말한 것이 이 같음을 이른다.'는 뜻이다. 노魯나라 정공定公 초년初年에

공자가 벼슬을 하지 않았으므로 어떤 이가 정치를 하지 않는 것을 의심하여 물었다. 공자는 『서경書經』에 "군진君陳이 어버이에게 효孝하고 형제간에 우애友愛하며, 또 이 마음을 미루고 확장해서 일가一家의 정치를 하였다. 書言 君陳 能孝於親友於兄弟 又能推廣此心 以爲一家之政"라는 구절을 인용하여, 이같이 하면 이것 또한 정치하는 것이니, 어찌 반드시 자리를 차지해야 정치를 하는 것이냐고 했다. 대개 공자가 벼슬하지 않은 것을 어떤 이에게 말하기 어려워서 군진君陳의 사례에 빗대어 정치의 지극한 이치 또한 이에서 벗어나지 않는다는 것을 말한 것이다. 이 논리는 『대학大學』에서 말한 치국평천하治國平天下는 수신제가修身齊家에서 비롯된다는 것과도 통한다.

다음은 자공子貢이 공자를 옥玉에 비유하면서, 이를 어찌하시겠냐고 물었다.

> 자공子貢이 "여기에 아름다운 옥玉이 있으면, 궤 속에 감추어서 보관하시겠습니까? 좋은 값을 받고 파시겠습니까?" 하니 공자가 "팔아야지, 팔아야지. 나는 값을 기다린다."라고 했다. 子貢曰 有美玉於斯 韞匵而藏諸 求善賈 而沽諸 子曰 沽之哉 沽之哉 我 待賈者也 〈자한子罕〉12

* 온韞은 감춤이고, 독匵은 궤匱며, 고沽는 파는 것이다. 군자는 벼슬하기를 바라지만, 도道 아닌 것으로 얻게 되는 벼슬 또한 싫어한다. 선비가 예禮를 기다리는 것은 마치 옥을 파는 자가 옥玉의 값을 기다리는 것과 같은 것이다. 만약 상商나라 탕왕湯王 때 사람 이윤伊尹이 신야莘野에서 밭을 갈고, 주周나라 문왕文王 때 사람 백이伯夷와 태공太公이 바닷가에서 은거隱居할 즈음에, 성탕成湯이나 문왕文王 같은 이가 세상에 없었다면, 이들이 끝내 그대로 일생

네 번째 공자의 위정

을 마쳤을 뿐이고, 반드시 도道를 굽혀 남을 따르거나 옥玉을 내보이며 팔리기를 구하지는 않았을 것이다. 공자 역시 위정爲政을 외면한 것이 아니고, 다만 자신의 값을 기다렸다는 것은 자신을 예禮로 대해 주는 어진 군주君主를 기다린 것이지 벼슬을 구한 것은 아니라는 말이다. 그러니 공자는 자기 능력을 남에게 보여서 벼슬을 구하려는 의도는 조금도 없었다고 할 수 있다.

　　세상을 외면한 채 홀로 도도滔滔히 살면서 학문만 하는 것은 공자의 태도로 볼 때 진정한 군자가 아니다. 물론 자기 실력을 알아줄 군주를 만나야 하지만, 군자라면 자신이 닦은 도道와 연마한 지혜로 경국제세經國濟世의 이상理想을 실현하여 백성이 잘살도록 해야 할 의무가 있다. 그러나 제대로 닦이지 않은 인격과 전공지식을 가지고 정치하겠다고 하면, 이는 자기의 인격과 전공지식을 파는 것이니, 물건 팔아 이문을 남기려는 장사꾼과 다름이 없다. 장사꾼도 이익만을 탐하는 것을 경멸하는데, 하물며 학문學問과 도道를 닦은 군자가 스스로 장사꾼이 되는 것을 경계하지 않으면 진정한 학자라고 할 수 없다. 그렇지만 이런 학자를 알아줄 위정자가 없다는 것도 문제다.

　　다음은 공자가 위衛나라에 있을 적에 제자들이 그의 정치 의향을 우회적으로 질문한 내용이다.

　　염유冉有가 "선생님께서 위衛나라 임금을 도우실까?"라고 하니, 자공子貢이 "그렇겠다. 내 장차 여쭈어보리라." 하고, [공자에게] 들어가서 "백이伯夷와 숙제叔齊는 어떠한 사람입니까?" 하니, [공자가] "옛날의 현인賢人이시다."라고 했다. [자공子貢이] "후회했습니까?"라고 하니, [공자가] "인仁을 구하여 인仁을 얻었는데 또 무슨 후회를 했겠는가?"라고 했다. [자공子貢이] 나와서 "선생님

께서는 위衛나라 임금을 돕지 않으실 것이다."라고 했다. 冉有曰 夫子爲衛

君乎 子貢曰 諾 吾將問之 入曰 伯夷叔齊 何人也 曰 古之賢人也 曰

怨乎 曰 求仁而得仁 又何怨 出曰 夫子 不爲也 〈술이述而〉14

  * 부자위위군호夫子爲衛君乎에서 부자夫子는 공자를 가리키고, 위爲는 돕는
다며, 낙諾은 그렇겠다고 응대하는 뜻이다. 위군衛君은 출공出公 첩輒이다. 위衛
나라 영공靈公이 세자 괴외蒯聵를 축출逐出한 뒤에 죽자, 나라 사람들이 괴외蒯
聵의 아들 첩輒을 임금으로 세웠다. 이에 진晉나라에서 괴외蒯聵를 위衛나라로
들여보냈는데 첩輒이 막았다. 그때 공자는 위衛나라에 있었다. 위衛나라 사
람들은 괴외蒯聵가 아버지에게 죄를 얻었고, 첩輒은 적손嫡孫이므로 당연히 세
워야 한다고 했다. 그래서 염유冉有가 의심이 나서 말한 것이다.

  백이伯夷와 숙제叔齊는 고죽군孤竹君의 두 아들인데 그 아버지가 장차 죽
게 되었을 때, 유명遺命으로 숙제叔齊를 세우라 했다. 아버지가 죽자, 숙제叔齊
는 백이伯夷에게 사양하였다. 백이伯夷는 아버지의 명命이라 하고 마침내 도망
가니, 숙제叔齊 또한 즉위하지 않고 도망해서 나라 사람들이 숙제叔齊의 둘째
아들을 세웠다. 그 뒤에 무왕武王이 주紂를 칠 때 백이伯夷와 숙제叔齊는 무왕武
王의 말고삐를 잡고 간諫하였으나, 무왕武王이 상商나라를 멸滅했다. 그래서
백이伯夷와 숙제叔齊는 주周나라 곡식을 먹는 것을 부끄럽게 여겨 수양산首陽山
으로 가서 숨어 살다가 마침내 굶어 죽었다.

  백이伯夷와 숙제叔齊는 나라를 사양하여 도망했다. 뒤에 정벌征伐을 막으
려고 간諫하다가 실패하고 수양산에서 들어가 굶주렸지만, 끝내 원망이나
후회가 없었으니 공자가 어질다고 여겼다. 그래서 제자들은 공자가 첩輒을
돕지 않을 것을 알았다. 군자가 나라에 머물고 있을 적에는 고을 책임자도
비방하지 않는 것인데 하물며 임금이겠는가? 자공子貢은 위衛나라 임금을 바

네 번째 공자의 위정

로 가리켜 드러내지 않고 백이伯夷와 숙제叔齊로 물었다. 자공子貢의 이런 질문은 '돌려 묻기' 방식인데, 웃어른에게 직접 묻기 어려울 때 곧잘 취하는 방식이다. 그렇지만 말할 때 세심하게 배려해서 어른에게 무례함이 되지 않도록 해야 한다. 그렇지 않으면 어른에 대한 예禮를 다하지 못한 것이 되어 낭패狼狽를 볼 수도 있다.

다음은 위군衛君이 공자를 기다려서 정사政事를 하려고 하는데 공자께서는 무엇을 먼저 하시겠느냐는 자로子路의 질문에 대한 공자의 대답이다.

자로子路가 "위衛나라 임금이 선생님을 기다려 정사政事를 하려고 하는데 선생님은 장차 무엇을 먼저 하시렵니까?" 하니, 공자가 "반드시 이름[명분名分]을 바로 하겠다."라고 했다. 자로子路가 "이러시군요. 선생님께서는 참, 우활迂闊하십니다. 어떻게 그것을 바로 하시겠습니까?"라고 했다. 공자가 "비속鄙俗하구나, 유由[자로子路 이름]여. 군자는 자기가 알지 못하는 바는 대개 제쳐놓듯이 하는 법이다. 명분名分이 바르지 못하면 말이 [이치에] 순順하지 못하고, 말이 순하지 못하면 일이 이루어지지 못하며, 일이 이루어지지 못하면 예禮·악樂이 일어나지 못하고, 예禮·악樂이 일어나지 못하면 형벌刑罰이 [상황에] 맞지 않으며, 형벌刑罰이 맞지 않으면 백성이 수족手足을 둘 곳이 없는 것이다. 그러므로 군자가 이름을 붙이면[명명命名하면] 반드시 말할 수 있으며, 말할 수 있으면 반드시 행할 수 있으니, 군자는 그 말에 있어서 구차한 바가 없을 뿐이다."라고 했다. 子路曰 衛君 待子而爲政 子將奚先 子曰 必也正名乎 子路曰 有是哉 子之迂也 奚其正 子曰 野哉 由也 君子於其所不知 蓋闕如也 名不正 則言不順 言不順 則事不成 事不成 則禮樂不興 禮樂不興 則刑罰不中 刑罰不中 則民無所措手足 故 君子名之 必可言也 言之 必

* 유시재 자지우야有是哉 子之迂也를 '이러시군요. 선생님께서 참 우활迂闊하
십니다.'라고 했지만, 이것은 도치倒置된 문으로 '선생님의 우활하심이 이렇
군요. 子之迂也 有是哉'라는 뜻이다. 우迂는 일의 형편과 거리가 먼 것이니 급한 일
이 아님을 말한 것이다. 야野는 비속함이니 의심스러운 것을 제쳐놓지 못하
고 경솔히 함부로 대답한 것을 책망한다는 뜻이다. 위군衛君은 출공出公으로
이름은 첩輒이다. 공자는 노魯나라 애공哀公 십 년에 초楚나라에서 위衛나라로
갔다.

위衛나라 세자世子 괴외蒯聵가 그 어머니 남자南子의 음란을 부끄러워하여
죽이고자 하다가 과감히 결행하지 못하고 다른 나라로 달아났다. 영공靈公
이 공자公子 영郢을 세우고자 했으나 영郢이 사양辭讓했다. 영공靈公이 죽자, 부
인 남자南子가 영郢을 다시 세우고자 했으나 또 사양하니, 괴외蒯聵의 아들 첩
輒을 세워서 괴외蒯聵가 귀국하는 것을 막게 했다.

괴외蒯聵는 어머니를 죽이고자 하여 아버지에게 죄를 얻었고, 첩輒은 나
라를 차지하고 아버지를 막았으니, 모두 아비 없는 자들이다. 그러니 그들
이 나라를 소유할 수 없음은 분명하다. 공자는 정사政事를 하는데 정명正名을
우선으로 하였으니, 반드시 그 사건의 본말을 갖추어 천자에게 아뢰고 주
변 패권국覇權國을 청하여, 괴외蒯聵의 아우인 공자公子 영郢을 명命하여 군주로
세웠으면, 인륜人倫이 바르게 되고 천리天理가 얻어져서 명분이 있고, 말이 이
치에 순해져서 일이 이루어졌을 것이다.

그런데 출공出公[첩輒]이 그 아버지를 아버지로 여기지 않고, 사당에 모
셔진 그 할아버지를 아버지로 삼아서 인륜에 어긋나는 짓을 했다. 공자는
이런 위衛나라의 정사를 바로 하려면 명분名分을 세우는 것이 먼저라는 것을

네 번째 공자의 위정

자로子路에게 일러 준 것이다. 그러나 이것을 깨닫지 못한 자로子路는 그 나라에서 녹祿을 받았고, 나라에 어려움이 있으면 이를 피하지 않는 것이 의義라고 믿었으니 자로子路야말로 우활한 사람이다.

정사政事를 할 때는 도덕적으로 지켜야 할 도리[명분名分]가 바른지 그렇지 않은지를 먼저 살펴야 한다. 명실상부名實相符해야 명분이 바른 것이고, 그렇지 않다면 거짓이다. 따라서 이름이 바르고 말이 순리順理에 맞으면 일이 이루어지고, 예禮 · 악樂이 일어나 조화를 이루게 되어서 정사政事를 시행함에 도道를 잃지 않으니, 형벌刑罰 역시 상황에 맞게 적용될 수 있다.

그러나 요즘 위정자들은 명분 없는 짓을 너무도 쉽게 자행한다. 다수多數라는 것을 이용하여 무지無知한 짓을 한다. 다수로 결정하는 것이 민주주의에서 채택된 하나의 방법이긴 하지만, 다수의 의견이라고 해서 소수 의견을 명분 없이 무시하거나, 불법이 옹호되는 것은 결코 민주적인 방식이 아니다.

다음은 위衛나라 영공靈公의 무도無道함을 들은 계강자季康子가 공자에게 한 질문이다.

공자가 위衛나라 영공靈公의 무도無道함을 말하자, 계강자季康子가 "이런데도 어찌 군주의 지위를 잃지 않습니까?" 하니, 공자는 "중숙어仲叔圉가 빈객賓客을 맡고, 축관祝官 타鮀가 종묘의 제사를 맡으며, 왕손가王孫賈가 군대 통솔을 맡고 있음이 대개 이와 같으니, 어찌 그것을[군주의 지위를] 잃겠습니까."라고 했다. 子言衛靈公之無道也 康子曰 夫如是 奚而不喪 孔子曰 仲叔圉 治賓客 祝鮀 治宗廟 王孫賈 治軍旅 夫如是 奚其喪 〈헌문憲問〉20

* 상喪은 지위를 잃음이고, 중숙어仲叔圉는 바로 공문자孔文子다. 본문에

나오는 세 사람은 모두 위衛나라 신하인데 비록 반드시 어진 것은 아니지만, 그 재주는 등용쓸用할 만해서 영공靈公이 그들을 등용하되 각각 그 재주에 맞게 했다. 위衛나라 영공靈公처럼 무도한 군주는 지위를 당연히 잃어야 하지만, 이처럼 분야별로 재주 있는 사람을 잘 등용해서 자리를 잃지 않았다. 요즘에 인재를 등용하는 것을 보면 코드인사라 하여 패거리들끼리 자리를 나누니 참으로 딱하다.

다음은 주周나라 문왕文王의 아들인 주공周公과 강숙康叔 후예들의 나라인 노魯나라와 위衛나라의 정치 상황을 두고 공자가 탄식한 내용이다.

> 공자는 "노魯나라와 위衛나라의 정사政事는 형제간이로구나."라고 했다. 子曰 魯衛之政 兄弟也 〈자로子路〉7

* 성인聖人이라 일컫는 주周 문왕文王이 자기 아들 주공周公과 강숙康叔에게 봉해준 나라가 노魯나라와 위衛나라다. 노魯나라는 주공周公의 후예後裔요, 위衛나라는 강숙康叔의 후예後裔로 본래 형제의 나라다. 그런데 그 후예後裔들이 탐욕으로 두 나라가 모두 쇠하여 혼란하고 정사政事 또한 서로 비슷하여 이를 본 공자가 탄식한 말이다.

다음은 공자가 나라의 정사政事를 들은 것에 대해 자금子禽과 자공子貢이 나눈 대화다.

> 자금子禽이 자공子貢에게 묻기를 "선생님께서 이 나라에 이르러서 반드시 그 정사政事를 들으시는데, [선생님께서] 구한 겁니까? 아니면 들려준 겁니까?"

　　　　　　　　　　　　네 번째 공자의 위정

하니, 자공子貢이 "선생님께서는 온순하고 어질고 공손하고 검소하고 겸양으로 그것을 얻은 것이니, 선생님께서 구한 바는 다른 사람이 구하는 것과는 다르다."라고 했다. 子禽 問於子貢曰 夫子至於是邦也 必聞其政 求之與 抑與之與 子貢曰 夫子 溫良恭儉讓以得之 夫子之求之也 其諸異乎人之 求之與 〈학이學而〉10

* 자금子禽은 성姓이 진陳이고 이름은 강[항]亢이며, 자공子貢은 성姓이 단목端木이고 이름은 사賜인데 모두 공자 제자다. 어떤 이는 자금子禽이 자공子貢의 제자라고도 하는데 어느 것이 옳은지 알 수 없다. 온溫은 부드럽고 두터운 것이고, 양良은 마음이 평이平易하고 곧음이며, 공恭은 엄숙하고 공경함이고, 검儉은 절제節制며, 양讓은 겸손謙遜이다. 온溫·양良·공恭·검儉·양讓 다섯 가지는 공자의 거룩한 덕德이 빛나서 남과 접촉接觸하게 된 것이다. 억抑은 앞에서 한 말을 뒤집는 말 즉 반어사反語辭이고, 기저其諸는 보조하는 말 즉 어사語辭이며, 인人은 타인他人이다.

공자는 일찍이 정사政事에 관해 듣기를 구하지 않았고 다만 그 덕德스러움이 이와 같았으므로, 당시 군주君主가 공자를 공경하고 신뢰해서 스스로 그 정사를 가지고 물었을 따름이지, 타인처럼 군주를 만날 기회를 반드시 구한 뒤에 얻은 것이 아니다. 공자 같은 성인聖人이 지나가는 곳은 교화敎化되고, 성인聖人의 마음에 백성이 있으면 신묘神妙해지는 오묘함은 측량하기 쉽지 않지만, 이것을 가지고 관찰한다면 그 덕德이 성盛하고 예禮가 공손恭遜해서 외물外物을 바라지 않았음을 또한 볼 수 있다.

그러니 배우는 자들이 성인聖人의 위의威儀 사이에서 관찰한다면 또한 덕德에 나아갈 수 있을 것이다. 자공子貢은 성인聖人을 관찰하여 덕행德行을 이 다섯 가지로 잘 형용形容했다. 공자가 자금子禽이 있던 나라에 와서 정사政事를 들었지만, 지위를 준 임금이 없었던 것은 공자가 알려준 정책을 좋아했으면서도 그들의 사욕私慾 때문이었다.

요즘 위정자들은 온溫·양良·공恭·검儉·양讓 다섯 가지의 덕목德目이 무엇인지 제대로 알지 의문이고, 설령 어디서 얻어들었더라도 이런 덕德을 갖추고는 절대로 자리를 차지할 수 없다고 생각할 것이니, 이들에게는『논어』가 전혀 도움이 되지 않을 것이다.

공자가 자신의 정치적 신념에 대해 얼마나 자신감을 가지고 있었는지 다음을 보면 알 수 있다.

공자가 위衛나라 영공靈公의 부인 남자南子를 만나자, 자로子路가 기뻐하지 않았다. 부자夫子[공자]가 맹세하기를 "내가 맹세한 말이 예禮에 부합하지 않고 도道를 말미암지 않은 것이라면, 하늘이 싫어할 것이다. 하늘이 싫어할 것이다."라고 했다. 子 見南子 子路 不說 夫子 矢之曰 予所否者 天厭之 天厭之 〈옹야雍也〉26

* 시矢는 맹세誓고, 여소부자予所否者의 소所는 맹세盟誓의 말이며, 부否는 예禮에 부합하지 않고 그 도道를 말미암지 않음이다. 천염지天厭之의 염厭은 버리고 끊음이다. 남자南子는 위衛나라 영공靈公 부인夫人인데 음행淫行이 있었다. 공자가 위衛나라에 이르자, 남자南子가 보기를 청하니, 공자가 감사感謝만 하고 사양하다가 부득이해서 만났다. 대개 옛날에는 그 나라에 벼슬을 하면 임금의 부인 즉 소군小君을 보는 예禮가 있었다. 그런데 공자가 이 음란淫亂한 사람을 보는 것을 자로子路는 치욕恥辱으로 여겼으므로 기뻐하지 않았다.

상대가 아무리 음행淫行한 일이 있더라도 상대를 만나야 할 예禮가 나에게 있다면 만나는 것이니, 상대의 추악醜惡함이 자신에게는 아무런 상관없음을 제자에게 당당하게 말한 공자의 신념을 볼 수 있다. 당시에는 소군小君을 봐야 하는 예禮가 있고, 공자는 상대의 순수 여부를 떠나서 만나자고 하니 만날 수밖에 없었지만 만남에 대해 당당했다. 군자가 부도덕한 권력자를 만나야 하는 경우가 없지 않을 것이지만, 사심私心 없이 떳떳하게 만난다는 것은 결코 쉬운 일이 아니다. 공자는 올곧게 행동하였지만, 자로子路 같은 제자도 그렇게 보지 않으니 처신하기가 쉽지 않았겠다.

다음은 노魯나라 비읍費邑에서 반란을 일으킨 공산불요公山弗擾에게 가려고 한 공자를 불평하는 자로子路에게 공자가 자기의 의지를 들려준 내용이다.

공산불요公山弗擾가 비읍費邑에서 반란을 일으키고 [공자를] 부르니, 공자가 가려고 했다. 자로子路가 이를 못마땅하게 여기며 "[가실 곳이] 없으면 그만이지 하필何必 공산씨公山氏에게 가려고 하십니까?"라고 하니, 공자가 "대범 나를 부른 것이 어찌 다만 하릴없어서겠느냐? 만약 나를 써 주는 자가 있다면, 나는 동쪽의 주周나라를 만들 것이다."라고 했다. 公山弗擾 以費畔 召 子 欲往 子路 不說曰 末之也已 何必公山氏之之也 子曰 夫召我者 而豈徒 哉 如有用我者 吾其爲東周乎 〈양화陽貨〉5

* 불요弗擾는 계씨季氏의 가신宰이다. 양호陽虎[양화陽貨의 딴 이름]와 함께 계환자季桓子를 잡아 가두고 비읍費邑을 점거하여 배반했다. 말지야이末之也已의 말*은 없음[무無]이다. 공자는 천하에 뜻을 펴고자 함이 간절했지만 결국 불요弗擾에게 가지 않았다. 어떤 일이든 함께 할 수 없는 사람이 없고, 또 허

물을 고칠 수 없는 사람도 없다고 여겨서 공자가 처음에는 가려고 했다. 그렇지만 끝내 가지 않은 것은 그것을 반드시 고칠 수 없음을 알았기 때문이다. 그러니 공자가 천하에 뜻을 펴겠다는 의지에는 조금도 사심私心이 없음을 짐작할 수 있다. 요즘 정치하는 사람들을 보면 진정으로 백성을 생각해서 관직官職에 나아가려고 하는지, 아니면 자신의 영달榮達을 위해서인지 구분되지 않는 경우가 많으니 공자의 태도와는 아주 참 다르다.

다음은 진晉나라의 불선자不善者 필힐佛肸에게 가려는 공자에게 자로子路가 불평하자, 공자가 자기 뜻을 밝힌 내용이다.

필힐佛肸이 [공자를] 부르거늘, 공자가 가고자 했다. 자로子路가 "전에 제[유由; 자로子路]가 선생님께 들었는데, 스스로 그 몸에 불선不善을 한 자者이거든, 군자는 [그 무리에] 들어가지 않는다고 하시더니, [지금] 필힐佛肸이 중모中牟 고을에서 반란을 일으켰는데, 선생님께서 가려고 하는 것은 어째서입니까?" 공자가 "그렇다. 이런 말이 있다. '단단하다고 말하지 않겠는가? 갈아도 얇아지지 않는다. 희다고 말하지 않겠는가? 검은 물을 들여도 검어지지 않는다.' 내가 어찌 표주박이라야 하겠는가? 어찌 [표주박처럼 한 곳에] 매달려서 먹지 못한 것이 되어야겠는가."라고 하였다. 佛肸 召 子欲往 子路曰 昔者 由也 聞諸夫子 曰 親於其身 爲不善者 君子不入也 佛肸 以中牟 畔 子之往也 如之何 子曰 然 有是言也 不曰堅乎 磨而不磷 不曰白乎 涅而不緇 吾豈匏瓜也哉 焉能繫而不食 〈양화陽貨〉7

＊ 필힐佛肸은 진晉나라 대부 조간자趙簡子의 중모中牟 고을 읍재邑宰다. 친어기신親於其身의 친親은 스스로이고, 불입不入은 무리에 들어가지 않음이다. 마이

네 번째 공자의 위정

불린磨而不磷의 린磷은 얇다는 뜻이고, 날이불치涅而不緇의 날涅은 검은 물 들일 때 쓰는 광석이다. '내가 어찌 표주박이라야 하겠는가? 어찌 [표주박처럼 한 곳에] 매달려서 먹지 못한 것이 되어야겠는가.吾豈匏瓜也哉 焉能繫而不食'에서 포匏는 표주박[호瓠]이고, 언焉은 '어찌'이며, 계繫는 매달려 있다는 뜻이다. 이는 표주박[포과匏瓜]은 한 곳에 매달려 있어서 마시고 먹지 못하니, 공자는 자신이 표주박과 같지 않음을 말한 것이다.

공자는 공산불요公山弗擾든 필힐佛肸이든 그들이 부르자, 가려고 했던 것은 성인聖人은 천하로써 무엇이든지 할 수 있어서, 저들의 허물을 고쳐 문왕文王이 서주西周를 세웠던 것처럼 동주東周를 세우려는 의지가 있어서다. 그렇지만 저들의 허물을 고칠 수 없음을 알고서 그 뜻을 포기했다. 이를 보면 성인聖人이 하고자 하면 무슨 일인들 못 하겠는가마는, 바탕이 잘못된 불선자不善者의 허물은 성인聖人도 어쩔 수 없었던 모양이다. '개 꼬리 삼 년 두어도 황모 못 된다.'는 말은 바로 이런 불선자不善者를 두고 쓰는 말이다. 그러니 저들에게 가지 않은 것은 만물萬物을 생성生成시키는 인仁이고, 저들과는 할 수 없다는 것을 안 것은 남을 알아보는 지혜智慧다. 또 '단단하다고 말하지 않겠는가? 갈아도 얇아지지 않는다. 희다고 말하지 않겠는가? 검은 물을 들여도 검어지지 않는다.不曰堅乎 磨而不磷 不曰白乎 涅而不緇'라고 공자가 말한 의도는 저들에게 흔들리지 않을 것이란 뜻이다.

다음도 계씨季氏의 가신家臣 공산불요公山弗擾와 함께 노魯나라 비費 땅에서 난亂을 일으킨 양화陽貨가 공자를 대우하는 태도에 대해, 공자가 어떻게 대처했는지 보여주는 내용이다.

양화陽貨가 공자를 만나고자 하였으나 만나주지 않으니, 공자에게 삶은 돼지를 선물로 보냈다. 공자는 그가 없는 틈을 타서 사례하였는데 길에서 [그와] 마주쳤다. [양화^{陽貨}가] 공자에게 "이리 오시오. 내 그대와 할 말이 있소. 보배를 품고서 나라가 어지럽도록 버려두는 것을 인^仁이라고 할 수 있겠소?"라고 하니, [공자가] "할 수 없지요."라고 했다. "일하기 좋아하면서 자주 때를 놓치니 지혜롭다고 할 수 있겠소?"라고 하니, "할 수 없지요."라고 했다. "해와 달이 흘러가니, 세월은 나를 위하여 머물러 주지 않소."라고 하니 "그렇지요. 내 장차 벼슬을 하지요."라고 했다. 陽貨 欲見孔子 孔子 不見 歸孔子豚 孔子 時其亡也而往拜之 遇諸塗 謂孔子曰 來 予與爾言 曰 懷其寶而迷其邦 可謂仁乎 曰 不可 好從事而亟失時 可謂知乎 曰 不可 日月 逝矣 歲不我與 孔子曰 諾 吾將仕矣 〈양화^{陽貨}〉1

    ＊ 양화^{陽貨}는 계씨^{季氏}의 가신^{家臣}이고, 이름이 호^虎니, 앞에서 〈양화^{陽貨}〉5와 〈자한^{子罕}〉5의 보충 설명에서 언급한 적이 있는 바로 그 사람이다. 그는 일찍이 광^匡 땅에서 계환자^{季桓子}를 가두고 국정을 전횡했다. 기^亟는 '자주'고, 실시^{失時}는 일의 기회에 미치지 못함이며, 장^將은 장차 그렇게 하려고 하지만 기필하지 않는다는 말이다. 양화^{陽貨}의 말은 모두 공자를 기롱^{譏弄}하고 풍자^{諷刺}해서 빨리 벼슬하게 하려고 한 것이다.

    양화^{陽貨}가 공자를 보고자 함이 비록 선의^{善意}라고 하지만, 자기를 도와서 나라를 어지럽게 하고자 함에 불과해서 그를 만나지 않은 것이다. 공자는 도^道를 품고 있으면서 나라의 어지러움을 구하지 않으려는 것이 아니라, 양화^{陽貨}에게 벼슬하고 싶지 않아서 이치에 따라서 대답한 것이고, 더 변론하지 않은 것은 그의 말뜻을 깨닫지 못한 것처럼 한 것이다. 그러니 공자가 그를 만나보지 않은 것은 의^義요, 가서 답배^{答拜}한 것은 예^禮라 할 수 있다. 요즘 시각으로 보면 공자가 양화^{陽貨}가 없을 때 답배한 처신을 속 좁은 행동이라고 할지 모르겠지만, 상대가 어진 이를 불러 보려는 것은 예禮에 맞지 않는 행동이니, 공자가 이를 가르치려는 의도로 그렇게 한 것이지 속 좁아서 한 행동은 아니니 오해하지 말아야 한다.

다음은 제齊나라 경공景公이 공자를 어떻게 대우하겠다는 말을 듣고서 보인 공자의 반응이다.

제齊나라 경공景公이 공자를 기다리며 "[노魯나라] 계씨季氏처럼은 내가 할 수 없지만, 계씨季氏와 맹씨孟氏의 중간으로 대우하겠다."라고 하더니, [다시 이 말을 번복해서] "내가 늙어 [공자의 제안 또는 공자를] 쓰지 못하겠다."라고 하자, 공자가 떠났다. 齊景公 待孔子曰 若季氏則吾不能 以季孟之間 待之 曰 吾老矣 不能用也 孔子行 〈미자微子〉3

　＊ 노魯나라 삼경三卿 중에 계씨季氏가 벼슬이 가장 높고, 맹씨孟氏는 아래 벼슬[하경下卿]이다. 제齊나라 경공景公은 공자를 기다리며 말하기를 노魯나라 계씨季氏처럼 예우禮遇할 수는 없지만, 계씨季氏와 맹씨孟氏의 중간으로 예우하겠다고 했다. 이 말은 공자를 대면해서 한 말이 아니라, 자기 신하에게 말한 것인데 공자가 들었다고 한다. 어찌 되었건 간에 제齊나라 경공景公이 먼저 공자의 예우禮遇 문제를 언급했으니, 사람들은 공자가 그 문제로 떠났다고 오해할 수도 있겠다. 그렇지만 이는 예우禮遇 문제가 아니라, 공자의 제안을 쓰지 못하겠다거나 아니면 등용登用할 수 없다고 해서 떠난 것이다.

다음은 공자가 자신을 등용해주면 위정爲政을 하는데 1년이면 가능하고 치적을 이루는 데는 3년이면 된다고 하여 자신감을 보여준 내용이다.

공자는 "진실로 나를 써 주는 자가 있다면 1년이면 될 것이고, 3년이면 이루어짐이 있다."라고 했다. 子曰 苟有用我者 朞月而已 可也 三年 有成 〈자로子路〉**10**

　　* 기월朞月은 한 해의 그달이 돌아옴이니 1년이다. 가可는 겨우[僅]라는 말이니 기강紀綱이 베풀어짐이고, 유성有成은 치적治積이 이루어짐을 가리키니, 3년이면 치적治積이 이루어짐이 있다는 의미다. 이 장章은 『사기史記』에 공자가 위衛나라 영공靈公이 자기를 등용해주지 않았기 때문에 한 말이라고 했다.

　　다음은 송사에 대한 공자의 언급이다.

공자는 "송사訟事를 처리함은 나도 남과 같지만, [언젠가는] 반드시 송사하는 일이 없도록 하겠다."라고 했다. 子曰 聽訟 吾猶人也 必也使無訟乎 〈안연顏淵〉**13**

　　* 청송聽訟은 송사를 듣는 것이므로 처리한다는 의미다. 이 장章은 〈안연顏淵〉**12**에서 자로子路의 '절옥折獄'에 대해 공자가 "반 마디 말로 옥사獄事를 결단할 수 있는 자는 유由[자로子路]일 것이다. 片言 可以折獄者 其由也與"라고 했는데, 이에 관련된 것으로 공자가 위정爲政할 때 백성의 송사에 대한 자신의 이상을 밝힌 것이다.

　　송사訟事를 처리한다는 것은 지엽枝葉을 다스리고 흐름을 막는 것이므로, 그 근본을 바르게 하고 근원을 맑게 하면 송사가 없어질 것이다. 그런데 자로子路는 반 마디 말로 옥사獄事를 결단할 수 있었지만, 정치는 예禮와 겸손讓遜으로 하는 것임을 자각하지 못해서 백성의 송사를 완전히 없애는 데까지는 이르지 못했다. 공자 같은 성인聖人은 송사를 해결하는 일을 어려움으로 여기지 않고, 백성이 송사하는 일을 아예 없게 하는 일이 귀한 것임을 말한 것이다.

다섯 번째

대화^{對話}와 평^評

여기서는 공자와 제자^{弟子} 간의 대화, 공자를 두고 나눈 제자와 타자^{他者} 간의 대화 그리고 공자에 대한 타자들의 평^評을 소개하여, 공자의 인품을 제자와 타자들이 어떻게 인식하고 있는가를 살펴보자.

공자와 제자^{弟子}의 대화^{對話}

공자와 제자들의 대화는 앞에서도 자주 나왔지만, 여기는 주로 대화하는 중에 공자의 인품이 드러난 내용이다. 다음은 공자와 자유^{子游}의 대화하는 중에 제자의 논리에 바로 수긍하는 공자의 인품이 보인다.

┃ 공자가 무성^{武城}에 갔을 때, 현악^{絃樂}에 맞추어 부르는 노랫소리를 듣고 빙그

레 웃으며, "닭을 잡는데 어찌 소 잡는 칼을 쓰느냐?"라고 했다. 자유^{子游}가 대답하기를 "예전에 제[언偃; 자유^{子游}]가 선생님께 들으니, '군자가 도^道를 배우면 남을 사랑하고, 소인이 도^道를 배우면 부리기가 쉽다.'라고 했습니다." 하니, 공자가 "제자들아, 언^偃의 말이 옳다. 앞에 한 말은 농담일 뿐이다."라고 했다. 子之武城 聞弦歌之聲 夫子 莞爾而笑曰 割鷄 焉用牛刀 子游 對曰 昔者 偃也 聞諸夫子 曰 君子 學道則愛人 小人 學道則易使 子曰 二三子 偃之言 是也 前言 戲之耳 〈양화^{陽貨}〉4

＊현^弦은 거문고나 비파고, 완이^{莞爾}는 조금 웃는 모습이니 대개 기뻐하는 모습이다. 여기 군자와 소인은 지위^{地位}로 말한 것이다. 자유^{子游}는 당시 무성^{武城}의 읍재^{邑宰}였는데, 비록 작은 고을이지만 예^禮·악^樂을 가르치니, 백성들이 현악에 맞추어 노래를 불렀다. 공자는 이런 무성^{武城} 고을을 이뤄낸 자유^{子游}의 능력이 기특하다고 여기면서도 희언^{戲言}을 했는데, 자유^{子游}가 정도^{正道}로 대답했다. 그러자 공자는 자유^{子游}의 말이 옳다고 바로 고쳤다. 희언^{戲言}으로 한 스승의 말씀을 제자가 이해하지 못하고 정도^{正道}로 대했으니, 요즘 말로 대화 코드가 잘 안 맞은 것으로 생각된다. 그렇지만 사제 간에 희언^{戲言}도 함부로 해서는 안 된다는 생각도 든다.

다음은 자공^{子貢}이 공문자^{孔文子}의 시호^{諡號}에 관해 물은 것이다.

자공^{子貢}이 "공문자^{孔文子}를 어찌해서 문^文이라고 이릅니까?"라고 하니, 공자가 "[일을 보면] 민첩하고 배우는 것을 좋아하며 아랫사람에게 묻는 것을 부끄러워하지 않으니 이로써 문^文이라 이른 것이다."라고 했다. 子貢問曰 孔文子 何以謂之文也 子曰 敏而好學 不恥下問 是以謂之文也 〈공야장^{公冶長}〉14

＊ 공문자^{孔文子}는 위^衛나라 대부^{大夫}로 이름은 어^圉다. 무릇 사람은 성품이 명민^{明敏}한 자는 대부분 배우는 것을 좋아하지 않고, 지위가 높은 자는 대부분 아랫사람에게 묻기를 부끄러워한다. 그런데 시호법^{諡號法}에는 "배우기를 부지런히 하고 묻기 좋아하는 것 ^{勤學好問}"으로 문^文이라고 시호^{諡號}를 한 경우가 있다. 이는 대개 사람이 실천하기 어려운 바니, 공어^{孔圉}가 문^文이란 시호를 얻은 것은 아마 이 때문일 것이라고 공자가 말한 것이다.

그런데 공문자^{孔文子}는 태숙^{太叔} 질^疾에게 그의 처^妻를 쫓아내게 하고, 자기 딸 공길^{孔姞}을 부인으로 삼게 했다. 그런데 질^疾이 첫 부인의 여동생과 정^情을 통하니, 문자^{文子}가 노^怒하여 장차 그를 치려면서 공자를 찾아가 물었다. 공자는 대답하지 않고 수레를 재촉하여 떠나고, 질^疾은 송^宋나라로 달아났다. 문자^{文子}는 질^疾의 아우 유^遺에게 공길^{孔姞}을 다시 아내로 삼게 했다.

그 사람됨이 이와 같은데 시호^{諡號}를 문^文이라고 하였으니, 자공^{子貢}이 의심이 나서 물었다. 공자는 그가 행한 선^善을 없애지 않고 이와 같다고 말할 수 있으면, 족히 문^文이라고 시호^{諡號}를 할 수 있다고 했지만, 본래 경천위지^{經天緯地}의 문^文이란 천지^{天地}의 도^道나 대자연의 이치를 밝힌 것이므로, 이에 합당한 문^文이란 시호^{諡號}는 주^周나라 시조왕^{始祖王} 희창^{姬昌}의 시호^{諡號} '문왕^{文王}'이나 공자의 시호^{諡號} '문선왕^{文宣王}' 같은 경우다. 자공^{子貢}의 이런 의심에 대해서 공자는 그가 이룬 선^善을 없애지 않은 것을 전제로, '일을 보면 민첩하고 배우는 것을 좋아하며, 아랫사람에게 묻는 일을 부끄러워하지 않았으니 ^{敏而好學 不恥下問}' 이로써 문^文이라 시호^{諡號}한 것이라 하여, 자공^{子貢}의 의심을 풀어주었다. 여기서도 공자의 박학^{博學}과 자상^{仔詳}함이 돋보인다.

시호^{諡號}는 왕이나 사대부들이 죽은 뒤에 그들의 공덕^{功德}을 찬양하여 추증^{追贈}한 호^號를 말하는데 왕의 경우는 묘호^{廟號}라고도 한다. 시호^{諡號}의 기원은 확실하지 않지만, 위에서 주^周나라 시조왕^{始祖王}의 시호^{諡號} '문왕^{文王}'이

나 공자의 시호諡號 '문선왕文宣王'의 예例로 보면 주周나라 때 이미 사용되었다. 우리나라 경우도 나라에 공功을 세운 사람이 죽으면 그의 행적行績을 적은 행장行狀을 나라에 올려 시호諡號를 받았으니, 충무공忠武公, 문충공文忠公 등이 그것이다.

시호諡號는 아니지만 일반인에게도 부모가 지어준 본명本名 외에 이름 대신 사용하는 호號와 자字가 있다. 호號와 자字는 조선朝鮮 시대의 문인이나 학자들에게는 보편적으로 사용되어 학문적 교류나 편지를 교환할 때 본명本名보다는 호號나 자字를 주로 사용했다고 한다. 호號는 대개 스승 같은 윗사람이 제자나 아랫사람에게 귀감龜鑑이 될 만한 말을 찾아서 지어주거나, 스스로 마음에 새기고 싶은 삶의 태도와 고향의 지명이나 애호하는 자연물 이름으로 자호自號를 짓는다. 자字는 남자가 관례冠禮를 치르고 성인成人이 되면, 대개 윗사람이 부모를 대신해서 당사자의 기호嗜好나 덕德을 고려하여 지어준다.

이렇게 호號나 자字가 생기면 본명本名은 별로 사용하지 않아서 이름을 꺼린다는 의미로 휘명諱名이라고 한다. 특히 자녀가 부모의 이름은 함부로 부를 수 없으니 남들이 부모의 이름을 물을 때, 함자銜字 또는 휘자諱字가 어떻게 되느냐고 묻기도 한다. 대답할 때는 본本과 함께 성姓을 말한 뒤에, 이름을 한 글자씩 말하여 부모 이름을 입에 올리지 않는다. 윗사람에게 자신을 소개할 때는 본명本名으로 하지만, 동년배 이하의 사람에게는 이름 대신 대개 자字를 쓴다. 동료를 부를 때도 상대의 호號나 자字를 쓴다. 그러나 부모나 스승은 아들이나 제자를 본명本名이나 자字로 부른다.

이런 풍속에 대해 요즘 사람들은 이름을 부르면 되는데 왜 이렇게 복잡하게 사용하느냐고 불평할지도 모르겠다. 그러나 이름 부르는 것을 꺼리는 이면裏面에는 상대를 배려하는 마음이 담겨 있다. 이름은 자신을 대신하므로 더럽혀지지 않도록 호^號나 자^字를 사용한다. 그 대신 아껴둔 이름은 벼슬을 하사받는 영광스러운 자리에서 사용한다. 또 죄인의 몸이 되면, '죄인 길동^{吉童}'처럼 성^姓은 떼고 이름만 호칭한다. 이는 그 집안에 대한 배려다. 동료 간에 상대의 이름을 함부로 부르지 않은 것도 자기로 인해서 상대의 이름이 더럽혀질 것은 염려해서다. 이처럼 상대의 이름을 아껴 부르는 것은 상대가 스스로 몸가짐을 바르게 하여 이름을 더럽히지 않도록 하는 무언의 압박이 되기도 한다. 오늘날엔 호^號나 자^字를 가진 사람이 많지 않고, 여기에 깊은 배려가 있다고 할지라도 일반인은 이런 풍속을 되살릴 수도 없다. 그러니 우선 이런 풍속의 이면을 알았다면 동료의 이름을 부를 때 함부로 부르지 말고, 진중하게 부르면 상대를 배려하는 마음을 드러낼 수 있다.

다음은 공자가 제자 안연^{顔淵}과 계로^{季路}의 포부를 들으면서 나눈 대화다.

> 안연^{顔淵}과 계로^{季路}가 공자를 모시고 있었는데, 공자께서 "어찌 각기 너희들의 뜻[포부]을 말하지 않느냐?"라고 하니, 자로^{子路}가 "수레와 말과 값비싼 갖옷을 친구들과 함께 사용하다가 닳아서 해지더라도 유감이 없었으면 합니다."라고 하였다. 안연^{顔淵}은 "자신이 잘한 일을 자랑하지 않고 공로^{功勞}를 과시하지 않았으면 합니다."라고 했다. 자로^{子路}가 "선생님의 뜻을 듣고 싶습니다." 하니, 공자는 "늙은이를 편안하게 해주고, 벗을 믿어주며, 젊은이를 은혜로 감싸주겠다."라고 했다. 顔淵 季路 侍 子曰 盍各言爾志 子路曰 願車馬 衣輕裘 與朋友共 敝之而無憾 顔淵曰 願無伐善 無施勞 子路曰 願聞子之志 子曰 老者 安之 朋友 信之 少者 懷之 〈공야장^{公冶長}〉**25**

* 계로季路는 자로子路의 다른 자字이며, 합盍은 어찌 아니라는 뜻이고, 의衣는 입음이며, 구裘는 가죽옷이고, 폐敝는 해짐이다. 감憾은 유감스러워함이고, 벌伐은 자랑함이며, 선善은 능력 있음이다. 시施 부풀리고 과장한다는 뜻이고, 노勞는 공功이 있음이다. 어떤 이는 노勞는 수고로운 일이니, 자기가 바라는 바가 아니므로, 무시노無施勞는 남에게 수고로움을 베풀고자 하지 않음이라고도 한다. 또 공자는 '늙은이를 편안하게 해주고, 벗을 믿어주며, 젊은이를 은혜로 감싸주겠다. 老者 安之 朋友 信之 少者 懷之'라고 했는데, 일설一說에 '안지安之는 나를 편안하게 여기도록 함이고, 신지信之는 나를 믿게 함이며, 회지懷之는 나를 사모하도록 함'이라고도 한다.

공자가 '늙은이를 편안하게 해주고, 벗을 믿어주며, 젊은이를 은혜로 감싸주겠다.'라고 한 것에 대해서, 정자程子는 천지天地의 기상氣象이 보인다. 또 세 사람 모두 남에게 행한 것이지만, 다만 크고 작은 차이가 있을 뿐이다. 그러니 공자는 인仁에 편안하고[안인安仁], 안연顔淵은 인仁에서 어긋나지 않으며[불위인不違仁], 자로子路는 인仁을 구한 것[구인求仁]이다. 또 자로子路는 의義에 용감한 자이니, 형세와 이익에 구속되지 않고, 안자顔子는 스스로 자기를 사사로이 여기지 않았으므로 자랑함이 없고, 남과 같음을 알았으므로 남에게 수고로운 일을 베풂이 없었으니, 그 의지意志가 크다고 할 만하다. 그러나 이 두 사람은 생각만 있었음을 면하지 못했는데, 공자는 마치 천지 조물주가 만물에 맡기고, 자기는 수고롭지 않은 것과 같으니, 바로 성인聖人이 하는 바라고 했다.

다음은 제자를 대하는 공자의 태도인데, 공자가 재물을 쓰는 것과 제자를 아끼는 진정성이 어디에 있었는가를 짐작하게 한다.

자화子華가 [공자를 위해] 제齊나라에 심부름하러 갔는데, 염자冉子가 자화子華의 어머니를 위해 곡식을 내줄 것을 [공자에게] 요청하였다. 공자는 "여섯 말 넉 되를 주라."고 했다. [염자冉子가] 더 줄 것을 청하자, 공자는 "열여섯 말을 주라."고 했는데, 염자冉子가 열여섯 섬을 주었다. 공자는 "적赤이 제齊나라에 갈 때 살찐 말을 타고 값비싼 갖옷을 입었다. 나는 들으니 군자君子는 곤궁함을 돌보아주는 것이지 여유 있는 부富를 이어주지 않는다."라고 하였다.

원사原思가 [공자의] 가신家臣이 되었는데, 곡식 9백을 주자, 사양하였다. 공자는 "사양하지 말고 너의 이웃 고을[인리鄰里]과 마을[향당鄉黨]에 나누어주라."라고 했다. 子華 使於齊 冉子 爲其母請粟 子曰 與之釜 請益 曰 與之庾 冉子 與之粟五秉 子曰 赤之適齊也 乘肥馬 衣輕裘 吾 聞之也 君子 周急 不繼富 原思 爲之宰 與之粟九百 辭 子曰 毋 以與爾鄰里 鄉黨乎 〈옹야雍也〉3

* 자화子華는 공자 제자로 명名은 적赤이고, 자字는 화華이니 공서적公西赤 또는 공서화公西華로 불린다. 염자冉子도 공자 제자로 명名은 구求, 자字는 자유子有, 염유冉有로 불린다. 시使는 공자를 위해서 심부름하러 간 것이며, 부釜는 여섯 말 넉 되고, 유庾는 열여섯 말이며, 병秉은 열여섯 섬이다. 급急은 곤궁함이고, 주周는 부족함을 돕는 것이며, 계繼는 여유 있는 것을 이어주는 것이고, 속粟은 읍재邑宰의 봉록이다. 원사原思 역시 공자 제자로 이름은 헌憲인데, 공자가 노魯나라 형조판서刑曹判書로 있을 적에 그를 읍재邑宰로 삼았다.

정자程子는 공자가 자화子華를 심부름 보낸 것이나, 자화子華가 공자의 심부름꾼이 된 것은 모두 의義다. 염유冉有가 자화子華 어머니를 위해 곡식을 청했는데, 공자가 이를 바로 거절하지 않고 너그럽게 용납하여 조금 주라고

다섯 번째 대화와 평

했지만, 마땅하게 여긴 것은 아니었다. 그런데 염구^{冉求}는 이를 깨닫지 못하고 제멋대로 많이 주었으니 잘못이다. 적^赤이 진실로 지극히 곤핍^{困乏}하면 요청을 기다리지 않고도, 공자가 스스로 그를 주선^{周旋}해 주었을 것이기 때문이다. 원사^{原思}의 경우는 고을의 책임자가 되면 통상의 녹^祿이 있는데, 원사^{原思}가 그것이 많다고 말하며 사양하자, 공자는 이웃과 고을의 가난한 자들에게 나눠주라고 했다. 염유^{冉有}의 잘못을 지적한 것이나, 원사에게 여러 사람에게 나눠주라고 한 것 모두가 의^義 아님이 없으니, 이 두 사례를 통해서 성인^{聖人}이 재물을 어떻게 올바로 쓰는지를 볼 수 있다고 했다.

공자가 자기 제자들의 사람됨을 보고서 자기 딸과 조카로 그들을 사위 삼았다.

> 공자가 공야장^{公冶長}을 이르되, "사위 삼을 만하다. 비록 포승에 묶여 옥중에 있지만, 그의 죄가 아니다."라고 하고, 자기 딸로 사위 삼았다. 공자가 남용^{南容}을 이르되, "나라에 도^道가 있으면 버려지지 않을 것이고, 나라에 도^道가 없어도 형벌은 면할 것이다."라고 하고 자기 형의 딸로 사위 삼았다. 子謂公冶長 可妻也 雖在縲絏之中 非其罪也 以其子 妻之 子謂南容 邦有道 不廢 邦無道 免於刑戮 以其兄之子 妻之 〈공야장^{公冶長}〉1

* 공야장^{公冶長}은 공자 제자이고, 자위공야장^{子謂公冶長}에서 위^謂라고 했으니 직접 나눈 대화는 아니다. 가처야^{可妻也}의 처^妻는 위지처야^{爲之妻也}이니, 그의 아내가 되게 하는 것이지만 바꿔 말하면 사위 삼는다는 뜻이다. 누^縲는 흑색 포승이고 설^絏은 잡아 묶음이니, 옛날에 옥중에서 흑색 포승줄로 죄인을 묶었다.

공야장公治長의 사람됨은 공자가 사위 삼을 만하다고 했으니, 그를 취할 만한 바가 반드시 있었을 것이다. 남용南容도 공자 제자인데 궁궐 남쪽에 살았고, 이름은 도縚 또는 괄适이며, 자字 자용子容이고, 시호諡號는 경숙敬叔이니 맹의자孟懿子의 형이다. 불폐不廢는 반드시 등용됨을 말한다. 공자는 그가 언행言行을 삼갔으므로 질서 있는 조정이라면 반드시 등용될 것이고, 난세亂世에도 화禍는 면할 것이라 했다. 〈선진先進〉5에도 "남용南容은 『시경詩經』<백규白圭> 시詩를 하루에 세 번 반복하니, 공자가 자기 형의 딸로 사위 삼았다. 南容三復白圭 孔子以其兄之子 妻之"라는 구절이 나온다.

언뜻 생각하기에는 공자가 자기의 딸과 조카딸을 시집보내면서 좀 더 나은 상대에게 조카딸을 시집보낸 것에 대해, 공자가 혐의를 피하고자 해서 저들의 배필을 그렇게 구별해서 보냈다고 할 수도 있는데, 이에 대해 정자程子는 그렇게 말한 자는 사사로운 마음으로 성인聖人을 판단한 것이다. 대범 사람이 혐의를 피하는 것은 모두 속마음이 부족해서인데, 성인聖人은 스스로 지극히 공정하니 어찌 혐의를 피함이 있었겠는가. 하물며 딸을 시집보내는 일은 반드시 재질才質을 헤아려서 짝을 구해야 하니, 피하는 바가 있어서는 더욱 마땅하지 않다. 공자가 이 일을 치렀을 때의 딸과 조카의 나이나, 시집간 시기의 선후先後를 모두 알 수 없으니, 혐의를 피했다고 하는 것은 크게 옳지 않다. 혐의를 피하는 일은 현자賢者도 하지 않는데, 하물며 성인聖人이 하겠느냐고 했다. 공자가 혐의 받을 것을 의심하여 그런 것이 아니라고 한 정자程子의 말에서 공자의 인품을 엿볼 수 있지만, 정자程子의 혜안慧眼 또한 놀라울 뿐이다.

다섯 번째 대화와 평

제자弟子와 타자他者의 대화對話

공자의 제자들이 다른 사람들과 나눈 대화에서 공자의 인품과 학문을 엿볼 수 있다. 다음은 공자가 어디서 배웠는지 궁금해 한 위衛나라 공손조公孫朝가 자공子貢에게 물은 내용이다.

위衛나라 공손조公孫朝가 자공子貢에게 "중니仲尼[공자의 자字]는 어디서 배웠는가?" 하고 물으니, 자공子貢이 "문왕文王과 무왕武王의 도道가 아직 땅에 떨어지지 않아서 사람들에게 남아 있었다. 현명한 자는 그중에 큰 것을 기억하고, 현명하지 못한 자는 작은 것을 기억하고 있어서 문왕文王과 무왕武王의 도道가 있지 않음이 없으니, 선생님께서 어디서인들 배우지 않았겠으며, 또한 어찌 정해진 스승이 계셨겠는가?"라고 했다. 衛公孫朝 問於子貢曰 仲尼 焉學 子貢曰 文武之道 未墜於地 在人 賢者 識其大者 不賢者 識其小者 莫不有文武之道焉 夫子 焉不學 而亦何常師之有 〈자장子張〉22

＊ 언학焉學의 언焉은 어디이고, 공손조公孫朝는 위衛나라 대부大夫다. 문무文武의 도道는 문왕文王과 무왕武王의 훈계訓戒와 공렬功烈 그리고 주周나라의 모든 예禮·악樂과 문장文章인데, 문왕文王 무왕武王의 법도가 아직 땅에 떨어지지 않아서 사람들에게 남아 있다는 것은 이것을 기억하는 사람이 있다는 뜻이다.

다음은 숙손무숙叔孫武叔이 "자공子貢이 중니仲尼보다 낫다."라고 한 말에 대해 자공子貢이 응대한 말이다.

숙손무숙叔孫武叔이 조정朝廷에서 대부大夫들에게 말하기를 "자공子貢이 중니仲尼 [공자의 자字]보다 낫다."라고 했는데, 자복경백子服景伯이 자공子貢에게 이 말을 하자, 자공子貢이 "궁궐의 담장에 비유하면 나[사賜 자공 이름]의 담장은 높이가 어깨 정도에 미치니 집안의 좋은 것을 들여다볼 수 있지만, 선생님의 담장은 높이가 몇 길이라 그 문을 열고 들어갈 수 없으면, 종묘宗廟의 아름다움과 백관百官의 많음을 볼 수 없다. 그 문을 [열고 들어감을] 얻은 자가 적으니, 부자夫子[숙손叔孫]의 말도 또한 당연하지 않겠는가?"라고 했다. 叔孫武叔 語大夫於朝曰 子貢 賢於仲尼 子服景伯 以告子貢 子貢曰 譬之宮牆 賜之牆也 及肩 窺見室家之好 夫子之牆 數仞 不得其門而入 不見宗廟 之美 百官之富 得其門者 或寡矣 夫子之云 不亦宜乎 〈자장子張〉**23**

* 무숙武叔은 노魯나라 대부大夫로 이름은 주구州仇다. 수인數仞은 여러 길이니 높다는 뜻이다. 자공子貢은 자신과 공자를 담장에 비유하여 말했는데, 자신은 담장의 높이가 어깨에 미칠 정도여서 집안의 좋은 것을 들여다볼 수 있지만, 공자의 담장은 마치 궁궐처럼 높이가 몇 길이어서 그 문을 열고 들어가지 않으면 종묘宗廟의 아름다움과 백관百官의 많음을 볼 수가 없는 것과 같다고 하고, 그 문을 열고 들어간 자가 적으니 숙손叔孫이 그렇게 말한 것도 당연하다고 한 것이다.

다음도 앞 장章과 유사한 상황이지만, 공자에 관한 자공子貢의 설명이 조금 다르다.

숙손무숙叔孫武叔이 중니仲尼[공자의 자字]를 헐뜯으니, 자공子貢이 "그러지 말라. 중니仲尼는 헐뜯을 수 없으니, 다른 현자賢者는 구릉丘陵과 같아 오히려 넘을 수

다섯 번째 대화와 평

있지만, 중니仲尼는 해와 달이라 넘을 수가 없다. 사람들이 비록 스스로 끊고자 하나 어찌 해와 달에 손상이 되겠는가? 다만 자기의 분수를 알지 못함을 보일 뿐이다."라고 했다. 叔孫武叔 毀仲尼 子貢曰 無以爲也 仲尼 不可毀也 他人之賢者 丘陵也 猶可踰也 仲尼 日月也 無得而踰焉 人雖欲自絶 其何傷於日月乎 多見其不知量也〈자장子張〉**24**

　　* 앞에서는 공자를 궁궐의 담장에 비유했는데 여기서는 해와 달에 비유했다. 구丘는 흙이 높은 언덕이고, 능陵은 큰 언덕인 대부大阜다. 일월日月은 지극히 높다는 것을 비유한 것이다. 스스로 끊고자 한다는 자절自絶은 훼방毀謗하여 스스로 공자와 끊는 것이다. 다多는 지祇와 같으니 '다만[적適]'이란 뜻이다. 해와 달은 공자가 그만큼 위대하다는 것을 나타낸다.

　　다음은 진자금陳子禽의 공자 평에 대해 자공子貢이 응대한 내용이다.

　　진자금陳子禽이 자공子貢에게 이르기를 "선생이 공손해서 그렇지, 중니仲尼[공자의 자字]가 어찌 선생보다 낫겠습니까?"라고 하니, 자공子貢이 "군자君子는 한마디 말에 지혜롭다고도 하고, 한마디 말에 지혜롭지 못하다고도 하니 말을 조심하지 않을 수 없다. 선생님[공자]께 미칠 수 없음은 하늘은 사다리로 오를 수 없는 것과 같다. 선생님께서 나라를 얻으셔서 이른바 세우면 이에 서고, 인도引導하면 이에 따르며, 편안하게 해주면 이에 따라오고, 고무鼓舞하면 이에 화평하게 되어서 살아 계시면 영광스럽고, 돌아가시면 슬퍼하니, 어떻게 미칠 수 있겠는가?"라고 했다. 陳子禽 謂子貢曰 子爲恭也 仲尼 豈賢於子乎 子貢曰 君子 一言 以爲知 一言 以爲不知 言不可不愼也 夫子之不可及也 猶天之不可階而升也 夫子之得邦家者 所謂立之斯立 道之

斯行 綏之斯來 動之斯和 其生也榮 其死也哀 如之何其可及也 〈자장^{子張}〉**25**

* 이 장^章은 자공^{子貢}이 진자금^{陳子禽}의 언급에 대해서 말을 삼가지 않은 것을 꾸짖은 것이다. 진자금^{陳子禽}은 〈학이^{學而}〉**10**과 〈계씨^{季氏}〉**13**에서도 언급되었고, 이름은 진강[항]^{陳亢}이며, 자공^{子貢}의 제자라고도 한다. 여기서는 공자를 중니^{仲尼}라는 자^字로 지칭하는 것으로 봐서는 다른 인물이 아닌가 하는 의심도 된다. 자위공야^{子爲恭也}에서 자^子는 이인칭 대명사로 선생이고, 위공^{爲恭}은 공경하여 스승에게 겸양하는 것이다. 계^階는 사다리다. 대인^{大人}의 경지는 억지로 하면 할 수 있지만, 성인^{聖人}처럼 저절로 된 경지는 억지로 할 수 없다. 그러므로 사다리로 올라갈 수 없다고 말한 것이다.

자공^{子貢}이 '하늘은 사다리로 오를 수 없는 것과 같다. ^{猶天之不可階而升也}'라고 한 것은 공자를 비유하여 대인^{大人}과 성인^{聖人}의 차이를 말한 것이다. 『맹자^{孟子}』 「진심^{盡心}」 장^章 하^下**25**에 "충실해서 빛남이 있는 것은 대인^{大人}이고, 대인^{大人}이면서 저절로 화^化하는 것은 성인^{聖人}이며, 성인^{聖人}이면서 알 수 없는 것을 신^神이라 이른다. ^{充實而有光輝之謂大 大而化之之謂聖 聖而不可知之之謂神}"라는 말이 있다.

자공^{子貢}이 '선생님께서 나라를 얻으셔서 ^{夫子之得邦家者}'는 가정해서 한 말이고, 그다음에 나오는 입지^{立之}는 삶을 세워줌이고, 도^道는 인도^{引導}함이니 가르치는 것이며, 행^行은 따름이고, 수^綏는 편안함이며, 래^來는 따라옴이고, 동^動은 기세를 북돋아 줌이며, 화^和는 이른바 '아, 악^惡을 변하게 해서 선^善하게 함이니 ^{於[오]變時雍}', 감응^{感應}의 오묘함이 신속하기가 이와 같다는 것을 말한 것이다. 영^榮은 높이고 친애하지 않음이 없음이고, 애^哀는 돌아가신 부모를 잃은 것과 같다는 뜻이다.

공자가 나라를 얻는다는 가정 아래, 자공^{子貢}이 언급한 것에 대해서, 정자程子는 성인聖人의 신묘한 교화敎化는 상上·하下가 천지天地와 더불어서 함께 흐르는 것이다. 이는 기세를 북돋아서 무리의 감동함이 북채로 북을 두드림이나 그림자나 메아리보다 빠를 것이기 때문에 변화는 볼지라도, 변화가 그렇게 된 까닭은 볼 수 없을 것이라고 했다.

다음은 태재太宰가 자공子貢에게 공자가 성자聖者냐고 묻자, 자공子貢이 공자는 능력이 많은 진정한 성인聖人이라고 했다.

태재大宰가 자공子貢에게 "부자夫子[공자]는 성자聖者이신가? 어찌 그리도 능能한 것이 많으신가?" 하고 물으니, 자공子貢이 "진실로 하늘이 낸, 아마도 거의 성인聖人이시고, 또한 능력이 많습니다."라고 했다. 공자는 그것을 듣고 "태재太宰가 나를 제대로 아는구나. 내가 젊었을 때 미천微賤했기 때문에 비천鄙賤한 일에 능함이 많으니, 군자君子는 [능함이] 많은가? 많지 않다."라고 했다. 공자 제자 뢰[금뢰琴牢]는 "선생님[자子]께서 나는 등용되지 못했으므로 재주를 익혔다."라고 말했다고 운운했다. 大宰 問於子貢曰 夫子 聖者與 何其多能也 子貢曰 固天縱之將聖 又多能也 子 聞之曰 大宰 知我乎 吾少也賤 故 多能鄙事 君子 多乎哉 不多也 牢曰 子云 吾不試 故 藝 〈자한子罕〉6

 * 태재太宰는 관명官名이다. 태재太宰가 자공子貢에게 공자가 성자聖者냐고 물은 것은 능력이 많다는 것을 두고 한 말이지만, 자공子貢은 하늘이 낸 아마 거의 성인聖人이고, 또 능력이 많다고 응대했다. 그런데 공자는 태재太宰가 자기를 성자聖者라고 한 것에 대해서 자신이 재주가 많은 것을 두고 그렇게 말한 것임을 알아챘다. 그리하여 공자는 자신이 젊어서 미천微賤했으므로

능력이 많았으나, 그 능한 것이 비천鄙賤한 일일 뿐이고, 성인聖人이라 통달했다는 뜻은 아니라고 했다. 또 능력이 많음을 사람들에게 본받게 하려는 것도 아니었으므로, 군자는 반드시 능력이 많을 필요가 없다고 깨우쳐주었다. 공자는 제자들에게 자신이 미천했을 적에 능력이 많았음을 말하는 모습에서 공자의 진술한 인품을 엿볼 수 있다. 불시不試는 등용되지 못함이다.

뢰牢는 공자 제자弟子인데 성姓은 금琴이고, 자字는 자개子開 또는 자장子張이다. 뢰牢가 전에 선생님에게 들은 것으로 이 같은 것이 있다고 말했는데, 기록記錄한 자者가 그 뜻이 서로 비슷해서 함께 기록한 것이라 했다.

타자他者의 평評

다음은 의봉인儀封人이 공자를 만난 뒤에 제자들에게 말한 내용이다.

> 의봉인儀封人이 [공자] 뵙기를 청하면서 "군자가 이곳에 이르렀을 때 내가 일찍이 만나보지 않은 적이 없다."라고 하니, [공자의] 종자從者가 뵙게 해주었다. [만나고] 나와서 "그대들이여, [공자가] 벼슬 잃은 것을 어찌 걱정할 것이 있겠는가? 천하가 무도無道한 지 오래니, 하늘이 장차 공자로 목탁木鐸을 삼을 것이다."라고 했다. 儀封人 請見曰 君子之至於斯也 吾未嘗不得見也 從者見之 出曰 二三子 何患於喪乎 天下之無道也 久矣 天將以夫子爲木鐸 〈팔일八佾〉 **24**

* 이 장章은 의儀 봉인封人을 통해서 공자는 머지않아 사회에 경종警鐘을

다섯 번째 대화와 평

울리게 될 것을 말한 것이다. 의봉인儀封人에서 의儀는 위衛나라 고을 이름이고, 봉인封人은 봉해준 지경地境을 관장하는 관리로 어질지만 낮은 벼슬에 은둔한 자다. 청현請見에서 현見은 뵙는다는 뜻이다. 군자지어사야君子之至於斯也에서 군자君子는 당시의 현자賢者를 말하고, 오미상부득견야吾未嘗不得見也는 평일에 현자賢者에게 거절당한 적이 없음을 스스로 말해서 통하기를 구한 것이다. 종자현지從子見之에서 현지見之는 공자에게 알려서 뵐 수 있도록 해준 것이다. 상喪은 지위를 잃고 나라를 떠남이다.

목탁木鐸에 대한 설명은 두 가지다. 하나는 정치와 교육을 베풀 때 목탁을 흔들어서 대중을 경계하는 것으로, 하늘이 머지않아서 공자가 지위를 얻어서 가르침을 베풀게 한다는 의미이고, 다른 하나는 목탁을 들고 길에 순행循行하는 것처럼 하늘이 공자에게 벼슬을 잃게 해서 사방을 두루 돌아다니며 가르침을 행하게 한다는 뜻이다. 우리가 흔히 말하는 '사회의 목탁'이라는 말이 이것이다.

다음은 공자가 집에서 경쇠를 두드리고 있었는데 문 앞을 지나던 자가 이런 공자의 모습에 대해 언급한 내용이다.

공자가 위衛나라에서 경磬쇠를 두드리고 있는데, 삼태기를 메고 공씨孔氏 문 앞을 지나던 자가 "마음이 [천하天下에] 있구나. 경쇠를 두드림이여."라고 하고, 얼마 뒤에 "비루하도다. 땅땅 경쇠 소리가 확고하구나. 자기를 알아주는 이가 없으면 이에서 그만둘 뿐이다. [세상에 나와서 처신함은 물 건너는 것과 같으니] 물이 깊으면 옷을 벗어들고 건너고, 물이 얕으면 옷을 걷고 건너는 것이다."라고 했다. 공자가 "과감하구나, [세상에 출처를 물 건너듯이 한다면] 어려운 것이 없겠다."라고 했다. 子 擊磬於衛 有荷蕢而過孔氏之門

者 曰 有心哉 擊磬乎 旣而 曰 鄙哉 硜硜乎 莫己知也 斯已而已矣 深
則厲 淺則揭 子曰 果哉 末之難矣 〈헌문憲問〉**42**

　　＊ 갱磬은 돌소리를 내는 악기樂器다. 갱갱硜硜은 땅땅 치는 경쇠 소리로,
치는 사람의 의지가 확고함을 뜻한다. 하荷는 메는 것이다. 궤蕢는 삼태기 궤
簣와 통용되는데, 풀로 엮어 만든 그릇이다. 여厲는 옷을 벗어들고 물을 건너
는 것이고, 게揭는 옷을 걷고 물을 건너는 것이다. 과재果哉는 세상을 잊는 데
과감함을 탄식한 것이고, 말末은 없음이다.

　　이 장章은 공자가 위衛나라 있을 때 집에서 경磬이란 악기樂器를 땅땅 치
고 있는데, 삼태기를 메고 가던 현자賢者가 그 소리를 듣고 『시경詩經』「위풍衛
風」〈포유고엽匏有苦葉〉의 시詩를 인용하여 공자를 비판한 내용이다. 물이 깊
으면 옷을 벗어들고 건너고, 물이 얕으면 옷을 걷고 건너듯이 세상에 알아
주는 이가 없으면 그만두고, 세상 추이推移에 따라 살면 되는 것 아닌가 하
고 기롱譏弄을 한 것이다.

　　성인聖人은 마음이 천지와 함께하여 천하天下 보기를 한 집같이 하고, 중
국中國 보기를 한 사람같이 하여 하루도 잊을 수가 없으니, 공자가 삼태기를
멘 자의 말을 듣고는 그가 세상을 잊은 데 과감한 것을 탄식하고, 또 사람
이 들고 남[출처出處]을 한낱 물 건너듯 한다면 어려울 것이 없을 것이라
했다.

　　다음은 달항 당達巷黨 사람이 공자를 부정적으로 평한 데 대한 공자의
반응이다.

▎ 달항 당達巷黨 사람이 "위대하구나, 공자여! 널리 배웠으나 한 가지도 이름을

이룬 것이 없구나."라고 하니, 공자가 이 말을 듣고 문하^{門下} 제자^{弟子}들에게 "내 무슨 일을 전업^{專業}으로 해야 하겠는가? 말 모는 일을 해야겠는가? 활 쏘는 일을 해야겠는가? 나는 말 모는 일을 해야겠다."라고 했다. <u>達巷黨人 曰 大哉 孔子 博學而無所成名 子 聞之 謂門弟子曰 吾何執 執御乎 執射乎 吾 執御矣</u> 〈자한^{子罕}〉2

　　＊ 달항^{達巷}은 당명^{黨名}인데 그 사람 성명은 전하지 않는다. 집^執은 오롯이 잡은 것이며, 활쏘기의 사^射와 말몰이의 어^御는 모두 일종의 재주이지만, 어^御는 남의 마부가 되는 것이므로 잡은 것이 더욱 비천한 것이다.

　　성인^{聖人}은 도^道가 온전하고 덕^德이 갖추어져서, 어느 한쪽에 치우쳐 잘하는 것을 지목할 수가 없다. 달항^{達巷} 당^黨 사람은 공자가 널리 배웠으나 이름을 이룬 바가 없는 것을 두고, 배움이 넓은 것은 아름답지만 한 가지 재주에도 이름을 이루지 못하니 애석해한 것이다. 이는 성인^{聖人}을 흠모는 했지만 제대로 알지 못해서 한 말이다.

　　다음은 진^陳나라 사패^{司敗}가 공자와 대화를 나눈 뒤에 공자가 자리를 비우자, 제자인 무마기^{巫馬期}에게 공자가 편파적 발언을 했다고 비판했다. 이 말을 들은 공자는 바로 자기의 잘못을 인정하였다.

　　진^陳나라 사패^{司敗}가 "[노^魯나라] 소공^{昭公}이 예^禮를 알았습니까?" 하고 묻자, 공자가 "예^禮를 알았다."라고 했다. 공자가 물러가자, [사패^{司敗}가 공자의 제자] 무마기^{巫馬期}에게 읍^揖하고서 앞으로 나오게 하여, "나는 들으니 군자^{君子}는 편당^{偏黨}하지 않는다고 했는데, 군자도 편당^{偏黨}을 짓는가? 임금[소공^{昭公}]이 오^吳나라로 장가들었는데, [오^吳나라는 노^魯나라와] 동성^{同姓}이 되므로 [이

를 숨기려고] 그 부인을 오맹자吳孟子라고 불렀다. [그러니 이런] 임금이 예禮를 안다면, 누가 예禮를 알지 못하겠는가?"라고 했다. 무마기巫馬期가 이 말을 아뢰니, 공자는 "나[구丘]는 다행이다. 진실로 나에게 잘못이 있으면 남들이 반드시 아는구나."라고 했다. 陳司敗 問昭公 知禮乎 孔子曰 知禮 孔子退 揖巫馬期而進之 曰 吾聞君子不黨 君子 亦黨乎 君 取於吳 爲同姓 謂之吳孟子 君而知禮 孰不知禮 巫馬期 以告 子曰 丘也 幸 苟有過 人必知之 〈술이述而〉**30**

* 진陳은 국명國名이고, 사패司敗는 관명官名이니 바로 사구司寇다. 무마巫馬는 성姓이고, 기期는 자字니 공자 제자弟子로 이름은 시施다. 당黨은 서로 도와 비리를 숨겨주는 것이다.

당시 예禮는 "동성同姓에게 장가들지 않는다."라고 했고, 제후諸侯 부인에게는 호칭 아래에 부인의 성姓을 붙였으니, 노魯나라와 오吳나라가 모두 희姬씨 성姓을 썼으므로 노魯나라 소공昭公의 부인을 오맹희吳孟姬라고 해야 한다. 그런데 송宋나라의 자씨子氏 성姓을 빌려서 소공昭公의 부인을 오맹자吳孟子라고 하여, 부인이 소공昭公과 동성同姓임을 숨기려고 했다. 이 사실에 대해서 진사패陳司敗가 무마기巫馬期에게 군자도 편당偏黨을 짓느냐며 문제를 제기한 것이다.

공자의 처지에서는 노魯나라가 공자의 고국故國이나 다름없고, 소공昭公은 선대先代의 임금인데, 사패司敗가 공자에게 바로 묻지 않고, "소공昭公이 예禮를 알았습니까?"라고 했으니, 공자가 "예禮를 안다."라고 대답한 것이다. 이를 보면 공자도 사적私的인 태도가 없지 않은 것 같으나, 제자인 무마기巫馬期를 통해 사패司敗의 지적을 듣고 바로 자신의 허물을 인정하였으니, 이점은 후세에 귀감龜鑑이 될 만하다.

다섯 번째 대화와 평

다음은 공자가 세상을 연연해하는 이유를 설명한 글이다.

미생묘微生畝가 공자에게 "당신[구丘; 공자 이름]은 어찌하여 이렇게도 세상을 잊지 못하는 것인가? 바로 말재주로 [남의 환심歡心을 사려는 것이] 아닌가?" 하고 말하니, 공자가 "내 감히 말재주로 하려는 것이 아니고, 고집불통固執不通을 미워하는 것입니다."라고 했다. 微生畝 謂孔子曰 丘 何爲是栖栖者與 無乃爲佞乎 孔子曰 非敢爲佞也 疾固也 〈헌문憲問〉**34**

　　* 미생微生은 성姓이고, 묘[무]畝는 이름이다. 서서栖栖는 세상을 잊지 못함이고, 위영爲佞은 말을 넉넉하게 해서 남을 기쁘게 하려고 힘쓰는 것이며, 질疾은 미워함이고, 고固는 한 가지를 고집하여 통하지 않음이다. 미생묘[무]微生畝가 공자의 이름[구丘]을 부르고 말이 매우 거만하니, 대개 나이와 덕德이 있으면서 은거한 자인 듯한데, 공자가 그를 예禮로 대한 데서 공자의 인품을 볼 수 있다.

　　다음은 공자에 대한 은자의 평이다. 먼저 석문石門의 문지기가 자로子路와 대화를 통해서 공자를 평한 내용이다.

자로子路가 석문石門에서 유숙하였는데, 문지기가 "어디서 왔는가?" 하고 물으니, 자로子路가 "공 씨孔氏에게서 왔소."라고 하자, "안 될 줄 알면서도 하는 바로 그분가?"라고 했다. 子路 宿於石門 晨門曰 奚自 子路曰 自孔氏 曰 是 知其不可而爲之者與 〈헌문憲問〉**41**

　　* 석문石門은 지명地名이다. 신문晨門은 새벽에 성문城門을 열어주는 일을

맡은 자인데, 아마 현인賢人으로 관문을 지키는 일에 은둔한 자다. 새벽 문지기는 이상理想 실현實現을 위한 공자의 천하철환天下轍環이 불가능한 일임을 간파하고 이렇게 기롱譏弄을 한 것이지만, 시도도 해보지 않고 그만둔다는 것이 공자에게 용납될 수 없었다. 공자의 처지에서 보면 어쩌면 이룰 수도 있을 것 같다는 신념이 있어서 그렇게 했을 것이고, 좌절되었지만 이런 노력 때문에 공자가 후인後人들에게 존경받는 것이 아니겠는가.

다음도 은자隱者로 알려진 초楚나라 광인狂人 접여接輿가 공자를 두고 한 말이다.

> 초楚나라 광인狂人인 접여接輿가 공자의 [수레 앞을] 지나가면서 노래하기를 "봉鳳이여, 봉鳳이여! 어찌 덕德이 쇠하였는가? 지나간 것은 간諫할 수 없지만 오는 것은 오히려 따를 수 있으니, 그만둘지어다. 그만둘지어다. 오늘날 정사政事에 종사하는 자들은 위태롭다. 공자가 [수레에서] 내려 그와 더불어 말하려고 했는데, 종종걸음으로 피하므로 함께 말하지 못했다."라고 했다. 楚狂接輿 歌而過孔子曰 鳳兮鳳兮 何德之衰 往者 不可諫 來者 猶可追 已而已而 今之從政者 殆而 孔子 下 欲與之言 趨而辟之 不得與之言
> 〈미자微子〉5

＊ 접여接輿는 초楚나라 사람인데 거짓으로 미친 척하고 세상을 피했다. 공자가 초楚나라로 가려는데, 접여接輿가 노래하며 그 수레 앞을 지나갔다. '오는 것은 오히려 따를 수 있으니來者 猶可追'라고 한 것은 지금이 오히려 숨을 수 있음을 말한 것이다. 이已는 그침이며, 이而는 어조사이고, 태殆는 위태로움이다.

봉鳳은 도道가 있으면 나타나고 도道가 없으면 숨는다. 접여接輿가 그것으로 공자를 비유하고 공자가 숨을 수 없는 것은 덕德이 쇠해서라고 기롱譏弄을 한 것이다. 그런데 공자가 접여接輿에게 자기가 세상에 출처出處한 의도를 말해주려고 한 것은 은자隱者인 접여接輿를 예우한 것인데 접여接輿가 이를 피했다.

다음은 길을 물으러 온 자로子路에게 은자隱者인 장저長沮와 걸닉桀溺이 공자를 두고 한 대화다.

> 은자隱者인 장저長沮와 걸닉桀溺이 함께 밭을 갈고 있었는데, 공자가 지나가다가 자로子路를 시켜 나루를 묻게 하였다.
>
> 장저長沮가 "수레 고삐를 잡은 분은 누구신가?"
>
> 자로子路가 "공구孔丘십니다."
>
> "노魯나라 공구孔丘 말인가?"
>
> "그렇습니다."
>
> "그렇다면 나루를 알 것이네."
>
> 걸닉桀溺에게 물으니,
>
> 걸닉이 "댁은 누구신가?"
>
> "중유仲由라 합니다."
>
> "그대가 바로 노魯나라 공구孔丘 [무리인가]?"
>
> "그렇습니다."
>
> "물이 넘쳐서 흘러가는 것은 천하가 다 그러한데 누구와 더불어 그것을 바꿀 수 있겠는가? 또 그대는 사람 피하는 선비[공자]를 따르는 것보다, 어찌 세상 피하는 선비[걸닉桀溺]를 따르는 것만 하겠는가."라고 하고는 뿌린 씨앗

덮는 일을 그만두지 않았다.

자로子路가 돌아와서 아뢰니, 공자가 머쓱해서 "새나 짐승과는 함께 무리 지을 수 없으니, 내가 이 사람들 무리와 함께하지 않고 누구와 더불어 하겠는 가? 천하天下에 도道가 있다면 나[구丘]도 더불어 바꾸려 하지 않을 것이다."라고 했다. 長沮 桀溺 耦而耕 孔子過之 使子路問津焉 長沮曰 夫執輿者 爲誰 子路曰 爲孔丘 曰 是 魯孔丘與 曰 是也 曰 是 知津矣 問於桀 溺 桀溺曰 子 爲誰 曰 爲仲由 曰 是 魯孔丘之徒與 對曰 然 曰 滔滔 者天下 皆是也 而誰以易之 且而與其從辟人之士也 豈若從辟世之士哉 耰而不輟 子路行 以告 夫子憮然曰 鳥獸 不可與同群 吾非斯人之徒 與 而誰與 天下有道 丘不與易也 〈미자微子〉6

    * 두 사람은 은자隱者고, 우이경耦而耕의 우耦는 함께이며, 진津은 물을 건너는 나루이고, 집여執輿는 고삐를 잡음이니 공자가 수레에 있었다는 의미다. '나루를 안다.知津'라는 것은 천하를 자주 주유周遊했으므로 스스로 나루터를 알 것이라는 뜻이며, 도도滔滔는 흘러서 되돌아오지 않음이고, 이수이역지而誰以易之의 이以는 더불어 여與와 같다. 차이여기종피인지사야且而與其從辟人之士也의 이而는 이인칭 대명사 자네이고, 피辟는 피避와 같다. 피인지사辟人之士는 공자를 가리키고, 피세지사辟世之士는 걸닉桀溺 자신을 가리킨다. 우이불철耰而不輟의 우耰는 뿌린 씨앗을 덮는 것이고, 무연憮然은 슬퍼함과 같으니 자기 뜻을 깨닫지 못한 것을 애석해한 것이다.

    이 대화는 공자가 초楚나라에서 채蔡나라로 돌아가고 있었을 때 벌어진 일이다. 공자는 천하天下가 무도無道하여 변역變易을 꾀하려고 자로子路를 데리고 수레로 주유周遊했는데, 은자隱者들은 공자의 이런 의도를 외면하고 세상의 무도無道함이 도도滔滔히 흐르는 물 같은데, 공자 혼자서 어떻게 그 흐름

다섯 번째 대화와 평

을 바꿀 수 있겠는가 하며 탐탁하게 여기지 않았다. 그러나 성인^{聖人}의 인^仁은 세상이 무도^{無道}하다고 하여 천하^{天下}를 버리지 않는다고 하니, 공자가 군자로서 뜻을 세운 것이니 어쩔 수 없었을 것이다.

다음도 자로^{子路}가 만난 은자^{隱者}와 함께 공자에 관해서 나눈 대화다. 자로^{子路}의 마지막 언술^{言述}은 공자의 뜻을 서술한 것이라는 견해도 있다.

> 자로^{子路}가 [공자를] 뒤처져 쫓아가다가 대나무로 만든 삼태기를 지팡이에 맨 어른[장인^{丈人}]을 만났다. 자로^{子路}가 "노인장께서 [제] 선생님을 보셨습니까?" 하고 물으니, 노인이 "사지^{四肢}를 부지런히 움직이지 않고, 오곡^{五穀}을 분별하지 못하는데 누구를 선생이라 하는가?" 하고 지팡이를 꽂은 채로 김을 매었다.
>
> 그가 은자^{隱者}임을 알고 자로^{子路}가 두 손을 모으고 서 있자, 노인은 자로^{子路}에게 "머물렀다가 자고 가라." 하고, 닭을 잡고 기장밥을 지어 먹이며, 자기 두 아들을 [자로^{子路}에게] 인사시켰다. 다음날 자로^{子路}가 떠나서 이 일을 [공자에게] 아뢰니, 공자가 "은자^{隱者}다." 하고, 자로^{子路}에게 되돌아가 만나보게 했는데 도착하니 떠나갔다. 자로^{子路}는 "벼슬하지 않는 것은 의^義가 없음이라. 장유^{長幼}의 예절^{禮節}도 폐^廢할 수 없는데 군신^{君臣}의 의^義를 어찌 폐할 수 있겠는가? [벼슬을 하지 않은 것은] 자기 몸을 깨끗하게 하고 싶어 한 것이지만, 큰 윤리를 어지럽힌 것이다. 군자^{君子}가 벼슬하려고 함은 그 의^義를 실천하고자 함이니, 도^道가 행해지지 않을 것을 [공자는] 이미 알고 있었다."라고 했다. 子路 從而後 遇丈人以杖荷蓧 子路 問曰 子見夫子乎 丈人曰 四體 不勤 五穀 不分 孰爲夫子 植其杖而芸 子路拱而立 止子路宿 殺鷄爲黍而食之 見其二子焉 明日 子路行 以告 子曰 隱者也 使子路反見之

至則行矣 子路曰 不仕無義 長幼之節 不可廢也 君臣之義 如之何其廢
之 欲潔其身而亂大倫 君子之仕也 行其義也 道之不行 已知之矣 〈미자
微子〉**7**

* 장인丈人은 은자隱者고, 조蓧는 대로 만든 삼태기며, 분分은 분별이다.
오곡五穀을 구분하지 못함은 콩과 보리[숙맥菽麥]를 구분하지 못하는 것이
다. 일상에서 '이런 숙맥!'이란 말이 이 말이다. 치植는 세우는 것이고, 운耘은
김매는 것이다. '자로子路가 두 손을 모으고 서 있었다 子路拱而立'는 것은 그가
은자隱者임을 알고 공경한 표시고, 윤倫은 질서다.

본문 마지막에 유자儒者인 자로子路는 군자君子가 벼슬하지 않는 것을 의
義가 없는 것이라고 했다. 그런데 두 아들을 자로子路에게 인사시킨 것을 보
면, 은자隱者가 장유長幼의 예절禮節을 아는 것 같았다. 그러니 자로子路가 군신
君臣의 의義는 폐할 수 없는 것이 아니냐며 은자隱者의 처사를 비판했다. 군자
가 벼슬하지 않은 것은 자기 몸을 깨끗하게 하고 싶어 그런 것이지만, 이는
큰 윤리를 어지럽히는 것이고, 군자가 벼슬하려는 것은 의義를 실천하고자
함이다.

공자는 도道가 행해지지 않을 것을 이미 알고 있었지만, 벼슬하는 것을
그만둘 수가 없었다고 말한 것으로 보아, 유가儒家에서는 군자가 배운 것을
가지고 세상에 나아가 벼슬하는 것이 당연한 처사로 여긴다. 그러니 오늘
날에 정치에 참여하는 교수들을 정치 교수라고 일방적으로 비판하는 것도
온당한 일은 아닐 것 같다.

제4장

공자의 인물평

첫 번째

제자에 대한 평^評

안회^{顏回}

　　공자 제자 중에 안회^{顏回}에 관한 기록이 가장 많다. 호학지사^{好學之士}로 공자는 왜 안회^{顏回}를 거명했을까?

　　노^魯나라 애공^{哀公}이 "제자 중에 누가 배우는 것을 좋아합니까?"라고 묻자, 공자가 대답하기를 "안회^{顏回}라는 자가 배우는 것을 좋아해서 노여움을 옮기지 아니하고 잘못을 두 번 다시 하지 않았는데 불행하게도 단명하여 죽었습니다. 지금은 없으니 배우기를 좋아하는 자를 듣지 못했습니다."라고 했다. 哀公　問　弟子孰爲好學　孔子對曰　有顏回者好學　不遷怒　不貳過　不幸短命死矣　今也亡　未聞好學者也 〈옹아^{雍也}〉2

　　＊ 안회^{顏回}는 공자 제자로 성은 안^顏이고, 자^字는 자연^{子淵}이다. 천^遷은 옮김[이^移]이고, 이^貳는 다시[부^復]이며, 망^亡은 무^無와 같다. 단명^{短命}했다는 것은

안자顔子가 32세에 죽었기 때문이다.

정자程子는 안자顔子의 노여움은 상대[물物]에 있었고, 자기에게 있지 않았으므로 옮기지 않았다고 하고, 불선不善이 있으면 일찍이 알지 아니한 적이 없으며, 알면 다시 행한 적이 없으니, 잘못을 다시 하지 않은 것이라 했다. 또 기쁨과 노여움[희로喜怒]이 자기의 감정에 있지 않고 상대가 한 일에 있었다면, 기뻐하고 노여워하는 것이 이치理致로 볼 때 당연하지만 혈기血氣에 있지 않으므로 옮기지 않는다. 예例를 들어 순舜임금이 사흉四凶을 벨 때 노여워할 만함이 저들에게 있었으니 자기에게 무슨 상관이 있었겠는가. 마치 거울에 물건을 비추면 아름답고 추함이 저쪽에 있는 것과 같아서 물건에 따라 응할 따름이므로 옮기지 않은 것이라 했다.

어떤 이는 공자 칠십 제자라면 시詩·서書·육예六藝를 익혀서 통하지 않음이 없을 텐데, 공자가 유독 안자顔子만 배우는 것을 좋아한다고 하였는데, 안자顔子의 좋아함이 어떤 배움이냐고 묻자, 정자程子는 배워서 성인聖人에 이르는 방법이라고 하면서 그의 배우는 방법에 대해 구체적으로 설명했다. 천지天地가 정기精氣를 쌓아서 만물을 생성하는데, 그중에 사람은 금金·목木·수水·화火·토土 오행五行의 빼어난 것을 얻어서 되었으니, 사람의 본체本體는 참되고 고요하여 드러나지 않았을 적에는 인仁·의義·예禮·지智·신信 오성五性이 갖추어져 있다. 그런데 형체形體가 이미 갖추어지면, 외물外物이 형체에 접촉되어 마음이 움직여 희喜·노怒·애哀·구懼·애愛·오惡·욕慾의 칠정七情이 생겨난다. 이 감정情이 치열熾烈하여 방탕해지면 본성本性을 잃게 되므로, 선각자先覺者는 이 감정을 옮아매서 중中에 합하게 하고, 마음을 바르게 해서 본성本性을 기르는 것이다. 그러나 반드시 먼저 마음에서 밝혀 갈 곳을 알아야 한다. 그런 뒤에 힘써 행하여 도道에 이르기를 구하는 것이다. 공자가 안자顔子에게 '예禮가 아니면 보지도, 듣지도, 말하지도, 움직이지도 말라. 非禮勿

視聽言勿動’는 것을 안자顔子가 실천해 보겠다고 한 것과 ‘노여움을 옮기지 않고 [불천노不遷怒], 잘못을 다시 하지 않는다[불이과不貳過].’는 것은 좋아함이 독실하고 배워서 그 방법을 얻은 것이라 했다.

또 이런 안자顔子가 성인聖人에 이르지 못한 것은 그저 본성本性을 지킨 것이고 저절로 변화된 것이 아니므로, 수명壽命을 몇 년만 더 빌려주었다면 얼마 되지 않아서 저절로 변화되었을 것이다. 지금 사람들은 성인聖人이란 본래 태어나면서 아는 것이지 배워서 되는 것이 아니라 하고, 배운다는 것은 문사文辭를 기억하고 외는 것에 지나지 않는다고 하는데, 이 또한 안자顔子의 배움과는 다르다고도 했다.

공자가 그를 호학지사好學之士라고 한 것이 노여움을 남에게 옮기지 않는다거나, 한 번 저지른 잘못을 다시 하지 않아서라고 했다. 그런데 어떤 이도 지적했지만, 공자의 칠십 제자 중에는 이런 수준의 도덕성을 가진 사람은 적지 않았을 것이다. 그러니 불천노不遷怒를 단순히 노여움을 남에게 옮기지 않았다고 하는 것보다, 하늘을 원망하지 않거나[불원천不怨天] 남을 탓하지 않았다[불우인不尤人]고 하고, 불이과不貳過를 한 번 저지른 잘못을 다시 하지 않았다고 하는 것보다, 이貳가 ‘가진 숫자 이貳’이므로 마음이 도심道心과 사심邪心 둘 사이에서 이럴까 저럴까 하지 않고 항구여일恒久如一했다고 하는 것이 안회顔回의 인물됨을 더 잘 드러낼 수 있다. 그래야 인仁을 안택安宅으로 여기고 적어도 3개월을 지속한 안회顔回의 태도와도 가깝다. 그리고 이런 안회顔回가 32세에 단명했으니 공자가 안타까워한 것과도 통할 수 있다.

희로喜怒 중에서 ‘노여움’에 대해서만 좀 더 언급해 보자. 정자程子가 노여움이 혈기血氣에 있지 않으므로 옮기지 않는다고 했지만, 설령 혈기로 상대에게 노여움을 낸다고 해도, 상대가 전혀 고칠 의향이 없거나 아예 듣지 않는다면, 그 노여움이 자신에게만 남아 있어서 스스로 우스워지고 그 때문에 더욱 속상할 뿐이다. 그러니 노여움을 내도 자기에게 얻을 것이 없다면 남에게든지 자신에게든지 노여움을 내지 않는 것이 정신 건강에 좋다. 불가佛家에서도 한번 노여움을 내면, 그간에 쌓아둔 보시普施가 하루아침에 다 무너진다고 한다. 이런 걸 잘 알면서도 하늘을 원망하지 않고, 남을 탓하지 않으며, 도심道心으로 산다는 것이 쉬운 일은 아니다.

앞에서는 노魯나라 애공哀公이 제자 중에 배우기 좋아하는 자가 누구인가를 물었는데, 노魯나라 계강자季康子도 제자 중에 배우기 좋아하는 자가 누구냐고 물었다.

> 계강자季康子가 "제자弟子 중에 누가 배우는 것을 좋아합니까?" 하고 물으니, 공자가 대답하기를 "안회顔回라는 자가 배우는 것을 좋아했었는데 불행히도 수명이 짧아 죽었습니다. 지금은 없습니다."라고 했다. 季康子 問 弟子 孰 爲好學 孔子對曰 有顔回者 好學 不幸短命死矣 今也則亡 〈선진先進〉6

* 계강자季康子의 질문에도 노魯나라 애공哀公의 질문에 답할 때처럼 '공자대왈孔子對曰'이라고 했지만, 공자가 애공哀公의 물음에 대답한 내용에 비해서 계강자季康子에게 답한 내용은 소략疏略하다. 이것은 계강자季康子와는 군신君臣 간이 아니어서 소략하게 대답한 것이다. 그리고 계강자季康子가 당시 실권자이지만 대부大夫이니 공자가 대부大夫에게 답할 때는 '대왈對曰'이라 하지 않았는데, 여기서 이렇게 쓴 것은 기록자가 달라서일 것이다.

다음도 공자가 안회顔回를 칭찬한 것으로 석 달 한 철을 인仁에서 떠나지 않았다고 했다.

첫 번째 제자에 대한 평

공자가 "안회顔回는 석 달 동안은 그 마음이 인仁을 떠나지 않았지만, 그 나머지 사람들은 하루나 한 달에 한 번 인仁에 이를 뿐이다."라고 했다. 子曰 回也 其心 三月不違仁 其餘則日月至焉而已矣 〈옹아雍也〉5

＊정자程子는 인仁에서 어긋나지 않으려면 사욕私慾에서 자유로워야 한다고 했는데, 안자顔子는 비록 석 달 한 철이지만 인仁에서 떠나지 않았다. 흔히 안자顔子를 두고 성인聖人의 경지境地에서 한 칸이 모자란다고 하는데, 성인聖人은 모나지 않고 결점도 없이 원만하여 틈이 없으니, 안자顔子의 다음 단계는 사람의 노력으로 되는 것이 아니라고도 한다. 만약 진정한 인자仁者를 하늘이 내는 것이라면, 인仁은 사람이 노력해서 도달할 수 있는 경지가 아니란 것인지 의문이 생긴다. 공자가 우리에게 끝없이 인仁의 실천을 강조했으니, 성인聖人과 같은 진정한 인仁의 실천도 사람의 노력으로 가능할 것이다. 그렇지만 인간이 사욕私慾에서 벗어나는 것을 기독교에서는 오직 성령聖靈의 인도로만 가능하다고 하니, 초월적인 존재의 도움이 없이는 불가능한 일인지도 모르겠다.

다음도 공자가 곤궁한 중에도 도道를 즐기는 안회顔回를 칭찬한 내용이다.

어질다, 안회顔回여. 한 그릇 밥을 먹고 한 바가지 물을 마시며 누추한 곳에 사는 근심을 남들은 견뎌내지 못하는데, 안회顔回는 [그러는 중에도 도道를] 즐기는 것을 고치지 않으니 어질다, 안회顔回여. 子曰 賢哉 回也 一簞食 一瓢飮 在陋巷 人不堪其憂 回也 不改其樂 賢哉 回也 〈옹아雍也〉9

* 단簞은 대그릇이고, 사食는 밥이며, 표瓢는 표주박[호瓠]이다. '그 즐기는 것을 고치지 않는다. 不改其樂'는 가난이 아니라 성인聖人의 도道. 유가儒家에서 도道를 논할 때 특히 성리학性理學에서는 실질實質보다는 관념觀念을 중시하므로 안빈낙도安貧樂道를 강조하지만, 사람이 곤궁困窮하다 보면 도道보다는 현실에 눈을 돌리기 마련이다. 그런데 안자顔子는 가난 속에서도 성인聖人의 도道를 즐기는 것을 고치지 않았다니 아성亞聖이라고 한 것이 허명虛名만은 아니다.

다음은 공자가 안회顔回와 종일 이야기를 나누면서 느낀 안회顔回의 태도를 오해한 것에 대한 언급이다.

> 공자는 "내가 안회顔回와 더불어 종일 이야기를 나누었는데 [내 말을] 어기지 않기를 마치 어리석은 사람처럼 했다. 물러난 뒤에 그 사사로이 있을 때를 살피니 [배운 도道를] 충분히 펴서 밝혔으므로 안회顔回는 어리석지 않았다."라고 했다. 子曰 吾與回言終日 不違如愚 退而省其私 亦足以發 回也不愚 〈위정爲政〉9

* 불위자不違者는 뜻이 서로 어긋나지 않아서 듣고 받아들이기만 하고 질문과 논란이 없다는 뜻이고, 사私는 한가로이 홀로 거처하는 곳이므로 나아가 뵙고 질문을 청한 때가 아니다. 발發은 말한 바의 이치를 펴서 밝힘[발명發明]을 이른다.

주자朱子는 자기 스승[연평延平 이동李侗]에게 들은 말을 전했는데, 안자顔子는 침잠沈潛하고 순수純粹하여 성인聖人의 체제體制는 이미 갖추어져서, 공자의 말씀을 들을 때 묵묵한 가운데 알고, 마음으로 녹여서 닿는 곳마다 막힘없이 확 트여 스스로 조리條理가 있었다. 종일 말씀을 나누어도 어긋나지 않아서 다만 어리석은 사람처럼 보였을 따름인데 물러나 사사로이 생활함을 살펴보니, 그의 일용日用 동정動靜과 어묵語黙의 사이에 모두 공자의 도道를 충분히 펴고 밝혀서 거기에 편안하여 의심이 없었다. 그런 뒤에 그가 어리석지 않다는 것을 알았다고 했다.

공자는 안회顔回가 자기를 돕는 자가 아니라고 했지만, 결과적으로는 그를 칭찬한 내용이다.

> 공자가 "안회顔回는 나를 돕는 자가 아니다. 나의 말에 대해 기뻐하지 않는 것이 없구나."라고 했다. 子曰 回也 非助我者也 於吾言 無所不說 〈선진先進〉3

＊'나를 돕는다. 助我'는 '자하子夏가 나를 흥기興起시킨다. 子夏之起予'라는 것과 같은 의미다. 자하子夏의 이 일은 〈팔일八佾〉8에 공자가 "그림 그리는 일은 흰 바탕을 마련하는 것보다 뒤에 한다. 繪事後素"라고 하자, 자하子夏가 "예禮가 뒤군요. 禮後乎"라고 응대하니, 공자가 "나를 흥기興起시킨 자는 상商이다. 起予者商也"라고 했다. 이는 사제師弟 간에 질문하고 답한 것인데 교학상장敎學相長의 의미가 있다. 그런데 안회顔回는 공자가 말씀하면 그저 기뻐하기만 하니, 그래서 공자가 본문처럼 말한 것이 아닌가 한다. 그렇지만 결과적으로 공자는 안회顔回가 자기의 말을 잘 이해한 것이 기특하여 기뻐했다.

다음은 도道를 말해주면 게을리하지 않는 자는 안회顔回라고 하여, 공자가 칭찬한 내용이다.

공자는 "[도道를] 말해주면 게을리하지 않는 자는 안회顔回일 것이다."라고 했다. <u>子曰 語之而不惰者 其回也與</u> 〈자한子罕〉**19**

* 타惰는 게으름이다. 안자顔子는 공자의 말씀을 듣고 마음으로 이해하고 힘써 행하여, 어떤 순간이나 엎어지는 상황에서도 일찍이 어긋난 적이 없었다. 마치 만물이 단비의 윤택을 얻어서 꽃을 피우고 점점 자라는 것 같으니 어찌 게으를 수 있겠는가? 이는 뭇 제자들이 미치지 못할 바라고 할 수 있다. 안자顔子 같은 제자를 요즘 선생님들이 만난다면 참으로 가르치는 보람을 얻게 될 것이지만, 이런 보람을 얻으려면 선생이 제자보다 노력을 더 많이 기울여야 할 테니 이런 사제 간의 만남이 쉽지 않다.

다음은 공자와 안연顔淵의 대화에서 스승에 대한 제자의 마음가짐을 볼 수 있다. 안회顔回의 자字가 자연子淵이어서 안연顔淵이라고도 한다.

공자가 광匡 땅에서 두려워할 만한 일이 있었는데 안연顔淵이 뒤처져 있다가 [따라오자], 공자가 "나는 네가 죽은 줄 알았다."라고 하자, 안연顔淵이 "선생님께서 계시는데 제[회回 안연 이름]가 어찌 감히 죽겠습니까?"라고 했다. <u>子畏於匡 顔淵 後 子曰 吾以女爲死矣 曰 子在 回何敢死</u> 〈선진先進〉**22**

* 후後는 뒤에 있어 서로 잃음이다. '어찌 감히 죽습니까?'라는 것은 달려가 싸워도 반드시 죽지 아니함을 말한다. 양호陽虎가 일찍이 광匡에서 포악暴惡을 자행했는데, 공자의 모습이 양호陽虎와 비슷하였으므로 공자가 광匡 땅에 있을 적에 목숨이 위태로운 환난患難을 당한 적이 있다. 이때 스승은 제자를 걱정하고, 제자는 스승이 살아계시는데 제자가 어찌 감히 죽을 수

첫 번째 제자에 대한 평

있겠느냐고 하였으니, 사제 간에 참으로 아름다운 모습이 아닐 수 없다.

다음은 공자가 안연顔淵의 죽음에 대해 애석해함을 말한 것이다.

공자가 안연顔淵을 이르되 "애석하도다! 나는 그가 나아가는 것만 보았지, 멈추는 것은 보지 못했다."라고 했다. 子謂顔淵曰 惜乎 吾見其進也 未見其止也 〈자한子罕〉20

  * 진지進止는 나아가고 멈춤이다. 이것은 〈자한子罕〉18에도 보이는데, "비유하자면 산 만드는데 흙 한 삼태기를 못 이루고 그침도 내가 그치는 것이고, 비유하자면 평지平地에 흙 한 삼태기를 덮더라도 나아감은 내가 가는 것이다. 子曰 譬如爲山 未成一簣 止 吾止也 譬如平地 雖覆一簣 進 吾往也"라고 했다. 공자는 학문學問을 이루고 못 이루는 것이 자신에게 달려 있으니 자강불식自强不息해야 함을 말했는데, 이를 가장 잘 실천한 사람이 안연顔淵이었다.

다음은 안연顔淵이 죽자, 공자가 자신의 심정을 토로한 내용이다.

안연顔淵이 죽자, 공자는 "아, 슬프다. 하늘이 날 버리는구나. 하늘이 날 버리는구나."라고 했다. 顔淵 死 子曰 噫 天喪予 天喪予 〈선진先進〉8

  * 희噫는 슬퍼서 애통해하는 소리다. 공자는 안연顔淵의 죽음으로 그를 통해서 도道가 전해질 수 없음이 안타까워서 애통哀慟해 했다.

다음도 안연顔淵이 죽자, 공자가 애통히 곡哭한 내용이다.

안연顏淵이 죽자, 공자가 곡哭하기를 애통히 하니, 종자從者가 "선생님께서 통곡慟哭하셨습니다."라고 하자, 공자는 "내가 통곡하였느냐? 저 사람을 위해 통곡하지 않고 누구를 위해 통곡하겠느냐?"라고 했다. 顏淵 死 子 哭之 慟 從者曰 子 慟矣 曰 有慟乎 非夫人之爲慟 而誰爲 〈선진先進〉9

　＊통慟은 슬픔이 지나친 것이다. 공자가 애통해서 운 것[통곡慟哭]은 정情과 성性의 바름이라고 했지만, 애이불상哀而不傷이란 말도 있으니 사람에 따라서는 공자가 안자顏子에게 애정이 지나쳤다고 볼 수도 있다. 그러니 공자 같은 성인聖人도 안자顏子처럼 아끼는 제자의 죽음 앞에서는 애통哀慟해 하는 마음을 어찌할 수 없었던 것 같다.

　다음은 안연顏淵이 죽었을 때 공자가 스승으로서 보여준 태도다.

안연顏淵이 죽자, [그 아버지] 안로顏路가 공자의 수레를 [팔아] 곽槨 만들었으면 하고 청했다. 공자는 "재주가 있거나 없거나 [아버지가 볼 때는] 또한 각자 자기 아들이라고 말하는데, [내 아들] 이鯉가 죽었을 때도 관棺만 있고 곽槨은 없었다. 내가 걸어 다니고 곽槨을 만들어 주지 못하는 것은 대부의 뒤[반열班列]를 따르기 때문에 걸어 다닐 수 없어서다."라고 했다. 顏淵 死 顏路 請子之車 以爲之椁 子曰 才不才 亦各言其子也 鯉也 死 有棺而無椁 吾不徒行 以爲之椁 以吾 從大夫之後 不可徒行也 〈선진先進〉7

　＊곽椁은 곽槨과 같은 뜻이다. 안로顏路는 안연顏淵의 아버지로 이름은 무요無繇다. 공자보다 여섯 살 적으니 공자가 가르치기 시작할 때 배웠다고 한다. 안로顏路의 처지에서 보면 수레보다 더한 것이라도 팔아서 곽槨을 만들어

　　　　　　　　　　　　　　첫 번째 제자에 대한 평

자식을 장사 지내야 한다고 생각할 수 있겠지만, 공자는 안연^{顔淵}의 죽음을 그토록 슬퍼했으면서도 그렇게 하지 않았다. 그것은 의^義를 기준으로 해서 그 일의 옳고 그름을 판단한 것이지, 재물의 있고 없음을 가지고 판단한 것이 아니기 때문이다. 한때의 오해나 비난을 무릅쓰고라도 의^義에 따라서 옳고 그름을 판단하는 것이 예^禮지만, 요즘 세상에 이를 실천할 수 있는 사람은 많지 않다.

공자는 과거에 여관 주인의 상^喪을 만나서, 곁마[참^驂]를 벗기고 내려서 부의^{賻儀}를 했었다. 그런데 수레를 팔아 곽^槨을 마련하자는 안로^{顔路}의 청을 허락하지 않은 것은 왜인가? 곁마는 벗겼다가 다시 할 수도 있고, 장례는 곽^槨이 없어도 할 수 있다. 그러나 대부^{大夫}는 걸어 다닐 수 없고 군주가 하사한 수레[명거^{命車}]는 남에게 주어서 저자에 팔게 할 수도 없다. 또 알고 지내던 궁핍한 자가 나를 얻었다 하게 하려고 억지로 그 뜻에 부응한다면, 어찌 성심^{誠心}이고 곧은 도리[직도^{直道}]겠는가? 안로^{顔路}의 요구를 공자가 들어주는 것은 안로^{顔路}가 내 은혜를 입었다고 하게 하려고 억지로 부응하는 것이므로, 성심^{誠心}도 곧은 도리도 아니기 때문이다.

관곽^{棺槨}에서 관^棺은 시신을 담아 옮길 때 사용하는 것이고, 곽^槨은 시신을 담는 관^棺의 외부다. 우리나라에서 곽^槨을 하는 것은 지역의 장례 풍속이나 시대에 따라서 다르다. 회^灰를 이겨 바르기도 하고, 돌을 쌓아서도 하며, 돌판[석판^{石板}] 또는 두꺼운 나무로도 하는데, 땅에 묻은 뒤에 시신이 흙에 닿지 않도록 하여 시신을 깨끗하게 보존하려는 의도다. 집안에 따라서는 나무로 된 관^棺을 제거하고, 석판^{石板}으로 된 석곽^{石槨}[광^壙]에 시신^{屍身}만 안치^{安置}하기도 한다.

다음은 안연^{顔淵}의 장례^{葬禮}에 대해서 제자들이 후^厚하게 하려고 하자, 이에 대해 공자가 보여준 태도다.

> 안연顏淵이 죽자, 문인門人들이 장례를 후하게 치르려고 하니, 공자가 "옳지
> 않다."라고 했다. 문인門人들이 장사를 후하게 지내자, 공자는 "안회顏回는 나
> 보기를 아버지처럼 여겼는데, 나는 그를 자식처럼 보지 못했으니 나의 탓이
> 아니라 저 몇몇 제자들 때문이다."라고 했다. 顏淵 死 門人 欲厚葬之 子
> 曰 不可 門人 厚葬之 子曰 回也 視予猶父也 予 不得視猶子也 非我
> 也 夫二三子也 〈선진先進〉**10**

 * 안연顏淵의 장례를 치른 뒤에 공자가 탄식한 것은, 아들 이鯉의 장례가
마땅함을 얻었던 것처럼 그렇게 하지 못했기 때문이다. 문인門人들이 장례를
후하게 치른 것은 아마 안로顏路가 도와주어서 가능했을 것이다. 그러나 분
수에 넘치도록 후하게 장례를 치른 것은 예禮에 맞지 않다. 왜냐하면, 장례
를 치를 때 쓰는 여러 도구는 집안 형편에 따라서 거기에 맞춰서 하는 것이
예禮기 때문이다. 안연顏淵은 자기를 아버지처럼 대해 주었는데, 공자는 예禮
에 맞지 않은 행위를 한 문인門人들을 막지 못하였기 때문에, 안연顏淵을 자식
처럼 대하지 못한 것이라 여기고 문인門人들을 책망한 것이다.

 자공子貢은 공자에게 안회顏回와 비교할 수 없다고 하였다.

> 공자가 자공子貢에게 "너와 안회顏回는 누가 더 나으냐?"라고 하니, 자공子貢이
> "제[사賜]가 어찌 감히 안회顏回를 바라겠습니까! 안회顏回는 하나를 들으면 열
> 을 알고, 저는 하나를 들으면 둘을 압니다."라고 했다. 공자가 "같지 않지.
> 네가 같지 않음을 내가 인정認定[허여許與]한다."라고 했다. 子 謂子貢曰 女

첫 번째 제자에 대한 평

與回也 孰愈 對曰 賜也 何敢望回 回也 聞一以知十 賜也 聞一以知二 子曰 弗如也 吾與女 弗如也 〈공야장^{公冶長}〉8

* 여여회야^{女與回也}의 여^與는 '~과 더불어'이고, 오여녀^{吾與女} 불여야^{弗如也}에서 여^與는 허여^{許與}[인정^{認定}]한다는 것이며, 여^女는 너[여^汝]란 뜻이다. 유^愈는 나음[승^勝]이고, 일^一은 숫자의 시작이고, 십^十은 숫자의 끝이며, 이^二는 일^一의 상대다.

안자^{顏子}는 밝은 지혜가 비추는 데서 시작해서 나아가면 끝을 보았고, 자공^{子貢}은 추측하여 알았으니 이것으로 인하여 저것을 알았다. 공자가 〈선진^{先進}〉3에서 안회^{顏回}를 칭찬한 "내 말에 기뻐하지 않은 바가 없다. ^{於吾言 無所不說}"라고 하고, 〈학이^{學而}〉15에서 자공^{子貢}을 칭찬한 "지나간 것을 말해주니, 올 것을 아는구나. ^{告諸往而知來者}"라고 한 것이 그 증거다.

〈헌문^{憲問}〉31에서 자공^{子貢}이 남을 비교하자, 공자가 '나는 그럴 겨를이 없다. ^{夫我則不暇}'라고 말했고, 이 장^章에서 '너는 안회^{顏回}와 누가 나으냐? ^{女與回也 孰愈}'라고 물어서 그 스스로 앎이 어떠한가를 살폈다. 하나를 들으면 열을 안다는 것은 상^上의 자질^{資質}이니 태어나면서 아는 것의 버금이고, 하나를 들으면 둘을 안다는 것은 중인^{中人} 이상의 자질이니 배워서 아는 재주다. 자공^{子貢}이 평일에 자기를 안회^{顏回}에 견주어 따라 미칠 수 없음을 알았으므로 이같이 말했다. 자공^{子貢}은 스스로를 앎이 분명하고 또 스스로 굽히는 것을 어려워하지 않았으므로, 공자가 이미 그렇다고 여기고 또 마음으로 거듭 허락해주었다. 이 때문에 자공^{子貢}은 마침내 공자에게 성^性과 천도^{天道}를 들었으니, 다만 하나를 들어 둘만 안 것이 아니라고 할 수도 있다. 자공^{子貢}이 공자 앞에서 성인^{聖人}에 버금가는 안회^{顏回}를 칭찬하고, 자신의 부족함을 고백하는 모습도 참, 아름답다.

다음은 공자의 제자이자, 안연顔淵의 벗인 증자曾子가 그를 칭찬한 내용이다.

> 증자曾子가 "능력이 있으면서도 능력 없는 이에게 묻고, 많이 알면서도 조금 아는 이에게 물으며, 있어도 없는 것처럼 하고, 꽉 차 있어도 빈 것처럼 하며, 남이 잘못을 저질렀어도 따지지 않는 것을, 옛날에 나의 벗[안연顔淵]이 일찍이 이에 종사從事했다."라고 했다. 曾子曰 以能 問於不能 以多 問於寡 有 若無 實若虛 犯而不校 昔者吾友 嘗從事於斯矣 〈태백泰伯〉5

* 교校는 견주어 살펴보는 것이다. 우友는 안연顔淵을 가리킨다. 안연顔淵의 마음은 오직 의리義理의 무궁無窮함만을 알고, 남[물物]과 나[아我]와의 틈이 있음을 보지 못했으므로 이같이 할 수 있다. 어떤 이는 유여有餘함이 자신에게 있고, 부족不足함이 남에게 있음을 알지 못하고, 얻음[득得]은 자기에게 있고, 잃음[실失]은 남에게 있다고 기필期必하지 않아서 거의 무아無我의 경지에 있는 사람이라야 할 수 있다고도 했다.

요즘에 안연顔淵처럼 행동하면 사람들이 뭐라고 할까? 이중인격자 취급을 받을 수도 있으니, 생각이 여기에 미치면 안연顔淵처럼 살고 싶지 않을 수도 있겠다. 안연顔淵이 남 대하기를 겸손하게 했으므로 증자曾子가 이렇게 말했겠지만, 이런 인물을 결코 긍정적으로 보지 않을 것 같아서 안타까울 뿐이다.

다음은 자공子貢이 남을 비교하여 말하자, 공자가 우회적迂廻的으로 지적한 말이다.

> 자공子貢이 남의 장단점을 비교하자, 공자가 "사賜는 현명한가 보다. 나는 그럴 겨를이 없는데."라고 했다. 子貢 方人 子曰 賜也 賢乎哉 夫我則不暇
> 〈헌문憲問〉**31**

* 방方은 비교하는 것이고, 호재乎哉는 의문사다. 인물의 장단점을 비교하는 것은 이리저리 따지는 일이지만, 오로지 남과 비교하는 데 힘쓰면 마음은 밖으로 달려서 스스로 다스리는 것이 소홀해지므로, 공자는 자공子貢을 폄하貶下해서 억누른 것이다. 그렇지만 그 억누름이 박절하지 않으면서도 지극함이 있다.

다음은 자공子貢이 남을 대하는 태도를 말했는데 공자는 "네가 미칠 바가 아니다."라고 했다. 왜 그랬을까?

> 자공子貢이 "저는 남이 나에게 보태는[가加하는] 것을 바라지 않고, 나 또한 남에게 보태는[가加하는] 것이 없고자 합니다."라고 하자, 공자가 "네가 미칠 바가 아니다."라고 했다. 子貢曰 我不欲人之加諸我也 吾亦欲無加諸人 子曰 賜也 非爾所及也 〈공야장公冶長〉**11**

* 자공子貢의 언급을 두고, 공자가 '네가 미칠 바가 아니다.非爾所及也'라고

했는데, 이에 대해, 정자程子는 남이 내게 보태는 것을 바라지 않고, 나 또한 남에게 보태는 것이 없기를 바라는 것은 인仁이고, 자기에게 베풀기를 바라지 않는 것을 남에게 베풀지 않는 것은 서恕라고 하면서, 서恕는 자공子貢이 혹 힘쓸 수는 있겠지만, 인仁은 미칠 바가 아니라고 했다. 정자程子의 설명에 '남이 내게 보태는 것을 바라지 않고, 내가 남에게 보태는 것이 없기를 바라는 것'이 인仁이라고 한 것은 억지로 힘쓰는 것을 기다리거나 필요로 하지 않는다는 의미고, '자기에게 베풀기를 바라지 않는 것을 남에게 베풀지 않는 것'이 서恕라고 한 것은 서恕는 인仁을 실천하는 구체적인 방법이지 인仁 그 자체가 아니기 때문이다. 그래서 공자가 자공子貢에게 네가 미칠 바가 아니라고 한 것이다.

주자朱子는 무가저인無加諸人의 무無는 저절로 그러해서 그런 것이라고 하는 자연이연自然而然이고, 물시어인勿施於人의 물勿은 금지를 말한 것으로 남에게 베풀지 말라는 것이므로, 인仁과 서恕의 구별이 된다고 했다. 즉 인仁이 저절로 행해지는 것이라면, 서恕는 행위자의 의지로 하는 것이다. 무가저인無加諸人의 무無와 물시어인勿施於人의 물勿이 언뜻 보기에 같은 내용인 것 같지만, 저절로 그렇게 되는 것과 의지로 해서 되는 것은 앞에서 언급한 적 있는 안인安仁과 이인利仁의 차이 같은 것이다. 거듭 말하지만 서恕는 인仁을 실천하는 구체적인 행위다. 남이 내게 보태는 일을 바라지 않지만, 나 또한 남에게 보태는 것을 바라지 않는다는 무가저인無加諸人은 번역문으로만 보면 사람 사는 맛이 없는 것으로 오해하기 쉽지만, 이 말은 바로 인위人爲로 하는 것이 아니라 저절로 이루어져야 인仁이 된다는 말이니 인仁을 실천하기가 참 어렵다.

첫 번째 제자에 대한 평

자로子路

다음은 자로子路에 관한 공자의 언급이다.

공자는 "도道가 행해지지 않으므로 뗏목을 타고 바다를 항해하려 하는데, 나를 따라올 사람은 아마도 유由[자로子路]일 것이다."라고 했다. 자로子路가 이 말씀을 듣고 기뻐하자, 공자는 "유由가 용맹을 좋아함이 나보다 낫지만 사리를 헤아려 맞게 하는 것이 없다."라고 하였다. 子曰 道不行 乘桴 浮于海 從我者 其由與 子路 聞之 喜 子曰 由也 好勇 過我 無所取材
〈공야장公冶長〉6

* 공자는 '도道가 행해지지 않으므로 뗏목을 타고 바다를 항해하려 한다. 道不行 乘桴 浮于海'라고 탄식한 것은 〈자한子罕〉13에서 '구이九夷에 살려고 한다. 欲居九夷'라고 한 것과 같은 마음이다. 부桴는 뗏목[벌筏]이다. 무소취재無所取材의 재材는 재단한다는 재裁를 가차假借한 것이니, 무소취재無所取材는 사리事理를 헤아려 맞게 하는 것이 없다는 뜻이다.

정자程子는 공자가 바다를 뗏목으로 가겠다는 탄식은 천하에 어진 임금이 없음을 속상해서 한 말이고, 나를 따를 자는 자로子路뿐이라고 한 것은 그가 의義에 용기가 있으므로 가정假定해서 한 말이다. 그런데 자로子路는 실제 그런 것으로 여기고, 공자가 자기를 인정[허여許與]해 준 것을 기뻐했다. 그러므로 공자가 그 용기를 아름답게 여겼지만, 사리事理를 헤아려서 의義에 적절하게 재단裁斷하지 못한 것을 지적한 것이라 했다.

다음은 자로子路에 관한 문인門人들의 언급이다.

자로子路는 좋은 말을 듣고 아직 그것을 실행하지 못했으면, [행여 좋은 말을 또] 듣게 될까 봐 두려워하였다. 子路 有聞 未之能行 唯恐有聞 〈공야장公 冶長〉13

* 이 장章은 전에 들은 것을 아직 행하지 못했으므로, 또 듣고서 행하는 데 여유롭지 못할 것을 두려워한다는 말이다. 자로子路가 좋은 말을 듣고 반드시 행하는 데 용기가 있었으니, 문인門人들이 스스로 따라갈 수 없다고 여겼으므로 그 점을 말한 것이다.

다음은 옥사獄事를 결단력 있게 처리하는 자로子路를 공자가 칭찬한 내용이다.

공자는 "반 마디 말로 옥사獄事를 결단할 수 있는 자는 유由[자로子路]일 것이다."라고 했으니, 자로子路는 승낙을 묵히는 일이 없었다. 子曰 片言 可以折獄者 其由也與 子路 無宿諾 〈안연顏淵〉12

* 편언片言은 반 마디 말이고, 절折은 결단이다. 자로子路가 충신명결忠信明決하므로 말을 하면 사람들이 그것을 믿고 복종하여 그 말이 마치기를 기다리지 않았다. 숙宿은 머물러 둠이니 숙원宿怨의 숙宿과 같다.

다음은 공자가 자로子路의 학문적 수준을 언급한 내용이다.

공자는 "자로子路가 비파를 어찌 내[구丘] 문門에서 연주하는가?"라고 하였다. 문인門人들이 공자의 말씀으로 인해 자로子路를 공경恭敬하지 않자, 공자가 "자

첫 번째 제자에 대한 평

로^{子路}는 [그 학문이] 마루에는 올랐고, 아직 방에는 들어오지 못하였다."라
고 했다. 子曰 由之瑟 奚爲於丘之門 門人 不敬子路 子曰 由也 升堂矣
未入於室也 〈선진^{先進}〉**14**

　　* 자로^{子路}의 비파 연주를 공자가 지적한 것에 대해 정자^{程子}는 그 소리
가 조화롭지 못해서인데, 그는 기질이 굳세고 용맹하여 중화^{中和}에 부족하
고, 그 소리에는 북쪽 변방의 살벌한 소리가 있었기 때문이라고 했다. 공자
의 이런 지적 때문에 문인^{門人}들이 자로^{子路}를 공경하지 않자, 공자는 그의 학
문이 마루에 올랐고, 아직 방에는 들어오지 못하였다고 하여 이미 정대고명
^{正大高明}의 영역에 나아갔고, 다만 정미^{精微}의 심오^{深奧}함에는 깊이 들어가지 못
했을 뿐이라고 했다. 그러므로 한 가지 일을 잘못했다고 해서 바로 경홀히
할 수 없다.

　　공자가 『시경^{詩經}』「위풍^{衛風}」<웅치^{雄雉}>의 시구^{詩句}로 자로^{子路}의 당당한
태도를 칭찬하자, 그가 이를 써서 종신토록 외려고 한 것에 대한 언급이다.

　　공자는 "값싼 해진 솜옷을 입고서 여우나 담비 가죽의 갖옷을 입은 자와 더
불어 서 있으면서도 부끄러워하지 않는 자는 자로^{子路}일 것이다. 남을 해치지
않고 남의 것을 탐하지 않으니 어찌 선^善하지 않겠는가?"라고 하니, 자로^{子路}
가 [자신의 능^能함을 기뻐하여 그 시구^{詩句}를] 종신^{終身}토록 외우려 하자, 공자
가 "이 자세[도^道]가 무엇이 그리 착한 것이겠느냐."라고 했다. 子曰 衣敝縕
袍 與衣狐貉者 立而不恥者 其由也與 不忮不求 何用不臧 子路 終身誦
之 子曰 是道也 何足以臧 〈자한^{子罕}〉**26**

* 폐敝는 해짐[괴壞]이고, 온縕은 모시풀로 만든 솜[시저枲著]이며, 포袍는 옷에 솜을 둔 것이니 대개 신분이 낮은 자가 입고, 호락狐貉은 여우와 담비 가죽으로 만든 갖옷이니 신분이 귀한 자가 입는다. 기忮는 해침이고, 구求는 탐함이요, 장臧은 착함[선善]이다.

솜옷 입은 신분 낮은 자가 여우나 담비 갖옷을 입은 신분 귀한 자와 나란히 서도 부끄러워하지 않을 정도로 빈부貧富에 마음이 흔들리지 않을 자는 바로 자로子路라고 공자가 칭찬하면서, 「위풍衛風」 〈웅치雄雉〉 시詩 "남을 해치지 않고 남의 것을 탐하지 않을 수 있으면 어찌 착하지 않겠는가? 不忮不求 何用不臧"로 말해주었다. 이는 해치지 않고 탐하지 않는다면 어찌 불선不善한 짓을 하겠느냐는 의미다. 자로子路가 그것을 써서 종신토록 외려고 하면, 스스로 자기의 능能함을 기뻐해서 다시 도道에 나아가기를 구하지 않을 것이니, 이는 날로 새롭게 나아가는 태도가 아니므로, 공자가 그렇게 외우는 것이 어찌 착한 태도이겠냐고 하여 자로子路를 경계警戒하고 격동激動시킨 것이다.

다음은 자로子路가 자고子羔를 읍재邑宰로 삼은 것에 대해 공자가 남의 자식을 망쳤다고 하자, 자로子路가 현장 경험도 독서와 마찬가지로 학문이라고 했다.

> 자로子路가 자고子羔를 비읍費邑의 읍재邑宰로 삼자, 공자가 "남의 자식을 망치는구나."라고 했다. 자로子路가 "인민人民이 있고 사직社稷이 있으니, 이것도 모두 학문하는 것입니다. 하필 글을 읽은 뒤에야 학문을 하는 것이겠습니까?"라고 했다. 공자가 "이 때문에 말재주 있는 자를 미워한다."라고 했다. 子路 使子羔 爲費宰 子曰 賊夫人之子 子路曰 有民人焉 有社稷焉 何必讀書

첫 번째 제자에 대한 평

* 적賊은 망침[해害]이다. 자로子路가 계씨季氏의 읍재邑宰가 되어서 자고子羔를 천거했다. 공자는 자고子羔가 학문을 어느 정도 이룬 뒤에 벼슬에 나아가는 것을 바랐다. 그러므로 자로子路가 그를 읍재邑宰로 천거한 것을 보고 남의 자식을 망쳤다고 한 것이다. 그러자 자로子路는 인민人民과 사직社稷의 신神을 돌보는 일도 모두 학문이라고 했다. 이에 대해 공자는 백성을 다스리고 귀신을 섬기는 일이 진실로 배우는 자의 일이니, 반드시 배워서 이룬 뒤에 벼슬하여 배운 것을 실행하는 것이다. 만약 애초에 배운 적이 없는데 벼슬에 나아가서 배우게 한다면, 그것은 귀신에게 오만하고 백성을 학대하는 데 이르지 않음이 거의 드물다고 했다. 자로子路의 말이 그의 본의本意가 아니고, 다만 논리가 왜곡되고 말이 궁窮하여 입으로 변론함을 취해서 남의 말을 막았으므로, 공자는 그의 잘못된 점을 지적하지 아니하고 다만 그의 말재주만을 미워했다.

대개 도道의 근본은 몸을 닦는 데 있으니 그런 뒤에 남을 다스린 데 미치는 것이다. 그러므로 배운 뒤에 정사政事에 들어갔지 정사政事를 통해서 배우는 것이 아니다. 책을 읽어서 알고 난 뒤에 임무를 수행할 수 있는 것인데, 어떻게 독서를 하지 않을 수 있겠는가? 이 논리로 보면 자로子路는 자고子羔에게 정사政事를 통해서 배우게 하려고 했으니, 선후先後와 본말本末의 차례를 잃었다. 그런데도 자기 잘못을 알지 못하고 말솜씨로 공자의 말을 막으려고 했으므로, 공자가 그 말재주를 미워했다.

민자건閔子騫

다음은 공자의 평評이 아니고, 민자건閔子騫에 대한 기록인데, 그는 선견지명先見之明이 있어 자신이 있어야 할 자리를 잘 살폈다.

> 계씨季氏가 민자건閔子騫을 자기의 식읍食邑인 비읍費邑의 읍재邑宰로 삼으려 하자, 민자건閔子騫이 [그 사자使者에게] "나를 위해 잘 말해 다오. 만일 나를 다시 [보러 오는 일이] 있다면, 나는 반드시 [노魯나라를 떠나 제齊나라] 문수汶水의 가에 있을 것이다."라고 했다. 季氏 使閔子騫 爲費宰 閔子騫曰 善爲我辭焉 如有復我者 則吾 必在汶上矣 〈옹야雍也〉7

* 민자건閔子騫은 공자 제자로 자字는 자건子騫이고, 이름은 손損이다. 비費는 땅 이름인데 계씨季氏 읍邑이다. 문汶은 물 이름[수명水名]으로 제齊나라 남쪽과 노魯나라 북쪽 경계境界 상上에 있다. 정자程子는 공자의 문하門下에서 대부大夫의 집에 벼슬을 하지 않은 사람은 민자閔子과 증자曾子 두 사람 정도라고 했다.

배우는 자는 안팎의 구분을 조금만 알면 모두 도道를 즐기고, 남의 권세를 잊을 수가 있다. 어지러운 나라에 살고, 악인惡人을 만나는 것은 성인聖人이라야 할 수 있다. 성인聖人 이하로 자로子路 같은 이는 굳세어서 재앙을 받아 제대로 죽지 못했고, 염구冉求 같은 이는 유약幼弱해서 계씨季氏를 위해서 이익을 더해 주다가 욕만 얻어먹었다. 이들은 앞을 내다보는 지혜가 없고, 또 난亂을 이기는 재주가 없었기 때문이지만, 민자閔子는 일찍 보고 미리 대비하느라고 사자使者에게 다시 와서 그런 말을 하면 문수汶水의 가에 있겠다고 하여 거절한 것이다.

　벼슬에 눈이 어두운 자는 임명권자가 준 자리가 얼마나 위태로운지 살피지 않고 주면 받아서 그의 충견忠犬이 될 뿐, 백성의 삶은 조금도 돌보지 않는다. 그런 어리석은 자들이 한심하다고 생각되지만, 본인들은 전혀 그렇게 생각하지 않을 것이니, 이렇게 생각하는 것도 그들에 대한 편견일 수 있다.

　다음은 공자가 제자 민자건閔子騫의 효행孝行을 칭찬한 내용이다.

> 공자가 "효성스럽구나, 민자건閔子騫이여! 그 부모父母와 형제兄弟가 [그를 칭찬하는] 말에 사람들이 틈을 내지 못하는구나."라고 했다. 子曰 孝哉 閔子騫 人不間於其父母昆弟之言 〈선진先進〉4

　* 부모 형제가 민자건閔子騫의 효행을 칭찬하는 것에 사람들이 틈을 낼수가 없다는 것은 그의 효행이 진정성이 있었기 때문이다. 그래서 공자가 감탄하고 아름답게 여긴 것이다.

　다음도 공자가 민자건閔子騫을 칭찬한 내용이다.

> 노魯나라 사람이 장부長府라는 [창고를] 짓는데 민자건閔子騫이 "옛 방식대로 하는 것이 어떻겠는가? 어찌하여 반드시 개작改作해야겠는가?"라고 하니, 공자가 "저 사람은 말을 하지 않을지언정 말을 하면 반드시 [사리事理에] 맞나."라고 했나. 魯人 爲長府 閔子騫曰 仍舊貫 如之何 何必改作 子曰 夫人 不言 言必有中 〈선진先進〉13

* 장부長府는 창고의 이름[명名]인데, 재화財貨를 저장하는 것을 부府라고 한다. 위爲는 대개 고쳐 지음이다. 잉仍은 따름이고, 관貫은 일 또는 방식이다. 창고를 지을 때 옛 방식대로 하면 백성의 수고로움과 재물의 손상이 덜할 것이므로 민자건閔子騫이 그렇게 말한 것이다. 공자는 그의 말하기 태도가 망령되게 말하지 않고, 말을 하면 반드시 이치에 맞는다고 칭찬한 것은 그가 덕德이 있었기 때문이다.

염구冉求 외外

다음은 염구冉求와 공자의 대화를 소개한 내용이다.

> 염구冉求가 "저는 선생님의 도道를 좋아하지 않는 것은 아니지만 힘이 부족합니다."라고 하니, 공자는 "힘이 부족한 자는 중도中道에 그만두지만, 너는 지금 한계[획畫]를 긋고 있다."라고 했다. 冉求曰 非不說子之道 力不足也 子曰 力不足者 中道而廢 今女 畫〈옹야雍也〉10

* 역부족자力不足者는 나아가고자 하는데 할 수 없음이고, 획畫은 나아갈 수 있는데 바라지 않는 것이니, 마치 땅에 선을 긋고 스스로 한계를 짓는 것이다. 안회顏回가 가난한 중에도 도道를 즐거워함을 고치지 않는 것을 공자가 칭찬하니, 염구冉求가 이를 들었으므로 이 말을 한 것이다. 염구冉求가 공자의 도道를 진실로 기뻐했다면, 반드시 장차 힘을 다해서 구했을 것인데 어떻게 힘의 부족함을 근심했겠는가. 선을 긋고 나아가지 않으면 날로 퇴보

첫 번째 제자에 대한 평

할 따름이다. 이것이 염구冉求의 능력이 재예才藝에 국한局限된 이유다.

다음은 염구冉求[염유冉有]가 계씨季氏를 위해서 세금을 거두어서 그 재산을 늘려주자, 공자가 제자들에게 염구冉求를 성토하는 것이 옳다고 말한 내용이다.

> 계씨季氏가 주공周公보다 부유하였는데도 염구冉求가 그를 위해 세금을 많이 거두어 재산을 더 늘려주자, 공자가 "[염구冉求는] 우리 무리가 아니니, 제자들아, 북을 울려 그의 죄를 성토聲討하는 것이 옳다."라고 했다. 季氏 富於 周公 而求也 爲之聚斂而附益之 子曰 非吾徒也 小子 鳴鼓而攻之 可也 〈선진先進〉16

　* 주공周公은 주周나라 왕실의 지친至親으로 큰 공功이 있고, 지위가 총재冢宰이니 그 부富는 마땅하지만, 계씨季氏는 제후諸侯의 밑에서 경卿 벼슬을 지낸 자로서 부富가 지나치니 자기 임금 것을 훔쳐 빼앗고, 자기 백성 것을 긁어모으지 않았다면 이런 부富를 모을 수 없다. 그런데 염구冉求는 계씨季氏의 가신家臣이 되어서 그를 위해 부역과 세금을 급急하게 거두어 그의 부富를 더해주었으니, 공자가 그 죄를 성토하는 것이 옳다고 한 것이다.
　공자가 염구冉求를 우리 무리가 아니라고 한 것은 그를 끊은 것이고, 제자들에게 북을 울려 성토하라고 한 것은 제자들에게 그 죄를 성토하여 꾸짖게 한 것이니, 악惡한 사람과 무리 지어 백성을 해치는 것을 성인聖人이 이처럼 미워했다. 스승은 엄하고 벗은 친하므로 이미 끊고서도, 오히려 문인門人들로 하여금 그것을 바로잡게 하고, 또 그 사람을 사랑하여 그침이 없음을 볼 수 있다.

염유冉有가 정사政事의 재주를 계씨季氏를 위해 쓴 것은 그의 심술心術이 밝지 못해서다. 자기 몸을 돌보아 구하지 않고 자기 벼슬을 급하게 여겼기 때문에, 백성에게 세금을 많이 거두어 계씨季氏 같은 탐욕貪慾한 위정자爲政者를 더욱 부유하게 해주었다. 그래서 공자는 우리 무리가 아니라며 북을 울려 조리돌리는 것이 옳다고 했다. 이는 자신의 자리를 보존하기 위해서 백성에게 못되게 구는 요즘의 관리들이 있다면 마음에 새겨야 할 내용이다.

백우伯牛

공자의 제자 염백우冉伯牛는 염유冉有의 이복형제인데, 몹쓸 병에 걸리자, 공자가 문병하며 안타까운 마음을 드러냈다.

> 백우伯牛가 [몹쓸] 병이 들자, 공자가 문병하였는데 [남쪽] 창문에서 그의 손을 잡고서 "[이럴 수가] 없는데 천명天命인가 보다. 이 사람이 이런 병에 걸리다니. 이 사람이 이런 병에 걸리다니."라고 했다. 伯牛 有疾 子問之 自牖 執其手曰 亡之 命矣夫 斯人也 而有斯疾也 斯人也 而有斯疾也 〈옹야雍也〉8

* 백우伯牛는 공자 제자로 성姓은 염冉이고, 이름은 경耕이다. 유질有疾은 나병癩病이고, 유牖는 남쪽 창문이며, 명命은 천명天命이다. 이 사람이 이런 병病에 걸릴 리 없는데 지금 이런 병에 걸린 것을 하늘의 명命이라고 했으니, 그가 병을 조심하지 않아서 걸린 것은 아니다.

어떤 이는 백우伯牛가 나병癩病에 걸렸다고 했는데, 공자가 문병하러 가서 방에 들지 않고 남쪽 창 아래서 환자의 손을 잡은 것은 나병 때문이 아니

첫 번째 제자에 대한 평

다. 임금이 문병하면 북쪽에 누워 있는 환자를 남쪽 창 아래로 옮기는 예^禮가 있었는데, 백우^{伯牛}의 집사람들이 공자를 임금의 예^禮로 높이려 하자, 이를 감당할 수 없어 방에 들어가지 않은 것이다.

백우^{伯牛}는 덕행^{德行}으로 칭송되어 안자^{顔子}와 민자^{閔子} 다음이었으므로 그가 장차 죽을 적에 공자가 더욱 통석^{痛惜}했다고 한다. 비록 이복형제라지만 염백우^{冉伯牛}와 염유^{冉有}의 처신이 대조적인 것을 보면 형제라고 다 같지 않다.

자하^{子夏}

다음은 공자가 자하^{子夏}에게 충고한 내용이다.

> 공자가 자하^{子夏}에게 이르기를 "너는 군자^{君子}다운 학자^{學者}가 되고 소인^{小人}같은 학자^{學者}는 되지 말라."고 했다. 子謂子夏曰 女爲君子儒 無爲小人儒 〈옹야^{雍也}〉11

* 유^儒는 배우는 자의 지칭 ^{學者之稱}이다. 군자다운 학자^{學者}는 자기를 수양하는 위기지학^{爲己之學}을 하는 자이고, 소인 같은 학자는 남에게 보이기 위하는 위인지학^{爲人之學}을 하는 자다. 무^無는 말다[무^毋]의 뜻이다. 군자와 소인은 의^義와 이^利 사이에서 구분된다. 그러나 이른바 이^利는 재화^{財貨}를 증식^{增殖}하는 것을 이르는 것만이 아니라, 사^私로써 공^公을 멸^滅하고 자기에게 맞춰서 스스로 편하여 천리^{天理}에 해^害를 끼칠 수 있는 것은 모두 이^利다. 자하^{子夏}의 문학이 비록 남음이 있었지만, 멀고 큰 것에 혹 어두운 듯해서 공자가 이렇게 말하여 가르쳐준 것이다.

중궁仲弓

다음은 천賤하고 악행惡行을 저지른 아버지를 둔 중궁仲弓이지만, 그 자질이 출중함을 공자가 칭찬한 내용이다.

> 공자가 중궁仲弓을 두고 이르되 "얼룩소의 새끼가 색깔이 붉고 또 뿔이 바르게 났다면 [사람들이] 비록 제사에 희생犧牲으로 쓰지 않으려 해도 산천山川의 [신神]이 그것을 버려두겠느냐."라고 했다. 子謂仲弓曰 犁牛之子 騂且角 雖欲勿用 山川 其舍諸 〈옹야雍也〉4

＊ 이犁는 무늬가 섞인 것이고, 신騂은 적색赤色인데, 주周나라 사람들은 적색을 숭상하여 희생물로 적색을 사용한다. 각角은 뿔인데 둥글고 똑발라야 희생물로 적당하다. 용用은 제사에 사용하는 것이다. 산천山川은 산천의 신神이다. 사舍는 버려둠[사捨]이다.

중궁仲弓은 아버지가 미천微賤하고 악惡을 저질렀지만, 공자가 중궁仲弓을 두고서 색깔이 붉고 또 뿔이 바르게 난 희생물에 비유하여, 비록 악惡의 자식이지만 그의 어짊은 폐할 수 없으니, 마땅히 세상에 쓰일 것이라는 의미로 산천 신神이 그를 버려두지 않을 것이라고 했다.

순舜의 아버지 고수瞽瞍는 새 장가를 든 뒤에 순舜을 몹시 구박한 못된 아버지였으나, 그 아들 순舜은 임금이 되었고, 우禹의 아버지 곤鯀은 요堯임금의 명령으로 홍수를 다스리다가 실패한 뒤에 순舜임금에 의해 우산羽山으로 추방당해 죽었지만, 그의 아들 우禹는 임금이 되었다. 그러니 옛 성현聖賢은 가문家門과 족류族類에 얽매지 않음이 오래되었다. 아들이 아버지의 허물을 고쳐 악惡을 변화시켜서 아름답게 만든다면 효孝라 이를 수 있다. 지금 세상

　　　　　　　　　　　　첫 번째 제자에 대한 평

에도 연좌제가 없어졌으니 당연하지만, 못된 부모를 두었다고 해도 자식이 출중하면 세상이 그를 버리지 않을 것이다.

칠조개漆雕開

다음은 칠조개漆雕開를 칭찬한 기록이다.

> 공자께서 제자인 칠조개漆雕開에게 벼슬하게 했는데, 대답하기를 "저는 벼슬함에 대해 아직 자신할 수 없습니다."라고 하니, 공자가 기뻐했다. 子使漆雕開 仕 對曰 吾斯之未能信 子說 〈공야장公冶長〉5

  * 칠조개漆雕開는 공자 제자로 자字는 자약自若이다. 오사지미능신吾斯之未能信의 사斯는 이치理致를 말한 것으로 벼슬함을 가리키고, 신信은 참으로 그것이 이 같음을 알아 털끝만 한 의심도 없음이다. 열說은 기뻐함이다. 칠조개漆雕開는 자기의 능력이 남을 다스릴 수 없다고 스스로 말했으므로 공자가 그의 뜻이 독실함을 기뻐한 것이다.

  칠조개漆雕開의 학문을 상고相考할 수 없지만, 마음 씀[심술心術]이 은미隱微함에 이르러서는 털끝만큼이라도 자득自得하지 못하면 자신할 수 없다고 말했다. 그의 재질로 보면 벼슬할 만한데, 그의 그릇이 작은 성취에 안주하지 않았으니, 이를 보면 후일에 성취할 바를 헤아릴 수 있으므로 공자가 이를 기뻐하였다.

남용南容

 다음은 공자가 남용南容의 태도를 보고 조카딸로 사위 삼은 내용인데 〈공야장公冶長〉1에서도 언급된 인물이다.

> 남용南容이 백규白圭를 읊은 시를 하루에 세 번 반복해서 외우자, 공자가 형의 딸로 남용을 사위 삼았다. 南容 三復白圭 孔子 以其兄之子 妻之 〈선진先進〉5

 ＊ 남용南容이 하루에 세 번 반복했다는 백규白圭 시는 『시경詩經』 「대아大雅」 〈억抑〉 편에 나오는데 "백옥의 흠결은 갈아버릴 수 있지만, 말[언言]의 흠결은 갈아버릴 수가 없다. 白圭之玷 尙可磨也 斯言之玷 不可爲也"이다. 남용南容이 이것을 하루에 세 번 반복했다는 말이 『공자가어孔子家語』에 보이는데, 그가 대개 말을 삼가는 데 깊이 뜻을 두었다. 그래서 그는 도道 있는 세상에서는 버려지지 않을 것이고, 무도無道한 세상에서도 화禍는 면할 수 있을 것이라 여기고, 공자가 조카딸로 사위 삼은 것이다. 말은 실행의 겉이고, 실행은 말의 실체다. 말을 쉽게 하고서 행실을 삼가는 자는 없는데, 남용南容이 말을 삼가고자 함이 이와 같다면 반드시 그 행실도 삼갔을 것이다.

남궁괄南宮适[남용南容]

 남궁괄南宮适은 남용南容의 다른 이름인데, 공자가 그의 말을 듣고서 그가 나간 뒤 군자라고 칭찬하였다.

남궁괄南宮适이 공자에게 묻기를 "예羿는 활을 잘 쏘았고, 오奡는 힘이 세어 육지에서 배를 끌고 다녔지만 모두 제 명命에 죽지 못하였습니다. 그러나 우왕禹王과 직稷은 몸소 농사를 지었지만 천하天下를 소유하였습니다."라고 하니, 공자가 대답하지 않았다. 남궁괄南宮适이 밖으로 나가자, 공자가 "군자君子로구나, 이 사람이여! 덕德을 숭상하는구나, 이 사람이여!"라고 했다. 南宮适 問於孔子曰 羿 善射 奡 盪舟 俱不得其死 然禹稷 躬稼而有天下 夫子 不答 南宮适 出 子曰 君子哉 若人 尙德哉 若人 〈헌문憲問〉**6**

＊남궁괄南宮适은 남용南容의 딴 이름이고, 예羿는 유궁有窮이란 나라의 임금인데 활을 잘 쏘아서 하후국夏后國의 상相을 멸滅하고 왕위를 찬탈簒奪했지만, 신하 한착寒浞이 또 예羿를 죽이고 대신했다. 오奡는 『춘추좌씨전春秋左氏傳』에 요澆로 되어 있는데, 착浞의 아들로 육지에서 배를 끌고 다닐 정도로 힘이 셌으나, 하후夏后 소강少康에게 죽임을 당했다. 우왕禹王은 수水와 토土를 다스리고, 직稷과 함께 씨를 뿌려서 친히 농사를 지었고, 순舜임금에게 선위禪位를 받아 천하를 차지했다. 직稷은 그 후손이 천하를 차지한 인물로 주周나라 무왕武王이 바로 그의 후손이다.

공자가 남궁괄南宮适이 나간 뒤 군자라고 칭송한 것은 예羿·오奡를 당세當世의 권력자로 비유하고, 우왕禹王과 직稷으로 공자를 비유했기 때문이다. 그러나 괄适의 말이 이 같으니 군자에 속한 사람이어서 덕德을 숭상하는 마음이 있다고 이를 만하여, 그가 나가기를 기다려서 찬미讚美한 것을 보면 공자의 겸손을 엿볼 수 있다.

신정申棖

다음은 공자 제자인 신정申棖에 대한 평評으로 욕심과 굳셈[강剛]을 구별한 내용이다.

> 공자가 "나는 아직 견강堅剛한 자를 보지 못하였다."라고 하자, 어떤 이가 "신정申棖이 있습니다." 하고 대답하니, 공자가 "신정申棖은 욕심慾心이니 어찌 견강堅剛일 수 있겠는가?"라고 했다. 子曰 吾未見剛者 或 對曰 申棖 子曰 棖也 慾 焉得剛 〈공야장公冶長〉**10**

* 강剛은 견강불굴堅强不屈인데, 사람이 가장 하기 어려운 것이어서 공자가 보지 못했음을 탄식했다. 신정申棖은 공자의 제자弟子로 욕심이 많을 뿐 견강堅剛한 사람이 아니다. 정자程子는 욕심慾心이 있으면 굳셈이 없고, 굳세면 욕심慾心에서 굽히지 않으니, 강剛과 욕慾은 서로 반대가 된다. 그래서 강剛은 만물을 이길 수 있으므로 만물 위에 항상 펴있지만, 욕慾은 물物에 가리어져 있으므로 항상 만물 아래 굽힌다. 자고自古로 의지가 있는 자는 적고, 의지가 없는 자는 많으니, 공자가 보지 못한 것도 당연하다. 신정申棖의 욕慾은 자세히 알 수 없으나, 그 사람됨이 마음이 좁고 성급하여 고집이 세며, 자기 의지를 아끼는 자가 아닌가 한다. 그러므로 남들이 신정申棖을 굳세다고 여긴 것 같은데, 이것이 욕慾이 됨을 알지 못했기 때문이다. 사람이 의지가 강직하면 자신의 욕심을 이겨낼 수 있다. 그렇지만 세상에는 신정申棖 같은 이는 많으니, 정작 의지가 강직한 사람을 만나기는 어려운 세상이다.

첫 번째 제자에 대한 평

재아宰我

다음은 노魯나라 애공哀公이 재아宰我에게 사직단社稷壇에 관해 묻자, 재아
宰我가 답한 내용을 듣고서 공자가 한 말이다.

> [노魯나라] 애공哀公이 재아宰我에게 사社에 관해 물으니, 재아宰我가 대답하기를
> "하후씨夏后氏는 소나무로 하였고, 은殷나라 사람들은 잣나무로 하였으며, 주
> 周나라 사람들은 밤나무[율栗]로 하였으니, [밤나무로 한 것은] 백성을 전율戰
> 栗[전율戰慄]하게 하려고 해서 그렇게 했습니다."라고 하니, 공자가 그것을 듣
> 고서 "이미 이루어진 일은 말하지 않는 것이고, 이미 다 된 일은 간諫하지 않
> 으며, 이미 지나간 일은 허물하지 않는 것이다."라고 했다. 哀公 問社於宰
> 我 宰我對曰 夏后氏 以松 殷人 以栢 周人 以栗 曰 使民戰栗 子聞之
> 曰 成事 不說 遂事 不諫 旣往 不咎 〈팔일八佾〉**21**

* 재아宰我는 공자 제자로 이름이 여予다. 하夏·은殷·주周 삼대三代의 사
직단社稷壇이 같지 않은 것은 옛적에 사社를 세울 때 각각 토질에 맞는 나무를
심어 사직단의 신주神主로 삼았기 때문이다. 전율戰栗[전율戰慄]은 두려워하는
모양이다. 재아宰我가 또 주周나라에서 밤나무[율栗]를 심은 뜻이 사람들을
두렵게 하려고 그랬다고 견강부회牽强附會하여 자기 생각대로 말했다. 아마
옛날에 사社에서 사람을 죽였으므로 그 말로 덧붙인 것이 아닌가 한다. 옛
날에 각각 토질에 알맞은 나무로 그 사社를 명명한 것이니, 나무에서 의미를
취한 것이 아니다. 그런데 재아宰我가 이를 알지 못하고 망령되게 대답하였
으므로, 공자가 듣고서 '이루어진 일은 말하지 않고, 다 된 일은 간諫하지 않
으며, 지나간 일은 허물하지 않는다. 成事 不說 遂事 不諫 旣往 不咎'라고 한 것이다.

다음은 재여宰予[재아宰我 이름]가 낮잠을 자는 것을 공자가 보고서 꾸짖은 내용이다.

재여宰予가 낮잠을 자고 있자, 공자가 "썩은 나무는 조각할 수 없고, 거름흙으로는 담장 쌓는데 흙손질을 할 수가 없다. 재여宰予에 대해서 무엇을 꾸짖으랴!"라고 했다. 공자가 "처음에는 내가 남에 대해서 그의 말을 듣고 그의 행실을 믿었는데, 이제는 내가 남에 대해서 그의 말을 듣고 그의 행실을 살펴보게 되었으니 재여宰予로 인해서 이를 고치게 되었다."라고 했다. 宰予 晝寢 子曰 朽木 不可雕也 糞土之墻 不可杇也 於予與 何誅 子曰 始吾 於人也 聽其言而信其行 今吾 於人也 聽其言而觀其行 於予與 改是 〈공야장公冶長〉9

* 주침晝寢은 낮에 자는 것이고, 후朽는 썩음이며, 조雕는 조각이고, 오杇는 흙손질함이다. 재여宰予의 의지와 기개는 어둡고 게을러 가르침을 베풀 곳이 없다고 했다. '처음에는 내가 남에 대해서 그의 말을 듣고 그의 행실을 믿었는데, 이제는 내가 남에 대해서 그의 말을 듣고 그의 행실을 살펴보게 되었다. 始吾 於人也 聽其言而信其行 今吾 於人也 聽其言而觀其行'라고 한 것은 재여宰予가 말은 잘하였으나, 행실이 미치지 못하였으므로, 공자가 재여宰予의 일로 인해서 자기 생각을 고친 것을 스스로 말한 것이다.

어떤 이는 두 번째 '자왈子曰'은 잘못된 것으로 의심되는데, 그렇지 않으면 하루에 말한 것이 아니라고 했다. 또 재여宰予가 의지로 기운을 통제할 수 없어서 편안하고 게으른 것이니, 이는 한가롭게 마음 편한 기운이 우세하고, 경계하는 의지는 나태懶怠한 것이라 했다.

옛 성현聖賢은 일찍이 게으름과 편안히 지내는 것을 두려워하고 부지런

첫 번째 제자에 대한 평

히 힘써 쉬지 않은 것을 스스로 힘썼으니, 공자가 재여宰予를 심히 꾸짖은 이유다. 말을 듣고 행실을 봄은 성인聖人이 이런 일을 기다린 뒤에 한 것도 아니고, 또한 이것으로 인해서 배우는 자를 다 의심한 것도 아니다. 특별히 이 일을 계기로 가르침을 세워서, 제자들이 말할 때 신중하게 하고 행할 때 민첩하게 하도록 경계한 것이다.

사람이 힘들면 낮잠도 잘 수 있으므로 여기서 주침晝寢은 낮에 할 일 없이 빈둥거리며 누워 있는 것을 의미한다고도 한다. 주침晝寢을 낮잠으로 이해한 옛 선비들은 낮잠을 자지 않으려고 무진 애를 썼다. 그래서 패사稗史나 잡기雜記 같은 우스개 이야기책들을 모아놓고 읽으면서, 졸음을 깨부순다는 『파수록破睡錄』이니, 졸음을 막는다는 『어면순禦眠楯』 같은 제목을 붙여놓기도 했다. 이런 책 서문序文에 낮잠을 쫓기 위한 것이라는 변명을 늘어놓은 것도 이 장章과 무관하지 않을 것이다.

제자 합평合評

안연顔淵 · 자로子路

다음은 공자가 안연顔淵을 칭찬하자, 자로子路도 자신에 관해 물으니 답한 내용이다.

> 공자가 안연顔淵에게 "등용登用해주면 [나가서 도道를] 행하고 버려지면[사捨] 물러나서 은둔하는 것은 오직 나와 너만 할 수 있다."라고 하자, 자로子路가

"선생님께서 삼군三軍을 통솔[행行]하신다면 누구와 더불어 하시겠습니까?"라고 물으니, 공자는 "맨손으로 범을 잡고 맨몸으로 황하黃河를 건너려다가 죽어도 후회함이 없는 자와는 내가 함께하지 않을 것이니, 반드시 일에 임臨하여 신중愼重[구懼]하고, 계획하기[모謀]를 좋아하여 성공成功하는 자와 함께할 것이다."라고 했다. 子謂顔淵曰 用之則行 舍之則藏 惟我與爾 有是夫 子路曰 子行三軍 則誰與 子曰 暴虎馮河 死而無悔者 吾不與也 必也臨事而懼 好謀而成者也 〈술이述而〉10

* 성인聖人은 도道를 행함과 은둔함 사이에서 의도함도 없고 반드시 이루어지기를 기대함도 없어서, 도道를 행하게 되어도 자리를 탐내지 않고, 은둔하게 되어도 혼자만 선善하려고 하지 않는다. 만약 욕심 있는 사람이라면 등용되지 않았어도 도道를 행하기를 구하려고 할 것이고, 버려졌어도 은둔하지도 못할 것이다. 이러므로 오직 안자顔子만 이에 참여할 수 있다.

1만 2천 5백 인人이 1군軍이 되니, 3군三軍은 대국大國이라야 낼 수 있는 군사다. 자로子路는 공자가 유달리 안연顔淵만을 아름답게 여기는 것을 보고, 자신의 용기를 자부自負하여 공자가 삼군三軍을 통솔한다면 반드시 자기와 함께할 것이라 여겼다. 포호暴虎는 맨손으로 잡는 것이고, 빙하馮河는 맨몸으로 하수河水를 건너는 것이다. 구懼는 일을 신중히 하는 것이고, 성成은 계획한 것을 이루는 것이다. 군사를 통솔하는 요체要諦는 실제로 '반드시 일에 임臨하여 신중愼重하고, 계획하기[모謀]를 좋아하여 성공成功하는 必也臨事而懼 好謀而成' 것을 벗어나지 않을 것인데, 자로子路가 이 이치를 알지 못했으므로, 공자가 자로子路의 용기를 눌러서 가르친 것이다.

자로子路가 비록 욕심 있는 자는 아니지만, 고집固執과 기필期必이 없는 것은 아니다. 삼군三軍을 행하는 것으로 질문함에 이르러서는 그 논의가 더욱 어리석다. 공자의 말은 대개 그 잘못으로 인해서 구제한 것이니, 꾀하지 않으면 이룰 수 없고 신중하지 않으면 반드시 패하는 것은 작은 일도 오히려 그러한데 하물며 삼군을 통솔함에 있어서겠는가.

자하子夏·자장子張

다음은 자공子貢이 자하子夏와 자장子張을 두고 비교해서 공자에게 물은 내용이다.

> 자공子貢이 묻기를 "사師[자장子張]와 상商[자하子夏]은 누가 낫습니까?" 하니, 공자가 "사師는 지나치고, 상商은 미치지 못한다."라고 했다. 자공子貢이 "그러면 자장子張이 낫습니까?"라고 하니, 공자가 "지나침은 미치지 못함과 같다."라고 했다. 子貢 問 師與商也 孰賢 子曰 師也 過 商也 不及 曰 然則師 愈與 子曰 過猶不及 〈선진先進〉15

* 유愈는 낫다[승勝]와 같고, 도道는 중용中庸으로 지극至極함을 삼는 것이다. 어진 자[현자賢者]와 지혜로운 자[지자智者]의 지나침[과過]이, 어리석은 자[우자愚者]와 같잖은 자[불초자不肖子]의 미치지 못함[불급不及]보다 나은 것 같지만 중용中庸을 잃은 것은 마찬가지다.

자장子張은 재주가 높고 뜻이 넓어서 구차스럽게 하기 어려운 일을 하는 것을 좋아했으므로 항상 중中을 지나쳤고, 자하子夏는 독실하게 믿고 삼가 지켜서 규모가 좁았으므로 항상 미치지 못했으니, 중용中庸의 덕德을 잃었다는 관점에서는 두 사람 모두 같다. 이는 중용中庸의 덕德됨이 지극하기 때문이다. 대개 지나침과 미치지 못함이 똑같지만, 털끝만 한 차이가 천 리나 어굿나게[류戾] 되므로 공자의 가르침은 지나침을 억제하고 미치지 못함을 이끌어서 중도中道에 돌아가게 할 따름이었다.

중유仲由[자로子路]·염구冉求[염유冉有]

다음은 계씨季氏의 아들 계자연季子然이 중유仲由와 염구冉求에 대해 대신大臣이라고 이를 만하냐는 물음에 공자가 답한 내용이다.

> 계자연季子然이 "중유仲由와 염구冉求를 대신大臣이라고 이를 만합니까?"라고 물으니, 공자가 "나는 그대가 좀 다른 질문을 할 것으로 생각했는데 마침내 유由와 구求를 묻는군. 이른바 대신大臣이란, 도道로써 군주를 섬기다가 불가不可하면 그만두는 것인데, 지금 유由와 구求는 숫자나 채우는 신하라고 할 수 있지."라고 했다. 계자연季子然이 "그렇다면 이들은 [윗사람을] 따르기만 하는 자들입니까?"라고 하니, 공자가 "아버지와 군주를 시해弑害하는 일은 따르지 않을 것이다."라고 했다. 季子然問 仲由冉求 可謂大臣與 子曰 吾 以子爲異之問 曾由與求之問 所謂大臣者 以道事君 不可則止 今由與求也 可謂具臣矣 曰 然則從之者與 子曰 弑父與君 亦不從也 〈선진先進〉23

　* 중유仲由는 자로子路의 이름이고, 冉求염구는 염유冉有의 다른 이름이며, 이異는 보통과 다름이고, 증曾은 마침내[종내終乃]와 같다. 계자연季子然은 계씨季氏의 후예로 계환자季桓子의 동생이고 계강자季康子의 삼촌인데 자기 집에서 두 신하를 얻은 일을 스스로 대단하다고 여겨 공자에게 물었는데, 두 사람을 가볍게 여겨 계자연季子然을 억누른 것이다.

　계씨季氏가 권력을 전횡하여 함부로 도道에 어긋난 짓을 했는데, 두 사람은 계씨季氏 밑에서 벼슬을 하면서도 이를 바로잡지 못하고 불가不可함을 알고도 멈추지 못했다. 그래서 공자가 숫자나 채우는 신하라고 했다. 그렇지만 계씨季氏가 이미 임금을 무시하는 마음이 있었으므로 사람을 얻은 것을 스스로 과시하고, 속으로 자기를 따르게 할 수 있을 것이라 여겼다. 그래서 계자연季子然이 이처럼 말한 것인데, 공자가 '아버지와 임금을 시해하는 것은 따르지 않을 것이다. 弑父與君 亦不從也'라고 하여 계자연季子然의 사심私心을 눌렀다.

염유冉有[염구冉求]와 계로季路[자로子路]가 계씨季氏의 가신家臣으로 있으면서, 계씨季氏가 장차 전유국顓臾國을 정벌하려는 뜻이 있음을 알고 공자를 찾아왔다. 다음은 주로 염유冉有와 나눈 대화 내용이다.

계씨季氏가 장차 전유국顓臾國을 정벌하려고 하니, 염유冉有[염구冉求]와 계로季路[자로子路]가 공자를 뵙고서, "계씨季氏가 장차 [정벌하는] 일이 전유국顓臾國에 있을 것입니다."라고 했다. 공자가 "구求야, 이것은 네 잘못이 아니냐? 저 전유국顓臾國은 옛날 선왕先王께서 동몽산東蒙山 제주祭主로 삼았고, [노魯] 나라의 영역 안에 있으니, 이는 사직社稷 신하다. 어떤 이유로 정벌하겠냐?"라고 했다.

염유冉有가 "부자夫子[계손季孫]가 그러려고 한 것이지, 우리 두 신하는 모두 바라지 않습니다."라고 했다. 공자가 "구求야, [옛 사관史官인] 주임周任이 능력을 펴서 지위에 나아갔다가 할 수 없을 때는 그만둔다고 했는데, [시각장애인이] 위태로운데 잡아주지 못하고 넘어져도 부축해주지 못한다면, 장차 그런 조력자를 어디에다 쓰겠냐. 또 네 말이 지나쳤다. 호랑이나 들소[호시虎兕]가 우리[합柙]에서 뛰쳐나오고 [점치는] 거북이나 구슬이 상자 속에서 망가졌다면, 이건 누구의 잘못이겠냐?"라고 했다.

염유冉有가 "지금 저 전유국顓臾國은 [성곽城郭이] 견고하고 비읍費邑에서 가까우니, 지금 취하지 않으면 후세에 반드시 자손의 근심이 될 것입니다."라고 했다. 공자가 "구求야, 탐이 난다고 말하는 것을 제쳐두고서 기필코 그것을 변명하는 것을 군자는 싫어한다. 내[구丘]가 들으니, 나라가 있고 집이 있는 자는 [백성이] 적은 것을 근심하지 않고 [빈부貧富가] 고르지 못한 것을 근심하며, [백성이] 가난한 것을 근심하지 않고 편안하지 않음을 근심한다고 한다. 대개 균등하면 [백성이] 가난할 리 없고, 화목하면 [백성이] 적을 리 없으며, 편안하면 [나라가] 기울어질 리 없다. 이와 같으므로 먼 지역 사람들이 복종하지 않으면 문덕文德을 닦아서 오게 하고, 이미 오게 했으면 편안하게 해줘야 한다. 그런데 지금 유由와 구求는 부자夫子[계손季孫]를 도우면서, 먼 지역 사람이 복종하지 않는데도 오게 할 수도 없고, 나라가 분열되어 무너지고 갈라지는데도 지킬 수도 없으면서 나라 안에서 전쟁을 일으킬 생각이나 하고 있으니, 나는 계손季孫의 우환憂患이 전유국顓臾國에 있지 않고 조정朝政 안[소장지내蕭墻之內]에 있을까 두렵다."라고 했다. 季氏將伐顓臾 冉有季路見於孔子曰 季氏將有事於顓臾 孔子曰 求 無乃爾是過與 夫顓臾 昔者 先王以爲東蒙主 且在邦域之中矣 是社稷之臣也 何以伐爲 冉有曰 夫子欲之 吾二臣者 皆不欲也 孔子曰 求 周任 有言曰 陳力就列 不能者 止 危而不持 顚而不扶 則將焉用彼相矣 且爾言 過矣 虎兕出於柙 龜玉 毀於櫝中 是誰之過與 冉有曰 今夫顓臾 固而近於費 今不取 後世 必爲子孫憂 孔子曰 求 君子 疾夫舍曰欲之 而必爲之辭 丘也 聞有國有家者 不患寡而患不均 不患貧而患不安 蓋均 無貧 和 無寡 安 無傾 夫如是故 遠人 不服則修文德以來之 旣來之則安之 今由與求也 相夫子 遠人 不服而不能來也 邦分崩離析而不能守也 而謀動干戈於邦內 吾恐季孫之憂

* 전유顓臾는 나라 이름인데 노魯나라 같이 큰 나라에 딸려서 그 지배支配를 받는 작은 나라[부용국附庸國]다. 주임周任은 옛 어진 사관이고, 진陳은 폄[포佈]이며, 열列은 위位[지위地位]이고, 상相은 시각장애인[고자瞽者]의 조력자다. 시兕는 들소野牛고, 합柙은 우리[함檻]며, 독櫝은 궤匱다. 고固는 성곽城郭이 완전하고 견고함을 말하고, 비費는 계씨季氏의 사읍私邑이다. 과寡는 백성이 적음이고, 빈貧은 재물이 부족함이며, 균均은 각각 자기 분수를 얻음이고, 안安은 상上ㆍ하下가 서로 편안이며, 간干은 방패[순楯]고, 과戈는 창[극戟]이며, 소장蕭墻은 병풍[병屛]이다.

자로子路는 비록 모의謀議에 참여하지 않았으나, 평소 의義로써 보필輔弼하지 못했으므로 또한 죄가 없다고 할 수 없어서 공자가 아울러 꾸짖었다. 그런데 공자가 유독 염구冉求를 꾸짖은 것은 그가 계씨季氏를 위해 세금을 많이 거두었기 때문일 것이다.

동몽東蒙은 산 이름이고, 선왕先王이 산 아래에다 전유顓臾를 봉해주어 제사를 주관하게 했으니 노魯나라 땅 칠백七百 리里 안에 있다. 사직社稷은 국가라고 말하는 것과 같다. 당시 넷으로 나뉜 노魯나라를 계씨季氏가 둘을 차지하고 있으면서 노魯나라 공신公臣이 된 전유국顓臾國을 취하여 자기에게 보태고자 했다. 염유冉有는 실제로 이 모의에 참여했으면서도 자기 허물을 계씨季氏에게 돌렸다. 그러자 공자는 옛날 어진 사관史官 주임周任의 언행을 인용하여 그 잘못을 지적했다. 염유冉有와 계로季路가 계손季孫을 도우면서, 먼 지역 사람 곧 전유顓臾 사람이 복종하지 않는데도 오게 할 수도 없고, 나라가 분열되어 무너지고 갈라지는데도 지키지도 못하면서 나라 안에서 전쟁을 일으킬 생각이나 하고 있었으므로, 공자는 계손季孫의 우환憂患이 전유국顓臾國

에 있지 않고 조정朝政 안에 있다고 한 것이다.

특히 염유冉有의 변명을 보면, 계씨季氏가 욕심을 내서 그런 것이고, 자신은 그럴 뜻이 없다고 하자, 보필하는 신하가 제대로 보필하지 않은 것을 공자가 심히 나무랐다. 요즘 참모라는 사람들도 일의 결과가 잘못되면 최고 책임자의 성격 탓으로 돌리지는 않는지 의심스럽다.

안회顔回 · 자공子貢

다음은 공자가 안회顔回와 자공子貢의 일상 태도를 언급한 내용이다.

> 공자는 "안회顔回는 [도道에] 가까웠으나 자주 끼니를 굶었고, 사賜[자공子貢]는 천명天命을 받아들이지 않고 재화財貨를 늘렸으나 억측臆測을 하면 자주 적중했다."라고 했다. 子曰 回也 其庶乎 屢空 賜 不受命 而貨殖焉 億則 屢中 〈선진先進〉18

 * 서庶는 가까움이니 도道에 가까움이고, 누공屢空은 곡식 통[궤匱]이 자주 빈 것이다. 명命은 천명天命을 이르고, 화식貨殖은 재화財貨를 낳아서 불림이며, 억億은 속으로 헤아림[의탁意度]이다.

안회顔回는 가난해도 마음이 외물外物에 움직이지 않아서 부富를 구하지 아니했으므로 쌀독이 자주 비어 끼니를 걸렀지만, 그의 언행은 도道에 가깝고 또 가난에 편안할 수 있었으니, 이른바 안빈낙도安貧樂道의 삶을 즐겼다. 자공子貢은 천명天命을 받아들이지 않고 재화財貨를 낳아서 불리는 화식貨殖에 마음을 두었는데, 재주와 지식이 밝아서 일을 헤아리면 적중한 것이 많았다.

첫 번째 제자에 대한 평

자로子路·자공子貢·염구冉求

다음은 계강자季康子가 자로子路와 자공子貢과 염구冉求의 정치력政治力에 대해서 공자에게 물으니 답한 내용이다.

> 계강자季康子[계환자季桓子 사斯의 아들]가 "중유仲由[자字는 자로子路 또는 계로季路]는 정사政事를 맡길 만합니까?" 하고 물으니, 공자가 "그는 과단성果斷性이 있으니 정사를 보는 데 무슨 어려움이 있겠는가."라고 했다. "사賜[자字는 자공子貢] 정사를 맡길 만합니까?" 하니, "사賜는 [사리事理에] 통달했으니 정사를 보는 데 무슨 어려움이 있겠는가."라고 했다. "구求[염구冉求 자字는 자유子有]는 정사를 맡길 만합니까?" 하니, "구求는 다재다능多才多能하니 정사를 보는 데 무슨 어려움이 있겠는가."라고 했다. 季康子 問 仲由 可使從政也與 子曰 由也 果 於從政乎 何有 曰 賜也 可使從政也與 曰 賜也 達 於從政乎 何有 曰 求也 可使從政也與 曰 求也 藝 於從政乎 何有 〈옹야雍也〉6

* 종정從政은 대부大夫가 됨을 이르고, 과果는 결단決斷이 있음이며, 달達은 사리事理에 통함이고, 예藝는 재능才能이 많음이다. 계강자季康子는 계손季孫[계환자季桓子] 사斯의 아들이고 앞에 나온 계자연季子然의 조카인데, 계손季孫 비肥로도 불렸다. 중유仲由는 자字가 자로子路 또는 계로季路이고, 사賜는 자字가 자공子貢이며, 염구冉求는 자字가 자유子有고, 염유冉有 또는 염자冉子로도 불렸다.

계강자季康子가 공자에게 제자들의 정사政事 능력에 관해 물었는데, 공자는 중유仲由의 과단성果斷性, 자공子貢의 사리통달事理通達, 염구冉求의 다재다능多才多能을 들어 어려움이 없을 것이니 정사政事를 맡길 수 있다고 하였다. 이 말속에는 누구든지 장점이 있으면, 그 점을 들어서 정사를 맡길 수 있다는 것을 의미한다. 정사政事는 그 사람의 장점을 보고 등용하는 것이다.

민자건閔子騫 · 자로子路 · 염유冉有 · 자공子貢

다음은 민자건閔子騫과 자로子路와 염유冉有와 자공子貢의 성격과 태도를 보고 공자가 즐거워한 것을 기록한 것이다.

> 민자閔子는 [공자를] 모시고 옆에 있을 때 온화하였고[은은誾誾], 자로子路는 굳세었으며[행행行行], 염유冉有와 자공子貢은 강직하니[간간侃侃], 공자가 즐거워했다. [공자가] "유由[자로子路] 같은 자는 제대로 죽지 못할 것이다."라고 했다. 閔子 侍側 誾誾如也 子路 行行如也 冉有子貢 侃侃如也 子樂 若由也 不得其死然 〈선진先進〉**12**

* 은은誾誾은 화열和說함이고, 행행行行은 굳세고 강한 모양이고, 간간侃侃은 강직剛直함이다. 공자가 즐거워한 것은 영재英才를 얻어 교육하였기 때문이다.

'유由[자로子路] 같은 자는 제대로 죽지 못할 것이다. 若由也 不得其死然'는 위衛나라 태자太子 괴외蒯聵가 진晉나라로 망명했다가 영공靈公이 죽자 다시 위衛나라로 돌아와 집정대신執政大臣 공리孔悝에게 자기 아들 첩輒을 왕위에서 축출하도록 위협한 사건 때 위衛나라 녹祿을 받고 있던 자로子路가 죽었다.

첫 번째 제자에 대한 평

자로子路 · 증석曾晳 · 염유冉有 · 공서화公西華

다음은 자로子路를 비롯한 제자들이 공자를 모시고 앉아 담소하는 장면이다.

자로子路와 증석曾晳과 염유冉有 그리고 공서화公西華가 [공자를] 모시고 앉아 있었는데, 공자가 "내가 너희보다 [나이가] 다소 많다고 하여, 나 때문에 [말하기를 어려워하지] 말라. 너희가 평소[거居]에 '나를 알아주지 않는다.'라고 했는데, 만일 혹시라도 너희를 알아준다면 어찌하겠느냐?"라고 했다.

자로子路가 조심성 없이 성급하게[솔이率爾] 응대하여 "천승千乘의 나라가 대국大國 사이에 끼어서 군사[사려師旅]가 더해져[가加] 그 때문에 기근饑饉이 들더라도, 제[유由]가 다스리면 3년 정도 이르러 백성들을 용맹하게 하고 장차 [의리義理로] 향할 줄을 알게 할 수 있습니다."라고 하니, 공자께서 빙그레 웃었다.

[공자가] "구求야, 너는 어떠하냐?"라고 하니, [구求가] 응대하기를 "사방[방方] 6, 70리, 혹은[여如] 5, 60리쯤 되는 나라를 제[구求]가 다스려 3년 정도면 백성을 풍족하게 할 수 있으나, 예禮 · 악樂만은 군자君子를 기다리겠습니다."라고 했다.

[공자가] "적赤아, 너는 어떠하냐?"라고 하니, [적赤이] 응대하기를 "[제가] 할 수 있는 것은 아니지만 배우기를 원합니다. 종묘宗廟의 제사[사事]와 [제후諸侯들이] 회동會同할 때 검은 단을 댄 옷[현단복玄端服]과 예관禮冠[장보관章甫冠] 차림을 하고, [임금의 예禮를] 돕는 작은 집례자執禮者[소상小相]가 되기를 원합니다."라고 했다.

[공자가] "점點아, 너는 어떠하냐?" [증점曾點이] 비파를 드문드문[희希] 타다

가 땡하고 비파를 놓고 일어나 응대하기를 "[저는] 세 사람이 가진 뜻[선撰]과 다릅니다."라고 하니, 공자가 "무엇이 나쁘겠는가. 각기 자기의 뜻을 말한 것이다."라고 하자. [증점曾點이] "늦봄[모춘莫春]에 봄옷이 이미 만들어지면 관冠을 쓴 어른 5, 6명과 동자童子 6, 7명이 함께 기수沂水에서 목욕하고, 무우舞雩에서 바람을 쐬고 노래하며 돌아오겠습니다."라고 했다. 공자가 위연喟然히 탄식하며, "나는 점點[증석曾晳]을 허여許與한다."라고 했다.

세 사람이 나가자, 증석曾晳이 뒤에 있다가 "저 세 사람의 말이 어떻습니까?"라고 하니, 공자가 "또한 각자 자기 뜻을 말했을 뿐이다."라고 했다. [증석曾晳이] "선생님께서는 무엇 때문에 유由의 [말을 듣고] 빙그레 웃으셨습니까?"라고 하니, [공자가] "나라를 다스림은 예禮로써 해야 하는데, 그의 말이 겸손하지 않았으므로 웃었다."라고 했다. [증석曾晳이] "구求의 말은 나라를 다스리는 것이 아닙니까?" 하니, [공자가] "사방 6, 70리, 혹은 5, 60리이면서 나라가 아닌 것을 어디[안安]에서 보겠느냐?" [증석曾晳이] "적赤이 말은 나라를 다스리는 일이 아닙니까?" 하니, [공자가] "종묘宗廟의 제사와 회동會同하는 일이 제후諸侯의 [일이] 아니고 무엇이겠냐? 적赤이 작은 집례자執禮者[소小]라면, 누가 큰 집례자執禮者[대大]가 되겠느냐?"라고 했다. 子路曾晳冉有公西華 侍坐 子曰 以吾 一日長乎爾 毋吾以也 居則曰不吾知也 如或知爾 則何以哉 子路 率爾而對曰 千乘之國 攝乎大國之間 加之以師旅 因之以饑饉 由也 爲之 比及三年 可使有勇 且知方也 夫子 哂之 求 爾 何如 對曰 方六七十 如五六十 求也 爲之 比及三年 可使足民 如其禮樂 以俟君子 赤 爾 何如 對曰 非曰能之 願學焉 宗廟之事 如會同 端章甫 願爲小相焉 點 爾 何如 鼓瑟希 鏗爾舍瑟而作 對曰 異乎三子者之撰 子曰 何傷乎 亦各言其志也 曰 莫春者 春服 旣成 冠者五六人 童子六七人 浴乎沂 風乎舞雩 詠而歸 夫子 喟然嘆曰 吾與點也 三子者

出 曾晳 後 曾晳曰 夫三子者之言 何如 子曰 亦各言其志也已矣 曰
夫子 何哂由也 曰 爲國以禮 其言 不讓 是故 哂之 唯求則非邦也與
安見方六七十 如五六十而非邦也者 唯赤則非邦也與 宗廟會同 非諸侯
而何 赤也 爲之小 孰能爲之大 〈선진先進〉**25**

* 증석曾晳은 증삼曾參의 아버지인데 이름이 점點이다. 이천오백 인人이 사師가 되고, 오백 인人이 여旅가 된다. 따라서 '사려師旅가 더해진다. 加之以師旅'는 전쟁하게 된다는 뜻이다. 솔이率爾는 경솔하고 급한 모양이고, 섭攝은 끼어 있다는 의미다. 곡식이 익지 않은 것이 기饑고, 채소가 익지 않은 것이 근饉이다. 방方은 향向이니, 의리義理를 향하는 것을 말한다. 사방 6, 70리는 소국小國이고, 5, 60리는 더 작은 나라다. 제후諸侯가 때때로 만나는 것은 회會이고, 여럿이 만나는 것은 동同이라고 한다. 단端은 검은 단을 댄 현단복玄端服이고, 장보章甫는 예관禮冠이며, 상相은 임금의 예禮를 돕는 자다.

네 사람이 모시고 앉았을 때 나이로 치면 증점曾點이 마땅히 두 번째에 대답해야 하지만, 비파를 타고 있었으므로 공자가 염구冉求와 공서적公西赤에게 먼저 물은 뒤에 증점曾點에게 옮겨간 것이다. 희希는 드물 희稀고, 작作은 앉았다가 일어남이며, 선撰은 갖춤[구具]이고, 모춘莫春의 모莫는 '저물 모暮'로 온화하고 따뜻할 때며, 춘복春服은 홑옷과 겹옷이다. 욕浴은 세수하고 씻는 것이니, 상사일上巳日에 액을 제거하는 것이다. 기沂는 물 이름이니 노魯나라 성남城南에 있다. 풍風은 시원한 바람을 쐬는 것이고, 무우舞雩는 하늘에 제사하고 기우제를 지내는 곳이다.

증점曾點의 학문은 대개 인욕人慾이 다한 곳에 천리天理가 유행하고, 곳에 따라 충만하여 조금도 부족함과 결함이 없음을 볼 수 있다. 그러므로 동정動靜의 즈음에 차분하고 자연스러움이 이와 같았고, 뜻[지志]을 말함은 또 자신이 처한 바의 위치에 나아가서 일용의 떳떳함을 즐기는데 지나지 않았으며, 처음부터 자기를 버리고 남을 위하려는 뜻이 없어서 그 가슴속이 한가롭고 자연스러워 곧바로 천지^{天地} 만물^{萬物}과 더불어 상^上·하^下가 함께 유행하여, 각자 그 자리를 얻은 묘^妙함이 은연중에 저절로 말 밖에 나타나 있다. 그러니 증석^{曾皙}의 기상^{氣象}은 자로^{子路}와 염구^{冉求}와 공서적^{公西赤}이 정사^{政事}의 말단^{末端}에 급급^{急急}함에 있는 것과 같지 않았으므로, 부자^{夫子}가 감탄하고 또 깊이 허락하였으니, 문인^{門人}이 그 본말을 기록할 때 유독 자세하게 한 것이라고 한다.

공자는 노인을 편안하게 하고, 벗을 믿음으로 대해주며, 젊은이를 은혜로 품어주어 만물이 그 본성^{本性}을 이루지 못함이 없게 하는 데 그 뜻을 두었는데, 증점^{曾點}이 그것을 알았다. 그러므로 공자가 위연^{喟然}히 탄식하며, 나는 증점^{曾點}을 마음속으로 허락[허여^{許與}]한다고 한 것이다.

시^柴 · 삼^參 · 사^師 · 유^由

다음은 시^柴[자고^{子羔}]와 삼^參[증자^{曾子}]과 사^師[자장^{子張}] 그리고 유^由[자로^{子路}]에 대한 공자의 평이다.

[공자가] "시^柴는 우직하고, 삼^參은 노둔하고, 사^師는 치우치고, 유^由는 거칠다."라고 했다. [子曰] 柴也 愚 參也 魯 師也 辟 由也 喭 〈선진^{先進}〉17

＊시^柴는 자고^{子羔}, 삼^參은 증자^{曾子}, 사^師는 자장^{子張}, 유^由는 자로^{子路}다. 우^愚는 아는 것이 부족하지만, 후덕함에는 남음이 있고, 노^魯는 둔^鈍한 것이며, 벽^辟은 치우침이니, 몸가짐과 행동에 익숙하여 성실함이 부족함을 이르고, 언

^嘐은 거칠고 속됨이다.

시^柴는 공자 제자^{弟子}인데 성^姓은 고^高요, 자^字는 자고^{子羔}다. 『공자가어^{孔子家語}』에, "시^柴는 발로 남의 그림자를 밟지 않고, 칩거^{蟄居}를 열고 나온 것은 죽이지 않았으며, 바야흐로 자라는 초목은 꺾지 않았고, 부모의 상^喪을 집행함에는 피눈물 흘리기 3년에 치아를 보인 적이 없으며, 난리를 피해 갈 때는 지름길[경^徑]로나 구멍[두^竇]으로 나가지 아니하였다."라고 했으니 그 사람됨을 볼 수 있다고 했다.

자고^{子羔} 같은 이는 시묘^{侍墓} 3년에 피눈물을 흘리고 치아^{齒牙}를 보이지 않았다고 하여 돌아가신 부모 모시기를 지극히 한 것을 당시에는 우직한 효자로 여겼지만, 오늘날에 이런 효행을 행한 사람이 있다면 이를 흠모해서든 비판해서든 흥미로운 기사의 소재나 될 뿐이다. 효^孝란 말로 가르치고 강요해서 될 일이 아니다. 심청처럼 하늘이 낸 효녀가 아니라면 어른들이 먼저 몸으로 모범을 보여줘야, 자녀가 이를 자연스럽게 체득하여 마음에서 진정으로 우러나 행하게 된다. 자고^{子羔}는 그 마음이 그렇게 하지 않고서는 마음에 흡족하지 않아서 그렇게 했을 것이다.

정자^{程子}는 증자^{曾子}를 두고 노둔^{魯鈍}으로 도^道를 얻었다고 하면서, 그가 마침내 공자의 도^道를 전한 것은 그 노둔^{魯鈍}함 때문이라고 했다. 어른들 말씀에 재주가 승^勝하여 재변^{才辯}에 능^能한 자는 행동이 가벼워 학문을 끝까지 이루어 나가지 못하고, 재주가 둔^鈍하여 언변^{言辯}이 어눌^{語訥}한 자는 행동은 느리지만, 학문은 끝까지 이루어 나간다고 한다.

안연^{顏淵} 외^外 9인

다음은 공자가 진^陳나라 채^蔡나라 사이에서 곤액을 당했을 적에는 여러 제자가 따랐지만 몇몇 제자들은 함께하지 못하여, 공자가 그들을 생각하고 언급한 내용이다. 이들을 흔히 공문십철^{孔門十哲}이라고 부른다.

> 공자는 "진^陳나라와 채^蔡나라에서 나를 따르던 자들이 모두 문하^{門下}에 있지 않았다. 덕행^{德行}에는 안연^{顔淵} · 민자건^{閔子騫} · 염백우^{冉伯牛} · 중궁^{仲弓}이고, 언어^{言語}에는 재아^{宰我} · 자공^{子貢}이며, 정사^{政事}에는 염유^{冉有} · 계로^{季路}이고, 문학^{文學}에는 자유^{子游} · 자하^{子夏}다."라고 했다. 子曰 從我於陳蔡者 皆不及門也 德行 顔淵閔子騫冉伯牛仲弓 言語 宰我子貢 政事 冉有季路 文學 子游子夏 〈선진^{先進}〉2

* 제자^{弟子}가 공자의 말을 인용하여 이 열 사람을 기록하고, 아울러 그 뛰어난 점을 네 분야로[사과^{四科}]로 나누었으니, 공자가 사람을 가르칠 때 각자 그 자질로 근거했음을 볼 수 있다. 위의 글을 근거로 공문십철^{孔門十哲}을 운운하기도 하는데, 이는 세속^{世俗}의 의논일 뿐이다. 그러니 어느 제자가 공문십철^{孔門十哲}에 속하는지 아닌지에 관심을 가질 일은 아닌 것 같다.

첫 번째 제자에 대한 평

두 번째

타자^{他者}에 대한 평^評

여기서는 공자가 타자^{他者}에 대해 어떤 평가를 하고 있는지를 살피려고 한다. 타자^{他者}라 함은 성현^{聖賢}과 춘추시대^{春秋時代}의 인물^{人物} 그리고 부정적^{否定的}으로 비판받고 있는 인물^{人物}을 말한다.

성현^{聖賢}

요^堯임금

다음은 공자가 요^堯임금을 칭송한 내용이다.

공자가 "위대하도다. 요^堯의 임금 되심이여! 높고 크도다. 유일하게 하늘이 큰데 오직 요^堯임금만이 그것을 본받았도다! [그 공덕^{功德}이] 넓고 멀어서 백

515

성들이 이름 붙일 수 없도다! 높고 큰 그 공적功績을 이룬 모습이여! 그 예禮 · 악樂과 법도法度가 찬란하도다."라고 했다. 子曰 大哉 堯之爲君也 巍巍乎 唯天 爲大 唯堯 則之 蕩蕩乎民無能名焉 巍巍乎其有成功也 煥乎其有 文章〈태백泰伯〉**19**

* 유唯는 홀로이고, 칙則은 같음[준準]이다. 외외巍巍는 높고 큼이고, 탕탕 蕩蕩은 넓고 멂이다. 성공成功은 사업事業이고, 환煥은 광명光明의 모양이며, 문장 文章은 예禮 · 악樂과 법도法度를 말한다.

천도天道는 커서 무위無爲로 이루어지는데, 오직 요堯임금이 그것을 본받아서 천하를 다스렸으므로 백성이 명명할 수 없고, 명명할 수 있는 것은 그의 공업功業과 문장文章이 드높아 찬란함이다. 공자는 요堯임금의 덕德의 넓고 먼 것이 하늘과 같아서 말로 표현할 수 없고, 그의 공업功業과 문장文章이 드높고 찬란하여 볼 수 있는 것은 오직 예禮 · 악樂과 법도法度뿐이라 했다. 이것은 흔히 요堯 · 순舜 시대라고 하는 그 요堯임금을 말하는데, 그가 이룬 공업功業과 문장文章이 드높고 찬란하기 이를 데 없음을 말한 것이다.

순舜임금과 우禹임금

다음은 순舜임금과 우禹임금의 덕德을 공자가 칭송한 내용이다.

공자는 "높고 큰 순舜임금과 우禹임금은 천하天下를 차지하고도 간섭하고 참견[간여干與]하지 않음이여."라고 했다. 子曰 巍巍乎 舜禹之有天下也而不 與焉〈태백泰伯〉**18**

　　　　　　　　　　　　　　　두 번째 타자에 대한 평

* 외외^{巍巍}는 높고 큰 모양이고, 불여^{不與}는 서로 관여하지 않는다는 말이다. 공자는 순^舜임금과 우^禹임금은 천하^{天下}를 차지하고도 서로 관여하지 않았다고 했는데, 이것은 제왕의 지위를 즐겁게 여기지 않았다는 의미다. 순^舜임금과 우^禹임금은 요^堯와 순^舜에게 천자^{天子}의 자리를 각각 선위^{禪位} 받은 뒤에 혼신^{渾身}의 힘으로 백성을 돌보았지만 제왕^{帝王}의 자리를 즐기지 않았다. 그런데 요즘 최고책임자들은 민생^{民生}을 최우선으로 한다는 말을 자주 하지만, 백성이 요^堯 순^舜 우^禹 같은 세상을 바란다는 것은 연목구어^{緣木求魚}가 아닐지 심히 의심된다.

우^禹임금

다음은 공자가 우^禹임금을 예찬한 내용이다.

공자는 "우^禹임금은 내가 흠잡을 데가 없도다. 일상의 음식^{飮食}은 간략하게 [비^菲] 하면서도 귀신^{鬼神} 제사^{祭祀}에는 효성^{孝誠}을 다하고, [일상] 의복^{衣服}은 검소하게[오^惡] 하면서도 제복^{祭服}의 무릎 가리개[불^黻]와 관^冠[면^冕]은 아름다움을 다하며, 궁실^{宮室}은 낮게 하면서도 도랑[혁^洫]의 치수^{治水}[구^溝]에는 힘을 다 했으니, 우^禹임금은 내가 흠잡을 데가 없도다."라고 했다. 子曰 禹 吾無間然矣 菲飮食而致孝乎鬼神 惡衣服而致美乎黻冕 卑宮室而盡力乎溝洫 禹 吾無間然矣 〈태백^{泰伯}〉**21**

* 간^間은 틈[하극^{罅隙}]이니 그 틈을 지적해서 도리에 어긋남을 이른다. 비^菲는 박^薄함이다. 귀신^{鬼神}에게 효성^{孝誠}을 다하는 것은 사당^{祠堂} 제사를 풍성하고 깨끗하게 하는 것이다. 의복^{衣服}은 일상복^{日常服}이고, 불^黻은 무릎 가리개

인데 가죽으로 만들고 면冕은 관冠이니, 모두 제복祭服이다. 구혁溝洫은 밭 사이의 물길이니 경계를 바르게 하고 가뭄과 장마를 대비하는 것이다.

우禹임금은 사당祠堂 제사를 풍성하고 깨끗하게 해서 효성孝誠을 다하고, 일상 의복衣服은 검소하게 하면서도 제복祭服은 아름다움을 다하였다. 궁실宮室은 낮게 하면서도 도랑 정비 사업[구혁溝洫]에는 힘을 다했다. 이것은 우禹임금이 효孝와 예禮 그리고 실사實事를 중시하여 풍성하게 하거나 검소하게 했지만, 각각 그 마땅함에 합당해서 틈을 내어 비난할 수가 없으므로 공자가 이처럼 아름답게 여긴 것이다.

순舜임금 · 문왕文王 · 무왕武王

다음은 공자가 순舜임금 신하 다섯과 무왕武王 신하 열 사람을 두고서 천하를 다스린 것과 문왕文王이 삼분三分 천하天下에 둘을 차지하고도 은殷나라 섬긴 덕德을 칭송한 내용이다.

순舜임금은 신하 다섯 사람이 있었는데 천하天下가 다스려졌다. 무왕武王은 "나는 다스리는 신하[난신亂臣] 열 사람을 두었다."라고 하였다. 공자는 "인재 [얻기가] 어렵다는데 그렇지 아니한가? 요堯임금과 순舜임금 즈음에만 이 [주周나라]보다 성盛하였다. [그 신하 중에는] 부인婦人이 있었으니 아홉 사람일 뿐이다. [문왕文王은] 삼분三分 천하天下에 그 둘을 차지하고도 복종하여 은殷나라를 섬겼으니, 주周나라의 덕德은 지극한 덕德이라고 이를 만하다."라고 했다. 舜 有臣五人而天下 治 武王曰 予有亂臣十人 孔子曰 才難 不其然乎 唐虞之際 於斯 爲盛 有婦人焉 九人而已 三分天下 有其二 以服事殷 周之德 其可謂至德也已矣 〈태백泰伯〉**20**

두 번째 타자에 대한 평

* 순임금의 신하 오인五人은 우禹 · 직稷 · 설契 · 고요皐陶 · 백익伯益이다. '무왕왈 여유난신십인武王曰 予有亂臣十人' 구절은 『서경書經』「태서泰誓」의 말인데, 어떤 이는 난亂은 본래 치亂로 썼으니 옛 치治 자字라고 했다.

무왕武王의 신하 십인十人은 주공 단周公旦 · 소공 석召公奭 · 태공망太公望 · 필공畢公 · 영공榮公 · 태전太顚 · 굉요閎夭 · 산의생散宜生 · 남궁괄南宮适이고, 문왕文王 어머니를 말한다. 그러나 어머니를 신하로 삼을 수 없다고 하여, 문왕 어머니 대신에 무왕武王 비妃 읍강邑姜을 넣기도 한다.

본문本文에 '공자왈 재난孔子曰 才難'에서 '자왈子曰'이라고 아니한 것은 공자孔子를 지칭한 것이 위로 '무왕왈武王曰'에 연계되었으므로, 군신君臣 간間이라서 기자記者가 삼간 것이라 했다. '재난才難'은 주周나라 왕실에는 인재가 많았는데, 오직 당우唐虞의 즈음에만 인재가 이보다 성盛했다. 하夏나라와 은殷나라부터는 모두 주周나라에 미치지 못하였고 오히려 다만 이 몇 사람만 있을 뿐이니, 인재 얻기가 어려운 것을 말한 것이다. 당우지제唐虞之際는 요堯와 순舜이 천하天下를 차지한 때를 가리키는데, 도당씨陶唐氏는 요堯임금이고 유우씨有虞氏는 순舜임금이다.

'[문왕文王은] 삼분三分 천하天下에 그 둘을 차지하고도 복종하여 은殷나라를 섬겼다. 三分天下 有其二 以服事殷'라는 것은 『춘추좌씨전春秋左氏傳』에 "문왕文王이 상商[은殷]나라를 배반한 나라를 이끌고 주紂왕을 섬겼다. 文王 率商之畔國 以事紂"라는 것을 말한다. 당시 은殷 왕조王朝를 배반背叛한 나라는 형주荊州 · 양주梁州 · 옹주雍州 · 예주豫州 · 서주徐州 · 양주揚州로 모두 육주六州고, 청주靑州 · 연주兗州 · 기주冀州만 주왕紂王에게 속해 있었다. 문왕文王의 덕德이 상商을 대신할 만하여 하늘이 허락해주고 사람들이 귀의歸依했지만, 그는 상商나라를 취하지 아니하고 복종하여 섬기니 지극한 덕[지덕至德]이 되는 이유다.

다음은 은殷나라 인자仁者들의 군자다운 모습에 대한 기록이다.

[주왕紂王이 포악하자] 미자微子는 떠나고, 기자箕子는 종[노奴]이 되고, 비간比干은 간諫하다가 죽었다. 공자가 "은殷나라에 세 인자仁者가 있었다."라고 했다. 微子 去之 箕子 爲之奴 比干 諫而死 孔子曰 殷有三仁焉 〈미자微子〉1

* 미微 · 기箕는 두 나라의 이름이고, 자子는 작위爵位다. 미자微子는 주왕紂王의 서형庶兄이고, 기자箕子와 비간比干은 주왕紂王의 제부諸父[당내친堂內親]다. 미자微子는 주왕紂王의 무도無道함을 보고 떠나가서 종사宗祀를 보존했고, 기자箕子 비간比干은 모두 간諫하였는데, 주왕紂王이 비간比干을 죽이고 기자箕子를 가두어 종으로 삼았다. 기자箕子는 이 때문에 거짓 미친 체하고 욕辱을 받았다. 미자微子와 기자箕子와 비간比干 세 사람의 행위가 같지 않지만 똑같이 지극한 정성과 간절한 뜻에서 나왔다. 이 세 사람은 각각 그 본심本心을 얻었으므로 똑같이 그들을 인자仁者라고 한 것이다.

태백泰伯

다음은 주周나라 태왕太王의 장자長子 태백泰伯을 공자가 칭송한 내용이다.

공자가 "태백泰伯은 지극한 덕德이 있다고 이를 만하다. 세 번 천하天下를 양보하였지만, 백성들이 [그 덕德을] 칭송할 수 없게 하였구나."라고 했다. 子曰 泰伯 其可謂至德也已矣 三以天下讓 民無得而稱焉 〈태백泰伯〉1

두 번째 타자에 대한 평

* 태백泰伯은 주周나라 태왕太王의 장자長子다. 지덕至德은 덕德이 지극하여 다시 더할 수 없음이고, 세 번 사양[삼양三讓]은 굳이 사양辭讓함이다. '백성이 칭송할 수 없게 하였다. 民無得而稱焉'는 그 사양辭讓이 은미隱微하여 백성이 자취를 볼 수 없음이다.

태왕太王에게 세 아들이 있었는데 맏이는 태백泰伯이고, 차남은 중옹仲雍이며, 그 다음은 계력季歷이다. 태왕太王 때 상商나라는 도道가 차츰 쇠해지고, 주周나라는 날로 강대해졌다. 계력季歷이 아들 창昌을 낳았는데 성덕聖德이 있었다. 태왕太王은 상商나라를 칠 뜻이 있었지만, 태백泰伯이 따르지 아니하였다. 이에 태왕太王이 왕위를 계력季歷에게 전해서 창昌에게 이르게 하고자 했다. 태백泰伯이 그것을 알고 바로 중옹仲雍과 함께 형荊·만蠻으로 도망하였다.

태왕太王이 마침내 계력季歷을 세워 나라를 전하였는데, 창昌에 이르러 천하가 셋으로 나뉘었고 그 둘을 차지하였으니, 이분이 문왕文王이다. 문왕文王이 죽고 아들 발發이 즉위하여 마침내 상商나라를 쳐서 천하를 차지했으니, 이분이 무왕武王이다. 태백泰伯은 상商나라와 주周나라가 교체할 즈음에 제후들에게 확실히 조회를 받고 천하를 차지할 수 있었다. 그러나 포기하고 취하지 아니했으며 또 그 흔적을 완벽히 없앴으니, 그 덕德이 지극하다.

백이伯夷·숙제叔齊

다음은 백이伯夷와 숙제叔齊에 대한 공자의 평評이다.

공자는 "백이伯夷와 숙제叔齊는 사람들의 지난 악행惡行을 마음에 두지 않았다. [이 때문에] 원망하는 사람이 드물었다."라고 했다. 子曰 伯夷叔齊 不念舊

＊ 원시용희怨是用希에서 시용是用은 시이是以고, 희希는 희稀와 같다. 백이伯夷와 숙제叔齊는 고죽군孤竹君의 두 아들이다. 두 사람은 악惡한 임금의 조정에는 벼슬하지 않고, 악인惡人과는 말을 섞지 않았으며, 시골 사람과 더불어 섰을 적에 그 관冠이 바르지 않으면 뒤도 돌아보지 않고 떠났으니, 자기 몸이 더러워질 것을 염려해서다. 대개 그 개결介潔함이 이 같았으니 마땅히 용납容納될 바가 없을 듯하다. 그러나 미워하는 사람이 잘못을 고치면 바로 미워함을 그쳤으므로, 사람들이 또한 심히 원망하지 않았다고 한다.

다음은 학문學問과 덕행德行이 있으면서도 초야草野에 은둔隱遁한 소위 일민逸民들에 대해 공자가 언급한 내용이다.

초야에 은둔한 사람[일민逸民]은 백이伯夷, 숙제叔齊, 우중虞仲, 이일夷逸, 주장朱張, 유하혜柳下惠, 소련少連이다. 공자는 "그 뜻을 굽히지 않으면서 자기 몸을 욕되게 하지 않은 이는 백이伯夷와 숙제叔齊다."라고 하고, 유하혜柳下惠와 소련少連은 "뜻을 굽히고 몸을 욕되게 하였으나, 말이 윤리倫理에 맞고 행실이 사려思慮에 맞았으니, 그들은 이럴 뿐이다."라고 일렀으며, 우중虞仲과 이일夷逸은 "숨어 살면서 말을 함부로 하였으나, 몸가짐은 맑음에 맞았고 벼슬하지 않은 것은 권도權道에 맞았다."라고 일렀고, "나는 이들과 달라서 가可한 것도 없고 불가不可한 것도 없다."라고 했다. 逸民 伯夷 叔齊 虞仲 夷逸 朱張 柳下惠 少連 子曰 不降其志 不辱其身 伯夷叔齊與 謂柳下惠少連 降志辱身矣 言中倫 行中慮 其斯而已矣 謂虞仲夷逸 隱居放言 身中淸 廢中權 我則異於是 無可無不可 〈미자微子〉**8**

* 일逸은 버려지고 빠짐이며, 민民은 지위가 없음을 말한다. 우중虞仲은 곧 중옹仲雍이니, 태백泰伯과 오랑캐 땅[형荊·만蠻]으로 함께 숨은 자이고, 이일夷逸과 주장朱張은 경전經傳에 보이지 않으며, 소련少連은 동이인東夷人이다. 윤倫은 의리義理의 차례. 여慮는 생각함이니 중려中慮는 의의義意가 있어 인심人心에 부합함이다. 소련少連의 일은 상고할 수 없지만, 『예기禮記』 「잡기雜記」에 소련少連이 거상居喪을 잘하여 3일을 게을리하지 않고, 3개월을 느슨하고 게으르지 않았으며, 1년을 슬퍼하고, 3년을 근심했다고 했으니, 행실이 사려思慮에 맞았다. 중옹仲雍[우중虞仲]이 오吳 땅에 살 때 머리털을 깎고 문신文身을 하여 벗은 몸으로 꾸밈을 삼았다. 은거하여 홀로 선善한 것은 도道의 깨끗함에 부합했고, 함부로 말하며 스스로 달아 버린 것은 도道를 형편에 따라서 취한 권도權道에 부합했다.

맹자孟子는 "공자는 벼슬을 할 만하면 벼슬을 하고, 그만둘 만하면 그만두며, 오래 머물 만하면 오래 머물고, 빨리 떠나야 하면 빨리 떠났다."라고 했으니, 이른바 가可함도 없고 불가不可함도 없다고 한 것이다.

공자가 일곱 사람을 든 것은 은둔해서 몸을 더럽히지 않은 것은 같지만, 그들이 마음을 세우고[입심立心] 나아간 행실[조행造行]은 달랐기 때문이다. 백이伯夷와 숙제叔齊는 천자天子가 신하로 얻지 못하고, 제후諸侯가 벗으로 얻지 못했으며, 이미 세상에 은둔하여 무리를 떠났으니, 성인聖人에서 한 단계 내려오면 이들이 가장 높다. 유하혜柳下惠와 소련少連은 뜻을 굽혔으나 몸을 굽히지 않았고, 몸을 욕되게 했으나 영합하지 않았으며, 그 마음에 깨끗하지 않은 것을 달갑게 여기지 않았으니, 말이 윤리倫理에 맞고 행실이 사려思慮에 맞았다. 우중虞仲과 이일夷逸은 숨어 살면서 말을 함부로 하여 말이 선왕先王의 법法에 합하지 않음이 많았지만, 깨끗하여 자기를 더럽히지 않고 권도權道가 떳떳함에 맞았으니, 세속을 벗어난 선비가 의義를 해치고 가르침을 손상해서 큰 질서를 어지럽힌 것과는 다르다. 이 때문에 공자가 똑같이 일민逸 民이라고 이른 것이다.

다음은 주周나라 여덟 선비[팔사八士]에 대한 기록이다.

> 주周나라에 여덟 선비가 있었는데, 백달伯達과 백괄伯适, 중돌仲突과 중훌仲忽, 숙 야叔夜와 숙하叔夏, 계수季隨와 계왜季騧다. 周有八士 伯達 伯适 仲突 仲忽 叔夜 叔夏 季隨季騧 〈미자微子〉11

* 어떤 이는 여덟 선비가 주周나라 성왕成王 때 사람이라고 하고, 또 어떤 이는 선왕宣王 때 사람이라고도 했다. 대개 한 어머니가 네 번 생산하여 여덟 아들을 낳았다고도 하는데 상고詳考할 수가 없다고 했다.

주자朱子는 공자가 〈미자微子〉1의 삼인三仁, 〈미자微子〉8의 일민逸民, 〈미자微 子〉9의 사지師摯, 본장本章의 팔사八士에 대해 이미 모두 칭찬稱讚하고 품평品評하 여 나열했고, 〈미자微子〉5의 접여接輿, 〈미자微子〉6의 장저長沮와 걸익桀溺, 〈미자微 子〉7의 장인丈人에 대해서도 또 매번 마음을 다해 사귀어 인도하려는 뜻이 있 었으니, 이는 대개 쇠퇴한 세상을 근심한 뜻이어서 공자의 느낀 바가 깊다 고 하겠다. 공자가 진陳나라에 있을 적에 탄식한 것도 이와 같다. 삼인三仁[미 자微子 기자箕子 비간比干]은 흠잡을 틈이 없고 나머지 여러 군자도 모두 한 세 대世代의 높은 선비다. 만약 성인聖人의 도道를 얻어듣게 해서 지나친 바는 다 듬고 미치지 못 바는 힘쓰게 했더라면, 세운 바가 어찌 여기에 그칠 뿐이겠 냐고 했다. 그러니 나라 정사가 잘 되고 못됨은 바로 이에 달린 것이다.

두 번째 타자에 대한 평

다음은 춘추시대 현인^{賢人}인 유하혜^{柳下惠}에 대한 기록이다.

유하혜^{柳下惠}는 사사^{士師}가 되었다가 세 번 쫓겨나자, 어떤 이가 "그대는 떠날 수 없었는가?"라고 했다. [유하혜^{柳下惠}는] "도^道를 바로 세워 남을 섬기다 보면 어디 간들 세 번 쫓겨나지 않겠으며, 도^道를 굽혀 남을 섬기기로 하면 어찌 반드시 부모의 나라를 떠나야겠는가?"라고 했다. 柳下惠爲士師 三黜 人曰 子未可以去乎 曰 直道而事人 焉往而不三黜 枉道而事人 何必去父母之邦 〈미자^{微子}〉**2**

　＊ 사사^{士師}는 법령과 재판을 맡은 옥관^{獄官}이다. 출^黜은 내치는 것이다. 지금 세상에도 권력을 가진 자가 자기편에게 법을 적용하지 못하도록 하더라도 유하혜^{柳下惠}처럼 이를 과감히 물리치는 용기 있는 법관이 많아야 세상이 바로 선다.

진^晉 문공^{文公} · 제^齊 환공^{桓公}

다음은 진^晉나라 문공^{文公}과 제^齊나라 환공^{桓公}에 대한 공자의 평^評이다.

공자가 "진^晉나라 문공^{文公}은 속이고 바르지 않았고, 제^齊나라 환공^{桓公}은 바르고 속이지 않았다."라고 했다. 子曰 晉文公 譎而不正 齊桓公 正而不譎 〈헌문^{憲問}〉**16**

＊ 진晉나라 문공文公 이름은 중이重耳고, 제齊나라 환공桓公 이름은 소백小白
이며, 휼譎은 속임이다. 진晉나라 문공文公과 제齊나라 환공桓公은 제후諸侯의
맹주盟主로서 오랑캐[이夷 · 적狄]를 물리쳐 주周나라 왕실을 높였는데, 무력武
力으로 인仁을 빌렸으니 마음이 모두 바르지 않았다. 문공文公은 위衛나라를
정벌해서 초楚나라를 불러들이고 음모陰謀로써 승리를 취했으니, 그 속임이
심했다. 환공桓公은 초楚나라를 정벌할 때, 의義에 의지하고 어떤 일을 구실삼
아 꾸짖는 것을 명분으로 삼아 집행했지만, 속이는 도道는 말미암지 않았
다. 공자가 이것을 드러내어 말한 것은 환공桓公의 행위가 문공文公의 행위보
다 상대적으로 낫다고 여겨서다.

관중管仲

다음은 관중管仲에 대한 공자의 평評이다.

공자는 "관중管仲이 그릇이 작구나."라고 하니, 이 말을 들은 어떤 사람이
"관중管仲은 검소했습니까?" 하고 물었다. 공자는 "관중管仲이 삼귀三歸를 두
었으며, 가신家臣의 일을 겸직시키지 않았으니 어찌 검소하다고 할 수 있겠는
가?"라고 했다. "그러면 관중管仲은 예禮를 알았습니까?" 하고 묻자, 공자는
"나라 임금이라야 병풍으로 문을 가릴 수 있는데 관중도 병풍으로 문을 가
렸으며, 나라의 임금이라야 두 임금이 우호友好로 만날 때에 반점反坫을 둘 수
있는데 관중管仲이 반점反坫을 두었으니, 그가 예禮를 안다면 누가 예禮를 알지
못하겠는가?"라고 했다. 子曰 管仲之器 小哉 或曰 管仲 儉乎 曰 管氏
有三歸 官事不攝 焉得儉 然則管仲 知禮乎 曰 邦君 樹塞門 管氏亦樹
塞門 邦君 爲兩君之好 有反坫 管氏亦有反坫 管氏而知禮 孰不知禮

두 번째 타자에 대한 평

* 관중管仲은 바로 관중管仲과 포숙鮑叔의 사귐이란 고사故事 관포지교管鮑
之交에 나오는 그 관중管仲이다. 관중管仲은 제齊나라 대부大夫로 환공桓公을 도
와 패제후覇諸侯를 만들었지만, 공자는 그를 그릇이 작다[소기小器]고 평가하
여 인의仁義를 중시한 왕도王道를 강조했다. 여기서 그릇이 작다는 것은 성현
聖賢의 대학지도大學之道를 알지 못했으므로, 국량局量이 좁고 얕으며 규모規模
가 낮고 좁아서, 몸을 바르게 하고 덕德을 닦아 임금을 왕도王度에 이르게 할
수 없음을 뜻한다.

삼귀三歸를 주자朱子는 대臺의 이름이라고 했는데, 어떤 이는 귀歸는 여자
가 시집간 것이니 삼귀三歸는 세 성씨의 아내를 얻은 것이라고 했다. 섭攝은
겸함이니, 경대부卿大夫의 가신家臣은 벼슬 수대로 관리를 다 갖출 수 없어서
한 사람이 항상 여러 가지 일을 겸했다. 그런데 관중管仲은 그렇게 하지 않았
으니 그 사치함을 말한 것이다. 병屛은 병풍[수樹]을 이르고, 색塞은 가림과
같으니 문에 병풍을 세워서 내외內外를 가린 것이다. 호好는 좋은 모임이고,
점坫은 두 기둥 사이에 있는데 술잔을 주고받아 마시기를 마치면 그 위에 술
잔을 되돌려 놓는다고 해서 반점反坫이라고 한다. 이 모두는 제후諸侯의 예禮
이지만, 관중管仲이 법도에 어긋나게 이를 썼으니 예禮를 알지 못한 것이다.

『고문진보古文眞寶』권卷7의 〈관중론管仲論〉에서도 소식蘇軾의 부父 소순蘇洵
은 관중管仲이 환공桓公[원문에 위공威公으로 된 것은 송宋나라 흠종欽宗의 이름
이 환桓이어서 휘諱한 것임.]을 도와서 패제후覇諸侯를 만들었지만, 제齊나라의
치적治積은 관중管仲의 공功이 아니라 관중管仲을 천거한 포숙鮑叔의 공功이라고
할 정도로 그를 비판했다.

소식蘇軾도 관중管仲의 사치스러운 행위를 비판했다. 몸을 닦고 집안을

바르게 하여 나라에 미치면, 그 근본이 깊고 그 미침이 원대하니 이를 일러 대기大器라 한다. 양웅揚雄이 말한 '대기大器는 규規·구矩·준準·승繩 같아서 먼저 스스로 닦은 뒤에 남을 다스린다. 大器 猶規矩準繩 先自治而後治人者'라고 한 것이 이것이다. 관중管仲은 삼귀三歸와 반점反坫을 두었고, 환공桓公은 안으로 여섯 여인을 사랑하면서 천하天下의 우두머리가 되었으니 그 근본이 확실히 이미 얕았다. 그러니 관중管仲이 죽고 난 뒤에 환공桓公이 죽자, 천하가 다시 제齊나라를 종주宗主로 삼지 않았다고 했다.

공자는 관중管仲의 공功을 크게 여기면서도 그릇이 작다고 하였으니, 대개 임금을 보좌할 재질이 아니면 비록 제후諸侯를 규합하여 천하를 바로잡았더라도 그 그릇을 칭찬할 것이 못 된다. 관중管仲은 도학道學이 밝지 못하여 왕도王道와 패도霸道의 책략을 섞어서 한 길이라고 여겼으므로, 관중管仲의 그릇이 작다고 한 것이다. 공자의 이 말씀을 들은 제자들은 그가 검소한가 하고 의심하고, 공자가 검소하지 않다고 말해주면 또 예禮를 아는 것인가 하고 의심했다. 이는 세상이 부정한 방법으로 공功을 세우고 규범대로 하는 것을 모르기 때문이니, 그 작음을 깨닫지 못한 것이 당연하다.

다음은 자로子路가 관중管仲의 처신에 대해 논평하자, 공자가 자신의 견해를 피력한 내용인데, 관중管仲을 소기小器라고 했을 때의 관점과는 조금 다르다.

자로子路가 "환공桓公이 공자公子 규糾를 죽이자, 소홀召忽은 그를 위해 따라 죽었고 관중管仲은 죽지 않았으니, 인仁하지 않다고 말해야 할 것입니다."라고 하자, 공자는 "환공揚公이 제후諸侯들을 구합九合[규합糾合]하되 무력武力을 쓰지 않은 것은 관중管仲의 힘이었으니, [누가] 그의 인仁만 하겠는가? [누가] 그의 인仁만 하겠는가?"라고 했다. 子路曰 桓公 殺公子糾 召忽 死之 管仲 不 死 曰 未仁乎 子曰 桓公 九[糾]合諸侯 不以兵車 管仲之力也 如其仁 如其仁 〈헌문憲問〉**17**

　＊ 여기인如其仁은 누가 그의 인仁 같겠냐고 말한 것인데, 거듭 말하여 그의 인仁의 공功을 깊이 인정한 것이다. 이는 관중管仲이 비록 인인仁人은 될 수 없지만, 이로운 은택이 사람에게 미치었다면 인仁의 공적功績이 있다는 의미다.

　자로子路에 관한 언급은 『춘추좌씨전春秋左氏傳』 노장공魯莊公 9년 병신년丙申年 기사記事에 나온다. 제齊나라 양공襄公이 무도無道하니, 포숙아鮑叔牙가 공자公子 소백小白을 모시고 거莒나라로 달아나고, 무지無知가 양공襄公을 시해弑害함에 이르러, 관이오管夷吾[이오夷吾는 이름, 중仲은 자字]와 소홀召忽이 공자公子 규糾를 모시고 노魯나라로 달아났다. 노魯나라 사람들이 공자公子 규糾를 제齊나라로 들여보내려고 했으나 성공하지 못하고, 소백小白이 들어가서 환공桓公이 되었다. 환공桓公이 노魯나라에게 공자公子 규糾를 죽이게 하고 관중管仲과 소홀召忽을 보내주기를 요구하니, 소홀召忽은 죽었고 관중管仲은 함거檻車에 갇히기를 청했다. 그 뒤에 포숙아鮑叔牙가 환공桓公에게 말하여 관중管仲을 재상宰相으로 삼게 했다.

　그래서 자로子路는 자기 임금을 잊고 원수를 섬겼으니, 차마 해서는 안 되는 마음으로 의리를 해쳤으므로 인仁이 될 수 없다고 의심했다. 또 제齊나라 환공桓公이 공자公子 규糾를 죽이자, 소홀召忽은 그를 위해 따라 죽었으나 관중管仲은 죽지 않았으니 불인不仁이라고 했다. 자로子路의 이 말에, 공자는 환공桓公이 제후諸侯들을 규합糾合할 때 무력武力을 쓰지 않은 것은 관중管仲의 힘이었으니, 누가 그의 인仁만 하겠냐고 반복해서 말하여 관중管仲이 비록 인

인^{仁人}이 될 수는 없지만, 그 혜택이 사람들에게 미쳤으니 인^仁의 공^功이 있다고 했다.

이번에는 자공^{子貢}이 관중^{管仲}에 대해 자기 견해를 말하자, 거기에 대해 공자가 언급한 내용이다.

자공^{子貢}이 "관중^{管仲}은 인자^{仁者}가 아닐 것입니다. 환공^{桓公}이 공자^{公子} 규^糾를 죽였는데 [따라] 죽지 않고 또 [환공^{桓公}을] 도왔습니다."라고 하니, 공자가 "관중^{管仲}이 환공^{桓公}을 도와 제후^{諸侯}의 패자^{霸者}가 되게 하여, 한 번 천하^{天下}를 바로잡아서 백성들이 지금까지 그 혜택을 받고 있다. 관중^{管仲}이 없었다면, 우리는 [오랑캐들처럼] 머리를 풀어 헤치고 옷깃을 왼쪽으로 여몄을 것이다. 어찌 필부필부^{匹夫匹婦}처럼 작은 믿음[양^諒]을 지키기 위해서 스스로 목매서 [시신^{屍身}이] 도랑[구독^{溝瀆}]에 [뒹굴어도] 알아주는 이가 없는 것처럼 해야겠는가?"라고 하였다. 子貢曰 管仲 非仁者與 桓公 殺公子糾 不能死 又相之 子曰 管仲 相桓公霸諸侯 一匡天下 民到于今 受其賜 微管仲 吾其被髮左衽矣 豈若匹夫匹婦之爲諒也 自經於溝瀆而莫之知也 〈헌문^{憲問}〉**18**

* 패^霸는 백^伯과 같으니 우두머리고, 광^匡은 바름이다. 주^周나라 왕실을 높이고 오랑캐[이^夷·적^狄]를 물리친 것은 모두 천하^{天下}를 바르게 한 것이다. 미^微는 없음이고, 임^衽은 옷깃이니, 머리를 풀어헤치고 옷깃을 좌^左로 함은 오랑캐의 풍속이다. 양^諒은 작은 믿음이고, 경^經은 목맴이다. 막지지^{莫之知}는 사람들이 알지 못함이다. 자공^{子貢}의 관중^{管仲}에 대한 평가도 자로^{子路}처럼 그를 의리^{義理} 있는 인물로 평가하지 않았는데, 공자가 앞에서 관중^{管仲}을 소기^{小器}라고 해서 이를 근거로 이들이 이렇게 평가한 것 같기도 하다.

두 번째 타자에 대한 평

정자程子는 관중管仲이 환공桓公의 동생 공자公子 규糾를 도와 형과 나라를 다툰 것이 불의不義임을 알았으니, 스스로 죽는 것도 괜찮지만 그보다는 지금 죽음을 면하고 뒷날 공功을 도모하는 것이 더 의미 있는 일이라고 여겼다. 관중의 이런 처신을 두고 성인聖人은 그의 죽음을 책責하지 않고 그의 공功을 칭찬한 것이라고 했다. 관중管仲의 이런 처신은 필부필부匹夫匹婦처럼 작은 신의信義를 위해 목매 죽어서 시신이 도랑에 뒹굴어도 알아주는 이도 없는 것은 의미 있는 행동이라고 생각하지 않았기 때문이다.

공자는 그가 무력武力을 쓰지 않고 제후諸侯를 규합하여 이로운 은택恩澤이 백성에게 미쳤으니, 관중管仲을 총체적으로 인인仁人이라고 할 수 없어도, 그가 세운 공적功績을 인정해야 한다고 했다. 그런데 두 제자는 주군主君에 대한 의리를 배반한 점에 대해서 용납하지 못했다. 이는 결과만 가지고 관중管仲을 평가하면 뒤에 말이나 행동이나 일 등을 이랬다저랬다 하여 자주 바꾸는 불충不忠한 자들이 이를 악용惡用할 소지가 있음도 경계하지 않을 수 없어서 그런 것이다. 이래서 사람의 행위를 평가하는 일은 참으로 어렵다.

자산子産 · 자서子西 · 관중管仲

다음은 자산子産과 자서子西와 관중管仲의 인품에 관한 공자의 언급이다.

어떤 이가 자산子産의 [인품人品을] 묻자, 공자가 "은혜로운 사람이다."라고 하고, 자서子西를 묻자, [공자가] "그 사람, 그 사람…"라고 했으며, 관중管仲을 묻자, [공자가] "[이] 사람은, 백씨伯氏의 병읍騈邑 3백 호戶를 [환공桓公이] 빼앗아 [관중管仲에게 주었는데], [백씨伯氏가] 거친 밥을 먹으면서도 평생 원망하는 말이 없었다."라고 했다. 或 問子産 子曰 惠人也 問子西 曰 彼哉彼哉 問管仲 曰 人也 奪伯氏騈邑三百 飯疏食 沒齒 無怨言 〈헌문憲問〉10

* 인야人也의 인人은 이 사람[차인此人]이란 말과 같다. 백씨伯氏는 제齊나라 대부大夫이고, 병읍騈邑은 지명地名이며, 치齒는 나이다.

자산子産은 관용寬容을 온전히 하는 정치는 하지 않았지만, 그 마음은 한결같이 백성을 사랑함을 위주로 했으므로 공자가 은혜로운 사람이라고 했다.

자서子西는 초楚나라 공자公子 신申인데, 초楚나라를 사양하고 소왕昭王을 세워 그 정사政事의 기강紀綱을 고쳤으니 또한 어진 대부大夫라고 할 수 있다. 그렇지만 왕의 호號를 참칭僭稱하는 것을 바꾸지 못하고, 소왕昭王이 공자를 등용하려 하자 저지하였으며, 그 뒤에 마침내 백공白公을 불러들여 화란禍亂을 일으켰으므로, 공자가 외면하는 의미로 '그 사람'이라고 했다.

환공桓公이 백씨伯氏의 읍邑을 빼앗아 관중管仲에게 주었다는 백씨伯氏는 제齊나라 대부大夫인데, 관중管仲이 재상으로 있을 때 죄를 범했다. 환공桓公이 그의 봉지封地인 병읍騈邑의 땅 서사書社 삼백三百을 빼앗아 관중管仲에게 주었으나, 관중管仲이 그를 살려주었으므로 마음으로 복종하여 원망하지 않았다.

어떤 이가 관중管仲과 자산子産 중에 누가 낫냐고 물으니, 주자朱子는 관중管仲의 덕德은 재주를 이기지 못했고, 자산子産의 재주는 덕德을 이기지 못했다. 그러나 둘 다 성인聖人의 학문을 들은 바가 없다고 했다.

두 번째 타자에 대한 평

사어史魚 · 거백옥蘧伯玉

다음은 사어史魚와 거백옥蘧伯玉에 대해 공자가 칭찬한 내용이다.

> 공자가 "곧도다, 사어史魚여. 나라에 도道가 있을 때도 화살 같았고, 나라에 도道가 없을 때도 화살 같았다. 군자君子답다, 거백옥蘧伯玉이여. 나라에 도道가 있으면 벼슬하고, 나라에 도道가 없으면 거두어 감추었다."라고 했다. 子曰 直哉 史魚 邦有道 如矢 邦無道 如矢 君子哉 蘧伯玉 邦有道則仕 邦無道則可卷而懷之 〈위령공衛靈公〉6

* 사史는 벼슬 이름이다. 어魚는 위衛나라 대부大夫니 이름은 추鰌다. 화살 같다[여시如矢]는 곧음을 말한다. 거백옥蘧伯玉은 위衛나라 대부大夫고 이름이 원瑗이다. 권卷은 거둠이며, 회懷는 감춤이다.

사어史魚는 어진 거백옥蘧伯玉을 스스로 등용시키지 못하고 어리석은 미자하彌子瑕를 물리치지 못한 일을 후회하고 죽음에 이르러서도 간諫하려고 애를 쓸 정도로 곧았다.

거백옥蘧伯玉은 나라에 도道가 있으면 벼슬하고 나라에 도道가 없으면 감추었으니, 출처出處가 성인聖人의 도道에 합당하다. 그래서 공자가 군자라고 했다. 위衛나라 손림보孫林父와 영식甯殖이 임금을 추방하고 시해하려는 사전事前 모의謀議에 거백옥蘧伯玉이 대답하지 않고 나간 일이, 거두어 감춘[권이회지 卷而懷之] 것의 한 가지 사례다.

어떤 이는 사어史魚의 죽음은 군자의 도를 다하지 못했고, 거백옥蘧伯玉처럼 한 뒤라야 난세亂世에 화禍를 면할 수 있다. 사어史魚처럼 화살같이 곧게 한다면, 비록 거백옥蘧伯玉처럼 거두어 감추고자 해도 또한 될 수 없다고 했다.

다음은 공자가 거백옥蘧伯玉이 보낸 심부름꾼과 대화하고 난 뒤에, 그 심부름꾼을 칭찬한 내용이다.

> 거백옥蘧伯玉이 공자에게 사람을 보내자, 공자가 그와 함께 앉아서 "그분[부자夫子; 거백옥蘧伯玉]께서는 무엇을 하시는가?" 하고 묻자, 심부름꾼이 "그분께서는 허물을 적게 하려고 하시지만 아직 능숙能熟하지 못하십니다."라고 대답했다. 심부름꾼이 나가자, 공자는 "[훌륭한] 심부름꾼이로구나! [훌륭한] 심부름꾼이로구나!"라고 했다. 蘧伯玉 使人於孔子 孔子與之坐而問焉曰 夫子 何爲 對曰 夫子 欲寡其過而未能也 使者 出 子曰 使乎使乎 〈헌문憲問〉26

* 거백옥蘧伯玉은 위衛나라 대부大夫인데, 공자가 위衛나라에 있을 적에 일찍이 그 집에 머문 적이 있었다. 얼마간 거기 있다가 노魯나라로 돌아왔으므로 거백옥蘧伯玉이 사람을 보낸 것이다. 공자가 심부름꾼과 함께 앉은 것은 그 주인을 공경하여 그에게까지 이른 것이고, 공자가 말한 부자夫子는 거백옥蘧伯玉이다.

공자가 거백옥蘧伯玉의 심부름꾼에게 주인의 안부를 물었는데, 심부름꾼이 그분은 허물을 적게 하려고 하지만 아직 능숙하지 못하다고 대답하였다. 스스로 낮추고 얽어매어 자기 주인의 어짊이 더욱 드러나고, 또 군자의 마음을 깊이 알고 응대하는 말을 잘했다. 그래서 공자가 재차 '심부름꾼이여'라고 말하여 칭찬한 것이다. 남의 심부름꾼이 되어서 상대에게 주인의 말씀을 전할 때 예禮에 맞도록 해야 주인을 욕보이지 않는 것인데, 보통 사람은 이를 실천하기가 쉽지 않다.

두 번째 타자에 대한 평

안평중晏平仲

다음은 주변 인물에 대한 공자의 평評으로 먼저 안평중晏平仲에 대한 언급이다.

공자는 "안평중晏平仲은 남과 사귀기를 잘하는구나. 오래되어도 공경한다." 라고 했다. 子曰 晏平仲 善與人交 久而敬之 〈공야장公冶長〉**16**

* 안평중晏平仲은 제齊나라 대부大夫로 이름이 영嬰이다. 정자程子는 사람이 사귀기를 오래 하면 공경이 사그라지는데, 오래되어도 공경할 수 있음은 사귀기를 잘하는 인물이어서 공자가 칭찬한 것이라 했다. 정자程子의 말대로 사람 사귀기를 오래 하다가 공경이 사그라지는 것은 상대와 나 사이에 지켜야 할 거리, 즉 예禮가 무너졌기 때문이다. 그러니 오래되어도 상대를 예禮로 대하면 공경하게 되고 오래 사귈 수 있다.

영무자甯武子

다음은 위衛나라 대부大夫 영무자甯武子에 대한 공자의 평評이다.

위衛나라 대부大夫 영무자甯武子는 나라에 도道가 있을 때는 지혜롭게 행동하고 나라에 도道가 없을 때는 어리석게 행동하였으니, 그의 지혜는 미칠 수 있지만 그의 어리석음은 미칠 자가 없다. 甯武子 邦有道則知 邦無道則愚 其知 可及也 其愚 不可及也 〈공야장公冶長〉**20**

* 영무자^{甯武子}는 위^衛나라 대부^{大夫}고 이름은 유^兪다. 『춘추좌씨전^{春秋左氏傳}』에는 영무자^{甯武子}가 위^衛나라에 벼슬한 것이 문공^{文公}과 성공^{成公} 때다. 문공^{文公}은 도^道가 있었으므로 영무자^{甯武子}가 돌볼 만한 일이 없었으니, 이는 그 지혜가 남들도 미칠 수 있었다. 그런데 성공^{成公}은 무도^{無道}하여 나라를 잃을 지경이었으니, 영무자^{甯武子}는 그 사이를 두루 살펴서 마음과 힘을 다해 어려움과 험함을 피하지 않았다. 당시 지혜롭고 재주 있는 벼슬아치들은 모두 피하여 즐겨 하지 않았지만, 영무자^{甯武子}는 끝내 자기 몸도 보존하고 그 임금을 구제하였으니, 공자는 이 어리석음을 미칠 자가 없다고 한 것이다.

정자^{程子}는 영무자^{甯武子}가 나라에 도^道가 없을 때 몸을 드러내지 않아서 화를 면했으므로 미칠 수 없다고 공자가 말한 것이라 했다. 그러면서 또한 어리석어서[우직^{愚直}해서] 안 될 경우가 있으니, 비간^{比干}이 여기에 해당한다고 했다. 주왕^{紂王}의 숙부^{叔父} 비간^{比干}은 임금의 잘못을 직간^{直諫}하다가 화^禍를 면하지 못하고 죽은 인물이다.

영무자^{甯武子}가 간험^{艱險}에 몸을 숨겨 자신을 보전하고, 위^衛나라 성공^{成公}의 목숨을 구한 사실^{史實}은 『춘추좌씨전^{春秋左氏傳}』노^魯나라 희공^{僖公} 30년에 나온다. 진^晉나라 임금이 의원^{醫員}을 시켜서 위후^{衛候}[성공^{成公}]를 짐^酖새[독조^{毒鳥}]의 깃털에 있는 짐독^{酖毒}으로 죽이려고 했다. 이때 영무자^{甯武子}가 위후^{衛候}의 의식^{衣食}을 보살피고 있었으므로, 독살의 낌새를 알고 의원을 매수하여 독^毒을 적게 타게 해서 위후^{衛候}의 목숨을 구했다.

영무자^{甯武子}가 간험^{艱險}에 몸을 숨겨 임금을 구한 것이나, 비간^{比干}이 주왕^{紂王}에게 직간^{直諫}하다가 화를 면하지 못한 것 모두 우직^{愚直}한 행동이라고 할 수 있다. 그런데 공자가 영무자^{甯武子}의 어리석음은 미칠 자가 없다고 한 것은 그가 무도^{無道}한 세상에서 우직^{愚直}하면서도 지혜롭게 처신했기 때문일 것이다.

두 번째 타자에 대한 평

맹공작孟公綽

다음은 공자가 노魯나라 대부大夫 맹공작孟公綽을 평한 내용이다.

> 공자가 맹공작孟公綽은 조씨趙氏와 위씨魏氏의 가신 우두머리[가노家老]가 되기에
> 는 충분하지만, 등騰나라나 설薛나라의 대부大夫는 될 수 없다고 하였다. 子曰
> 孟公綽 爲趙魏老則優 不可以爲滕薛大夫 〈헌문憲問〉**12**

* 맹공작孟公綽은 노魯나라 대부大夫고, 조씨趙氏와 위씨魏氏는 진晉나라 경卿
벼슬 집안이며, 노老는 가신家臣의 우두머리다. 대가大家는 권세權勢는 중重하나
제후諸侯의 일은 없고, 가노家老는 명망名望은 높으나 관직官職의 책임이 없다.
우優는 넉넉함이다. 등騰과 설薛은 모두 나라의 이름이고, 대부大夫는 국정國政
을 맡은 자다. 등騰과 설薛은 나라는 작은데 정사政事가 번거롭고, 대부大夫는
지위가 높고 책임이 무겁다.

맹공작孟公綽은 청렴하고 조용하며 욕심이 적지만, 재주는 부족한 사람
이다. 그래서 진晉나라 경卿 벼슬의 집안인 조씨趙氏와 위씨魏氏의 가신 우두머
리[가노家老]는 될 수 있다고 한 것은 가노家老는 명망名望은 높으나 관직官職의
책임은 없기 때문이다. 그러나 등騰나라와 설薛나라는 나라가 작지만 정사政
事는 번거롭고, 대부大夫는 지위는 높고 책임이 중하기 때문에 맹공작孟公綽은
대부大夫가 될 수 없다고 한 것이다.

공숙문자^{公叔文子}

다음은 위^衛나라 대부^{大夫} 공숙문자^{公叔文子}에 관해서 공자가 공명가^{公明賈}와 대화를 나눈 내용이다.

> 공자가 위^衛나라 대부^{大夫}인 공숙문자^{公叔文子}를 두고, 공명가^{公明賈}에게 "진실로 [그대의] 선생님[부자^{夫子}]께서는 말하지도 않고 웃지도 않으며 취^取하지도 아니하시는가?" 하고 물었다. 공명가^{公明賈}가 "말한 자가 지나쳤습니다. 선생님께서는 때에 맞은 뒤에야 말씀하시므로 사람들이 그 말을 싫어하지 않았고, 즐거운 뒤에야 웃으시기 때문에 사람들이 그 웃음을 싫어하지 않았으며, 의^義에 맞은 뒤에야 취하셨기 때문에 사람들이 그 취함을 싫어하지 않는 것입니다."라고 대답했다. 공자가 "그런가? 어찌 그러한가?"라고 했다. 子 問 公叔文子於公明賈曰 信乎夫子 不言不笑不取乎 公明賈 對曰 以告者 過也 夫子 時然後言 人不厭其言 樂然後笑 人不厭其笑 義然後取 人不厭其取 子曰 其然 豈其然乎 〈헌문^{憲問}〉**14**

  * 공숙문자^{公叔文子}는 위^衛나라 대부^{大夫} 공손지^{公孫枝}다. 그의 제자 공명가^{公明賈}는 공명^{公明}이 성^姓이고, 가^賈는 이름인데 역시 위^衛나라 사람이다. 문자^{文子}의 사람 됨됨이를 자상하게 알 수 없으나 반드시 청렴하고 조용한 선비였을 것이므로 당시에 이 세 가지로 칭찬한 것이다.

  염^厭은 많이 있음을 괴로워해서 그것을 싫어한다는 말인데, 일이 가^可함에 적절하면 사람들이 싫어하지 않아서 이것이 있다는 것을 깨닫지 못한다. 이로써 그를 칭찬함이 혹 지나쳐서, 말하지 않고 웃지도 않으며 취하지도 않았다고 한 것이다. 그러나 이런 태도는 예의^{禮義}가 마음속에 충만하게 넘

두 번째 타자에 대한 평

쳐서 때에 맞게 조처함을 얻은 자가 아니면 할 수 없다. 공숙문자^{公叔文子}가 비록 어질다고 하지만 이에 미쳤는지 확신할 수는 없다. 다만 군자는 남의 선^善을 인정해주고 의심되는 것을 바로 말해주고자 아니하므로, 공자는 의심하면서도 '그런가, 어찌 그런가?'라고 한 것이다.

다음도 위^衛나라 공숙문자^{公叔文子}에 대한 것으로 그의 가신^{家臣}인 대부^{大夫} 선^僎이 문자^{文子}와 함께 공조^{公朝}에 오른 것을 들은 공자가 공숙문자^{公叔文子}를 칭찬한 내용이다.

> 위^衛나라 공숙문자^{公叔文子}의 가신^{家臣}인 대부^{大夫} 선^僎이 문자^{文子}와 함께 나란히 공조^{公朝}에 올랐다. 공자가 이를 듣고서 "[시호^{諡號}를] 문^文이라고 할 만하다."라고 했다. <u>公叔文子之臣大夫僎 與文子 同升諸公 子 聞之 曰 可以爲 文矣</u> 〈헌문^{憲問}〉**19**

＊ 신^臣은 가신^{家臣}이고 공^公은 공조^{公朝}다. 공숙문자^{公叔文子}의 시호^{諡號}는 문^文이다. 문^文이란 이치를 따라서 문장을 이룸을 이르니, 시호법^{諡號法}에 또한 이른바 "백성에게 작위^{爵位}를 내려준 것을 문^文이라고 한다.^{錫民爵位曰文者}"라는 것이 있다. 가신^{家臣} 선^僎을 추천하여 자기와 나란하게 한 것에는 세 가지 선^善이 있으니, 남을 알아본 것이 첫째요, 자기를 잊은 것이 둘째요, 임금을 섬김이 셋째이다. 그래서 공자는 그가 문^文이란 시호를 받을 만하다고 말한 것이 아닌가 한다.

담대멸명澹臺滅明

　　자유子游는 공자의 대화하면서 자기 고을에서 알게 된 담대멸명澹臺滅明에 대해 말했다.

> 자유子游가 무성武城의 읍재邑宰가 되었는데, 공자가 "너는 거기에서 사람을 얻었느냐?"라고 물으니, [자유子游가] "담대멸명澹臺滅明이라는 자가 있습니다. [그는] 다닐 때도 지름길로 다니지 않고 공적公的인 일이 아니면 저[언偃]의 집에 이른 적이 없습니다."라고 했다. 子游 爲武城宰 子曰 女 得人焉爾乎 曰 有澹臺滅明者 行不由徑 非公事 未嘗至於偃之室也 〈옹야雍也〉**12**

　　＊ 무성武城은 노魯나라 도성 밖의 고을[하읍下邑]이다. 담대澹臺는 성姓이고, 멸명滅明은 이름이며 자字는 자우子羽다. 경徑은 길이 좁으면서 빠른 길, 곧 지름길이다. 언偃은 자유子游의 이름이다.

　　위정爲政은 인재人才를 얻는 것을 우선으로 하므로 공자가 사람을 얻었느냐고 물었다. 멸명滅明 같은 이는 두 가지 작은 일을 보면 그의 공명정대公明正大한 정情을 볼 수 있다. 후세에 지름길로 말미암지 않는 자가 있으면 사람들이 반드시 사리事理에 어둡고 세상 물정을 잘 모른다고 하고, 읍재邑宰집에 이르지 않으면 사람들이 반드시 거만하다고 할 것이니, 공자의 무리가 아니라면 그를 취하지 않았을 것이다.

　　주자朱子는 멸명滅明과 같은 사람으로 몸가짐의 본보기로 삼는다면 구차스럽고 천한 수치羞恥가 없을 것이고, 사람을 취하는 것을 자유子游로써 본보기로 삼는다면 간사하고 아첨하는 의혹이 없을 것이라고 했다.

　　담대멸명澹臺滅明이 공사公事가 아니면 자유子游의 집에 오지 않는다고 했

　　　　　　　　　　　　　두 번째 타자에 대한 평

는데, 공사公事는 향음주례鄕飮酒禮, 향사례鄕射禮, 독법讀法 등이다. 향음주례鄕飮酒禮는 고을의 유생들이 향약鄕約을 읽고 술을 마시는 잔치이고, 향사례鄕射禮는 고을 한량閑良들이 모여 편을 갈라서 활쏘기를 하고 술을 나누는 오락적 행사이며, 독법讀法은 관장官長이 마을 사람들을 모아놓고 바뀐 법령이나 제도를 읽고 토론하는 것이다.

그가 지름길로 말미암지 않았다는 것은 행동을 반드시 바르게 해서 작은 것을 보고 빠르게 하려는 뜻이 없음을 알 수 있고, 공적公的인 일이 아니면 읍재邑宰를 만나지 않았다는 것은 스스로 지킴이 있어 자기를 굽혀 남을 따르는 사사로움이 없다는 것을 말한다.

맹지반孟之反

다음은 맹지반孟之反에 대한 공자의 평評이다.

공자가 "맹지반孟之反은 자랑하지 않는구나. 싸움에 패해 달아날 때는 맨 뒤에 처져 있다가, 장차 도성 문으로 들어올 즈음에 말을 채찍질하면서 감히 제일 뒤에 오려고 한 것이 아니라 말이 나아가지 않는다고 했다."라고 하였다. 子曰 孟之反 不伐 奔而殿 將入門 策其馬曰 非敢後也 馬不進也 〈옹야雍也〉13

* 맹지반孟之反은 맹씨孟氏 종족宗族으로 이름은 측側이다. 벌伐은 공功을 자랑함이고, 분奔은 패하여 달아남이며, 군대의 후미가 전殿이고, 책策은 채찍이다. 전쟁에서 패하여 되돌아올 때는 후미後尾로써 공功을 삼는데, 맹지반孟之反이 패주敗走할 때 후미에 있었으므로 이 말로써 스스로 그 공功을 감추었다

는 것을 알 수 있다.

제齊나라가 그 전년前年에 있었던 식郎의 전쟁을 보복하기 위해 군대를 거느리고 청淸이란 곳에 이르니, 맹유자孟孺子 설洩[맹의자孟懿子의 아들 무백武伯 체彘]은 우군右軍을, 염구冉求는 좌군左軍을 거느리고 노魯나라 교외에서 교전交戰하였다. 이 사실은 [춘추좌씨전春秋左氏傳] 애공哀公 11년에 나오는데, [노魯나라] 우군右軍이 달아나니, 제齊나라 사람이 쫓아 진권陳瓘과 진장陳莊이 사수泗水를 건넜다. 맹지측孟之側이 후군後軍이 되어 뒤에 들어오다가, 화살을 뽑아 그 말에 채찍을 치면서 말이 앞으로 나아가지 않는다고 했다.

사람이 남의 윗사람 되려는 마음을 가지지 않으면, 인욕人慾이 날로 사그라지고 천리天理가 날로 밝아져 무릇 자기를 자랑하고 남에게 뽐낼 수 있는 것을 다 말할 것이 없다. 그러나 배움을 알지 못하는 자는 남의 윗사람이 되고자 하는 마음을 어느 때고 잊지 못하니, 맹지반孟之反 같은 사람을 본보기로 삼을 만하다. 그렇지만 요즘 세상에 이렇게 행동한다면 남들이 어리석은 자라고 하지나 않을지 모를 일이다.

비침裨諶 · 세숙世叔 · 자우子羽 · 자산子産

다음은 공자가 정鄭나라에서 외교문서 작성에 참여한 자들을 열거한 내용이다.

공자가 "[정鄭나라에서는] 사명辭命[외교문서外交文書]을 만들 때 비침裨諶이 초안을 작성하고, 세숙世叔이 검토해서 따지고, 행인行人 자우子羽가 꾸미고, 동리東里 자산子産이 다듬었다."라고 하였다. 子曰 爲命 裨諶 草創之 世叔 討論之 行人子羽 修飾之 東里子産 潤色之 〈헌문憲問〉9

두 번째 타자에 대한 평

    ＊ 비침^{裨諶} 이하 4인은 모두 정^鄭나라 대부^{大夫}이다. 초^草는 대략이고 창^創은 만드는 것인데 초고^{草藁}를 작성하는 것을 말한다. 세숙^{世叔}은 유길^{游吉}인데, 『춘추좌씨전^{春秋左氏傳}』에는 자태숙^{子大叔}으로 되어 있다. 토^討는 찾고 연구함이고, 논^論은 강론함이며, 행인^{行人}은 사신^{使臣}을 관장하는 관리고, 자우^{子羽}는 공손휘^{公孫揮}다. 꾸밈^{修飾}은 보태고 더는 것이고, 동리^{東里}는 지명^{地名}이니 자산^{子産}이 사는 곳이며, 윤색^{潤色}은 문채^{文采}를 더하는 것을 말한다.

    정^鄭나라에서 외교문서인 사명^{辭命}을 만들 적에 반드시 이 네 사람의 손을 거쳐서 작성되었는데, 자상하고 정밀해서 각기 잘하는 바를 다하여 제후^{諸侯}에게 응대^{應對}함에 실패한 일이 드물었으므로, 공자가 이것을 좋게 여겨서 언급한 것이다.

부정적^{否定的} 인물

장문중^{臧文仲}

다음은 장문중^{臧文仲}에 대한 공자의 평^評이다.

> 공자는 "장문중^{臧文仲}이 큰 거북껍질을 보관해 두는 집을 만들면서 기둥 끝의 두공^{斗栱}에는 산^山을 조각하고, 들보 위의 동자기둥에는 수초^{水草}인 마름을 그렸으니 어찌 지혜롭다고 하겠는가?"라고 했다. 子曰 臧文仲 居蔡 山節藻梲 何如其知也 〈공야장^{公冶長}〉 17

＊ 장문중臧文仲은 노魯나라 대부大夫 장손씨臧孫氏로 이름은 진辰이다. 거居는 보관하다[장藏]와 같고, 채蔡는 큰 거북이며, 절節은 기둥머리의 두공斗栱이고, 조藻는 수초 이름이며, 탈梲은 들보 위의 짧은 기둥이다. 대개 거북껍질을 둔 공간이니 기둥머리 두공斗栱에 산을 조각하고 들보 위 짧은 기둥에 수초를 그려놓았다.

당시에 장문중臧文仲을 지혜롭다고 하니, 공자가 '백성의 의義에 힘쓰지 않고, 귀신에게 아첨阿諂하고 친압親狎함이 이와 같았으니 어떻게 지혜롭다고 하겠는가.'라고 말한 것이다. 『춘추좌씨전春秋左氏傳』 문공文公 2년에도 장문중에 대한 부정적 평가가 나온다. 장문중臧文仲에게 어질지 못한 것 세 가지와 지혜롭지 못한 것 세 가지가 있다. 전금展禽[유하혜柳下惠]을 등용하지 않은 것, 관문關門 여섯 개를 폐지하여 통행인[상인商人]을 조사하지 않은 것, 처첩妻妾에게 갈대 자리를 짜게 하고 그것을 팔아서 백성들과 이익을 다툰 것이 어질지 못한 것 세 가지이다. 그리고 거북을 넣어둘 집을 짓고 두공斗栱에 산山을 새기고 동자기둥에 수초水草를 그려서 헛된 기물[허기虛器]을 만든 것, 노魯나라 희공僖公을 제사祭事한 역사逆祀를 제지하지 않고 하보夏父의 말을 듣고서 방임放任한 것, 노魯나라 동문東門 밖에 와서 앉은 새 원거爰居를 신神이라 하고 나라 사람에게 제사 지내라고 명命한 것 세 가지는 지혜롭지 못한 것이다고 했다.

다음도 장문중臧文仲은 지위地位를 도적질한 자라고 공자가 호되게 비판한 내용이다.

공자가 "장문중臧文仲은 지위地位를 도둑질한 자일 것이다. 유하혜柳下惠가 현명함을 알면서도 그를 등용하여 함께 조정에 서지 않았다."라고 했다. 子曰

두 번째 타자에 대한 평

臧文仲 其竊位者與 知柳下惠之賢而不與立也 〈위령공衛靈公〉**13**

* 절위竊位는 자리에 걸맞지 않아 마음에 부끄러움이 있어도 마치 도적질하여 얻고 몰래 차지한 것과 같다. 유하혜柳下惠는 노魯나라 대부大夫 전획展獲인데 자字는 금禽이고, 식읍食邑이 유하柳下이며, 시호諡는 혜惠다. 여립與立은 그와 더불어 조정에 함께 나란히 서는 것이라고 했다.

장문중臧文仲이 노魯나라에서 정사를 돌볼 때, 어진 이를 알아보지 못했다면 이는 밝지 못한 것이고, 알고도 천거하지 않았다면 이는 어진 이를 가린 것이다. 지혜가 밝지 못한 죄는 작지만, 어진 이를 가린 죄는 크다. 장문중臧文仲이 유하혜柳下惠를 추천하지 않은 것을 두고, 공자는 불인不仁이라고 하고 자리를 도적질한 것이라 했다.

장무중臧武仲

다음은 장무중臧武仲이 봉해준 방읍防邑을 점거하고 노魯나라에 후계자로 삼아달라고 요구한 것을 공자가 비판한 내용이다.

공자는 "장무중臧武仲이 방읍防邑을 점거하고서 노魯나라에 후계자로 삼아달라고 요구하였으니 비록 임금을 협박하지 않았다고 말하였지만, 나[공자]는 믿지 않는다."라고 했다. 子曰 臧武仲 以防 求爲後於魯 雖曰 不要君 吾不信也 〈헌문憲問〉**15**

* 방防은 지명地名이고 무중武仲에게 봉해준 고을이다. 요要는 위협하여 요구하는 것이다. 장무중臧武仲이 죄를 얻어 주邾나라로 달아났다가 주邾나라

에서 방읍^{防邑}으로 갔는데, 사람을 시켜 자기를 후계자로 세워주면 방읍^{防邑}에서 떠나겠다고 하였다. 이는 만약 요구를 들어주지 않으면 장차 방읍^{防邑}을 점거하여 배반하겠다는 것을 보여준 것이므로 임금에게 강요한 것이다.

무중^{武仲}이 고을을 임금에게 받았는데 죄를 짓고 달아났으면, 후계자를 세우는 일은 임금에게 있으니 자기 마음대로 할 바가 아니다. 그런데 고을을 점거하고 요구하니, 이는 지혜를 좋아하고 배우는 것을 좋아하지 않기 때문이다.

계문자^{季文子}

다음은 노^魯나라 대부^{大夫} 계문자^{季文子}에 행동에 대한 공자의 평^評이다.

> 노^魯나라 대부^{大夫} 계문자^{季文子}가 [매사^{每事}를] 세 번 생각한 뒤에 행하였는데, 공자가 이 말을 듣고 "두 번이면 된다."라고 했다. 季文子 三思而後 行 子 聞之 曰 再 斯可矣 〈공야장^{公冶長}〉19

* 계문자^{季文子}는 노^魯나라 대부^{大夫}로 이름은 행보^{行父}다. 매사^{每事}를 반드시 세 번 생각한 뒤에 행하니, 진^晉나라에 사신^{使臣}으로 가면서 진왕^{晉王}이 병들었다는 말을 듣고 상^喪을 만났을 때를 대비해서 행해야 할 예^禮를 미리 구한 것 같은 것이 그 한 가지 사례다.

정자^{程子}는 악^惡을 행하는 사람은 일찍이 생각함이 있다는 것을 안 적이 없으니, 생각함이 있다는 것은 선^善을 한 것이다. 그렇지만 두 번에 이르면 이미 자세한 것이고, 세 번은 사심^{私心}이 일어나서 도리어 의혹이 되므로 공자가 기롱^{譏弄}을 한 것이라고 했다.

주자^{朱子}는 계문자^{季文子}가 일을 생각함이 이 같으니 자상히 살폈다고 이를 만하여 마땅히 잘못이 없어야 할 것이다. 그렇지만 노^魯나라 선공^{宣公}이 찬탈하여 즉위하자, 문자^{文子}가 바로 성토하지 아니하고 도리어 그를 위해서 제^齊나라에 사신으로 가서 뇌물을 바쳤다. 이는 정자^{程子}의 말대로 사의^{私意}가 일어나서 도리어 의혹된 것을 증험한 것이라고 할 수 있다. 이 때문에 군자는 이치를 궁구하는 것을 힘쓰지만 과단^{果斷}함을 귀하게 여기고, 다만 생각을 많이 하는 것을 숭상하지 않는다고 했다.

왕손가^{王孫賈}

다음은 왕손가^{王孫賈}의 탐욕^{貪慾}에 대해서 공자가 비판한 내용이다.

> 왕손가^{王孫賈}가 묻기를 "아랫목 신[오신^{奧神}]에게 잘 보이기보다는 차라리 부뚜막 신[조신^{竈神}]에게 잘 보이는 것이 낫다는 말이 있는데 무슨 말입니까?" 하니, 공자가 "그렇지 않다. 하늘에 죄를 얻으면 그 어디에도 빌 곳이 없다." 라고 했다. 王孫賈問曰 與其媚於奧 寧媚於竈 何謂也 曰 不然 獲罪於天 無所禱也 〈팔일^{八佾}〉**13**

* 왕손가^{王孫賈}는 위^衛나라 대부^{大夫}고, 미^媚는 친하고 순종하는 것이다. 집의 서남^{西南} 모서리가 아랫목[오^奧]이고, 조왕신 또는 부뚜막 신[조^竈]은 오사^{五祀}의 하나인데 당시에는 여름에 제사하던 곳이다. 무릇 오사^{五祀}에 제사 지낼 때는 모두 신주^{神主}를 먼저 설치한 뒤에 시동^{尸童}을 맞아 오신^{奧神}에게 제사하니 대략 종묘^{宗廟}의 제사 의식^{儀式}과 같다. 조왕신^{竈王神}에 대한 제사는 부뚜막[조형^{竈陘}]에 신주^{神主}를 설치하여 제사를 마친 뒤에, 다시 오신^{奧神}에

게 제물을 차리고 시동^{尸童}을 맞이한다. 그러므로 시속^{時俗}의 말에 오신^{奧神}은 항상 높지만 제사 주인이 아니다. 조왕신^{竈王神}은 비천^{卑賤}하지만 능력이 있다. 그래서 당시에 이를 비유하여 임금에게 결탁하는 것은 권신^{權臣}에게 아부^{阿附}하는 것과 같지 않다고 한 것이다.

또 천^天은 곧 이치니 그 높음에 상대가 없어 오신^{奧神}이나 조왕신^{竈王神}에 비할 바가 아니다. 이치를 거스르면 하늘에 죄를 얻을 것이니, 어찌 오신^{奧神}이나 조왕신^{竈王神}에게 아첨하여 빌어서 면할 수 있겠는가? 다만 마땅히 이치를 따라야 할 것이니 특별히 조왕신^{竈王神}에게 아첨할 것이 아니고, 또 오신^{奧神}에 아첨할 것도 없음을 말한 것이다.

오신^{奧神}은 실권 없는 임금, 조왕신^{竈王神}은 권신^{權臣}을 비유적으로 한 말이다. 우리 속언^{俗諺}에도 '자리만 지키는 아랫목 신보다는 먹을 것 쥔 조왕신이 낫지.'라는 말이 있는데 아마도 여기서 나온 말일 것이다. 오사^{五祀}의 신^神은 호신^{戶神}[작은 문 신 맹춘^{孟春}에 제사] · 조신^{竈神}[부뚜막 신 맹하^{孟夏}에 제사] · 중류신^{中霤神}[토지 신 또는 용마루 신 계하^{季夏}에 제사] · 문신^{門神}[대문 신 맹추^{孟秋}에 제사] · 정신^{井神}[우물 신 맹동^{孟冬}에 제사]을 가리킨다. 시동^{尸童}은 제사 때 신위^{神位} 대신 앉히는 어린아이를 말한다.

자상백자^{子桑伯子}

다음은 공자가 중궁^{仲弓}을 평^評하자, 중궁^{仲弓}이 자상백자^{子桑伯子}를 두고 공자와 나눈 대화다.

공자가 "옹^雍[중궁^{仲弓}]은 임금의 자리에 앉게 할 만하다."라고 하니, 중궁^{仲弓}이 자상백자^{子桑伯子}에 관해 물었다. 공자가 "[그의] 간략^{簡略}함도 괜찮다."라고 했다. 중궁仲弓이 "[스스로] 경敬으로 자처하면서 간략을 실행하여 백성들을 대한다면 또한 괜찮지 않겠습니까? [그런데] 간략에 있으면서 간략을 실행한다면 너무 간략한 것이 아닙니까?" 공자가 옹雍의 말에 "그렇다."라고 했다. 子曰 雍也 可使南面 仲弓 問子桑伯子 子曰 可也簡 仲弓曰 居敬而行簡 以臨其民 不亦可乎 居簡而行簡 無乃大簡乎 子曰 雍之言 然 〈옹아雍也〉1

* 간簡은 간략簡略 곧 번거롭지 않다는 뜻이다. 남면南面은 임금은 얼굴을 항상 남쪽으로 향하고 정사를 듣기 때문에 임금의 자리에 앉을 만함을 의미한데 중궁仲弓이 너그럽고 크며, 간결하고 중후하여 임금의 법도가 있어서 공자가 이렇게 말하였다. 중궁仲弓이 자상백자子桑伯子에 관해 물었을 때, 공자가 그의 간략함도 괜찮다고 했는데, '괜찮다[가可]'라는 말에 의심이 나서 중궁仲弓이 자상백자子桑伯子의 간결함은 지나친 것이 아니냐고 다시 물었다. 이에 공자가 중궁仲弓의 말에 그렇다고 동의한 것은 그 이치가 은연중에 공자의 생각과 일치했기 때문이다.

경敬으로 자처自處한다면 중심에 주장이 있어서 스스로 다스리기를 엄하게 할 것이니, 이같이 하고서 간략簡略을 행하여 백성에게 다가가면 일이 번거롭지 않고 백성이 흔들리지 않아서 괜찮음이 될 것이다. 그런데 먼저 간략簡略으로 자처하면 중심에 주장이 없어 자신을 다스림이 성글어질 것이고, 행한바 또한 간략簡略하면 너무 간략簡略함에 잘못되어 지킬 만한 법도가 하나도 없게 된다.

미생고微生高

다음은 미생고微生高에 대한 공자의 평評이다.

> 공자는 "누가 미생고微生高를 곧다고[직直]하다고 하는가? 어떤 사람이 식초[혜醯]를 빌리려 하자, [미생고微生高가] 그의 이웃집에서 빌어다가 주더구나."라고 했다. 子曰 孰謂微生高直 或 乞醯焉 乞諸其鄰而與之 〈공야장公冶長〉23

* 미생微生은 성姓이고, 고高는 이름이니, 노魯나라 사람인데 본시 곧다[직直]고 소문난 사람이다. 혜醯는 식초다. 공자가 '어떤 사람이 식초를 빌리려 하자, [미생고微生高가] 그의 이웃집에서 빌어다가 주더구나.或 乞醯焉 乞諸其鄰而與之'라고 한 것은 그가 뜻을 굽혀 남 비위를 맞췄고, 아름다움을 훔쳐 은혜를 샀으니 곧다고 할 수 없다는 뜻이다. 옳은 것은 옳다 하고, 그른 것은 그르다고 하며, 있으면 있다 하고, 없으면 없다고 하는 것이 곧음이니, 미생고微生高는 곧은 사람이 아니라고 한다. 또 성인聖人은 사람이 한 가지 주고받은 것을 보면, 천승千乘의 병거兵車와 만종萬鍾의 녹봉祿俸도 거기에 따라서 알 수 있으므로 작은 일이라도 신중하지 않을 수 없음을 사람들에게 가르친 것이라고도 한다.

그런데 여기 나오는 미생고微生高와는 한자漢字 표기가 다르지만[일본一本에는 미생고微生高로도 되어 있음.] 『장자莊子』「잡편雜篇」29 〈도척盜跖〉의 '포량주이사抱梁柱而死'와 『사기史記』〈소진열전蘇秦列傳〉의 '포주신抱柱信'의 고사故事에는 어느 여인과 다리 밑에서 만나기로 약속하고 기다리다가 물이 불어나도 떠나지 않고 그 자리를 지켰다는 미생고尾生高는, 곧지만[직直] 그 곧음이 작은 신信에 집착하는 사례로 소개되기도 한다.

두 미생은 모두 노魯나라 사람이고 곧다고 소문이 났으니 동일인일 수도 있다. 그렇다면 미생은 물이 불어나도 다리 밑에서 약속을 지켜 작은 믿음에 집착하는 사람인 줄 알았는데, 누가 식초를 빌리러 오자 자기 집에 식초가 없으므로 이웃집에서 빌려다 주었다는 것은 오히려 융통성 있는 행동이라고 할 수 있으니, 미생고微生高에 대한 견해가 다르다.